PRENTICE HALL

Realidades ③

Peggy Palo Boyles
Oklahoma City, OK

Myriam Met
Rockville, MD

Richard S. Sayers
Longmont, CO

PEARSON

Prentice Hall

Boston, Massachusetts
Upper Saddle River, New Jersey

ISBN 0-13-035968-8

7 8 9 10 07 06 05

PRENTICE HALL

Realidades ③

Realidades authors

Peggy Palo Boyles

During her foreign language career of over thirty years, Peggy Palo Boyles has taught elementary, secondary, and university students in both private and public schools. She currently serves as the Foreign Language/ESL Curriculum Coordinator for the Putnam City Schools in Oklahoma City, OK. She was a member of the ACTFL Performance Guidelines for K–12 Learners task force and served as a Senior Editor for the project. Ms. Boyles is currently President of the National Association of District Supervisors of Foreign Languages (NADSFL). She frequently conducts foreign language workshops for state and national organizations, public school districts, and private schools throughout the country.

Myriam Met

For most of her professional life, Myriam (Mimi) Met has worked in the public schools, starting as a high school teacher in New York City. Other positions include supervisor of language programs in the Cincinnati Public Schools, K–12, and Coordinator of Foreign Languages, K–12, for Montgomery County Public Schools, MD. She is currently deputy director of the National Foreign Language Center, where she is responsible for K–12 language education policy analysis. Dr. Met has served on the Advisory Board for the National Standards in Foreign Language Learning, the task force that developed national standards in Spanish, and co-chaired the Pacesetter Spanish task force for the College Board.

Richard S. Sayers

Rich Sayers has been an educator in world languages for 25 years. He taught Spanish at Niwot High School in Longmont, CO, for 18 years, where he also served as department chair, Teacher on Special Assignment coordinating the district foreign language department, and board member of the Colorado Congress of Foreign Language Teachers. In 1991, Mr. Sayers was selected as one of the Disney Company's Foreign Language Teacher Honorees for the American Teacher Awards. He presently serves as a board member of the Southwest Conference on Language Teaching. Mr. Sayers is Senior National Consultant for Pearson Prentice Hall.

Tabla de materias

Mapas. xviii

México xviii
América Central xx
El Caribe xxii
América del Sur (Parte norte) xxiv
América del Sur (Parte sur) xxvi
España • Guinea Ecuatorial xxviii
Estados Unidos xxx

Why Study Spanish?. xxxii

Study Tips xxxiii

Para empezar

1 Tu vida diaria. 2

• Talk about school and non-school daily activities
• Describe your day before and after school

2 Días especiales 8

• Talk about weekend activities
• Describe special events and celebrations

Presentación oral 14

Presentación escrita. 15

Go Online
PHSchool.com

For: Online Table of Contents
Visit: www.phschool.com
Web Code: jck-0001

Objectives

- Describe a visit to a national park
- Talk about school competitions
- Express your emotions regarding the outcome of an event
- Narrate an event in the past
- Understand cultural perspectives on family outings

Video Focus

- Outdoor activities in the Spanish-speaking world

A ver si recuerdas 16

- Vocabulario: Actividades al aire libre
- Gramática
  - Repaso: El pretérito; los verbos *ir* y *ser*
- Vocabulario: Deportes

A primera vista 1 22

- Vocabulario y gramática en contexto
  - camping activities
  - features of the natural environment

Manos a la obra 1 26

- Vocabulario y gramática en uso
- Gramática
  - El pretérito de los verbos con el cambio ortográfico *i → y*
  - El pretérito de los verbos irregulares
  - El pretérito de los verbos con los cambios *e → i, o → u* en la raíz
- Conexiones: *Las ciencias*
- Conexiones: *Las matemáticas*
- Ampliación del lenguaje: *Ir de*

A primera vista 2 36

- Vocabulario y gramática en contexto
  - athletic events
  - other kinds of competitions
  - goals and prizes

Manos a la obra 2 40

- Vocabulario y gramática en uso
- Gramática
  - El imperfecto
  - Usos del imperfecto
  - El español en el mundo del trabajo
  - En voz alta: *Himno del Barcelona*

¡Adelante! 48

- Puente a la cultura: *El Camino de Santiago*
- ¿Qué me cuentas?: *Dos aventuras*
- Presentación oral: *Una experiencia inolvidable*
- Presentación escrita: *Aventuras bajo el sol*
- Lectura: *El Iztaccíhuatl y el Popocatépetl*

Repaso del capítulo 58

- Vocabulario y gramática
- Preparación para el examen

Objectives

- Talk about the arts
- Give an opinion about a work of art
- Relate the arts to your own experience
- Describe how people express themselves
- Narrate events in the past
- Discuss some important artists of the Spanish-speaking world

Video Focus

- Music, dance and art in the Spanish-speaking world

A ver si recuerdas 62

- Vocabulario: Obras de arte
- Gramática
  - Repaso: Concordancia y comparación de adjetivos
- Vocabulario: El teatro
- Gramática
  - Repaso: Comparación de sustantivos y el superlativo

A primera vista 1 68

- Vocabulario y gramática en contexto
  - different types of art
  - art materials

Manos a la obra 1 72

- Vocabulario y gramática en uso
- Gramática
  - Pretérito vs. imperfecto
  - Estar + participio
- Conexiones: El arte y la historia
- Conexiones: El arte
- Ampliación del lenguaje: El sufijo -ismo
- El español en la comunidad

A primera vista 2 82

- Vocabulario y gramática en contexto
  - music, drama, and dance performances
  - art reviews

Manos a la obra 2 86

- Vocabulario y gramática en uso
- Gramática:
  - Ser y estar
  - Verbos con distinto sentido en el pretérito y en el imperfecto
- En voz alta: Amigos, Juan Luis Guerra

¡Adelante! 94

- Puente a la cultura: El mundo de Francisco Goya
- ¿Qué me cuentas?: Naturalezas muertas
- Presentación oral: "Artista del Milenio"
- Presentación escrita: El mejor candidato
- Lectura: Fragmento de Cuando era puertorriqueña

Repaso del capítulo 104

- Vocabulario y gramática
- Preparación para el examen

Objectives

- Talk about symptoms and remedies
- Give advice about health and nutrition
- Express how you feel under certain circumstances
- Tell others what to do

- Understand cultural perspectives about health, physical fitness and nutrition

Video Focus

- Maintaining a healthy lifestyle

A ver si recuerdas 108

- Vocabulario: La comida
- Gramática
  - Repaso: Pronombres de complemento directo e indirecto
- Vocabulario: La salud

A primera vista 1 114

- Vocabulario y gramática en contexto
  - symptoms and remedies
  - health, food, and nutrition

Manos a la obra 1 118

- Vocabulario y gramática en uso
- Gramática
  - Mandatos afirmativos con *tú*
  - Mandatos negativos con *tú*
  - Mandatos afirmativos y negativos con *Ud.* y *Uds.*
- Ampliación del lenguaje: *Familias de palabras*
- Conexiones: *Las ciencias*

A primera vista 2 126

- Vocabulario y gramática en contexto
  - physical fitness equipment
  - exercises to stay fit
  - giving advice

Manos a la obra 2 130

- Vocabulario y gramática en uso
- Gramática
  - El subjuntivo: Verbos regulares
  - El subjuntivo: Verbos irregulares
  - El subjuntivo: Verbos con cambio de raíz
- El español en el mundo del trabajo
- En voz alta: *Que te vaya bonito*, José Alfredo Jiménez

¡Adelante! 140

- Puente a la cultura: *Un juego muy antiguo*
- ¿Qué me cuentas?: *¿Al club o a comer?*
- Presentación oral: *Una vida más sana*
- Presentación escrita: *Por una vida más saludable*
- Lectura: *¡Cambia tus hábitos!*

Repaso del capítulo 150

- Vocabulario y gramática
- Preparación para el examen

Objectives

- Express how you relate to friends and family
- Explain what is needed to maintain friendships
- Express how you feel under certain circumstances

- Talk about family conflicts and how to resolve them
- Understand cultural perspectives on dealing with friends and family

Video Focus

- Characteristics of friendships and family relationships

A ver si recuerdas 154

- Vocabulario: Pasatiempos y cualidades
- Gramática
  - Repaso: Otros usos de los verbos reflexivos
- Vocabulario: Los defectos
- Gramática
  - Repaso: Pronombres reflexivos en acciones recíprocas

A primera vista 1 160

- Vocabulario y gramática en contexto
  - love and friendship
  - personality traits

Manos a la obra 1 164

- Vocabulario y gramática en uso
- Gramática
  - El subjuntivo con verbos de emoción
  - Los usos de por y para
- Ampliación del lenguaje: Familias de palabras
- Conexiones: Las matemáticas
- Conexiones: Las ciencias sociales

A primera vista 2 174

- Vocabulario y gramática en contexto
  - conflicts and how to resolve them
  - friends and family relationships

Manos a la obra 2 178

- Vocabulario y gramática en uso
- Gramática
  - Mandatos con nosotros
  - Pronombres posesivos
- Conexiones: El arte
- En voz alta: Será entre tú y yo, Paulina Rubio
- El español en la comunidad

¡Adelante! 186

- Puente a la cultura: El amor en las artes
- ¿Qué me cuentas?: Conflictos con y sin solución
- Presentación oral: Una sesión del concejo estudiantil
- Presentación escrita: Una relación
- Lectura: La poesía, expresión de amor y amistad

Repaso del capítulo 196

- Vocabulario y gramática
- Preparación para el examen

Capítulo 5

Trabajo y comunidad

Objectives
- Talk about ways of getting a job
- Describe skills and abilities needed to perform a job
- Talk about opportunities for volunteer work in your community
- Explain how you can help your community
- Understand cultural perspectives on dealing with student jobs and volunteer work

Video Focus
- Student volunteer work

A ver si recuerdas 200
- Vocabulario: El trabajo; la comunidad
- Gramática
  - Repaso: El participio presente; los pronombres

A primera vista 1 206
- Vocabulario y gramática en contexto
  - getting a job
  - skills and abilities needed to perform a job
  - interviewing techniques

Manos a la obra 1 210
- Vocabulario y gramática en uso
- Gramática
  - El presente perfecto
  - El pluscuamperfecto
- Ampliación del lenguaje: *Sufijos que indican profesiones*
- En voz alta: *He andado muchos caminos*, Antonio Machado
- Conexiones: *El arte*

A primera vista 2 220
- Vocabulario y gramática en contexto
  - volunteer work opportunities in your community
  - how you can help your community

Manos a la obra 2 224
- Vocabulario y gramática en uso
- Gramática
  - El presente perfecto del subjuntivo
  - Los adjetivos y los pronombres demostrativos
- El español en la comunidad

¡Adelante! 232
- Puente a la cultura: *Estados Unidos . . . en español*
- ¿Qué me cuentas?: *En busca de empleo*
- Presentación oral: *La elección de la clase*
- Presentación escrita: *La carta para solicitar empleo*
- Lectura: *La Pobreza*

Repaso del capítulo. 242
- Vocabulario y gramática
- Preparación para el examen

Objectives

- Talk about careers and professions
- Talk about plans for the future
- Explain the impact of science and technology on our lives

- Understand cultural perspectives on jobs and technology

Video Focus

- The effects of technology on society

A ver si recuerdas 246

- Vocabulario: Áreas de trabajo y profesiones
- Gramática
  - Repaso: *Saber* vs *conocer*
- Vocabulario: Cambios en la comunidad
- Gramática
  - Repaso: El *se* personal

A primera vista 1 252

- Vocabulario y gramática en contexto
  - professions
  - future relationships

Manos a la obra 1 256

- Vocabulario y gramática en uso
- Gramática
  - El futuro
  - El futuro de probabilidad
- Ampliación del lenguaje: *Profesiones*
- En voz alta: *Rima LIII*, Gustavo Adolfo Bécquer

A primera vista 2 266

- Vocabulario y gramática en contexto
  - technological advances
  - careers of the future

Manos a la obra 2 270

- Vocabulario y gramática en uso
- Gramática
  - El futuro perfecto
  - Uso de los complementos directos e indirectos
- El español en la comunidad
- Conexiones: *Las ciencias sociales*

¡Adelante! 278

- Puente a la cultura: *La arquitectura del futuro*
- ¿Qué me cuentas?: *Cuando sea mayor*
- Presentación oral: *Mi escuela del futuro*
- Presentación escrita: *El futuro según el presente*
- Lectura: *Rosa*

Repaso del capítulo 288

- Vocabulario y gramática
- Preparación para el examen

Capítulo 7

¿Mito o realidad?

Objectives

- Describe what archaeologists do
- Identify and describe some extraordinary phenomena
- Give your opinion about mysterious events
- Talk about the contributions of the Maya and Aztec civilizations
- Compare some myths and legends from the Spanish-speaking world with those of the United States

Video Focus

- Famous archaeological sites in the Spanish-speaking world

A ver si recuerdas 292

- Vocabulario: Viajar y conocer
- Gramática
  - Repaso: Las construcciones negativas
- Vocabulario: Fenómenos naturales
- Gramática
  - Repaso: Los adjetivos usados como sustantivos

A primera vista 1 298

- Vocabulario y gramática en contexto
  - what archaeologists do
  - archaeological mysteries of other civilizations

Manos a la obra 1 302

- Vocabulario y gramática en uso
- Gramática
  - El presente y el presente perfecto del subjuntivo con expresiones de duda
- Ampliación del lenguaje: *Familias de palabras*
- Conexiones: *La historia*

A primera vista 2 312

- Vocabulario y gramática en contexto
  - myths and legends
  - contributions from ancient civilizations

Manos a la obra 2 316

- Vocabulario y gramática en uso
- Gramática
  - *Pero* y *sino*
  - El subjuntivo en cláusulas adjetivas
- En voz alta: *Sueño cuarto (la luz),* Feliciano Sánchez Chan
- El español en el mundo del trabajo

¡Adelante! 324

- Puente a la cultura: *Misterios del pasado*
- ¿Qué me cuentas?: *Ver para creer*
- Presentación oral: *Tu descubrimiento científico*
- Presentación escrita: *Tu leyenda*
- Lectura: Fragmento de *Don Quijote de la Mancha*

Repaso del capítulo 334

- Vocabulario y gramática
- Preparación para el examen

Capítulo 8
Encuentro entre culturas

Objectives
- Describe how different cultures interact
- Talk about the fusion of cultures in Spain before 1492
- Talk about fusion of different cultures in the Americas after the Europeans arrived

- Understand cultural perspectives on dealing with different ethnic groups in the United States

Video Focus
- Cultural diversity in the Spanish-speaking world

A ver si recuerdas 338
- Vocabulario: Lugares y edificios famosos
- Gramática
  - Repaso: Las palabras interrogativas
- Vocabulario: El arte y el comercio
- Gramática
  - Repaso: Verbos con cambios en el pretérito

A primera vista 1 344
- Vocabulario y gramática en contexto
  - historical and contemporary Spain
  - fusion of different cultures in Spain before 1492

Manos a la obra 1 348
- Vocabulario y gramática en uso
- Gramática
  - El condicional
- Ampliación del lenguaje: *Palabras árabes*
- Conexiones: *Las ciencias sociales*
- Conexiones: *La música*

A primera vista 2 356
- Vocabulario y gramática en contexto
  - interaction between cultures
  - fusion of different cultures in the Americas after the arrival of the Europeans

Manos a la obra 2 360
- Vocabulario y gramática en uso
- Gramática
  - El imperfecto del subjuntivo
  - El imperfecto del subjuntivo con *si*
- Conexiones: *Las ciencias sociales*
- En voz alta: *Calabó y bambú*, Luis Palés Matos
- El español en el mundo del trabajo

¡Adelante! 370
- Puente a la cultura: *Las misiones de California*
- ¿Qué me cuentas?: *De leyendas y ciudades*
- Presentación oral: *Una visita a . . .*
- Presentación escrita: *Mi experiencia con otras culturas*
- Lectura: *El último sol*

Repaso del capítulo 380
- Vocabulario y gramática
- Preparación para el examen

Capítulo 9 Cuidemos nuestro planeta

Objectives
- Talk about environmental concerns in the community
- Discuss how to solve local and global environmental problems
- Express attitudes and opinions about the environment
- Understand cultural perspectives on dealing with conservation and the environment

Video Focus
- Protecting our natural environment

A ver si recuerdas 384
- Vocabulario: Cuidar el medio ambiente
- Gramática
  - Repaso: Verbos como *gustar*
- Vocabulario: Sitios y actividades de interés
- Gramática
  - Repaso: Usos del actículo definido

A primera vista 1 390
- Vocabulario y gramática en contexto
  - environmental issues
  - what we can do to protect the environment

Manos a la obra 1 394
- Vocabulario y gramática en uso
- Gramática
  - Conjunciones que se usan con el subjuntivo y el indicativo
  - Los pronombres relativos *que, quien* y *lo que*
- Ampliación del lenguaje: *Familias de palabras*
- Conexiones: *Las ciencias*

A primera vista 2 404
- Vocabulario y gramática en contexto
  - environmental issues and endangered species
  - measures to protect the environment and endangered species

Manos a la obra 2 408
- Vocabulario y gramática en uso
- Gramática
  - Más conjunciones que se usan con el subjuntivo y el indicativo
- En voz alta: *De Versos Sencillos*, José Martí
- El español en el mundo del trabajo

¡Adelante! 416
- Puente a la cultura: *Galápagos: el encuentro con la naturaleza*
- ¿Qué me cuentas?: *Unas vacaciones inolvidables*
- Presentación oral: *Campaña para limpiar la comunidad*
- Presentación escrita: *Cuidemos nuestros océanos*
- Lectura: *La mariposa monarca*

Repaso del capítulo 426
- Vocabulario y gramática
- Preparación para el examen

Capítulo 10

¿Cuáles son tus derechos y deberes?

Objectives

- Talk about rights and responsibilities at home and in school
- Discuss rights in society guaranteed by the U.S. Constitution
- Talk about the role of government
- Learn what young people think about the world problems they face and the solutions they propose
- Understand cultural perspectives on rights and responsibilities

Video Focus

- Human rights education

A ver si recuerdas 430

- Vocabulario: Proteger a la comunidad
- Gramática
  - Repaso: Pretérito vs imperfecto
- Vocabulario: Conflictos y soluciones en la comunidad
- Gramática
  - Repaso: Verbos con distinto sentido en el pretérito y en el imperfecto

A primera vista 1 436

- Vocabulario y gramática en contexto
  - children's rights at home, at school, and in society
  - parents' rights

Manos a la obra 1 440

- Vocabulario y gramática en uso
- Gramática
  - La voz pasiva: *ser* + participio pasado
  - El presente y el imperfecto del subjuntivo
- Ampliación del lenguaje: *El sufijo* -miento
- En voz alta: *Subjuntivo*, Hilario Barrero

A primera vista 2 448

- Vocabulario y gramática en contexto
  - individual rights in society
  - role of government

Manos a la obra 2 452

- Vocabulario y gramática en uso
- Gramática
  - El pluscuamperfecto del subjuntivo
  - El condicional perfecto
- Conexiones: *Las artes*
- El español en la comunidad

¡Adelante! 462

- Puente a la cultura: *Héroes de América Latina*
- ¿Qué me cuentas?: *Justicia para todos*
- Presentación oral: *Los derechos de los estudiantes*
- Presentación escrita: *¿Cuáles son sus derechos?*
- Lectura: *Si me permiten hablar . . .*

Repaso del capítulo. 472

- Vocabulario y gramática
- Preparación para el examen

Apéndices

- Vocabulario adicional 476
- Resumen de gramática 478
- Verbos 484
- Expresiones útiles para conversar 495
- Vocabulario español-inglés 496
- English-Spanish Vocabulary 528
- Grammar Index 558
- Acknowledgments 560

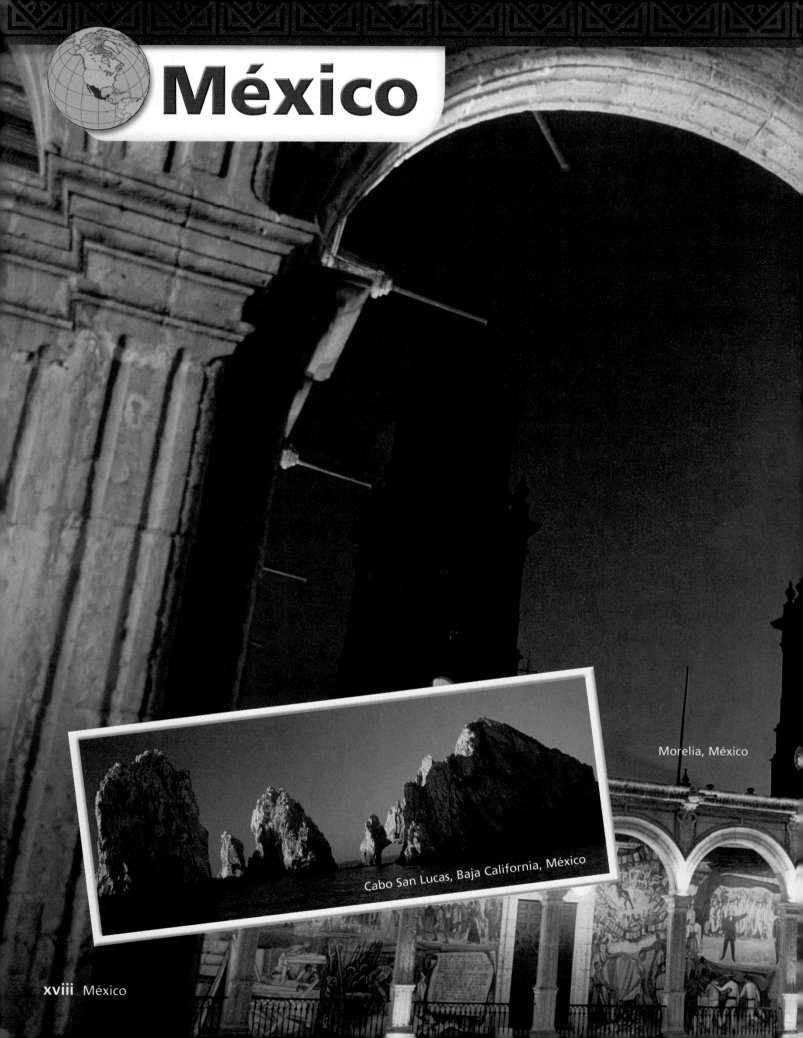

México

Morelia, México

Cabo San Lucas, Baja California, México

Tijuana

Estados Unidos

Ciudad
Juárez

Chihuahua

SIERRA MADRE OCCIDENTAL

SIERRA MADRE ORIENTAL

Nuevo
Laredo

Monterrey

Golfo de México

México

OCÉANO PACÍFICO

Guadalajara

Querétaro

Mérida

Paricutín

Ciudad
de
México

Iztaccíhuatl

Veracruz

norte

Popocatépetl

oeste ‒ este

Puebla

SIERRA MADRE DEL SUR

sur

Oaxaca

ISTMO DE
TEHUANTEPEC

Belice

Acapulco

Guatemala

- -·- Frontera nacional
⊛ Capital
• Ciudad
▲ Volcán o montaña

El Salvador

| 0 | | 300 | | 600 millas |
| 0 | 300 | | 600 kilómetros | |

México

Capital: México, D.F.

Población: 101.8 millones

Área: 761,606 mi cuadradas / 1,972,550 km cuadrados

Grupos étnicos: mestizos, indígenas, caucásicos

Religiones: católica romana, protestante

Gobierno: república federal

Moneda: peso mexicano

Exportaciones: productos manufacturados, petróleo y sus derivados, plata, café, algodón

Platos pintados, Baja California, México

América Central

Guatemala

Capital: Guatemala

Población: 13 millones

Área: 42,043 mi cuadradas / 108,890 km cuadrados

Grupos étnicos: indígenas, mestizos, caucásicos

Religiones: católica romana, protestante, creencias tradicionales mayas

Gobierno: república democrática constitucional

Moneda: quetzal

Exportaciones: combustibles, maquinaria y equipos de transporte, materiales para construcción, granos

El Salvador

Capital: San Salvador

Población: 6.2 millones

Área: 8,124 mi cuadradas / 21,040 km cuadrados

Grupos étnicos: mestizos, indígenas, caucásicos

Religiones: católica romana, protestante

Gobierno: república

Moneda: colón salvadoreño

Exportaciones: elaboración de productos con materiales fabricados en el extranjero, equipos, café, azúcar, camarón, textiles, productos químicos, electricidad

Honduras

Capital: Tegucigalpa

Población: 6.4 millones

Área: 43,278 mi cuadradas / 112,090 km cuadrados

Grupos étnicos: mestizos, africanos, indígenas, caucásicos

Religiones: católica romana, protestante

Gobierno: república democrática constitucional

Moneda: lempira

Exportaciones: café, plátano, camarón, langosta, carne, cinc, madera

San Jóse, Costa Rica

Lago Atitlán, Guatemala

México

Parque Nacional Tikal ▲

Belice

Lago Petén Itzá

Golfo de Honduras

Lago de Izabal

San Pedro Sula

Guatemala

Quetzaltenango

Copán

Honduras

⊛ Guatemala

Santa Rosa de Copán

Antigua

Cerro El Pital ▲

Volcán de Santa Ana

Santa Ana

⊛ Tegucigalpa

CORDILLERA ISABELLA

El Salvador

San Salvador

Santa Rosa de Lima

La Libertad

Nicaragua

Mar Caribe

Golfo de Fonseca

Lago de Managua

CORDILLERA CHONTALEÑA

Managua ⊛ Masaya

Granada

Lago de Nicaragua

Los Chiles

Costa Rica

Limón

OCÉANO PACÍFICO

⊛ San José

Canal de Panamá

Colón

⊛ Panamá

Golfo de Nicoya

Panamá

Golfo Dulce

Golfo de Panamá

PARQUE NACIONAL DARIÉN

norte

oeste ✳ este

sur

- ▪▪▪ Frontera nacional
- ⊛ Capital
- ● Ciudad
- ▲ Volcán o montaña
- ■ Zona arqueológica

0   200   400 millas

0   200   400 kilómetros

Nicaragua

Capital: Managua

Población: 4.9 millones

Área: 49,998 mi cuadradas / 129,494 km cuadrados

Grupos étnicos: mestizos, caucásicos, africanos, indígenas, zambos

Religiones: católica romana, protestante

Gobierno: república

Moneda: córdoba oro

Exportaciones: café, camarón, langosta, algodón, tabaco, carne, azúcar, plátano, oro

Costa Rica

Capital: San José

Población: 3.8 millones

Área: 19,730 mi cuadradas / 51,100 km cuadrados

Grupos étnicos: mestizos, africanos, indígenas, caucásicos

Religiones: católica romana, protestante

Gobierno: república democrática

Moneda: colón de Costa Rica

Exportaciones: café, plátano, azúcar, textiles, componentes electrónicos

Panamá

Capital: Ciudad de Panamá

Población: 2.8 millones

Área: 30,193 mi cuadradas / 78,200 km cuadrados

Grupos étnicos: mestizos, caucásicos, africanos, indígenas, asiáticos

Religiones: católica romana, protestante

Gobierno: democracia constitucional

Moneda: balboa

Exportaciones: plátano, azúcar, camarón, café

Go Online
PHSchool.com

For: Online Atlas
Visit: www.phschool.com
Web Code: jde-0002

El Caribe

Punta Cana, La República Dominicana

La Habana, Cuba

Estados Unidos

Golfo de México

Islas Bahamas

OCÉANO ATLÁNTICO

Estrecho de Florida

La Habana

Cuba

Isla de la Juventud

Santiago de Cuba

Guantánamo

República Dominicana

Bahía de Samaná

Puerto Rico

San Juan

Vieques

Haití

Santo Domingo

El Yunque

Ponce

Jamaica

Mar Caribe

norte
oeste · este
sur

Go Online
PHSchool.com
For: Online Atlas
Visit: www.phschool.com
Web Code: jde-0002

	0	150	300 millas
	0	150	300 kilómetros

▬·▬·▬ Frontera nacional
✪ Capital
● Ciudad
▲ Volcán o montaña

República Dominicana

Capital: Santo Domingo

Población: 8.6 millones

Área: 18,815 mi cuadradas / 48,730 km cuadrados

Grupos étnicos: mestizos, africanos, caucásicos

Religiones: católica romana, protestante

Gobierno: democracia representativa

Moneda: peso dominicano

Exportaciones: ferroníquel, azúcar, oro, plata, cacao, tabaco, carne

Puerto Rico

Capital: San Juan

Población: 3.5 millones

Área: 3,515 mi cuadradas / 9,104 km cuadrados

Grupos étnicos: mestizos, africanos, indígenas, caucásicos

Religiones: católica romana, protestante

Gobierno: estado libre asociado de Estados Unidos

Moneda: dólar estadounidense

Exportaciones: productos manufacturados, petróleo y productos derivados, plata, café, algodón

Cuba

Capital: La Habana

Población: 11.2 millones

Área: 42,803 mi cuadradas / 110,860 km cuadrados

Grupos étnicos: caucásicos, africanos, afroeuropeos

Religiones: católica romana, protestante

Gobierno: estado comunista

Moneda: peso cubano

Exportaciones: azúcar, níquel, tabaco, mariscos, productos médicos, cítricos, café

América del Sur
(Parte norte)

Ecuador

Capital: Quito

Población: 13.1 millones

Área: 109,483 mi cuadradas / 283,560 km cuadrados

Grupos étnicos: mestizos, indígenas, caucásicos

Religiones: católica romana

Gobierno: república

Moneda: dólar

Exportaciones: petróleo, textiles, plátano, camarón, cacao, azúcar, carne

Colombia

Capital: Bogotá

Población: 40.3 millones

Área: 439,736 mi cuadradas / 1,138,910 km cuadrados

Grupos étnicos: mestizos, caucásicos, africanos, indígenas

Religiones: católica romana

Gobierno: república

Moneda: peso colombiano

Exportaciones: textiles, petróleo y productos derivados, café, oro, esmeraldas, plátano, tabaco, algodón, madera, energía hidroeléctrica

Perú

Capital: Lima

Población: 25 millones

Área: 496,226 mi cuadradas / 1,285,220 km cuadrados

Grupos étnicos: mestizos, indígenas, caucásicos

Religiones: católica romana

Gobierno: república constitucional

Moneda: nuevo sol

Exportaciones: oro, cinc, cobre, pescado y productos de pescado, textiles

Mujer en los Andes, Perú

Mar Caribe

Maracaibo
Cartagena
Caracas
Río Orinoco

Venezuela

Medellín
Bogotá

Cali
Colombia

Ecuador
Ecuador
Quito

*ISLAS
GALÁPAGOS
(Ecuador)*
Chimborazo
Guayaquil

Golfo de
Guayaquil
Perú

CORDILLERA DE LOS ANDES

Brasil

Callao
Machu
Picchu
Cuzco
Lima
Bolivia
Lago
Titicaca
La Paz
Cochabamba
Sucre
Potosí

OCÉANO
PACÍFICO

Chile
Paraguay
Trópico de Capricornio
Trópico de Capricornio

OCÉANO
ATLÁNTICO

Argentina

Uruguay

▬▪▬▪▬	Frontera nacional
✪	Capital
●	Ciudad
▲	Volcán o montaña
■	Zona arqueológica

0   400   800 millas
0   400   800 kilómetros

norte
oeste ✦ este
sur

Bolivia

Capitales: La Paz, Sucre

Población: 8.3 millones

Área: 424,164 mi cuadradas / 1,098,580 km cuadrados

Grupos étnicos: quechuas, aymaras, mestizos, caucásicos

Religiones: católica romana, protestante

Gobierno: república

Moneda: boliviano

Exportaciones: soya, gas natural, cinc, madera, oro

Venezuela

Capital: Caracas

Población: 23.9 millones

Área: 352,144 mi cuadradas / 912,050 km cuadrados

Grupos étnicos: mestizos, caucásicos, africanos, indígenas

Religiones: católica romana, protestante

Gobierno: república federal

Moneda: bolívar

Exportaciones: petróleo y productos derivados, azúcar, plátano, acero, aluminio, energía hidroeléctrica

América del Sur
(Parte sur)

La Boca, Buenos Aires, Argentina

Chile

Capital: Santiago

Población: 15.3 millones

Área: 292,260 mi cuadradas / 756,950 km cuadrados

Grupos étnicos: mestizos, araucanos, caucásicos

Religiones: católica romana, protestante

Gobierno: república

Moneda: peso chileno

Exportaciones: cobre, pescado, equipos de transporte, fruta, papel y pulpa, productos químicos, energía hidroeléctrica

Paraguay

Capital: Asunción

Población: 5.7 millones

Área: 157,047 mi cuadradas / 406,750 km cuadrados

Grupos étnicos: mestizos, caucásicos

Religiones: católica romana, protestante

Gobierno: república constitucional

Moneda: guaraní

Exportaciones: azúcar, carne, tapioca, energía hidroeléctrica

Venezuela

Colombia

Ecuador

Ecuador

Perú

OCÉANO PACÍFICO

Lago Titicaca

Bolivia

ALTIPLANO

CORDILLERA DE LOS ANDES

Trópico de Capricornio

Paraguay

GRAN CHACO

Río Paraguay

Asunción ⊛

Cataratas del Iguazú

Chile

Argentina

Viña del Mar
Valparaíso
Santiago ⊛

Cerro Aconcagua

Rosario

Buenos Aires

PAMPAS

Uruguay

Montevideo ⊛
Punta del Este

Río de la Plata

Mar del Plata

OCÉANO ATLÁNTICO

norte
oeste   este
sur

0   400   800 millas
0   400   800 kilómetros

Frontera nacional
⊛ Capital
• Ciudad
▲ Volcán o montaña

Cerro de San Valentín ▲

PATAGONIA

Torres del Paine

TIERRA DEL FUEGO

Estrecho de Magallanes

Cabo de Hornos

Go Online
PHSchool.com

For: Online Atlas
Visit: www.phschool.com
Web Code: jde-0002

Uruguay

Capital: Montevideo

Población: 3.3 millones

Área: 68,039 mi cuadradas / 176,220 km cuadrados

Grupos étnicos: caucásicos

Religiones: católica romana, protestante

Gobierno: república constitucional

Moneda: peso uruguayo

Exportaciones: alimentos, vehículos, carne, arroz, maderas

Argentina

Capital: Buenos Aires

Población: 37. 8 millones

Área: 1,068,302 mi cuadradas / 2,766,890 km cuadrados

Grupos étnicos: caucásicos

Religiones: católica romana, protestante, judía

Gobierno: república

Moneda: peso

Exportaciones: carne, aceites comestibles, combustibles y energía, cereales, forraje, vehículos automotores

España
Guinea Ecuatorial

El pueblo blanco de Casares, España

España

Capital: Madrid

Población: 40 millones

Área: 194,897 mi cuadradas / 504,782 km cuadrados

Grupos étnicos: europeos

Religiones: católica romana

Gobierno: monarquía parlamentaria

Moneda: euro

Exportaciones: alimentos, maquinaria, vehículos automotores

Museo Guggenheim, Bilbao, España

norte
oeste ⟡ este
sur

Golfo de Vizcaya

Francia

Santiago de Compostela

Asturias   Cantabria   Bilbao
                          País Vasco
Galicia   Pamplona
                          Navarra   PIRINEOS

                          La Rioja
                Río Ebro
Castilla-León   Zaragoza   Cataluña

OCÉANO ATLÁNTICO   Valladolid   Aragón   Barcelona

                                                    Mar Mediterráneo

España   Madrid ⊛   Menorca
Portugal   Mallorca
                Castilla-La Mancha
                                        Valencia
Extremadura   Ibiza   ISLAS BALEARES
        Mérida   Valencia

                SIERRA MORENA
                                        Alicante
                        Córdoba
    Río Guadalquivir   Murcia
        Sevilla   Andalucía
                        Granada
                Málaga

Estrecho de Gibraltar

ISLAS CANARIAS
    La   Lanzarote
    Palma   Fuerte-
        Tenerife ventura
    El   La   Gran
    Hierro Gomera Canaria
OCÉANO
ATLÁNTICO   0   50 millas
             0   50 kilómetros

Frontera nacional
⊛ Capital
• Ciudad

0   100   200 millas
0   100   200 kilómetros

Guinea Ecuatorial

Capital: Malabo

Población: 486,060

Área: 10,831 mi cuadradas / 28,051 km cuadrados

Grupos étnicos: bubi, fernandino, fang

Religiones: católica romana, religiones africanas tradicionales

Gobierno: república

Moneda: franco CFA

Exportaciones: petróleo, maderas, cacao, café

Malabo ⊛
    Isla Bioko

Golfo de Guinea

0   25   50 millas
0   25   50 kilómetros

norte
oeste ⟡ este
sur

Camerún

Guinea Ecuatorial

OCÉANO ATLÁNTICO

Ebebiyin

Mbini •
PARQUE NACIONAL MONTE ALEN

Gabón

Frontera nacional
⊛ Capital
• Ciudad

Estados Unidos

Jackson Hole, Wyoming

Estados Unidos

Capital: Washington, D.C.

Población: 278 millones

Área: 3,717,813 mi cuadradas / 9,629,091 km cuadrados

Grupos étnicos: caucásicos, hispanos, afroamericanos, asiáticos, indígenas

Religiones: protestante, católica romana, judía, musulmana

Gobierno: república federal

Moneda: dólar estadounidense

Exportaciones: vehículos automotores, equipos aeroespaciales, telecomunicaciones, equipos electrónicos, bienes de consumo, productos químicos, alimentos, trigo, maíz

Puente Golden Gate, San Francisco, California

Map Legend

- ▬ ▬ Frontera nacional
- ✪ Capital
- ● Ciudad

0 300 600 millas
0 300 600 kilómetros

Canadá

Seattle

MONTAÑAS ROCOSAS

GRANDES LLANURAS

Grandes Lagos

Minneapolis

Detroit

Cleveland

Boston

Nueva York

Chicago

Filadelfia

MONTES APALACHES

San Francisco

Denver

Estados Unidos

St. Louis

Washington, D.C.

Los Ángeles

San Diego

Phoenix

Atlanta

OCÉANO PACÍFICO

Dallas

OCÉANO ATLÁNTICO

Houston

México

San Antonio

Golfo de México

Río Grande

Miami

Estrecho de Florida

Trópico de Cáncer

Inset Map: Alaska and Hawaii

Alaska Canadá

Mar de Bering

Golfo de Alaska

0 250 500 millas
0 250 500 kilómetros

OCÉANO PACÍFICO

Hawaii

0 50 100 millas
0 100 kilómetros

Paseo del Río, San Antonio, Texas

Why Study Spanish?

¡Bienvenidos!

Welcome back to **Realidades** 3! Spanish 3 is an exciting year. Throughout the year your Spanish skills will improve as the themes, topics, and language become slightly more complex. In addition, your understanding of the rich cultures in the Spanish-speaking world will increase as you explore the cultural topics in each chapter.

In **Realidades** 3, you'll:
- review vocabulary and grammar
- learn additional vocabulary and grammar
- expand your skills: listening, speaking, reading, and writing
- connect Spanish with science, math, history, and geography
- read about people, places, and traditions from the Spanish-speaking world
- read authentic literature: short stories, poems, autobiographies, legends, and song lyrics
- communicate about what's important to you: friends, relationships, leisure activities, and future plans
- communicate about contemporary topics: health, history, government, the arts, and the environment
- develop a strong foundation for the study of the Spanish language and culture

OCÉANO ATLÁNTICO

FRANCIA

CASTILLA

PORTUGAL

ESPAÑA   ARAGÓN

◇Madrid

Islas Balear

Córdoba

Sevilla   Granada

M

Estrecho de Gibraltar

ÁFRICA

Paisaje Juan les Pins, (1920), Pablo Picasso
Oil on canvas. 52 x 70 cm. Photo: R. G. Ojeda © 2004 Estate of Pablo Picasso/Artists Rights Society ARS, NY. Musée Picasso, Paris, France. Réunion des Musées Nationaux/Art Resource, NY.

Study Tips

For: More tips for studying Spanish
Visit: www.phschool.com
Web Code: jee-0003

Tips for Success!

The goal of Spanish is to communicate! Throughout **Realidades** 3, you'll find a wide range of support to help you communicate more effectively.

• **Para empezar Realidades** 3 begins with a review chapter that focuses on the basics from second year. It is likely you'll remember this vocabulary and grammar. If not, use the textbook activities and the **Go online** links at the Web Site for extra practice.

• **A ver si recuerdas** Each chapter begins with a review section that provides a quick summary of the vocabulary and grammar from first and second year Spanish that connect with the upcoming chapter. This material isn't tested, but it might be something you'll use as you communicate.

• **Grammar Summary and Glossaries** At the end of the book, you'll find grammar and vocabulary reference sections from all levels of **Realidades**. These will be a useful tool as you need to look up information.

• **Go Online** Be sure to use the online activities as a review or extra practice. Be sure to visit the online **Web Code** listed at the top of this page for a wide range of study suggestions.

• **Estrategia** You'll find a wide range of strategies that offer useful study tips. Be sure to use all the different strategies you learned in the previous levels: using cognates, using visuals, using graphic organizers, using prior knowledge, etc. Visit the **Go online** Study Tips **Web Code** for a list of all the strategies you've used in the program.

A ver si recuerdas...

Vocabulario

trabajos
el / la agente de viajes
el / la atleta,
el bombero,
   la bombera
el cajero, la cajera
el camarero,
   la camarera
el científico,
   la científica
el / la dentista
el / la detective
el empleado,
   la empleada
el entrenador,
   la entrenadora
el fotógrafo,
   la fotógrafa
   locutor,

cualidades
animado, -a
artístico, -a
atlético, -a
bien educado, -a
cortés
interesante
obediente
ordenado, -a
paciente
trabajador, -a

acciones
cortar el césped
cuidar niños
decorar
dibujar
hablar por teléfono
lavar el coche
lavar los platos
limpiar
pasar la aspiradora

lugares
el banco
la biblioteca
el centro comercial
el cine
la escuela
la estación de
   servicio
la farmacia
el gimnasio
la guardería
   infantil
la librería
el museo
el restaurante
el supermercado
el teatro
la tienda

Estrategia

Reading for comprehension
Read without stopping at unknown words. Then go back, decide if the words are important, and see if you can guess the meaning. If you do not understand the meaning, then look at the footnotes or a dictionary.

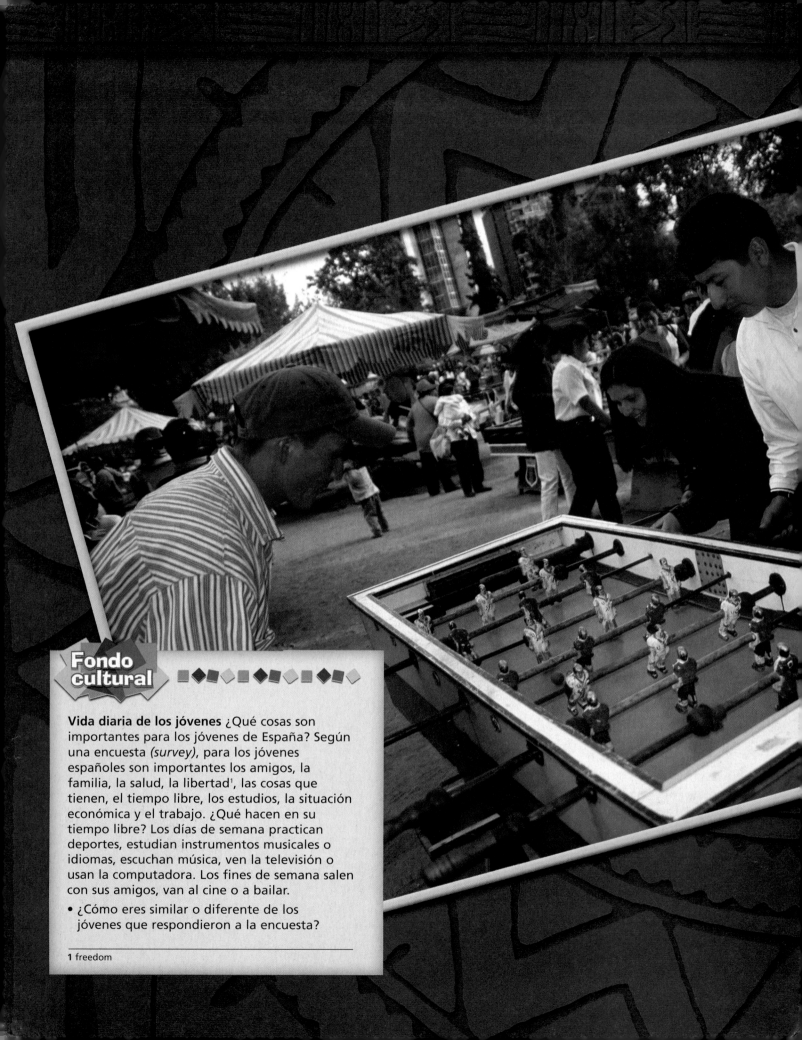

Fondo cultural ◆◆◇◇◻◇◆◇◇◻◆◇

Vida diaria de los jóvenes ¿Qué cosas son importantes para los jóvenes de España? Según una encuesta *(survey)*, para los jóvenes españoles son importantes los amigos, la familia, la salud, la libertad[1], las cosas que tienen, el tiempo libre, los estudios, la situación económica y el trabajo. ¿Qué hacen en su tiempo libre? Los días de semana practican deportes, estudian instrumentos musicales o idiomas, escuchan música, ven la televisión o usan la computadora. Los fines de semana salen con sus amigos, van al cine o a bailar.

• ¿Cómo eres similar o diferente de los jóvenes que respondieron a la encuesta?

1 freedom

Para empezar

Objectives

1 Tu vida diaria

- **Talk about school and non-school daily activities**
- **Describe your day before and after school**

2 Días especiales

- **Talk about weekend activities**
- **Describe special events and celebrations**

1 Tu vida diaria

—Hola, Ana. Tengo que escribir un artículo para la revista de la escuela sobre la vida diaria de los estudiantes. ¿Puedes responder a unas preguntas?

—¡Por supuesto!

—¿Qué haces generalmente por la mañana, antes de salir para la escuela?

—Hago la cama, tomo el desayuno, pongo los libros en la mochila y salgo de casa a las 7:30.

—¿Y en tu tiempo libre?

—Juego al fútbol . . . mi actividad favorita.

—Hola Tomás, ¿puedes contestar unas preguntas sobre lo que haces después de la escuela?

—Hmm, . . . A veces voy con mis amigos al gimnasio a hacer ejercicio.

—¿Y cuándo haces la tarea?

—Hago la tarea por la tarde, antes de ayudar a mi mamá con los quehaceres de la casa.

—¿Cómo ayudas a tu mamá?

—Voy al supermercado con ella y la ayudo a cocinar. Me encanta hacer la cena y todos en mi familia dicen que cocino muy bien.

Actividad 1   Leer/Hablar

Cada día

Contesta las preguntas sobre Ana y Tomás.

1. ¿Qué hace Ana por la mañana?
2. ¿Cuál es la actividad favorita de Ana?
3. ¿Adónde va a veces Tomás? ¿Con quién?
4. ¿Qué hace Tomás antes de ayudar a su mamá con los quehaceres de la casa?
5. ¿Qué dicen en la familia de Tomás acerca de cómo cocina él?

Actividad 2   Escribir

Tu vida diaria

¿Qué haces durante el día? Completa las frases con lo que haces en un día típico.

1. Voy . . .	3. Tomo . . .	5. Pongo . . .	7. Miro . . .	9. Estudio . . .
2. Hago . . .	4. Juego . . .	6. Salgo . . .	8. Ayudo . . .	10. Escucho . . .

Gramática·Repaso
Verbos irregulares

Remember that some verbs in Spanish are irregular in the first person singular of the present tense. Look at the following examples. Note that other verbs you know that are conjugated like *conocer* are *obedecer, ofrecer,* and *parecer*.

conocer	cono**zco**	salir	sal**go**
dar	**doy**	traer	tra**igo**
hacer	ha**go**	ver	**veo**
poner	pon**go**	caer	ca**igo**
saber	**sé**		

Also, there are some verbs in Spanish that are irregular in all the persons of the present tense:

ser

soy	somos
eres	sois
es	son

ir

voy	vamos
vas	vais
va	van

decir

digo	decimos
dices	decís
dice	dicen

estar

estoy	estamos
estás	estáis
está	están

oír

oigo	oímos
oyes	oís
oye	oyen

tener

tengo	tenemos
tienes	tenéis
tiene	tienen

Actividad 3 Hablar

¿Qué haces tú?

No todas las personas hacen las mismas actividades durante el día. Trabaja con otro(a) estudiante para hablar sobre las actividades que hacen usando los verbos del recuadro. Usen *¿qué?, ¿cómo?, ¿cuándo?, ¿dónde?, ¿para qué?, ¿a qué hora?, ¿por qué?* para hacer las preguntas.

Modelo

A —*¿A qué hora desayunas?*
B —*Yo desayuno a las ocho de la mañana.*

comer	ir de compras	tomar el desayuno
estudiar	hacer la tarea	ir a la escuela
ir al gimnasio	hacer/practicar un	llegar
ver la tele	deporte	tomar (lecciones)
salir de paseo	hablar por teléfono	navegar en la Red

Actividad 4   Leer/Escuchar

Elena y su familia

❶ Lee la siguiente descripción de Elena de los quehaceres que hace cada miembro de su familia.

En mi familia todos ayudamos con los quehaceres de la casa. Cada uno de nosotros tiene una tarea específica. Como nuestros horarios son diferentes, nunca estamos todos trabajando al mismo tiempo. Las tareas que tenemos son:

Mamá:
- *preparar el almuerzo*
- *limpiar la cocina y el baño*
- *lavar la ropa*

Papá:
- *hacer el desayuno*
- *cortar el césped*
- *lavar el coche*

Yo:
- *arreglar mi cuarto y hacer la cama*
- *dar de comer al perro*
- *poner la mesa*

Mi hermano mayor:
- *preparar la cena*
- *arreglar su cuarto y hacer la cama*
- *pasar la aspiradora*

Como todos ayudamos con los quehaceres, las tareas se hacen más rápido y tenemos más tiempo libre para salir a pasear o hacer otras actividades.

❷ Escribe los números del 1 al 6 en una hoja. Escucha las frases y escribe *C* si la frase es cierta y *F* si es falsa.

Actividad 5   Escribir/Hablar

En tu familia

❶ Escribe una breve descripción sobre quiénes hacen los quehaceres en tu casa y qué hace cada uno. Escribe la información en forma de frase.

❷ Trabaja con un(a) compañero(a) para comparar las descripciones que escribieron. Decidan qué actividades tienen en común y por qué.

Actividad 6   Gramática   Escribir/Hablar

Tu actividad favorita

❶ Decide cuál es tu actividad favorita del día y descríbela. No digas qué actividad es.

Modelo

Leo mis libros y escribo cosas.

❷ En grupo, cada uno(a) lee su descripción. El resto debe adivinar de qué actividad se trata.

Modelo

Tu actividad favorita es hacer la tarea.

● Más práctica

Practice Workbook P-1

For: Practice with vocabulary and irregular verbs
Visit: www.phschool.com
Web Code: jed-0001

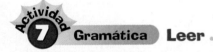

Gramática · Repaso

Presente de los verbos con cambios de raíz

Remember that in Spanish there are three groups of stem-changing verbs. The stem change occurs in all forms except the *nosotros(as)* and *vosotros(as)* forms. Here are the present-tense forms of *perder (ie), poder (ue)* and *pedir (i)*.

perder (e → ie)

pierdo	perdemos
pierdes	perdéis
pierde	pierden

poder (o → ue)

puedo	podemos
puedes	podéis
puede	pueden

pedir (e → i)

pido	pedimos
pides	pedís
pide	piden

Other verbs like *perder* are: *empezar, querer, preferir, pensar, divertirse, despertarse, sentirse, mentir, cerrar, comenzar, entender.*

Other verbs like *poder* are: *jugar (u → ue), contar, costar, encontrar, recordar, volar, dormir, volver, devolver, acostarse, almorzar.*

Other verbs like *pedir* are *servir, repetir, reír, sonreír, seguir, vestirse.*

Actividad 7 Gramática Leer

Vida deportiva

Lee lo que escribió Carmen sobre su equipo de fútbol. Completa el párrafo con la forma correcta del verbo apropiado en el presente.

Después de la escuela yo ___**1.**___ (*preferir / dormir*) ir al club para jugar al fútbol. Mis compañeras y yo ___**2.**___ (*recordar / jugar*) bastante bien pero nuestra entrenadora ___**3.**___ (*poder / pensar*) que el equipo rival ___**4.**___ (*empezar / jugar*) mejor. A veces nosotras ___**5.**___ (*perder / servir*) un partido, pero cuando nuestro equipo ___**6.**___ (*poder / comenzar*) meter un gol es fabuloso.

Actividad 8 Gramática   Escribir

Actividades de la semana

Usa los verbos del recuadro para completar las frases según tu experiencia.

servir	querer	perder	jugar
dormir	poder	sentirse	preferir

1. Después de la escuela, mis amigos . . .

2. Para el almuerzo, mi mamá . . .

3. A veces, mis amigos y yo . . .

4. Cuando mi equipo favorito . . .

5. Muchas veces yo . . . pero no . . .

Leer/Escribir ·

Roberto y Lucas

1 Imagina que conoces a dos hermanos muy diferentes entre sí *(from each other)*. Observa las fotos y lee el texto que las acompaña.

Roberto y Lucas son hermanos. Ellos son muy diferentes entre sí. Los fines de semana, Roberto empieza el día temprano—duerme solamente hasta las siete de la mañana. A las ocho, juega al fútbol con sus amigos y a las diez vuelve a casa. Lucas prefiere levantarse tarde porque se acuesta muy tarde. No entiende cómo su hermano puede levantarse temprano. A Lucas le gusta tocar la guitarra y escribir canciones. Sonríe mucho cuando escucha música porque le encanta. Cuando Lucas toca la guitarra muy alto *(loudly),* Roberto se vuelve loco. Lucas se vuelve loco cuando Roberto enciende la luz y lo despierta. A los dos hermanos les gusta ir al cine y navegar en la Red. Los dos son muy amables pero no se entienden muy bien.

2 ¿Eres más similar a Roberto o a Lucas? Indica con una X quién hace cada una de estas actividades y si tú también las hace. Luego, escribe un párrafo comparándote a ti mismo con Roberto o Lucas.

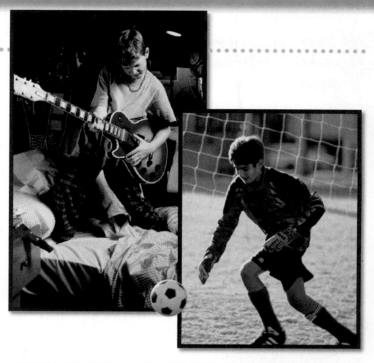

Actividad	Roberto	Lucas	Yo
jugar al fútbol			
tocar la guitarra			
sonreír al escuchar música			
preferir levantarse tarde			
encender la luz temprano			

Modelo

Lucas y yo preferimos más escuchar música que hacer deportes.

Gramática **Escribir** ·

¿Y qué haces tú?

Imagina que estás en una reunión de amigos y comienzan a hablar de lo que hacen. Escribe frases usando las palabras de las tres columnas.

Modelo

yo / cortarse / el pelo
Yo me corto el pelo todos los meses.

A	B	C
yo	ayudar	autobús
tú	correr	de paseo
Carlos	desayunar	en el parque
nosotros	hacer	quehaceres
ustedes	salir	tarea de la escuela
mis amigos	tomar	temprano / tarde

● **Más práctica** ·
Practice Workbook P-2

For: Practice with present tense of stem-changing verbs
Visit: www.phschool.com
Web Code: jed-0002

Gramática·Repaso

Los verbos reflexivos

To say that people do something to or for themselves, you use reflexive verbs. A reflexive verb has two parts: a reflexive pronoun (*me, te, se, nos, os*) and a verb form. Here are all the present-tense forms of *levantarse*:

me levanto	**nos** levantamos
te levantas	**os** levantáis
se levanta	**se** levantan

Many reflexive verbs in Spanish describe daily routine actions: *acostarse (ue), afeitarse, arreglarse, bañarse, cepillarse, despertarse (ie), ducharse, lavarse, pintarse, ponerse, secarse, vestirse (i).*

Except for *se*, the reflexive pronouns are the same as the indirect object pronouns. They usually come before the verb, but they may also be attached to an infinitive.

Me lavo la cara.　　　　Voy a **lavarme** la cara.

Remember that with reflexive verbs, you usually use the definite article with parts of the body or articles of clothing.

Me pongo **la** chaqueta.　　　Me cepillo **los** dientes.

11 **Escribir**

Lo opuesto a ti

Imagina que tienes hermanos(as) muy diferentes a ti. Lo que a ti te gusta hacer, a ellos(as) no. Escribe frases comparándose.

Modelo

secarse el pelo
Mi hermana no se seca el pelo antes de salir de la casa pero yo sí.

1. lavarse la cara
2. cepillarse los dientes
3. vestirse con ropa moderna

4. cortarse el pelo todos los meses
5. despertarse
6. acostarse

12 **Escribir**

A las 7:00 . . .

Describe lo que haces cada mañana desde que abres los ojos hasta que sales para ir a la escuela.

Modelo

7:00: Me despierto. 7:05: Me levanto de la cama.

● **Más práctica**

Practice Workbook P-3

For: Practice with reflexive verbs
Visit: www.phschool.com
Web Code: jed-0003

Objectives

- **Talk about special events and activities**
- **Discuss what you do with your family and friends on these occasions**
- **Talk about entertainment and sports**

2 Días especiales

Todos los años, la revista *Familia* hace una encuesta. A continuación aparecen algunas de las respuestas más interesantes a la encuesta "¿Cuál es tu día de fiesta favorito?".

Margarita: ▶

"Mi día de fiesta favorito es el día de mi cumpleaños. Siempre hacemos una fiesta. Mis padres y yo decoramos la casa con globos y luces. Mi mamá siempre me prepara un pastel. Pero lo mejor es que todos mis amigos vienen y traen música y nos pasamos la noche bailando. "

◀ **Laura:**

"Lo que más me gusta es el baile de la escuela de fin de año. Me gusta porque puedo charlar con mis amigos y bailar. Además me encanta arreglarme para la fiesta.

Con mis amigas siempre nos reunimos en una de las casas para prepararnos e ir juntas a la fiesta."

Manuel: ▶

"Mi día preferido es el día que la familia entera se reúne para celebrar algún evento importante, como una boda o una graduación. La abuela prepara una gran cena pero todos ayudamos con algo. Yo tengo la tarea de cuidar a mis primos y hermanos más pequeños."

 Actividad 13 Leer/Escribir ·

Los días de fiesta

Contesta las preguntas sobre los jóvenes de la encuesta.

1. ¿Cuál es el día favorito de Margarita? ¿Y el de Manuel?
2. ¿Por qué se reúnen Manuel y sus parientes?
3. ¿Cómo se arregla Laura para la fiesta de fin de año de la escuela?
4. ¿Qué es lo mejor para Margarita?
5. ¿Qué tarea tiene Manuel en las fiestas?
6. ¿Cómo son similares los días favoritos de Margarita y Laura?

Actividades de una joven

1 Lucía participa en una encuesta. Lee la siguiente gráfica que indica cuántas veces Lucía realiza cada actividad.

Actividad	1 a 3 veces por semana	1 vez al mes	1 a 3 veces al año	Nunca
ir a bailar		x		
practicar deportes	x			
ir al cine		x		
ver la televisión	x			
ir de compras	x			
ir a una fiesta de sorpresa			x	
tocar un instrumento musical	x			
celebrar un día especial		x		
reunirse con amigos	x			
ir de vacaciones			x	
tener una cita		x		
ir a una boda				x
hacer un concurso		x		
hacer una audición		x		
ir a un desfile		x		
ver fuegos artificiales				x
hacer un picnic			x	

2 Copia la gráfica y úsala para hacer la encuesta a tres estudiantes.

Modelo

A —¿Cuántas veces al mes o al año vas a bailar?
B —Voy a bailar tres veces al año.

3 Con los resultados que obtengas, escribe cinco frases sobre las actividades de tus compañeros.

Tu día favorito

1 Piensa en cuál es tu día de fiesta favorito y contesta las siguientes preguntas.

1. ¿Celebras con tu familia o con tus amigos?   **3.** ¿Qué haces para celebrarlo?

2. ¿Te preparas para ese día durante la semana?   **4.** ¿Es un día importante para otras personas?

2 Basándote en tus respuestas, escribe un párrafo para describir tu día favorito del año y decir cuál es. Cuenta lo que ocurre ese día.

Actividad 16 **Leer/Escribir** ....

Las películas

❶ Una actividad que le gusta hacer a casi todo el mundo es ir al cine. Lee lo que dicen estos jóvenes venezolanos de la película *El señor de los anillos* y contesta las preguntas que siguen.

LAS PELÍCULAS

Película: El señor de los anillos

Es una película impresionante. Me encantan los personajes y el argumento. La música y los efectos especiales son fantásticos. La gente no se aburre de verla. Su director es un genio. *Pedro Rosas, 16 años, Caracas*
★★★★★

La película es interesante pero los actores no me gustan. No muestran *(show)* bien cómo son los personajes del libro. El director no cuenta la historia con detalles y es difícil de entender. La gente que no conoce el libro no puede entender de qué trata. *Sandra Gómez, 17 años, Maracaibo* ☆

La película no se parece al libro pero mantiene la misma idea. Me gusta la imaginación del director. Los actores hacen un buen trabajo pero el argumento no me fascina. Recomiendo la película para pasar un buen momento. *Lucas Pérez, 15 años, Valencia* ★★★

1. Nombra tres cosas que le gustan a Pedro de la película.

2. ¿Qué cree Sandra sobre cómo la película se compara al libro?

3. Nombra una cosa que le gusta y una cosa que no le gusta a Lucas.

❷ Piensa en una película que te gusta mucho o que no te gusta nada. Escribe una descripción de la película. Puedes usar las palabras del recuadro.

inolvidable	despacio(a)
típico(a)	divertido(a)
estupendo(a)	emocionante
bello(a)	exagerado(a)
artístico(a)	horrible
talentoso(a)	violento(a)

¿Recuerdas?

To talk about your favorite movies:
un drama
una comedia
una película de ciencia ficción
una película policiaca
una película romántica
una película de horror

Gramática · Repaso

Verbos que se conjugan como *gustar*

You already know several verbs that always use the indirect object pronouns *me, te, le, nos, os, les:*

encantar	*to love*	**importar**	*to matter*
gustar	*to like*	**interesar**	*to be interested in*

These verbs all use the same construction: indirect object pronoun + verb + subject.

Me gusta el fútbol.   ¿**Te interesan** las pinturas?

Remember, in the sentences above, the verb forms *gusta* (singular) and *interesan* (plural) agree with the subjects *fútbol* and *pinturas*. The words *me* and *te* are indirect object pronouns.

  Hablar

Los programas de televisión

¿Qué programas te gustan? Trabaja con un(a) compañero(a) para hablar sobre sus programas favoritos. Usa *gustar, encantar,* e *interesar.*

Modelo

A—*¿Te interesan los programas de noticias?*

B—*Sí, me interesan mucho. Me gusta saber lo que pasa en el mundo.*
o: *No, no me gustan porque son aburridos.*

Estudiante A

1. los programas educativos
2. los programas de la vida real
3. los programas de dibujos animados
4. los programas de deportes
5. las telenovelas

Estudiante B

¡Respuesta personal!

  Hablar

Programas de deportes

Trabaja con otro(a) estudiante para hacer y contestar preguntas sobre tus deportes favoritos. Usa los verbos *gustar, encantar, importar* e *interesar.*

Modelo

A — *¿Te gusta jugar al béisbol?*
B — *Sí, me encanta jugar al béisbol.*

● **Más práctica**
Practice Workbook P-4

For: Practice with vocabulary
and verbs like *gustar*
Visit: www.phschool.com
Web Code: jed-0004

Gramática · Repaso

Adjetivos posesivos

Remember that possessive adjectives in Spanish agree in gender and number with the nouns they describe. They are placed in front of the noun.

Singular		Plural	
mi, tu, su, nuestro, vuestro	vuelo	**mis, tus, sus, nuestros, vuestros**	vuelos
mi, tu, su, nuestra, vuestra	maleta	**mis, tus, sus, nuestras, vuestras**	maletas

Since *su* and *sus* have many meanings, use the prepositional phrase *de* + name/pronoun instead for clarity or emphasis.

Sus pantalones son elegantes.
¿Los pantalones **de ella?**
No, los **de usted.**

Actividad 19   Gramática   **Leer/Escribir** ....

¡A esquiar!

Pablo sale mañana para esquiar con su familia en Bariloche, Argentina. Él está muy emocionado (*excited*) y escribe cómo se siente en su diario. Lee lo que escribe y llena los espacios con la forma correcta del adjetivo posesivo apropiado.

Mañana voy con 1._____ familia a esquiar en Bariloche. Estamos un poco nerviosos porque 2._____ vuelo sale muy temprano y todavía tenemos que recoger 3._____ boletos en el aeropuerto. 4._____ agente de viajes nos dice que 5._____ reservaciones están confirmadas, y yo creo lo que ella dice.

Estoy muy emocionado con esquiar. ¡Hace una semana que están hechas 6._____ maletas! 7._____ padres y 8._____ hermana mayor tienen maletas muy grandes a causa de 9._____ ropa. Mi hermano menor también lleva una maleta grande a causa de 10._____ juguetes... ¡tiene muchos!

Fondo cultural

Esquiar en Bariloche Cuando hay nieve, mucha gente aprovecha (*takes advantage*) para practicar su deporte preferido: esquiar. En Bariloche, Argentina, se encuentra uno de los centros de esquí más famosos de Latinoamérica. Esquiadores de todas partes del mundo, tanto profesionales como principiantes (*beginners*), llegan a este lugar cada año. Aquí pueden disfrutar de modernas pistas de esquí y también de los impresionantes paisajes (*scenery*) que hay a su alrededor. Bariloche es un lugar ideal para hacer deportes y conocer las bellezas naturales que nos ofrece nuestro planeta.

• ¿En qué otros países hispanobablantes es posible esquiar? ¿En qué países hace demasiado calor?

Actividad 20 Leer/Escribir

Días de vacaciones

 Lee esta tarjeta postal que Rosa le escribe a una amiga sobre sus vacaciones de verano.

Querida Sara,

¿Cómo estás? Te escribo desde la playa en Miami. ¡Me encanta estar de vacaciones! Todos los días me levanto tarde, desayuno y voy a la playa con mi familia. Mis hermanos y yo nos bañamos en el mar todo el día, y a veces salimos a dar vueltas por la ciudad en nuestras bicicletas. Mi hermano también se encuentra con sus amigos. Todas las noches, después de cenar, voy con mi hermano y sus amigos al cine o a comer helado.

Nuestro hotel también es fantástico. Hay un vendedor que vende artesanías en la playa y me encanta mirar sus aretes de plata. ¡Qué divertido!

Saludos,

Rosa

 Haz una lista de las cosas que hace Rosa en sus vacaciones.

Modelo

Rosa le escribe una tarjeta postal a su amiga.

Actividad 21 Escribir/Hablar

Unas preguntas sobre tus vacaciones

 Piensa en las cosas que haces durante tus vacaciones. En una hoja escribe las respuestas a estas preguntas.

1. ¿Qué haces durante tus vacaciones?

2. ¿Te quedas en la ciudad todo el tiempo?

3. ¿Viajas con tu familia o amigos a algún lugar? ¿Adónde?

4. ¿Qué haces generalmente en un día de vacaciones?

5. ¿A qué hora te levantas? ¿Y a qué hora te acuestas?

6. ¿Qué lugar te gusta más para irte de vacaciones?

 Trabaja con otro(a) estudiante para hablar sobre las vacaciones. Usen las preguntas anteriores como modelo para su conversación. Escriban las respuestas y un párrafo sobre las vacaciones.

 Más práctica
Practice Workbook P-5,
Practice Workbook Organizer P-6

Go Online
PHSchool.com

For: Practice with possessive adjectives
Visit: www.phschool.com
Web Code: jed-0005

Mi vida

Tarea

Imagínate que tienes que hacer una presentación oral en español para graduarte de la escuela. Escoge uno de estos aspectos de tu vida para hablar ante un grupo de estudiantes.

- Un día en la escuela. ¿Qué haces antes de ir a la escuela? ¿Te diviertes en tu escuela? ¿Cómo son tus amigos? ¿Qué actividades haces después de la escuela?
- Tu película o programa de televisión favorito. ¿Quiénes son los personajes del programa o de la película? ¿Qué problemas tienen? ¿Qué hacen para resolverlos?
- Tus vacaciones. ¿A dónde te gusta ir de vacaciones? ¿Vas a ese lugar con tus amigos o tu familia? ¿Qué haces allí?
- El deporte que practicas. ¿Por qué te gusta ese deporte? ¿Con quiénes practicas ese deporte? ¿Dónde lo practicas? ¿Qué se necesita para ser un buen jugador?

Prepárate Contesta las preguntas o escribe frases y palabras que te van a ayudar a hacer tu presentación ante el grupo.

2 Practica Vuelve a leer la información que escribiste y piensa cómo la vas a presentar. Puedes usar tus notas para practicar, pero no al hablar ante la clase. Después, vas a ir al lugar del salón de clases donde están los estudiantes que van a hablar del mismo tema que tú. Contesta las preguntas que te hacen los estudiantes de tu grupo sobre tu presentación.

3 Haz tu presentación Habla de tu tema con tu grupo como ayuda para pensar en más ideas. Al final, cada estudiante de cada grupo debe presentar el tema ante la clase.

Evaluación Tu profesor(a) puede explicarte cómo va a evaluar tu presentación. Probablemente, para tu profesor es importante ver que:

- te preparas bien para hacer tu presentación
- todo lo que dices tiene relación con tu tema
- el público puede entender tu presentación

Actividades en mi comunidad

Tarea

Imagínate que tienes que hacer una página Web describiendo las actividades que hacen los jóvenes de tu ciudad. Imagina que la página Web la leen jóvenes de otros países que planean visitar los Estados Unidos y necesitan información sobre las diferentes cosas que pueden hacer en tu ciudad.

Estrategia

Evaluate your lead to see whether added details might help to generate more interest in your topic. Make notes to suggest areas for further development, and jot down ideas that will make the paragraphs and the information more appealing.

1 Antes de escribir Piensa en los siguientes temas para incluir en tu página Web:

- gimnasios
- cines y teatros
- restaurantes
- lugares para bailar

- lugares para hacer amigos
- escuelas de instrumentos musicales, idiomas, computación
- lugares para ir de compras

2 Borrador Escribe tu borrador de la página Web. Usa la información de arriba. Piensa en las ilustraciones que acompañan a la página Web.

3 Redacción/Revisión Trabaja con otro(a) estudiante para intercambiar los borradores de las páginas Web y leerlos. Habla de qué se puede hacer para mejorar el borrador.

- ¿Incluye la página Web información sobre los temas de la sección *Antes de escribir*?
- ¿Usaste la forma correcta de los verbos y adjetivos posesivos?

4 Publicación Revisa otra vez tu borrador y escribe el texto de la página Web en una hoja grande de papel para hacer un póster. Añade fotos o ilustraciones para decorar la página.

5 Evaluación Tu profesor(a) puede explicarte cómo va a evaluar tu presentación. Probablemente, para tu profesor(a) es importante ver que:

- usaste suficiente información en tu página Web
- añadiste detalles interesantes
- usaste correctamente las palabras y la gramática de esta sección

Las actividades de los jóvenes

A ver si recuerdas...

Vocabulario

Lugares
el campo
el lago
el mar
las montañas
el parque
la playa
el río

El tiempo
llueve (llover)
nieva (nevar)
hace ...
    buen tiempo
    calor
    frío
    mal tiempo

Actividades
dar una caminata
ir de pesca
ir de vacaciones
ir de viaje
montar en bicicleta
montar a caballo
tomar el sol

Otras actividades
hacer ...
    esquí acuático
    moto acuática
    surf de vela
    una fogata
    una parrillada
    un picnic

**Animales /
Insectos**
las hormigas
el mono
los mosquitos
el oso
el pájaro
los peces

Actividad 1 **Escribir/Hablar** ....

Práctica de vocabulario

① Escoge dos lugares de la lista adonde a veces vas de vacaciones. Escribe dos actividades que haces allí, el tiempo que hace y los animales que puedes encontrar.

② Ahora trabaja con otro(a) estudiante para hablar de sus vacaciones. Usen palabras de las listas.

• Y tú, ¿adónde vas de vacaciones generalmente?
Voy a ...

• ¿Qué actividades te gusta hacer allí?
Me gusta ...

• ¿Qué tiempo hace?
Hace ...

Gramática · Repaso

El pretérito de los verbos

You use the preterite to talk about things that happened in the past.
Here are the regular preterite forms of verbs ending in *-ar, -er,* and *-ir:*

caminar

caminé	caminamos
caminaste	caminasteis
caminó	caminaron

comer

comí	comimos
comiste	comisteis
comió	comieron

vivir

viví	vivimos
viviste	vivisteis
vivió	vivieron

Here are the preterite forms of the irregular verbs *hacer, dar,* and *ver:*

hacer

hice	hicimos
hiciste	hicisteis
hizo	hicieron

dar

di	dimos
diste	disteis
dio	dieron

ver

vi	vimos
viste	visteis
vio	vieron

 Actividad 2 Leer/Escribir

Práctica de gramática

Carmen describe lo que hizo su familia durante el fin de semana. Completa las siguientes frases con la forma correcta del pretérito de los verbos.

hacer	visitar	correr	dar
pasear	comer	aprender	ver

1. (Yo) _____ a mis abuelos.
2. Mis hermanos _____ en bote.
3. Tú _____ muchas películas.
4. Nosotros _____ a montar a caballo.
5. Mi padre _____ caminatas.
6. Mis primos _____ por la playa.
7. Tú y yo _____ helados.
8. Mi hermana _____ ejercicio.

 Actividad 3 Escribir/Hablar

Práctica de gramática

❶ Haz una lista de ocho actividades que tú y otras personas hicieron durante las vacaciones pasadas.

Modelo

Caminé por la playa.
Mi familia y yo hicimos un picnic en el campo.

❷ Con otro(a) estudiante hablen de sus vacaciones. Comparen las actividades que hicieron.

Vocabulario

Deportes

- correr
- esquiar
- jugar al fútbol
- montar en monopatín
- nadar
- navegar
- patinar

Reacciones

- ¡Fantástico!
- ¡Genial!
- ¡Increíble!
- Lo siento.
- ¡Qué lástima!
- ¡Qué pena!
- ¡Uy!

Competencias

- el campeón, la campeona
- el campeonato
- la competencia
- competir
- el concurso
- el equipo
- el jugador, la jugadora
- el partido
- el premio
- el tanteo

Acciones

- ganar
- jugar
- participar
- perder
- practicar

El cuerpo

- el brazo
- el codo
- el dedo
- el hueso
- la mano
- la muñeca
- el músculo
- el pie
- la pierna
- la rodilla
- el tobillo

Accidentes

- caerse
- cortarse
- lastimarse
- romperse
- torcerse

  Actividad 4 Leer/Hablar ....

Práctica de vocabulario

Trabaja con otro(a) estudiante para leer y reaccionar a los comentarios siguientes.

Modelo

A —Perdimos el partido.
B —*¡Qué lástima!*

1. ¡Ganamos cinco a cero!
2. El jugador se cayó y se lastimó.
3. Me torcí el tobillo.
4. Nuestro equipo quedó campeón.
5. Les metimos tres goles.
6. ¡Perdimos el campeonato!
7. Hoy llovió y no pudimos jugar.

Actividad 5 Leer/Escribir ....

Práctica de vocabulario

Empareja cada definición con la palabra correspondiente. Luego, escribe un diálogo o un cuento usando cuatro de las palabras o expresiones de la segunda columna.

1. una parte del cuerpo que usas para jugar al fútbol
2. un grupo de personas que juegan un partido
3. la persona que siempre gana una competencia
4. lo que dices si te caes
5. un tipo de accidente

a. el pie
b. el campeón / la campeona
c. torcerse la muñeca
d. un equipo
e. ¡uy!

El pretérito de los verbos *ir* y *ser* y de los verbos que terminan en *-car, -gar* y *-zar*

The preterite forms of *ir* and *ser* are exactly the same.

Carlos **fue** de vacaciones a las montañas. (ir)

Mi equipo **fue** campeón escolar el año pasado. (ser)

fui	fuimos
fuiste	fuisteis
fue	fueron

Remember that verbs ending in *-car, -gar,* or *-zar* have a spelling change in the *yo* form in the preterite. The other forms of these verbs are regular.

buscar	yo bus**qué**	investigar	yo investi**gué**	almorzar	yo almor**cé**
chocar	yo cho**qué**	navegar	yo nave**gué**	comenzar	yo comen**cé**
practicar	yo practi**qué**	jugar	yo ju**gué**	cruzar	yo cru**cé**
sacar	yo sa**qué**	llegar	yo lle**gué**	empezar	yo empe**cé**

Actividad 6 **Leer/Escribir** ·

Práctica de gramática

En una hoja de papel escribe los números del 1 al 8. Completa las siguientes frases sobre el partido de ayer con el pretérito de *ser* o *ir*. Indica si usaste una forma del verbo *ser* o del verbo *ir*.

Modelo

Yo no *fui* al partido ayer. *(Ir)*

1. El partido de fútbol _____ ayer por la noche.

2. Todos los padres _____ al estadio.

3. Tú _____ el mejor jugador del equipo.

4. El partido _____ muy emocionante.

5. Este equipo _____ campeón hace dos años.

6. Durante el partido, nosotros _____ a comprar unas salchichas.

7. El partido duró más de tres horas. _____ muy largo.

8. Después del partido, los campeones _____ a celebrar a un restaurante.

Actividad 7 **Leer/Escribir** ·

Práctica de gramática

Luisa no pudo hacer la tarea. Completa esta nota que le escribió a su profesora con la forma correcta del verbo apropiado.

Estimada Srta. Herrera:

Perdón, yo no pude hacer la tarea, por eso no la __1.__ (entregar / llegar). Ayer pensaba jugar al tenis pero no __2.__ (caminar / jugar). Por la mañana __3.__ (salir / llegar) al club deportivo. Después __4.__ (buscar / pintar) mi raqueta y la __5.__ (llevar / sacar) del bolso. Cuando yo __6.__ (ganar / empezar) a jugar __7.__ (comenzar / ir) a llover. Entonces __8.__ (cantar / tropezar) y me lastimé la mano. Esta nota la escribió mi hermano.

Gracias, Luisa

● **Más práctica** ·

Practice Workbook 1-1, 1-2

Go **O**nline
PHSchool.com

For: More review
Visit: www.phschool.com
Web Code: jed-0101

Paisaje chileno Imagínate un lugar que tiene el desierto más árido del mundo, glaciares eternos, volcanes, un inmenso océano y además majestuosas montañas. Pues este lugar no está sólo en tu imaginación. Se llama Chile y sus diversos paisajes han inspirado a famosos artistas. Entre ellos está la pintora Matilde Pérez (1920–), quien escogió el tema de la Cordillera de los Andes para crear este cuadro.

• ¿Qué paisaje es típico de la región donde vives? ¿Y cómo te hace sentir?

Paisaje chileno, Matilde Pérez

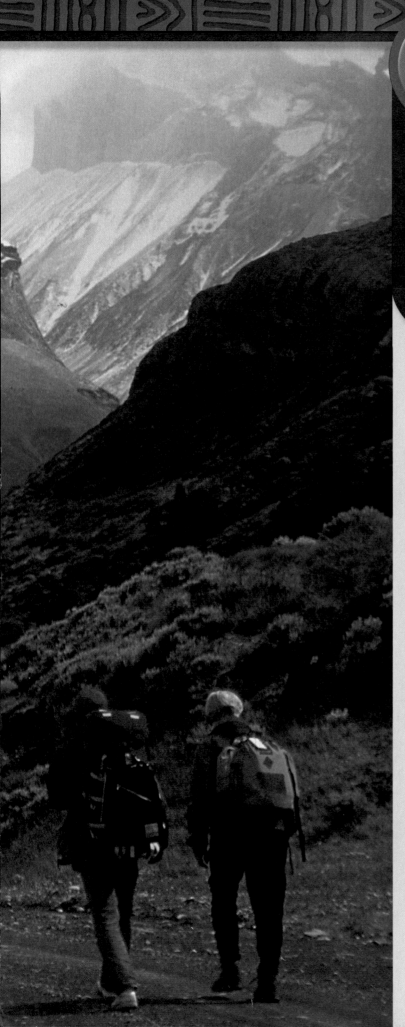

Días inolvidables

Chapter Objectives

- Describe a visit to a national park
- Talk about school competitions
- Express your emotions regarding the outcome of an event
- Narrate an event in the past
- Understand cultural perspectives on family outings

Video Focus

- Outdoor activities in the Spanish-speaking world

Country Connection

As you learn about outdoor activities and competitions, you will make connections to these countries and places.

España

México

Chile

Argentina

Go Online
PHSchool.com
For: Online Atlas
Visit: www.phschool.com
Web Code: jee-0002

A primera vista 1

Vocabulario y gramática en contexto

Objectives

Read, listen to, and understand information about:
- camping activities
- features of the natural environment

Los parques nacionales de Chile ofrecen una gran oportunidad para explorar **la naturaleza**. Todos los años, miles de jóvenes vienen a acampar en **los bosques**, **valles**, montañas, lagos y **desiertos** de este país **hermoso**.

66 Hola, me llamo Fernando y soy chileno. El verano pasado, mi familia y yo fuimos de cámping a **la sierra**. **Lo pasamos bien**. ¡**El paisaje** era impresionante! Como ves, tuvimos que llevar mucho equipo. 99

la linterna

el repelente de insectos

los binoculares

la brújula

la tienda de acampar

el saco de dormir

Actividad 1

Escuchar •

Equipo de cámping

En una hoja de papel escribe los números del 1 al 5. Vas a escuchar a unos jóvenes hablar sobre el equipo de cámping. Escucha cada frase y escribe si es lógica o ilógica.

66 Éstas son las fotos que sacamos durante nuestro viaje a la sierra.

1 **Dimos un paseo** por los senderos **al amanecer**. Llevamos binoculares para observar los pájaros.

2 También fuimos de pesca. Es un deporte muy tranquilo. Mucha gente dice que es aburrido, pero a mí me encanta.

3 También dimos un paseo a caballo. **Así** se puede explorar mejor el valle.

4 Otra actividad que nos gustó mucho fue **escalar rocas**.

5 **Al anochecer** hicimos una fogata. ¿Qué comimos? ¡Pescado, por supuesto! **99**

Actividad 2

Escuchar ·

El viaje

En una hoja de papel escribe los números del 1 al 5. Escucha cada frase y escribe *C* (cierto) o *F* (falso) según las fotos.

¡Una aventura desastrosa!

Estrategia

Cause and effect

Identifying cause and effect relationships helps us understand what we are reading.

Look at the pictures. Write the effect for each cause:

Causa   **Efecto**

A Guille no ve la piedra.

B Aparece un oso.

C El oso ve la mochila.

1 Al amanecer, Guille, Felipe y yo nos levantamos para dar un paseo. **Anduvimos** por dos horas por un sendero. Queríamos ir a La Peña, una roca enorme, perfecta para escalar.

2 De repente, Guille se cayó y dio un grito.

—¿Qué **sucedió**, Guille?

—No vi la raíz del árbol. ¡Ay! Se rompió la brújula.

—¡Qué desastre! Y no tenemos otra. Vamos a **perdernos**.

—Creo que no. Se puede ver La Peña en la distancia. ¡Vamos!

3 **Nos acercamos** al pie de La Peña. Nos **impresionó** mucho porque era muy alta.

—¿Por qué no descansamos **un rato** antes de escalar?

—Buena idea.

4 **Una vez allí**, nos sentamos. De repente, **apareció** un oso muy grande. ¡Uf, nos **asustó** con lo grande que era!

—¡Ay! ¿Qué podemos hacer? ¿Adónde podemos ir? ¿Dónde **nos refugiamos**?

5 Empezamos a correr **hacia** La Peña. No había otro **refugio**. El oso empezó a correr también.

—¡Rápido!

—¡Mira! Hay una roca grande a la izquierda. ¡Vamos allí!

—¡Ay! Perdí la mochila.

—No importa. ¡Corre!

6 Felipe **perdió el equilibrio**, se cayó y se torció el tobillo.

—¡Felipe, te ayudo!

De repente, el oso **dejó de** correr. Vio la mochila y la abrió. Sacó la comida que estaba adentro y se fue con la comida en la boca.

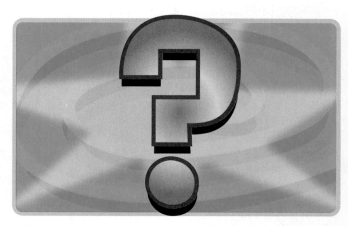

7 ¡Qué mala suerte! Inmediatamente empezó a llover. Vimos unos **relámpagos** y oímos un **trueno** tremendo. Luego, empezó a **caer granizo**. Entonces . . .

8 ¿Cómo crees que terminó la aventura?

● **Más práctica**
Practice Workbook 1-3, 1-4

Go Online
PHSchool.com

For: Vocabulary practice
Visit: www.phschool.com
Web Code: jed-0102

Actividad 3 **Escribir/Hablar**

¿Comprendiste?

1. ¿Por qué querían ir a La Peña los chicos?
2. ¿Qué le pasó a Guille?
3. ¿Qué animal los asustó? ¿Dónde se refugiaron?
4. Imagínate que estás con los chicos cuando aparece el oso. ¿Qué crees que deben hacer?

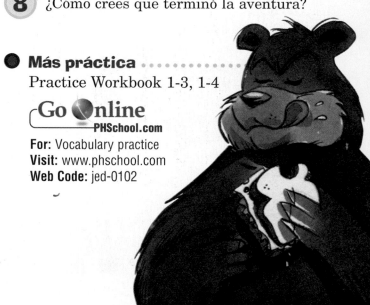

Manos a la obra 1

Vocabulario y gramática en uso

Objectives
- **Communicate about camping equipment and activities**
- **Narrate a camping adventure**
- **Talk about events in the past**

Actividad 4   Leer/Escribir

Un paseo en bicicleta

Unos amigos dan un paseo en bicicleta. Completa el párrafo con las palabras correctas.

un rato	una vez allí	relámpagos
dar un paseo	truenos	nos refugiamos
al amanecer	hacia	

___1.___ nos levantamos y preparamos las bicicletas para ___2.___ por el campo. ___3.___ paramos para descansar y almorzar. Después de ___4.___ empezó a llover. Vimos ___5.___ y oímos unos ___6.___ tremendos que nos asustaron mucho. Corrimos ___7.___ una pequeña casa donde ___8.___. ¡Fue un día inolvidable!

Actividad 5 Escribir

Definiciones

Empareja cada palabra o frase con su definición. Escribe después un cuento breve usando algunas palabras de la primera columna.

1. suceder
2. perder el equilibrio
3. refugiarse
4. acercarse a
5. al anochecer
6. al amanecer
7. así

a. ir cerca de
b. cuando empieza la mañana
c. caerse
d. esconderse
e. cuando empieza la noche
f. de esta manera
g. pasar

Actividad 6   Escribir/Hablar

¿Qué vas a llevar?

❶ Vas de cámping este fin de semana. Haz una lista de ocho cosas que necesitas llevar y explica para qué las necesitas.

lo que necesitas	para qué lo necesitas
linterna	ver cuando está oscuro

❷ Dejaste en casa algunas cosas que necesitas para ir de cámping. Usa la lista que escribiste para hablar con otro(a) estudiante.

Modelo

A —¡Ay, caramba! Dejé _la linterna en casa._

B —¡Qué pena! Ahora _no puedes caminar por el bosque por la noche._

Actividad 7 — Hablar

Al mal tiempo buena cara

Habla con otro(a) estudiante de las excursiones que hicieron a varios lugares y de lo que les sucedió.

navegar / oír truenos

Modelo
A —*¿Qué hicieron en el océano?*
B —*Navegamos todo el día.*
A —*¿Y luego, qué sucedió?*
B —*Oímos truenos y llovió.*

1. observar pájaros / ver relámpagos

2. dar un paseo / caer granizo

3. escalar rocas / perder el equilibrio y caerse

4. dar un paseo a caballo / perderse

5. pescar / empezar a llover

6. ¡Respuesta personal!

 Fondo cultural

Parques nacionales de América del Sur En la última década las visitas a los parques nacionales de América del Sur, especialmente de Chile y Argentina, aumentaron mucho. Esto se debe a[1] un creciente[2] interés por estar en contacto con la naturaleza y disfrutar de actividades al aire libre. ¿Quiénes son los visitantes? Familias, grupos de jóvenes recién egresados[3] de la escuela secundaria, grupos de estudiantes en excursiones de estudio y personas de todas las edades interesadas en conocer nuevas especies de animales y plantas y estar en contacto con la naturaleza. La gran variedad de parques nacionales atrae[4] a todo tipo de gente. En la Argentina hay selvas tropicales en el Parque Nacional Baritú, enormes cataratas[5] en el Parque Nacional Iguazú y hasta glaciares en el Parque Nacional Perito Moreno.

• ¿Quiénes visitan los parques nacionales de Chile y Argentina? ¿Por qué?

Las Cataratas del Iguazú en el Parque Nacional Iguazú

1 is due to **2** growing **3** graduated **4** attracts **5** waterfalls

Ampliación del lenguaje

Ir de . . .

Muchos verbos en español se pueden expresar usando *ir de* más un sustantivo *(noun)* de la misma familia que el verbo. Por ejemplo:

ir de pesca   pescar

ir de paseo   pasear

Como puedes ver, el sustantivo *pesca* y el verbo *pescar* pertenecen a la misma familia de palabras.

¿Puedes adivinar *(guess)* cuáles son los verbos que corresponden a las siguientes expresiones con *ir de . . .*?

ir de compras

ir de caza *(hunting)*

ir de visita

ir de viaje

Actividad 8   Leer/Escribir

¿Qué pasó?

Imagina lo que pasó en cada situación y escribe una frase usando los verbos entre paréntesis.

Modelo

Fuimos de pesca el sábado. *(perder)*
Perdimos el equilibrio en el bote y nos caímos al agua.

1. Mis padres fueron de paseo. *(acercarse)*
2. Mi hermana fue de compras. *(pasarlo bien)*
3. Fui de viaje con mi familia. *(impresionar)*
4. Fuimos de caza al amanecer. *(asustar)*
5. Mis abuelos fueron de visita. *(perderse)*

Actividad 9   Escribir

¡Fue un desastre!

Acabas de regresar de una excursión de cámping desastrosa. Quieres escribir un mensaje electrónico a un(a) amigo(a) para decirle cómo lo pasaste. Escribe cinco frases para describir tu experiencia. Escoge entre las siguientes palabras y expresiones:

una vez allí	aparecer	dejar de
caer granizo	llover	relámpago
trueno	así	impresionar
perderse	refugiarse	

Modelo

Durante toda la noche cayó granizo sobre la tienda de acampar.

Actividad 10   Hablar/Escuchar

Juego

Trabaja con un grupo de cuatro estudiantes y escojan uno de los mensajes electrónicos que escribieron para la Actividad 9. Actúen el mensaje mientras otro grupo cuenta lo que pasó.

Actividad 11 Leer/Hablar

Las estrellas del sur

Cuando miras el cielo en una noche clara puedes ver muchas estrellas. Pero no todos ven las mismas estrellas. Lee este párrafo para aprender un poco más sobre las estrellas del hemisferio sur.

Conexiones **Las ciencias**

La Cruz del Sur

Desde América del Sur, por estar en otra latitud, el cielo se ve diferente. Sólo en la línea ecuatorial[1] se ve todo el cielo durante todo el año. Esto crea un problema para los astrónomos, porque sólo pueden ver una parte del cielo si no están en el ecuador. Por ejemplo, solamente en el hemisferio sur se ve la constelación de la Cruz del Sur.

- ¿Adónde puedes ir para ver las estrellas?
- ¿Qué constelaciones puedes ver donde tú vives?

[1] Equator

Actividad 12 Escribir/Hablar

Lugares para explorar

1 Piensa en un lugar que te gustaría explorar: el desierto, el océano, el mar, el bosque, la sierra o una selva tropical. Escribe una frase para explicar por qué quieres explorar ese lugar.

Modelo

Quiero ir a la sierra porque me gusta el paisaje.

2 Forma un grupo con otros estudiantes que escogieron el mismo lugar que tú. Comparte tus ideas con el grupo.

3 Usa las ideas del grupo para escribir un breve párrafo explicando tus razones para explorar ese lugar.

4 Presenta tus ideas a la clase. Puedes acompañar tu presentación con fotos o ilustraciones de ese lugar.

Actividad 13 Escribir/Hablar

Y tú, ¿qué dices?

1. Haz una lista de diferentes aspectos de la naturaleza (montañas, ríos, desiertos, selvas, playas, valles). ¿Cuáles te impresionan más? ¿Por qué?

2. Imagínate que estás haciendo planes para ir a un parque nacional. ¿Qué parque quieres visitar? ¿Por qué? ¿Qué tipo de paisaje vas a encontrar allí? Una vez allí, ¿qué actividades al aire libre te gustaría hacer?

3. Los parques nacionales son refugios de muchos animales como osos, coyotes y búfalos. ¿Alguna vez se acercó a ti uno de estos animales? ¿Cómo te impresionó? ¿Te asustó? ¿Qué hiciste? Si esto no te sucedió, ¿hay otras cosas que te asustaron? ¿Cuáles? Relata una ocasión en que algo te asustó y describe tu reacción.

...rito de los verbos con el cambio ortográfico _i_ → _y_

Verbs ending in -_uir,_ such as _destruir,_ have a spelling change in the preterite. The _i_ becomes _y_ in the _Ud. / él / ella_ and _Uds. / ellos / ellas_ forms.

destruí	destruimos
destruiste	destruisteis
destruyó	destruyeron

Note that the _i_ is only accented in the _yo_ form.

Other verbs, such as _leer, creer, oír_, and _caerse_, follow a similar pattern.

leí	leímos
leíste	leísteis
leyó	leyeron

In these verbs, the _i_ is always accented.

---

 14 **Gramática** **Leer/Escribir/Hablar**

En el bosque

❶ En una hoja de papel escribe los números del 1 al 10. Completa este cuento con el pretérito del verbo apropiado.

El verano pasado, Tomás y yo __1.__ (_dar / leer_) un paseo por el bosque. Nos sentamos a descansar, cuando de repente, Tomás __2.__ (_creer / oír_) un ruido arriba de un árbol. Tomás __3.__ (_creer / caerse_) que era un mono, pero cuando nos acercamos al árbol, nosotros no __4.__ (_ver / comer_) ni __5.__ (_oír / destruir_) nada. Pero entonces, Tomás perdió el equilibrio y __6.__ (_creer / caerse_). Afortunadamente, no se lastimó mucho. Un poco después __7.__ (_empezar / hacer_) a llover. __8.__ (_caer / leer_) granizo y la violenta tormenta __9.__ (_creer / destruir_) muchos árboles. Nosotros __10.__ (_correr / vivir_) a refugiarnos pero . . .

❷ Ahora, con otro(a) estudiante, escribe un final para el cuento.

---

 15 **Gramática** **Escuchar/Leer/Escribir**

Después de la tormenta

❶ En una hoja de papel escribe los números del 1 al 5. Escucha lo que pasó después de una tormenta y escribe los verbos que completan el párrafo.

Ayer, después de la tormenta, __1.__ tres árboles en el parque. Hicieron un ruido tremendo. Nosotros estábamos en el lago, pero lo __2.__ claramente. Uno de los árboles __3.__ un puente. Esta mañana, mi hermana __4.__ la noticia en el periódico. Ella no estaba con nosotros en el lago y no __5.__ el cuento hasta que vio la noticia.

❷ Ahora escribe las respuestas a estas preguntas sobre la tormenta.

1. ¿Cuántos árboles se cayeron?

2. ¿Qué destruyó uno de los árboles?

3. ¿Quién no creyó este cuento? ¿Por qué?

● **Más práctica** . . . .
Practice Workbook 1-5

For: Practice with preterite verbs
Visit: www.phschool.com
Web Code: jed-0103

El pretérito de los verbos irregulares

Some verbs have irregular stems in the preterite.

tener	andar	estar	poder	poner	saber	venir
tuve	anduve	estuve	pude	puse	supe	vine
tuviste	anduviste	estuviste	pudiste	pusiste	supiste	viniste
tuvo	anduvo	estuvo	pudo	puso	supo	vino
tuvimos	anduvimos	estuvimos	pudimos	pusimos	supimos	vinimos
tuvisteis	anduvisteis	estuvisteis	pudisteis	pusisteis	supisteis	vinisteis
tuvieron	anduvieron	estuvieron	pudieron	pusieron	supieron	vinieron

The verbs *decir* and *traer* also have irregular stems in the preterite.

decir

dije	dijimos
dijiste	dijisteis
dijo	dijeron*

traer

traje	trajimos
trajiste	trajisteis
trajo	trajeron*

*Note that the *Uds./ellos/ellas* endings for *decir* and *traer* are slightly different from the verbs listed above.

Actividad 16 **Gramática** **Escuchar/Leer/Escribir/GramActiva**

Un paseo en balsa

❶ Escucha esta descripción de un viaje en balsa *(raft)*. Lee las preguntas y levanta la mano derecha si escoges la opción **a,** y la mano izquierda si escoges la opción **b.**

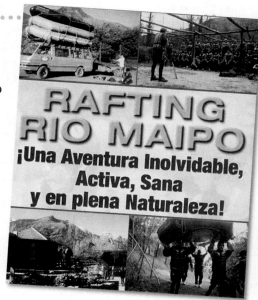

1. ¿Los chicos pusieron **a.** las balsas o **b.** las mochilas encima del coche?

2. ¿El guía vino **a.** unos minutos después o **b.** una hora después?

3. ¿El guía les dijo que iban a ir **a.** al centro de Santiago o **b.** al río Maipo?

4. ¿Los chicos tuvieron que llevar las balsas **a.** al río o **b.** al coche?

5. Antes de comenzar el viaje, ¿los chicos se pusieron **a.** las gorras o **b.** los trajes de baño?

6. Después del viaje, ¿todos estuvieron de acuerdo en que **a.** lo pasaron bien o en que **b.** lo pasaron mal?

❷ Ahora, escribe una respuesta completa para cada pregunta.

Gramática **Escribir**

Una invitación a la playa

Carolina invitó a sus amigos a ir con ella a la playa.
Describe cómo respondió cada amigo(a) usando el pretérito del
verbo entre paréntesis y las palabras apropiadas del recuadro.

Modelo

José *(venir)* / después de un rato.
José *vino después de un rato.*

| el traje de baño | muy ocupados(as) | venir | en bicicleta | la comida | "¡Claro que sí!" |

1. Yo no *(poder)*   **3.** Perla *(ponerse)*   **5.** Tú *(venir)*

2. Nosotros *(traer)*   **4.** Raúl y Silvia *(estar)*   **6.** Todos *(decir)*

 Gramática **Leer/Hablar**

En el campamento "Amistad"

Los consejeros del campamento "Amistad" hablan
de las actividades que hicieron los niños. Trabaja
con otro(a) estudiante para hablar del horario.
Puedes usar los verbos *andar, estar, poder, poner,
venir, tener* y *traer.*

Modelo

A —*¿Dónde estuvo Daniel a las 11:00?*
B —*Estuvo en la piscina.*
A —*¿Qué tuvo que hacer Julián a la 1:00?*
B —*Tuvo que servir la comida.*

Horario del grupo "Los piratas" para el 15 de julio					
Nombre	9:00 a 10:30	11:00 a 12:30	1:00 a 1:15	3:00 a 5:00	6:00 a 7:00
Daniel	campo de deportes/jugar al fútbol	piscina/traer el traje de baño	comedor/lavar los platos	playa/bucear	sala/usar la computadora
Marta	campo de deportes/jugar al tenis	piscina/traer las toallas	comedor/traer el pan	lago/navegar	sala/poner flores
Estela	campo de deportes/jugar al tenis	bosque/andar por los senderos	comedor/poner la mesa	campo/montar a caballo	jardín/traer los binoculares
Julián	en cama/enfermo	lago/navegar	comedor/servir la comida	playa/nadar	playa/hacer una fogata

● **Más práctica**
Practice Workbook 1-6

Go Online
PHSchool.com

For: Practice with preterite verbs
Visit: www.phschool.com
Web Code: jed-0104

Gramática · Repaso

El pretérito de los verbos con los cambios e → *i*, *o* → *u* en la raíz

Stem changing *-ir* verbs in the present tense also have a stem change in the preterite tense. The changes are *e* → *i* and *o* → *u* and take place in the *Ud.* / *él* / *ella* and *Uds.* / *ellos* / *ellas* forms only.

Here are the preterite forms of *pedir*, *sentir*, and *dormir*:

pedí	pedimos
pediste	pedisteis
pidió	pidieron

sentí	sentimos
sentiste	sentisteis
sintió	sintieron

dormí	dormimos
dormiste	dormisteis
durmió	durmieron

Other verbs like *pedir (i)* and *sentir (i)* are: *divertirse, preferir, sugerir, vestirse*.
Another verb like *dormir (u)* is: *morir*.

Actividad 19 **Gramática** **Leer/Escribir**

¿Qué pasó en el picnic?

La familia Suárez hizo un picnic en la playa. Completa las frases con el pretérito del verbo apropiado.

1. Yo (*preferir* / *dormir*) dar un paseo por la playa.

2. Mis hermanitos (*morirse* / *pedir*) de miedo cuando hicieron moto acuática.

3. Fuimos de pesca y (*morirse* / *divertirse*) mucho.

4. Mamá hizo una fogata y (*sentir* / *servir*) pescado.

5. Mi hermanita (*pedir* / *dormir*) más postre.

6. Después de comer mis hermanos y yo (*dormir* / *servir*) una siesta.

7. Después de nadar en la playa, nosotros (*vestirse* / *divertirse*) rápidamente y regresamos a casa.

Actividad 20 **Gramática** **Hablar**

¿Cómo lo pasaron?

Una semana después, los hermanos Suárez fueron de cámping por cinco días. Habla con otro(a) estudiante de su experiencia.

Modelo

¿A qué hora? / dormirse
A —¿A qué hora <u>se durmieron</u>?
B —<u>Se durmieron a las siete</u>.

Estudiante A

1. ¿Por dónde? / andar los hermanos
2. ¿Dónde? / dormir los hermanos
3. ¿Qué? / ponerse el hermano menor
4. ¿Qué? / traer los chicos para beber
5. ¿Dónde? / divertirse más

Estudiante B

Actividad 21 Gramática Escribir/Hablar

¿Cómo lo pasaron?

① Escribe cinco preguntas que puedes hacerle a otro(a) estudiante sobre cómo lo pasó en una fiesta. Usen los verbos del recuadro.

divertirse	servir	preferir	sugerir
sentirse	vestirse	estar	poder

Modelo

estar

¿Estuvo buena la fiesta de Ernesto?

② Ahora, usando las preguntas que escribiste en el Paso 1, habla con otro(a) estudiante sobre cómo lo pasaron en la fiesta.

Modelo

A —*¿Estuvo buena la fiesta de Ernesto?*
B —*Sí, bailé toda la noche. Lo pasé muy bien. ¿Y tú?*

Actividad 22 Gramática Escribir/Hablar

Una excursión al aire libre

① Piensa en la última vez que hiciste una excursión al aire libre y contesta las preguntas siguientes.

1. ¿Adónde fuiste?
3. ¿Cómo te vestiste?
5. ¿Qué hiciste?
2. ¿Quién te sugirió el lugar?
4. ¿Qué tuviste que traer?
6. ¿Te divertiste o no?

② Ahora hazle las mismas preguntas a otro(a) estudiante y toma apuntes de sus respuestas.

③ Presenta tus repuestas y las de tu compañero(a) a la clase.

Modelo

Yo fui al campo y Juan fue a las montañas.

Actividad 23 Leer/Pensar/Hablar

Lluvia en el desierto

¿Sabías que a veces llueve en los desiertos? Lee la siguiente información sobre el desierto de Atacama y resuelve el problema con otro(a) estudiante.

Conexiones Las matemáticas

Desierto de Atacama

El desierto de Atacama, al norte de Chile, generalmente recibe sólo 5 mm de precipitación al año. Pero, el 12 de julio de 1997 cayeron 95 mm de agua en sólo 15 horas.

Si en los próximos años recibe la precipitación habitual, ¿cuántos meses hay que esperar hasta llegar a la cantidad de precipitación del 12 de julio de 1997?

Actividad 24

Leer/Escribir ·····························

Una caminata por Torres del Paine

Imagínate que fuiste con unos(as) amigos(as) a hacer una excursión como la que se describe en este anuncio turístico. Escribe tres frases para describir lo que pasó en cada actividad.

Modelo

El primer día dimos una caminata muy larga.

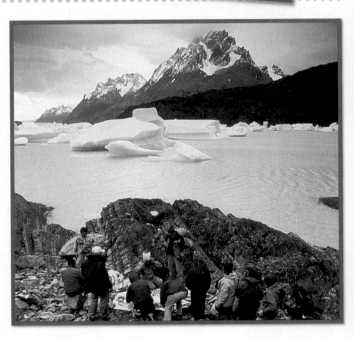

VIAJE

Parque Nacional
Torres del Paine

▸ Caminatas de entre 4 a 7 horas por día

▸ Navegar en el lago

▸ Escalar el Glaciar Grey

▸ Montar a caballo por el Valle del Ascencio

▸ Acampar en el exclusivo Ecocamp

Precio: USD $1,130   7 días, 6 noches

Actividad 25

Leer/Escribir ·····························

Los Ecocamps de Torres del Paine

Lee el texto sobre el Parque Nacional Torres del Paine y los Ecocamps y contesta las siguientes preguntas.

El Parque Nacional Torres del Paine, situado en la zona patagónica de Chile, es uno de los lugares más hermosos de nuestro planeta. Los senderos del parque ofrecen vistas magníficas del paisaje patagónico: montañas, bosques, ríos, glaciares, lagos y abundante flora y fauna. Este parque, remoto y misterioso, atrae a miles de turistas y aventureros de todo el mundo que vienen cada año a hacer caminatas, montar a caballo o navegar. Y la gran demanda por visitar el parque ha generado problemas serios de impacto ecológico y en la calidad de los servicios turísticos en general.

Una solución a este problema ha sido cambiar los hoteles por "Ecocamps", tiendas de acampar modernas, cómodas y transportables. Los "Ecocamps" permiten a los visitantes estar más cerca de la naturaleza y producen menos basura que los hoteles.

1. ¿Qué tipos de paisajes ofrece el Parque Nacional Torres del Paine?

2. ¿Qué solución ofrecen los Ecocamps para mejorar los problemas de impacto ecológico?

3. ¿Qué crees que puedes hacer tú para ayudar a cuidar lugares como éste?

● **Más práctica** ·····························
Practice Workbook 1-7

For: Practice with preterite verbs
Visit: www.phschool.com
Web Code: jed-0105

A primera vista 2

Vocabulario y gramática en contexto

Objectives

Read, listen to, and understand information about
- athletic events
- other kinds of competitions
- goals and prizes

—Mira, no sabía que el 4 de agosto es **la carrera** de San Cristóbal. ¿Quieres participar?

—¡Claro! ¿Dónde **tiene lugar**?

—En Ecatepec. No está muy lejos.

—Entonces **me** voy a **inscribir** hoy mismo.

5 KM. CARRERA ATLÉTICA SAN CRISTÓBAL

El Consejo de Participación Ciudadana en coordinación con el Club de Atletismo los invitan a participar

FECHA: Domingo 4 de agosto
HORA: A partir de las 9:00 A.M.
LUGAR: Explanada del Palacio Municipal de Ecatepec, Edo. de México

INSCRIPCIONES

la inscripción

En deportes "Maxi Diablo"
(Av. Morelos #129 San Cristóbal Centro)
teléfono: 555-02-54
Y en la oficina del H.C.P.C. (centro cívico)

Donativo de inscripción: $40.00
(para gastos del evento)

¡Medallas a los primeros 500 participantes!

participantes

CATEGORÍAS Y PREMIOS

	chicos (14 a 18 años) 9:00 horas	chicas (14 a 18 años) 9:30 horas	hombres (mayores de 18 años) 9:00 horas	mujeres (mayores de 18 años) 9:30 horas
1°	$1000.00	$1000.00	$1.200.00	$1.200.00
2°	$700.00	$700.00	$1000.00	$1000.00
3°	$400.00	$400.00	$700.00	$700.00

Actividad 26 Leer

¿Qué dice el anuncio?

Lee el anuncio de la carrera atlética y completa las frases.

1. La carrera atlética tiene lugar el (*8 de abril* / *4 de agosto*).

2. Hay (*tres* / *cuatro*) categorías de participantes.

3. El premio de primer lugar para la categoría de hombres es de (*$1200* / *$1000*).

4. La carrera para chicas entre 14 y 18 años tiene lugar a las (*9:00* / *9:30*).

5. Si quieres participar con dos amigos(as), la inscripción les cuesta (*$100.00* / *$120.00*).

Después de la carrera, una reportera del periódico de la escuela entrevistó a Héctor Díaz, el campeón de la competencia.

el trofeo

1 —¡**Felicitaciones**, Héctor! Ganaste el trofeo. ¿Cómo te sentías antes de la carrera?

—Estaba muy **animado,** porque sabía que podía ganar. Ésa era mi **meta: salir campeón** y **obtener** el trofeo.

2 —¿Cómo te preparaste?

—**Me di cuenta de** que para **alcanzar** mi meta, debía **hacer un esfuerzo**. Estuve dos meses **entrenándome**. Corría cinco veces por semana. Comía bien y bebía mucho líquido.

la medalla

3 —¿Fue una carrera muy **dura?**

—Sí, **al principio** iba en tercer lugar. **Sin embargo**, no estaba **desanimado.** Hice un esfuerzo y gané. **Me emocioné** mucho al final.

Actividad 27 Escuchar • • • • • • • • • • • • • • •

¿Qué dice el campeón?

Numera una hoja del 1 al 6. Escucha las frases. Escribe *C* (cierto) o *F* (falso) para cada frase.

Certificado

el certificado

La Voz Del Estudiante

Santiago, 23 de septiembre

Nuestros jóvenes maestros

Diez estudiantes de nuestra escuela participaron en el concurso de ajedrez. **Desafortunadamente**, nuestra escuela no ganó el primer premio, pero **estamos orgullosos de** nuestros **representantes**.

El poder de las palabras

Felicitaciones a nuestros poetas estudiantiles. La **ceremonia** de **entrega de premios** tuvo lugar la semana pasada en el teatro de la escuela. Al final de la ceremonia los ganadores estaban muy contentos.

¡Campeonas de básquetbol!

¿Recuerdan cuando el año pasado **eliminaron** a nuestro equipo del campeonato de básquetbol? Pues este año, con mucho **entrenamiento** y esfuerzo, las chicas del equipo de nuestra escuela jugaron **contra** el equipo rival del Liceo San Martín y **vencieron** 68 a 62. ¡Felicitaciones, campeonas!

Actividad 28 Escribir

¿Comprendiste?

1. ¿Qué concurso no ganaron los estudiantes de la escuela?

2. ¿Cómo se sintieron los jóvenes poetas al final de la ceremonia?

3. ¿Qué le pasó el año pasado al equipo de básquetbol de la escuela?

4. ¿Quién perdió este partido de básquetbol?

5. ¿Por qué crees que los estudiantes están orgullosos de sus jugadores de ajedrez?

Actividad 29 · Escuchar

¡Salimos campeonas!

Escucha las siguientes frases e indica a qué dibujo se refiere cada una. Cada dibujo puede referirse a más de una frase.

Estrategia

Order of events
Trying to determine the order of events in a story will help you understand it better. When you listen to a story in Spanish, pay attention to words such as *antes*, *al principio*, *durante*, *después*, *más tarde*, and *finalmente* to determine the sequence.

1

2

3

Actividad 30 · Leer/Pensar

Ordena las notas

Imagínate que eres reportero(a) de *La Voz del Estudiante*. Acabas de tomar unas notas sobre el partido de básquetbol, pero tus notas no están en orden. Ordena las frases y escríbelas según la secuencia de los dibujos.

- Durante el partido tuvimos que hacer un gran esfuerzo porque el otro equipo era muy bueno.

- Más tarde, tuvimos un empate de 42 a 42.

- Cuando nos dieron el trofeo, todas nos emocionamos mucho.

- Antes del partido, nuestra entrenadora nos hizo practicar con la pelota.

- Finalmente, pudimos vencer a nuestras rivales 68 a 62.

Actividad 31 · Hablar

Evalúa las actividades

En el periódico se habla de tres actividades en las que participan los estudiantes. Con un(a) compañero(a), da tu opinión de las actividades. Usa:

Prefiero . . .

No disfruto mucho . . .

No me gusta . . .

Sólo me gusta observar . . .

● **Más práctica**
Practice Workbook 1-8, 1-9

Go Online
PHSchool.com

For: Vocabulary practice
Visit: www.phschool.com
Web Code: jed-0106

Manos a la obra 2

Vocabulario y gramática en uso

Objectives

- Communicate about different kinds of competitions
- React to the outcome of a special event
- Review forms and uses of the imperfect tense

Actividad 32   Leer/Escribir ....

El concurso

Completa los párrafos con las palabras de los recuadros.

desafortunadamente	eliminaron	desanimados	meta	representantes

Los __1.__ de mi escuela organizaron un concurso de música. Su __2.__ era obtener suficiente dinero para construir un nuevo teatro. Todos los padres de la escuela participaron. Vendieron refrescos y galletas. __3.__ nuestra banda no llegó a los finales y nos __4.__ de la competencia. Todos nos sentimos muy __5.__.

animados	orgulloso	sin embargo	se dio cuenta	alcanzar

__6.__, al día siguiente, tuvimos una gran sorpresa. El director de la escuela __7.__ de que con la venta de galletas pudimos __8.__ nuestra meta. Después, dijo que estaba muy __9.__ de los esfuerzos de nuestro equipo. Esta vez, todos nos sentimos muy __10.__.

Fondo cultural

La Olimpiada Iberoamericana de Matemáticas
Cada año, chicos y chicas de América Latina y España participan en la Olimpiada Iberoamericana de Matemáticas. Es una competencia para jóvenes de escuela secundaria. Las olimpiadas tienen como meta estimular el estudio de las matemáticas y el desarrollo[1] de jóvenes con talento para esta ciencia, a través de[2] la resolución ingeniosa de problemas matemáticos en un tiempo limitado.

¿Dónde y cuándo? La Olimpiada Iberoamericana de Matemáticas tiene lugar cada año en un país diferente de América Latina o en España, en el mes de septiembre. Otros países del mundo también tienen olimpiadas de matemáticas.

- ¿Puedes pensar en una competencia similar en los Estados Unidos?

---

1 development 2 through

¿Recuerdas?

El verbo *obtener* tiene las mismas terminaciones en el pretérito que *tener*.

Actividad 33 ♻ **Hablar** ·

La entrega de premios

Di qué premios obtuvieron los atletas en la ceremonia de entrega de premios.

Modelo

el atleta que salió en tercer lugar
El atleta que salió en tercer lugar obtuvo una camiseta.

1. el equipo campeón
2. el atleta que ganó la carrera
3. el atleta que salió en segundo lugar
4. todos los participantes
5. los entrenadores

Actividad 34 **Escuchar/Escribir** ·

El campeonato de tenis

Escucha el reportaje sobre el campeonato de tenis. Luego contesta las preguntas.

1. ¿Cuándo tuvo lugar el campeonato?
2. ¿Cómo fue el partido?
3. ¿Cuándo hizo un gran esfuerzo María?
4. ¿Quién ganó?

5. ¿Qué recibió como premio la campeona?
6. ¿Cómo se sintieron las dos tenistas al final?

Actividad 35 **Escribir/Hablar** ·

El festival deportivo

1 Imagina que fuiste a un festival deportivo en el que había partidos de diferentes deportes, comida y premios. Un(a) estudiante te entrevista para aprender un poco más del festival. Contesta sus preguntas.

1. ¿Cuándo y dónde tuvo lugar el festival?
2. ¿Cuánto costó la inscripción?
3. ¿Qué eventos deportivos había?
4. ¿En cuáles participaste tú?
5. ¿Jugaste con un equipo? ¿Contra quién jugaste?
6. ¿Participaste en alguna carrera?
7. ¿Ganaste algún premio? Si es así, ¿qué ganaste?
8. ¿Cómo se sintieron los participantes después de la ceremonia de entrega de premios?
9. ¿Cómo lo pasaste?

2 Trabaja con otro(a) estudiante para hacer y contestar preguntas sobre el festival.

El imperfecto

Use the imperfect tense to talk about actions that happened regularly. In English you often say "used to" or "would" to express this idea.

Todos los meses, mi escuela **organizaba** una carrera.
Nuestro equipo nunca **perdía**.

¿Recuerdas?

Expresiones como *generalmente, a menudo, muchas veces, todos los días, siempre* y *nunca* indican el uso del imperfecto.

estar

estaba	estábamos
estabas	estabais
estaba	estaban

tener

tenía	teníamos
tenías	teníais
tenía	tenían

vivir

vivía	vivíamos
vivías	vivíais
vivía	vivían

- Stem-changing verbs do not have a stem change in the imperfect.

   Quería participar en el campeonato pero no **me sentía** bien.

The verbs *ir, ser,* and *ver* are the only irregular verbs in the imperfect. Here are their forms:

ir

iba	íbamos
ibas	ibais
iba	iban

ser

era	éramos
eras	erais
era	eran

ver

veía	veíamos
veías	veíais
veía	veían

- The imperfect form of *hay* is *había* ("there was / were, there used to be").

   Generalmente, no **había** muchos participantes en el campeonato.

  Gramática   Leer/Escribir

Recuerdos de mi niñez

Completa los párrafos con la forma del imperfecto del verbo apropiado de cada recuadro.

ir	tener	ser	leer	sacar

Cuando yo __1.__ niño, me gustaba mucho leer. Yo __2.__ una colección de más de cien libros. Todos los sábados, mi hermana y yo __3.__ a la biblioteca. Generalmente, mi hermana __4.__ libros de historia. Yo, en cambio, __5.__ los libros de aventura.

molestar	devolver	pedir	enojar	ser

A veces, mis amigos me __6.__ prestado un libro. A mí no me __7.__ compartir los libros, pero cuando ellos no los __8.__, entonces yo me __9.__ mucho. Los libros __10.__ mis mejores amigos.

37 Gramática **Leer/Hablar** ·

Campeonatos escolares

Marilú recuerda los deportes y las actividades que hacía de niña en la escuela primaria. Depués de leer su descripción, trabaja con otro(a) estudiante para hacer y contestar preguntas sobre los recuerdos de Marilú.

" Cuando yo asistía a la escuela primaria, jugaba con un equipo de fútbol que siempre vencía a los demás. Mis compañeras y yo nos entrenábamos todos los días y nuestros entrenadores nos ayudaban mucho. Nuestros padres siempre nos animaban para alcanzar nuestra meta, que era hacer el mejor esfuerzo posible para ganar.

Un año, salimos campeonas de todo el estado y nos dieron un trofeo.

—¡Felicitaciones campeonas! —nos decían todos durante la entrega de premios. Nos emocionamos mucho. **"**

Modelo

A —*¿Qué deporte jugaba Marilú de niña?*
B —*Marilú jugaba al fútbol.*

38 Gramática   **Escribir/Hablar** · · · · · · · · · · · · · · · ·

¿Qué hacías de niño(a)?

❶ Escribe una descripción de tu vida cuando eras niño(a). Incluye:

- los juegos
- los programas de televisión
- los deportes
- la comida
- la familia
- los(as) amigos(as)

❷ Ahora, pregúntale a otro(a) estudiante si hacía las mismas cosas que tú. Toma notas de sus respuestas.

Modelo

A —*De niño(a) yo leía libros de cuentos. ¿Tú también leías libros de cuentos?*
B —*Sí, a mí me gustaba leer libros de cuentos.*

❸ Preséntale a la clase una comparación entre tu vida de niño(a) y la de tu compañero(a).

Modelo

Los dos comíamos cosas dulces. Yo prefería chocolate y él prefería helado.

Más práctica ·
Practice Workbook 1-10

For: Practice with the imperfect
Visit: www.phschool.com
Web Code: jed-0107

Gramática · Repaso

Usos del imperfecto

You have learned to use the imperfect to describe something that used to take place regularly. You also use the imperfect

- to describe people, places, and situations in the past.

  Hacía mucho calor. El estadio **estaba** lleno. Los espectadores **gritaban.**

- to talk about a past action that was continuous or that kept happening.

  Los atletas **se entrenaban** en el gimnasio.

- to describe the date, time, age, and weather in the past.

  Era el 5 de noviembre. **Eran** las seis de la mañana pero ya **hacía** calor.

Actividad **Gramática** **Escribir**

Los sábados del pasado

Cuando eras pequeño(a), ¿cómo pasabas los sábados? Usa *ir*, *ver* o *ser* en cada respuesta.

Modelo

A veces, yo . . .

A veces, yo iba al supermercado con mi mamá.

1. Por las mañanas, mis hermanos y yo . . .

2. Por las tardes, yo . . .

3. Muchas veces, yo . . .

4. Mis padres . . .

5. Los quehaceres . . .

6. Por la tarde, mis amigos . . .

Actividad **Gramática** **Hablar/Escribir**

Entrevista

① Entrevista a un(a) compañero(a). Hazle preguntas sobre alguna competencia a la que asistió o en la que participó. Toma notas de sus respuestas.

1. ¿Dónde tuvo lugar la competencia de . . . ?

2. ¿A qué hora era?

3. ¿Cómo era el auditorio / estadio / salón / gimnasio?

4. ¿Quiénes eran los participantes?

5. ¿Quiénes asistieron al evento?

6. ¿Cómo se sintió el público?

7. ¿Qué premios entregaron a los ganadores?

8. ¿Cómo se sentían los ganadores después de recibir sus premios?

② Escribe un reportaje basado en las notas de la entrevista que hiciste. Luego, lee tu reportaje a la clase.

Una atleta olímpica

❶ Completa la biografía de la atleta olímpica
Jennifer Rodriguez con el pretérito o el
imperfecto del verbo entre paréntesis.

> **¿Recuerdas?**
> Los verbos *competir* y *conseguir*
> tienen el cambio e → i en
> el pretérito.

De niña, Jennifer (1976–) __1.__ *(ser)* muy atlética. Ella __2.__ *(ser)*
la primera atleta de origen hispanohablante que __3.__ *(ganar)* dos
medallas en los Juegos Olímpicos de Invierno en las carreras de
patinaje de velocidad.

Cuando __4.__ *(ser)* pequeña, Jennifer __5.__ *(comenzar)* a patinar sobre
ruedas. __6.__ *(demostrar)* tanto entusiasmo y agilidad que sus padres
__7.__ *(decidir)* inscribirla en clases cuando __8.__ *(tener)* sólo 4 años.

Un año más tarde, Jennifer __9.__ *(competir)* en patinaje artístico y
de velocidad y __10.__ *(vencer)* a otros niños de su edad.

En 1996, Jennifer __11.__ *(comenzar)* a practicar el patinaje
sobre hielo. En 1998, Jennifer __12.__ *(conseguir)* la
cuarta posición en la carrera de 3,000 metros en los Juegos
Olímpicos de Invierno, en Nagano.

En los Juegos Olímpicos de Invierno de Salt Lake City,
Jennifer __13.__ *(subir)* al podio por primera vez, al obtener
dos medallas de bronce en patinaje de velocidad sobre
hielo en las categorías de 1,000 y 1,500 metros.

Jennifer Rodriguez

❷ Contesta las preguntas sobre
Jennifer Rodriguez.

1. ¿Por qué sus padres inscribieron a Jennifer en
   clases de patinaje?

2. ¿Por qué crees que Jennifer pudo comenzar a
   competir sólo años después de comenzar a
   patinar sobre hielo?

3. ¿Qué características personales crees que
   ayudaron a Jennifer a triunfar?

4. ¿Qué importancia tienen las medallas
   olímpicas de Jennifer para otros jóvenes
   hispanohablantes de los Estados Unidos?

5. ¿Qué edad tenía Jennifer cuando compitió en
   los Juegos Olímpicos de Invierno en Nagano?

6. ¿Conoces a otros(as) campeones(as) olímpicos(as)
   de habla hispana? ¿Qué hacen?

El español en el mundo del trabajo

**El español y
el fútbol
americano**

"Hoy en día, muchos
latinoamericanos que viven en los Estados Unidos
disfrutan del fútbol americano. Algunas cadenas[1] de
televisión transmiten sus programas sobre fútbol
americano también en español. Mi labor es traducir[2]
lo que dicen los jugadores y locutores. Pero ese
deporte no se practica mucho en América Latina ni
en España, por eso a veces es difícil buscar la palabra
que exprese en español la jugada, el error o la regla
que no existe en nuestro idioma. Muchas veces hay
que inventar la palabra o expresión que necesitamos.
Traducir es hacer que dos culturas distintas puedan
conversar . . . hasta de deportes."

---
1 networks **2** translate

Un partido inolvidable

1 Completa esta descripción de un famoso partido de fútbol que tuvo lugar en 1928 en Santander, una ciudad en el norte de España, con el pretérito o el imperfecto del verbo entre paréntesis.

   1. (ser) el 28 de mayo de 1928. **2.** (llover) y **3.** (hacer) viento. **4.** (ser) un día muy especial para Santander. **5.** (jugar) el Barcelona y La Real Sociedad. Platko y Samitier **6.** (ser) las grandes estrellas del Barcelona. Las estrellas de la Real **7.** (ser) Zaldúa y Cholín.

   Por fin **8.** (comenzar) el partido. En un momento en que la Real **9.** (ir) hacia el área del Barcelona, Cholín avanzó[1] hasta el arco[2]. Cuando el gol **10.** (parecer) inevitable, el guardameta[3] Platko se arrojó[4]

---

1 moved forward **2** goal **3** goalkeeper **4** leaped

sobre el pie de Cholín y **11.** (parar) la pelota. Sin embargo, el pie de Cholín **12.** (dar) contra la cabeza de Platko, quien **13.** (tener) que salir del campo, con la frente[5] llena de sangre. A los pocos minutos se **14.** (llegar) al descanso, con un empate de cero a cero. Los aficionados del Barcelona **15.** (estar) desanimados. ¿Cómo podían ganar el campeonato sin Platko, su gran guardameta?

---

5 forehead

2 Ahora, contesta las preguntas.

1. ¿Dónde y cuándo tuvo lugar el partido?
2. ¿Crees que Platko era valiente? ¿Por qué?
3. ¿Qué pensaban los aficionados del Barcelona sobre Platko? ¿Cómo lo sabes?
4. ¿Alguna vez te sentiste como los aficionados del Barcelona? ¿Por qué?

En voz alta

¿Sabes cómo terminó el partido? Platko volvió al juego. Su equipo ganó uno de los encuentros más emocionantes de la historia del fútbol.

El equipo del Barcelona tiene un himno que los aficionados cantan durante los partidos. Este himno se canta en catalán, que es el idioma de la región de Cataluña. Se puede imaginar que los aficionados del Barcelona cantaron este himno muchas veces durante este partido inolvidable.

Escucha esta estrofa, traducida al español, del himno del Barcelona y trata de repetirla. Luego, contesta las preguntas.

- ¿Qué palabras o frases se repiten? ¿Cuál es el efecto de esta repetición?

- ¿Cómo se habla del pasado? ¿Cuál es el efecto de evocar el pasado de esta manera?

Himno del Barcelona

Jugadores, aficionados, todos unidos hacemos fuerza, son muchos años llenos de sacrificio, son muchos los goles que hemos gritado, y se ha demostrado, se ha demostrado, que nunca nadie nos podrá doblegar.[1] Azulgrana[2] al viento, un grito valiente, tenemos un nombre, lo sabe todo el mundo: ¡Barça! ¡Barça! ¡Baaaarça!!!!!

---

1 make us give in **2** blue and scarlet

¿Recuerdas?

Cuando la consonante *d* va entre vocales, su sonido es similar a la "th" en inglés de la palabra *the*. Pronuncia estas palabras del himno: *jugadores, afcionados, nadie, nada.*

Actividad 43 Gramática **Escribir**

Una competencia artística

Fuiste a una competencia artística y tuviste que escribir un informe para presentar en tu clase. Usa los dibujos para escribir lo que sucedió. Usa las formas correctas del pretérito y del imperfecto.

Estrategia

Describing events
When you describe a sequence of events, it is useful to write words such as *primero* (first), *luego* (next), *después* (then), *al final* (finally) to describe the order in which these events have occurred.

1.

2.
El Palacio de las Artes

3.

4.

5.

6.

7.

8.

9.

10.

Actividad 44 **Escribir/Hablar**

Un cuento en grupo

1 Usa tu imaginación para completar este cuento con cuatro de tus compañeros(as). Traten de incorporar en su cuento el vocabulario y la gramática que aprendieron en este capítulo.

1. Había una vez un(a) . . .
2. Era una persona muy . . . y . . .
3. Vivía en . . . con su(s) . . . y su(s) . . .
4. Siempre le gustaba . . . y . . .
5. Un día, al amanecer, (nombre) fue . . .
6. Era un lugar . . . y . . .

7. De repente, oyó / vio . . .
8. ¡Era un(a) . . . !
9. Cuando el / la . . . se acercó, (nombre) empezó a . . .
10. Pero entonces, se dio cuenta de . . . y . . . a pasear por . . .
11. Al final, (nombre) . . .
12. Fue una aventura muy . . .

2 Trabajen en grupo para leer, comentar y corregir el cuento que escribieron. ¿Usaron el pretérito y el imperfecto correctamente? ¿Incorporaron el vocabulario del capítulo? Añadan más detalles si es necesario.

3 Presenten su cuento a la clase. La clase va a votar por el cuento más imaginativo, el más divertido y el mejor cuento de horror.

● **Más práctica**
Practice Workbook 1-11, 1-12

Go Online
PHSchool.com
For: Practice with the imperfect
Visit: www.phschool.com
Web Code: jed-0108

¡Adelante!

Puente a la cultura
El Camino de Santiago

Objectives

- **Read about a famous pilgrimage route in Spain**
- **Learn about how this route still thrives today**
- **Compare a pilgrimage to your own travel experiences**

Estrategia

Activating prior knowledge
A *peregrino* (pilgrim) is a person who makes a trip for spiritual reasons. To better understand the selection, think of other pilgrims you might know of. Why did the Pilgrims come from England to Plymouth, Massachusetts in the 17th century? Why did they found a colony? Look at the maps on these pages to see the route of another group of pilgrims.

Los peregrinos de Plymouth, Massachusetts, buscaban la libertad religiosa. Otros peregrinos viajan en busca de algo sagrado o religioso, como los peregrinos musulmanes que viajan a La Meca y los peregrinos judíos y cristianos que viajan a Jerusalén.

Hace más de mil años, en el extremo noroeste de España se descubrió la tumba del apóstol Santiago[1], una figura fundamental de la religión católica. Empezaron a viajar peregrinos de toda Europa al lugar del descubrimiento en donde se fundó la ciudad de Santiago de Compostela. La ruta sagrada que seguían los peregrinos se dio a conocer[2] como El Camino de Santiago y terminaba en el portal de la Catedral de Santiago de Compostela.

A lo largo de[3] la ruta construyeron iglesias y albergues[4] para recibir a los peregrinos. Algunos peregrinos venían de lugares tan lejanos como Rusia y tardaban años para completar su viaje a pie.

Hoy en día muchas personas viajan a Santiago por la misma razón que los peregrinos de hace mil años: por motivos[5] religiosos. Otros lo recorren[6] como turistas o por motivos culturales debido a su importancia histórica.

---

1 the apostle Saint James
2 became known as **3** All along
4 hostels **5** reasons **6** travel along

Un peregrino
de la antigüedad.

Archives Charmet/Private Collection/Bridgeman Art Library.

Muchos de los que hacen este viaje son jóvenes. Algunos lo hacen a pie, otros en bicicleta y otros ¡hasta a caballo! Por eso mismo, hay muchos albergues juveniles que ofrecen servicios muy baratos. Para quedarte en ellos, debes llevar tu propia comida. Los albergues son lugares excelentes para conocer a chicos y chicas de todo el mundo.

¿Comprendiste?

1. Nombra los cuatro grupos de peregrinos que se mencionan en la lectura. En general, ¿qué buscan los peregrinos?

2. ¿De dónde eran los peregrinos que iban a Santiago?

3. ¿Cuáles son tres motivos para seguir el Camino de Santiago hoy en día?

4. ¿Qué atractivos tiene el Camino para una persona joven?

Mi propio camino

1 Piensa en un viaje o una excursión que hiciste el año pasado. ¿Adónde fuiste? ¿Por qué fuiste allí? ¿Cómo fuiste? ¿Qué tuviste que llevar? ¿Dónde te quedaste? ¿Cómo era el lugar? ¿Qué había allí? ¿A quién(es) conociste?

2 Ahora compara tu experiencia con el recorrido que hacen muchos jóvenes a Santiago de Compostela. ¿En qué se parecen? ¿En qué se diferencian?

Go Online
PHSchool.com

For: Internet link activity
Visit: www.phschool.com
Web Code: jed-0110

Jóvenes en camino hacia Santiago de Compostela

Uno de los albergues del Camino de Santiago

¿Qué me cuentas?

Dos aventuras

1 Escucha las siguientes descripciones. Después de cada descripción vas a oír tres preguntas. Escoge la mejor respuesta para cada pregunta.

1. **a.** no hacía buen tiempo   **b.** hacía calor   **c.** llovía

2. **a.** por el bosque   **b.** por el valle   **c.** por la playa

3. **a.** hasta una roca   **b.** hasta un árbol   **c.** hasta el pie de una montaña

4. **a.** mosquitos   **b.** pájaros   **c.** peces

5. **a.** binoculares   **b.** repelente de insectos   **c.** brújula

6. **a.** empezó a llover   **b.** empezó a nevar   **c.** cayeron relámpagos

2 Las ilustraciones a continuación representan un cuento. Con tus propias palabras, describe detalladamente lo que sucedió. Recuerda que no puedes usar tus notas mientras cuentas el cuento. Añade información para que el cuento resulte más interesante y ponle un título. ¡Usa tu imaginación!

Puedes usar las siguientes palabras o expresiones para conectar tus ideas.

al principio	entonces	de repente
después	mientras tanto (*meanwhile*)	más tarde
al final	sin embargo	durante

1

2

3

4

5

6

3 Trabaja con un grupo donde cada miembro cuenta su cuento. Comparen los detalles de los cuentos que escucharon. ¿Qué fue lo más interesante? ¿Qué fue lo más cómico? ¿Lo más emocionante?

Presentación oral

Una experiencia inolvidable

1 **Prepárate** Responde a las preguntas y usa una tabla como ésta para escribir tus respuestas.

¿Adónde fuiste?	
¿Cómo era el lugar?	
¿Qué había allí?	
¿Qué sucedió?	
¿Cómo te sentiste?	
¿Cómo terminó?	

2 **Practica** Vuelve a leer la información que anotaste en la tabla. Practica varias veces tu presentación para recordar todos los detalles. Puedes usar tus notas para practicar, pero no al hablar ante la clase. Recuerda:

- describir claramente todo lo que sucedió
- mirar directamente al público
- usar el vocabulario que aprendiste en esta lección

Modelo

Hace un tiempo, fui a acampar al valle. El paisaje era impresionante. Había flores de todos los colores. Después de caminar un rato, me perdí. Entonces me di cuenta de que no tenía mi brújula. Sentí miedo. Después de un rato oí unas voces. ¡Eran mis amigos!

3 **Haz tu presentación** Imagina que tus compañeros de clase son los niños del campamento. Cuéntales a ellos tu experiencia inolvidable.

4 **Evaluación** Tu profesor(a) puede explicarte cómo va a evaluar tu presentación. Probablemente, para tu profesor(a) es importante ver que:

- te preparaste bien para hacer tu presentación
- diste suficiente información a tu público
- tu presentación se entendió bien

Aventuras bajo el sol

Estrategia

Adding details

Adding details to our writing makes it more interesting. For instance, if you say *"oí un ruido y me asusté,"* the reader cannot imagine the setting very well. But if you write: *"En la oscuridad de la noche, sentí un ruido como de un trueno . . . comencé a gritar,"* your reader will have a better picture of what happened to you.

Imagínate que acabas de participar en una de las actividades que muestran las fotos de este capítulo. Escribe un cuento sobre esa aventura. ¿Quiénes participaron? ¿Cómo era el lugar? ¿Qué querían ver? ¿Cómo lo pasaron? ¿Fue emocionante? ¿Cómo te sentiste al final?

1 Antes de escribir

Usa una red de palabras para organizar las ideas que tienes para la composición.

CUÁNDO SUCEDIÓ
el verano pasado

ENTRENAMIENTO
correr
levantar pesas

DÓNDE SUCEDIÓ
valle

UN EVENTO ESPECIAL

EQUIPO
brújula
linternas

LO QUE SENTÍ
miedo

CÓMO ERA
emocionante

2 Borrador

Escribe tu borrador. Usa correctamente el pretérito y el imperfecto y el vocabulario de esta lección para contar tu experiencia. Escribe tus ideas en orden lógico, así tu cuento va a ser más interesante y más fácil de entender.

Topic sentence: What is the composition about?

Hace dos semanas yo fui con mis amigos a escalar una montaña. Me entrené dos meses: todas las tardes corría media hora y levantaba pesas. . . .

Details about the topic: preparing for the trip.

Description of the trip: how it was and how I felt.

Al llegar al pie de la montaña, me di cuenta de lo alta que era. Iba a ser una dura prueba para mí. Comenzamos a escalar la montaña con mucho cuidado. Después de cuatro horas de esfuerzo alcanzamos nuestra meta. Desde lo alto . . . .

Al final de esta aventura estuve muy contenta . . . .

Conclusion ties everything together.

③ Redacción/Revisión

Después de escribir el primer borrador de la composición, trabaja con otro(a) estudiante para intercambiar los trabajos y leerlos. Decidan qué aspectos son más efectivos. Fíjense en cómo el escritor del modelo incluyó detalles en su composición. Cada persona puede decir qué se puede hacer para mejorar la composición que leyó.

Haz lo siguiente: Subraya con una línea los verbos en pretérito, y con dos líneas los verbos en imperfecto.

- ¿Hay concordancia (agreement) entre cada sujeto y verbo?

- ¿El pretérito y el imperfecto están empleados correctamente?

fui
Hace dos semanas ~~yo fueron~~ con mis

amigos a escalar una montaña. Me _entrené_ dos

corría
meses: todas las tardes ~~corrían~~ media hora y

levantaba pesas.

④ Publicación

Antes de crear la versión final, lee de nuevo tu borrador y repasa los siguientes puntos:

- ¿Sigue mi cuento un orden lógico?

- ¿Tiene un argumento, con un principio, un cuerpo y un final?

- ¿Hay otros detalles que debo poner en mi composición? ¿Hay algo que debo quitar?

Después de revisar el borrador, escribe tu composición en limpio.

⑤ Evaluación

Tu profesor(a) puede explicarte cómo va a evaluar tu presentación. Probablemente, para tu profesor(a) es importante ver que:

- usaste suficientes detalles para hacer tu cuento más interesante

- tus oraciones tienen sentido; cada oración expresa claramente una idea completa

- tu cuento sigue un orden lógico

- usaste correctamente el vocabulario y la gramática

El Iztaccíhuatl y el Popocatépetl

Objectives

- **Read about a Mexican legend**
- **Make predictions about a story**
- **Recount the plot of a story**

Estrategia

Making predictions
Making predictions about what will happen in a story allows us to focus on what we read and increases our interest in the story.

- Do you know any stories that explain a natural phenomenon?
- Look at the picture of the volcanoes. What do you think this story will explain?

Al leer

El cuento que vas a leer es una leyenda mexicana que relaciona una historia de amor con dos volcanes en México. Copia la gráfica organizadora de la página 57. Mientras lees la selección, llena todos los espacios de la gráfica con la información del cuento.

Mientras lees, presta atención a los siguientes puntos:

- el conflicto entre las dos familias
- la relación entre los personajes principales y la naturaleza

H ace mucho tiempo, en la gran ciudad de Teotihuacán, había un rey tolteca que tenía una hija muy hermosa. El pelo de la princesa era tan negro y suave como una noche de verano, sus ojos eran tan grandes y oscuros como las aguas de un lago secreto y su sonrisa era tan bonita que decían que el sol miraba por las montañas todas las mañanas para ser el primero en verla.

Muchos príncipes ricos y famosos venían de todas partes de la región tolteca para ganar el amor de la princesa, pero ella no se enamoraba de ninguno. El rey, que quería para su hija un esposo rico de buena posición en la sociedad tolteca, ya estaba impaciente. A veces le preguntaba a la princesa qué esperaba.

—No sé —contestaba la muchacha—. Sólo sé que mi esposo va a ser alguien que voy a amar desde el principio y para siempre.

Un día llegó a la ciudad un príncipe chichimeca. Los chichimecas no tenían una civilización tan espléndida como la de los toltecas. Vivían de la caza[1] y la pesca en las montañas. Los toltecas pensaban que los chichimecas vivían como perros, y se reían de ellos.

1 hunting

Príncipe chichimeca

El príncipe chichimeca venía para visitar el gran mercado de Teotihuacán, donde vendían hermosísimos objetos de oro, ropa de brillantes colores, animales exóticos y muchas otras cosas.

Ese mismo día, la princesa tolteca estaba en el mercado comprando canastas[2], telas y alfombras para su palacio. Pasó que, de repente, entre toda la gente y el ruido del mercado, el príncipe y la princesa se fijaron[3] uno en el otro. Sin una palabra, desde el principio y para siempre, el príncipe y la princesa se enamoraron.

Los dos sabían muy bien que su amor era prohibido. Cada uno debía casarse con alguien de su pueblo y su clase: la princesa tolteca con un príncipe tolteca y el príncipe chichimeca con una princesa chichimeca.

***

2 large round basket 3 they noticed

Las señoras que acompañaban[4] a la princesa se dieron cuenta de lo que pasaba, y rápidamente llevaron a la princesa a su palacio. El príncipe también regresó al suyo en las montañas. Trató de olvidar a la bella princesa, pero no pudo.

Después de un tiempo, el príncipe decidió volver a Teotihuacán, a pedir la mano de la princesa. Un día se vistió de su ropa más fina y fue al palacio del rey tolteca. Allí mandó[5] a sus mensajeros a hablar con el rey para pedirle a su hija como esposa.

Cuando oyó las palabras de los mensajeros del príncipe, el rey tembló[6] de furia y gritó: —¡Mi hija sólo se va a casar con un príncipe tolteca, nunca con un chichimeca que vive en las montañas como un animal!

***

4 escorted 5 sent 6 shook

Princesa tolteca

Cuando la princesa oyó todo esto, se sintió muy triste. Le tenía mucho respeto a su papá, pero sabía que no podía vivir sin el amor del príncipe chichimeca. Salió de su palacio y se reunió con el príncipe para decirle que sí quería casarse con él. Se fueron a las montañas, y esa noche se casaron.

Al día siguiente, la princesa regresó a Teotihuacán y le dijo a su padre que ya era la esposa del príncipe chichimeca. Le pidió perdón y esperó la comprensión de su padre. Pero el rey estaba furioso: —¿Cómo pudiste hacerme eso? —le preguntó a su hija—. ¡Vete de aquí y no vuelvas nunca! ¡Y no le pidas ni comida ni casa a ningún tolteca, que no te va a dar nada! ¡Lo prohíbo!

Lo mismo le pasó al príncipe cuando volvió a su palacio. Su padre le gritó: —¿Te casaste con una tolteca? ¡Ya no eres mi hijo, ni eres chichimeca! ¡No esperes nunca la ayuda de ningún chichimeca!

Con el corazón muy triste, el príncipe y la princesa se reunieron y empezaron a buscar dónde vivir en las montañas. Nadie los quería ayudar o darles un lugar para descansar y refugiarse de los vientos fríos.

Comían sólo hierbas[7] y frutas, porque el príncipe no tenía nada con qué cazar o pescar. Poco a poco, los esposos se estaban muriendo.

Una noche muy fría y larga, el príncipe se dio cuenta de que pronto se iban a morir los dos. Estaban en un valle pequeño desde donde podían ver la ciudad de Teotihuacán. La princesa pensaba en su casa, y el príncipe la miraba con tristeza y amor, sabiendo lo que pensaba.

—Mi bella princesa —le dijo—, ya nos vamos a morir. Nos vamos a separar ahora en este mundo para estar siempre juntos en el otro. Duerme por última vez en mis brazos esta noche. En la mañana, tú te vas a ir a la montaña más baja que mira sobre tu ciudad, y yo me voy a ir a la montaña más alta que también mira sobre tu ciudad. Allí vamos a descansar, allí te voy a cuidar para siempre y nuestros espíritus[8] van a ser un solo espíritu. Al día siguiente los dos se separaron, y cada uno empezó a subir su montaña. La princesa subió la montaña Iztaccíhuatl y el príncipe subió la montaña Popocatépetl.

Cuando la princesa llegó a la cumbre[9] de su montaña, se durmió y la nieve la cubrió[10]. El príncipe se puso de rodillas, mirando hacia la princesa y la nieve también lo cubrió.

De esta manera podemos ver hoy al príncipe y a la princesa, en la cumbre del Iztaccíhuatl y el Popocatépetl. A veces hay grandes ruidos desde muy dentro del Popocatépetl. Es el príncipe llorando por su princesa.

7 grass 8 spirits, souls 9 summit 10 covered

Interacción con la lectura

1 Llena el organizador gráfico con detalles del argumento.

alguien _____ → quería _____ → por eso _____

pero _____ → por eso _____ → al final _____

2 Trabaja con otro(a) estudiante para comparar la información de sus organizadores. Contesten las preguntas y añadan a sus organizadores cualquier otro detalle interesante que recuerden.

- ¿Cómo conoció el príncipe a la princesa? ¿Por qué no podían casarse?
- ¿Qué hicieron los jóvenes? ¿Crees que hicieron bien?
- ¿Qué emociones expresan los personajes al comienzo, después y al final del cuento?
- ¿Cómo terminó la historia? ¿Pudo tener otro final?

3 Ahora escribe un resumen del cuento basado en el organizador gráfico.

4 Trabaja con un grupo para contestar estas preguntas.

- ¿Qué cuentos, obras de teatro o películas conocen que cuentan una historia similar?
- ¿Por qué en casi todas las culturas hay historias de jóvenes enamorados a quienes sus padres no comprenden?

Fondo cultural

Los indígenas americanos vivían en íntimo contacto con la naturaleza. Algunos de sus mitos y leyendas explicaban fenómenos naturales como los eclipses, las tormentas, las erupciones volcánicas. La leyenda de Iztaccíhuatl y Popocatépetl explica la formación de dos volcanes cerca de la Ciudad de México. Iztaccíhuatl, el volcán más antiguo, tiene la forma de una mujer reclinada. En efecto, su nombre en la lengua náhuatl quiere decir "mujer dormida". Popocatépetl, el volcán más joven, es todavía activo. Su nombre náhuatl significa "montaña que humea" *(smoking mountain)*.

- ¿Qué otra leyenda conoces que explique un fenómeno natural?

Repaso del capítulo

Vocabulario y gramática

para hablar de actividades

acercarse a	to approach
andar	to walk, to move
dar un paseo	to take a walk, stroll
dejar de	to stop (doing something)
escalar	to climb (a rock or mountain)
perderse	to get lost
refugiarse	to take shelter

para describir la naturaleza

el bosque	wood, forest
el desierto	desert
hermoso, -a	beautiful
la naturaleza	nature
el paisaje	landscape
el refugio	refuge, shelter
la roca	rock
la sierra	sierra, mountain range
el valle	valley

para hablar de cámping

los binoculares	binoculars
la brújula	compass
la linterna	flashlight
el repelente de insectos	insect repellent
el saco de dormir	sleeping bag
la tienda de acampar	tent

para hablar del tiempo

caer granizo	to hail
el granizo	hail
el relámpago	lightning
el trueno	thunder

para indicar que sucede algo

suceder	to occur
tener lugar	to take place

para indicar cuándo sucede algo

al amanecer	at dawn
al anochecer	at dusk
al principio	at the beginning
un rato	a while
una vez allí	once there

para prepararse para un evento deportivo

el entrenamiento	training
entrenarse	to train
hacer un esfuerzo	to make an effort
inscribirse	to register
la inscripción	registration

para hablar de competencias deportivas

alcanzar	to reach
la carrera	race
la ceremonia	ceremony
el certificado	certificate, diploma
contra	against
eliminar	to eliminate
la entrega de premios	awards ceremony
¡Felicitaciones!	Congratulations!
la medalla	medal
la meta	goal
obtener	to obtain, get
el / la participante	participant
el / la representante	representative
salir campeón, campeona	to become the champion
el trofeo	trophy
vencer	to beat

para expresar emociones e impresiones

animado, -a	excited
asustar	to scare
darse cuenta de	to realize
desafortunadamente	unfortunately
desanimado, -a	discouraged
duro, -a	hard
emocionarse	to be moved
estar orgulloso / orgullosa de	to be proud of
impresionar	to impress
pasarlo bien / mal	to have a good / bad time

otras palabras y expresiones

aparecer	to appear
así	this way
hacia	toward
perder el equilibrio	to lose one's balance
sin embargo	however

el pretérito

destruir *to destroy*

destruí	destruimos
destruiste	destruisteis
destruyó	destruyeron

leer *to read*

leí	leímos
leíste	leísteis
leyó	leyeron

The verbs *creer, oír,* and *caerse* follow the same pattern as *leer.*

tener *to have*

tuve	**tuv**imos
tuviste	**tuv**isteis
tuvo	**tuv**ieron

Other verbs that have an irregular stem in the preterite and share the same endings as *tener* are: *andar, estar, poder, poner, venir.*

decir *to tell*

dije	**di**jimos
dijiste	**di**jisteis
dijo	**di**jeron

The verb *traer* follows the same pattern as *decir.*

pedir (i) *to ask for*

pedí	pedimos
pediste	pedisteis
pidió	pidieron

The verbs *sentir, divertirse, preferir, sugerir,* and *vestirse* follow the same pattern as *pedir.*

dormir (u) *to sleep*

dormí	dormimos
dormiste	dormisteis
d**u**rmió	d**u**rmieron

The verb *morir* follows the same pattern as *dormir.*

el imperfecto

estar (-ar) *to be*

est**aba**	est**ábamos**
est**abas**	est**abais**
est**aba**	est**aban**

tener (-er) *to have*

ten**ía**	ten**íamos**
ten**ías**	ten**íais**
ten**ía**	ten**ían**

vivir (-ir) *to live*

viv**ía**	viv**íamos**
viv**ías**	viv**íais**
viv**ía**	viv**ían**

ir *to go*

iba	íbamos
ibas	ibais
iba	iban

ser *to be*

era	éramos
eras	erais
era	eran

ver *to see*

veía	veíamos
veías	veíais
veía	veían

The imperfect of *hay* is *había.*

● **Más práctica** . . . .
Practice Workbook Organizer 1-13, 1-14

Preparación para el examen

1 Vocabulario Escribe la letra de la palabra o expresión que mejor complete cada frase. Escribe tus respuestas en una hoja aparte.

1. Me levanté muy temprano, _____, para ir de cámping.
   a. por la tarde
   b. al anochecer
   c. por la noche
   d. al amanecer

2. Cuando fuimos al bosque, Luis trajo _____ porque no había mucha luz.
   a. unos binoculares
   b. una linterna
   c. un repelente de insectos
   d. un saco de dormir

3. El paisaje era impresionante. _____ mucho cuando vi las montañas.
   a. Me cansé
   b. Me asusté
   c. Me emocioné
   d. Me aburrí

4. Cuando gané el campeonato mis padres me dijeron que estaban muy _____ de mis esfuerzos.
   a. orgullosos
   b. desanimados
   c. asustados
   d. tristes

5. Buscamos un refugio porque _____.
   a. perdí el equilibrio
   b. nos eliminaron
   c. comenzó a caer granizo
   d. no dormimos bien.

6. Cuando llegué tarde a casa mis padres me preguntaron: "¿Qué te _____?"
   a. dieron
   b. sucedió
   c. rompiste
   d. pusiste

7. Antes de participar en el campeonato, la chica _____ por tres meses.
   a. se entrenó
   b. se perdió
   c. se divirtió
   d. se durmió

8. Fue un partido muy _____. Todos tuvimos que hacer un gran esfuerzo para ganar.
   a. agitado
   b. fácil
   c. aburrido
   d. duro

2 Gramática Escribe la letra de la palabra o expresión que mejor complete cada frase. Escribe tus respuestas en una hoja aparte.

1. Leí en el diario que la tormenta _____ muchos árboles.
   a. destruye
   b. destruía
   c. destruyendo
   d. destruyó

2. No puedo creer que te olvidaste la mochila. ¿Por qué no la _____?
   a. trajiste
   b. traen
   c. trajeron
   d. traían

3. _____ la una de la tarde cuando llegamos al campamento.
   a. Fue
   b. Era
   c. Eran
   d. Estaban

4. El sábado pasado, los chicos _____ dos horas por los senderos.
   a. anduvieron
   b. andaban
   c. andan
   d. anduviste

5. Anoche, después del partido, el campeón _____ diez horas porque estaba cansado.
   a. dormía
   b. durmió
   c. está durmiendo
   d. duerme

6. De niña, a menudo yo _____ a los partidos de tenis con mis tíos.
   a. voy
   b. fui
   c. iba
   d. iban

7. El atleta que salió en primer lugar _____ un trofeo.
   a. obtuvo
   b. obtiene
   c. obtenía
   d. obtuviste

8. Generalmente, ¿cómo _____ cuando tu equipo perdía un partido?
   a. te sientes
   b. te sentiste
   c. se sentían
   d. te sentías

En el examen vas a . . .	Éstas son las tareas de práctica que te pueden ser útiles para el examen . . .	Si necesitas repasar . . .
3 Escuchar Escuchar y comprender la descripción de una excursión a un parque nacional	Un amigo(a) te deja un mensaje por teléfono sobre una excursión que hizo a un parque nacional. (a) ¿Adónde fue? (b) ¿Qué vio? (c) ¿Qué hizo allí? (d) ¿Qué le sucedió? (e) ¿Cómo lo pasó?	**pp. 22–25** *A primera vista 1* **p. 27** Actividad 7 **p. 29** Actividades 12–13 **p. 34** Actividad 22 **p. 35** Actividades 24–25
4 Hablar Hablar sobre una excursión que hizo tu clase	Tu clase fue de excursión a un lugar especial. Cuéntale lo que pasó a un(a) compañero(a) que no pudo ir. Incluye quiénes fueron, adónde fueron, qué había allí, qué tiempo hacía, qué hicieron y cómo lo pasaron.	**p. 50** *¿Qué me cuentas?* **p. 51** *Presentación oral*
5 Leer Leer y comprender un anuncio sobre un concurso	Lee el anuncio que apareció en el periódico de la escuela y decide: (a) qué tipo de concurso es; (b) cuándo es la inscripción; (c) quiénes pueden participar; (d) cuándo es la audición; (e) qué premio va a obtener el / la ganador(a). **Concurso de Música** Invitamos a todos los estudiantes de tercer y cuarto año a participar en nuestro concurso. **Fecha de inscripción:** 6 de octubre **Audición:** 9 de octubre **Primer premio:** dos entradas (tickets) para un concierto en el teatro San Martín	**pp. 36–39** *A primera vista 2* **p. 40** *Fondo cultrual* **p. 41** Actividades 33–35
6 Escribir Escribir un artículo sobre un evento deportivo importante para el periódico de la escuela	Imagina que eres reportero del periódico de la escuela. Tienes que escribir un artículo sobre el último partido del año de un equipo de tu escuela. Tu artículo debe contar (a) quiénes jugaron, (b) dónde y cuándo fue, (c) si hacía buen tiempo, (d) cómo se sentían los jugadores, (e) qué sucedió, (f) cómo se sentían al final, (g) si fue un partido aburrido o emocionante y por qué.	**p. 43** Actividad 37 **p. 44** Actividad 40 **p. 45** Actividad 41
7 Pensar Pensar en los peregrinos de hoy y de ayer	Piensa en el viaje de los peregrinos de Santiago de Compostela hace mil años. ¿Por qué quieren seguir la misma ruta muchos jóvenes hoy en día? ¿Hay lugares aquí en los Estados Unidos como Santiago de Compostela? ¿Cuáles son los motivos para viajar a estos lugares? ¿En qué se parecen? ¿En qué se diferencian?	**pp. 48–49** *Puente a la cultura*

A ver si recuerdas...

Vocabulario

el arte y los artistas

el / la artista
el cuadro
dibujar
el estilo
la estatua
el museo
pintar
el pintor,
    la pintora

color y luz

amarillo, -a
anaranjado, -a
azul
blanco, -a
claro, -a
gris
marrón
morado, -a
negro, -a
oscuro, -a
pastel
rojo, -a
rosado, -a
verde
vivo, -a

opiniones

a mí también / tampoco
creo que . . .
estoy / no estoy de acuerdo
me parece que . . .
me gusta / no me gusta
no estoy seguro, -a
para mí, ti . . .
¿qué te parece?

materiales

el oro
el papel
la piedra
el plástico
la plata

Paisaje Juan les Pins, (1920), Pablo Picasso

Oil on canvas. 52 x 70 cm. Photo: R. G. Ojeda © 2004 Estate of Pablo Picasso/Artists Rights Society ARS, NY. Musée Picasso, Paris, France. Réunion des Musées Nationaux/Art Resource, NY.

Paisaje hondureño de San Antonio de Oriente, (1957), José Antonio Velásquez

Oil on canvas. 26" x 37". Collection of the Art Museum of the Americas. Organization of American States.

descripciones

aburrido, -a
bonito, -a
complicado, -a
divertido, -a
exagerado, -a
fascinante
feo, -a
horrible
interesante
mejor
moderno, -a
peor
realista
sencillo, -a
serio, -a
triste

comparaciones

más / menos . . . que
mejor / peor . . . que
tan . . . como

Actividad 1 Escribir/Hablar ....

Práctica de vocabulario

1 Haz una lista de diez palabras que describan estas obras de arte.

2 Usa la información que escribiste para describir las pinturas a tu compañero(a). Usa como guía las siguientes preguntas: ¿Cómo son? ¿Qué representan?

El cuadro de . . . es . . .
El cuadro de . . . muestra . . .

3 Intercambia opiniones con tu compañero(a).

• Pregúntale su opinión.
"¿Cuál de los cuadros . . . ?"

• Expresa tu opinión.
Yo creo que el cuadro de . . . es . . .
No estoy de acuerdo . . . porque . . .

Concordancia y comparación de adjetivos

Adjectives agree in gender and number with the persons or things they describe. Masculine adjectives usually end in *-o* and feminine adjectives usually end in *-a*.

una estatua **moderna**   un cuadro **moderno**

- Adjectives that end in *-e* or in a consonant may be either feminine or masculine.

una estatua **interesante**   una estatua **gris**

- Adjectives that end in *-ista* may be either masculine or feminine.

un dibujo **realista**   una pintora **surrealista**

- To form the feminine form of adjectives that end in *-or,* add *-a* at the end.

un niño **trabajador**   una niña **trabajadora**

- If an adjective describes a combination of masculine and feminine nouns, the masculine plural ending is used.

Ese cuadro y esa estatua no son **feos.**

To express a comparison of similarity, use *tan* + adjective + *como.*

El cuadro de Picasso es **tan bonito como** el cuadro de Velázquez.

To express a comparison of difference, use *más / menos* + adjective + *que.*

El cuadro de Picasso me parece **más / menos interesante que** el de Velázquez.

- The adjectives *bueno(a), malo(a), viejo(a),* and *joven* have irregular comparative forms. The words *más / menos* are not used.

bueno(a)	**mejor (que)**	viejo(a)	**mayor (que)**
malo(a)	**peor (que)**	joven	**menor (que)**

Actividad 2 Leer/Escribir ....

Práctica de gramática

Dos amigos fueron al museo. Completa lo que dijeron con la forma correcta de los adjetivos del recuadro.

complicado	moderno ✓	plástico
exagerado	fascinante	

A —Ayer fui a un museo de arte __1.__ y vi unos cuadros __2.__. Me gustaron mucho. Sin embargo, las estatuas de __3.__ son __4.__.

B —¿Sí? Pues yo no entiendo el arte moderno. El estilo moderno es __5.__ y tienes que pensar para comprenderlo.

Actividad 3 Escribir ....

Práctica de gramática

Usa los siguientes adjetivos para escribir cinco frases que comparen el cuadro de Velásquez con el de Picasso en la página 62. Usa *más / menos . . . que* o *tan . . . como,* según sea necesario.

inteligente	moderno	sencillo
serio	realista	bonito

Modelo

El cuadro de Velásquez me parece tan interesante como el cuadro de Picasso.

Vocabulario

en el teatro
la actuación
el argumento
la comedia
el concierto
el drama
los efectos especiales
el ensayo
la escena
la luz
la obra de teatro

en el concierto
el auditorio
la banda
la canción
el coro
la música
la orquesta
la voz

participantes
el actor, la actriz
el bailarín, la bailarina
el / la cantante
el crítico, la crítica
el director, la directora
el galán
el músico, la música
el personaje

actividades
bailar
cantar
ensayar
hacer el papel de . . .
hacer el papel principal
tener éxito
tocar . . .
    la guitarra
    el piano

reacciones
aburrirse
aplaudir
divertirse
dormirse
gritar

comentarios
emocionante
estar basado, -a en . . .
flojo, -a
increíble
inolvidable
largo, -a
más o menos
talentoso, -a

Actividad 4   **Leer/Escribir** ···

Práctica de vocabulario

❶ Completa el siguiente mensaje que te dejó una amiga sobre una noche en el teatro. Usa las palabras del recuadro.

galán	aplaudió	comedia
drama	argumento	actor

Anoche fui al teatro. Desde el principio, el __1.__ de la obra me pareció muy divertido. Prefiero ir al teatro a reír con una __2.__ que llorar con un __3.__. El __4.__ que hacía el papel del __5.__ tuvo una actuación extraordinaria. Al final, el público __6.__ por más de cinco minutos.

❷ Usa las palabras del vocabulario para escribir una descripción de estas personas. Trata de incluir información sobre lo que hace la persona y dónde lo hace.

> **Modelo**
>
> un actor
> *Un actor hace el papel de un personaje en una película o una obra de teatro.*

1. un(a) músico(a)   **3.** un(a) cantante

2. un(a) crítico(a)   **4.** un bailarín, una bailarina

Comparación de sustantivos y el superlativo

To make a comparison or differentiation between two nouns, use
más / menos + noun + *que*.

> Hoy hay **menos gente que** ayer en el teatro.

To make a comparison between two similar nouns, use: *tanto(a)* **+** noun **+** *como*.
Since *tanto* is an adjective, it should agree with the noun in both gender
(masculine or feminine) and number (singular or plural).

> Hoy hay **tanto público como** ayer en el teatro.
>
> Hoy hay **tantas personas como** ayer en el teatro.

The superlative is used to say something is the "most" or the "least." To express a
superlative comparison use: *el / la / los / las* **+** noun **+** *más / menos* **+** adjective.

> El concierto **más emocionante** fue el de ayer.
>
> Para mí, **la obra menos divertida** es "Algún día".

- When *mejor* and *peor* are used as superlatives, the following construction is used:
  el / la / los / las + *mejor(es) / peor(es)* + noun.

  > Pienso que Alejandra Ruiz es **la mejor bailarina**.
  >
  > ¡Ustedes son **los peores cantantes!**

- The preposition *de* is used after the adjective when the superlative comparison occurs
  within a group or category.

  > El concierto de ayer fue **el más emocionante de** todos.

Actividad 5 · Hablar

Práctica de gramática

Un(a) compañero(a) y tú van a expresar su
opinión sobre los siguientes temas.

Modelo

la mejor película del año
A —*Para ti, ¿cuál fue la mejor película del año?*
B —*Para mí, la mejor película fue "Frida".*

a. el mejor actor de teatro

b. la peor actriz de Hollywood

c. la canción más romántica de este año

d. el baile que les gusta más a los jóvenes

e. el programa de tele más aburrido de la semana

● **Más práctica**
Practice Workbook 2-1, 2-2

Actividad 6 · Escribir

Práctica de gramática

Escribe comparaciones entre dos artistas o
grupos de música. Usa los siguientes temas.

- número de canciones que grabaron

- talento que tienen

- instrumentos que tocan

- discos compactos que tienen

Modelo

Selena tiene más canciones que Shakira.

Go Online
PHSchool.com
For: Vocabulary practice
Visit: www.phschool.com
Web Code: jed-0201

Picasso y el cubismo Si observas con atención esta pintura del artista español Pablo Picasso (1881–1973), te vas a dar cuenta de que el artista representa a la modelo, a la izquierda, y al pintor, a la derecha, con formas geométricas. A esta forma de expresión se la conoce como *cubismo,* un movimiento artístico que comenzó en Francia entre 1907 y 1914, y que tuvo una gran importancia en Europa y los Estados Unidos.

• ¿Conoces un artista de los Estados Unidos que usa formas geométricas en sus obras?

El pintor y su modelo, (1928), Pablo Picasso

Oil on canvas. 51 1/8 " x 64 1/4". The Sidney and Harriet Janis Collection. (644.19) © Digital Image. The Museum of Modern Art/Licensed by Scala-Art Resource, NY. © 2004 Estate of Pablo Picasso/Artists Rights Society ARS, New York.

¿Cómo te expresas?

Chapter Objectives

- Talk about the arts
- Give an opinion about a work of art
- Relate the arts to your own experience
- Describe how people express themselves
- Narrate events in the past
- Discuss some important artists of the Spanish-speaking world

Video Focus

- Music, dance and art in the Spanish-speaking world

Country Connection

As you learn about the arts, you will make connections to these countries and places.

Estados Unidos
España
México
Cuba
Puerto Rico
Ecuador
Chile
Argentina

Go Online
PHSchool.com

For: Online Atlas
Visit: www.phschool.com
Web Code: jee-0002

A primera vista 1

Vocabulario y gramática en contexto

Objectives

Read, listen to, and understand information about
- different types of art
- art materials

Los estudiantes de la escuela Simón Bolívar de Caracas, Venezuela, querían decorar la cafetería de su escuela. Para esto, decidieron pintar un mural en una pared de la cafetería. Antes de comenzar a pintar, los estudiantes se reunieron en **el taller** de arte para planear lo que querían hacer.

la naturaleza muerta

el mural

sentada

parado

el pincel

la paleta

Los estudiantes miraron muchas **obras de arte** de diferentes pintores y, finalmente, escogieron una del pintor catalán Joan Miró para usarla en el mural. Joan Miró fue un artista **famoso** del **siglo** XX.

Escuchar •

¡A pintar!

Escribe los números del 1 al 6 en una hoja de papel. Escucha cada frase y escribe C (cierto) o F (falso) según las fotos y la información en esta página.

*Naturaleza Muerta, (1999), Alfonso Fernández. Oleo sobre lino, 110 x 120 cm.

Éstas son algunas de las obras de Miró que los estudiantes miraron
cuando estaban buscando un cuadro para su mural.

1 Cuando era joven, Miró pintaba con un
estilo realista, como podemos ver en el
paisaje *La granja*, de 1922. En este
paisaje se ve en primer plano un árbol
entre una casa y un establo *(stable)*. Al
fondo del cuadro vemos el cielo y la luna.

2 En esta pintura de 1919, el joven Miró hizo su
propio **retrato**, es decir, pintó su autorretrato.

fondo

primer
plano

¹*La Granja*, (1922), Joan Miró

la pintura

el autorretrato

²*Autorretrato*, (1919), Joan Miró

3 Más tarde, el estilo de Miró **se vuelve**
mucho menos realista, como se ve en este
Interior holandés, de 1928.

4 Cuando ya era un artista famoso, Miró
comenzó su obra de **escultor**. Esta **escultura**
es **abstracta**, no vemos claramente lo que
representa, pero sus colores vivos
expresan sentimientos de alegría.

³*Interior holandés*, (1928), Joan Miró

Actividad 2

Escuchar •

El guía del museo

Escucha la descripción que hace un guía de museo de las obras de
arte que aparecen en la página. Señala cada obra que describe.

Entrevista con Dina Bursztyn

Dina Bursztyn es una escultora que nació en Mendoza, Argentina, y vive en Nueva York. Escribe poesía y cuentos y trabaja **la cerámica** para hacer murales y esculturas en distintos lugares de la ciudad.

¿Qué material prefiere para expresarse?
"Principalmente el barro[1], pero también me gusta escribir y pintar."

*¿Qué artista la **inspiró**?*
"Mi mayor **fuente de inspiración** fue mi tía Fanny. Ella pintaba y tenía obras de cerámica en su casa. **Influyó** mucho en mí y empecé a moldear[2]. A los cinco años ya llevaba siempre un poco de plastilina[3] en los bolsillos[4]."

¿De qué está hecha esta escultura?
"*Lady Dreams* está hecha de barro."

*¿Qué representa **la figura** de Lady Dreams?*
"Es una suma de **las imágenes** de mis sueños[5]. También hice otras *Ladies*."

*¿Por qué escogió **el tema** de las Ladies?*
"Porque siempre me interesaron los mitos[6] y pensé que necesitaba crear nuevos mitos. Entonces decidí crear mi propia mitología."

---

1 clay **2** to mould **3** modeling clay **4** pockets
5 dreams **6** myths

Estrategia

Context clues
When you read, try to determine the meaning of words you don't understand by using context clues. Sometimes words in the same sentence or surrounding sentences will give you the meaning of the word you don't know. For example, if you do not know the meaning of the word *barro*, you may determine that it is a material for making sculptures by looking at the context.

Lady Dreams

Dina en su taller

Nota

The preterite form of the verb *influir* is similar to the preterite of the verb *destruir: influí, influiste, influyó, influyeron.*

Leer/Escribir ·

Lo que nos dice *Lady Dreams*

1. ¿Qué materiales crees que usó la artista para hacer la escultura *Lady Dreams*?

2. ¿Por qué fue importante la tía Fanny para Dina?

3. ¿Te gusta esta escultura? ¿Por qué?

4. ¿Qué representa *Lady Dreams* para ti?

5. ¿Alguna vez alguien te inspiró a pintar o dibujar algo? Cuenta esa experiencia.

Artistas latinoamericanos

Durante el siglo XX América Latina tuvo numerosos artistas que, **a través de** sus diferentes estilos, expresaron en sus obras la rica cultura de sus países.

1 El pintor cubano Carlos Enríquez vivió en París en los años 20 y recibió la influencia del **movimiento** surrealista. Sus paisajes **muestran** la naturaleza y la luz intensa de los países del Caribe.

Paisaje criollo, (1941), Carlos Enríquez

Oil on composition board. 17 1/2" x 23 5/8". Gift of Dr. C. M. Ramírez Corria. (604.1942). The Museum of Modern Art/Licensed by SCALA/Art Resource, NY.

3 El pintor ecuatoriano Oswaldo Guayasamín mostró en su obra la cultura de los indígenas de América Latina y cómo vivían muchos de ellos.

La madre y el niño, (1989), Oswaldo Guayasamín

Photo Nicolas Osorio Ruiz. Museo Fundación Guayasamín, Quito, Ecuador.

2 El movimiento muralista mexicano muestra un país en el que se mezclan la cultura indígena y la española.

Hombre controlando el universo, (1934), (detalle del mural) Diego Rivera

© 2005 Banco de México Diego Rivera & Frida Kahlo Museums Trust. Av. Cinco de Mayo No. 2, Col. Centro, Del. Cuauhtemoc 06059, México, D.F. Reproduction authorized by the *Instituto Nacional de Bellas Artes y Literatura*. CORBIS, Inc.

Diego Rivera (en la foto con su esposa, la pintora Frida Kahlo) fue el artista más importante del muralismo mexicano.

4 **Leer/Escuchar** . . . .

¿De quién es?

Mira las ilustraciones y lee sus descripciones. Luego, escucha las frases y di a qué ilustración se refiere cada una.

5 **Hablar** . . . .

Mi favorita

Escoge la obra de arte que más te gusta de esta página y descríbesela a otro(a) estudiante. Explícale por qué te gusta más que las otras.

● **Más práctica** . . . .
Practice Workbook 2-3, 2-4

For: Vocabulary practice
Visit: www.phschool.com
Web Code: jed-0202

Manos a la obra 1

Vocabulario y gramática en uso

Objectives

- Talk about art forms
- Talk about art supplies
- Describe a work of art
- Review uses of the preterite and imperfect
- Practice *estar* and the past participle

Actividad 6 Leer/Escribir

Definiciones

Completa cada frase con una palabra o expresión apropiada del recuadro.
Luego, escribe frases usando las palabras del recuadro.

una naturaleza muerta	inspiración	un taller	mural	un siglo

1. Los artistas generalmente trabajan en _____ .

2. Un cuadro que representa objetos, frutas o comida es _____ .

3. _____ son cien años.

4. Un artista necesita _____ para crear su obra.

5. Cuando la pintura se hace en una pared, se llama _____.

Actividad 7 Hablar

¿La paleta o el pincel?

En el taller de arte, los estudiantes usan diferentes materiales para crear sus obras. Habla con un(a) compañero(a) para explicar lo que usa cada artista y para qué lo usa.

Modelo

los niños

A —*Los niños usan tijeras, ¿no?*

B —*Sí, las usan para cortar papel.*

Estudiante A

1. pintor

2. escultora

3. poeta

4. escritor

Estudiante B

¡Respuesta personal!

Ampliación del lenguaje

El sufijo *-ismo* se usa para nombrar una doctrina o un movimiento artístico.
Para hablar de los pintores que hacen pinturas *románticas*, usamos la palabra
romanticismo. Otros ejemplos son:

cubo → **cubismo**   futuro → **futurismo**   surreal → **surrealismo**

Completa cada frase.

Un pintor dijo que quería pintar la *impresión* que tenía del paisaje, por eso llamaron al
movimiento __1.__ . Otros querían pintar la vida *real*, y llamaron a su movimiento __2.__ .

8 **Leer/Escribir** ·

La inspiración de un joven artista

Lee la siguiente entrevista con el pintor chileno Alfonso Fernández. Después, observa el cuadro de este artista y contesta las preguntas.

¿Qué te gustaba hacer cuando eras joven?
"Desde joven me gustaba dibujar más que salir a bailar. Hasta los 15 años, los temas históricos fueron mi fuente de inspiración."

¿Qué artista influyó en tu obra y por qué?
"Cuando empecé a estudiar arte me inspiré en la obra del famoso pintor español Goya, porque a través de su obra criticó el momento político y cultural en que vivió."

¿De qué época era Goya?
"Goya era del siglo XIX."

¿En qué se parece tu obra a la de Goya?
"Goya, como yo, representó al pueblo *(common people)* en su obra."

¿Qué consejo le puedes dar a un joven artista?
"Es importante expresar tus sentimientos en tu obra."

Naturaleza Muerta,
(1999),
Alfonso Fernández
Oleo sobre lino, 110 x 120 cm.
1999.

1. ¿Qué temas inspiraban a Fernández cuando era joven?

2. Más tarde, ¿qué artista influyó en su arte? ¿Cuándo vivió ese artista? ¿En qué se parecen el arte de ese artista y el de Fernández?

3. ¿Qué cree Fernández que debe hacer un joven artista?

4. ¿Tú te expresas a través del arte? ¿Cómo? ¿A través del dibujo, de la pintura o de la escultura? ¿Cuáles son tus fuentes de inspiración?

9 **Hablar** ·

Describe el cuadro

Diego Rodríguez de Silva y Velázquez (1599–1660) fue el pintor de la corte del rey Felipe IV de España. *Las Meninas,* un retrato de la familia real, es su obra maestra. Trabaja con otro(a) estudiante para hablar de los detalles de este cuadro.

Modelo

A —*¿Qué se ve* a la derecha de la niña rubia?
B —*Se ve* la figura de un perro sentado.

Las Meninas, (1656), Diego Velázquez
Oil on canvas (1656). 318 x 270 cm. Inv. 1174. Museo Nacional
del Prado, Madrid, Spain © Lessing/Art Resource, NY.

Estudiante A

1. en el centro, a la izquierda
2. al fondo, en la puerta
3. en primer plano
4. a la izquierda de la niña rubia
5. en la pared del fondo

Estudiante B

el pintor, parado con los pinceles y la paleta
una niña rubia de pelo largo
un hombre
un cuadro
una joven que le ofrece algo

Hablar ··

Juego

Escoge una de las obras de arte que se encuentran en las páginas 69 y 71. No se la muestres a tu compañero(a). Tu compañero(a) te va a hacer preguntas como las que están al final de la Actividad 11 y va a intentar adivinar la obra. ¡Después, cambien los papeles!

Actividad 11

Leer/Escribir ·······················

La persistencia de la memoria, (1931), Salvador Dalí

Oil on canvas, 9 1/2 x 13 in. (24.1 x 33 cm). Given anonymously. © 2004 Salvador Dalí, Gala-Salvador Dalí Foundation/Artists Rights Society (ARS), New York.† A.K.G., Berlin/SuperStock.

Los mundos de Miró y de Dalí

❶ Lee este artículo sobre los artistas surrealistas Joan Miró y Salvador Dalí.

El movimiento surrealista empezó poco después de la Primera Guerra Mundial. Los pintores del surrealismo se inspiraban en temas de su propia imaginación. Querían capturar en sus cuadros ideas e imágenes del subconsciente *(subconscious)*, como las que vemos en los sueños. El español Salvador Dalí (1904–1989) fue uno de los pintores más famosos de este grupo. Su cuadro *La persistencia de la memoria*, que aparece en esta página, es un ejemplo del estilo surrealista.

Como muchos otros artistas, el español Joan Miró (1893–1983) se fue a París a principios de los años veinte. Allí lo influyeron los surrealistas, si bien su estilo es más abstracto que el de Salvador Dalí. Además, Miró usa colores vivos y figuras que recuerdan a los dibujos de los niños. Su obra es una fiesta de la imaginación y los colores. Un ejemplo es su cuadro *Interior holandés II*.

❷ Ahora contesta las siguientes preguntas sobre estos dos artistas y los cuadros de esta página. Usa las respuestas para escribir una comparación de los dos cuadros.

Dutch Interior II, (1928), Joan Miró

The Art Archive/Peggy Guggenheim Collection Venice/Dagli Orti (A). © 2004 Successio Miró/Artists Rights Society ARS, NY.

1. ¿De qué país son estos artistas?

2. ¿En qué siglo pintaron?

3. En cada cuadro, ¿qué se ve en primer plano? ¿Qué se ve al fondo?

4. ¿Qué se ve a la izquierda?

5. ¿Qué colores usa más cada artista?

6. ¿Cómo son las figuras, realistas o más abstractas?

7. ¿Qué tipo de arte es?

8. ¿Cómo te hace sentir este arte?

9. ¿Te gusta alguno de los cuadros? ¿Por qué?

Diego Rivera: arte y revolución

Estrategia

Using illustrations
The details in a painting or illustration can give you clues about the main theme of a text. Observe the painting on the right. What does it tell you about the main theme of this article?

La obra del pintor mexicano Diego Rivera (1886–1957) muestra una preocupación por los ideales de la Revolución Mexicana. Lee el siguiente artículo sobre una de las figuras principales de la obra de Rivera y contesta las preguntas.

Conexiones El arte y la historia

Diego Rivera creía que el arte debe ayudar a los campesinos[1] a entender su propia historia. Este panel titulado *Emiliano Zapata* representa a Zapata, el líder de los campesinos durante la Revolución Mexicana. Con el famoso lema[2] "tierra y libertad", Zapata luchó[3] por una reforma agraria a principios del siglo XX.

Diego Rivera pensaba que Zapata era un verdadero héroe de la Revolución. En este panel, que es parte de un mural del Palacio Nacional de la Ciudad de México, vemos a Zapata en primer plano y a sus revolucionarios campesinos detrás de él. En la mano derecha lleva una guadaña[4] y con la mano izquierda sujeta[5] un caballo. A sus pies hay un hombre muerto.

Emiliano Zapata (panel de un mural), (1931), Diego Rivera

---

1 peasants 2 motto 3 fought 4 scythe 5 restrains

Observa los detalles del panel.

1. ¿Quién es la figura central en esta composición? ¿Cómo está vestido?
2. ¿Qué representa el caballo blanco?
3. ¿Qué representa la guadaña?

4. ¿Qué comunica Rivera con los hombres que están al fondo?
5. ¿Qué representa el hombre muerto a los pies de Zapata?
6. ¿Qué crees que sucedió en esta escena?

Actividad 13 Escribir/Dibujar/Hablar

Nuestra obra de arte

Trabaja con un(a) compañero(a) para escoger un tema histórico que les gustaría pintar. Escriban una descripción de su pintura. Si es posible, hagan un dibujo de lo que van a pintar. Usen por lo menos tres símbolos *(symbols)* para representar el tema que escogieron. Luego, presenten la descripción a la clase. Incluyan la siguiente información:

- el título
- el tema y por qué lo escogieron
- qué o a quién van a mostrar en primer plano
- qué o a quién van a mostrar al fondo
- qué representan los símbolos que incluyeron

Gramática·Repaso

Pretérito vs. imperfecto

When speaking about the past, you can use either the preterite or the imperfect, depending on the sentence and the meaning you wish to convey. Compare:

> Este fin de semana **tomé** una clase de cerámica. Cuando **era** niño, **tomaba** clases de escultura.

- Use the preterite to tell about past actions that happened and are complete.

  > El sábado, la clase **empezó** a las 10 de la mañana.

- Use the imperfect to tell about habitual actions in the past.

  > Cuando **era** niño, las clases **empezaban** a las 5 de la tarde.

- Use the preterite to give a sequence of actions in the past.

  > Cuando **llegamos**, la profesora **sacó** su pintura y sus pinceles y **empezó** a pintar.

- Use the imperfect to give background details such as time, location, weather, mood, age, and physical and mental descriptions.

  > **Eran** las dos de la tarde. **Estábamos** en el parque. **Era** un día de otoño. Todos **estábamos** muy contentos.

- Use the preterite and the imperfect together when an action (preterite) interrupts another that is taking place in the past (imperfect).

  > **Estábamos** en el taller cuando **entró** el profesor.

- Use the imperfect when two or more actions are taking place simultaneouly in the past.

  > Mientras los niños **pintaban**, el profesor **observaba** las pinturas.

14 Actividad · Gramática · Leer/Escribir

Una familia de artistas

La familia Gutiérrez, desde que eran niños, participan en muchos proyectos de arte. Completa estas frases con el tiempo verbal correcto.

1. Cuando era niño *(tomé / tomaba)* clases de pintura todas las tardes.

2. Este fin de semana, *(me inscribí / me inscribía)* en un concurso de cerámica.

3. La semana pasada, mi hermano Juan *(fue / iba)* a pintar en la playa.

4. *(Eran / Fueron)* las dos de la tarde cuando nosotros *(llegué / llegamos)* a la clase de escultura.

5. Ayer, mi mamá *(trabajó / trabajaba)* varias horas en un retrato.

6. Todos los años, nuestra tía nos *(llevó / llevaba)* a ver su taller.

7. Generalmente, mis padres *(visitaron / visitaban)* el museo todos los fines de semana.

8. Y a ti, ¿qué te *(gustaban / gustaron)* más de niño(a), las clases de pintura o las clases de música?

Actividad 15 Gramática ♻ Hablar

¿Qué pasó en el museo?

Con otro(a) estudiante, hablen de la visita de la clase al museo, la semana pasada.

ustedes / llegar al museo / 11:15
A —*¿Cuándo llegaron al museo?*
B —*Eran las 11:15 cuando llegamos.*

1. la maestra / ir a comprar los boletos / 11:20
2. ustedes / comenzar la visita / 11:30
3. Juan y Lucía / perderse en el museo / 12:00

4. la maestra / darse cuenta / 12:20
5. tú / encontrar a Juan y a Lucía / 1:00
6. ustedes / salir del museo / 2:30

Actividad 16 Gramática Escuchar/Escribir/Hablar/GramActiva

¿Imperfecto o pretérito?

En una hoja de papel, haz una tabla de dos columnas. Escribe "Pretérito" en la columna de la izquierda e "Imperfecto" en la columna de la derecha. Vas a escuchar una historia con los verbos en infinitivo. Cada vez que escuches un verbo, decide si debe ir en pretérito o imperfecto y escríbelo en la columna correcta. Luego, habla con otro(a) estudiante sobre las formas que escogieron.

Actividad 17 Gramática Escribir

Vida de artista: Remedios Varo

Completa esta corta biografía de la artista surrealista Remedios Varo con los verbos entre paréntesis. Usa la forma apropiada del pretérito o del imperfecto.

Still life reviving, (1963), Remedios Varo

Collection of Beatriz Varo de Cano, Valencia Spain. Donation of Walter Gruen and Anna Alexandra Varsoviano in memory of Isabel Gruen Varsoviano. Col. Museo de Arte Moderno. Reproduction authorized by the *Instituto National de Bellas Artes y Literatura.* INBA-CONACULTA.

María de los Remedios Varo y Uranga __1.__ *(nacer)* el 16 de diciembre de 1908, en Anglés, un pequeño pueblo al norte de Barcelona, España. __2.__ *(ser)* hija de Rodrigo Varo y de Ignacia Uranga. Su padre __3.__ *(ser)* ingeniero. __4.__ *(construir)* canales. A causa de su trabajo, Rodrigo Varo __5.__ *(llevar)* a su familia por muchas partes de España y del Norte de África.

Desde joven, a Remedios le __6.__ *(gustar)* pintar. Como otros artistas y escritores españoles de su generación, ella __7.__ *(viajar)* a París en 1930 en búsqueda de nuevas ideas. Allí __8.__ *(encontrar)* una fuente de inspiración en el movimiento surrealista. Los surrealistas __9.__ *(tratar)* de expresar imágenes del subconsciente. En 1936, a causa de la Guerra Civil española, Remedios __10.__ *(tener)* que buscar refugio en México. Allí, Remedios __11.__ *(crear)* algunas de las obras más originales de la pintura moderna.

Escena en el parque

Contesta las preguntas para describir lo que pasó en el parque.

1. ¿Qué hora era?
2. ¿Qué estación del año crees que era, probablemente? ¿Cómo lo sabes?
3. ¿Qué hacían las niñas cuando llegó la mamá?
4. ¿Quién robó las salchichas? ¿Por qué?

5. ¿Cómo se sentía Carlos? ¿Por qué?
6. ¿Qué hacía Eva?
7. ¿Qué hacía Luis mientras su papá leía?
8. ¿Quién se acostó debajo de un árbol? ¿Por qué?

Fondo cultural ◆■◆◆◇◆◆◆■◆◆

David Alfaro Siqueiros A principios del siglo XX, ocurrían muchos cambios sociales en México. En 1910, terminó el régimen de Porfirio Díaz, quien fue Presidente de México durante 30 años, y comenzó la Revolución Mexicana.

Junto a Rivera y Orozco, David Alfaro Siqueiros (1898–1974) fue uno de los grandes artistas del muralismo mexicano, el movimiento artístico que se inspiró en los ideales de la Revolución.

A través de su obra, Siqueiros nos habla de los tiempos en que vive el país, de los cambios que ocurren. Sus murales nos muestran una nueva realidad en la que los pobres son las figuras centrales de la historia de México. En la obra de Siqueiros, podemos ver un retrato de la Revolución.

• ¿Quiénes crees que son las personas que nos muestra el mural? ¿Cómo los representa Siqueiros?

• ¿Qué nos dice este mural de Siqueiros sobre la Revolución Mexicana?

Del porfirismo a la revolución, (1906–1913), David Alfaro Siqueiros

● **Más práctica** ....

Practice Workbook 2-5

Go Online PHSchool.com

For: Practice with preterite and imperfect
Visit: www.phschool.com
Web Code: jed-0203

Gramática

Estar + participio

Many adjectives in Spanish are actually past participles of verbs. Recall that to form a past participle you add *-ado* to the root of *-ar* verbs and *-ido* to the root of *-er* and *-ir* verbs.

decor**ar** decor**ado**	conoc**er** conoc**ido**	prefer**ir** prefer**ido**

- The past participle is frequently used with *estar* to describe conditions that are the result of a previous action. In those cases, the past participle agrees with the subject in gender and number.

  El pintor **está sentado**.   Las paredes **estaban pintadas**.

- Recall that there are a number of cases in which the past participle is irregular.

abrir: **abierto**	poner: **puesto**	decir: **dicho**	resolver: **resuelto**	escribir: **escrito**
romper: **roto**	hacer: **hecho**	ver: **visto**	morir: **muerto**	volver: **vuelto**

 19 Gramática   Escuchar

Retrato de familia

Rosario describe un retrato de una fiesta familiar. ¿Quiénes estaban allí? ¿Cómo estaban? En una hoja de papel, copia la siguiente tabla. Escucha la descripción del retrato y escribe cómo estaban las siguientes personas y cosas.

¿Quién? o ¿Qué?	¿Cómo estaban?
Yo	
Mi padrino	
Mi papá	
Mi tía Luisa	
Mi primo Jorge	
La mesa	
Los refrescos	
Los niños	
Mis primos más pequeños	

Gramática **Hablar** ....

En el cuarto de la pintora

Una artista te invitó a visitar su taller.
Describe la escena que viste cuando
llegaste. Usa el participio pasado de
los siguients verbos: *abrir, dormir,
hacer, romper, esconder, encender, parar.*

> **Modelo**
> ──────────────────
> *Cuando llegué a su taller,
> el niño estaba sentado.*

Actividad 21 **Leer/Escribir** ....

Pepón Osorio, artista entre dos culturas

¿Cómo refleja un artista una vida entre dos culturas? Lee este artículo
para aprender un poco más sobre la vida y el arte de Pepón Osorio, un
artista puertorriqueño. Después contesta las preguntas.

Conexiones **El arte** ────────────────────────

Pepón Osorio nació en 1955, en Santurce, Puerto Rico. A los 20
años vino a Nueva York para empezar su carrera de artista.
Osorio cree que los artistas deben hacer trabajos que muestren
su época y su país de origen. Su obra representa frecuentemente
su niñez y adolescencia en Puerto Rico, y su experiencia
multicultural como artista puertorriqueño en Nueva York. Dice
que los puertorriqueños son multiculturales porque viven en dos
culturas, la puertorriqueña y la neoyorkina.

Osorio hace montajes[1] de cosas que encuentra. En *100% Boricua*[2],
Osorio mezcla recuerdos turísticos de Nueva York con banderas
puertorriqueñas y otros objetos típicos del Caribe.

Su objetivo es reunir los elementos de toda una comunidad
en un solo lugar.

───

1 assemblages **2** *Boricua* is a term Puerto Ricans use to describe themselves as natives to the island.

1 Observa el montaje de Osorio. ¿Cómo es un montaje similar a otras
obras de arte? ¿Cómo es diferente?

2 Ahora vas a planear tu propio montaje. Piensa en varios objetos que
representan parte de tu historia. Escribe un corto párrafo describiendo cada
objeto y explicando por qué es importante para ti. Dale un título y preséntalo
a la clase.

100% Boricua, (1991),
Pepón Osorio

Wood, glass, plexiglass, paper, fabric, metal,
plastic. 79 3/8 x 33 1/2 x 20 1/2 inches.
Collection Walker Art Center, Minneapolis. Gift
of the Peter Norton Family Foundation, 1992.

Actividad 22 **Leer/Hablar** ·············

Una visita a El Museo del Arte

1 Lee el siguiente anuncio de El Museo del Arte y contesta las preguntas:

• ¿Dónde está El Museo del Arte?

• ¿Qué artistas presenta?

• Observa la foto en el anuncio. ¿De quién crees que es el retrato?

• ¿Qué puedes aprender de los artistas si vas a la exposición?

2 Trabaja con otro(a) estudiante para representar una visita a un museo. Hablen del museo y de las obras que tiene (autorretratos, esculturas, cerámica). Describan qué es lo que les gusta o no les gusta (tema, forma, colores). Digan cuál es su obra favorita y expliquen por qué.

El español en la comunidad ···········

• **El Museo del Barrio** En 1969, un grupo de educadores, artistas y representantes puertorriqueños fundaron El Museo del Barrio en Harlem del Este. Su objetivo era ayudar a mantener la cultura, las tradiciones y el idioma de los puertorriqueños, y en general, de todos los latinoamericanos de Nueva York.

El Museo ha influido en la población hispanohablante de Nueva York gracias a sus programas educativos para la comunidad. Los estudiantes universitarios pueden hacer prácticas *(internships)* en El Museo y ser guías de visitas, ayudar a realizar talleres de orientación sobre arte y ayudar a los maestros de arte a preparar sus clases.

El Museo del Barrio es una de las instituciones culturales de la población hispanohablante más importantes de los Estados Unidos. Sirve de puente de comunicación entre los diferentes grupos latinoamericanos de Nueva York y también entre la cultura hispanohablante y la anglosajona. Ése fue el sueño de sus fundadores.

• Imagínate que vas a trabajar durante el verano en El Museo del Barrio como voluntario(a). ¿Qué trabajo quieres hacer? ¿En qué crees que puedes ayudar?

• Identifica otros ejemplos de instituciones culturales que representen a las comunidades hispanohablantes en los Estados Unidos.

● Más práctica ·············
Practice Workbook 2-6, 2-7

Go Online
PHSchool.com
For: Practice with past participles
Visit: www.phschool.com
Web Code: jed-0205

A primera vista 2

Vocabulario y gramática en contexto

Objectives

Read, listen to, and understand information about
- music, drama, and dance performances
- art reviews

Aquí tienes algunas **reseñas** que aparecieron en el periódico sobre las actividades de la Semana Cultural.

1 El actor que **actuó** en "Sueño de una noche de verano" y que **interpretó** el papel de Puck fue muy cómico. Al **exagerar** tanto los **gestos**, **se pareció a** un político. El público se rió mucho.

SEMANA CULTURAL
PROGRAMA

"Sueño de una noche de verano"
de William Shakespeare
Teatro Estudiantil
Martes 20, 9:00 p.m.

Conjunto musical "Los Salseros de Hoy"
Miércoles 21, 7:00 p.m.

Taller de danza
Presentación de danza clásica y moderna
Jueves 23, 8:00 p.m.

Lectura de poemas de autores latinoamericanos
Viernes 24, 6:00 p.m.

2 **El conjunto** de salsa "Los Salseros de Hoy" estuvo sensacional. Interpretó "Burbujas de amor" con **entusiasmo**. Muchos jóvenes bailaron al **ritmo** de las canciones."

Actividad 23

Escuchar ···········

La semana cultural

Escucha cada frase sobre el programa y levanta una mano si es cierta y dos manos si es falsa.

el micrófono

la trompeta

el tambor

3 Felicitaciones a los bailarines que **realizaron una interpretación** hermosa del "Lago de los Cisnes". El aplauso del público fue impresionante y muchas personas **se pararon** con entusiasmo.

el aplauso

danza clásica

4 Los jóvenes en el auditorio **se identificaron con** la interpretación de *hip hop* del Grupo de Danza Moderna. Algunos quisieron aprender sus movimientos rápidos y sus **pasos** complicados pero no pudieron.

5 La **poeta** Sandra Cisneros leyó los poemas en voz alta y las palabras **sonaron a** música. Todos queríamos escuchar más.

lectura de **poemas**

el escenario

Escuchar/Hablar ·······························

Lo que dijo la prensa

Escucha cada fragmento y di a qué reseña se refiere.

Espectáculos del mundo latino

¿Alguna vez buscaste información sobre **un espectáculo** en una revista, en un periódico o en la Red? Las reseñas te pueden ayudar a encontrar las películas, las obras de teatro y las exposiciones que más te interesan. ¿Qué dicen estas reseñas?

Facundo Cabral cantó en el teatro Metropólitan en México

Facundo Cabral se presentó en el teatro Metropólitan para festejar sus 30 años en la música. Cabral, quien a los 14 años era analfabeto[1], es autor de la **letra** y la **melodía** de sus canciones. En esta ocasión, Cabral cantó "No soy de aquí, ni soy de allá", "Éste es un nuevo día", "América" y muchas más.

1 illiterate

Address: http://www.tangoshow.com/MUSEO/

Museo Vivo del Tango

Museo Vivo del Tango dedicó la semana a la música argentina

El Museo Vivo del Tango en Buenos Aires ofreció un espectáculo original de gran esplendor. Los que más **se destacaron** fueron un cantante y el Tango Ballet, quienes después de actuar, enseñaron a los visitantes los pasos básicos del tango.

Recuerdan a Lope de Vega

La Compañía de Danza Contemporánea de León presentó "Poeta del cielo y de la tierra", basada en la obra de Lope de Vega. Los bailarines representaron con sus movimientos y gestos la obra de este **escritor** español, que se caracteriza por combinar lo trágico y lo cómico.

MARC ANTHONY

Llenó el Madison Square Garden

Una vez más, se vendieron todas las **entradas** para el concierto de Marc Anthony en el Madison Square Garden. Después de interpretar sus éxitos en inglés "You sang to me" y "My baby you", el público se unió a Anthony para cantar sus éxitos en español y bailar al **compás** de su música.

 Actividad 25 Escuchar/Escribir ·

El mundo del espectáculo

Escribe los números del 1 al 5 en una hoja de papel. Escucha las siguientes preguntas y escribe la respuesta correcta.

 Actividad 26 Leer ·

¿Es cierto?

Lee las frases y escribe *C* (cierto) o *F* (falso) según lo que leíste en "Espectáculos del mundo latino".

1. En el Museo Vivo del Tango, los visitantes aprenden a bailar salsa.

2. Marc Anthony sólo canta canciones en inglés.

3. Facundo Cabral escribe la letra y la melodía de sus canciones.

4. A través de su obra, Lope de Vega combina lo trágico y lo cómico.

 Actividad 27 Escribir · · · · · · · · · · · · · · · · · · ·

Quisiera ir

Después de leer estas reseñas, escribe una frase para cada una, diciendo por qué sí o por qué no te gustaría ir a ese espectáculo.

● **Más práctica** ·
Practice Workbook 2-8, 2-9

For: Vocabulary practice
Visit: www.phschool.com
Web Code: jed-0206

Manos a la obra 2

Vocabulario y gramática en uso

Objectives

- Talk about different forms of entertainment
- Express your opinion about a dance, music, or theater performance
- Review uses of *ser* and *estar*
- Practice verbs that have different meanings in the preterite and the imperfect

Actividad 28 · Leer/Escribir

¡Quita la palabra!

Escribe en una hoja de papel los números del 1 al 6. Para cada grupo de palabras, escribe en la hoja la letra de la palabra que no está relacionada con las otras. Después, haz una lista de las palabras que no están relacionadas con las demás y escribe una frase con cada una.

1. a. la melodía   b. el ritmo   c. el compás   d. el gesto
2. a. el poema   b. la danza   c. el paso   d. bailar
3. a. la actuación   b. el gesto   c. interpretar   d. el conjunto
4. a. el escenario   b. realizar   c. la entrada   d. la interpretación
5. a. el escritor   b. el poeta   c. el poema   d. el micrófono
6. a. el tambor   b. la trompeta   c. el actor   d. el piano

Actividad 29 · Leer/Escribir

Una reseña

Loreto Michea, un crítico, escribe sobre el popular programa de tele, *Sábado Gigante*. Completa la reseña con la palabra correcta.

"Sábado Gigante no es sólo un programa familiar. Es un lugar donde la audiencia __1.__ (*actúa* / *se identifica*) con otros hispanohablantes, sin importar en qué lugar de América viven. Pero los concursos, la música, el humor, __2.__ (*los pasos* / *las actuaciones*) y las entrevistas, no son los elementos del programa que más __3.__ (*se destacan* / *se exageran*). Don Francisco, su presentador, es la clave (*key*). Es un actor muy __4.__ (*aburrido* / *cómico*) y energético que utiliza sus __5.__ (*libros* / *gestos*), su voz y su picardía (*wit*) para divertir al público. Su __6.__ (*entusiasmo* / *paso*) es impresionante,

y cuando los cantantes __7.__ (*interpretan* / *actúan*) las canciones populares o los artistas aparecen en el escenario para __8.__ (*exagerar* / *actuar*), la energiá de don Francisco inspira al público."

Actividad 30

Escribir/Hablar ·······································

Un espectáculo de flamenco

Imagina que estuviste en el espectáculo de flamenco de la ilustración y describe la escena. Escribe frases en pretérito o imperfecto. Puedes usar las palabras y frases del recuadro. Luego, otro(a) estudiante te va a hacer preguntas sobre lo que escribiste.

el fondo	al frente
al lado	a la izquierda
el micrófono	los bailarines
tocar la guitarra	cantar
el cantante	sentado
parado	el paso
el escenario	

Modelo

A —*Vi un espectáculo en el escenario.*
B —*¿Que clase de espectáculo fue?*
A —*Fue un espectáculo de flamenco.*

Actividad 31

Escribir/Hablar ·······································

¡Viva la música!

1 ¿Cuál es tu disco compacto favorito? ¿Por qué? Piensa en algunas palabras que describan los diferentes elementos de tu canción o disco compacto favorito. En una hoja de papel, dibuja y completa una tabla como la siguiente.

Elemento	Disco compacto/Canción
el compás / el ritmo	
la melodía	
la voz	
los instrumentos	
la letra	
el tema	

Estudiante A

¿Qué te parece . . . ?
¿Cómo suena . . . ?
¿Cómo es . . . ?
¿Qué canción tiene mejor . . . ?

Estudiante B

interesante	largo(a)
original	corto(a)
alegre	alto(a)
aburrido(a)	bajo(a)
tradicional	rápido(a)
	lento(a)

2 Habla con otro(a) estudiante sobre tu canción o disco compacto favorito. Usa las palabras que escribiste en la tabla.

Modelo

A —*¿Qué te parece la melodía de la primera canción del disco compacto de Shakira?*
B —*La melodía es muy original, me gusta mucho.*
A —*¿Cómo suenan las guitarras en esta canción?*
B —*Suenan demasiado alto, no se oye la voz.*

Gramática · Repaso

Ser y estar

Remember that *ser* and *estar* both mean "to be." They are used in different situations and have different meanings.

Use *ser*:

- to describe permanent characteristics of objects and people

    Esa canción **es** muy original.

- to indicate origin, nationality, or profession

    Mi tía **es** escritora. **Es** de Madrid.

- to indicate when and where something takes place

    El concierto **es** el viernes. **Es** en el teatro.

- to indicate possession

    La guitarra **es** de Elisa.

Use *estar*:

- to describe temporary characteristics, emotional states, or conditions

    El teatro **está** cerrado a esta hora.
    Los actores **están** muy nerviosos.

- to indicate location

    El conjunto **está** en el escenario.

- to form the progressive tense

    El bailarín **está** interpretando a Cabral.

Some adjectives have different meanings depending on whether they are used with *ser* or with *estar*.

La bailarina **es bonita.** *The dancer is pretty. (She's a pretty person.)*
La bailarina **está** muy **bonita** hoy. *The dancer looks pretty today. (She doesn't always look this pretty.)*

El cómico **es aburrido.** *(He is boring.)* El cómico **está aburrido.** *(He is bored.)*

El cantante **es rico.** *(He is wealthy.)* El postre **está rico.** *(It tastes very good.)*

Actividad 32 Gramática Leer/Escribir

Invitación a Caras y Caretas

El secretario del club de teatro mandó esta invitación por correo electrónico. Completa la invitación con la forma correcta de *ser* o *estar*.

Atención compañeros y compañeras:

El jueves a las 3:30 __1.__ la reunión de Caras y Caretas. Nuestro club __2.__ en la sala 28, en el segundo piso. Caras y Caretas __3.__ un club que trabaja para realizar comedias y tragedias de España y América Latina. Los miembros __4.__ estudiantes, profesores y otros que __5.__ interesados en hacer teatro. Los invitados de honor __6.__ Raúl Moreno y Eva Díaz, dos jóvenes poetas mexicanos que ahora __7.__ estudiando en Nueva York. Nosotros __8.__ muy orgullosos de la obra de estos jóvenes. Todos ustedes __9.__ invitados a conocerlos. ¡Los esperamos!

Actividad 33 · Gramática · Escuchar

Entrevista en la radio

Escucha la entrevista en la radio con Carlos Galán y luego contesta las preguntas.

1. ¿De dónde es Carlos?
2. ¿Cuál es su profesión?
3. ¿Por qué está en Chicago?
4. ¿Quiénes están con Carlos?
5. ¿Quién es colombiano?
6. ¿Cuándo es el concierto?
7. ¿Cómo se siente Carlos?

Actividad 34 · Gramática · Leer/Escribir/Hablar

Escena de teatro

Tú y otro(a) estudiante están hablando de una visita que hicieron al teatro. Túrnense para combinar palabras o expresiones de las dos listas y escriban frases completas con el imperfecto de *ser* o *estar*. Usen las formas correctas de los adjetivos.

Modelo

el cantante / alto y guapo
A —¿*Cómo era el cantante?*
B —*El cantante era alto y guapo.*

1. las bailarinas
2. el micrófono
3. el teatro
4. los pasos del tango
5. la melodía
6. el concierto
7. los actores
8. nosotros

a. muy difícil
b. nervioso
c. en la calle Bolívar
d. muy bonito
e. el viernes a las ocho
f. entusiasmado con el espectáculo
g. alto
h. fondo del escenario
i. argentino

Actividad 35 · Gramática · Escribir/Dibujar/Hablar

Poeta por un día

Los poemas haiku tienen tres líneas. La primera tiene 5 sílabas, la segunda tiene 7 y la tercera tiene 5. Por lo general, hablan de la naturaleza, escenas de la vida, las artes y los sentimientos que inspiran. Los sentimientos se expresan de una manera breve y sencilla.

1 Piensa en un lugar, cosa o situación que te gusta o no te gusta. Por ejemplo, un baile, una fiesta, un museo. ¿Qué sientes cuando estás allí? Mira el ejemplo e inspírate para escribir tu propio haiku. Usa el presente de *ser* o *estar* para escribir tus frases, y no olvides que necesitas 5, 7 y 5 sílabas.

2 Después de escribir tu haiku, haz un dibujo para ilustrarlo.

3 Ahora estás listo(a) para presentar tu haiku a la clase. Explica en qué te inspiraste para escribirlo y muestra la ilustración.

En el museo las estatuas me miran. Estoy perdido.

● **Más práctica**
Practice Workbook 2-10

Go Online PHSchool.com

For: Practice with *ser* and *estar*
Visit: www.phschool.com
Web Code: jed-0207

Gramática

Verbos con distinto sentido en el pretérito y en el imperfecto

A few Spanish verbs have different meanings in the imperfect and the preterite tenses.

	IMPERFECT	PRETERITE
saber	*knew*	*found out, learned*
	¿**Sabías** que el concierto empezaba tarde?	Sí, **supe** ayer que empezaba tarde.
conocer	*knew (somebody)*	*met (somebody) for the first time*
	Pedro **conocía** muy bien a esa actriz.	Luis la **conoció** el año pasado.
querer	*wanted to*	*tried to*
	Luis **quería** comprar las entradas hoy.	Yo **quise** comprarlas, pero me enfermé.
no querer	*didn't want to*	*refused to*
	No querían ver esa obra de teatro.	**No quisieron** ver esa obra de teatro.
poder	*was able to, could*	*managed to, succeeded in*
	Ella **podía** aprender la letra de la canción.	Ella **pudo** aprender la letra de esa canción.

Actividad **Gramática** **Leer/Escribir**

Una cita con Rita

❶ A veces las citas no resultan como queremos. Lee estos párrafos sobre la cita que Ricardo tuvo con Rita y complétalo con el pretérito o el imperfecto de los verbos entre paréntesis.

Yo no __1.__ *(conocer)* bien a Rita. Era sólo nuestra segunda cita. Recuerdo que la __2.__ *(conocer)* el verano pasado en una clase de danza. Ella __3.__ *(querer)* aprender salsa, pero no __4.__ *(poder)* seguir bien los pasos. Yo le pregunté si __5.__ *(saber)* los movimientos de baile. Ella me dijo que no. Entonces, yo la ayudé y al final ella __6.__ *(poder)* aprenderlos.

Cuando salimos de la escuela de danza, Rita me dijo que __7.__ *(querer)* comer algo. Después, me dijo que ya era tarde y que tenía una cita con otro muchacho. Me invitó a ir con ellos, pero yo no __8.__ *(querer)* ir. Ya estaba bastante enojado. ¡Nunca más salí con ella!

❷ Ahora, responde a las siguientes preguntas.

1. ¿Cuándo conoció Ricardo a Rita?
2. ¿Qué pasó cuando salieron de la escuela de danza?
3. ¿Por qué estaba enojado Ricardo?

Fondo cultural

■◆■◆■◆■◆■◆■◆■◆◆■

La salsa tiene origen en el *son*, una mezcla de ritmos africanos y europeos que nació en Cuba. Al principio, el *son* se interpretaba con tambores y maracas. Luego se añadieron otros instrumentos como el bajo *(bass)* y la guitarra. El término *salsa* empezó a usarse en los años sesenta en Nueva York y sirve para definir una música que es mezcla del *son* cubano y otros ritmos del Caribe. La salsa es una de las danzas más populares en los Estados Unidos.

• ¿Qué nombres de cantantes o grupos de salsa conoces?

• ¿Por qué crees que la salsa tiene tanto éxito en los Estados Unidos?

Actividad 33 · Gramática · Escribir/Hablar

Y tú, ¿qué dices?

1. Piensa en un momento en que quisiste hacer algo pero no pudiste. ¿Qué fue?

2. ¿Hay algo que nunca pudiste hacer bien? ¿Por qué no podías hacerlo?

3. ¿Qué poemas o canciones sabías de niño(a)? ¿Los sabías de memoria?

4. Piensa en una ocasión en que no quisiste hacer algo. ¿Qué fue?

5. ¿Conocías ya a muchos(as) de tus compañeros(as) cuando empezaste esta clase?

6. ¿Conociste a alguien famoso(a) alguna vez? ¿A quién? ¿Cómo sabías que era famoso(a)?

En voz alta

Juan Luis Guerra creció escuchando la música popular de la República Dominicana y a los Beatles en la radio. Más tarde, asistió al Conservatorio Nacional y al Berklee College of Music de Massachusetts, donde recibió la influencia del jazz. Con todas esas experiencias, Guerra comenzó a componer[1] canciones de merengue, el popular ritmo dominicano, que eran perfectas para bailar pero que tenían una música, y sobre todo una letra, mucho más rica y compleja[2] que la de los merengues tradicionales.

Escucha este fragmento de la letra de una canción de Juan Luis Guerra y luego trata de repetirla en voz alta.

---

1 compose 2 complex

¿Recuerdas?

En español, las letras *b* y *v* se pronuncian igual. Al principio de una palabra, el sonido es similar a la *b* en *boy*. En otras posiciones, el sonido es más suave.

Amigos
de Juan Luis Guerra

Yo soy tu amigo cuando a nadie le interesas
tan sólo llámame
y enseguida tocaré a tu puerta.
Yo soy tu amigo cuando buscas y no encuentras
tan sólo llámame
y estaré a tu lado cuando quieras.
Somos el viento que despierta el alba
dos nubes blancas bajo la ventana
yo soy tu carga que no pesa nada
tú eres el río donde bebo el agua.
Tómalo todo, pide lo que quieras
haz el camino y seguiré tus huellas.

Estrategia

Context clues

When you read, look for cognates (words similar to English), which will make reading easier. Then, if you do not recognize a word, look at the words around it to try and guess what it means.

Una reseña de teatro

Lee esta reseña de una obra musical presentada en Madrid, que fue adaptada de una película estadounidense, y luego contesta las preguntas.

Cuando Harry encontró a Sally...

TEATRO LA LATINA

Siempre asusta el hecho de ver convertida una buena película en obra teatral, pero atemoriza aún más[1] imaginarla transformada en musical. Sin embargo, se trata de una buena adaptación, con escenas escogidas y bien desarrolladas[2]. Los diálogos respetados casi literalmente con respecto a los de la película, se convierten en canciones de muy diversos estilos, sin olvidar el matiz latino que Joan Vives ha querido añadir a la adaptación.

El reparto[3] cuenta con actores como Àngels Gonyalons y Josema Yuste y más de diez valiosos actores secundarios, acompañados de los seis músicos que componen la orquesta. Ella (Sally) tiene una voz magnífica y hace muy bien su papel, aunque no tiene ese toque[4] de improvisación que caracterizaba la actuación de Meg Ryan en la película. Él (Harry), suple su carencia[5] de "voz musical" con toques de humor, pero no incluye el tono cínico que caracterizaba la actuación del Harry original. Pese a ello, sus actuaciones son impecables. Sin duda, esta comedia musical es una buena excusa para pasar un buen rato.

1 it's even more scary   2 developed   3 cast

4 touch   5 lack

1. ¿De qué tipo de espectáculo se habla en el artículo? ¿Qué dice sobre la adaptación de *Cuando Harry encontró a Sally*?

2. ¿Crees que es una buena idea convertir una película en obra teatral? ¿Por qué?

3. ¿Quiénes son los actores principales de esta obra?

4. ¿Qué elementos positivos de la actriz menciona el artículo? ¿En qué se diferencia su actuación de la actuación de Meg Ryan?

5. ¿Sabes cuál es el argumento de la obra? ¿Por qué crees que el escritor de la reseña no dice cuál es el argumento o dónde ocurre la acción?

6. ¿Crees que la persona que escribió la reseña está a favor o en contra de esta comedia musical? ¿Por qué?

Actividad 39

Escribir/Hablar

Los críticos

1 Trabaja con otro(a) estudiante. Escojan un espectáculo que vieron, que les gustó o que no les gustó. Escriban una lista de datos del espectáculo incluyendo los siguientes:

- tipo de espectáculo (obra de teatro de la escuela, película, pieza de baile o musical, programa de televisión)
- el autor o la autora
- los personajes (cómo eran, la ropa que usaban, quiénes los representaban)
- el argumento
- dónde ocurría la acción
- la interpretación de los actores principales (cómica, aburrida)
- el orden de los sucesos
- con qué personajes se identificaron
- cómo reaccionó el público cuando terminó (lloró, se rió, aplaudió)

2 Escriban una reseña usando los datos que juntaron. Si es posible, acompañen la reseña con fotos o anuncios del espectáculo.

Modelo

La obra de teatro de Romeo y Julieta es un drama de William Shakespeare. Los personajes principales son . . . El problema es que . . . La acción tiene lugar en . . . En general, nos gustó . . . Muchas personas dijeron que la actriz se identificó bien . . . Pero otras dijeron que exageraba . . .

3 Trabajen con otra pareja y lean su reseña. Si ellos también vieron el espectáculo, ¿están de acuerdo con Uds.? Si no vieron el espectáculo, ¿qué más quieren saber? Luego hagan lo mismo con la reseña de la otra pareja.

Más práctica
Practice Workbook
2-11, 2-12

For: Practice with the preterite and imperfect
Visit: www.phschool.com
Web Code: jed-0209

La zarzuela ¿Opera . . . opereta . . . musical de Broadway? Se parece un poco a cada una de estas formas musicales, pero es una expresión de la cultura, la historia y las costumbres de España. La zarzuela nació en el siglo XVII. En el siglo XIX se construyeron los dos teatros más famosos de la zarzuela en Madrid, el Teatro de La Zarzuela (1856) y el Teatro Apolo (1873–1929), y las compañías comenzaron a visitar América Latina. Su popularidad aumentó *(increased)* en el siglo XX, cuando varias zarzuelas se llevaron al cine.

Generalmente, la zarzuela tiene partes cantadas y partes habladas. Puede ser cómica o trágica, y muchas veces el argumento es romántico.

- ¿Qué películas u obras de teatro similares a la zarzuela conoces? ¿Por qué crees que la zarzuela se hizo tan popular? Sugiere dos ideas.

¡Adelante!

Puente a la cultura
El mundo de Francisco Goya

Objectives

- **Read about a famous Spanish painter**
- **Use visuals as an aid to understand the reading**
- **Relate a painter's life with his(her) work**

Estrategia

Using visuals
Looking at the visuals before reading a selection allows us to better understand it. What do you notice about the paintings on this page and the next one? What might your observations tell you about what you will read about the painter?

Francisco Goya nació en 1746 en España. Murió en Francia en 1828, a los 82 años de edad y sordo[1], a causa de una misteriosa enfermedad. Goya es uno de los artistas más conocidos de todos los tiempos. Su obra es extensa y muy variada. Realizó murales religiosos, retratos de la corte española, dibujos de toros, cuadros sobre la guerra, y hasta sus propias pesadillas[2] que pintó en las paredes de su casa.

Uno de sus grandes triunfos artísticos fue llegar a ser Pintor de Cámara[3], o sea el pintor oficial de los reyes. Goya pintó retratos de la familia real y de otros personajes de la corte madrileña[4]. De esta época[5] son muy conocidos los retratos que hizo de la Duquesa de Alba, según algunos, una de las mujeres más hermosas de su época. Durante 18 años, Goya trabajó para la Real Fábrica de Tapices[6] de Santa Bárbara. Allí se dedicó a dibujar bocetos[7] de escenas alegres y pintorescas, que representaban la vida cotidiana[8] en Madrid. Estos bocetos luego aparecían en tapices que adornaban las paredes de los palacios reales.

---

1 deaf **2** nightmares **3** Chamber Painter **4** Court of Madrid **5** period **6** Royal Tapestry Factory **7** sketches **8** everyday

Duquesa de Alba, (1795), Francisco Goya
194 x 130 cm. The Art Archive/Private Collection.

El quitasol, (1777), Francisco Goya
Oil on canvas, 104 x 152 cm. Museo Nacional del Prado, Madrid, Spain.

La pintura de Goya cambió con el tiempo para mostrar los sucesos que ocurrían en su país. Los españoles lucharon[9] durante siete años contra las tropas francesas que Napoleón envió para invadir España. La obra más famosa de Goya sobre el tema de la guerra[10] contra Francia es el cuadro *El 3 de mayo de 1808*.

Al final de su vida, Goya estuvo muy enfermo. Sus obras de esta época se llaman las Pinturas Negras, ya que Goya representaba imágenes de pesadillas, como monstruos, en pinturas que eran oscuras.

Los cuadros de Goya están en los museos más importantes del mundo. Para celebrar los 250 años del nacimiento del pintor, el Museo del Prado de Madrid organizó una gran exposición en 1996. La obra de Goya es todavía muy popular hoy en día. ¿Por qué crees que es así?

El 3 de mayo de 1808, (1814), Francisco Goya

Oil on canvas, 8 ft. 9 in. x 13 ft. 4 in. Museo Nacional del Prado, Madrid. Copyright Lessing/Art Resource, NY.

9 fought **10** war

¿Comprendiste?

1. ¿Cuándo, en qué lugar y cómo se celebraron los 250 años del nacimiento de Goya?

2. ¿Por qué podemos decir que las pinturas de la página 94 son representativas de las obras de Goya cuando era Pintor de Cámara?

3. La pintura de Goya cambió según las diferentes épocas de su vida. Da dos ejemplos y explica cómo se relacionan esas pinturas con los cambios en su vida.

4. El artículo dice que Goya es uno de los artistas más conocidos de todos los tiempos. ¿Cuáles son las razones de su éxito como pintor?

Escribe tu opinión

Acabas de leer sobre los diferentes períodos de la pintura de Goya. Basado(a) en la información que leíste y las obras que ves aquí, escribe si te gustaría ver más obras de Goya, como el retrato de la *Duquesa de Alba* o *El sueño de la razón produce monstruos*.

El sueño de la razón produce monstruos, (1799), Francisco Goya

Plate 43 of 'Los Caprichos', published c. 1810 (color engraving). Bibliotheque de Nationale, Paris, France. Archives Charmet. Bridgeman Art Library, London.

Go Online
PHSchool.com

For: Internet link activity
Visit: www.phschool.com
Web Code: jed-0210

Naturaleza muerta

1 🎧 Vas a escuchar unas descripciones sobre los dos cuadros de esta página. Escribe cada descripción e indica si pertenece al cuadro de Botero o de Dalí.

Naturaleza muerta con sopa verde, (1972), Fernando Botero
© Fernando Botero, courtesy Marlborough Gallery, New York.

Naturaleza muerta, viva, (1956), Salvador Dalí
Oil on canvas. 49 1/4 x 63 inches. Collection of The Salvador Dalí Museum, St. Petersburg, Florida.
Copyright 2003 Salvador Dalí Museum, Inc. © 2004 Artists Rights Society ARS, New York.

2 Estos dos cuadros son ejemplos de naturaleza muerta. El cuadro de Botero se llama *Naturaleza muerta con sopa verde.* El de Dalí se llama *Naturaleza muerta, viva.* Piensa en los títulos de estos cuadros. ¿Por qué se llaman así? Con tus propias palabras, compara los dos cuadros, según el tema, el estilo, los colores, las imágenes y lo que quiere expresar el artista. Di cuál te gusta más y por qué. Puedes usar las frases siguientes para unir tus ideas.

Por un lado . . . *(on the one hand)*	Esto me parece más . . .	Sin embargo . . .
Por otra parte . . . *(on the other hand)*	En primer lugar . . .	En contraste . . .

3 Trabaja con otro(a) estudiante para hablar sobre lo que piensan de los dos cuadros. Digan qué fue lo que más les gustó de cada cuadro y lo que menos les gustó.

Presentación oral

"Artista del Milenio"

Tarea

Imagínate que en tu clase van a seleccionar a un(a) artista como candidato(a) al premio "Artista del Milenio *(millennium)*". Puede ser un(a) pintor(a), un actor, una actriz, o un(a) cantante que te guste. Explica quién debe ser el / la candidato(a) y por qué.

Estrategia

Organize information
Organize the key points you may want to talk about by listing them in a chart. This will help you give a more effective presentation.

Prepárate Escoge tu artista preferido(a). Completa una tabla como ésta sobre tu candidato(a). Recuerda que puedes usar tus notas para prepararte, pero no al hacer la presentación oral.

Nombre	
Tipo de artista	
Puntos positivos	
Experiencia	
Originalidad, personalidad	
Tu recomendación	

Practica Haz tu presentación ante el grupo. Al final, se va a hacer una votación para escoger un(a) ganador(a). Recuerda que debes:

- incluir el nombre del / de la artista, su especialidad y lo que hizo
- describir los puntos positivos del / de la candidato(a)
- decir claramente por qué debe ganar el premio
- usar el vocabulario de este capítulo

Modelo

Creo que Cabral debe ser el "Artista del Milenio". Él no fue un simple cantante, fue un símbolo de la cultura popular de su país. Su voz y su estilo de interpretar las canciones se hicieron famosos en todo el mundo.

❸ Haz tu presentación Haz tu presentación ante la clase. Al final, todos los estudiantes votan para elegir al / a la "Artista del Milenio".

❹ Evaluación Tu profesor(a) puede explicarte cómo va a evaluar tu presentación. Para tu profesor(a) es importante ver que:

- explicaste claramente los puntos positivos de tu candidato(a)
- el grupo entendió bien por qué escogiste a tu candidato(a)
- diste suficiente información y detalles

El mejor candidato

Objectives
- **Write an evaluation about a student's audition**
- **Organize data into categories**

Imagínate que te piden que escribas sobre un(a) artista y que digas por qué deben aceptarlo(a) en una escuela famosa. Haz un informe para explicar por qué crees que será un(a) buen(a) estudiante.

Estrategia

Categorizing

When writing a report you must include the greatest amount of information in the clearest way possible. If you organize the information into categories and write everything about one topic before going to the next one, the reader will have no trouble understanding your report.

1 Antes de escribir

Para encontrar ideas, hazte preguntas como las siguientes:

- ¿Qué tipo de artista es y qué experiencia tuvo? ¿Tuvo actuaciones en público? ¿Cuándo?

- ¿Cómo es la actuación desde el punto de vista técnico? Si canta, ¿sabe la letra?, ¿sigue la música? Si baila, ¿sabe los pasos?, ¿sigue el ritmo? Si hace teatro, ¿representa bien al personaje?, ¿sabe los diálogos?

- ¿Qué aptitudes naturales tiene el(la) estudiante? Si canta, ¿tiene buena voz? Si baila, ¿tiene ritmo? Si hace teatro, ¿se identifica con el personaje?

Antes de escribir tu composición, pon en orden tus ideas para darle una estructura. Usa un organizador gráfico como éste.

Experiencia:
Aprendió los pasos de muchos bailes.
Interpretó el papel de Coppelia para el Ballet Juvenil de la escuela.

Nombre, arte:
Vicky Lagardera
danza clásica

Características técnicas:
Los movimientos siguen el ritmo.
Conoce los pasos de muchos bailes.

Características personales:
muy expresiva
con personalidad
no se desanima

Recomendación:
Admitirla.
Tiene que trabajar mucho.
Va a aprender pronto.

2 Borrador

Escribe tu borrador. Escribe un informe con toda la información del organizador gráfico. Más tarde vas a tener oportunidad de revisar la organización y la ortografía de tu informe.

Main topic:
What is the
report about?

Vicky Lagardera es un bailarina de danza clásica.

Vicky bailó desde pequeña. Estudió cinco años
en la Escuela de danza Miraflores. A los once años ya
bailaba en el Ballet Juvenil y . . .

Background
information:
dance experience

Vicky baila con movimientos que siguen el ritmo de la música.
Conoce los pasos de muchos bailes de memoria y los
aprende rápidamente. A veces está nerviosa . . .

Details: dance
technique. What does
the text tell about the
student technique?

Tiene personalidad, es muy expresiva y . . .

Details: personality

Debe entrar en la escuela. Tiene que trabajar mucho,
pero . . .

Conclusion:
recommendation,
based on the previous
information.

3 Redacción/Revisión

Después de escribir el primer borrador,
trabaja con otro(a) estudiante para
intercambiar los trabajos y leerlos.
Luego, hagan sugerencias para mejorar
sus informes.

- ¿Seguiste el plan que hiciste en tu
  organizador gráfico? ¿Escribiste todas las
  ideas que querías expresar?
- ¿Están bien organizados los párrafos?
  ¿Comunicaste claramente la información?
- ¿Usaste los verbos y los tiempos verbales
  correctos?

Haz lo siguiente: Verifica si usaste
correctamente los verbos en pretérito o
imperfecto.

bailó   Estudió
Vicky ~~bailó~~ desde pequeña. ~~Estudiaba~~ cinco

años en la Escuela de danza Miraflores. A los
                              bailaba
once años ya ~~bailó~~ en el Ballet Juvenil y . . .

4 Publicación

Antes de crear la versión final, lee de
nuevo el informe y repasa los siguientes
puntos:

- ¿Explica mi informe claramente lo que
  pienso del / de la estudiante que quiere
  entrar en la escuela?
- ¿Usé el vocabulario apropiado para
  este tema?
- ¿Debo añadir detalles importantes?

5 Evaluación

Tu profesor(a) puede explicarte cómo va a
evaluar tu presentación. Probablemente
para tu profesor(a) es importante ver que:

- explicaste claramente tu opinión y
  usaste suficientes detalles
- organizaste bien tu presentación

Fragmento de
Cuando era puertorriqueña

Estrategia

Monitoring your reading
When you are reading a long selection, stop after each paragraph to ask yourself questions such as: What is the main idea of this paragraph? How does this idea relate to the title or the topic of the reading? This strategy will help you understand better what you are reading.

Al leer

Vas a leer un fragmento de una autobiografía. Se trata de Esmeralda Santiago, una joven puertorriqueña que emigró con su familia a Nueva York. Esmeralda da una audición en la famosa escuela secundaria Performing Arts. Mientras lees, anota en una tabla los siguientes puntos:

Qué hace y cómo se siente Esmeralda	
antes de la audición	
durante la audición	
después de la audición	

—¡Las pruebas son en menos de un mes! Tienes que aprender una escena dramática, y la vas a realizar enfrente de un jurado[1]. Si lo haces bien, y tus notas aquí son altas, puede ser que te admitan a la escuela.

El Mister Barone se encargó de prepararme para la prueba. Seleccionó un soliloquio de una obra de Sidney Howard titulada *The Silver Cord,* montada[2] por primera vez en 1926, pero la acción de la cual acontecía en una sala de estrado en Nueva York, alrededor del año 1905.

—Mister Gatti, el maestro de gramática, te dirigirá . . . Y Missis Johnson te hablará acerca de lo que te debes de poner y esas cosas.

Mi parte era la de Cristina, una joven casada confrontando a su suegra[3]. Aprendí el soliloquio fonéticamente, bajo la dirección de Mister Gatti. Mis primeras palabras eran: "You belong to a type that's very common in this country, Mrs. Phelps, a type of self-centered, self-pitying, son-devouring tigress, with unmentionable proclivities suppressed on the side."

—No tenemos tiempo de aprender lo que quiere decir cada palabra —dijo Mister Gatti—. Sólo asegúrate de que las pronuncies todas.

Yo había soñado[4] con este momento durante varias semanas. Más que nada, quería impresionar al jurado con mi talento para que me aceptaran en Performing Arts High School y para poder salir de Brooklyn todos los días, y un día nunca volver.

Pero en cuanto me enfrenté con las tres mujeres bien cuidadas que formaban el jurado de la audición, se me olvidó el inglés que había aprendido y las lecciones que Missis Johnson me había inculcado sobre cómo portarme como una dama. En la agonía de contestar sus preguntas incomprensibles, puyaba[5] mis manos hacia aquí y hacia allá, formando palabras con mis dedos porque no me salían por la boca.

—¿Por qué no nos dejas oír tu soliloquio ahora? —preguntó la señora de los lentes colgantes.

Me paré como asustada, y mi silla cayó patas arriba como a tres pies de donde yo estaba

---

1 jury panel **2** put on stage **3** mother-in-law **4** The usage of *había* with the past participle expresses what a person *had* done. *Había soñado* = I had dreamed **5** moved, pushed parada. La fui a buscar, deseando con toda mi alma que un relámpago entrara por la ventana y me hiciera cenizas allí mismo.

—No te aflijas —dijo la señora—. Sabemos que estás nerviosa.

Cerré los ojos y respiré profundamente, caminé al centro del salón y empecé mi soliloquio.

—Llu bilón tú é tayp dats beri cómo in dis contri Missis Felps. É tayp of selfcente red self pí tí in són de baurin taygrés huid on menshonabol proclibétis on de sayd.

A pesar de las instrucciones de Mister Gatti de hablar lentamente y pronunciar bien las palabras aunque no las entendiera, recité mi monólogo de tres minutos en un minuto sin respirar ni una vez.

Las pestañas[6] falsas de la señora bajita parecían haber crecido de sorpresa. La cara serena de la señora elegante temblaba con risa controlada.

La señora alta vestida de pardo me dio una sonrisa dulce.

—Gracias, querida. ¿Puedes esperar afuera un ratito?

Resistí el deseo de hacerle reverencia. El pasillo era largo, con paneles de madera angostos pegados verticalmente entre el piso y el cielo raso.

Lámparas con bombillas grandes y redondas colgaban de cordones largos, creando charcos amarillos en el piso pulido. Unas muchachas como de mi edad estaban sentadas en sillas a la orilla del corredor, esperando su turno. Me miraron de arriba a abajo cuando salí, cerrando la puerta tras de mí. Mami se paró de su silla al fondo del corredor. Se veía tan asustada como me sentía yo.

—¿Qué te pasó?

—Na[7]—no me atrevía a hablar, porque si empezaba a contarle lo que había sucedido, empezaría a llorar enfrente de las otras personas, cuyos ojos me seguían como si

_____

6 eyelashes **7** nothing

buscando señas de lo que les esperaba. Caminamos hasta la puerta de salida—. Tengo que esperar aquí un momentito.

—¿No te dijeron nada?

—No. Sólo que espere aquí.

Nos recostamos contra la pared. Enfrente de nosotras había una pizarra de corcho con recortes de periódico acerca de graduados de la escuela. En las orillas, alguien había escrito en letras de bloque, "P.A." y el año cuando el actor, bailarín o músico se había graduado. Cerré mis ojos y traté de imaginar un retrato de mí contra el corcho y la leyenda "P.A. '66" en la orilla.

La puerta al otro lado del pasillo se abrió, y la señora vestida de pardo sacó la cabeza.

—¿Esmeralda?

—¡Presente! quiero decir, aquí —alcé la mano.

Me esperó hasta que entré al salón. Había otra muchacha adentro, a quien me presentó como Bonnie, una estudiante en la escuela.

—¿Sabes lo que es una pantomima? —preguntó la señora. Señalé con la cabeza que sí—. Bonnie y tú son hermanas decorando el árbol de Navidad.

Bonnie se parecía mucho a Juanita Marín, a quien yo había visto por última vez cuatro años antes. Decidimos dónde poner el árbol invisible, y nos sentamos en el piso y actuamos como que estábamos sacando las decoraciones de una caja y colgándolas en las ramas.

Mi familia nunca había puesto un árbol de Navidad, pero yo me acordaba de cómo una vez yo ayudé a Papi a ponerle luces de colores alrededor de una mata de berenjenas[8] que dividía nuestra parcela de la de Doña Ana.

Empezamos por abajo, y le envolvimos el cordón eléctrico con las lucecitas rojas alrededor de la mata hasta que no nos quedaba más. Entonces Papi enchufó otro cordón eléctrico con más luces, y seguimos envolviéndolo hasta que las ramas se doblaban con el peso y la mata parecía estar prendida en llamas.

En un ratito se me olvidó dónde estaba, y que el árbol no existía, y que Bonnie no era mi hermana. Hizo como que me pasaba una decoración bien delicada y, al yo extender la mano para cogerla, hizo como que se me cayó y se rompió. Me asusté de que Mami entraría gritándonos que le habíamos roto una de sus figuras favoritas. Cuando empecé a recoger los fragmentos delicados de cristal invisible, una voz nos interrumpió y dijo:

—Gracias.

Bonnie se paró, sonrió y se fue.

La señora elegante estiró su mano para que se la estrechara.

—Notificaremos a tu escuela en unos días. Mucho gusto en conocerte.

Le estreché la mano a las tres señoras, y salí sin darles la espalda, en una neblina silenciosa, como si la pantomima me hubiera quitado la voz y el deseo de hablar.

De vuelta a casa, Mami me preguntaba qué había pasado, y yo le contestaba, "Na'. No pasó na'," avergonzada de que, después de tantas horas de práctica con Missis Johnson, Mister Barone y Mister Gatti, después del gasto de ropa y zapatos nuevos, después de que Mami

---

8 eggplant bush

tuvo que coger el día libre sin paga para llevarme hasta Manhattan, después de todo eso, no había pasado la prueba y nunca jamás saldría de Brooklyn.

Epílogo: Un día de éstos

Diez años después de mi graduación de Performing Arts High School, volví a visitar la escuela. Estaba viviendo en Boston, una estudiante becada en la universidad Harvard. La señora alta y elegante de mi prueba se había convertido en mi mentora durante mis tres años en la escuela. Después de mi graduación, se había casado con el principal de la escuela.

—Me acuerdo del día de tu prueba —me dijo, su cara angular soñadora, sus labios jugando con una sonrisa que todavía parecía tener que controlar.

Me había olvidado de la niña flaca y trigueña[9] con el pelo enrizado, el vestido de lana y las manos inquietas. Pero ella no. Me dijo que el jurado tuvo que pedirme que esperara afuera para poderse reír, ya que les parecía tan cómico ver a aquella chica puertorriqueña de catorce años chapurreando[10] un soliloquio acerca de una suegra posesiva durante el cambio de siglo, las palabras incomprensibles porque pasaban tan rápido.

—Admiramos el valor necesario para pararte al frente de nosotras y hacer lo que hiciste.

—¿Quiere decir que me aceptaron en la escuela no porque tenía talento, sino porque era atrevida?

Nos reímos juntas.

---

9 dark haired 10 babbling

¿Comprendiste?

Con otro(a) estudiante, miren la tabla que completaron durante la lectura y revisen sus respuestas. Ahora contesten las siguientes preguntas:

1. ¿Crees que Esmeralda se preparó bien para su audición? ¿Por qué sí o por qué no?

2. ¿Cuál fue la verdadera razón por la que la aceptaron?

3. Muchos jóvenes inmigrantes se sienten atrapados *(trapped)* entre dos culturas. ¿Cómo creía Esmeralda que podía salir de esa situación?

4. Y tú, ¿tuviste alguna vez una experiencia similar a la de Esmeralda? ¿Sentiste alguna vez que no te identificabas con un grupo? Si es así, ¿cómo resolviste el problema?

5. En tu opinión, ¿cuál es el significado del título del libro? ¿Siente la autora que ahora, como estadounidense, ya no es puertorriqueña?

Fondo cultural

Esmeralda Santiago (1940–) nació en Puerto Rico y emigró con su familia a Nueva York. Fue a la escuela The High School for Performing Arts, de la cual salió con una beca *(scholarship)* para estudiar en Harvard. Dos de sus libros, *Cuando era puertorriqueña* y *Casi una mujer* (ambos escritos originalmente en inglés) son autobiográficos. Estos relatos describen el proceso de adaptación a otra cultura de una joven inmigrante. Aunque escribe desde el punto de vista de otra cultura, muchos de sus lectores se identifican con sus experiencias y sentimientos.

- Según tu opinión ¿cuál es una ventaja *(advantage)* de vivir entre dos culturas?

Esmeralda Santiago

Repaso del capítulo

Vocabulario y gramática

formas de arte

la cerámica	pottery
la escultura	sculpture
el mural	mural
la pintura	painting

géneros de arte

el autorretrato	self-portrait
la naturaleza muerta	still life
el retrato	portrait

materiales de arte

la paleta	palette
el pincel	brush

profesiones artísticas

el / la escritor(a)	writer
el / la escultor(a)	sculptor
el / la poeta	poet

para describir una obra de arte

abstracto, -a	abstract
expresar(se)	to express (oneself)
famoso, -a	famous
la figura	figure
el fondo	background
la fuente de inspiración	source of inspiration
la imagen	image
influir (i→y)	to influence
inspirar	to inspire
la obra de arte	work of art
el primer plano	foreground
representar	to represent
el sentimiento	feeling
el siglo	century
el tema	subject

en el escenario

el aplauso	applause
la entrada	ticket
el escenario	stage
el espectáculo	show
el micrófono	microphone

otras palabras y expresiones

a través de	through
mostrar(ue)	to show
parado, -a	to be standing
pararse	to stand up
parecerse (a)	to look, seem (like)
el poema	poem
realizar	to perform, to accomplish
la reseña	review
sentado, -a	to be seated
sonar (ue) (a)	to sound like
el taller	workshop
volverse (ue)	to become

sobre la música y la danza

clásico, -a	classical
el compás	rhythm
el conjunto	band
la danza	dance
la letra	lyrics
la melodía	melody
el movimiento	movement
el paso	step
el ritmo	rhythm
el tambor	drum
la trompeta	trumpet

sobre la actuación

actuar	to perform
destacar(se)	to stand out
el entusiasmo	enthusiasm
exagerar	to exaggerate
el gesto	gesture
identificarse con	to identify oneself with
la interpretación	interpretation
interpretar	to interpret

pretérito e imperfecto

Use the **preterite** to tell about an action that happened once and was completed. Ayer **escribí** un poema.	Use the **imperfect** to tell about habitual actions in the past. A menudo **cantábamos** juntos.	Use the **imperfect** to give background details, like time, date and weather. **Eran** las ocho y **hacía** mucho frío.	Use the **preterite** and the **imperfect** together when an action interrupts another that is taking place in the past. **Caminábamos** por el parque cuando **empezó** a llover.

estar + participio

The **past participle** is frequently used with the verb *estar*.

El teatro **está cerrado**.   El tren **está parado**.

In the following cases, the **past participle** is irregular.

hacer: **hecho**	cubrir: **cubierto**	morir: **muerto**	escribir: **escrito**
abrir: **abierto**	decir: **dicho**	poner: **puesto**	volver: **vuelto**
descubrir: **descubierto**	romper: **roto**	ver: **visto**	resolver: **resuelto**

ser y estar

Remember that *ser* and *estar* both mean **to be** in English, but have different meanings in Spanish.	Use *ser*:
	to describe permanent characteristics
	  La actriz **es** bonita.
	to tell the date
	  Mañana **es** miércoles.
	to indicate possession
	  Los pinceles **son** de Luis.
		Use *estar*:
		to describe temporary characteristics
		  El escenario **está** oscuro.
		to indicate location
		  Están sobre la mesa.
		to form the progressive tenses
		  Estoy dibujando un retrato.
			Some adjectives have different meanings depending on whether they are used with *ser* or *estar*.
			
			Los niños **están** aburridos. *(The children are bored.)*
			
			Los niños **son** aburridos. *(Children are boring.)*

verbos con significados diferentes en el pretérito y en el imperfecto

The following Spanish verbs have different meanings in the imperfect and the preterite tenses.

Yo **conocía** ese cuadro. (*I knew about that painting.*)	Él **conoció** a su maestro en Perú. (*He met his teacher in Perú.*)
No sabíamos que era tan tarde. (*We didn't know it was so late.*)	Nunca **supe** dónde estaba. (*I never found out where he/she was.*)
Ellos **querían** viajar hoy. (*They wanted to travel today.*)	Sofía **quiso ir,** pero perdió el avión. (*Sofía tried to go, but she missed the plane.*)
Antes **no podía** dibujar. (*Before, I couldn't draw.*)	Nunca **pude** dibujar. (*I was never able to draw.*)

● **Más práctica** ．．．．．．．．．．．
Practice Workbook
Organizer 2-13, 3-14

ciento cinco 105
Capítulo 2

Preparación para el examen

1 Vocabulario Escribe la letra de la palabra o expresión que mejor complete cada frase. Escribe tus respuestas en una hoja aparte.

1. El surrealismo fue _____ de inspiración de los pintores Miró y Dalí.
   a. el espectáculo
   b. la fuente
   c. la melodía
   d. la reseña

2. El actor principal _____ por su actuación y entusiasmo.
   a. se interpretó
   b. se volvió
   c. se destacó
   d. se inspiró

3. Si quieres bailar salsa, necesitas aprender _____ .
   a. la letra
   b. los gestos
   c. los pasos
   d. la actuación

4. La familia es _____ principal de muchos cuadros de Botero.
   a. el estilo
   b. el fondo
   c. la forma
   d. el tema

5. Picasso fue un pintor del _____ XX.
   a. estilo
   b. siglo
   c. año
   d. ritmo

6. Cuando termina una obra se oye _____ .
   a. un paso
   b. el micrófono
   c. un aplauso
   d. la paleta

7. La paleta de ese pintor _____ colores vivos como el rojo y el anaranjado.
   a. actúa
   b. interpreta
   c. muestra
   d. realiza

8. Los actores no dijeron nada pero se expresaron muy bien con _____ exagerados.
   a. gestos
   b. poemas
   c. escenarios
   d. compases

2 Gramática Escribe la letra de la palabra o expresión que mejor complete cada frase. Escribe tus respuestas en una hoja aparte.

1. La semana pasada _____ en una clase de cerámica.
   a. me inscribo
   b. me inscribía
   c. me inscribe
   d. me inscribí

2. No te van a oír bien porque el micrófono está _____ .
   a. roto
   b. rotas
   c. rompiendo
   d. romper

3. El museo estaba _____ todos los sábados.
   a. abrí
   b. abriendo
   c. abiertos
   d. abierto

4. Marta siempre _____ nerviosa antes de un ensayo.
   a. está
   b. están
   c. es
   d. era

5. Ayer, a causa de los truenos, yo no _____ dormir en toda la noche.
   a. pude
   b. podía
   c. puedo
   d. pudo

6. ¿Dónde _____ a tu mejor amigo?
   a. conociste
   b. conoces
   c. conocías
   d. conocieron

7. Nos perdimos porque no _____ bien la ciudad.
   a. conocemos
   b. conocimos
   c. conocías
   d. conocíamos

8. Yo _____ esta mañana que la función tuvo mucho éxito.
   a. sabía
   b. sabe
   c. supe
   d. saben

Preparación para el examen

En el examen vas a . . .	Éstas son las tareas de práctica que te pueden ser útiles para el examen . . .	Si necesitas repasar . . .
3 Escuchar Escuchar y comprender la descripción de un cuadro	El guía de un museo está describiendo uno de los cuadros de la galería de arte moderno. (a) ¿Qué tipo de pintura describe? (b) ¿Quién es el pintor? (c) ¿Qué se ve en primer plano? (d) ¿Qué se ve al fondo? (e) ¿Cómo son los colores?	**pp. 68–69** *A primera vista 1* **p. 73** Actividades 8–9 **p. 74** Actividad 11 **p. 75** Actividades 12, 13
4 Hablar Hablar de las actividades que tienen lugar en una escuela de arte	Un nuevo estudiante visita por primera vez tu escuela de arte. Tu tarea es mostrarle los talleres de la escuela y explicarle lo que pasa en cada clase. Incluye en tu descripción (a) las clases que ofrecen, (b) los materiales que necesitan para cada clase, (c) las actividades que hacen en cada clase, (d) las obras que los estudiantes realizan en cada clase.	**p. 68** *A primera vista 1* **p. 72** Actividad 7
5 Leer Leer y comprender las notas de un disco compacto	Lee la reseña sobre un disco compacto y di (a) ¿cuál es el tipo de música del disco compacto?, (b) ¿qué cosas le gustaron al crítico?, (c) ¿qué no le gustó?, (d) ¿qué cree que puede ser mejor? *La letra de las canciones del conjunto Sol y salsa suena a poesía. Pero creo que la interpretación puede ser mejor. El ritmo que da el tambor se destaca del de la trompeta y va bien con todo el conjunto. Me gustó mucho la melodía de la primera canción. Cuando tocan la trompeta en algunas canciones, creo que exageran. Se ve que el conjunto se inspiró mucho al tocar la música.*	**pp. 82–85** *A primera vista 2* **p. 86** Actividad 29 **p. 87** Actividad 31 **pp. 92–93** Actividades 38–39
6 Escribir Escribir una reseña sobre una obra de teatro que presentaron en tu escuela	Trabajas como reportero(a) para el periódico de la escuela y tienes que escribir una reseña sobre una obra de teatro. Incluye (a) el nombre de la obra, (b) los actores principales, (c) una breve descripción del argumento, (d) la actuación de los protagonistas.	**pp. 84–85** *A primera vista 2* **p. 89** Actividad 34 **pp. 92–93** Actividades 38–39
7 Pensar Demostrar cómo las artes pueden expresar las perspectivas y actitudes del artista	Piensa en las obras de Goya, Dalí o Botero. ¿Como usaron su arte para expresar sus actitudes y sus perspectivas sobre lo que pasaba en sus vidas? ¿De qué manera expresan los jóvenes de hoy sus actitudes por el arte?	**pp. 86–87** Actividades 29–31 **p. 89** Actividad 35 **pp. 94–95** *Puente a la cultura*

A ver si recuerdas...

Vocabulario

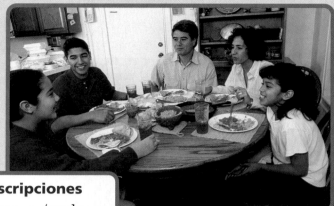

las frutas y las verduras

el aguacate
el ajo
la cebolla
las cerezas
el durazno
la ensalada
las fresas
los frijoles
los guisantes
las judías verdes
la lechuga
el maíz
el melón
la papa
la piña
la sandía
la sopa de verduras
el tomate
las uvas
la zanahoria

descripciones

bueno, -a / malo, -a
    para la salud
caliente
congelado, -a
delicioso, -a
dulce
enlatado, -a
fresco, -a
frito, -a
grasoso, -a
horrible
picante
¡Qué asco!
rico, -a
sabroso, -a

actividades

añadir
comer
cortar
probar (ue)
servir (i)

para el desayuno

el azúcar
el cereal
desayunar
el huevo
el pan con
    mantequilla
el pan tostado
las salchichas
el tocino
el yogur

para el almuerzo o la cena

almorzar (ue)
el arroz
el bistec
el camarón
la carne de res
cenar
la chuleta de cerdo
los dulces
los espaguetis
la galleta
el helado
los mariscos
la paella
el pastel
el pavo
el pescado
el pollo
el postre

  Actividad 1 Escribir/Hablar ....

Práctica de vocabulario

1 Haz una lista de los ingredientes que se necesitan para preparar una comida mexicana y otra lista de los ingredientes para una comida estadounidense.

2 Con otro(a) estudiante, comparen sus listas. Trabajen juntos para preparar un menú para una comida completa.

  Actividad 2 Escribir/Hablar ....

Práctica de vocabulario

Escribe una lista de tus comidas favoritas y otra de las comidas que no te gustan. Usa la lista para hablar con tu compañero(a) de las comidas que les gustan y que no les gustan y de sus hábitos alimenticios *(eating habits)*. Hablen de lo que comen y por qué, cuándo y cómo lo comen.

Modelo

Me gusta el yogur. Lo como con cereal todos los días en el desayuno porque es bueno para la salud.

Pronombres de complemento directo

Direct object pronouns tell who or what receives the action of the verb. They are used to replace a noun, in order not to repeat it. Remember that when the direct object is a person or group of people, you use the personal *a* before it.

—¿Probaste el pescado?   —¿Ves mucho a tus amigas?

—Sí, **lo** probé.   —Sí, **las** veo todos los días.

Here are all the direct object pronouns:

me	nos
te	os
lo / la	los / las

- Direct object pronouns generally go before the main verb. If there is a *no* before the verb, the pronoun goes between *no* and the verb.

  —Antonio comió las uvas. **Las** comió en el desayuno. Yo no **las** comí.

- If the verb is followed by an infinitive or a present participle (present progressive), the direct object pronoun may go before the main verb or be attached to the infinitive or participle.

  —¿Vas a comer el helado?   —Estoy comiéndo**lo** ahora.

  —**Lo** estoy comiendo ahora.   —No, no **lo** quiero comer. / —No, no quiero comer**lo**.

Actividad 3   **Leer/Hablar** ....

Práctica de gramática

Trabaja con otro(a) estudiante. Imaginen que él (ella) fue a un restaurante con su familia. Hablen del menú y de la comida que probaron.

Modelo

las salchichas / mi hermano

A —¿*Alguien probó las salchichas?*

B —*Sí, mi hermano las probó.*

1. los espaguetis / mi papá
2. el helado de chocolate / mi hermanita
3. la sopa de pollo / todos
4. los pasteles / nadie
5. la chuleta de cerdo / yo
6. los huevos con tocino / mi hermanita y yo
7. el yogur de durazno / mi mamá y mi papá

Actividad 4   **Leer/Escribir** ....

Práctica de gramática

Algunos estudiantes planean una cena. Lee lo que preguntan y escribe una respuesta apropiada. Usa el pronombre de complemento directo que corresponda.

Modelo

A —¿Quién va a preparar <u>arroz</u>?

B —<u>Lo</u> va a preparar Luisa.

o: *Luisa va a preparar<u>lo</u>.*

1. ¿Cómo vas a preparar las verduras?
2. ¿Quién va a comprar el pescado?
3. ¿Cuándo vamos a preparar la ensalada?
4. ¿Quién está cortando la fruta?
5. ¿Quieres preparar el postre?
6. ¿Quién está cortando las zanahorias?

Vocabulario

partes del cuerpo

el brazo
la cabeza
el codo
el cuello
el dedo (del pie)
la espalda
el estómago
la garganta
el hueso
la muñeca
el pie
la pierna
la rodilla
el tobillo

problemas

¡Ay!
doler (ue)
sentirse mal
tener . . .
   calor
   dolor (de)
   frío
   hambre
   sed

para mantenerse sano

caminar
correr
descansar
dormir
hacer ejercicio
levantar pesas
mover(se)
quedarse en cama

soluciones y medicinas

el enfermero, la enfermera
examinar
el médico, la médica
poner . . .
   la inyección
la radiografía
la receta
recetar . . .
   la medicina
   la pastilla
recomendar (ie)

Actividad 5

Dibujar/Escribir/Hablar...

Práctica de vocabulario

1 Haz un dibujo sobre la última vez que estuviste enfermo(a). Luego, escribe:

- qué te pasaba

  Me sentía . . .

  Me dolía(n) (mucho / un poco) . . .

- qué te recomendó o recetó el médico

  Me recetó . . .

  Me recomendó . . .

- qué hiciste tú

  Tuve que . . .

  Debí . . .

2 Muestra tu dibujo a dos estudiantes. Describe cómo te sentiste.
Los(as) otros(as) estudiantes pueden hacerte preguntas.

¿Por cuánto tiempo . . . ?

¿También tuviste que . . . ?

Gramática·Repaso

Pronombres de complemento indirecto

Indirect object pronouns indicate to whom or for whom an action is performed.

El médico **le** recetó unas pastillas a Eva.

Here are the indirect object pronouns:

me	nos
te	os
le	les

- Sometimes you can use *a + Ud. / él / ella* or a noun to clarify to whom the indirect pronouns *le* and *les* refer.

  El médico **le** dio una inyección **a ella**.
  ¿Quién **les** trajo las medicinas **a ustedes**?
  La enfermera **le** trajo la radiografía **al doctor**.

- If a verb is followed by an infinitive or a present participle (present progressive), the indirect object pronoun may go before the main verb or be attached to the infinitive or participle.

  Le tienen que hacer una radiografía a mi perro.   **Les** estoy dando las medicinas.
  Tienen que hacer**le** una radiografía a mi perro.   Estoy dándo**les** las medicinas.

- Remember that indirect object pronouns are used with verbs like *gustar, encantar,* and *doler.*

  Me duele el brazo.   A los niños no **les** gustan las inyecciones.

Actividad 6 Leer/Escribir

Práctica de gramática

Unos(as) amigos(as) hablan de un accidente y de lo que les recetó el médico. Completa las oraciones con el pronombre de complemento indirecto *(me, te, le, nos, os, les)* que corresponda.

1. Yo no me puedo mover. _____ duele todo.
2. El médico va a poner_____ una inyección a José y a mí.
3. Y a Clara, ¿qué _____ recetó el doctor?
4. Ella se siente bien, a ella no _____ recetó nada.
5. Mi hermana está en cama. Yo _____ estoy dando las medicinas.
6. ¿Y a ti _____ duele el brazo?
7. No, a mí ahora empezaron a doler_____ las piernas.

Actividad 7 Leer/Escribir

Práctica de gramática

Completa este mensaje con los pronombres correctos.

> ¿Cómo estás? Hace una semana que a mi hermana Teresa y a mí __**1.**__ duele la cabeza. A mí el médico __**2.**__ recomendó usar anteojos. __**3.**__ pregunté si tenía que llevarlos todo el tiempo y __**4.**__ dijo que sí. A Teresa no __**5.**__ dio nada.

● **Más práctica**
Practice Workbook 3-1, 3-2

For: More review
Visit: www.phschool.com
Web Code: jed-0301

¿Qué haces para estar en forma?

Chapter Objectives

- Talk about symptoms and remedies
- Give advice about health and nutrition
- Express how you feel under certain circumstances
- Tell others what to do
- Understand cultural perspectives about health, physical fitness and nutrition

Video Focus

- Maintaining a healthy lifestyle

Country Connection

As you learn about health, fitness and nutrition, you will make connections to these countries and places.

España

México

Go Online
PHSchool.com

For: Online Atlas
Visit: www.phschool.com
Web Code: jee-002

A primera vista 1

Vocabulario y gramática en contexto

A nadie le gusta ir al médico, pero cuando estamos enfermos vamos inmediatamente a visitarlo: queremos que nos devuelva la salud en un minuto para poder seguir con nuestra vida normal. Cuando vamos al médico, a veces nos sentimos como niños que quieren la ayuda de sus papás.

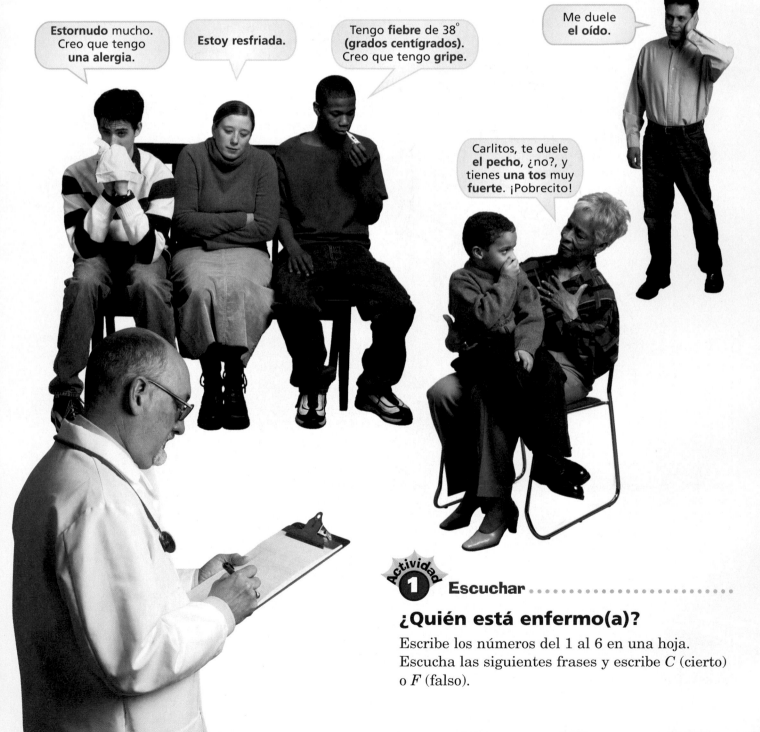

Clínica de Medicina Familiar
Dr. Raúl López

Estornudo mucho. Creo que tengo **una alergia**.

Estoy resfriada.

Tengo **fiebre** de 38° **(grados centígrados)**. Creo que tengo **gripe**.

Me duele **el oído**.

Carlitos, te duele **el pecho**, ¿no?, y tienes **una tos** muy **fuerte**. ¡Pobrecito!

Actividad 1 Escuchar

¿Quién está enfermo(a)?

Escribe los números del 1 al 6 en una hoja. Escucha las siguientes frases y escribe *C* (cierto) o *F* (falso).

LA NUTRICIÓN

Los siguientes alimentos son nutritivos y por eso son importantes para tu alimentación.

los huevos y la leche
La leche tiene **calcio** y ayuda a tener huesos fuertes. Los huevos tienen muchas **proteínas** y **aunque** son muy buen alimento, no debes comer demasiados.

las espinacas[1]
Las espinacas **contienen** un alto **nivel** de **hierro**.

el cereal y el pan
El cereal y algunas clases de pan tienen mucha **fibra**. Los dos alimentos tienen **carbohidratos**.

CEREAL

las piñas y las naranjas
Tienen muchas **vitaminas**. Es bueno comer de todas las frutas con frecuencia.

los cacahuates
Tienen mucha grasa, carbohidratos y proteínas, por lo que dan **energía**, pero no debes comer muchos.

1 spinach

el jarabe

la aspirina

el antibiótico

¡Ay!, doctor, me duele el estómago. Anoche comí cuatro bolsas de papas fritas y dos hamburguesas.

Tome esta medicina, pero no la tome con el estómago **vacío**. Y por favor, **evite** comer **comida basura**.

Actividad 2 · Escuchar

La receta del doctor

Dibuja una tabla con dos columnas. En una columna, escribe *problemas de los pacientes* y en la otra, *receta del doctor*. Escucha lo que dicen el doctor López y sus pacientes y completa la tabla.

La alimentación de los jóvenes

ARROZ CON FRIJOLES NEGROS

Datos de Nutrición

Tamaño por Ración 1/4 Taza (45g)
Raciones por Envase 5

Cantidad por Ración

Calorías 160   Cal.Grasa 0

%Valor Diario*

Grasa Total 0 g	**0%**
Grasa Sat. 0 g	**0%**
Colesterol 0 mg	**0%**
Sodio 445 mg	**19%**
Carb. Total 34 g	**11%**
Fibra Dietética 3 g	**10%**
Azúcares 1 g	
Proteínas 5 g	

Vitamina A 0% • Vitamina C 0%

Calcio 0%   • Hierro 6%

* Los porcentajes de Valores Diarios están basados en una dieta de 2,000 calorías. Sus valores diarios pueden ser mayores o menores dependiendo de sus necesidades calóricas.

	Calorías	2,000	2,500
Grasa Total	Menos de	65g	80g
Grasa Sat.	Menos de	20g	25g
Colest.	Menos de	300mg	300mg

A veces no es tan fácil saber qué alimentos tienen mucho azúcar o demasiada grasa. Lee las etiquetas (labels) de la comida que compras para saber si la debes incluir en tu dieta.

¿Por qué es importante una alimentación saludable?

Una alimentación saludable es la mejor manera de:
- Tener energía todo el día y estar bien para hacer deporte y otras actividades.
- Recibir las vitaminas y el hierro que necesitas.
- Alcanzar tu estatura apropiada si no eres adulto.
- Mantener el mejor peso para tu edad y tu estatura.
- Evitar hábitos alimenticios malos.

¿Qué significa una alimentación saludable?

- Comer comidas a horarios regulares y evitar muchas meriendas.
- Mantener una dieta equilibrada, es decir, comer de todos los grupos de alimentos todos los días.
- No saltar comidas y evitar la comida basura.
- Comer cuando tienes hambre y parar cuando te sientes lleno(a).

Actividad 3 · Escribir

¿Comprendiste?

1. ¿Por qué debemos leer la etiqueta antes de comprar un alimento?
2. ¿Qué significa una "dieta equilibrada"?
3. ¿Cuándo debemos comer? ¿Por qué?
4. ¿Cuál de estos consejos te parece más difícil de seguir? ¿Por qué?
5. Según la información de la etiqueta, ¿cuántas calorías tiene una ración de arroz con frijoles negros? ¿Cuántos gramos de proteínas tiene una ración?

Leer/Escribir ....

La intrusa

Escribe en una hoja de papel los números del 1 al 6. Para cada grupo de palabras, escribe la palabra o frase que no está relacionada con las otras. Luego, escribe una frase con cada una de las palabras que escribiste.

1. **a.** la dieta   **b.** los hábitos alimenticios   **c.** la alimentación   **d.** las alergias

2. **a.** la fiebre   **b.** la merienda   **c.** la tos   **d.** estornudar

3. **a.** lleno   **b.** vacío   **c.** equilibrado   **d.** las proteínas

4. **a.** el peso   **b.** la edad   **c.** el oído   **d.** la estatura

5. **a.** el calcio   **b.** el pecho   **c.** la cabeza   **d.** el oído

6. **a.** la comida basura   **b.** saludable   **c.** nutritiva   **d.** la dieta equilibrada

Consejos para una alimentación saludable

1. **No saltes comidas. Planea tus comidas y meriendas.**
   - Come dos o tres meriendas al día para mantener la energía y un peso saludable.

2. **Aprende maneras simples y saludables de preparar alimentos.**
   - Evita freír los alimentos. Es mejor hervirlos, asarlos, prepararlos al horno o cocinarlos en el microondas.
   - Evita añadir mantequilla a la comida.

3. **La energía que da el azúcar se gasta pronto.**
   - Evita tomar refrescos o bebidas que tienen mucha azúcar. Come pocos postres y dulces.

4. **Presta atención a tu cuerpo y a lo que comes.**
   - Come despacio. Tu cuerpo necesita unos 20 minutos para sentirse lleno.
   - Come comidas calientes y alimentos con mucha fibra.
   - No comas comida basura. Escoge alimentos nutritivos.

5. **Evita pensar en las dietas.**
   - Lo importante es comer de todos los alimentos sin exagerar.
   - Tú eres más importante que tu peso o tu estatura. ¡Créelo!

Actividad 5   **Leer/Escuchar** ....

¿Saludable o no?

Lee este artículo. Luego escucha las frases y escribe C (cierto) o F (falso) según los "Consejos para una alimentación saludable".

● **Más práctica** ....
Practice Workbook 3-3, 3-4

For: Vocabulary practice
Visit: www.phschool.com
Web Code: jed-0302

Manos a la obra 1

Vocabulario y gramática en uso

Objectives

- Talk about symptoms and remedies
- Discuss eating habits
- Use informal and formal commands

Actividad 6 ♻ **Leer/Escribir** ....

Llegó el otoño

En el otoño los estudiantes comienzan sus clases y todo el mundo estornuda. Completa esta carta que le escribió un estudiante a su profesor con las palabras o frases del recuadro.

grados centígrados	tengo gripe
antibióticos	aunque
tenía fiebre	tenía tos

Profesor:

No puedo ir a la escuela hoy. __1.__ anoche. __2.__ tomé un jarabe que me recetó

el doctor, no pude dormir. Hoy por la mañana tenía mucho frío, mi mamá me

puso el termómetro debajo del brazo y me dijo que __3.__ porque tenía 39 __4.__ .

Ella cree que yo __5.__ . En vez de recetarme __6.__ , la doctora recomienda que yo

descanse mucho y que beba mucha agua. ¡Siempre me pasa lo mismo en otoño! Espero

regresar a clase pronto.

Tomás

Actividad 7 **Hablar** ....

Contiene un alto nivel de . . .

Mira las ilustraciones y explica a otro(a) estudiante lo que come cada uno de estos jóvenes y por qué es saludable o no es saludable. Usa las palabras del recuadro.

proteína	fibra	nutritivo	calcio	hierro	carbohidratos	contener

1. **2.** **3.** **4.**

Ampliación del lenguaje

Familias de palabras

Las familias de palabras son grupos de palabras que tienen la misma raíz
(root). Muchas veces podemos saber el significado *(meaning)* de una palabra
si conocemos otras palabras de la misma familia. Observa la relación entre
las siguientes palabras y completa las frases.

Verbos	Sustantivos	Adjetivos
alimentar	alimentación	alimenticio
equilibrar	equilibrio	equilibrada
nutrir	nutrición	nutritivo
pesar	peso	pesado

1. Para obtener una buena _____,
debemos comer alimentos nutritivos.

2. Tenemos un buen hábito _____ cuando
no nos alimentamos con comida basura.

  Leer/Hablar/Escribir

Preparándose para la carrera

Trabaja con otro(a) estudiante para terminar el cuento sobre este atleta.
Usa por lo menos cinco palabras del recuadro.

estar resfriado	nivel	hierro	energía
carbohidratos	hábitos	aunque	evitar

Rafa era un atleta fuerte, de peso apropiado para su edad. Iba a participar en
una carrera. Tenía el estómago vacío y quería comer . . .

  Hablar

¿Qué puedo hacer?

Túrnate con otro(a) compañero(a) para
representar la conversación entre un(a)
estudiante y su maestro(a).

Modelo

Estudiante —*Me duele la cabeza.*
Maestro(a) —*Debes tomar una*
            aspirina.

Estudiante

1.
4.

2.
5.

3.

Maestro(a)

Debes . . .

Tienes que . . .

Puedes tomar . . .

El médico te puede recetar . . .

Actividad 10

 Leer/Hablar/Escribir ·······················

Una receta saludable

1 Ésta es una receta para preparar un postre nutritivo. Léela y explica a otro(a) estudiante por qué la receta es saludable. Habla de los ingredientes que tiene y de los que no tiene.

Modelo

El postre tiene avena. La avena es un cereal y tiene fibra, que es saludable.

2 Ahora, piensen en una comida que les gusta y escriban cinco ingredientes que contiene. Luego escriban tres frases que describen el valor *(value)* nutritivo de la comida.

Avena[1] con fresas

Ingredientes

3 litros de leche sabor a fresa
azúcar al gusto
1 raja de canela[2]
1 taza llena de avena
1 cucharada de vainilla
10 fresas en pedazos

Preparación:

Calentar la leche a fuego bajo, junto con el azúcar y la canela, hasta que hierva. Añadir la avena y mover la mezcla hasta que se cocine. Quitarla del fuego, añadir la vainilla, y dejarla en la olla unos diez minutos. Servirla con fresas.

1 oatmeal **2** stick of cinnamon

Fondo cultural

■◆■◆■◆■◆■◆■◆■◆■◆■◆■

Las plantas medicinales En América Latina, es muy común tomar remedios naturales para resolver problemas menores de salud, como la tos, la fiebre y los dolores de estómago o de cabeza. Generalmente estos remedios son plantas que usan los indígenas de la región por sus efectos saludables y curativos[1]. Muchas de estas plantas medicinales se preparan como una infusión o té para beber. Algunos ejemplos de plantas medicinales son la manzanilla[2], que se usa para los dolores de estómago, el girasol[3], para la tos y cuando estás resfriado, y la menta[4], para los dolores de cabeza y estómago. Estos remedios naturales se venden en ferias y mercados al aire libre en toda América Latina.

- ¿Qué remedios naturales usan los indígenas de América Latina para el dolor de estómago? ¿Y para la tos?

- ¿Qué remedios naturales usan en tu familia y comunidad?

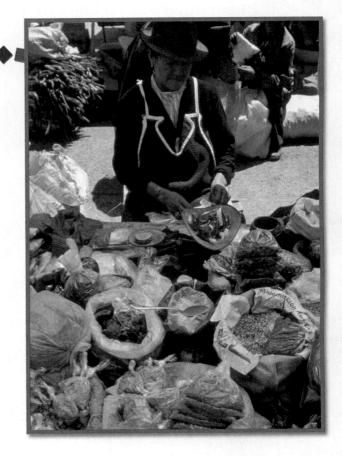

---

1 curative **2** chamomile **3** sunflower **4** mint

Gramática·Repaso

Mandatos afirmativos con *tú*

To tell a friend or close family member to do something, use the *tú* command form. To give an affirmative command in the *tú* form, use the present indicative *Ud. / él / ella* form. This rule also applies to stem-changing verbs.

caminar → camina	comer → come	abrir → abre
jugar → juega	volver → vuelve	pedir → pide

- Some verbs have irregular *tú* commands.

decir → **di**	hacer → **haz**	ir → **ve**	mantener → **mantén**	poner → **pon**
salir → **sal**	ser → **sé**	tener → **ten**	venir → **ven**	

- Attach reflexive, direct, and indirect object pronouns to the end of affirmative commands. Add an accent mark to show that the stress remains in the same place.

¡**Toma** esas vitaminas! ¡**Tómalas** ahora mismo!
Siéntate aquí.

Actividad 11 **Gramática** Leer/Escribir

Respuestas para todo

Verónica siempre tiene una respuesta para todos los problemas. Completa lo que dice con el mandato del verbo apropiado.

1. ¿Te duelen las piernas? _____ ejercicio. *(hacer / correr)*

2. ¿Estás muy cansada? _____ un rato. *(descansar / jugar)*

3. ¿Quieres mantener tu peso? _____ la comida basura. *(comprar / evitar)*

4. ¿Tienes malos hábitos alimenticios? _____ una dieta equilibrada. *(mantener / recetar)*

5. ¿Te sientes mal? _____ al médico. *(ayudar / ir)*

6. ¿Quieres sentirte mejor? _____ bien todos los días. *(comer / pedir)*

7. ¿No tienes energía? _____ unas vitaminas en la farmacia. *(comprar / ver)*

8. ¿Estás triste? _____ con tus amigos para divertirte. *(salir / buscar)*

Actividad 12 **Gramática** Leer/Hablar/Escribir

¿Cómo se prepara?

❶ Lee la receta de la Actividad 10 y después explica a otro(a) estudiante cómo se prepara usando mandatos con *tú*.

Modelo

Primero, compra los ingredientes.

❷ Ahora, escribe cómo preparar otra receta que conoces. Usa mandatos con *tú*.

● **Más práctica**
Practice Workbook 3-5

For: Practice with affirmative commands with *tú*
Visit: www.phschool.com
Web Code: jed-0303

Mandatos negativos con *tú*

To form negative *tú* commands with regular verbs, drop the *-o* of the present tense *yo* form and add the following endings:

hablar	hablo → habl + **es**	**No hables** ahora.
comer	como → com + **as**	**No comas** tanto.
abrir	abro → abr + **as**	**No abras** la boca.

- The same rule applies to verbs whose present tense *yo* form ends in *-go, -zco, -yo,* and *-jo.*

  No **salgas** si estás enferma.
  No les **ofrezcas** comida basura a tus amigos.
  No **escojas** comida con mucha grasa.

- The following verbs have irregular negative *tú* command forms.

  dar → **no des**   ir → **no vayas**
  estar → **no estés**   ser → **no seas**

- Verbs ending in *-car, -gar,* and *-zar* have the following spelling changes in the negative *tú* commands in order to keep the original sound.

sa**car** (*c → qu*)	saqu + **es**	**No saques** la basura.
lle**gar** (*g → gu*)	llegu + **es**	**No llegues** tarde.
cru**zar** (*z → c*)	cruc + **es**	**No cruces** aquí.

- If you are using reflexive or object pronouns with negative commands, place them after *no.*

  Estás enfermo. No **te** levantes de la cama.
  No comas el pastel. No **lo** comas.

---

 13 **Gramática** **Leer/Escribir** · · · · · · · · · · · · · · ·

Lo que no debes hacer

Luis sacó malas notas. Ayúdale a sacar mejores notas. Completa las frases con el mandato del verbo apropiado.

1. No _____ cuando la maestra está explicando algo. (*hablar / comer*)

2. No _____ con otro estudiante en clase. (*jugar / escribir*)

3. No _____ tarde a la clase. (*hacer / llegar*)

4. No _____ a la escuela sin hacer la tarea. (*ir / lavar*)

5. No _____ tu tarea sin leerla antes. (*entregar / comprar*)

6. No _____ tan impaciente. (*ser / tomar*)

---

14 **Gramática** **Hablar** · · · · · · · · · · · · · · · ·

Cuida tu salud

Tu amiga siempre está enferma. Dale siete consejos usando los verbos del recuadro. Usa mandatos afirmativos y negativos.

comer	hacer	ir	poner(se)	evitar	mantener	salir

Modelo

tomar
¡Toma tu medicina!

Más práctica · · · · · · · · · · · ·
Practice Workbook 3-6

For: Practice with negative commands with *tú*
Visit: www.phschool.com
Web Code: jed-0304

Mandatos afirmativos y negativos con *Ud.* y *Uds.*

To give commands to people other than *tú* and to more than one person, use the *Ud.* and *Uds* commands. To form a command with *Ud.*, remove the *-s* from a negative *tú* command form. To form a command with *Uds.*, replace the *-s* of a negative *tú* command with an *-n*.

No hable**s**.	Hable (Ud.).	Hablen (Uds.).
No traiga**s** la receta.	Traiga (Ud.) la receta.	Traigan (Uds.) la receta.
No vaya**s** al consultorio.	Vaya (Ud.) al consultorio.	Vayan (Uds.) al consultorio.

- To form negative *Ud.* and *Uds.* commands just add *no* before the command.

  Coma frutas, pero **no coma** muchos dulces.   **No salten** comidas.

- Attach reflexive, direct, and indirect object pronouns to the end of affirmative *Ud.* and *Uds.* commands. Add an accent mark to show that the stress remains in the same place. In negative commands, add the pronoun between *no* and the verb.

  ¡Tomen esas pastillas! **¡Tómenlas** ahora mismo!   **Lleve** la receta. Por favor, **llévela**.

  ¡Cepíllese los dientes después de comer!   **No le pidan** dulces. **Pídanle** fruta.

Actividad 15 Gramática   Escribir/Hablar

¿Qué dicen todos?

1 ¿Qué mandatos se oyen en diferentes lugares? Trabaja con otro(a) estudiante para escribir un mandato afirmativo y un mandato negativo con *Ud.* o *Uds.* para cada uno de los siguientes lugares.

1. en el consultorio del doctor
2. en la biblioteca
3. en el gimnasio
4. en la clase de español
5. en una fiesta
6. en la cocina
7. en una tienda de ropa

Modelo

en la sala
Apaguen el televisor.
No apaguen el televisor.

2 Ahora, cada pareja debe leer sus mandatos a la clase, y los demás deben decir si la frase está correcta. Si está correcta la frase, y si no la tiene escrita otra pareja, gana un punto la pareja que la escribió. Gana la pareja que reúne más puntos.

Actividad 16 Gramática

Escribir/Hablar/GramActiva

Juego

Formen grupos de cuatro estudiantes. Cada estudiante escribe un mandato en infinitivo en un pedazo de papel y lo mete en una caja. Se turnan para sacar un papel de la caja. El(la) que saca el papel, lee el mandato. Un(a) estudiante forma un mandato con *tú*. El(la) siguiente forma el mandato con *Uds.* y el(la) último(a) añade un pronombre de complemento directo o indirecto a uno de los dos mandatos. Los mandatos pueden ser negativos o afirmativos.

Modelo

Comer manzanas verdes
No comas las manzanas verdes.
No coman las manzanas verdes.
No las comas.

Actividad 17

 Leer/Hablar

Hábitos alimenticios de los jóvenes

Lee este artículo sobre los hábitos alimenticios de los estudiantes españoles.

 Conexiones Las ciencias

El Centro de Salud de Ávila, en España, estudió los hábitos alimenticios de los estudiantes de 15 años. Los científicos que hicieron la encuesta piensan que es importante conocer los hábitos alimenticios que adquieren *(adopt)* los jóvenes, pues muchos los conservan toda la vida.

Desayuno	Estudiantes
Leche	96,5%
Yogur	2,6%
Jugo de frutas	20,1%
Galletas	39,8%
Cereal	26,6%
Pan	21,0%

Al final del estudio, los científicos dijeron que estaban preocupados, pues los estudiantes no estaban recibiendo en el desayuno todo el alimento que sus cuerpos necesitan para las actividades del día. Muchos científicos piensan que el desayuno es la comida más importante del día, pero el estudio de Ávila nos dice que el 38 por ciento de los estudiantes sólo toma líquidos en el desayuno.

- Observa la tabla de resultados y di a la clase qué otros alimentos deben comer los estudiantes de Ávila para tener más energía durante el día. Explica lo que tiene cada alimento (calcio, vitaminas, fibra, carbohidratos, grasa, hierro, energía) y por qué es bueno comerlo.

Gramática **Leer/Escribir** ···

Un consejo para cada persona

¿Qué consejos les da la doctora a estos pacientes? Empareja cada frase de la columna A con un consejo de la columna B. Luego escribe un mandato con *Ud.* o *Uds.* para dar el consejo en cada caso.

Columna A

1. Necesitamos estar en forma.
2. No tenemos energía.
3. Tengo tos y dolor de cabeza.
4. El médico dice que necesito más calcio.
5. Creo que tengo fiebre.
6. Nos sentimos mal porque comimos mucha grasa y azúcar.

Columna B

a. ponerse el termómetro
b. tomar bastante yogur y leche
c. evitar la comida basura y los refrescos
d. tener una dieta equilibrada y no tomar muchos refrescos
e. tomar un jarabe y una aspirina
f. comprar vitaminas con hierro

 Gramática **Escribir** ···

Una gran fiesta

Imagínate que tú y seis de tus amigos(as) están planeando una fiesta en tu casa. Escribe un mensaje electrónico a tus amigos y explícales qué deben hacer. Usa los verbos del recuadro.

llegar	traer	comprar	invitar	decorar	hacer

 Gramática **Hablar/Escribir** ···································

Guía para una vida sana

❶ Vas a escribir una guía para una vida sana. Trabaja con un grupo de estudiantes. Hagan una lista de ideas sobre lo que es importante hacer y evitar para mantener la salud.

❷ Escriban cinco frases para la guía usando la lista de ideas. Usen mandatos con *Ud.*

Modelo

No ponga mucha sal en la comida.

● **Más práctica** ······································
Practice Workbook 3-7

❸ Lean a la clase la guía que escribieron. Intercambien ideas sobre lo que recomendaron. Digan qué ideas son buenas para todas las personas, cuáles sólo sirven para los jóvenes y cuáles sólo para las personas mayores, y expliquen por qué.

For: Practice with affirmative and negative commands with *Ud.* and *Uds.*
Visit: www.phschool.com
Web Code: jed-0305

A primera vista 2

Vocabulario y gramática en contexto

Estar en forma no es sólo tener mucho **músculo** y poca grasa en el cuerpo. Algunas personas hacen ejercicios como entrenamiento para una competencia o porque el médico les dice que lo necesitan. Pero muchos más hacen ejercicio para eliminar **el estrés** y dar a su cuerpo **fuerza** y energía. Estar en forma es también sentirse bien con uno mismo, estar saludable.

Para estar en forma

hacer ejercicios de step

hacer flexiones

hacer cinta

hacer ejercicios aeróbicos

hacer yoga

hacer abdominales

hacer bicicleta

¿Se siente débil? ¿Quiere estar más fuerte? Nunca es tarde para estar en forma

CLUB DEPORTIVO LAS FUENTES

◆ sala de pesas
◆ equipo para hacer bicicleta
◆ piscina
◆ baños sauna y jacuzzi
◆ clases de ejercicios aeróbicos y artes marciales
◆ entrenadores profesionales

Inscríbase hoy mismo y obtenga un 20% de descuento.
Tel. 555-242 677 Independencia #125

Actividad 21 Leer/Escuchar/Escribir ······

El Club Deportivo

Escribe en una hoja los números del 1 al 5. Escucha lo que explica esta chica a su amiga sobre el Club Deportivo Las Fuentes y escribe *C* (cierto) o *F* (falso) en cada caso.

Para hacer ejercicio

flexionar

estirar

1 Antes de comenzar una sesión de ejercicio, es importante tener unos minutos para estirarse. Es necesario que flexiones y estires los músculos para evitar **calambres.**

2 Debemos comenzar a correr despacio, para evitar calambres. Después de un tiempo, podemos correr más rápido.

3 Es importante no hacer demasiado ejercicio sin descansar. Debemos siempre cuidar nuestro **corazón** y saber cuándo debemos parar.

4 Igualmente, al terminar el ejercicio, debe haber un tiempo para **relajarse** y **respirar** normalmente. ¡Ah, qué bien se siente uno después del entrenamiento!

 Escuchar/Hablar

El anuncio

Escucha el anuncio por radio de un club deportivo y busca las fotos de estas páginas que correspondan a los servicios que se anuncian. Luego, di qué ejercicios de estas páginas no están en el anuncio del club deportivo.

 Escribir/Hablar

Mis favoritos

En una hoja, haz una lista de tres ejercicios que te gusta hacer que se mencionan en estas páginas y los tres servicios del club deportivo que más te gustaría usar. Comparte tu lista con otro(a) estudiante de la clase.

¿QUÉ ME ACONSEJAS?

Cuando tenemos problemas, muchas veces les pedimos consejos a nuestros(as) amigos(as). Mira las ilustraciones y lee lo que les dijeron estas personas a sus amigos(as) para ayudarles con sus problemas.

Actividad 24

Escuchar ·

Escoge un buen consejo

Escribe los números del 1 al 6 en una hoja. Escucha lo que aconsejan estas personas y escribe si es un buen consejo (B) o un mal consejo (M).

Address: http://www.who.int/en/

Día mundial de la salud
"Por tu salud, muévete"
7 de abril

LA ACTIVIDAD FÍSICA Y LOS JÓVENES

Según la OMS (Organización Mundial de la Salud), el ejercicio es muy importante para la salud de los jóvenes. La práctica regular del ejercicio o del deporte ayuda a los niños y a los jóvenes a **desarrollar** y mantener saludables los huesos y los músculos. También ayuda a cuidar el peso, a reducir las grasas y al buen funcionamiento del corazón.

Los juegos, los deportes y otras actividades físicas permiten a los jóvenes expresarse, tener **confianza en sí mismos** y desarrollar sentimientos de éxito. Estos efectos positivos reducen el estrés de la vida de los jóvenes de hoy.

Actividad 25 — Escribir/Hablar · · · · · · · · · · · · · ·

¿Comprendiste?

1. ¿Por qué es buena la práctica regular de ejercicios?

2. ¿Cuáles son cuatro beneficios de hacer ejercicio?

3. ¿Cuáles son algunos efectos positivos de reducir el estrés con el ejercicio?

4. ¿Estás de acuerdo con que los juegos y deportes permiten a los jóvenes expresarse? Explica tu respuesta.

● **Más práctica** ·
Practice Workbook 3-8, 3-9

For: Vocabulary practice
Visit: www.phschool.com
Web Code: jed-0306

Actividad 26 Leer/Hablar · · · · · · · · · · · ·

Tu propia experiencia

Lee las frases y dile a otro(a) estudiante cuándo tienes los problemas de los que se habla aquí.

Me caigo de sueño . . .
Estoy de mal humor . . .
Me preocupo . . .
No tengo energía . . .
Estoy estresado(a) . . .
No puedo concentrarme . . .
Me quejo . . .

> **Modelo**
> *Me siento fatal si no duermo bien.*

Manos a la obra 2

Vocabulario y gramática en uso

Objectives

- Talk about fitness equipment
- Talk about different exercises to stay fit
- Review the subjunctive of regular verbs
- Review the subjunctive of irregular and stem-changing verbs

Actividad 27

Leer/Escribir ···

En la clase de ejercicios aeróbicos

1 Imagina que te inscribes en una clase de ejercicios aeróbicos. Describe cómo se siente cada estudiante usando las expresiones del recuadro.

No aguanto más	No tengo energía	No me puedo concentrar
o	o	o
Me siento fatal	Me caigo de sueño	Estoy en la luna

2 Escribe cinco consejos para los estudiantes de esta clase.

Modelo

Deben tomar vitaminas y desayunar mejor.

Actividad 28 Leer/Escribir ·····························

Nuestra entrenadora

Completa esta descripción de una entrenadora con las palabras apropiadas del recuadro. Usa la forma apropiada de los verbos.

consejos	exigir	confianza en sí misma
débiles	corazón	estirar y flexionar
desarrollar		

Nuestra entrenadora es una atleta que sabe mantenerse en forma y tiene mucha __1.__. Durante las prácticas, ella nos __2.__ mucho. Primero tenemos que __3.__ los músculos. Luego levantamos pesas para __4.__ más músculos en los brazos. Nuestra entrenadora siempre nos da __5.__ , como "Hagan ejercicio todos los días para cuidar su __6.__ ". Ella no quiere que seamos __7.__ .

Actividad 29 Hablar ·····························

El deportista

Éstas son las sugerencias que un(a) estudiante deportista le da a su amigo(a). Trabaja con otro(a) estudiante y escojan los mejores consejos para cada pregunta.

Modelo
estar en forma
A —¿Cómo se puede estar en forma?
B —Se debe hacer ejercicio.

Estudiante A

¿Cómo se puede . . .?
1. evitar los calambres
2. quitar el mal humor
3. cuidar el corazón
4. hacer más fuertes los músculos del estómago
5. tener brazos menos débiles

Estudiante B

Se debe . . .
Se recomienda . . .

 Fondo cultural

La educación física en España es parte del programa de educación en las escuelas. Sin embargo, en los últimos años muchos estudiantes comenzaron a ir a los clubes deportivos para hacer ejercicio. ¿Por qué? Las escuelas no tienen los equipos deportivos necesarios o estos equipos son muy antiguos.

Muchos profesores de educación física están preocupados por la situación. En primer lugar, dicen ellos, los estudiantes deben tener el equipo necesario para las clases de educación física en su escuela,

donde sus profesores pueden decirles qué ejercicios son mejores para su edad. En segundo lugar, muchos jóvenes tienen lesiones *(injuries)* cuando usan equipos deportivos que no conocen, sin la ayuda de un entrenador.

• ¿Qué crees que se debe hacer en las escuelas de España para mejorar esa situación? Compara su situación con la de tu escuela.

El subjuntivo: Verbos regulares

To say that one person wants, suggests, or demands that someone else do something, use the *subjunctive mood*. A sentence that includes the subjunctive form has two parts, the main clause and the subordinate clause, connected by the word *que*.

> **Quiero que respires** lentamente. **Sugiero que bebas** agua antes de correr.
> El entrenador **exige que** los atletas **estiren** los músculos.

You can also suggest more general or impersonal ideas using expressions such as *es necesario . . .* , *es bueno . . .* , and *es importante . . .* , followed by *que* and a form of the present subjuntive.

> **Es necesario que hagas** ejercicio. **Es importante que** los jóvenes **coman** bien.

To form the subjunctive, drop the *-o* ending to the *yo* form of the present tense, and add the present subjunctive endings to the stem of the verb.

saltar

salte	saltemos
saltes	saltéis
salte	salten

conocer

conozca	conozcamos
conozcas	conozcáis
conozca	conozcan

decir

diga	digamos
digas	digáis
diga	digan

Verbs ending in *-car, -gar,* and *-zar* have a spelling change in order to keep the pronunciation consistent.

buscar (c → qu)

busque	busquemos
busques	busquéis
busque	busquen

pagar (g → gu)

pague	paguemos
pagues	paguéis
pague	paguen

cruzar (z → c)

cruce	crucemos
cruces	crucéis
cruce	crucen

Actividad 30 **Gramática** **Leer/Escribir**

Una clase inolvidable

¿Tuviste alguna vez una instructora de ejercicios aeróbicos que siempre estaba de mal humor? Completa la descripción con el verbo apropiado en subjuntivo.

La instructora exige que la clase __1.__ *(comenzar / cruzar)* a tiempo y que los estudiantes __2.__ *(correr / comer)* durante diez minutos antes de comenzar la sesión. Ella no permite que ellos __3.__ *(tocar / hablar)* durante la clase. A ella tampoco le gusta que __4.__ *(hacer / tener)* ruido cuando da la clase. Prefiere que nos __5.__ *(estirar / cruzar)* y que __6.__ *(apagar / subir)* escaleras para tener más energía antes de la clase.

Actividad 31

Hablar ·

¿Qué ejercicios hago?

Imagínate que eres el(la) entrenador(a) de la escuela. Habla con otro(a) estudiante para aconsejarle algo. Usen las siguientes expresiones.

Modelo

Me duele(n) . . . / Es necesario que . . . .

A —*Me duelen las piernas cuando corro.*

B —*Es necesario que estires los músculos antes de correr.*

Estudiante A

1. ¿Qué hago para . . . ?
2. No puedo . . .
3. Estoy muy . . .
4. Quiero desarrollar . . .
5. Necesito . . .
6. Tengo . . .

Estudiante B

Te sugiero que . . .
Es importante que . . .
Para que estés más tranquilo(a), te aconsejo que . . .
Lo mejor es que practiques . . .
Es muy bueno que vayas a . . .
Para evitar los calambres quiero que . . .

El español en el mundo del trabajo

La consejera bilingüe

De niña, María Romero Thomas hablaba sólo español en su casa e inglés en la escuela. Sus padres le decían que ella no podía olvidar la cultura de sus abuelos mexicanos, pero que debía integrarse *(to integrate)* y tener éxito en la cultura estadounidense. María quiso ayudar a otros a alcanzar también esa meta y decidió estudiar para ser una consejera escolar.

La función de un(a) consejero(a) escolar es muy importante para los estudiantes y para la comunidad. Estos(as) profesionales se dedican a dar apoyo a los chicos y a guiarlos al elegir la carrera que van a seguir. También aconsejan sobre temas de salud, cómo

coordinar el estudio con otras actividades como recreación, trabajo y ejercicios, en las relaciones con su familia y amigos, cómo mantener un buen estado de ánimo, y cómo desarrollar sus aptitudes en la escuela. Si ven que los chicos se sienten mal, no se pueden concentrar o están muy estresados, les recomiendan ir al médico, tener una alimentación saludable y cosas que pueden hacer para relajarse.

Al comienzo de los años ochenta, María Romero Thomas se convirtió en *(became)* la primera consejera bilingüe del Sequoia Union High School District, en California. En esos años, viajaba de una escuela a otra para implementar el primer programa bilingüe del distrito. También hablaba con los padres sobre la importancia que tenía para sus hijos recibir una buena educación.

Hoy en día, hay cientos de consejeros bilingües en los distritos escolares de los Estados Unidos que ayudan a los niños hispanohablantes a vivir entre dos culturas.

Actividad 32 — Gramática — Hablar

¿Qué le aconsejas?

Tu amigo(a) siempre se queja de sus problemas. ¿Qué le aconsejas en cada caso? Trabaja con otro(a) estudiante para darle consejos. Usa la forma correcta del subjuntivo y las expresiones del recuadro.

sugiero	recomiendo	quiero	es importante	es necesario

Modelo

Me caigo de sueño. / descansar un poco
A —*Me caigo de sueño.*
B —*Sugiero que* <u>*descanses un poco*</u>.

Estudiante A

1. Siempre estoy en la luna.
2. Quiero hacer más fuertes mi corazón y los músculos de mis piernas.
3. No tengo energía.
4. Estoy aburrido(a).
5. No aguanto más los juegos de mis amigos.
6. Siempre tengo sed.
7. Como demasiada comida basura.
8. Necesito hacer más ejercicio.

Estudiante B

sacar . . . de la biblioteca
poner . . .
respirar lentamente . . .
añadir más . . .
tomar . . .
hacer . . .
conocer . . .
hacer . . . y ejercicios . . .

¡Respuesta personal!

Actividad 33 — Gramática — Escribir

En el club atlético Sol y Salud

Trabajas en un club atlético y tienes que darles consejos a los miembros del club y a las personas que trabajan contigo. Combina palabras de las tres columnas para hacer frases con el subjuntivo.

Modelo

Queremos / Roberto / enseñar
Queremos que Roberto enseñe la clase de ejercicios aeróbicos.

Es importante que . . .	los entrenadores	limpiar
Sugerimos que . . .	tú	llegar a tiempo
Es mejor que . . .	David y Rita	lavar
(No) Queremos que . . .	nadie	explicar
Es necesario que . . .	ustedes	mostrar cómo
Exigimos que . . .	Julieta	no preocuparse por
	los profesores	(no) tener
	todos	aprender

● **Más práctica**
Practice Workbook 3-10

For: Practice with the subjunctive
Visit: www.phschool.com
Web Code: jed-0307

El subjuntivo: Verbos irregulares

The following verbs are irregular in the present subjunctive:

dar	estar	haber	ir	saber	ser
dé	esté	haya	vaya	sepa	sea
des	estés	hayas	vayas	sepas	seas
dé	esté	haya	vaya	sepa	sea
demos	estemos	hayamos	vayamos	sepamos	seamos
deis	estéis	hayáis	vayáis	sepáis	seáis
den	estén	hayan	vayan	sepan	sean

 Gramática **Leer/Escribir**

Cambiar los hábitos

Rocío y Manuel están estresados. Escoge el verbo correcto y completa las recomendaciones que les dio el consejero.

1. Es importante que Manuel _____ yoga dos veces por semana. *(cambiar / hacer)*

2. Les aconsejo que _____ más confianza en sí mismos. *(ser / tener)*

3. Recomiendo que los dos _____ caminatas por el campo. *(eliminar / dar)*

4. Es bueno que ustedes _____ de vacaciones al campo. *(ir / cambiar)*

5. Rocío, te recomiendo que _____ más paciente con Manuel. *(estar / ser)*

6. Por último, sugiero que cada uno _____ sus propios amigos. *(perder / tener)*

 Leer/Escribir

Carta a la consejera sentimental

Completa esta correspondencia entre una joven y una consejera con las palabras apropiadas del recuadro.

decir	llegar	relajarse	hacer
estar	ser	haber	darse

Querida Ana:

Mis padres siempre me exigen demasiado. Quieren que yo siempre les __1__ adónde voy y me exigen que __2__ a casa antes de las 9 de la noche. Casi todos los días tenemos algún problema.

¡No aguanto más!

Frustrada en Quito

Querida Frustrada:

Primero, te aconsejo que __3__. Es importante que __4__ un esfuerzo para comprender lo que quieren tus padres. Ellos quieren que __5__ segura (safe). Aunque tú quieres salir con tus amigos, es necesario que __6__ responsable. No es bueno que __7__ problemas en tu casa, y te recomiendo que __8__ cuenta de lo que haces. Sé paciente y trata de hablar con tus padres y las cosas van a mejorar.

Ana

Actividad 36 Gramática Leer/Escribir

Querida Laura . . .

Muchos jóvenes le escriben a Laura, la escritora de la columna de consejos de una revista de Madrid. Lee la carta que una joven le escribió a Laura y luego escribe la respuesta de Laura. Usa expresiones como: *te recomiendo, te sugiero, es necesario, es bueno, es importante* y la lista de sugerencias. Pon los verbos en el subjuntivo.

Querida Laura:

Me encanta la clase de yoga. Siempre me siento mejor y me relajo después de ir. Pero el problema es que no tengo tiempo. Tengo mucha tarea y también estudio piano. ¿Cómo me puedo relajar y estar tranquila si no puedo ir a yoga?

Ocupada de Burgos

Querida Ocupada de Burgos:

Si tienes tanto trabajo y no puedes ir a tu clase de yoga, te recomiendo que . . .

Sugerencias

- cambiar el horario
- estar ocupada
- salir con los(as) amigos(as)
- tener tiempo para relajarse
- caminar todos los días

Actividad 37 Gramática Hablar

Intercambio de ideas

Imagina que tú eres la persona de los dibujos. Tus compañeros(as) te van a dar sugerencias o consejos para ayudarte a resolver tus problemas. Usen los verbos del recuadro.

Modelo

A— *Estoy muy aburrido, nunca hago nada interesante.*
B— *Es importante que salgas más.*
C— *Es bueno que conozcas más gente.*

| ir | conocer | estar | tener | ser | saber |

1.

2.

3.

4.

● **Más práctica**
Practice Workbook 3-11

Go Online
PHSchool.com

For: Practice with the subjunctive
Visit: www.phschool.com
Web Code: jed-0308

El subjuntivo: Verbos con cambio de raíz

In the present subjunctive, stem-changing -ar and -er verbs have the stem
change in all forms except *nosotros* and *vosotros*.

jugar (u → ue)

juegue	juguemos
juegues	juguéis
juegue	jueguen

pensar (e → ie)

piense	pensemos
pienses	penséis
piense	piensen

entender (e → ie)

entienda	entendamos
entiendas	entendáis
entienda	entiendan

- Other verbs you know that follow these patterns are:

  o → ue: contar, poder, volver, costar, probar(se), llover, doler

  e → ie: querer, sentarse, calentar, despertar(se), empezar, entender

Stem-changing e → ie, e → i, and o → ue verbs that end in -ir have
a stem change in all forms of the subjunctive.

sentirse (e → ie)

me sienta	nos sintamos
te sientas	os sintáis
se sienta	se sientan

pedir (e → i)

pida	pidamos
pidas	pidáis
pida	pidan

dormir (o → ue)

duerma	durmamos
duermas	durmáis
duerma	duerman

- Other verbs you know that follow these patterns are:

  e → ie: divertirse, preferir

  e → i: reír, repetir, servir, vestir(se), seguir, conseguir

  o → ue: morir

Actividad 38 **Gramática** **Leer/Escribir**

¿Qué recomienda la entrenadora?

Estás en un gimnasio y la entrenadora te recomienda varias cosas.
Lee lo que dice la entrenadora y escoge el verbo apropiado para completar
las frases en subjuntivo.

1. Es importante que _____ mis consejos. *(sentir / seguir)*

2. Sugiero que _____ ocho horas cada noche. *(pedir / dormir)*

3. Es importante que no _____ durante las clases de ejercicio.
   (sentarse / practicar)

4. Quiero que _____ bicicleta tres veces por semana. *(repetir / hacer)*

5. También es bueno que _____ al tenis una o dos veces por semana.
   (pensar / jugar)

6. Te aconsejo que _____ con ropa cómoda. *(seguir / vestirse)*

7. Quiero que _____ durante la clase. *(concentrarse / reír)*

8. Es necesario que _____ cuántas flexiones haces. *(contar / cantar)*

Decisiones

1 Con otro(a) estudiante, hagan una lista de buenos consejos para llevar una vida más saludable.

| Modelo |

importante / comer
Es importante que comamos verduras todos los días.

1. bueno / dormir
2. mejor / perder
3. bueno / pedir
4. bueno / volver
5. importante / acostarse
6. necesario / jugar
7. necesario / entender
8. importante / seguir

2 Léele las sugerencias que escribiste a otro(a) estudiante, quien va a decidir si está de acuerdo o no y por qué.

| Modelo |

A —*Es importante que comamos verduras todos los días.*

B —*Estoy de acuerdo.*

o: *No estoy de acuerdo. Es más importante que comamos comida con menos grasa.*

En voz alta

Lee una parte de la letra de una canción ranchera escrita por José Alfredo Jiménez (1923–1973), un compositor y cantante mexicano. Sus canciones se conocen por su hermosa música y por la poesía de sus letras. Cantantes internacionales como Vicki Carr, Jorge Negrete y María Dolores Pradera las han interpretado. Las canciones rancheras usan palabras sencillas y hablan del ambiente de los ranchos en México, su paisaje y sus tradiciones.

¿Recuerdas?

Cuando la letra *c* va antes de *a, o* y *u,* se pronuncia como la *c* de *cat*.

Cuando la *c* va antes de *e* o de *i,* se pronuncia como la *s* de *Sally*.

Para mantener el sonido de la *c* de *cat* antes de la *e* y la *i,* las palabras se escriben con *qu: busqué, aquí*.

Que te vaya bonito

de José Alfredo Jiménez

Ojalá[1] que te vaya bonito
ojalá que se acaben tus penas
que te digan que yo ya no existo
y conozcas personas más buenas
que te den lo que no pude darte
aunque yo te haya dado de todo
nunca más volveré a molestarte,
te adoré, te perdí, ya ni modo[2].

Cuántas cosas quedaron prendidas[3]
hasta dentro del fondo de mi alma[4]
cuántas luces dejaste encendidas
yo no sé cómo voy a apagarlas.

---

1 I wish, I hope **2** there's no point **3** attached **4** soul

Cómo te beneficia el ejercicio

1 Lee este artículo que explica diferentes clases de ejercicio y los beneficios que tienen.

DANZA AERÓBICA

Más danza y ritmos latinos

Este tipo de danza comienza con un calentamiento de músculos. Incluye ritmos latinos y no tiene saltos.

Beneficios: Ayuda a la coordinación.

CARDIO TRAINING

Pon tu corazón en forma y, con él, todo tu organismo

Es el mejor ejercicio para estar en forma. Comienza con un calentamiento, sigue con una actividad física más intensa, como los saltos, y termina con una fase de descanso, para llevar el ritmo cardíaco a la normalidad.

Beneficios: Ayuda a la capacidad cardiovascular y todas las funciones del organismo.

STEP

Ejercicios similares al aerobic pero utilizando un escalón

Se trata de subir y bajar un escalón mientras se realizan pasos en los que se utiliza todo el cuerpo. Es como un baile. Se hace al ritmo de música disco o similar.

Beneficios: Hace más fuertes los músculos, mejora la coordinación.

2 Con otros estudiantes, hablen de cada uno de los tipos de ejercicio. ¿Están de acuerdo con lo que dice el artículo? ¿Qué otros beneficios les gustaría añadir?

3 Y a ti, ¿cuál de las clases de ejercicio te gustaría tomar? Explica tu repuesta.

4 Hagan recomendaciones a otros jóvenes. Usen formas del subjuntivo.

Modelo

Sugiero que hagas danza aeróbica si te gusta bailar. Es importante que vayas a clases de cardio training si quieres ser deportista profesional.

● **Más práctica** ·
Practice Workbook 3-12

For: Practice with the subjunctive
Visit: www.phschool.com
Web Code: jed-0309

¡Adelante!

Puente a la cultura

Un juego muy antiguo

Objectives

- **Read about an ancient team sport played by the Native Americans in Mexico and Central America**
- **Use different sources to understand a non-fiction article**
- **Summarize the information in a non-fiction article**

Estrategia

Using your prior knowledge
What do you know about competitive games in Roman and Greek times? Have you heard of the origin of games like baseball or basketball?

Remember that retrieving information you already know about the topic of your reading is always useful to help you better understand it.

Ilustración del antiguo juego olmeca de pelota

La historia del juego de pelota comenzó hace unos 3,000 años alrededor del golfo de México. Los olmecas inventaron este deporte pero otros pueblos conocidos de Mesoamérica, como los mayas y los aztecas, también lo jugaban. El juego de pelota era uno de los eventos más importantes en el Nuevo Mundo.

Llamado *ullamalitzi* por los aztecas, el juego de pelota fue el primer deporte que se jugó en grupo. En la sociedad indígena, estos eventos sociales eran tanto actos religiosos como espectáculos para el público. Los pueblos indígenas creían que los dioses, la naturaleza y el ser humano no podían separarse. La vida, la astronomía y las matemáticas, la organización política y social, el arte, las guerras y hasta los deportes se relacionaban con la religión. Se cree que, para los pueblos indígenas, en el juego de pelota la competencia entre dos equipos representaba la lucha entre el Sol y otros astros[1]. Según los mayas, los dioses miraban el juego desde arriba[2]. Por eso, aunque todos podían ver el juego, solamente jugaban los nobles y los atletas entrenados por los sacerdotes[3].

Hasta hoy se han descubierto más de 600 canchas[4] de pelota en México. Todas tenían dos paredes, una en cada lado, con un anillo de piedra en el centro de cada una. Algunas eran tan grandes como una cancha de fútbol moderna. Las paredes estaban decoradas con escenas del juego.

Para jugar se necesitaba una pelota de caucho[5] que pesaba unas 8 libras[6] y era tan grande como una pelota de básquetbol.

---

1 heavenly bodies 2 above 3 priests
4 courts 5 rubber 6 pounds

Península de Yucatán

Golfo de México

TOLTECAS
Tula
Veracruz
Chichén Itzá
Tenochtitlán · Teotihuacán
Lago de Texcoco
MAYAS
OLMECAS
Monte Albán ·
Palenque
Tikal
ZAPOTECAS
MIXTECAS
Océano Pacífico

Mesoamérica va desde México hasta Panamá

La pelota no podía tocar el suelo[7] y los jugadores no podían tocarla con las manos. Usaban la cabeza, los codos, las caderas[8] y las rodillas para pasar la pelota a través de uno de los anillos.

Los atletas llevaban cascos[9] y ropa de cuero para protegerse. También llevaban uniformes especiales que se cree que formaban parte de las ceremonias religiosas anteriores al juego.

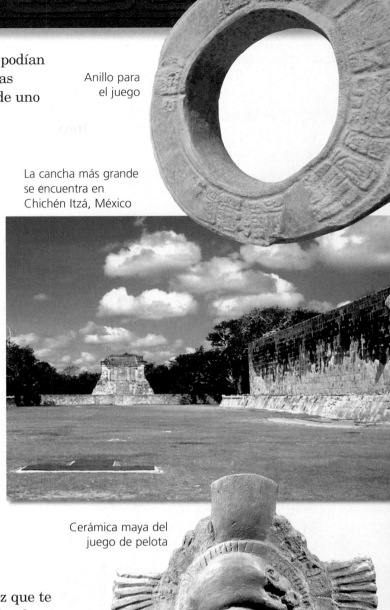

Anillo para el juego

La cancha más grande se encuentra en Chichén Itzá, México

Cerámica maya del juego de pelota

---

7 ground **8** hips **9** helmets

¿Comprendiste ?

1. ¿Por qué crees que los sacerdotes eran los que entrenaban a los jugadores indígenas?

2. ¿Por qué el juego de pelota tiene un significado especial? Da una explicación de origen histórico y otra de origen religioso.

3. Di dos razones por las que crees que el juego de pelota se jugaba en la sociedad indígena, y compáralas con las que la gente tiene ahora para jugar deportes.

4. ¿A qué deportes actuales se parece más el juego de pelota? ¿En qué se parecen?

Usa tus conocimientos

Imagínate que eres uno de los sacerdotes que van a entrenar a los nobles y los atletas. Piensa en una vez que te entrenaste para algo y escribe cinco ideas para explicarles cómo entrenarse, lo que es importante que hagan, cómo son las competiciones y qué deben evitar hacer.

Foto de una representación moderna de un juego de pelota

Go Online
PHSchool.com

For: Internet link activity
Visit: www.phschool.com
Web Code: jed-0310

¿Qué me cuentas?

¿Al club o a comer?

1 🎧 Vas a escuchar un cuento acerca de tres amigos que se reúnen para hacer ejercicio. Después de cada parte vas a oír tres preguntas. Escoge la respuesta correcta.

1. **a.** al club deportivo **b.** a un restaurante **c.** al doctor

2. **a.** para respirar **b.** para dormir bien **c.** para tener músculos fuertes

3. **a.** las flexiones **b.** los abdominales **c.** los ejercicios aeróbicos

4. **a.** se sentía fatal **b.** se caía de sueño **c.** tenía hambre

5. **a.** flexiones **b.** yoga **c.** ir juntos al club

6. **a.** para hacer lo mismo que Manu **b.** para estar en la luna **c.** para relajarse, divertirse y estar de buen humor

2 Estas ilustraciones representan un cuento. Con tus propias palabras, describe lo que sucedió. Añade más información para que el cuento resulte más interesante. ¡Usa tu imaginación!

Si quieres, puedes usar las siguientes palabras o expresiones para conectar tus ideas.

luego	en primer lugar	durante
para continuar	a pesar de que *(despite the fact that)*	

1.

2.

3.

4.

5.

6.

3 Trabaja con otros dos estudiantes para narrar el cuento. Un estudiante comienza. El(la) profesor(a) avisa *(calls time)* cuando pasan dos minutos. El segundo estudiante continúa. Cuando pasan otros dos minutos, continúa el tercer estudiante. Sigan turnándose hasta completar el cuento.

Una vida más sana

Tarea
Imagina que tu escuela va a organizar un evento especial para que los estudiantes aprendan cómo tener una vida más sana. A ti te toca hacer una presentación. Busca algunos materiales y haz un cartel que te pueda servir para la presentación.

Estrategia
Projecting your voice
When making an oral presentation make sure you face your audience at all times. You may look at the front, middle, and back rows. Remember to speak loudly enough for all to hear, and speak clearly.

1 Prepárate Escoge uno de los siguientes temas y prepara un cartel para organizar tu presentación.

temas	cartel
el ejercicio	deportes y tipos de ejercicio
los alimentos	alimentos nutritivos
las recetas, cómo preparar la comida	recetas saludables

2 Practica Vuelve a leer la información que escribiste en el cartel. Practica varias veces tu presentación para recordar los detalles. Usa mandatos con *Uds.* o recomendaciones con el subjuntivo para explicar a tus compañeros qué deben hacer para tener una vida más sana. Recuerda:

- hablar con voz clara y mirar al público directamente
- hablar de cada uno de los temas en orden y explicar por qué es importante para la salud
- dar alguna recomendación

Modelo

Mi presentación es acerca de cómo tener una vida más sana. Voy a hablarles de qué ejercicios hacer para estar saludable. El ejercicio sirve para estar en forma. Hagan ejercicio por lo menos tres veces por semana.

3 Haz tu presentación Imagina que estás en un auditorio. Habla claro y en voz alta. Explica el tema y muestra el cartel. Al final, pregunta a los estudiantes si tienen un comentario que hacer.

4 Evaluación Tu profesor(a) puede explicarte cómo va a evaluar tu presentación. Probablemente, para tu profesor(a) es importante ver que:
- explicaste cada tema en forma clara.
- usaste un cartel apropiado para ilustrar el tema.

Por una vida más saludable

Estrategia

Persuasive writing
Use persuasive writing to convince an audience about something. To write an effective persuasive composition, use words that clearly express your opinion about an issue. Always include facts and examples to support your opinions. A persuasive composition is always addressed to a specific audience. Therefore, it is important to choose words, tone and style that are directed to your audience.

Imagina que trabajas para una revista y te piden que escribas un artículo sobre cómo las personas pueden llevar una vida más saludable. Presenta razones para persuadir a las personas de que cambien sus hábitos para estar más saludables.

1 Antes de escribir

Piensa en los elementos que ayudan a llevar una vida saludable. Describe por qué son importantes y qué ocurre si no se ponen en práctica. Crea una tabla como la de abajo con la información que tienes.

Para llevar una vida saludable	Ventajas y problemas que se evitan
• mantener una dieta equilibrada	• se evitan las enfermedades • el cuerpo se mantiene sano
• mantenerse en forma	

2 Borrador

Escribe tu borrador en forma de artículo dirigido a un público específico. Usa la escritura persuasiva. Pon las ideas que anotaste en tu tabla en una composición, usando el vocabulario que aprendiste en este capítulo.
Recuerda usar el subjuntivo con expresiones impersonales y los mandatos.

Éstas son tres cosas necesarias para mantener una ← vida sana: Es necesario que mantengas una dieta equilibrada. Es importante que hagas . . .
Practícalas siempre para que veas . . .

Main idea: what to do in order to stay healthy.

Persuasive writing to convince the audience. →

Piensa en los alimentos que comes. Sugiero que comas frutas y verduras y alimentos con calcio y hierro. Es ← importante preparar los alimentos . . .

Examples to support an opinion.

Por último, . . . ←

Conclusion: concluding thoughts about the subject.

3 Redacción/Revisión

Después de escribir el primer borrador de tu artículo, trabaja con otro(a) estudiante para intercambiar los trabajos y leerlos. Después de leer el trabajo de tu compañero(a), sugiere cómo puede mejorar su composición y dile que haga lo mismo con la tuya. Revisen si:

- la composición se enfoca en consejos para la salud
- para persuadir al público se usan mandatos y se dan razones
- se usan expresiones impersonales para enfatizar los consejos

Haz lo siguiente: Subraya con una línea los verbos en subjuntivo, con dos líneas los mandatos, y encierra en un círculo las expresiones impersonales.

Éstas son tres cosas necesarias para

mantener una vida sana: (Es necesario) que

mantengas
~~mantienes~~ una dieta equilibrada. (Es importante)

que hagas . . .
Practícalas
~~Practícala~~ siempre para . . .

4 Publicación

Antes de hacer la versión final, lee de nuevo tu borrador y repasa los siguientes puntos:

- ¿Di suficientes razones para apoyar mis ideas?
- ¿Usé el vocabulario apropiado para convencer al público de que lea la revista donde van a publicar el artículo?

Después de revisar el borrador, escribe una copia en limpio de tu composición.

5 Evaluación

Tu profesor(a) puede explicarte cómo va a evaluar tu presentación. Probablemente, para tu profesor(a) es importante ver que:

- escribiste un artículo persuasivo, con consejos para tener una vida saludable
- incluiste razones y ejemplos para convencer al público
- usaste el vocabulario y la gramática del capítulo

¡Cambia tus hábitos!

Objectives

- Learn some facts about healthy eating habits
- Find out some tips about hygiene, rest, and taking care of your back and spine

Estrategia

Cause and effect
Our personality and the way we eat, sleep, or react to fear can affect our health. If we change our bad habits, we will be healthier and more productive persons. While you read this magazine article, look for other examples of cause and effect. For example, what happens if you do not eat well, you do not drink enough water, or if you do not sit correctly and comfortably?

Al leer

Nuestra vida está llena de actos que repetimos todos los días, por ejemplo, comer, dormir o estudiar. Vas a leer un artículo con recomendaciones sobre cómo cambiar tus malos hábitos para llevar una vida más saludable. Copia la tabla de la página 149. Mientras lees los artículos, llena los espacios de la gráfica con causas y efectos que encuentres en el texto.

Presta atención a los siguientes puntos:

- la importancia de tener buenos hábitos alimenticios
- la higiene personal y la salud
- cómo cuidar tu espalda aprendiendo a sentarte bien

Aliméntate bien

Meta: "Voy a desayunar todos los días."

Saltarte el desayuno no te sirve para nada. Empieza tu día con algo ligero[1], para poner a funcionar tu metabolismo. No sólo da energía sino que despierta al organismo y acelera la quema de calorías durante todo el día.

¡Lógralo!

Desayuna algo aunque sea ligero, como un jugo de naranja o una fruta, pan tostado con mermelada, cereal con leche o yogur, té o un buen vaso de leche.

Nuestros consejos:

Si tienes prisa: bebe el jugo mientras caminas a la escuela. También puedes llevar un yogur que trae una porción de cereal.

---

1 light

No comas comida basura

Meta: "No voy a comer tantos dulces en la escuela."

Seguro que a la hora del recreo quieres comer chocolate o una bolsa de papas fritas. Mejor escoge alimentos que echen a andar tu motor. Si comes un almuerzo nutritivo, tu rendimiento físico y mental va a ser mucho mejor y no te vas a dormir en las últimas clases.

¡Lógralo!

Lleva de tu casa zanahorias o pepinos². Las palomitas de maíz³ y las frutas deshidratadas son una buena opción en lugar de comidas fritas.

Nuestros consejos:

¡No lleves dinero! Así evitas la tentación de comprar comida basura.

---

2 cucumbers **3** popcorn

Muy limpios

Meta: "Siempre me voy a lavar las manos y los dientes."

Muchas enfermedades del estómago son producidas por las bacterias que recogemos durante el día en nuestras actividades diarias. El simple hecho de abrir la puerta para salir del baño después de lavarte las manos, ya implica una contaminación de gérmenes. Y de la boca ni hablemos, ¿quién quiere verte con el frijol entre los dientes?

¡Lógralo!

El jabón más efectivo para eliminar las bacterias en las manos es un gel que no se enjuaga⁴. Llévalo en tu mochila y úsalo cada vez que vayas al baño. En cuanto a los dientes, lávalos después de cada comida.

Nuestros consejos:

Compra un cepillo de dientes de viaje (algunos incluyen una crema de dientes pequeña) y llévalo en tu mochila junto con un hilo dental. ¿Se te olvidó lavarte los dientes o no tuviste tiempo? Usa una pastilla de menta o un chicle con clorofila para evitar el mal aliento.

---

4 rinse off

Más H₂O

Meta: "Ahora sí voy a tomar agua."

No beber suficientes líquidos durante el día puede hacer que te sientas cansado. Los refrescos te dan energía pero sólo por un momento, luego te sientes igual de cansado; los refrescos *light* tampoco ayudan, por el contrario, te quitan energía.

¡Lógralo!

Ya te lo hemos dicho mil veces: debes tomar por lo menos 8 vasos de agua al día. No sólo te mantienen hidratado, sino que ayudan al buen funcionamiento de los riñones[1].

Nuestros consejos:

¿No te gusta el agua sola? Toma jugos de fruta fresca o leche descremada durante el día.

---

1 kidneys

¿Una siesta?

Meta: "Ya no voy a dormir cuando llegue de la escuela."

Nadie en tu casa entiende por qué cuando regresas de la escuela lo primero que haces es dormirte. Las causas pueden ser fisiológicas (como los niveles hormonales de la tiroides), emocionales (demasiado estrés), o estar relacionadas con tu estilo de vida (no dormir bien en las noches). Lo que debes hacer son unos cuantos ajustes en tu dieta diaria para combatir el cansancio.

¡Lógralo!

Si te sientes cansado, evita completamente las galletas, el pan dulce, los dulces, los refrescos y los jugos de fruta envasados, ya que contienen azúcares simples que te quitan energía; también evita la cafeína. Lo ideal es que comas proteínas con vegetales (como un pescado hervido con verduras).

Nuestros consejos:

Trata de hacer un poco de ejercicio para subir tus niveles de energía. O pon un disco compacto y ponte a bailar en tu cuarto.

Siéntate bien

Meta: "Me voy a sentar derecho en la silla."

No es nada fácil sentarte derecho por más de diez minutos, pero si sigues sentándote así, hundiéndote en[2] tu asiento de clases, tu cuerpo y sobre todo tu espalda se acostumbrarán y es probable que no se corrijan.

¡Lógralo!

Pega bien toda la espalda —baja, alta y lumbar— al asiento. Asegúrate de que tus pies estén bien apoyados en el piso y mantén las piernas juntas.

Nuestros consejos:

¿Se te hace muy difícil? Imagina que tienes un hilo que jala tu columna[3] hacia arriba para mantenerla derecha.

2 sinking yourself into **3** a string that pulls your spine

Interacción con la lectura

1 Trabaja con un grupo de estudiantes para hacer una tabla de *causa y efecto*. Cada estudiante va a añadir las relaciones de causa y efecto que escribió mientras leía el artículo.

Causa	Efecto

2 Contesten las siguientes preguntas sobre el artículo y, si notan relaciones de causa y efecto que aún no incluyeron en la tabla, añádanlas.

- ¿Crees que los jóvenes en general tienen hábitos saludables? Explica tu respuesta.

- ¿Qué recomendaciones del artículo te parecen mejores o más prácticas?

- ¿Hay alguna recomendación con la que no estás de acuerdo? ¿Por qué?

- Según este artículo, ¿qué tipo de comidas y bebidas debes evitar para tener más energía? ¿Cuáles debes comer o beber?

3 Trabaja con un grupo para hablar sobre estos temas. Hablen con la clase de lo que piensan sobre las causas y los efectos.

Fondo cultural

Revistas para jóvenes Al igual que en los Estados Unidos, en España y América Latina hay muchas revistas para jóvenes. En ellas puedes encontrar los temas que les interesan a los chicos y las chicas de esos países, cómo se visten, qué música prefieren, y cuáles son sus sueños.

Si quieres leer más artículos relacionados con la salud, si te gustan los temas culturales y científicos o quieres mantenerte al día en deportes, música, libros o cine, existe un gran número de esas revistas que te pueden interesar. Éstas son algunas de ellas: *Ragazza* o *Junior* de España, *Tú* de México o *Pricolosa* de Argentina.

- ¿Te interesa la moda o la música de otros países?

- ¿Crees que los jóvenes de otros países tienen gustos *(taste)* similares con respecto a la moda o la música? ¿Por qué?

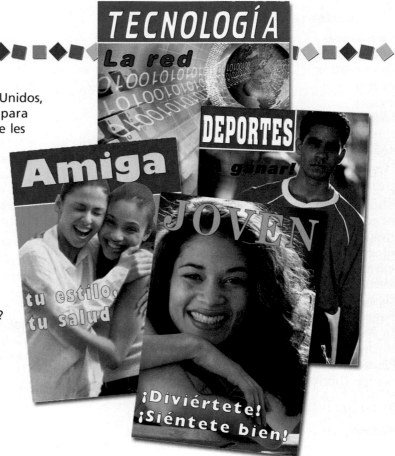

Repaso del capítulo

Vocabulario y gramática

los síntomas y las medicinas

la alergia	allergy
el antibiótico	antibiotic
la aspirina	aspirin
estar resfriado, -a	to have a cold
estornudar	to sneeze
la fiebre	fever
el grado centígrado	centigrade degree
la gripe	flu
el jarabe	syrup
la tos	cough

partes del cuerpo

el corazón	heart
el músculo	muscle
el oído	ear
el pecho	chest

actividades relacionadas con la salud

aconsejar	to advise
contener	to contain
desarrollar	to develop
evitar	to avoid
exigir	to demand
incluir	to include
quejarse	to complain
saltar (una comida)	to skip (a meal)
tomar	to take, to drink

para estar en forma

abdominales	crunches
el calambre	cramp
débil	weak
ejercicios aeróbicos	aerobics
estar en forma	to be fit
estirar	to stretch
flexionar	to flex, to stretch
fuerte	strong
la fuerza	strength
hacer bicicleta	to use a stationary bike
hacer cinta	to use a treadmill
hacer flexiones	to do push-ups
relajar(se)	to relax
respirar	to breathe
yoga	yoga

la nutrición

la alimentación	nutrition, feeding
los alimentos	food
apropiado, -a	appropriate
el calcio	calcium
el carbohidrato	carbohydrate
la comida basura	junk food
la dieta	diet
la edad	age
la energía	energy
equilibrado, -a	balanced
la estatura	height
la fibra	fiber
el hábito alimenticio	eating habit
el hierro	iron
lleno, -a	full
la merienda	snack
nutritivo, -a	nutritious
el peso	weight
la proteína	protein
saludable	healthy
vacío, -a	empty
la vitamina	vitamin

expresiones útiles

aguantar	to endure, to tolerate
aunque	despite, even when
el consejo	advice
la manera	way
el nivel	level

estados de ánimo

caerse de sueño	to be exhausted, sleepy
concentrarse	to concentrate
confianza en sí mismo, -a	self-confidence
estar de buen / mal humor	to be in a good / bad mood
el estrés	stress
estresado, -a	stressed out
preocuparse	to worry
sentirse fatal	to feel awful

Mandatos afirmativos y negativos

Regular and stem-changing verbs, and verbs ending in *-car*, *-gar*, and *-zar*

	tú	Ud.	Uds.
evitar	evita, no evites	(no) evite	(no) eviten
volver	vuelve, no vuelvas	(no) vuelva	(no) vuelvan
abrir	abre, no abras	(no) abra	(no) abran
sacar	saca, no saques	(no) saque	(no) saquen
llegar	llega, no llegues	(no) llegue	(no) lleguen
cruzar	cruza, no cruces	(no) cruce	(no) crucen

Irregular verbs

	tú	Ud.	Uds.
decir	di, no digas	(no) diga	(no) digan
poner	pon, no pongas	(no) ponga	(no) pongan
ir	ve, no vayas	(no) vaya	(no) vayan
hacer	haz, no hagas	(no) haga	(no) hagan
tener	ten, no tengas	(no) tenga	(no) tengan
mantener	mantén, no mantengas	(no) mantenga	(no) mantengan
ser	sé, no seas	(no) sea	(no) sean
salir	sal, no salgas	(no) salga	(no) salgan

Placement of pronouns

Attach reflexive or object pronouns at the end of affirmative commands.
With negative commands, place them after the word *no*.

Toma esas vitaminas. ¡**Tómalas** ahora mismo! No **las tomes**.

El subjuntivo: Verbos regulares y verbos con cambios de raíz

saltar

salte	saltemos
saltes	saltéis
salte	salten

poder (o → ue)

pueda	podamos
puedas	podáis
pueda	puedan

pedir (e → i)

pida	pidamos
pidas	pidáis
pida	pidan

El subjuntivo: Verbos irregulares

dar

dé	demos
des	déis
dé	den

haber

haya	hayamos
hayas	hayáis
haya	hayan

ir

vaya	vayamos
vayas	vayáis
vaya	vayan

estar

esté	estemos
estés	estéis
esté	estén

ser

sea	seamos
seas	seáis
sea	sean

saber

sepa	sepamos
sepas	sepáis
sepa	sepan

● **Más práctica** . . . .
Practice Workbook Organizer 3-13, 3-14

Preparación para el examen

1 Vocabulario Escribe la letra de la palabra o expresión que mejor complete cada frase. Escribe tus respuestas en una hoja aparte.

1. El médico le aconseja a Lucía que coma queso y tome leche todos los días porque contienen _____.
   a. comida basura
   b. calcio
   c. dulces
   d. fibra

2. Estoy enfermo(a) cuando _____.
   a. hago yoga
   b. tengo fiebre
   c. hago ejercicio
   d. tengo sueño

3. Te voy a recetar _____ para la tos.
   a. una gripe
   b. carbohidratos
   c. un jarabe
   d. una aspirina

4. Para evitar los calambres les recomiendo que _____.
   a. estiren los músculos
   b. hagan abdominales
   c. hagan flexiones
   d. corran rápido

5. Si _____, te aconsejo que hagas yoga.
   a. estás en la luna
   b. estás estresado
   c. haces cinta
   d. te caes de sueño

6. Doctor, _____ y tengo dolor de cabeza.
   a. tengo el oído
   b. me duele el pecho
   c. me duele la gripe
   d. estoy en forma

7. Tengo fiebre, cuando _____.
   a. tengo 39° centígrados
   b. evito los antibióticos
   c. tengo calambres
   d. mantengo mi dieta

8. ¡No aguanto más! significa que _____.
   a. estás muy contento(a)
   b. te gusta hacer ejercicio
   c. tienes energía
   d. estás muy estresado(a)

2 Gramática Escribe la letra de la palabra o expresión que mejor complete cada frase. Escribe tus respuestas en una hoja aparte.

1. Jorge, no _____ al gimnasio hoy. Está cerrado.
   a. vas
   b. vayas
   c. ve
   d. vayan

2. Sra. Díaz, por favor _____ las vitaminas allí.
   a. ponga
   b. pon
   c. pongan
   d. pones

3. El doctor me aconseja que _____ una dieta equilibrada.
   a. mantenga
   b. mantén
   c. mantengo
   d. mantener

4. ¿Estás estresado? _____ con tus amigos para divertirte.
   a. Salgas
   b. Sales
   c. Sal
   d. Salgan

5. Es importante que ustedes _____ de buen humor durante las clases de yoga.
   a. estemos
   b. están
   c. estamos
   d. estén

6. ¡Tomen las vitaminas! ¡_____ por la mañana!
   a. Tómenlas
   b. Tómenlo
   c. Tómalas
   d. Tómenlos

7. Niños, ¡_____ comida basura a la escuela!
   a. no traen
   b. no traiga
   c. no traigan
   d. no traes

8. Quiero que tú me _____ las reglas del club.
   a. explicas
   b. expliquen
   c. explique
   d. expliques

En el examen vas a . . .	Éstas son las tareas de práctica que te pueden ser útiles para el examen . . .	Si necesitas repasar . . .
3 Escuchar Escuchar y comprender un programa de radio sobre consejos para la salud	En este programa de radio, varias personas llaman al Dr. Salvavidas para pedirle consejos. (a) ¿Qué síntomas tiene cada uno?, (b) ¿Qué tienen que tomar?, (c) ¿Qué más les aconseja el doctor?	**pp. 114–117** *A primera vista 1* **p. 115** Actividad 2 **p. 119** Actividad 9
4 Hablar Aconsejar a otros sobre los hábitos alimenticios	La directora de la guardería infantil de tu barrio te pide que vengas a hablarles a los niños sobre lo importante que es tener buenos hábitos alimenticios. Haz cinco recomendaciones.	**p. 114–117** *A primera vista 1* **p. 116** Actividad 3 **p. 118** Actividad 7 **p. 124** Actividad 17 **p. 125** Actividades 18 y 20
5 Leer Leer y entender un anuncio	Lucía quiere aprender a preparar alimentos nutritivos y tomar clases para tener músculos fuertes. Lee el anuncio que ella vio y dile: (a) por qué no le recomiendas las clases de ejercicio y (b) por qué debe tomar las clases para preparar alimentos.	**pp. 126–129** *A primera vista 2* **p. 136** Actividad 36 **p. 139** Actividad 40

Centro Fuente de la Salud

Si estás estresado(a) y no puedes concentrarte, tenemos clases de ejercicios para ayudarte a relajar.

Aprende a tener una alimentación equilibrada. Prepara galletas nutritivas y bebidas que dan energía.

6 Escribir Escribir una carta para dar consejos	Tu trabajo en una revista es contestar las cartas que mandan los jóvenes. En una carta, un chico te dice que siempre se siente cansado y de mal humor. Escríbele una respuesta con por lo menos cuatro consejos.	**p. 121** Actividad 11 **p. 125** Actividad 18 **p. 129** Actividad 25 **p. 135** Actividad 35 **p. 136** Actividad 36
7 Pensar Pensar en los antiguos juegos de los olmecas de Mesoamérica	En tu clase puedes ganar "puntos extra" si compartes algo que aprendiste en otra clase. ¿Cómo puedes explicar el juego de pelota de los olmecas de hace 3,000 años? ¿Hoy en día hay algún juego similar? Descríbelo.	**pp. 140–141** *Puente a la cultura*

A ver si recuerdas...

Vocabulario

actividades

charlar
divertirse
encontrarse
enviar correo electrónico
escribir cartas
jugar juegos
llevarse bien / mal
navegar en la Red
participar
pasarlo bien
pasear
quedarse en casa
reunirse
reírse
salir

cualidades

artístico, -a	inteligente
atlético, -a	nervioso, -a
bien educado, -a	reservado, -a
cortés	serio, -a
divertido, -a	simpático, -a
elegante	sociable
estudioso, -a	talentoso, -a
gracioso, -a	tranquilo, -a

tiempo

antes (de)
después (de)
hasta
los días de semana
los fines de semana
los días festivos
durante
por la mañana
por la tarde
por la noche

Actividad 1

Escribir/Hablar

Práctica de vocabulario

❶ Escoge cinco cualidades para describir a tus amigos(as). Haz una lista. Compara tu lista con la de un(a) compañero(a). Luego, hagan juntos un diagrama de Venn para ver qué cualidades comparten sus amigos(as).

❷ Con tu compañero(a) hablen de las cualidades que comparten sus amigos(as) y digan por qué son importantes para ustedes.

Modelo

Nos gustan las personas divertidas porque siempre lo pasamos bien con ellas.

Otros usos de los verbos reflexivos

A verb is reflexive in Spanish when the subject receives the action of the verb. In English this is implied by the endings *-self* and *-selves*. In Spanish the reflexive pronouns are *me, te, se, nos, os, se*.

Ella **se** levanta.	She gets **(herself)** up.
Nosotros **nos** paramos.	We stand **(ourselves)** up.

- Many reflexive verbs in Spanish describe daily routine actions. Some verbs of this type include *despertarse* (to wake up), *ducharse* (to take a shower), *peinarse* (to comb oneself), *vestirse* (to get dressed), and *acostarse* (to go to bed).

- Other reflexive verbs describe a physical or emotional state. Verbs of this type include *divertirse* (to enjoy oneself) and *sentirse* (to feel an emotion).

- Some reflexive verbs describe a change of state and they carry the added meaning of "to get" or "to become."

Me enojé.	I became angry (got mad).	**Se puso** muy nervioso.	He became very nervous.
¿Te aburriste?	Did you get bored?	**Se cansan.**	They get (become) tired.

- Some verbs have a different meaning when used reflexively.

ir	*to go*	irse	*to leave*	dormir	*to sleep*	dormirse	*to fall asleep*
parecer	*to seem*	parecerse a	*to look like*	quedar	*to be located*	quedarse	*to stay*
quitar	*to take away*	quitarse	*to take off*	volver	*to return*	volverse	*to become*
perder	*to lose*	perderse	*to get lost*				

- Other verbs such as *darse cuenta de* (to realize), *quejarse* (to complain), and *portarse bien* (to behave) are always reflexive.

- Placement of reflexive pronouns with commands and the present participle follow the same rules that apply to placement of direct and indirect object pronouns.

Actividad 2 · Escribir

Práctica de gramática

Completa este párrafo con los verbos del recuadro para describir lo que hace una familia los sábados.

quedarse	levantarse	irse
quejarse	cansarse	

Los sábados todos __1__ temprano. Mi hermano y mi papá __2__ con sus amigos a jugar al fútbol. Por la tarde, si hace buen tiempo, nadie quiere __3__ en casa. Todos vamos al parque a correr. A veces, después de correr, yo __4__ un poco pero nunca __5__. Después de todo, lo pasamos muy bien.

Actividad 3 · Escribir

Práctica de gramática

Combina palabras de las dos listas para escribir lo que tú y tus amigos hacen los sábados.

Modelo

los chicos / reunirse
Los chicos se reúnen en la plaza.

1. mi amigo y yo   acostarse
2. tú   divertirse
3. los chicos   aburrirse
4. yo   quedarse
5. mi amiga   irse

Vocabulario

defectos

aburrido, -a
desordenado, -a
impaciente
infantil
mal educado, -a
perezoso, -a
tonto, -a

reacciones

¡ay!
¡basta!
¡déjame en paz!
¡tú tampoco!
¡uf!
¡yo también!
a mí no . . .
a mí sí . . .
a mí también . . .
a mí tampoco . . .

acciones

discutir
emocionarse
enojarse
gritar
importar
llorar
mentir
molestar
pelearse

expresiones

hablar mal (de)
llegar tarde
no pensar (en)
ponerse . . .
    furioso, -a
    nervioso, -a
quedarse
    tranquilo, -a
tener paciencia
volverse
    loco, -a

 Actividad 4 Escribir . . . .

Práctica de vocabulario

Completa las frases siguientes para describir qué cosas te molestan de tus amigos(as).

Modelo

Me pongo nervioso(a) cuando . . .
Me pongo nervioso(a) cuando mi amiga no me llama.

1. Me molesta cuando . . .
2. No me gusta nada cuando . . .
3. Me enojo cuando . . .
4. Me pongo furioso(a) cuando . . .
5. Me vuelvo loco(a) cuando . . .

 Actividad 5 Hablar . . . .

Práctica de vocabulario

Trabaja con otro(a) estudiante para leer y reaccionar a los siguientes comentarios. Usa la lista de reacciones de arriba.

Modelo

A —Me gusta cuando la profesora está contenta con mi trabajo.
B —*A mi también.*

1. ¡Vamos! ¡Levántate, perezoso!
2. ¿Me ayudas a lavar la ropa?
3. No me gustan las fresas.
4. ¡Ten cuidado! ¡Ve más despacio!
5. ¿Al cine? ¡Sí, yo quiero ir!
6. Tengo prisa. Tenemos que llegar a las tres.
7. ¿Ya estudiaste para el examen? Dicen que va a ser difícil.

Pronombres reflexivos en acciones recíprocas

To tell what people do to or for one another use the reciprocal pronouns *nos* and *se* before the first and third person plural of certain verbs.

> Mis hermanos y yo no **nos** peleamos nunca.
> Alonso y Fernanda **se** llaman todos los días, pero **se** ven muy poco.

In the case of a verbal phrase with an infinitive or a present ~~participle~~ *progressive*, you may place the reciprocal pronoun either before the conjugated verb or attached to the infinitive or ~~participle~~ *progressive*. Remember to place an accent in the third to last syllable when you add the reciprocal pronoun to a present ~~participle~~ *progressive*.

> Vamos a ver**nos** mañana.
> **Nos** vamos a ver mañana
>
> Rodrigo y Luisa estaban abrazándo**se** en el jardín.
> Rodrigo y Luisa **se** estaban abrazando en el jardín.

Here are some examples of reflexive verbs that are used reciprocally:

abrazarse	comprenderse	entenderse	leerse	pelearse
ayudarse	conocerse	escribirse	llamarse	saludarse
besarse	contarse	hablarse	llevarse bien / mal	verse

Actividad 6
Leer/Escribir

¿La pareja ideal?

Romina siempre está hablando de la relación de su hermana Analía con su novio Nicolás. Completa las siguientes frases con el verbo que corresponda, en la forma correcta. Luego, resume en una frase qué opinas tú de la relación de esta pareja.

Analía y Nicolás . . .

1. _____ *(escribirse / ayudarse)* mensajes todas las mañanas.

2. _____ *(entenderse / hablarse)* muy bien y son muy felices.

3. Nunca _____ *(besarse / pelearse)* ni tienen opiniones diferentes.

4. Siempre _____ *(comprenderse / enojarse)* y _____ *(ayudarse / conocerse)*.

5. _____ *(llamarse / leerse)* todas las noches y hablan horas por teléfono.

6. _____ *(entenderse / verse)* todos los viernes y los sábados.

7. _____ *(conocerse / contarse)* desde hace muchos años.

8. _____ *(llevarse / saludarse)* muy bien.

● **Más práctica**
Practice Workbook 4-1, 4-2

Go **O**nline
PHSchool.com

For: More review
Visit: www.phschool.com
Web Code: jed-0401

Fondo cultural

Madre e hijo La relación entre madre e hijo puede ser una relación muy íntima y especial. El artista español Pablo Picasso tiene una serie de cuadros de varios períodos y estilos que muestran las figuras de una madre y un hijo. En este cuadro se ve la influencia del arte africano. Las caras de las figuras se parecen a máscaras *(masks)* africanas. ¿Qué elementos usa Picasso para comunicar la relación entre estas dos personas?

• ¿Conoces otro(a) artista que muestre relaciones entre familias? Descríbelo(a).

Madre e hijo, (1907), Pablo Picasso

¿Cómo te llevas con los demás?

Chapter Objectives

- **Express how you relate to friends and family**
- **Explain what is needed to maintain friendships**
- **Express how you feel under certain circumstances**
- **Talk about family conflicts and how to resolve them**
- **Understand cultural perspectives on dealing with friends and family**

Video Focus

- **Characteristics of friendships and family relationships**

Country Connection

As you learn about friends and family relationships, you will make connections to these countries and places.

For: Online Atlas
Visit: www.phschool.com
Web Code: jee-0002

A primera vista 1

Vocabulario y gramática en contexto

Objectives

Read, listen to, and understand information about
- love and friendship
- personality traits

¿Cuántas personas conoces en la escuela? ¿Cuántos amigos tienes? ¿Cómo te relacionas con ellos? Pueden ser muchas o pocas, pero no todas las personas que conoces son tus amigos. Los amigos son el mejor regalo que podemos recibir. ¡**Ojalá** que tengas muchos amigos!

Un(a) buen(a) amigo(a) es . . .

Un(a) buen(a) amigo(a) no es . . .

cariñosa(o)

Te comprendo.

comprensivo(a)

honesta(o)

egoísta

celoso(a)

vanidosa(o)

entrometido(a)

chismosa(o)

Actividad 1

Escuchar ·

Todo el mundo dice . . .

Escucha lo que opinan algunos(as) chicos(as) sobre sus compañeros(as) y escoge la palabra que mejor describa cómo son.

1. Antonio es
   a. celoso   **b.** generoso

2. Mónica es
   a. chismosa   **b.** comprensiva

3. Francisco es
   a. honesto   **b.** cariñoso

4. Luis es
   a. vanidoso   **b.** entrometido

5. Irene es
   a. honesta   **b.** egoísta

6. Mario es
   a. generoso   **b.** egoísta

La amistad y el amor son temas muy importantes entre los estudiantes de la escuela Las Américas en Montevideo, Uruguay. Averigua qué piensan algunos estudiantes sobre estos temas.

1 "Un amigo es alguien en quien puedes **confiar** o que sabe **guardar** bien **un secreto**. Es alguien que **se alegra** contigo en los momentos felices y **te apoya** en los momentos tristes. En pocas palabras, es alguien que se preocupa por ti."
Ricardo Rodríguez

2 "Para mí la amistad es muy importante. Mis amigos y yo **tenemos mucho en común**. Nos gusta el cine y el fútbol. Por eso lo pasamos muy bien **juntos**. También nos tenemos **confianza** para contarnos nuestros problemas. **Espero** que seamos amigos para toda la vida."
Teresa Soto

3 "Mi mejor amiga es muy **sincera**. A veces **me sorprende** cuando dice lo que realmente piensa. Pero yo sé que es muy **considerada** y que trata de no lastimar mis sentimientos con sus opiniones."
Celina Lugo

4 "Mis compañeros y yo nos llevamos bien, pero sólo dos de ellos, Julián y Mario, son mis amigos **íntimos**. Nos conocemos desde niños y sé que puedo **contar con** ellos para todo. A veces **temo** que nuestra amistad se rompa porque soy un poco chismoso. Pero mis amigos me dicen que no **desconfían** de mí. Me alegro de que me **acepten tal como soy**."
Raúl Gutiérrez

Escribir/Hablar •

El (la) profesor(a) ideal

¿Cuáles son para ti las cinco cualidades (*qualities*) más importantes que debe tener un(a) buen(a) profesor(a)? Haz una lista e intercámbiala con tus compañeros(as).

Prueba de la amistad

Anímate a hacer la prueba de la amistad y averigua si tienes cualidades como amigo(a).

¿Sabes ser amigo(a)?

1. ¿Eres considerado(a) con los demás?
2. Cuando te peleas, ¿te quedas enojado(a) poco tiempo?
3. Si haces un error, ¿dices "lo siento"?
4. ¿Te llevas bien con muchas personas?
5. ¿Tratas de ser **amable** y de ayudar a la gente?
6. ¿Te parece tonto **tener celos** de tu mejor amigo(a)?
7. ¿Sabes escuchar a la gente?
8. **¿Cambias de opinión** frecuentemente?
9. Si dos amigos(as) tienen un secreto, ¿tratas de guardarlo(a) y no ser entrometido(a)?
10. Si un(a) amigo(a) no sabe qué hacer, ¿tratas de darle un buen consejo?

	Sí	No
1		
2		
3		
4		
5		
6		
7		
8		
9		
10		
Total		

Resultados

Por cada sí que respondiste, cuenta dos puntos.

Entre 15 y 20 puntos: Sabes ser un(a) buen(a) amigo(a). Eres una persona muy generosa y eso hace que tus amigos(as) te quieran.

Entre 10 y 15 puntos: Tienes muchas cosas que son necesarias para ser un(a) buen(a) amigo(a), pero también algunas que no te permiten tener amistad con algunas personas. Prefieres que tus amigos(as) piensen y sean como tú. Es mejor que seas comprensivo(a) y te preocupes más por los demás.

Menos de 10 puntos: Te es difícil tener amigos(as). Eres un poco egoísta y no haces muchos esfuerzos por llevarte bien con los demás. Recuerda que la amistad es un regalo y es mejor que cambies un poco.

Actividad 3 **Leer/Hablar** ·

Para mi mejor amiga . . .

Lee la tarjeta que Elena le mandó a Clarita y responde a las
preguntas siguientes.

1. ¿Te parece que Elena y Clarita son buenas amigas? ¿Por qué?

2. Según lo que dice en la tarjeta, ¿te parece que Clarita es chismosa? ¿Por qué?

3. ¿Qué hizo Clarita que muestra su amistad por Elena?

4. ¿Qué hizo Elena que muestra su amistad por Clarita?

Para alguien que es...

buena, cariñosa, sincera,

considerada, amable,

honesta, comprensiva,

divertida, generosa...

...y lo más importante de todo,
¡ES MI MEJOR AMIGA!

Querida Clarita,

Gracias por tus consejos y por
guardar mi secreto. Para mí tu
amistad es muy importante y
tú siempre me apoyas cuando
tengo un problema.
¡Eres la mejor amiga
del mundo!

Besos,
Elena

 Actividad 4 **Escuchar/Escribir/Hablar** · · · · · ·

¿Lógico o no?

❶ En una hoja de papel escribe los números
del 1 al 6. Escucha las frases y junto a cada
número escribe si la frase es lógica o no. Si la
frase no es lógica, corrígela.

❷ Escribe cinco frases que no sean lógicas
sobre la amistad. Léeselas a tu compañero(a).
Tu compañero(a) debe corregirlas para que
sean lógicas.

● **Más práctica** ·
Practice Workbook 4-3, 4-4

 Go Online
PHSchool.com

For: Vocabulary practice
Visit: www.phschool.com
Web Code: jed-0402

Manos a la obra 1

Vocabulario y gramática en uso

Objectives
- **Communicate about friendship and personality traits**
- **Distinguish between positive and negative personal qualities**
- **Practice the subjunctive with verbs of emotion**
- **Distinguish uses of** *por* **and** *para*

 Actividad 5

 Leer/Escribir ·

Una carta para alguien que fue mi amigo

Federico y Roberto eran amigos íntimos hasta que se pelearon. Roberto no confía en los consejos de Federico. Cree que está celoso por su relación con Teresa, que es amiga de los dos. Lee estas frases de una carta que le escribió Federico a Roberto. Escoge las palabras que completan mejor cada frase.

1. *(Me preocupa / Me alegro de)* que no me aceptes tal como soy.

2. *(Es una lástima / Me alegro de)* que desconfíes de mí.

3. *(Es una lástima / Es bueno)* que no me comprendas.

4. *(Me alegro de / Me enoja)* que siempre cambies de opinión.

5. *(Me sorprende / Espero)* que sepas que no tengo celos.

6. *(Es triste / Es bueno)* que no nos llevemos bien.

7. *(Me alegro de / Ojalá)* que no rompamos nuestra amistad.

8. *(Espero / Temo)* que todos salgamos juntos otra vez.

 Actividad 6

Hablar ·

¿Cómo te relacionas con los demás?

Trabaja con otro(a) estudiante para hablar de su relación con los amigos. Usen las ilustraciones.

> **Modelo**
> **A** —*Eres cariñoso(a), ¿verdad?*
> **B** —*¡Claro que sí!, soy muy cariñoso(a).*
> **o:** *No, no lo soy.*
> **o:** *Pues, sí, a veces.*

Estudiante A

Estudiante B

1. 2. 3. 4. 5.

¡Respuesta personal!

Actividad 7 · Escribir/Hablar

Amistad y cualidades

1 Escribe un verbo o una expresión que relacionas con cada una de estas cualidades.

Modelo

amable
ayudar a los demás

1. vanidoso(a) **3.** entrometido(a) **5.** sincero(a)

2. perezoso(a) **4.** celoso(a) **6.** considerado(a)

2 Trabaja con otro(a) estudiante para hablar de las cualidades y verbos o expresiones que relacionas con la amistad.

Modelo

A —*¿Te gusta estar con personas amables?*
B —*Sí, porque siempre se preocupan por los demás.*

3 Ahora tú y tu compañero(a) deben escoger una cualidad y escribir un párrafo sobre una persona que tenga esa cualidad.

Modelo

Luisa es muy amable porque . . .

Ampliación del lenguaje

Familias de palabras

Las familias de palabras son grupos de palabras relacionadas *(related)* por tener una misma raíz. Conocer familias de palabras nos ayuda a comprender mejor el significado individual de cada palabra. Para ampliar tu vocabulario debes aprender a reconocer *(recognize)* palabras que tienen la misma raíz, por ejemplo, *celos* y *celoso*.

Lee las familias de palabras de la tabla. Piensa en palabras que conoces, que pertenecen a esas familias. Escribe en una hoja de papel las palabras que faltan para llenar los recuadros.

Luego, completa las frases utilizando la palabra correcta:

1. Carlos cuenta muchos _____, por eso todos dicen que es un _____.

Sustantivos	Adjetivos	Verbos
1. comprensión	comprensivo	comprender
2. alegría	alegre	alegrar
3. chisme	chismoso(a)	chismosear
4. consideración	considerado	considerar
5. sorpresa	sorprendido(a)	sorprenderse
6. reconciliación	reconciliado(a)	reconciliarse

2. Me encanta ir a las fiestas con María, pues es muy _____. Siempre me da _____ estar con ella.

3. Mi amigo se _____ mucho cuando le hicimos una fiesta _____.

Leer/Hablar/Escribir •

Los jóvenes viéndose a sí mismos

Se hizo la siguiente encuesta a jóvenes de España, para saber qué
piensan sobre las cualidades de sinceridad, solidaridad y generosidad.
Lee los resultados.

Encuesta sobre las cualidades de los jóvenes

¿Cuál de las siguientes cualidades define mejor a los jóvenes de hoy?

- 57% Sinceros
- 26% Cínicos
- 11% Ni lo uno ni lo otro
- 7% No sabe

- 71% Solidarios[1]
- 16% No Solidarios
- 8% Ni lo uno ni lo otro
- 5% No sabe

- 71% Generosos
- 16% Egoístas
- 8% Ni lo uno ni lo otro
- 5% No sabe

- 52% Responsables
- 30% Irresponsables
- 13% Ni lo uno ni lo otro
- 5% No sabe

- 47% Amables
- 31% Groseros[2]
- 17% Ni lo uno ni lo otro
- 6% No sabe

- 43% Inmaduros
- 36% Maduros
- 14% Ni lo uno ni lo otro
- 7% No sabe

1 supportive 2 rude

Conexiones | Las matemáticas ──────────────────

Trabaja con un grupo para hacer una encuesta a tus compañeros(as) y
comparar las respuestas de los jóvenes españoles con las de tu clase.

1 Escojan un grupo de cualidades y pregúntenles a sus compañeros(as) si
piensan que describen a los jóvenes de hoy.

2 Pasen los resultados a porcentajes para poder compararlos con la
encuesta española.

Recuerden que, para pasar los resultados de una encuesta a porcentajes,
deben seguir los siguientes pasos:

Tomar el número de respuestas que quieren convertir y dividirlo por el
número total de entrevistados. Luego, multiplicar el resultado por 100.

3 Comenten los resultados de las encuestas. ¿Los jóvenes de España son
más o menos sinceros / solidarios / generosos que los de su clase?

Fondo cultural

Feliz Día de la Amistad

El Día de la Rosa y del Libro Muchas tradiciones de los países hispanohablantes celebran el amor y la amistad. Por ejemplo, en Cataluña, España, el 23 de abril se celebra el Día de la Rosa y del Libro. Ese día los chicos regalan a su novia una rosa roja, y las chicas regalan a su novio un libro.

En algunos países latinoamericanos el Día de San Valentín, en lugar de ser el "día de los enamorados", es el "día de la amistad", y los amigos y familiares se hacen regalos y se escriben postales.

• ¿Tú celebras un día del amor o de la amistad? ¿Cómo lo celebras?

• Dibuja una tarjeta de San Valentín para alguien especial.

Actividad 9 Escribir

Retrato de una amistad

Describe una relación muy importante para ti. Puede ser tu relación con un(a) amigo(a), un(a) primo(a), un familiar u otro adulto a quien quieras mucho. Describe cómo es esa amistad. Usa estos verbos como guía para escribir tu párrafo.

• conocerse
• escribirse
• contar con
• llamarse por teléfono
• enviarse mensajes electrónicos

• confiar
• apoyarse
• ayudarse
• llevarse bien
• tener en común

Modelo

Carlos y yo nos conocimos en . . . Vivíamos en el mismo barrio, pero cuando yo tenía 11 años, mi familia y yo tuvimos que irnos a . . . Ahora . . .

Actividad 10 Escribir

Un personaje

Cuenta un hecho o describe a un personaje de un libro o película que sea un buen ejemplo de alguna de estas cualidades.

a. cariñoso(a)   **b.** chismoso(a)   **c.** comprensivo(a)   **d.** honesto(a)

Incluye:
• sus cualidades
• cómo trata a las otras personas
• ejemplos de sus acciones

Modelo

Uno de los personajes se llama Luis. Es muy amable, generoso y divertido. Sus amigos tienen mucha confianza en él.

Gramática

El subjuntivo con verbos de emoción

As you already know, we use the subjunctive after verbs indicating suggestions, desire, or demands. The subjunctive is also used after verbs and impersonal phrases indicating emotion, such as *ojalá que, temo que, tengo miedo de que, me alegro de que, me molesta que, me sorprende que, siento que, es triste que,* and *es bueno que,* among others. A sentence in the subjunctive mode has two parts, the main clause and the subordinate clause. Both clauses are connected by the word *que.*

Tememos que nuestros amigos **desconfíen** de nuestras palabras.

When the sentence has only one subject, we usually use the infinitive instead of the subjunctive.

Siento no **pasar** (yo) más tiempo con mis amigas.
Siento que ellas no **pasen** más tiempo conmigo.

11 **Gramática** **Escuchar/Escribir/Hablar/GramActiva**

Una amiga muy cariñosa

Alina es una amiga muy cariñosa, aunque a veces se preocupa demasiado por todos. Escribe los números del 1 al 5 en una hoja de papel. Presta atención a lo que dice Alina y escribe las frases que escuchas.

1 Subraya con una línea los verbos en indicativo en cada frase. Subraya con dos líneas los verbos en infinitivo y encierra en un círculo los verbos en subjuntivo.

2 Explica por qué se usó el infinitivo, el indicativo o el subjuntivo.

12 **Gramática** **Leer/Escribir**

Una relación complicada

Soledad, una joven chilena, le escribió una carta a la consejera sentimental de una revista para jóvenes. Soledad se está llevando muy mal con su hermana y no sabe qué hacer. Completa la carta con el subjuntivo de los verbos del recuadro.

ser	desconfiar	sentirse
contarse	tener	llevar

Querida Consejera:
Te escribo porque mi hermana Tatiana y yo nos estamos llevando muy mal. Me preocupa que nuestra relación ya no **1.** como antes. Creo que es importante que dos hermanas **2.** sus problemas y sus secretos. Pero ahora temo que ella **3.** de mí. Tatiana tiene doce años. Yo tengo quince años. A ella le molesta que yo **4.** otros amigos de mi edad y no le gusta que yo no la **5.** con nosotros cada vez que salimos. Es una lástima que ella **6.** celosa de mis amigos. ¿Qué me aconsejas?

Actividad 13 · Gramática · Hablar

Díganlo de dos maneras

Trabaja con un(a) compañero(a) para hablar
de las relaciones con sus amigos. Tú dices
frases generales usando el infinitivo y tu
compañero(a) te contesta usando el
subjuntivo.

Estudiante A

1. bueno / tener mucho en común con los amigos
2. malo / tener celos de los amigos
3. importante / aceptar a los demás tal como son
4. triste / desconfiar de los amigos íntimos
5. difícil / tener buenas relaciones con los amigos

Modelo

importante / guardar secretos
me molesta / mi amigo(a) no . . .

A —*Es importante guardar secretos.*
B —*Sí, y me molesta que mi amigo(a) no
guarde mis secretos.*

Estudiante B

a. siento / mi amigo(a) y yo no . . .
b. me sorprende / mi amigo(a) . . .
c. me preocupa / tú no me . . .
d. siento / mi amigo(a) . . .
e. ojalá / todos nosotros . . .

Actividad 14 · Gramática · Escribir/Hablar

Apoya a tus amigos

❶ Con un(a) compañero(a) hagan una lista
de ocho problemas que generalmente ocurren
entre amigos o familiares.

Modelo

se pelean

❷ Habla con tu compañero(a) de los problemas
que incluyeron en la lista. Tu compañero(a) va
a responder a cada problema con una expresión
de emoción. Luego intercambien papeles.

Modelo

A —*Siempre me peleo con [nombre], él (ella) no
me entiende.*
B —*Siento mucho que él (ella) no te entienda.*

Actividad 15 Gramática Escribir/Hablar

¿Qué te parece?

1 Trabaja con un(a) compañero(a) para entrevistar a cuatro estudiantes con las siguientes preguntas. Copien la tabla y complétenla con las respuestas de sus compañeros(as).

- ¿Cómo te gusta que sea tu mejor amigo(a)?
- ¿Qué no te gusta que haga tu mejor amigo(a)?
- ¿Qué te preocupa que opinen tus amigos(as) de ti?
- ¿Qué puede destruir una amistad?
- ¿Cuál es tu mejor cualidad como amigo(a)?

2 Luego, preparen una presentación para hacer ante la clase. Basándose en los resultados de la encuesta, expliquen qué cualidades y acciones pueden ayudar a una amistad o destruirla.

	Marisa	Rafa	Luis	Ana
¿Cómo te gusta que sea . . . ?	generoso(a), comprensivo(a)			
¿Qué no te gusta . . . ?	que no me tenga confianza			
¿Qué te preocupa . . . ?				
¿Qué puede destruir . . . ?				
¿Cuál es tu mejor . . . ?				

Actividad 16   Leer/Hablar

Dar la mano

¿Sabes de dónde sale la costumbre de dar la mano para saludarse? Lee este artículo para enterarte.

Conexiones Las ciencias sociales

Nadie sabe realmente cuándo o por qué las personas comenzaron a darse la mano para saludarse. Algunos historiadores creen que todo comenzó hace 3800 años, en Babilonia. El primer día de cada año, el rey tenía que "darle la mano" a la estatua de un dios para recibir el poder *(power)*.

Otros piensan que la costumbre comenzó por otra razón. Dicen que cuando dos desconocidos se encontraban en un camino o en un lugar fuera de la ciudad, se daban la mano derecha para mostrar que no tenían armas. En esos tiempos, como las mujeres no usaban armas, sólo los hombres se daban la mano.

- ¿Cómo saludas a tus amigos? ¿Y a tus familiares? ¿Les das la mano? ¿Cuándo le das la mano a alguien y cuándo lo (la) abrazas?
- ¿Conoces otros gestos o palabras de saludo? ¿Sabes cuál es su origen? Explícalo a la clase.

● **Más práctica**
Practice Workbook 4-5

For: Practice with the subjunctive
Visit: www.phschool.com
Web Code: jed-0403

Gramática·Repaso

Los usos de *por* y *para*

Both *por* and *para* are prepositions. Their usages are quite different.

Use *por* to indicate:

- length of time or distance

  Estuvieron discutiendo **por** una hora.

- place where an action takes place

  Ayer caminamos **por** el parque.

- an exchange

  Cambiamos la silla vieja **por** una nueva.

- reason or motive

  Se pelearon **por** un programa de televisión.

- substitution or action on someone's behalf

  Los padres hacen mucho **por** sus hijos.

- means of communication / transportation

  Ayer hablé con Analía **por** teléfono.

Also use *por* in certain expressions:

por ejemplo	**por lo general**
por la mañana (tarde, noche)	**por primera (segunda, tercera) vez**
por favor	**por supuesto**
por eso	

Use *para* to indicate:

- purpose (in order to)

  Salí temprano **para** ver a mis amigos.

- destination

  En unos minutos nos vamos **para** la playa.

- a point in time, deadline

  Debemos terminar el trabajo **para** el lunes.

- use, purpose

  Las tijeras sirven **para** cortar.

- opinion

  Para mí, no hay nada mejor que viajar.

Actividad 17 Gramática **Leer/Escribir**

Cosas de amigas

Dos amigas están hablando. Completa las frases con *por* o *para*, según el contexto.

A —¡Claro que sí! __1.__ supuesto que quiero ir a la fiesta. Mañana __2.__ la tarde vamos a llamar a los chicos __3.__ ver si quieren ir con nosotras.

B —¿Qué te parece si hacemos la tarea de español antes? No quiero perderme la fiesta __4.__ tener que estudiar.

A —Sí, podemos pasar __5.__ la casa de Anita __6.__ preparar la tarea todas juntas.

Actividad 18 Gramática **Escribir/Hablar**

Por dónde y para qué

Escribe una descripción de un viaje que hiciste y léela a un(a) compañero(a). Usa *por* y *para*. Habla de:

- tiempo
- lugar
- razón o motivo
- destino
- medio de transporte
- uso

Modelo

Viajamos a Canadá por tren. Fuimos para . . .

Actividad 19 · Gramática Hablar/Escribir •••••••••••••

Por eso, para ellos . . .

Trabaja con un(a) compañero(a). Inventen una historia entre dos amigos(as) imaginarios(as) completando estas frases.

- Por lo general, ellos se divierten . . .
- La semana pasada se pelearon por . . .
- Estuvieron discutiendo por . . .
- Para [nombre] es importante . . .
- Por eso, (no) les gusta . . .
- Para llevarse bien necesitan . . .
- Por supuesto, no siempre . . .

Actividad 20 Hablar/Escribir •••••••••••••••••••••••••••••••••••

¿Tienes buenos amigos?

1 Trabaja con un(a) compañero(a). Completa las frases para decir lo que piensas de tus amigos(as), mientras tu compañero(a) las escribe. Luego, tu compañero(a) completa las frases y tú las escribes.

1. Me alegro de que . . .
2. Es una lástima que . . .
3. Me preocupa que . . .
4. Me parece importante que . . .
5. Me gusta que . . .

6. Es bueno que . . .
7. Quiero que . . .
8. Temo que . . .
9. ¡Ojalá que mis amigos(as) siempre . . . !
10. Es verdad que . . .

2 Completen el diagrama de Venn con lo que piensan.

yo   los(as) dos   mi compañero(a)

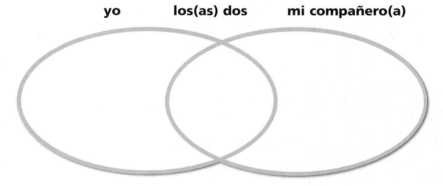

3 Escriban un breve *(short)* informe con la información de su diagrama de Venn.

Modelo

Mi compañera Marisa y yo hablamos sobre la amistad. Las dos nos alegramos de tener muchos amigos.

Actividad 21 — Leer/Escribir/Hablar

¡No me vas a creer . . . !

Muchas veces, cuando hay un problema entre amigos(as), cada persona cree que tiene la razón. Por eso, es mejor escuchar lo que tiene que decir la otra persona.

1 Lee los relatos que hacen Luis y Manuel del mismo problema y contesta las preguntas.

1. ¿Por qué crees que Luis está tan enojado?

2. ¿Te parece sincero el relato que hace Manuel?

3. ¿Qué crees que debió hacer cada uno de los cuatro personajes para evitar este problema?

4. ¿Qué deben hacer ahora para resolver el problema que tienen?

Según Manuel:

Según Luis:

Manuel era mi amigo más íntimo hasta ayer, pero me di cuenta de que es un entrometido. Ya no puedo confiar en él. Mi prima Laura me dijo que Manuel fue a pasear ayer con Clara, mi novia, y que los vio abrazándose. Lo llamé y le dije que estaba sorprendido de saber que salió con mi novia y que temo que nuestra amistad se rompa.

Me sorprende que Luis esté celoso de mí. Él sabe que somos amigos desde primer grado, que nos contamos nuestros secretos y nos apoyamos en todo. ¿Cómo puede sentir celos de mí? Clara me llamó porque quería pedirme un consejo sobre un problema que tenía. Ella es muy cariñosa y al saludarnos nos abrazamos, como siempre lo hacemos. Me preocupa que este problema pueda terminar con nuestra amistad.

2 Escribe una frase sobre cada uno de los cuatro personajes que participan en la historia, usando las palabras del recuadro.

cariñoso(a)	celoso(a)	entrometido(a)
comprensivo(a)	honesto(a)	sincero(a)

3 Imagina que eres Clara. Relata lo que sucedió desde su punto de vista.

Modelo

No me gusta que Luis esté enojado. Yo llamé a Manuel para hablar sobre un problema que tuve . . .

● **Más práctica**
Practice Workbook 4-6, 4-7

For: Practice with *por* and *para*
Visit: www.phschool.com
Web Code: jed-0404

A primera vista 2

Vocabulario y gramática en contexto

Objectives

Read, listen to, and understand information about
- conflicts and how to resolve them
- friends and family relationships

¿Qué pasa cuando se rompe la **armonía** de una amistad por causa de **un malentendido**? Lee este cuento para ver cómo **resolvieron** sus problemas estos jóvenes.

> **Estrategia**
>
> **Using illustrations to predict the outcome**
> Before reading a text, look at the illustrations. What do you think is going to happen? What details in the illustrations support your prediction? After reading, compare your prediction with what happened at the end of the story.

1 Julio y Andrés eran amigos íntimos. Tenían mucho en común, por ejemplo, a los dos les gustaba mucho el fútbol. Un día se enteraron de que la entrenadora buscaba un nuevo capitán del equipo. Los dos amigos querían ser capitán.

> Ojalá que sea yo, pero si escoge a Andrés, lo voy a apoyar en todo.

> Espero que me escoja a mí.

2 Al día siguiente, Andrés se encontró con la entrenadora y ella le preguntó si quería ser capitán o si podía recomendar a alguien. Andrés le dijo que sí, pero cuando quiso recomendar también a su amigo, la entrenadora no le **hizo caso** y lo escogió a él como capitán, sin darle **una explicación**.

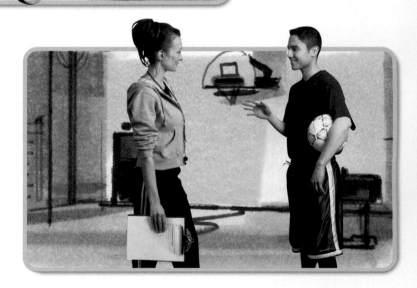

3 Cuando Julio se enteró de que Andrés era el capitán del equipo, se fue a hablar con la entrenadora.

Julio: Sra. Torres, ¿por qué escogió a Andrés?

Sra Torres: Porque me dijo que él quería ser capitán y nadie más quería serlo.

Julio: ¡Qué va! ¿Cómo **se atrevió** él a decir eso? **Está equivocada,** yo también quería ser capitán del equipo.

Sra. Torres: Entonces **pónganse de acuerdo** entre ustedes.

4 Más tarde, Julio llamó a Andrés por teléfono.

Julio: Andrés, eres un egoísta, solo **piensas en ti mismo.** ¿Por qué no le dijiste a la Sra. Torres que yo también quería ser capitán?

Andrés: No me **acuses,** yo no **tengo la culpa** de que no te escogió . . .

Julio: ¡No me hables más!

5 Unos días después, Andrés tuvo la oportunidad de darle a Julio una explicación de lo que realmente ocurrió.

Andrés: Julio, entiendo por qué estás enojado, pero yo no tengo la culpa. Cuando fui a sugerirle tu nombre, la Sra. Torres me dijo que yo era el capitán.

Julio: Tienes razón, **reconozco** que fue un malentendido. Te **pido perdón.**

Andrés: Te **perdono. Hagamos las paces,** entonces.

Julio: De acuerdo.

Actividad 22

Escuchar •••

Amigos en conflicto

Escribe los números del 1 al 6 en una hoja. Vas a escuchar frases sobre el problema entre Andrés y Julio. Escribe *C* (cierto) o *F* (falso) para cada frase.

Hagamos las paces

Muchos conflictos ocurren cuando hay diferencias de opinión entre miembros de una familia.

Todas las familias tienen problemas. Pero es importante reconocer que nuestro comportamiento puede ayudar a mantener la armonía en la familia. Todos los miembros deben pensar en los demás y colaborar para tener una buena relación.

Se hizo una encuesta entre jóvenes mexicanos sobre sus relaciones con sus padres. Estas tablas muestran la información recogida en la encuesta.

¿Cómo **te atreves** a llegar a esta hora?

¡Yo no fui!

Cuando hago algo que no les gusta a mis padres . . .	
Mis padres	Porcentaje
no dicen ni hacen nada	9.8 %
hablan conmigo	67.7 %
no me dejan salir	4.6 %
me critican	9.3 %
otra	8.6 %
Total	100.0 %

Cuando tengo algún problema con mis padres . . .			
frecuencia	lo hablo con papá	lo hablo con mamá	lo hablo con los dos
siempre	20.0 %	45.9 %	16.1 %
a veces	45.3 %	40.0 %	39.7 %
nunca	32.5 %	12.7 %	36.0 %
no quiero contestar	2.2 %	1.4 %	8.2 %

Actividad 23

Escribir/Hablar . . . .

La armonía en la familia

1. Según el artículo, ¿por qué a veces hay problemas en una familia? ¿Estás de acuerdo con esta opinión?

2. ¿Cuáles son algunas de las cosas que el artículo recomienda hacer para tener más armonía en una familia?

3. ¿Crees que por lo general las familias de esta encuesta se comunican bien o mal? ¿Por qué?

4. ¿Cómo podemos evitar conflictos?

5. Si tenemos diferencias de opinión o peleas con nuestra familia, ¿qué debemos hacer?

Conflictos: causas y soluciones

Las preguntas de estas tablas nos pueden ayudar a saber qué hacer para mejorar nuestras relaciones con las personas que más nos quieren.[1]

---

1 The verb *querer* in this context means "to love" or "to like."

¿Te molesta cuando tus amigos . . .

	nunca	a veces	siempre
te **ignoran**?	❑	❑	❑
cuentan tus secretos a otros?	❑	❑	❑
no te **hacen caso**?	❑	❑	❑
tienen celos?	❑	❑	❑
no se alegran de tus éxitos?	❑	❑	❑
sólo piensan en sí mismos?	❑	❑	❑

¿Cómo **reaccionas** cuando tienes una **pelea** con un(a) amigo(a)?

	Sí	No
Gritas.	❑	❑
Dejas de hablarle.	❑	❑
Tratas de reconciliarte.	❑	❑
Lo(la) criticas.	❑	❑
Ignoras el problema.	❑	❑
Le **pides perdón**.	❑	❑

¿Cómo **te reconcilias** con tus padres?

	Sí	No
Hablamos del problema para resolverlo juntos.	❑	❑
Nos ponemos de acuerdo.	❑	❑
Hacemos las paces.	❑	❑
Reconocemos que estábamos equivocados.	❑	❑
Guardamos silencio hasta que pase el momento.	❑	❑

Nota
La palabra *ignorar* tiene más de un significado. Quiere decir "no prestar atención" o "no hacer caso" y, en un contexto diferente, puede significar "no saber algo".

Hablar · · · · · · · · · · · · · · · · · · ·

Actividad 24

Amistad y conflicto

Trabaja con un grupo para comparar sus respuestas a las preguntas siguientes.

1. ¿Qué nos molesta?
2. ¿Por qué nos enojamos con nuestros padres?
3. ¿Qué no nos gusta que hagan nuestros amigos?
4. ¿Qué hacemos para resolver conflictos?

● **Más práctica** · · · · · · · · · · · · · · · · · ·
Practice Workbook 4-8, 4-9

For: Vocabulary practice
Visit: www.phschool.com
Web Code: jed-0406

Manos a la obra 2

Vocabulario y gramática en uso

Objectives
- Talk about conflicts and how to resolve them
- Use the *nosotros* command
- Use possessive pronouns

Actividad 25 · · · Leer/Escribir ·

Los opuestos

Completa las frases con la mejor selección de palabras opuestas *(opposite)*.

1. Es mejor vivir en _____ con nuestra familia y evitar los _____ .

   a. *pelea / comportamiento*   **b.** *armonía / conflictos*   **c.** *diferencia de opinión / paces*

2. El día que _____ estaban muy enojados, pero después _____ .

   a. *hicieron caso / ignoraron*   **b.** *perdonaron / acusaron*   **c.** *se pelearon / se reconciliaron*

3. Tú _____ , no sabes lo que dices. Alicia no quería _____ , sólo ayudarte.

   a. *haces las paces / se pelea*   **b.** *estás equivocado / criticarte*   **c.** *prestas atención / ignora*

4. Yo siempre _____ a lo que dice mi hermano y hago lo que nos pide, pero Pedro muchas veces lo _____ .

   a. *hago caso / ignora*   **b.** *me reconcilio / se pelea*   **c.** *pido perdón / acusa*

5. Amalia siempre _____ y ayuda a todo el mundo, pero su hermano es un egoísta que sólo _____ .

   a. *acusa / se reconcilia*   **b.** *critica / colabora*   **c.** *piensa en los demás / piensa en sí mismo*

Fondo cultural

La **telenovela** es la versión latinoamericana de la *soap opera* y generalmente la ponen entre las 8 y las 11 de la noche. El argumento es siempre una historia de amor, con personajes muy buenos o muy malos que se pelean en cada programa sin resolver sus problemas. La telenovela dura menos de un año y tiene un final emocionante, donde se resuelven los conflictos, los buenos triunfan y la muchacha y el muchacho se casan.

- ¿Qué programas similares conoces? ¿A qué horas los ponen?

- Describe un episodio de una telenovela que conoces. ¿Cuál era el conflicto? ¿Hubo un malentendido o una pelea? ¿Cómo reaccionaron los personajes? ¿Se reconciliaron al final?

Francisco y Gabriela en la telenovela mexicana "Clase 406".

Actividad 26   **Leer/Escribir** ·····································

Más consejos, ¡por favor!

❶ Un chico que participó en un salón de chat escribió este mensaje. Completa el mensaje con las palabras del recuadro.

hace caso	piensa en sí mismo	¡Qué va!	colabora	peleas

Estoy colaborando con un grupo de estudiantes para hacer un informe, pero uno de mis compañeros es muy egoísta. Cuando nos debemos reunir, dice que no puede porque tiene un partido de fútbol o clases de tenis. ¡No __1.__ en nada! ¡Este chico sólo __2.__ ! Ya tuvimos varias __3.__ porque temo que recibamos una mala nota, pero no __4.__ y siempre que le pedimos algo él responde: " __5.__ "

❷ Con otro(a) estudiante, da un buen consejo a la persona que escribió el mensaje.

Actividad 27 **Leer/Escribir/Pensar** ·····························

Lomas Garza: La gran familia chicana

La obra de Carmen Lomas Garza es como un retrato de familia de la comunidad chicana, es decir, mexicano-americana, de los Estados Unidos.

Conexiones **El arte** ────────

Carmen Lomas Garza (1948 –) es una artista chicana de Texas. Lomas Garza se inspiró en el Movimiento Chicano de los años sesenta, y desde entonces trata de representar en su obra la cultura de los chicanos. En sus cuadros, Lomas Garza ilustra las costumbres, las fiestas y la vida interesante y complicada de las personas que viven entre

Cascarones, (1989), Carmen Lomas Garza

Gouache painting. 15 x 20 inches. © 1989 Carmen Lomas Garza. Photo by: Wolfgang Dietze. Collection of Gilbert Cardenas, Notra Dame, IN.

dos culturas, la mexicana y la estadounidense. Observa su cuadro *Cascarones* (*Eggshells*), de 1989, y responde a las preguntas.

- ¿Te parece que hay armonía o conflicto en esta familia?

- ¿Por qué crees que hay una figura más grande que las otras en el cuadro? ¿Qué quiso expresar la pintora con ese detalle?

- Imagínate algo que pasa entre los miembros de esta familia. Usa las siguientes palabras para contar lo que sucede:

colaborar	hacer caso	malentendido	explicación	comportamiento

Actividad 28 Hablar

¿Cómo reaccionas cuando . . . ?

Con un(a) compañero(a), habla sobre tu comportamiento
en las situaciones siguientes.

Modelo

tu amigo te ignora
A —¿Cómo reaccionas cuando tu amigo te ignora?
B —Generalmente le pido una explicación.

Estudiante A

1. tu amigo dice que estás equivocado(a)
2. tu hermano(a) te acusa de algo
3. tus padres te critican
4. tus padres te preguntan "¿por qué?"
5. alguien no te hace caso
6. alguien no quiere hacer las paces

Estudiante B

alegrarse
enojarse
dar / pedir una explicación
llorar
ponerse (feliz, furioso, contento)
reconocer el error / pedir perdón
decir "¡Qué va!" / "Yo no fui"
¡Respuesta personal!

Actividad 29 Escribir/Hablar

Juego

Trabaja con un grupo y pide a cada persona que
escriba una de las siguientes frases en un
pedazo de papel. Luego, pónganlos todos en una
caja o bolsa y tomen turnos para sacarlos. Actúa
durante 20 segundos la frase que sacaste. ¡Sé
dramático(a)!

1. Explícale a tu padre por qué llegaste tarde
   anoche.
2. Tuviste una pelea y te das cuenta de que
   estabas equivocado(a). ¿Qué haces?
3. Crees que tu maestro(a) está equivocado(a).
   ¿Qué dices / haces? Sé muy cortés.
4. Tú y tu amigo(a) se pelearon. Hay que
   reconciliarse. ¿Qué dices para reconciliarte?
5. Tu hermano(a) te acusa de algo que tú no
   hiciste. ¿Cómo reaccionas? ¿Qué dices?
6. Tu hermano(a) menor se portó mal en la
   tienda. ¿Qué le dices?

Actividad 30 Hablar

Diferencias de opinión

Trabaja con otro(a) estudiante y explícale por
qué a veces peleas con estas personas. Usa las
palabras del recuadro. Después, intercambien
papeles.

criticar	acusar de	ignorar	atreverse
reconocer	tener la culpa	hacer	

Modelo

hermano mayor
*Peleo con mi hermano mayor cuando no me deja
escuchar sus discos compactos.*

1. papá
2. mamá
3. hermano(a)
4. hermano(a) menor
5. mejor amigo(a)
6. primo(a)
7. compañero(a) de
   clase

Leer/Escribir ....

Encuesta: ¿Para qué necesitas permiso?

Lee en la tabla la información recogida en una encuesta que se hizo entre jóvenes mexicanos con respecto a sus padres. Después, contesta las preguntas.

Actividades	Prohibido	Necesito permiso	Yo decido		No aplica	No contestó	Total
			Chicos	Chicas			
Tener novio(a)	9.3%	33.0%	35.2%	16.5%	5.2%	0.8%	**100%**
Salir con amigos	5.5%	65.1%	19.9%	7.4%	1.8%	0.3%	**100%**
Vestir como tú quieres	2.9%	10.5%	43.3%	42.0%	0.9%	0.4%	**100%**
Llegar tarde a casa	15.2%	60.1%	16.7%	5.0%	2.6%	0.4%	**100%**
Ponerte aretes	45.5%	8.0%	9.7%	6.1%	30.2%	0.5%	**100%**

1. ¿Qué actividad se prohíbe más? ¿Cuál se prohíbe menos?

2. ¿Qué información de la tabla te sorprende? ¿Por qué?

3. Mira la columna con el título "Yo decido". ¿Qué te dice esa información?

4. Un(a) chico(a) tiene prohibido llegar tarde a casa pero nunca hace caso. ¿Cómo crees que van a reaccionar los padres?

5. ¿Qué puede hacer después ese(a) chico(a) para resolver el conflicto con sus padres?

6. Si ese(a) mismo(a) chico(a) llegó tarde a casa porque no pasó el autobús, ¿crees que los padres deben enojarse? ¿Por qué?

Pensar/Escribir/Hablar ....

Los conflictos

1. Escribe una lista de, por lo menos, tres conflictos o malentendidos que suceden a veces en una familia. Por ejemplo: alguien no arregló su cuarto o alguien llegó muy tarde a casa.

2. ¿Quiénes son las personas que participan en cada conflicto?

3. ¿Qué pueden hacer para mejorar la situación?

4. Con otro(a) estudiante, representen el conflicto ante la clase.

5. Basado(a) en los consejos del cartel, sugiere una solución para uno de los conflictos.

PARA RESOLVER UN CONFLICTO

◄ 1. hablen para resolver el problema

2. sugieran soluciones posibles

3. sean sinceros

4. expliquen lo que pasó ►

Mandatos con *nosotros*

There are two ways to suggest that others do some activity with you (*Let's . . .*).

You can use the construction *Vamos a +* infinitive.

> **Vamos a hacer** las paces.
> *Let's* make up.

You can also use a command with a *nosotros* form. The *nosotros* command form is the same as the *nosotros* form of the present subjunctive.

> **Resolvamos** el conflicto.
> No **reaccionemos** tan rápido.

Remember that stem-changing verbs whose infinitive ends in *-ir* have a stem change of *e → i*, or *o → u* in the *nosotros* form.

> **Pidamos** perdón por el malentendido.
> No **durmamos** al aire libre.

Verbs whose infinitive ends in *-car*, *-gar*, or *-zar* have a spelling change in the *nosotros* form of the present subjunctive, and consequently of the *nosotros* command.

> No **critiquemos** a nuestros padres.
> **Empecemos** a pensar un poco en ellos.

Direct and indirect object pronouns are attached at the end of affirmative *nosotros* commands, but precede the negative *nosotros* command form.

> **Celebremos** la amistad. **Celebrémosla**.
> **Digámosle** todo. **No le mintamos**.

When attaching reflexive or reciprocal pronouns at the end of a *nosotros* command, drop the final *-s* of the command before the pronoun.

> **¡Alegrémonos** con sus éxitos!
> **Atrevámonos** a darles nuestras opiniones.

 Actividad 33 Gramática Leer/Escribir ···········

Encontremos la solución

Miriam y Leonor se pelearon con Tamara, su hermana mayor. Completa las frases con el mandato con *nosotros* del verbo apropiado para saber qué sugieren para reconciliarse con Tamara.

1. _____ (*acusar* / *hablar*) con papá y _____ (*ver* / *ignorar*) cómo reacciona.

2. _____ (*pedirle* / *criticar*) perdón y _____ (*perder* / *prometer*) no mentir nunca más.

3. _____ (*mejorar* / *ignorar*) todo y _____ (*decirle* / *perdonarla*).

4. _____ (*darle* / *reaccionar*) una explicación y _____ (*terminar* / *reaccionar*) la pelea.

5. _____ (*atreverse* / *colaborar*) a decirle que nosotras tuvimos la culpa.

6. ¡_____ (*pelear* / *ponerse de acuerdo*) pronto!

 Actividad 34 Gramática Escribir ···········

Un plan para el sábado

Imagina que el sábado quieres ir al cine con tu hermano. Haz un plan de diez pasos para sugerirle lo que quieres que hagan juntos. Puedes usar las palabras del recuadro.

comprar refrescos	vestirse	escoger
llegar a casa	colaborar	salir
comprar entradas	bañarse	comer
ponerse de acuerdo	disfrutar	llegar al cine

Modelo

escoger
Primero, <u>escojamos</u> qué película vamos a ver.

Gramática **Hablar** ·

¿Y ahora qué hacemos?

Raúl y Rosalía nunca se ponen de acuerdo. Con otro(a) estudiante, hagan los papeles de Raúl y Rosalía. Uno(a) sugiere lo que aparece en el dibujo y el (la) otro(a) sugiere hacer otra cosa.

·1.

2.

3.

En voz alta

En 1996, la compañía discográfica EMI Latin unió en un solo disco compacto las voces de los más famosos cantantes populares de España y Latinoamérica. El objetivo del disco, *Voces unidas*, era celebrar la estrecha relación que existe entre los pueblos hispanohablantes, pues estos pueblos son como una gran familia. Escucha este fragmento de la canción "Será entre tú y yo", de la cantante mexicana Paulina Rubio. Luego trata de repetirla en voz alta.

Paulina Rubio

Será entre tú y yo
de Paulina Rubio

**Mostremos
respeto a la adversidad
a la competencia, fidelidad[1],
fuerza espiritual unida al cuerpo,
lleguemos unidos a la final.
Juntemos los sueños que hay de ganar
y así llegarán los himnos[2] al cielo.
Quieres llegar, tu fuerza seré yo.
Quieres volar[3] al infinito,
juntos será.**

---

1 loyalty **2** hymns **3** to fly

¿Recuerdas?

En español la letra *j* se pronuncia como la letra *h* en la palabra *hat* pero con un sonido más fuerte. Escucha y repite estas palabras: *juntos, juntemos.*

En español la letra *h* casi nunca suena: *hacer, himnos.*

● **Más práctica** · · · · · · · · · · · · · ·
Practice Workbook 4-10

Go Online
PHSchool.com

For: Practice with *nosotros* commands
Visit: www.phschool.com
Web Code: jed-0407

Gramática

Pronombres posesivos

To form the possessive pronouns, use the long form of possessive adjectives preceded by the definite article. Both the article and the possessive must agree in number and gender with the noun they replace.

Mis padres son muy serios. ¿Y **los tuyos**?
Los míos son bastante divertidos.

Tu familia es muy pequeña. **La mía** es bastante grande.

We often omit the article between the verb *ser* and the possessive pronoun.

Esas maletas **son nuestras.**
Mi hermano siempre dice que toda la culpa **es mía.**

Actividad 36 **Gramática** **Leer/Escribir**

¿Cuándo vamos al cine?

Débora se enojó con Pablo porque él no pudo ir al cine con ella y le escribió una carta diciéndoselo. Entonces, Pablo le escribió una carta para reconciliarse. Completa la carta de Pablo con las formas correctas de los pronombres posesivos del recuadro. Algunas se pueden usar más de una vez.

tuyo	mío	suyo

Querida Débora:

Leí tu carta. Entiendo tus razones pero yo tengo las __1.__ para no ir al cine.

Tus padres te dejan ir al cine siempre, pero los __2.__ nunca me dejan.

Ayer tu mamá llamó a la __3.__ para pedirle que me dejara ir a tu casa,

pero mi mamá dijo que su coche no funciona. Tu mamá dijo que podía llevarme

en el __4.__, pero mi mamá no quiso. Yo quiero mucho a mis padres, pero me

gustaría que fueran como los __5.__ . Espero que me perdones. Creo que el

sábado que viene sí me van a dejar ir contigo. ¡Nos vamos a divertir!

Pablo

Actividad 37 Gramática Hablar ·

Los míos, los tuyos, los nuestros

Con otro(a) estudiante, hablen sobre los siguientes aspectos de su vida.

- mi ropa
- mi perro
- mi computadora

- nuestro coche
- mis comidas favoritas
- mis abuelos

- mi hermano(a)
- mi familia
- nuestros(as) amigos(as)

Modelo

mis padres

A —*Mis padres son serios, pero comprensivos. ¿Cómo son los tuyos?*

B —*Los míos son muy generosos, y siempre piensan en los demás.*

Actividad 38 Gramática Escribir/Hablar ·

Retrato de familia

1 Piensa en una familia de una película, un libro o un programa de televisión que conoces. Imagina que eres un miembro de esa familia. Contesta las siguientes preguntas acerca de tu familia imaginaria.

1. ¿Cómo es tu familia? (cuántos son, quiénes son, cómo es cada uno)

2. ¿Quién piensa siempre en los demás y quién piensa más en sí mismo?

3. ¿Quién se pelea con los demás? ¿Quién trata de mantener la armonía?

4. ¿Cómo resuelven los conflictos?

5. ¿Qué te gusta más de tu familia?

2 Basado(a) en las respuestas a las preguntas anteriores, escribe una descripción de tu familia imaginaria.

3 Con otro(a) estudiante, hablen de las descripciones que escribieron y comparen sus familias imaginarias.

El español en la comunidad

Niños bilingües

En muchas familias latinoamericanas de Estados Unidos los niños aprenden el nuevo idioma más rápido que los adultos, y se convierten en los traductores de la familia.

A veces, esto ayuda a la armonía de la familia, pues todos colaboran para adaptarse a la nueva cultura. Pero otras veces hay conflictos, porque los padres sienten que pierden control sobre los hijos y los hijos piensan que sus padres no los entienden.

Ahora que tú sabes hablar español, puedes ser útil para tu comunidad traduciendo para los nuevos estudiantes hispanohablantes.

● **Más práctica** ·
Practice Workbook 4-11, 4-12

Go Online
PHSchool.com

For: Practice with possessive pronouns
Visit: www.phschool.com
Web Code: jed-0409

¡Adelante!

Puente a la cultura
El amor en las artes

Estrategia

Compare and contrast
To compare, look for ways that people, events, things, or ideas are the same. To contrast, think about ways they are different. Think about their use, color, size, and shape, or other characteristics.

Madre y niño, (1926), Diego Rivera*

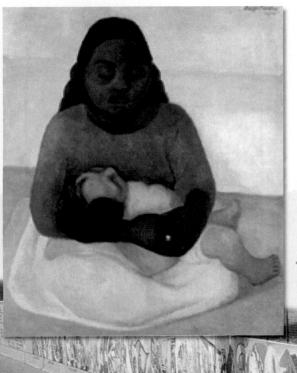

A través de su arte y literatura, los países de América Latina y España han expresado siempre la importancia que tiene el amor. Esta característica de la cultura del mundo hispanohablante se mantuvo a través de los siglos y sigue viva hoy.

El amor en la pintura

Quizá el sentimiento de amor más importante en la cultura latinoamericana y española es el amor a la madre. Además de poemas y estatuas, el amor a la madre ha inspirado a muchos pintores. Uno de ellos es Diego Rivera (1886–1957). Este famoso pintor y muralista disfrutaba pintando mujeres con niños, especialmente mujeres indígenas a quienes presentaba con hermosos niños, y vestidas de brillantes colores.

La pintura en murales ha sido otra forma de expresión artística del amor, el amor a la comunidad. Judith Francisca Baca es una artista de California que ha fundado programas de creación de murales. Con su arte ha ayudado a embellecer la comunidad, a hacer conocer otras culturas y a alentar[1] a miles de jóvenes a interesarse en las artes. En la creación de uno de sus murales, *The Great Wall*, participaron más de 400 jóvenes de 14 a 21 años de edad.

---

1 to encourage

The Great Wall of Los Angeles, (1976–1984), Judith Baca

El amor en la música

La música es otra de las artes que se han usado para expresar el amor. Se escucha siempre en los grandes festivales y eventos patrióticos, en las elegantes bodas, en paseos y en funerales.

Agustín Lara (1896–1970), uno de los grandes compositores mexicanos, compuso la letra y la melodía de más de 600 canciones y sus éxitos suman cientos. La fuente de inspiración de la mayoría de sus canciones fue el amor a la mujer, ya que su vida estuvo llena de romances. Pero Agustín también fue un enamorado de España y dedicó canciones a las ciudades de Sevilla, Toledo, Navarra, Murcia, Valencia y Madrid. Su canción *Granada* ha dado la vuelta al mundo en las voces de los más famosos artistas.

El amor en la poesía

De todas las formas de expresar el amor en la literatura, quizás la más apropiada es la poesía. Un ejemplo es la obra de la gran poeta uruguaya Juana de Ibarbouru (1892–1979). Cuando Juana tenía 22 años publicó *Lenguas de diamante*, su primer libro de poesía, con el que obtuvo un éxito instantáneo. Su poesía se caracteriza por un ritmo armonioso, un amor ingenuo y transparente, sin tonos dramáticos o angustiosos[1]. Sus temas incluyen el amor, la maternidad, la belleza física y la naturaleza.

Amor

Juana de Ibarbouru

El amor es fragante como un ramo de rosas.
Amando se poseen todas las primaveras.
Eros[2] trae en su aljaba[3] las flores olorosas
De todas las umbrías[4] y todas las praderas.

---

1 anguished **2** god of love **3** quiver **4** shady places

¿Comprendiste?

1. Según el artículo, ¿en qué manifestaciones del arte de los países hispanohablantes se nota la importancia del amor? Da algunos ejemplos.

2. En el artículo se dice que el amor a la madre es el sentimiento más importante en la cultura hispanohablante. ¿Qué lugar crees que tiene en tu cultura? ¿Por qué?

3. Da ejemplos de otros sentimientos de amor que pueden expresarse en las artes.

4. Piensa en una expresión de amor de una canción, un poema o una pintura que conozcas. Escribe una composición para comparar tu ejemplo con el del artículo y di en qué se parecen y en qué se diferencian.

For: Internet Link Activity
Visit: www.phschool.com
Web Code: jed-0410

Conflictos con y sin solución

1 🎧 Vas a escuchar lo que ocurrió entre Laura y Enrique. Después de cada descripción, vas a oír dos preguntas. Escoge la respuesta correcta para cada pregunta.

1. a. fueron a ver una película en el cine   b. fueron a dar un paseo por el barrio

2. a. tres meses   b. nueve meses

3. a. de que la cena no estaba hecha   b. de que no tenía su bolsa

4. a. Regresó al parque para ver si encontraba la bolsa.   b. Fue a la casa de Enrique para ver si él tenía la bolsa.

5. a. a Enrique con otra chica   b. a una chica con su bolsa

6. a. que lo perdonaba   b. "¡Adiós!"

2 Las ilustraciones siguientes representan un cuento. Con tus propias palabras, describe detalladamente lo que sucedió.

Puedes usar las siguientes palabras o expresiones para conectar tus ideas.

| primero | más tarde | entonces | de repente | después | al final |

1

2

3

4

5

6

3 Comenta con tus compañeros(as) qué les pareció el cuento. Hablen sobre lo que les gustó más y cómo los detalles de las ilustraciones los ayudaron a saber qué sucede en el cuento. Expliquen sus respuestas.

Una sesión del concejo estudiantil

Tarea

Los concejos estudiantiles *(student councils)* son grupos de estudiantes que ayudan a resolver problemas en la escuela. Trabaja con un grupo para representar ante la clase una sesión del concejo estudiantil.

Estrategia

Getting into your character

In some cases, your oral presentation will require you to act something out. Keep in mind the character you are representing and try to act, look, and speak in the same way your character would.

For this oral presentation, remember that your character is not in front of your class, but solving a school problem at a student council meeting.

1 Prepárate Al reunirse el concejo, algunos miembros deben presentar un problema y otros deben hacer sugerencias sobre cómo resolverlo. Piensen en problemas que haya en la escuela y en soluciones posibles. Anoten sus ideas en una tabla como ésta.

Problemas	Soluciones posibles
•	•
•	•

2 Práctica Uno(a) de ustedes explica un conflicto o problema y otro(a) sugiere una o más soluciones. Lean lo que escribieron en la tabla y asignen turnos para que todos presenten por lo menos un problema o sugieran una solución. Recuerda que deben:

- explicar claramente los conflictos
- explicar las soluciones posibles

Modelo

Miembro del concejo 1: *El problema que quiero presentar es el siguiente: Los estudiantes de los grados 10 y 11 siempre discuten en el gimnasio. Todos quieren jugar al básquetbol a la vez.*
Miembro del concejo 2: *Hablemos con el director para que tengamos recreos más largos y a horas diferentes.*
Miembro del concejo 3: *Pongámonos de acuerdo con ellos y tomemos turnos para usar el gimnasio.*

3 Haz tu presentación Hagan la representación ante la clase. El estudiante que presenta el problema ante el concejo puede ponerse de pie.

4 Evaluación Tu profesor(a) puede explicarte cómo va a evaluar tu presentación. Cada estudiante debe presentar por lo menos un conflicto o una solución. Para tu profesor(a) es importante ver que:

- describieron claramente los conflictos y sugirieron soluciones
- el público entendió la presentación

Presentación escrita

Una relación

Estrategia

Describing relationships
Good writers help readers deduce the relationships between characters from their actions, words, and thoughts. As you plan to write, think about what caused the conflicts or friendships between the people you will write about. How did the character's actions, thoughts, or words cause a reaction from other characters? Why?

Piensa en algún cuento que viste en un programa de televisión o una película de cine, o que leíste en un libro, sobre la amistad entre dos personas. Escribe una composición sobre los personajes del cuento. Describe cómo son, qué cosas tienen en común, en qué son diferentes y cómo es su relación.

1 Antes de escribir

Para ayudarte a recordar a los personajes de tu composición, puedes hacerte las siguientes preguntas.

• ¿Quiénes eran los personajes? ¿Qué cualidades tenían?

• ¿Qué cosas tenían en común? ¿En qué se diferenciaban?

• ¿Existía armonía entre ellos? ¿Qué problema tuvieron? ¿Cómo lo resolvieron?

Completa la tabla de abajo para prepararte para escribir tu composición. En la primera columna, apunta los nombres de los personajes. En la segunda columna haz una lista de sus cualidades. En la tercera columna, apunta las acciones de los personajes que contribuyen (*contribute*) a la armonía o al conflicto. En la cuarta columna, describe por qué los personajes hacen lo que hacen y, finalmente, en la quinta columna saca conclusiones sobre cómo las acciones y las cualidades de los personajes influyen en la relación que tienen.

Personajes	Cualidades	Acciones	¿Por qué?	Cómo influyen en la relación
Sandra	generosa, alegre, habla mucho, hace bromas	dijo que había copiado un examen	hacía muchos chistes	
Paola	callada, honesta	le dijo a Sandra que hablara con la profesora	sabía que era un malentendido	

2 Borrador

Escribe tu borrador. Para empezar, describe a los personajes. Luego cuenta qué problema tuvieron y cómo lo resolvieron. Recuerda describir claramente a los personajes y sus acciones para que el lector entienda cómo es la relación. Por último, saca conclusiones sobre la relación.

Presenting the main characters: The writer describes the characters using specific words.

Sandra y Paola son amigas. Sandra es generosa y alegre. Siempre habla con todos. Paola es callada y honesta. Le preocupa que Sandra tenga problemas por hacer muchos chistes. Alguien le contó a la profesora de español que Sandra se atrevió a copiar en la prueba. Paola estaba segura de que era un chiste. Luego . . .

Main Conflict: The writer describes the characters' actions.

Conflict resolution: The writer explains the consequences of the characters' actions.

Sandra fue a hablar con la profesora para resolver el malentendido y le dio las gracias a su amiga.

Creo que estas chicas tienen una buena amistad. Lo que hizo Paola muestra que piensa en los demás, y que Sandra le hizo caso muestra que tiene confianza en su amiga.

Conclusion: The writer draws conclusions about the relationship.

3 Redacción/Revisión

Después de escribir el primer borrador de tu composición, intercambia tu trabajo con el de un(a) compañero(a) y hagan sugerencias para mejorar las composiciones. Revisen si:

- usaron palabras específicas para describir a los personajes
- hay concordancia (*agreement*) entre sustantivos, adjetivos, verbos y pronombres

Haz lo siguiente: Subraya con una línea los sustantivos, con dos líneas los adjetivos y encierra en un círculo los verbos. Asegúrate de que en cada oración haya concordancia.

Sandra es generosa y alegre. Siempre habla
callada
con todos. Paola es callado y honesta. Le
preocupa
preocupan que Sandra tenga problemas por
hacer muchos chistes. Alguien le contó a la
profesora de español que Sandra se atrevió a
copiar en la prueba.

4 Publicación

Antes de hacer la versión final, lee tu borrador y repasa los siguientes puntos:

- ¿Describí claramente a los personajes?
- ¿Expliqué el conflicto y las acciones de los personajes?
- ¿Corresponde la conclusión a la descripción de los personajes?

Después de revisar el borrador, escribe una copia en limpio y ponle un título.

5 Evaluación

Tu profesor(a) puede explicarte cómo va a evaluar tu presentación. Probablemente, para tu profesor(a) es importante ver que:

- usaste palabras específicas para describir a los personajes
- describiste el comportamiento y los pensamientos de los personajes
- describiste las reacciones de los personajes y explicaste cómo se resolvieron los conflictos

La poesía, expresión de amor y amistad

Estrategia

Identifying and understanding figurative language
When somebody says *He ruffled his friend's feathers*, do you think that the friend is a bird? Of course not. This is a figurative language expression that means "to bother" or "to annoy". To identify figurative language, pay attention to phrases that connect two different kinds of things, for example *cheeks like roses*, or *life is a river*. Then, to figure out what the poet is trying to communicate, think what characteristics of one of the things can be used to describe the other.

Al leer

En la cultura del mundo hispanohablante la poesía es una de las formas preferidas para expresar lo que sentimos. Para crear sus poemas, los poetas usan figuras retóricas *(figures of speech)* como la metáfora y el símil.

El símil es una comparación que se hace entre dos cosas usando la palabra *como*. Por ejemplo, el poeta Pablo Neruda habla de un "silencio claro como una lámpara". Con las metáforas también se hacen comparaciones entre dos cosas, pero sin usar la palabra *como*. Por ejemplo, cuando el poeta llama a la mujer que ama "mariposa de sueño", la está comparando con una mariposa. Copia la tabla de la página 195. Mientras lees los poemas, completa los espacios en blanco de la tabla.

Presta atención a los siguientes puntos:

- cómo los poemas expresan amor o amistad
- el uso de las metáforas y los símiles
- las imágenes que usa el o la poeta

Poema No. 15
Pablo Neruda

Me gustas cuando callas[1] porque estás como ausente[2],
y me oyes desde lejos, y mi voz no te toca.
Parece que los ojos se te hubieran volado[3] y
parece que un beso te cerrara la boca.

Como todas las cosas están llenas de mi alma[4]
emerges de las cosas, llena del alma mía.
Mariposa de sueño[5], te pareces a mi alma,
y te pareces a la palabra melancolía.

Me gustas cuando callas y estás como distante.
Y estás como quejándote, mariposa en arrullo.[6]
Y me oyes desde lejos, y mi voz no te alcanza:
déjame que me calle con el silencio tuyo.

Déjame que te hable también con tu silencio
claro como una lámpara, simple como un anillo.
Eres como la noche, callada y constelada.
Tu silencio es de estrella, tan lejano y sencillo.

Me gustas cuando callas porque estás como ausente.
Distante y dolorosa como si hubieras muerto.
Una palabra entonces, una sonrisa bastan[7]. Y
estoy alegre, alegre de que no sea cierto.

---

1 you are quiet **2** absent **3** had flown **4** soul
5 dream butterfly **6** cooing **7** suffice

Homenaje a los padres chicanos

Abelardo Delgado

Con el semblante[1] callado,
con el consejo bien templado[2],
demandando siempre respeto,
con la mano ampollada[3] y el orgullo repleto,
así eres tú y nosotros te hablamos este día,
padre, papá, apá, jefito, dad, daddy . . . father,
como acostumbremos llamarte, eres el mismo.
La cultura nuestra dicta[4]
        que el cariño que te tenemos
lo demostremos poco
        y unos hasta creemos
que father's day
        es cosa de los gringos
            pero no . . .
tu sacrificio es muy sagrado
para dejarlo pasar hoy en callado.
Tu sudor[5] es agua bendita[6]
y tu palabra sabia[7],
derecha como esos surcos[8]
que con fe unos labran[9] día tras día,
nos sirve de alimento espiritual
y tu sufrir por tierras
y costumbres extrañas,
tu aguante[10], tu amparo[11], tu apoyo,
todo eso lo reconocemos y lo agradecemos
y te llamamos hoy con fuerza
            para que oigas
aun si[12] ya estás muerto,
        aun si la carga fue mucha
o la tentación bastante
        y nos abandonaste
aun si estás en la cárcel[13]
o en un hospital . . .
óyeme, padre chicano, oye también a mis
hermanos, hoy y siempre, papá, te veneramos.

---

1 face 2 tempered 3 blistered 4 dictates 5 sweat
6 holy water 7 wise 8 grooves 9 plow 10 endurance
11 protection 12 even if 13 jail

¿Comprendiste?

Trabaja con un grupo para hablar de las poesías y contestar estas preguntas:

1. ¿Qué quiere decir el poeta con "Me gusta cuando callas porque estás como ausente"?

2. ¿Qué te parece que quiere decir Neruda con "tu silencio claro como una lámpara, simple como un anillo"?

3. ¿Por qué se alegra el poeta en la última estrofa del *Poema No. 15*?

4. ¿Qué crees que quiere decir Delgado con "con la mano ampollada y el orgullo repleto"?

5. Describe las características de los padres que admira Delgado.

Rimas

Gustavo Adolfo Bécquer

XXI

¿Qué es poesía? —dices mientras clavas[1]
  en mi pupila tu pupila azul—.
¿Qué es poesía? ¿Y tú me lo preguntas?
  Poesía . . . eres tú.

XXIII

Por[2] una mirada, un mundo;
por una sonrisa, un cielo,
por un beso . . . , ¡yo no sé
qué te diera[3] por un beso!

XXVIII

Los suspiros[4] son aire y van al aire.
Las lágrimas[5] son agua y van al mar.
Dime, mujer: cuando el amor se
olvida, ¿sabes tú a dónde va?

---

1 fix **2** in exchange for **3** I would give **4** sighs **5** tears

El amor en preguntas

Elizabeth Torres *15 años*

¿Qué es necesario para ser amado,
para entender la vida y saber soñar?
Tengo acaso que obtener permisos,
girar el mundo,
volver a nacer,
inventar la gente,
dar para merecer[1],
responder preguntas,
crecer[2] otra vez?

¿O se necesita estar inspirado,
abarcar[3] el mundo,
ser iluminado?

Estallar[4] el alma . . .
¡sólo para amar!

---

1 to deserve **2** to grow **3** to cover **4** to burst

Como tú

Roque Dalton

Yo, como tú,
amo el amor, la vida, el dulce encanto
de las cosas, el paisaje
celeste de los días de enero.

También mi sangre bulle[1]
y río por los ojos que
han conocido el brote[2] de las lágrimas.

Creo que el mundo es bello,
que la poesía es como el pan, de todos.

Y que mis venas[3] no terminan en mí
sino en la sangre unánime
de los que luchan por la vida,
el amor,
las cosas,
el paisaje y el pan,
la poesía de todos.

---

1 boils **2** outpouring **3** veins

La salchichona, (1917), Pablo Picasso

Oil on canvas, 116 x 89cm. © 2004 Estate of Pablo Picasso/Artists Rights Society (ARS), New York.
Musée Picasso, Barcelona, Spain. © Giraudon/Art Resource, NY.

Interacción con la lectura

METÁFORA	SÍMIL
_____	_____
_____	_____
_____	_____
_____	_____
_____	_____

Trabaja con la clase para completar una tabla como la de arriba y comentar lo que cada poeta quiere decir.

- Identifiquen y apunten todas las metáforas y símiles que encuentren en los poemas.

- Hablen acerca de lo que quiere trasmitir el poeta con cada uno(a).

¿Comprendiste?

1. ¿Cuál es el tema de cada poema?

2. Según Bécquer, ¿la poesía está en las palabras de un poema? ¿Estás de acuerdo con el poeta? ¿Por qué?

3. En la "Rima XXVIII", ¿qué comparación hace el autor entre los suspiros, las lágrimas y el amor?

4. Después de leer el poema de Elizabeth Torres, ¿crees que es necesario hacer cosas extraordinarias para ser amado por las otras personas? ¿Por qué?

5. ¿Qué quiere decir Roque Dalton cuando escribe "mis venas no terminan en mí"?

6. ¿Cuál de los poemas te gustó más? ¿Por qué?

7. Forma un grupo con tres compañeros(as) para dar su opinión sobre estos temas:

- ¿Qué medios usan los jóvenes para expresar sus sentimientos? Hagan una lista.

- ¿De qué manera esas expresiones de sentimientos benefician a la comunidad?

Fondo cultural

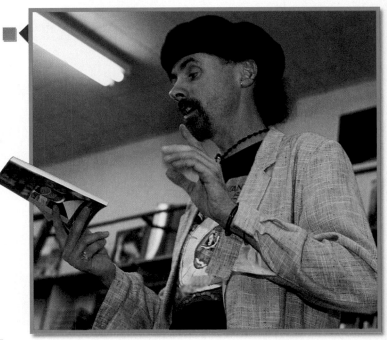

La lectura de poemas por sus propios autores es una costumbre muy popular en bibliotecas y librerías de toda España y América Latina. De igual manera, en los Estados Unidos se realiza una actividad cultural similar; en muchos centros comunitarios[1] se hacen concursos de poesía y rap, en los cuales los poetas leen sus obras ante el público. Por ejemplo, en la Ciudad de Nueva York, el _Nuyorican Poet's Cafe_, organiza concursos literarios y lecturas en español y en inglés.

• Muchas personas creen que el rap es una forma de poesía. ¿Estás de acuerdo? ¿Por qué?

• ¿Te interesa asistir a un concurso en el que los poetas de rap recitan sus poemas? ¿Por qué?

• ¿Te interesa asistir a un concurso de poesía que no sea rap? ¿Por qué?

1 community centers

Repaso del capítulo

Vocabulario y gramática

cualidades

amable	kind
cariñoso, -a	loving, affectionate
celoso, -a	jealous
chismoso, -a	gossipy
comprensivo, -a	understanding
considerado, -a	considerate
egoísta	selfish
entrometido, -a	meddlesome, interfering
honesto, -a	honest
íntimo, -a	intimate
sincero, -a	sincere
vanidoso, -a	vain, conceited

sustantivos

la amistad	friendship
la armonía	harmony
el comportamiento	behaviour
la confianza	trust
el conflicto	conflict
la cualidad	quality
la explicación	explanation
el malentendido	misunderstanding
la pelea	fight
el secreto	secret

verbos

acusar	to accuse
alegrarse	to be delighted
apoyar(se)	to support, to back (each other)
atreverse	to dare
colaborar	to collaborate
confiar (i → í)	to trust
contar con	to count on
criticar	to criticize
desconfiar	to mistrust
esperar	to hope (for)
estar equivocado, -a	to be mistaken
guardar (un secreto)	to keep (a secret)
ignorar	to ignore
mejorar	to improve

pedir perdón	to ask for forgiveness
perdonar	to forgive
ponerse de acuerdo	to reach an agreement
reaccionar	to react
reconciliarse	to become friends again
reconocer (c → zc)	to admit, recognize
resolver (o → ue)	to resolve
sorprender(se)	to (be) surprised
temer	to fear

expresiones

aceptar tal como (soy)	to accept (me) the way (I am)
cambiar de opinión	to change one's mind
la diferencia de opinión	difference of opinion
hacer caso	to pay attention / to obey
hacer las paces	to make peace (with)
juntos, -as	together
ojalá	I wish, I hope
pensar en sí mismo(a)	to think of oneself
¡Qué va!	No way!
tener en común	to have in common
tener celos	to be jealous
tener la culpa	to be guilty
¡Yo no fui!	It was not me!

El subjuntivo con verbos de emoción

Use the *subjunctive* following verbs indicating suggestions, desire or demands. **Te sugiero** que **vengas.** **Esperamos** que **llueva.** **Nos exigió** que **estudiemos.** **¡Ojalá** que **se diviertan!**	Use the *subjunctive* after verbs and impersonal phrases indicating emotion. **Tememos** que nuestros amigos **desconfíen** de nosotros. **Es una lástima** que no **hagan** las paces.	When the sentence has only one subject, we usually use the *infinitive* instead of the subjunctive. **Espero ir** mañana al cine. **Espero ver** esa película.

Los usos de *por* y *para*

Use *por* to indicate: length of time or distance, where an action takes place, an exchange, a reason or motive, an action on behalf of someone, a means of communication or transportation. Bailamos **por** varias horas. Busqué **por** todos los pasillos. Te cambio el café **por** un dulce. Me puse muy feliz **por** tu llegada. Fue a una marcha **por** la paz. Mandó la carta **por** avión.	Use *por* in certain expressions: **por** ejemplo **por** eso (tanto) **por** la (mañana, tarde, noche) **por** favor **por** lo general **por** primera (segunda, tercera, última) vez **por** supuesto	Use *para* to indicate: purpose, destination, a point in time, use, opinion. Estudio **para** tener un buen futuro. Salimos **para** la ciudad dentro de una hora. **Para** las ocho ya estaban allí. Ponte la chaqueta **para** no tener frío. **Para** ustedes todo es divertido.

Mandatos con *nosotros*

Regular verbs		Stem-changing verbs whose infinitive ends in *-ir*		Verbs ending in *-car, -gar,* and *-zar*	
olvidar	**olvidemos**	pedir	**pidamos**	criticar	**critiquemos**
pensar	**pensemos**	dormir	**durmamos**	pagar	**paguemos**
reconocer	**reconozcamos**			empezar	**empecemos**

Direct and **indirect pronouns** are attached at the end of affirmative *nosotros* commands but precede the negative *nosotros* command form. **Digámosle toda** la verdad. No **les mintamos.**	To attach **reflexive** or **reciprocal pronouns** at the end of a *nosotros* command, drop the final *-s* of the command before the pronoun. **Alegrémonos** con nuestro éxito. **Abracémonos** uno al otro.

Pronombres posesivos

To form the **possesive pronouns**, use the long form possessive adjectives preceded by the definite article. Mis padres son muy serios. ¿Y **los suyos?** Su vestido es grande. **El nuestro** es pequeño. We often omit the article between the verb *ser* and the possessive pronoun. Esas maletas **son nuestras,** pero la mochila **es suya.**

● **Más práctica** · · · · · · · · · · · · ·
Practice Workbook Organizer
4-13, 4-14

Preparación para el examen

1 Vocabulario Escribe la letra de la palabra o expresión que mejor complete cada frase. Escribe tus respuestas en una hoja aparte.

1. Mis sobrinos siempre me besan y me abrazan. Son muy _____.
   a. cariñosos
   b. sinceros
   c. entrometidos
   d. honestos

2. Cuando dos amigos se reconcilian, _____.
   a. piensan en sí mismos
   b. hacen las paces
   c. piensan en los demás
   d. tienen la culpa

3. Una persona _____ no sabe guardar secretos.
   a. vanidosa
   b. egoísta
   c. celosa
   d. chismosa

4. Beto y Graciela son _____. Nunca mienten.
   a. armonía
   b. sinceros
   c. amables
   d. comprensivos

5. Cuando acusé a mi amigo de romper mi cámara, él me contestó, "_____. ¡Yo no fui!"
   a. ¡Qué lástima!
   b. ¡Ojalá!
   c. ¡Qué va!
   d. ¡Tienes razón!

6. Mis padres nunca me _____. Me aceptan tal como soy.
   a. hacen caso
   b. critican
   c. temen
   d. piden perdón

7. Mis amigos y yo tenemos _____. Nos gusta montar en monopatín y jugar videojuegos.
   a. celos
   b. mucha confianza
   c. muchas peleas
   d. mucho en común

8. El cariño y la confianza son dos _____ importantes en una amistad.
   a. cualidades
   b. conflictos
   c. consejos
   d. explicaciones

2 Gramática Escribe la letra de la palabra o expresión que complete mejor cada frase. Escribe tus respuestas en una hoja aparte.

1. Me molesta que ustedes _____ tan chismosos.
   a. son
   b. seas
   c. sean
   d. es

2. Ojalá que ella me _____.
   a. perdone
   b. perdonado
   c. perdona
   d. perdonando

3. Es triste _____ nuestra amistad.
   a. rompa
   b. romper
   c. roto
   d. rompo

4. Fernando y Pedro _____ todos los días.
   a. nos escribíamos
   b. se escribían
   c. les escribí
   d. se escribió

5. Mis hermanas y yo _____ contábamos todos los secretos.
   a. nos
   b. me
   c. se
   d. lo

6. Después de pelearse con su mejor amigo, Jorge le dijo: "_____ las paces".
   a. hacíamos
   b. hacemos
   c. hicimos
   d. hagamos

7. "¿Nos reconciliamos?", preguntó Ana. "Sí, _____," contestó Gaby.
   a. reconciliarme
   b. reconciliémonos
   c. reconciliémosnos
   d. reconciliamos

8. Mis padres son muy comprensivos. ¿Cómo son _____?
   a. los tuyos
   b. tuyos
   c. las tuyas
   d. tuyas

En el examen vas a . . .	Éstas son las tareas de práctica que te pueden ser útiles para el examen . . .	Si necesitas repasar . . .
3 Escuchar Escuchar y comprender la descripción de un buen amigo o de una buena amiga	El locutor de un canal de televisión entrevistó a varios jóvenes sobre lo que piensan de sus amigos. Escucha lo que dijo cada joven y, según lo que dijo, decide: (a) qué cualidades tiene su mejor amigo(a); (b) qué le molesta de su amigo(a); (c) qué tienen en común.	**pp. 160–163** *A primera vista 1* **pp. 164–165** Actividades 6–7 **p. 166** Actividad 8
4 Hablar Expresar opiniones y emociones sobre el comportamiento de otra persona	Estás cuidando a tu hermano menor que a veces se porta bien y a veces bastante mal. Dile a tu hermano lo que piensas y sientes acerca de su comportamiento. Usa por lo menos cinco frases. Por ejemplo, puedes decir: *Me alegro de que no tengas celos de nuestra hermanita. Es triste que no le hagas caso a mamá.*	**p. 168** *Subjuntivo con verbos de emoción* **p. 169** Actividades 13–14 **p. 170** Actividad 17 **p. 181** Actividades 31–32
5 Leer Leer y comprender un mensaje en un salón de chat	Lee este mensaje que una joven puso en un salón de chat. Decide por qué tiene tantos conflictos con sus amigos y qué debe hacer para mejorar su relación con ellos. **No entiendo por qué mis amigos están enojados conmigo. Ana dice que nunca le presto mis revistas. Lucía está enojada porque le conté a su mamá que sacó una mala nota. Luis está furioso porque llegué dos horas tarde al cine y no pudimos ver la película. En fin, ¡mi vida es un desastre! ¿Qué puedo hacer?**	**p. 161** *A primera vista 1* **p. 168** Actividad 12 **p. 173** Actividad 21 **pp. 174–176** *A primera vista 2*
6 Escribir Escribir sobre un conflicto entre amigos(as)	Escribe sobre un conflicto que ocurre entre dos amigos(as) en una película que viste o entre amigos(as) de la vida real. Explica por qué se rompe la armonía y cómo se reconcilian esas personas.	**p. 170** Actividad 15 **p. 172** Actividad 20 **p. 173** Actividad 21 **p. 179** Actividad 26 **p. 181** Actividad 32
7 Pensar Pensar en cómo se relacionan los jóvenes con sus familias	En México se hizo una serie de encuestas sobre la vida de los jóvenes y sus familias. Piensa en la información que leíste sobre este tema en el capítulo y compara las respuestas de los jóvenes mexicanos con tu propia experiencia.	**pp. 176–177** Actividades 23–24 **p. 181** Actividad 31

A ver si recuerdas...

Vocabulario

trabajos

- el / la agente de viajes
- el / la atleta
- el bombero, la bombera
- el cajero, la cajera
- el camarero, la camarera
- el científico, la científica
- el / la dentista
- el / la detective
- el empleado, la empleada
- el entrenador, la entrenadora
- el fotógrafo la fotógrafa
- el locutor, la locutora
- el / la piloto
- el reportero, la reportera
- el vendedor, la vendedora

cualidades

- animado, -a
- artístico, -a
- atlético, -a
- bien educado, -a
- cortés
- interesante
- obediente
- ordenado, -a
- paciente
- trabajador, -a
- tranquilo, -a

acciones

- cortar el césped
- cuidar niños
- decorar
- dibujar
- hablar por teléfono
- lavar el coche
- lavar los platos
- limpiar
- pasar la aspiradora
- pasear perros
- sacar fotos
- tocar un instrumento
- usar la computadora

lugares

- el banco
- la biblioteca
- el centro comercial
- el cine
- la escuela
- la estación de servicio
- la farmacia
- el gimnasio
- la guardería infantil
- la librería
- el museo
- el restaurante
- el supermercado
- el teatro
- la tienda

Actividad 1 **Hablar/Escribir** ....

Práctica de vocabulario

1 Describe en qué trabajas ahora y qué trabajos has tenido antes.

2 Ahora, escribe en una hoja de papel dos trabajos que te gustaría hacer y dos que no te gustaría hacer. Junto a cada trabajo, pon lo que tienes que hacer, las cualidades que se necesitan y el lugar donde se hace el trabajo.

3 Con otro(a) estudiante, hagan y contesten preguntas sobre por qué les gustarían o no les gustarían los trabajos que escribieron.

Modelo

A —*Me gustaría ser reportero.*
B —*¿Por qué?*
A —*Un reportero escribe sobre cosas que pasan. Para ser reportero, debes saber escribir bien y sacar fotos.*

El participio presente

The present participle conveys a sense of ongoing action. To form the present participle add -ando to the stem of -ar verbs and -iendo to the stem of -er and -ir verbs.

trabajar	trabaj**ando**
hacer	hac**iendo**
recibir	recib**iendo**

- Verbs that have irregular third person forms in the preterite undergo the same change in the present participle.

dormir	durmiendo
pedir	pidiendo
decir	diciendo
reír	riendo

- The verbs *ir* and *oír* and verbs ending in -*aer*, -*eer*, and -*uir* have present participles that end in -*yendo*.

ir	**yendo**
oír	**oyendo**
caer	**cayendo**
leer	**leyendo**
destruir	**destruyendo**

- The present participle is used together with a form of *estar* to form the progressive tense:

  ¡No me molestes! **Estoy leyendo.**
  Estábamos durmiendo cuando llamaste.

- Reflexive or object pronouns can be placed before the form of *estar*, or they can be attached to the end of the present participle. If they are attached to the present participle, a written accent is needed.

  Ahora **me** estoy **bañando.** / Estoy **bañándome.**
  Las está **ayudando.** / Está **ayudándolas.**

Actividad 2 Escribir

Práctica de gramática

Escribe lo que está sucediendo en la clase en este momento. Nombra a las personas que están haciendo las siguientes actividades. Usa el presente progresivo en tus frases.

> leer   darle   observar   mirar   dormirse   decirme

Modelo

mirar
La profesora está mirando a la clase.

Actividad 3 Hablar

Práctica de gramática

Indica quién está haciendo cada cosa en tu clase en este momento.

Modelo

escribir en su cuaderno
Laura y Miguel están escribiendo en su cuaderno.
o: *Nadie está escribiendo en su cuaderno.*

1. ayudar a otro estudiante
2. recoger los papeles del piso
3. limpiar su escritorio
4. leer el libro de español
5. poner sus cosas en la mochila

Vocabulario

actividades
asistir a
ayudar a los demás
colaborar
conseguir
dar . . .
   ayuda
   dinero
   juguetes
   ropa
ganar dinero
hacer trabajo
   voluntario
investigar
llenar
pagar
participar
permitir
planear
recoger basura
registrar

personas
los ancianos
la gente pobre
el niño, la niña
el paramédico,
   la paramédica
la víctima
el voluntario,
   la voluntaria

lugares
el aeropuerto
la agencia de viajes
el club atlético
el consultorio
el laboratorio
el mercado
el quiosco
el salón de belleza

desastres
el accidente
la explosión
el huracán
el incendio
la inundación
el terremoto
la tormenta

expresiones
¿cómo se hace . . .?
ganarse la vida
no te olvides de . . .
seguir una
   carrera

Actividad 4 · Escribir

Práctica de vocabulario

Haz una tabla como la de abajo. Escribe tres lugares de tu comunidad donde se pueda hacer trabajo voluntario. Al lado de cada lugar escribe qué trabajo se puede hacer y para qué o quién.

Lugar	Trabajo	Para quién / qué
el hospital	jugar	los niños enfermos

Actividad 5 · Hablar

Práctica de vocabulario

Tu compañero(a) trabaja como voluntario(a).

1 Pregúntale:

- dónde trabaja
- qué hace allí
- a quién ayuda

2 Tu compañero(a) te invita a trabajar con él (ella). Acepta la invitación o da una excusa.

Dónde van los pronombres reflexivos y de complemento

Reflexive pronouns, as well as direct and indirect object pronouns, may be placed either before a verb or after it.

- When there are two verbs, as with a participle or an infinitive, the pronoun may come either before the first verb or after the second verb.

  Estamos divirtiéndo**nos** mucho.
  Nos estamos divirtiendo mucho.
  Voy a acostar**me** temprano.
  Me voy a acostar temprano.

- If the sentence is negative, place the pronoun between *no* and the verb.

  No **me** estoy aburriendo.
  No **las** voy a comprar.

- In affirmative commands, pronouns are attached to the end of the verb.

  Carlos, despiérta**te**.
  Chicos, láven**se** las manos.
  ¿Los niños? Cuída**los**.
  ¿El parque? Límpie**lo**.

- In negative commands, place the pronoun between *no* and the verb.

  Esa película es mala. No **la** veas.

- Notice that written accent marks must often be added when a pronoun is attached to a verb.

  Recoge la basura.   **Recógela**.
  Estoy lavando los platos. Estoy **lavándolos**.

Actividad 6 Leer/Escribir

Práctica de gramática

El señor Díaz es el director de un centro de ayuda y da muchos mandatos. Usa los verbos y el pronombre apropiado para completar los mandatos que les dio a sus voluntarios.

> recoger   limpiar   servir   abrir   ayudar   lavarse

Modelo

¿Los libros? _____ en la biblioteca.
¿Los libros? Pónganlos en la biblioteca.

1. ¿La comida? _____ al mediodía y _____ las manos antes de servirla.

2. ¿Las ventanas? No _____ ahora.

3. ¿La basura? No _____ ahora.

4. ¿Los niños? _____ con la tarea.

5. ¿El comedor? _____ después del almuerzo.

Actividad 7 Escribir

Práctica de gramática

Escribe cinco metas *(goals)* que quieres alcanzar *(reach)* este año. Usa los pronombres apropiados.

Modelo

No voy a quejarme. / No me voy a quejar.
Quiero ayudar a los niños. / Quiero ayudarlos.

⬤ **Más práctica**

Practice Workbook 5-1, 5-2

Go Online
PHSchool.com
For: More review
Visit: www.phschool.com
Web Code: jed-0501

Jardines comunitarios En algunos pueblos de América Latina, muchas de las casas tienen pequeños jardines. A veces, dos o más casas comparten un jardín y las familias trabajan juntas para cuidarlo. Pueden sembrar *(to plant)* flores o plantas, como las toronjas *(grapefruits)* que ves en este cuadro de Rufino Tamayo (1899–1991).

• ¿Hay un jardín en tu comunidad que se comparte entre familias? ¿Qué plantas tiene?

La vendedora de toronjas, (1958), Rufino Tamayo
© 2004 Artists Rights Society ARS, NY. © Art Resource, NY.

Capítulo 5

Trabajo y comunidad

Chapter Objectives

- **Talk about ways of getting a job**
- **Describe skills and abilities needed to perform a job**
- **Talk about opportunities for volunteer work in your community**
- **Explain how you can help your community**
- **Understand cultural perspectives on dealing with student jobs and volunteer work**

Video Focus

- **Student volunteer work**

Country Connection

As you learn about jobs and volunteer work, you will make connections to these countries and places.

Estados Unidos
España
México
Cuba
Costa Rica

Go Online
PHSchool.com

For: Online Atlas
Visit: www.phschool.com
Web Code: jee-0002

A primera vista 1

Vocabulario y gramática en contexto

Objectives

Read, listen to, and understand information about
- getting a job
- skills and abilities needed to perform a job
- interviewing techniques

¿Has trabajado alguna vez? ¿Qué trabajo has tenido? Muchas personas **suelen** usar sus **habilidades** y sus cualidades para encontrar un trabajo que les guste, como es el caso de Miguel. A Miguel le encantan los deportes. Este verano había decidido conseguir un trabajo. Buscó en el periódico algunos trabajos que le parecieron interesantes. Sigamos a Miguel en su búsqueda.

1 Primero, **se presentó** para un trabajo en un club deportivo.

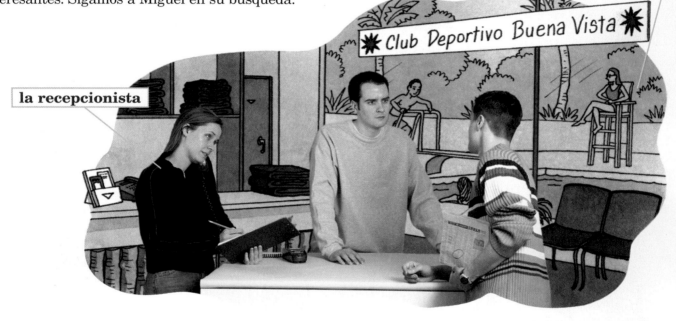

la recepcionista

Club Deportivo Buena Vista

la salvavida

2 Luego, tuvo una **entrevista** con **el gerente** del club, pero no consiguió **el puesto** porque no tenía experiencia en **computación**.

¿Sabes trabajar con programas de computadora?

3 Miguel también se había entrevistado para un trabajo de **niñero**, pero era **a tiempo completo** y él buscaba un trabajo **a tiempo parcial**.

4 En el periódico había visto un trabajo de **consejero** a tiempo parcial, pero **el salario** era muy bajo.

5 Miguel **siguió solicitando** trabajo por varios días. Finalmente, después de una entrevista con el dueño, el Sr. Urbina, Miguel encontró trabajo en una tienda de equipo deportivo. A Miguel le gusta ayudar a los clientes y le encanta el horario flexible.

el dueño

la clienta

el mensajero

 Actividad

1 Escuchar/Hablar . . . .

¿Dónde hay trabajo?

Primero, escucha las frases e indica sobre qué ilustración habla cada una. Luego, di por qué Miguel consiguió o no consiguió ese puesto.

 Actividad

2 Escribir . . . .

Las búsquedas de Miguel

En una hoja de papel, escribe los números del 1 al 4. Lee cada una de estas frases y escribe *C* (cierto) o *F* (falso). Vuelve a escribir cada frase falsa para que sea verdadera.

1. Miguel encontró trabajo como recepcionista.

2. Miguel se entrevistó para trabajar de niñero.

3. Miguel solicitó trabajos por varios días.

4. Miguel buscaba un trabajo a tiempo completo.

Tú y tus habilidades

Para muchos, el mejor trabajo es aquél donde podemos usar nuestros conocimientos y habilidades. Lee la siguiente encuesta.

1 **¿Cómo eres?**

- ☑ cortés
- ☑ agradable
- ☑ eficiente
- ☑ puntual
- ☑ ordenado(a)
- ☑ dedicado(a)
- ☑ flexible
- ☑ práctico(a)
- ☑ honesto(a)
- ☑ responsable
- ☑ considerado(a)
- ☑ amable
- ☑ comprensivo(a)

2 **¿Qué sabes hacer?**

- ❏ cocinar
- ☑ hablar otro idioma
- ☑ usar la computadora
- ❏ reparar cosas
- ☑ nadar
- ☑ manejar un coche
- ❏ escribir bien

4 **¿Qué es más importante para ti?**

- ☑ un buen salario
- ❏ un trabajo a tiempo completo
- ❏ un trabajo a tiempo parcial
- ❏ trabajar en una compañía grande
- ❏ trabajar al aire libre
- ❏ trabajar en un lugar agradable
- ☑ un horario flexible
- ☑ buenos beneficios
- ☑ vacaciones largas

3 **¿Qué te gusta hacer?**

- ☑ atender a la gente
- ❏ trabajar con las manos
- ☑ trabajar en equipo
- ❏ enseñar a los niños
- ❏ cuidar animales
- ☑ practicar deportes
- ☑ viajar
- ❏ leer

Actividad 3 Leer/Hablar ....

Una encuesta

1 Escribe tus respuestas a la encuesta en una tabla como ésta.

2 Túrnate con otro(a) estudiante para hacer y contestar preguntas sobre la información de la encuesta. Usen sus tablas.

Soy . . .
Sé . . .
Me gusta . . .
Para mí es importante . . .

Modelo

A —¿Cómo eres?
B —Soy puntual y eficiente.

Actividad 4 Escuchar/Escribir ....

Conseguir trabajo es un tremendo trabajo

Los estudiantes de la clase de Marcos no saben cuál es el mejor trabajo para ellos. Escribe en una hoja de papel los números del 1 al 6. Escucha lo que cada estudiante dice sobre sus habilidades y sus cualidades y decide cuál es el mejor trabajo para cada uno(a). Luego, describe en una frase cada trabajo que escribiste. Di de qué se trata ese trabajo y dónde se puede hacer.

Modelo

cajero
Un cajero trabaja en una tienda o en un supermercado.

∽ LOS ANUNCIOS CLASIFICADOS ∽

NIÑERO(A) CON EXPERIENCIA

Se necesita persona que tenga experiencia

Requisitos:
2 cartas de recomendación **referencias**

No recibimos solicitudes sin **la fecha nacimiento.**
Llamar al 321-4040

SECRETARIO(A)

Requisitos:

Experiencia mínima de 3 años
Conocimientos de computación
Inglés

Ofrecemos muy buenos beneficios. Interesados favor de llamar al 417-2949 o presentarse en nuestras oficinas de Hernán Cortés No. 24

CAMAREROS

Se solicitan personas con experiencia, que **cumplan** con su trabajo, para trabajar en un restaurante.

Llamar al 554-3434 y pedir una **solicitud de empleo.**

PASEAR PERROS

Se busca persona que le gusten los animales para **encargarse de** pasear a 3 perros.

Horario flexible, buen salario.

Llamar al 462-9032

ENTRENADOR(A)

Club deportivo necesita entrenador(a) para **atender** a nuevos miembros.

Venir a llenar la solicitud de empleo en nuestra oficina de calle Colón #452

REPARTIDOR(A)

Preferible con experiencia en **repartir** cosas en bicicleta. Tiempo parcial.

Enviar por fax solicitud de empleo.

Fax 771-7171

 Leer/Escribir ···

¿Comprendes?

1. ¿Qué requisitos se solicitan generalmente en un anuncio clasificado?
2. ¿Qué cualidades se buscan generalmente en un empleado? ¿Por qué?
3. ¿Por qué es importante cumplir con el trabajo en un empleo?
4. Escoge tres de los trabajos y explica de qué se encargan las personas que hacen esos trabajos.

● **Más práctica** ·····························
Practice Workbook 5-3, 5-4

Go Online
PHSchool.com
For: Vocabulary practice
Visit: www.phschool.com
Web Code: jed-0502

Manos a la obra 1

Vocabulario y gramática en uso

Objectives

- Talk about getting a job
- Describe the skills and abilities needed to perform a job
- Discuss interviewing techniques
- Review the present perfect tense
- Practice the pluperfect tense

Actividad 6

Escuchar/Escribir

¿Quiénes son?

La ilustración a la derecha muestra las personas que trabajan en la florería de la mamá de Laura. Escucha a Laura describir lo que hace cada persona. Identifica quién es cada persona en la ilustración. Luego, escribe dos detalles acerca de cada una.

Actividad 7

Leer/Escribir

Consejos para conseguir un trabajo

Tu amigo(a) busca trabajo. Dale consejos, usando la palabra que mejor complete la definición en la frase.

una referencia	requisitos	habilidades	suelen	conocimientos

1. En general, los _____ para conseguir trabajo son: ser paciente, tener habilidades para hacer el trabajo y prepararse para la entrevista.

2. Tienes _____ sobre cine, parece que has visto todas las películas. Quizás te den trabajo en una tienda de videos.

3. ¿Qué puedes hacer bien en este trabajo? ¿Tienes las _____ que se necesitan para hacerlo?

4. A veces en una entrevista te piden _____, como el nombre de una persona que te conoce.

5. Las entrevistas _____ ser formales. Debes vestirte bien.

Actividad 8

 Escribir/Hablar

¿Qué quieren decir?

Escribe cinco palabras del vocabulario de las páginas 206–209 en una hoja de papel, y en otra, escribe una definición para cada una. Túrnate con otro(a) estudiante para leer las definiciones de cada uno(a) y digan de qué palabra se trata.

Actividad 9

Hablar

¿En qué te gustaría trabajar?

Imagina que solicitas un puesto de trabajo. Con otro(a) estudiante, piensen en varios trabajos a tiempo parcial, digan cuáles les gustaría hacer y por qué. Decidan qué tipo de trabajo les gustaría más conseguir.

Modelo

A —*Dime, ¿qué te gustaría más, trabajar de <u>gerente</u> o de <u>consejero de campamento</u>?*

B —*Me gustaría trabajar de <u>gerente</u> porque soy responsable. Y a ti, ¿qué te gustaría hacer?*

A —*A mí me gustaría trabajar como <u>consejero de campamento</u>. Me gusta mucho trabajar con niños.*

Estudiante A

1. 2. 3. 4.

Estudiante B

¡Respuesta personal!

Actividad 10

Hablar

¿A quién conoces?

Trabaja con otro(a) estudiante. Lean la lista de trabajos y túrnense para hacer preguntas y responderlas.

agente de viajes	reportero(a)	salvavida
gerente	camarero(a)	fotógrafo(a)
bombero(a)	locutor(a)	dentista

Modelo

A —*¿A quién conoces que trabaje de <u>locutor</u>?*

B —*El hermano de María es locutor.*

A —*¿De <u>qué se encarga él</u> en su trabajo?*

Estudiante A

1. ¿A quién conoces que trabaje de (en) . . . ?
2. ¿De qué se encarga esa persona en su trabajo?
3. ¿Qué cualidades y habilidades tiene esa persona?
4. ¿Cuándo suele trabajar?

Estudiante B

¡Respuesta personal!

Leer/Escribir/Hablar

El mejor trabajo para ti

Estrategia

Scanning
Scanning a text such as an ad may help you to get key information.

SECRETARIO(A) RECEPCIONISTA
Requisitos indispensables: Experiencia mínima de 2 años, extremadamente responsable y puntual, 2 cartas de recomendación con número telefónico, nivel intermedio de inglés y de preferencia domicilio particular cercano a nuestra zona en Distrito Federal, México.

MENSAJERO(A) / REPARTIDOR(A)
Se necesitan personas activas, excelente orientación de servicio, con iniciativa y muy responsables, para cumplir funciones de mensajero(a) y repartidor(a) motorizado(a). Se requiere la licencia de manejar correspondiente. Enviar currículum. Santiago, Chile

EMPLEADO(A) DOMÉSTICO(A)
Agencia Doña Miriam necesita urgente personas para trabajar en casas, cocinar y niñeros(as). Salarios C$1000 a C$2000. Tel 249-3736. Nicaragua

SALVAVIDAS
AQUASWIM SL necesita 25 salvavidas para trabajar la temporada de verano en la Comunidad de Madrid. Si estás interesado(a) en trabajar con nosotros, ponte en contacto llamando al tlf. 605587464. España

1 Haz una lista de las habilidades y cualidades necesarias para cada trabajo mencionado en los anuncios clasificados.

2 Escoge un anuncio y escribe un mínimo de cinco preguntas para hacer una entrevista a una persona que se presenta para el puesto. Puedes preguntar datos como el horario que puede trabajar, el salario, su experiencia anterior y sus habilidades.

3 Entrevista a otro(a) estudiante para ese puesto. Luego, cambien de papeles.

Modelo

Para el puesto de secretaria:
A —¿Trabajó usted de secretaria antes?
B —Sí, trabajo en una compañía desde el verano pasado.
A —¿Sigue trabajando allí?
B —Sí, pero el horario no es muy flexible.
A —¿Qué habilidades tiene?
B —Sé computación, hablo español e inglés y escribo bien en los dos idiomas.

Fondo cultural

El trabajo y la juventud En América Latina, la edad oficial para poder empezar a trabajar suele ser 15 años. Pero socialmente no se ve bien que un joven trabaje porque los padres piensan que interfiere con la vida escolar. En todo caso, se ven jóvenes haciendo trabajos a tiempo parcial, tales como llenar bolsas para los clientes en el supermercado o servir en los restaurantes de comida rápida. Los jóvenes usan el dinero de sus salarios para salir a divertirse o comprarse cosas.

• ¿Qué piensa la gente en los Estados Unidos de los jóvenes que tienen un trabajo a tiempo parcial?

Un anuncio clasificado

1 Trabaja con cuatro estudiantes para escribir un anuncio clasificado. Sigan los siguientes pasos.

- Escojan un trabajo que puede hacer un estudiante y digan de qué se va a encargar.

- Determinen el horario y si el trabajo es a tiempo completo o a tiempo parcial.

- Incluyan los beneficios y el salario.

- Hagan una lista de los requisitos y de lo que el (la) candidato(a) debe llevar a la entrevista.

- Escriban el anuncio.

2 La clase va a participar en una feria de trabajo *(job fair)*. Cada grupo va a poner su anuncio clasificado en las paredes de la clase. Los estudiantes van a escoger un anuncio y turnarse para hacer los papeles de la persona que hace la entrevista y el (la) candidato(a).

Y tú, ¿qué dices?

1. ¿Tienes un trabajo después de las clases? ¿Qué haces? ¿Tienes un horario flexible?

2. En tu opinión, ¿cuáles son tus habilidades? Haz una lista.

3. ¿Cuáles son algunos beneficios de tener un trabajo a tiempo parcial?

4. ¿Trabajaste alguna vez como niñera(o) o salvavida? ¿Sigues haciendo ese trabajo? ¿Por qué?

5. ¿Qué tres consejos puedes dar a un(a) estudiante de tu clase que busca trabajo?

6. Escribe un párrafo en el que describas otro trabajo que hiciste y si cumpliste con lo que te pidieron. Explica qué te gustó más de ese trabajo.

Ampliación del lenguaje

Muchos sustantivos *(nouns)* que terminan con el sufijo *-ero, -era* se refieren a profesiones relacionadas con los sustantivos de los que se derivan.
Por ejemplo, el sustantivo *niñera(o)* nombra a la persona que cuida a niños.
Lee las palabras de la tabla siguiente y luego completa las frases.

Sustantivo	Profesión
mensaje	mensajero(a)
caja	cajero(a)
consejo	consejero(a)
carta	cartero(a)
leche	lechero(a)
niño	niñero(a)

Cristina me escribió una __1.__ hace una semana. El __2.__ la dejó hoy en mi buzón.

Después de comprar la comida en el supermercado, fuimos a pagar a la __3.__ . El __4.__ tomó nuestro dinero y puso la comida en unas bolsas.

Gramática · Repaso

El presente perfecto

To form the present perfect tense, combine the present tense of the verb *haber* with a past participle. You generally use the Spanish present perfect in the same way you use its English equivalent.

No **he reparado** la bicicleta todavía.
***I haven't repaired** the bicycle yet.*

¿Qué trabajos **has tenido?**
*What jobs **have you had?***

Here are the present perfect forms of *hablar.*

he hablado	hemos hablado
has hablado	habéis hablado
ha hablado	han hablado

- Recall that to form the past participle of a verb in Spanish, you add *-ado* to the stem of *-ar* verbs and *-ido* to the stem of *-er* and *-ir* verbs.

hab**lar** → habl**ado**   com**er** → com**ido**
viv**ir** → viv**ido**

- Verbs that have two vowels in the infinitive form (except for *ui*) require an accent mark on the *í* in the past participle.

caer → caído   oír → oído
traer → traído   reír → reído
leer → leído   creer → creído

- Many Spanish verbs have irregular past participles. You have already learned some of these.

abrir → **abierto**   resolver → **resuelto**
decir → **dicho**   romper → **roto**
escribir → **escrito**   ser → **sido**
morir → **muerto**   ver → **visto**
poner → **puesto**

- Place negative words, object pronouns, and reflexive pronouns before the form of *haber.*

No he repartido las flores todavía.

Mi profesora **me** ha escrito una carta de recomendación.

El dueño **se** ha ido temprano a la oficina.

Actividad 14 Gramática Leer/Escribir

Después de la entrevista

Tamara y Juan fueron a una entrevista de trabajo. Completa la conversación que tuvieron con el presente perfecto de los verbos del recuadro.

| ~~decir~~ | ~~ir~~ | ~~dar~~ | ~~ponerse~~ | leer | ~~responder~~ |

—Juan, ¿cómo te __1.__ esta mañana en la entrevista?

—Creo que no muy bien, Tamara. No _he respondido_ __2.__ a todas las preguntas.

—Yo tampoco. Además, __3.__ muy nerviosa. El gerente quería gente con mucha experiencia.

—Sí, Tamara. Él me __4.__ que buscaba jóvenes muy ordenados, puntuales y responsables.

—Yo le __5.__ mis referencias, pero él no las __6.__. Dijo que no las necesitaba.

—Bueno, a ver qué pasa . . .

Juego

Vas a jugar con los(as) compañeros(as) de tu clase.

① Escribe siete preguntas para saber si tus compañeros(as) han hecho o no cosas como *trabajar en un parque de diversiones*. Para hacer tus preguntas, usa el presente perfecto de los verbos.

② Con otro(a) estudiante, haz y contesta las preguntas. Para conectar tus respuestas, puedes usar las siguientes palabras o expresiones.

no . . . todavía	muchas veces	varias veces	casi siempre
casi nunca	de vez en cuando	algunas veces	una vez

③ La clase forma dos círculos concéntricos con los estudiantes cara a cara. Al oír música, los estudiantes se mueven a la derecha. Al parar la música, deben parar y hacerle una pregunta al (a la) estudiante que tienen enfrente usando el presente perfecto. Al terminar el juego, el profesor te va a hacer preguntas sobre las respuestas de tus compañeros(as).

> **Modelo**
> **A** —*¿Has trabajado en un parque de diversiones alguna vez?*
> **B** —*Sí, trabajé una vez en el verano.*

En voz alta

El poeta español Antonio Machado (1875–1939) escribió poemas sencillos y hermosos que comenzaron a aparecer en España en 1901. En sus poemas, Machado parece estar hablando de sus experiencias y de las de todo el pueblo[1] español al mismo tiempo. Sus poemas hacen homenaje[2] al hombre común y su voz es a menudo la de todo el pueblo. Es por esto que todavía es el poeta de su época que más lectores ha tenido.

En *Soledades y Campos de Castilla*, Machado hace un retrato cariñoso pero crítico de la España de su época. El poema al que pertenecen estos fragmentos es un ejemplo de la manera en que Machado retrataba al hombre común. Lee los versos y trata de repetirlos en voz alta.

---

1 people **2** pay tribute to

- ¿Crees que el autor del poema es una persona mayor o un joven? Explica por qué.
- ¿Cómo te sientes después de leer los fragmentos del poema? ¿Qué frases te hablan de cómo ve la vida el poeta?

> **¿Recuerdas?**
> Cuando la consonante *r* va entre vocales, su sonido es similar a la "dd" en la palabra inglesa *ladder*. Repite estas palabras del poema: *veredas, mares, caravanas.*

He andado muchos caminos
de Antonio Machado

He andado muchos caminos,
he abierto muchas veredas[3],
he navegado en cien mares,
y atracado[4] en cien riberas[5] . . .

Y en todas partes he visto
gentes que danzan o juegan,
cuando pueden, y laboran
sus cuatro palmos[6] de tierra.

Son buenas gentes que viven,
laboran, pasan y sueñan,
y un día como tantos,
descansan bajo la tierra.

Antonio Machado,
Ignacio Rived

---

3 trails **4** moored **5** shores **6** spans

Actividad 16 **Gramática** **Leer/Escribir**...

¿Cómo te describes a ti mismo?

Imagina que estás buscando trabajo y lees en el periódico este anuncio clasificado. Para contestar al anuncio, escribe un breve párrafo sobre tus cualidades y las cosas que has hecho hasta ahora. Si no te interesa este trabajo, escoge uno de los trabajos que se anuncian en la página 209.

> Se busca joven responsable y cortés para trabajar en un campamento de verano. Debe gustarle la naturaleza y los niños.
> Enviar breve párrafo describiendo sus cualidades y lo que ha hecho en materia de trabajo y estudio.

Modelo

Mi nombre es Enrique y he trabajado con niños desde que tengo 12 años. Siempre he sido responsable, puntual y he cumplido con mi trabajo.

 Actividad 17 **Gramática** **Escribir/Hablar**...

Preparación para una entrevista

1 Haz una lista de cinco cosas que has hecho para prepararte para una entrevista.

Modelo

He leído los anuncios clasificados.

2 Piensa en un trabajo específico y escribe cinco preguntas que puedan hacerte en la entrevista.

3 Ensaya la entrevista con otro(a) estudiante.

Dra. Ellen Ochoa

La Fundación de Premios de Herencia Hispana *(Hispanic Heritage Awards Foundation)* es una organización establecida para promover una mayor comprensión de las contribuciones que han hecho los hispanoamericanos a los Estados Unidos. Cada año, la Fundación premia a hispanoamericanos prominentes, entre ellos, científicos, artistas y atletas. Los ganadores suelen ser profesionales y líderes que se han destacado en su campo profesional. Una de las ganadoras del Premio fue Ellen Ochoa, una astronauta de NASA. Otros ganadores anteriores incluyen Oscar Hijuelos (literatura) y Sammy Sosa (deportes).

• ¿Qué otros premios conoces que reconozcan a personas que se han destacado en sus profesiones?

For: Practice with the present perfect
Visit: www.phschool.com
Web Code: jed-0503

● **Más práctica**
Practice Workbook 5-5

El pluscuamperfecto

You use the pluperfect tense to describe an action in the past that occurred *before* another action in the past. To form the pluperfect tense, combine the imperfect tense of the verb *haber* with a past participle. You generally use the Spanish pluperfect in the same way you use its English equivalent.

> Cuando llegué a la oficina, el gerente ya **había leído** mis cartas de recomendación.

> *When I arrived in the office, the manager had already read my letters of recommendation.*

Después de la entrevista, yo estaba muy nerviosa porque la dueña de la compañía me **había pedido** referencias.

After the interview, I was feeling nervous because the owner of the company had asked me for references.

Here are the pluperfect forms of *hablar*:

había hablado	habíamos hablado
habías hablado	habíais hablado
había hablado	habían hablado

Gramática **Leer/Escribir**

En la agencia de empleos

Jorge y Agustín fueron a una agencia de empleos a pedir trabajo. Completa las siguientes frases con los verbos del recuadro en la forma correcta del pluscuamperfecto.

encargarse	tener	escribir	llenar
pedir	atender	cumplir	solicitar

1. Antes de ir a la agencia, Jorge y Agustín _____ varias solicitudes de empleo.

2. Antes de llenar las solicitudes, Agustín ya _____ una lista de sus habilidades.

3. El año pasado, durante varios meses, Jorge _____ de cuidar niños.

4. Estaban sorprendidos porque la recepcionista los _____ muy rápido.

5. Poco después de entrar a la oficina, el gerente les _____ cartas de recomendación y les _____ referencias.

6. En un momento durante la entrevista, les preguntó qué salario ellos _____ en sus otros trabajos.

7. Cuando terminó la entrevista, la recepcionista ya _____ con su trabajo.

Trabajos en bicicleta

Ayer Andrés empezó a trabajar. Lee lo que le sucedió y completa el relato con el pluscuamperfecto del verbo apropiado.

Andrés **1.** *(buscar / creer)* trabajo por mucho tiempo. Finalmente **2.** *(destruir / conseguir)* un trabajo como mensajero en bicicleta, en la compañía donde trabajaba su amigo Luis. Ayer era su primer día. Él **3.** *(preparar / comer)* sus cosas desde el día anterior para no llegar tarde. Esa mañana, Luis lo **4.** *(oír / estar)* esperando en la parada del autobús para irse juntos a trabajar. Como Andrés no llegaba, Luis lo llamó a la casa. Andrés nunca antes **5.** *(presentarse / entrar)* tarde a una cita. La mamá le dijo que Andrés **6.** *(levantarse / acostarse)* hacía diez minutos y se estaba duchando. Luis se fue entonces solo en autobús. Cuando llegó a la compañía, Andrés ya estaba allí. Él **7.** *(correr / andar)* en bicicleta hasta allí. Más tarde, Andrés le explicó que **8.** *(caer / querer)* dar una buena impresión el primer día.

 20 **Gramática** **Escribir/Hablar** ·

Una persona que trabaja

1 Piensa en una persona que conozcas bien y que tenga un trabajo. Haz una línea de tiempo como la de abajo para indicar qué había hecho esa persona antes de conseguir este trabajo. Responde a las siguientes preguntas como ayuda.

- ¿De qué trabaja esa persona ahora?
- ¿Qué trabajo o responsabilidades tenía el año pasado?
- ¿De qué otras responsabilidades se había encargado antes?

Mi primo Víctor

Antes	El año pasado	Hoy
Había trabajado de empleado.	Era gerente de otra tienda.	Es gerente en una tienda de zapatos.

2 Escribe un párrafo describiendo a esta persona y sus experiencias en el mundo del trabajo.

3 Intercambia papeles con otro(a) estudiante. Háganse preguntas sobre las experiencias de la persona que han descrito.

Actividad 21 Gramática Hablar •

Mi trabajo el año pasado

Habla con otro(a) estudiante y dile tres cosas que hiciste durante el año pasado. Luego, dile si habías hecho lo mismo antes del año pasado.

Modelo

A —*El año pasado ganamos el campeonato de fútbol.*

B —*¿Habían ganado el campeonato antes?*

Actividad 22 Leer/Escribir •

El trabajo en el arte

El tema del trabajo siempre estuvo presente en la obra de Diego Rivera, el gran pintor de México.

Conexiones El arte ─────────

En los años 1920, el tema principal de la pintura de Diego Rivera fue los campesinos mexicanos. Sin embargo, en los Estados Unidos Rivera pintó obras en las que el trabajador estadounidense era el tema central. Ya en 1930, Rivera había pintado obras importantes en San Francisco y era un artista conocido en los Estados Unidos.

Henry Ford, el dueño de la compañía Ford, y su hijo Edsel, pidieron a Rivera que pintara un mural en el Detroit Institute of Arts. Rivera comenzó a pintarlo en 1932. Había escogido a los trabajadores de Ford como tema de su obra.

Desde 1930, las ideas políticas que Rivera expresaba en sus obras habían causado muchas críticas. Cuando terminó su obra del Detroit Institute en 1933, muchos la criticaron por esa razón. Pero gracias al apoyo de Edsel Ford, el mural sigue hoy en su lugar.

Detalle del mural del Detroit Institute of Arts

Detroit Industry, (1933), Diego Rivera. © Banco de México Diego Rivera & Frida Kahlo Museums Trust. Av. Cinco de Mayo No. 2, Col. Centro, Del. Cuauhtemoc 06059, México, D.F. Reproduction authorized by the *Instituto Nacional de Bellas Artes y Literatura*. The Detroit Institute of Arts, USA/Bridgeman Art Library.

• Mira el detalle *(detail)* del mural que aparece en esta página. ¿Qué crees que nos quiere decir el artista?

• ¿Conoces otro artista al que han criticado por las ideas políticas que expresa en sus obras? ¿Qué piensas tú sobre su obra?

● **Más práctica** •

Practice Workbook 5-6, 5-7

Go Online
PHSchool.com

For: Practice with the pluperfect
Visit: www.phschool.com
Web Code: jed-0504

A primera vista 2

Vocabulario y gramática en contexto

Objectives

Read, listen to, and understand information about
- volunteer work opportunities in our community
- how you can help your community

¿Has trabajado como voluntario? Ojalá lo hayas hecho, si no, nunca es tarde para ayudar a otros. Hay organizaciones en tu comunidad que buscan **proteger** y **beneficiar** a otras personas. Aquí tienes algunos lugares donde puedes colaborar como voluntario y ayudar.

el centro de rehabilitación

el hogar de ancianos

el centro recreativo

el comedor de beneficencia

el centro de la comunidad

Actividad 23

Escuchar/Escribir • • • • • • • • • • • • • • • •

Dónde buscar ayuda

Escribe los números del 1 al 5 en una hoja. Escucha la descripción de estos lugares y escribe el nombre del lugar.

Boletín de la Comunidad

marzo-abril

Queremos dar las gracias a todos los que han colaborado como voluntarios este mes. Esperamos que ésta haya sido una buena experiencia. Éstas son algunas de las actividades que organizamos:

¡Ayuda ahora!

1 Jóvenes de la escuela La Libertad participaron en la marcha para juntar fondos (obtener dinero) para las víctimas de los huracanes del mes pasado.

2 Los jóvenes de la escuela Simón Bolívar participaron en una manifestación en contra de la contaminación del medio ambiente. Luego sembraron árboles para apoyar la causa.

donar

3 La organización Hermanos solicita suéteres y abrigos para la gente sin hogar que no tiene un lugar donde vivir.

Sembrar un árbol

Se Aceptan DONACIONES

¿Quieren ayudar a conseguir abrigos? A mí **me es imposible,** tengo que estudiar.

A mí **me encantaría,** me gusta ayudar a los demás.

Me interesaría . . . ¿Qué tengo que hacer?

Actividad 24

Escribir

¿Vas a ser voluntario?

En el boletín se habla de diferentes proyectos de trabajo voluntario. Imagínate que te invitan a participar en ellos este sábado. Completa la tabla con las actividades del boletín según tu disponibilidad (*availability*) e interés.

Me es imposible . . .	Me encantaría . . .	Me interesaría . . .

Se buscan voluntarios hispanohablantes para ayudar a inmigrantes

☆☆☆☆☆☆☆☆☆☆☆☆☆☆☆☆☆☆☆☆☆☆☆☆☆☆☆

¿No sabes qué hacer con tu tiempo libre? Ayuda a un inmigrante a hacerse **ciudadano**.

Buscamos voluntarios para dar clases a inmigrantes. El objetivo de las clases es **educar** a los inmigrantes para conseguir la **ciudadanía**.

¿Qué hacen los voluntarios en las clases?

Un abogado[1] explica **las leyes de inmigración** y luego, los voluntarios ayudan a las personas a llenar los **formularios** y a estudiar para el examen de ciudadanía.

Para más información, visítanos en Roosevelt Ave. y 84th St., Queens, NY

_____

1 lawyer

Escribir/Hablar · · · · · · · · · · ·

¿Comprendiste?

1. ¿Qué pueden hacer los voluntarios para beneficiar a los inmigrantes?

2. ¿Te interesaría ayudar a los inmigrantes? ¿Qué conocimientos crees que se necesitan para ayudarlos a obtener la ciudadanía?

3. ¿Por qué es importante que los inmigrantes comprendan las leyes antes de obtener la ciudadanía?

4. ¿Crees que todos debemos ayudar y educar a las personas que lo necesitan? ¿Por qué?

Escuchar · · · · · · · · · · ·

Ayuda a inmigrantes

Escucha la conversación de unos jóvenes voluntarios. Luego, completa cada frase según lo que dijeron los jóvenes.

1. Un abogado explicó cómo (_llenar los formularios_ / _solicitar la ciudadanía_).

2. Los voluntarios ayudaron a (_hacer el examen_ / _llenar los formularios_).

3. Paola tuvo que estudiar (_las leyes de inmigración_ / _la historia del país_).

4. A Luis le (_es imposible_ / _encantaría_) ayudar en las clases para inmigrantes.

¿A quién van a escoger?

La Sociedad de Beneficencia Manuel García

La **Sociedad** es una organización que tiene un hogar de ancianos y un hospital para niños. Cada cuatro años se hace una **campaña** para elegir (elect) un presidente. Lee sobre los candidatos de este año y sus causas, es decir, lo que piensan que es más importante.

Soy María Luna de Soto. Estoy **a favor de** proteger **los derechos** de todos los niños, por eso quiero que haya más programas de **servicio social**. Debemos **garantizar** los fondos para comprar medicinas para nuestros ciudadanos más jóvenes, los niños, y buscar voluntarios que ayuden a las personas que lo necesitan. Es **injusto** que sólo algunas personas reciban cuidado y ayuda.

Soy Mauricio Gutiérrez. Pienso que ser presidente de la Sociedad de Beneficencia es una gran **responsabilidad**. Estoy a favor de comprar equipo médico y garantizar así una mejor atención a la salud de nuestros pacientes. También quiero **construir** un centro recreativo junto al hogar de ancianos. Me parece **justo** que los ancianos tengan un lugar donde descansar y recibir todo el cuidado que ellos necesitan.

Actividad 27

Escuchar · · · · · · · · · · · · · ·

¿Quién está a favor de esto?

En una hoja, escribe los números del 1 al 6. Después de leer sobre los dos candidatos, escucha estas frases y escribe *Mauricio* o *María* según quién haya expresado esa idea.

● **Más práctica** · · · · · · · · · · · · ·
Practice Workbook 5-8, 5-9

Go Online
PHSchool.com

For: Vocabulary practice
Visit: www.phschool.com
Web Code: jed-0506

Manos a la obra 2

Vocabulario y gramática en uso

Actividad 28 — Leer/Escribir

Ayudar es fácil

Completa la entrevista con la estudiante Rocío Hernández sobre su campaña.

servicio social	campaña	ciudadana
dona	responsabilidad	juntar fondos

Cuando supe que 24,000 personas en el mundo mueren de hambre cada día y que el 75% son niños, pensé que era mi __1.__, como __2.__ del mundo, ayudar a eliminar el hambre. Decidí crear una __3.__ de __4.__ en mi escuela con el nombre de "Ayudachicos". Allí buscamos diferentes maneras de ayudar. Por ejemplo, encontramos un sitio en la Red que se llama "Hunger Site". Cada vez que haces un clic, se __5.__ comida a los ciudadanos de un país pobre. También hicimos una marcha para __6.__ que luego enviamos a UNICEF.

(respuestas manuscritas: responsabilidad, ciudadana, campaña, servicio social, dona, juntar fondos)

comedores de beneficencia	gente sin hogar	construir
donen	sociedad	

Además, escribimos a varias compañías de comida enlatada[1] para que donen parte de sus productos a la __7.__ de Aldeas Infantiles SOS. En nuestro pueblo, pedimos donaciones de comida y las llevamos a los __8.__. Ahora, vamos a solicitar a arquitectos y a compañías de construcción que __9.__ materiales y proyectos de construcción a "Hábitat para la humanidad", que se encarga de __10.__ casas para la __11.__.

(respuestas manuscritas: sociedad, comedores de beneficencia, donen, construir, gente sin hogar)

1 canned food

Actividad 29 — Leer/Escribir

Jóvenes ciudadanos

Lee este anuncio de una organización que beneficia a la comunidad y responde a las preguntas.

1. Según el anuncio, ¿cuál es la responsabilidad de los ciudadanos?
2. Observa el título *(title)* de este proyecto. ¿Cuál es el objetivo principal de esta organización?
3. ¿A qué dos grupos beneficia esta organización? ¿Cómo los ayuda?
4. ¿Te interesaría participar en este proyecto? ¿Estás a favor o en contra de su causa? ¿Por qué?

¡CAMPAÑA PARA VOTAR!

¿Quiere cumplir con su responsabilidad como ciudadano?

- Educamos a los ancianos a entender sus derechos
- Ayudamos a los inmigrantes a solicitar la ciudadanía
- Juntamos fondos para la campaña

Reuniones cada jueves a las 5:00 PM
931 E. Market St. Salinas, CA 93905

Proyecto ¡Vote!
Beneficiamos la sociedad

Actividad 30 **Hablar** •

El servicio social

Habla con un(a) compañero(a) sobre el servicio social.

Modelo

A —*¿Te interesaría hacer servicio social en una escuela primaria?*

B —*Sí, me encantaría porque me gusta encargarme de los niños.*

o: *No, me es imposible porque tengo miedo de hablar frente a un grupo.*

Estudiante A

1.
2.
3.

4.
5.
6.

Estudiante B

Me encantaría
Me interesaría
No me gustaría
Me es imposible
¡Respuesta personal!

Actividad 31 **Pensar/Escribir/Hablar/Dibujar** •

Compañeros voluntarios . . .

❶ Haz una lista de cinco acciones que benefician a la sociedad, tales como *donar ropa a la gente sin hogar*.

❷ En grupos de cuatro estudiantes, hablen de las acciones que todos escribieron. ¿Cuáles creen que son las cinco más importantes? ¿Por qué?

Modelo

A —*Es importante donar ropa a la gente sin hogar.*

B —*Estoy de acuerdo, pero para mí es más importante que los niños tengan comida.*

❸ En grupo, escriban las acciones en orden de importancia (1 = lo más importante; 5 = lo menos importante). Escojan las tres acciones que a ustedes les parecen más importantes y hagan un cartel para animar a otros(as) jóvenes a hacer trabajo voluntario.

Actividad 32 Escuchar/Escribir

Un reportaje especial

Imagina que estás en Caracas, Venezuela y que escuchas este reportaje en la radio. Completa las frases siguientes con la información del reportaje. Luego, usa esta información para hacer un resumen.

1. Sepúlveda es dueño de _____.

2. Donó _____.

3. La campaña se llama "Educar _____".

4. La escuela va a beneficiar a _____.

5. Sepúlveda decide ayudar porque _____.

Actividad 33 Escribir/Hablar

Y tú, ¿qué dices?

1. ¿Qué servicios sociales hay en la comunidad donde vives? ¿A quién(es) beneficia(n)? En tu opinión, ¿cuál es el más importante? ¿Por qué?

2. ¿En cuál de estos servicios sociales participas o has participado? Si no has participado en ninguno, ¿en cuál te gustaría participar?

3. Piensa en tus habilidades o conocimientos. ¿Cómo los puedes usar para mejorar tu comunidad?

4. Imagina que vas a crear una organización de servicio social. ¿Qué organización puede beneficiar más a tu comunidad? ¿Por qué?

Fondo cultural

José Gálvez, fotógrafo En todos los tiempos, los artistas han utilizado el arte como una forma de protesta social. Hoy en día puedes ver arte de artistas chicanos que expresan posiciones a favor de algo o en su contra.

José Gálvez creció en Tucson, Arizona. Era fotógrafo para los periódicos *The Arizona Daily Star* y *The Los Angeles Times*. Siempre tenía su cámara y siempre estaba preparado para capturar la experiencia de la comunidad hispanohablante. En 1984 ganó el Premio Pulitzer por una serie de fotos sobre la experiencia mexicano-americana en Los Ángeles. Aunque ha visto muchos cambios en su vida, dice que una cosa que no cambia en la comunidad mexicano-americana es "el respeto por la familia y la herencia mexicana". Dice, "ésta es mi cultura y estoy muy orgulloso de ella."

• Compara la protesta social de los artistas con la de las personas que participan en una marcha o una manifestación. ¿En qué se parecen y en qué son diferentes?

• Habla con otros(as) estudiantes sobre personas que han logrado cambios con protestas sociales.

José Gálvez

El presente perfecto del subjuntivo

The present perfect subjunctive refers to actions or situations that may have occurred before the action in the main verb.

Me alegro de que **hayas trabajado** de voluntario.
*I'm glad that you **have worked** as a volunteer.*

Estoy orgullosa de que Julián **haya trabajado** en el centro de rehabilitación.
*I am proud that Julian **has worked** in the rehabilitation center.*

Ojalá que ellos **hayan juntado** mucho dinero.
*I hope that they **have collected** a lot of money.*

Siento que no **hayan participado** en la campaña.
*I'm sorry that you **haven't participated** in the campaign.*

To form the present perfect subjunctive, we use the present subjunctive of the verb *haber* with a past participle. Here are the present perfect subjunctive forms of *trabajar*.

haya trabajado	hayamos trabajado
hayas trabajado	hayáis trabajado
haya trabajado	hayan trabajado

- The present perfect subjunctive uses the same regular and irregular past participles as the other perfect tenses you have learned. To review irregular past participles see pages 214–217.

34 **Gramática** **Leer/Escribir** ·····················

La bienvenida al comedor

1 Santiago es el presidente de un comedor de beneficencia. Cada año, da las gracias a las personas que trabajaron allí como voluntarios. Completa lo que dice con el presente perfecto del subjuntivo del verbo apropiado.

> juntar   escribir   decidir   tener   colaborar   organizar   enviar

Queridos voluntarios:

Me alegro de que ustedes __1.__ trabajar como voluntarios en el comedor. Creo que es justo que los ancianos y la gente sin hogar __2.__ esta oportunidad de recibir alimentos todos los días. Es muy bueno que un voluntario __3.__ fondos para comprar alimentos y espero que yo __4.__ para hacer más fácil su trabajo. Ojalá que cuando termine este año, nosotros __5.__ mejor la forma de servir la comida. Estoy contento de que ustedes __6.__ sus comentarios y los __7.__ a la dirección electrónica que les di. Muchas gracias a todos.

2 Escribe dos frases más que Santiago puede decirles a los voluntarios. Usa el presente perfecto del subjuntivo.

Gramática **Escribir/Hablar** · · · · · · · · · · · · · · · · · ·

¿Qué hacen cada día?

1 Imagina que eres voluntario(a) de un centro de rehabilitación. Escribe cinco preguntas que puedes hacerle al (a la) director(a) del centro para saber lo que ha pasado y lo que debes hacer.

2 Trabaja con otro(a) estudiante. Hagan los papeles del (de la) director(a) y el (la) voluntario(a). El (la) director(a) explica lo que no se ha hecho todavía y por qué es importante que se haga.

Modelo

A —¿Los pacientes han hecho sus ejercicios de rehabilitación?
B —No sé. Espero que ya los hayan hecho. Es importante que hagan sus ejercicios todos los días.

 Gramática **Escribir/Hablar** · · · · ·

Ayudando a otros

1 Haz una lista de trabajos que hayas hecho para ayudar a otros.

Modelo

He atendido a ancianos.
He cocinado para mis catorce primos.

2 Trabaja con un grupo de estudiantes. Comenten lo que han hecho y escriban una lista de todos los trabajos. Observen la lista y piensen en algunos trabajos que no hayan hecho y que pueden ayudar a la comunidad. Usen las expresiones siguientes para comentar sobre lo que han hecho y lo que no han hecho.

estoy orgulloso(a) de . . .	me alegro de . . .
es una lástima que . . .	me sorprende que . . .

Modelo

Me alegro de que varios estudiantes hayan donado ropa a la gente sin hogar. Me sorprende que nadie haya trabajado como voluntario en un hogar de ancianos.

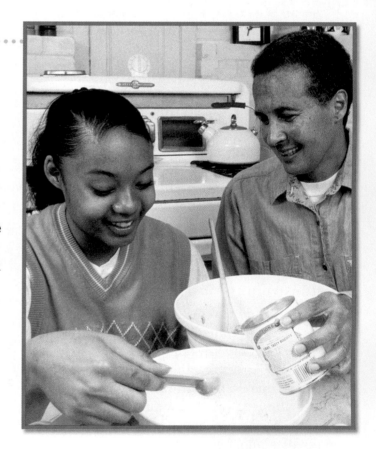

● **Más práctica** · · · · · · · · · · · · · ·

Practice Workbook 5-10

Go Online
PHSchool.com

For: Practice with the present perfect subjunctive
Visit: www.phschool.com
Web Code: jed-0507

Los adjetivos y los pronombres demostrativos

Remember that you use demonstrative adjectives to point out people or things that are nearby and farther away. A demonstrative adjective always comes before the noun and agrees with it in gender and number.

Me gusta mucho trabajar en **este** centro recreativo.
*I really like to work at **this** recreation center.*

¿Quién donó **esa** comida?
*Who donated **that** food?*

Voy a ayudar a **aquellos** pacientes.
*I'm going to help **those** patients.*

Demonstrative adjectives can also be used as pronouns to replace nouns. To distinguish them from demonstrative adjectives, they have a written accent.

Me es imposible trabajar para **este** candidato, pero me encantaría trabajar para **ése**.
*It's impossible for me to work for **this** candidate, but I would love to work for **that one**.*

¿Ves **esas** bolsas? Por favor, recoge **ésa**, pero no recojas **aquélla**.
*Do you see **those** bags? Please pick up **that one**, but don't pick up **that one over there**.*

To refer to an idea, or something that has not been identified, use the demonstrative pronouns *esto*, *eso*, or *aquello*. None of them has an accent mark.

Esto es injusto.	***This** is unfair.*
Me encantaría **eso**.	*I would love **that**.*
¿Qué es **aquello**?	*What is **that (over there)**?*

- Here are all the demonstrative adjectives and pronouns.

	Close to you		Closer to the person you are talking to		Far from both of you	
Adjectives	este	estos	ese	esos	aquel	aquellos
	esta	estas	esa	esas	aquella	aquellas
Pronouns	éste	éstos	ése	ésos	aquél	aquéllos
	ésta	éstas	ésa	ésas	aquélla	aquéllas

Éste es un perro marrón.

Ése es un perro blanco.

Aquél es un perro negro.

¿Éste o aquél?

Margarita es voluntaria en el centro de la comunidad. El supervisor del centro le dice lo que tiene que hacer. Completa las siguientes frases con el adjetivo demostrativo o el pronombre demostrativo correcto.

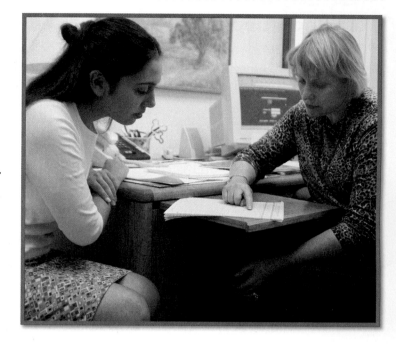

1. *(Esta / Ésta)* lista no es la de los nuevos ciudadanos. *(Aquella / Aquélla)* es la lista.

2. *(Estos / Éstos)* son los fondos que juntó el centro *(este / estos)* mes.

3. Todo *(aquel / aquello)* beneficia al centro que organiza la marcha.

4. *(Aquel / Aquél)* escritorio no es el tuyo, *(ésa / ése)* es el tuyo.

5. *(Aquéllas / Esas)* son las donaciones de alimentos que trajo la gente.

6. Debes leer *(esto / este)* artículo sobre el medio ambiente.

7. *(Esas / Éstas)* son las plantas que deben sembrarse en el parque.

8. Tenemos que publicar en nuestro informe *(esto / esos)* que dice el artículo sobre los servicios sociales.

9. No tienes que leer todas *(ésas / esas)* páginas. *(Esta / Ésta)* es la más importante.

10. *(Éste / este)* es el informe que tienes que leer.

El español en la comunidad

Profesores voluntarios por la paz, los derechos humanos y el medio ambiente

Peace Boat es una organización no gubernamental (ONG) que tiene como objetivo ayudar a grupos que promueven *(promote)* los derechos humanos, la paz y la protección del medio ambiente en distintos países. Para alcanzar su objetivo, *Peace Boat* organiza viajes en un barco alrededor del mundo para visitar países donde se pueda dar ayuda.

Como muchos de los países que el barco visita son hispanohablantes, y muchos de los participantes no hablan español, en el barco se ofrecen clases de español todos los días durante el viaje. Todos los profesores de español de *Peace Boat* son voluntarios. La organización paga solamente el boleto, la comida y las medicinas para los profesores. Todos los pasajeros pueden asistir a las clases, que se ofrecen en un "curso intensivo" para las personas que tienen bastante tiempo para estudiar. Y pueden participar en "clases libres" los pasajeros que no tienen tiempo para estudiar todos los días pero quieren disfrutar y aprender un poquito de español. Es una hermosa manera *(way)* de enseñar español, promover la paz y los derechos humanos y ayudar a proteger el medio ambiente, todo a la misma vez.

Ésta, ésa, aquélla

Imagina que te estás preparando para participar en una manifestación. Habla con un(a) compañero(a) sobre los preparativos (*preparations*). Usa los pronombres demostrativos apropiados.

Estudiante A

1. carteles
2. banderas
3. anuncios
4. tambores
5. libros
6. camisetas de la manifestación

Estudiante B

en el piso
en el armario
de color azul

sobre la mesa
allí
al lado de la puerta

artículo / en la página 2 del periódico

A —¿*Cuál es el artículo que habla sobre la manifestación?*

B —*Éste, el que está en la página 2 del periódico.*

Gramática **Escribir/Hablar** ·

A sugerir soluciones

1 La clase va a dividirse en dos grupos. Un grupo cree que el trabajo voluntario debe ser obligatorio para la graduación; el otro piensa que no. Cada grupo trata de convencer al otro. Hablen sobre:

- tipos de trabajo
- cuándo deben hacer el trabajo (después de clases, fines de semana, en vacaciones)
- si debe ser parte del currículum o no
- los beneficios que puede tener para el futuro

2 Formen grupos y preparen la representación de una marcha o una manifestación. Escojan la causa y decidan:

- a favor o en contra de qué o de quiénes protestan
- qué exigen o qué resultados esperan
- qué pasará si no consiguen lo que quieren

3 Uno o dos estudiantes pueden representar a reporteros de televisión y entrevistar a los que protestan.

Silvio Rodríguez

Silvio Rodríguez es el cantante más importante del "Movimiento de la Nueva Trova", un movimiento musical que apareció en Cuba en los años 60 y tuvo gran influencia en América Latina. Aunque ha escrito canciones de amor, frecuentemente en sus letras habla de los problemas de la sociedad, de lo que cree que es justo o injusto, de las causas que apoya.

• ¿Qué cantante conoces que hable en sus canciones de la sociedad o del medio ambiente?

• ¿Crees que es bueno que los cantantes hablen de problemas sociales en sus canciones? ¿Por qué?

● **Más práctica** · · · · · · · · · · · · · · · · · ·
Practice Workbook 5-11, 5-12

Go Online
PHSchool.com

For: Practice with demonstrative adjectives and pronouns
Visit: www.phschool.com
Web Code: jed-0509

¡Adelante!

Puente a la cultura
Los Estados Unidos ... en español

Estrategia

Reading for comprehension
Read without stopping at unknown words. Then go back, decide if the words are important, and see if you can guess the meaning. If you do not understand the meaning, then look at the footnotes or a dictionary.

César Chávez

Desde el origen de nuestro país, los hispanohablantes han hecho importantes contribuciones. Ya en 1776, el capitán Jorge Ferragat había venido desde España para luchar por la independencia. Hoy día los hispanohablantes son una importante parte de la población[1] y sus contribuciones se pueden observar en todas las áreas de la sociedad.

La población[1]

Según datos del censo del año 2000, la población hispanohablante representa el 13 por ciento del total de la población y es el grupo minoritario más grande de los Estados Unidos. Durante los años noventa, este grupo tuvo un gran crecimiento. Según la Oficina del Censo, el número de estadounidenses que hablan español en el hogar aumentó[2] más del 50 por ciento en la década de los noventa. Hoy, uno de cada diez estadounidenses habla español. Como hay casi 27 millones de hispanohablantes, el español tiene cada vez más fuerza e influye en muchos campos del país. Por eso podemos decir que el español es ahora parte importante de la cultura de los Estados Unidos.

La política

En 1993 murió César Chávez, un mexicano americano de familia pobre que fue activista laboral. Chávez organizó y dirigió a los braceros o trabajadores mexicanos migrantes de California para obtener mejores condiciones de trabajo. Creó la Farm Workers Association, de donde luego se formó el fuerte sindicato United Farm Workers of America. Chávez creía en el derecho a ser parte del "sueño americano" y mantener la cultura mexicana al mismo tiempo. En su época, éste era un concepto muy nuevo.

Nydia Velázquez es la primera hispanohablante elegida[3] al Consejo de la Ciudad de Nueva York y la primera puertorriqueña que llegó a ser miembro del Congreso de los Estados Unidos. Además de ella, hay 21 miembros hispanohablantes en el Congreso, y su número e influencia están aumentando.

---

1 population **2** grew **3** elected

Nydia Velázquez

Rosario Marin, una inmigrante que vino de México, es la Tesorera de los Estados Unidos y la hispanohablante de más alto nivel que sirve en la administración del presidente George W. Bush.

Los negocios[4]

De las 1,000 compañías que la revista *Fortune* considera las más importantes de los Estados Unidos, trece tienen directores(as) hispanohablantes. Algunas de ellas son: ALCOA, BankBoston, CHS Electronics, Kellog Co., WalMart y Office Depot.

Además, de cada cinco hispanohablantes en los consejos de administración de esas compañías, una es mujer. Linda G. Alvarado, por ejemplo, además de ser directora general de su propia compañía, Alvarado Construction, es también presidenta de los consejos de administración de otras cinco compañías.

Linda G. Alvarado

Las ciencias

Los hispanohablantes se han destacado[5] también como científicos. Por ejemplo, el Dr. Luis W. Álvarez recibió el Premio Nobel de Física por sus estudios sobre partículas elementales[6] y el Dr. Severo Ochoa ganó el Premio Nobel de Medicina por sus estudios sobre el ADN y el ARN[7].

---

4 business **5** have stood out **6** elementary particles **7** DNA and RNA

¿Comprendiste?

1. ¿Puede decirse que la población hispanohablante es una minoría importante en Estados Unidos? ¿Por qué? ¿Qué ha pasado con esta población desde los años noventa?

2. ¿En qué campos trabajan y hacen importantes contribuciones los hispanohablantes de Estados Unidos?

3. ¿Los hispanohablantes participan en la política de Estados Unidos? Da un ejemplo.

Escribe tu opinión

Después de leer el artículo, piensa cómo puede servirle aprender español a una persona que no lo habla. Escribe un párrafo en el que expliques cómo el español puede ayudar a esa persona a encontrar un trabajo.

Dr. Severo Ochoa

Rosario Marin

En busca de empleo

1 🎧 Vas a escuchar una narración en tres partes. Después de cada parte, vas a oír una o dos preguntas. Escoge la respuesta que corresponda a cada pregunta.

1. **a.** comedor de beneficencia   **b.** hogar de niños   **c.** centro recreativo

2. **a.** llevarlas a la entrevista   **b.** pedirlas a los ancianos   **c.** leerlas

3. **a.** si tenía responsabilidad   **b.** si le gustaba ser voluntario   **c.** si sabía cocinar

4. **a.** de horario flexible   **b.** sólo a tiempo parcial   **c.** fácil

5. **a.** si donan fondos   **b.** cuál es el salario   **c.** ¡Felicitaciones!

2 Las ilustraciones que aparecen a continuación representan un cuento. Con tus propias palabras, describe detalladamente lo que sucedió. Añade más información para que el cuento sea más interesante. ¡Usa tu imaginación!

Si quieres, puedes usar las siguientes palabras o expresiones para conectar tus ideas.

en cuanto *(as soon as)* mientras a pesar de que *(in spite of)*	cuando	
para empezar al mismo tiempo *(at the same time)*	durante	

1

2

3

4

5

6

3 Trabaja con un grupo de estudiantes. Hablen de los problemas que tuvo el estudiante del cuento anterior. Hagan sugerencias de lo que puede hacer para que la siguiente entrevista sea mejor.

Presentación oral

La elección de la clase

Tarea

Imagina que decides presentarte como candidato(a) a presidente(a) de la clase. Prepara un discurso para convencer a los estudiantes de que eres el (la) mejor porque has ayudado a los demás y eres responsable. Acompaña tu presentación con un cartel.

Estrategia

Using visual aids
If you create visual aids such as graphs and charts to support the topic of your speech, they will strengthen your argument while adding visual appeal.

1 Prepárate Para hacer tu discurso, es necesario que pongas tus ideas en orden. Anota en una tabla como la siguiente las razones por las que piensas que eres el (la) mejor candidato(a) para el trabajo.

Cualidades y habilidades	Éxitos importantes	Trabajos realizados	Problemas de la clase	Ideas para resolverlos

2 Practica Vuelve a leer la información y organízala para preparar tu discurso. Explica tus cualidades y lo que has hecho, los problemas de la clase y tus soluciones. Usa tus notas para practicar, pero no al hablar ante la clase. Recuerda:

- expresar tus ideas en forma convincente *(a convincing way)*
- hablar con voz clara

Modelo

Soy la mejor candidata para presidenta de la clase. Siempre me han preocupado los problemas de mis compañeros. Siempre he ayudado a todos. Tengo muchas ideas para mejorar . . .

3 Haz tu presentación Piensa que tus compañeros(as) de clase son los que van a votar a favor del (de la) mejor candidato(a). Usa un cartel u otra ayuda gráfica para apoyar tu presentación.

4 Evaluación Tu profesor(a) puede explicarte cómo va a evaluar tu presentación. Probablemente, para tu profesor(a) es importante ver que:

- explicaste con ejemplos por qué eres el (la) mejor candidato(a)
- tu público entendió el mensaje de tu discurso

La carta para solicitar empleo

Objectives
- To write a cover letter to express interest in a job
- To include a description of the student's qualities and work experience in the letter

Estrategia

Writing to persuade

When you write to persuade, you want to convince someone else to do or think the way you do. In this case, you are offering to be the best candidate for an opening. When you write to persuade you should do the following:

- Think about the needs of the person you are writing to.
- Think of the reasons why you might be the best candidate.
- Organize the reasons and let the person you are writing to know you are the solution.
- Invite your reader to take action.

Imagina que quieres pedir trabajo en un centro recreativo. Vas a enviar una carta en la que expliques tus cualidades, tu experiencia y las razones por las que te gustaría trabajar allí. Escribe una carta para solicitar empleo.

1 Antes de escribir

Piensa en los datos que quieres incluir en la carta. Crea una gráfica, como la siguiente, con la información que debes poner en cada parte de la carta. Imagina el nombre de la organización y del gerente al que le escribes la carta.

SALUDO/INTRODUCCIÓN

Razones por las que le escribo:
- He leído el anuncio y me interesa el trabajo.
- Me gusta ayudar.
- Me gusta trabajar con niños.

DESARROLLO

Cualidades/Experiencia:
- ordenado, puntual, responsable
- He trabajado como consejero en un campamento de verano.
- Antes había juntado fondos para . . .

CARTA PARA SOLICITAR EMPLEO PARA:

Centro Recreativo Avellaneda
Gerente: Sr. Jorge Ríos

CONCLUSIÓN
- Tengo las cualidades y la experiencia que se necesitan para hacer bien el trabajo.
- Voy a llamarlo la semana que viene.

2 Borrador

Escribe tu borrador. Recuerda que la carta es para el gerente del centro recreativo en el que quieres trabajar. Escribe tus ideas siguiendo el orden de la gráfica. Recuerda usar la gramática y el vocabulario de este capítulo.

DESPEDIDA
- Atentamente

Heading
Carlos Terreno
Calle 45, Número 120
1345 - Sucre, Bolivia

14 de enero de 2004 → **Date**

Greeting
Sr. Jorge Ríos
Gerente
Centro Recreativo Avellaneda
Calle 67, número 34
1234 - Sucre, Bolivia

Estimado Sr. Ríos:

Topic sentence: reasons for the letter; interest in the job

He leído en los anuncios clasificados del periódico que busca un joven que haya tenido experiencia con niños para trabajar de voluntario en su centro recreativo. He trabajado como consejero en un campamento de verano y antes había juntado . . . → **Introduction**

Details about previous experience

Soy un joven ordenado, puntual y responsable. Además, me gusta ayudar y me interesaría . . . → **Development**

Details about personal qualities

Voy a llamarlo la semana que viene para saber si puedo entrevistarme con usted. Si desea verme antes, por favor llámeme al teléfono . . . → **Conclusion:** follow up and invitation for the reader to take action

Closing
Atentamente,

Signature
Carlos Terreno
Carlos Terreno

3 Redacción/Revisión

Después de escribir el primer borrador de tu carta, trabaja con otro(a) estudiante para intercambiar los trabajos y leerlos. Digan qué aspectos de las cartas son más efectivos.

Haz lo siguiente: Subraya con una línea los verbos en presente perfecto, con dos los verbos en pluscuamperfecto, y encierra en un círculo los verbos en presente perfecto del subjuntivo. Corrige los errores de verbos, ortografía y concordancia.

He leído en los anuncios clasificado⁵ del periódico que busca un joven que (haya tenido) experiencia con niños para trabajar como voluntario en su centro recreativo. He trabaje̶ *trabajado* como consejero en un campamento de verano y antes habíamos̶ *había* juntado . . .

4 Publicación

Antes de escribir la versión final, lee de nuevo tu carta y repasa los siguientes puntos:

- ¿Sigue mi carta el formato de una carta para solicitar empleo?
- ¿Puse detalles sobre mis cualidades y mi experiencia de trabajo?

Después de revisar el borrador, escribe una copia en limpio de tu carta.

5 Evaluación

Tu profesor(a) puede explicarte cómo va a evaluar tu presentación. Probablemente, para tu profesor(a) es importante ver que:

- seguiste el formato de una carta para solicitar empleo
- usaste detalles para demostrar que eres el (la) mejor candidato(a)

Lectura

La Pobreza

Objectives

- **Read about a Mayan folktale**
- **Use context clues to find meaning of unfamiliar words**
- **Understand the meaning of the story**

Estrategia

Using context clues
If you don't recognize a word in a selection, use other words in the sentence or paragraph to guess its meaning. Which context clues may help you to guess the meaning of words such as *poblado*, *ramas*, and *deshacerse*?

Al leer

Muchas personas se dedican a tratar de cambiar algo que no les parece bueno o justo. Quieren tener un efecto en la vida de los demás. María Luisa Góngora Pacheco se ha dedicado a conservar la tradición de los pueblos mayas de Yucatán, sus narraciones orales, su teatro popular, su artesanía y su cocina. Vas a leer un cuento escrito por ella.

En este cuento, *La Pobreza*, la autora trata de mostrarnos lo que piensan los mayas sobre la muerte y la pobreza a través de sus propias narraciones orales, que transmiten de padres a hijos.

Antes de leer el cuento, copia la tabla de la página 241. Llena la segunda columna mientras lees y presta atención a los siguientes puntos:

- cómo describe la autora a la Muerte
- la descripción del personaje de la Pobreza
- cómo ve la gente del pueblo a los dos personajes

El señor Aurelio Zumárraga cuenta que hubo una vez cierta viejita cuyo nombre era Pobreza y que vivía en las afueras de la población. En la puerta de su casa había sembrado una mata de huaya[1] y ésta le daba frutos todo el año. Lo que le molestaba a la viejita es que a aquel que veía el fruto le daban ganas de[2] comérselo y sin pedirle permiso se subía a la mata y se anolaba[3] las huayas.

Un día, cuando la viejita llegó al centro del poblado, vio que un viejito pedía limosna, pedía aunque sea le dieran algo para comer en vez de unas monedas, pero nadie lo tomaba en cuenta.

A la viejita le dio pena verlo en ese estado tan lastimoso y se lo llevó a su casa para darle de almorzar. Cuando el hombrecito terminó de comer, le dijo a la viejita:

—Ahora que ya comí lo que me diste, pídeme lo que quieras, que yo puedo concedértelo[4].

---

1 guava bush **2** felt like **3** ate **4** grant it

—Buen hombre —dijo la viejita—, lo único que quiero es que le digas a la huaya que no deje bajar al que se suba a sus ramas, hasta que yo se lo mande.

—¡Que se cumpla lo que pides! —contestó el viejito y se fue satisfecho.

La viejita se quedó muy complacida al ver que se cumplía lo prometido por el viejito.

Pasaron muchos años, y un día llegó con la viejita el señor de la Muerte quien le ordenó:

—Ya es tiempo de que vengas conmigo vieja Pobreza, por eso te vine a buscar.

Ella pensó rápidamente la forma de deshacerse de la Muerte y le dijo: —Me voy contigo, pero primero quiero que bajes unas huayas para que yo anole.

—Bien, en seguida lo haré —contestó la Muerte. Se dirigieron al árbol y ya debajo, la viejita le dijo a la Muerte:

—Sube hasta allá en lo más alto, ahí se encuentran las más grandes y hermosas huayas, de ésas quiero.

La Muerte, muy segura de sí misma, trepó a la mata, pero no pudo bajarse.

La Pobreza al ver lo que sucedía, se metió a su casa y se desajenó[3] de todo.

Así pasaron muchos años y la Muerte no llegaba a nadie, aunque se enfermara la persona. Los doctores veían con asombro que la viejita Pobreza no moría aun buscando alguna manera para hacerlo.

Un día, uno de los doctores fue a casa de la viejita y lo primero que vio fue la mata llena de frutos, dándole tantas ganas de comer algunos se subió y no pudo bajar. En las ramas encontró al señor de la Muerte y le preguntó:

---

3 washed her hands of

—¿Qué haces aquí?, todos te andan buscando, pues ya quieren morirse y tú no llegas para llevártelos.

—Mira, lo que pasó fue que esa mentecata[4] de viejita de la casa, me fregó[5], pues vine a buscarla y la muy taimada[6] me dijo que se iría conmigo, pero que antes le bajara unas cuantas huayas. Al subir no pude bajarme y aquí me tienes, y todo aquel que se sube, se queda y hasta tú te quedarás —contestó la Muerte.

—Entonces, a eso se debe que no mueran las personas —dijo el doctor.

—Lo que debemos hacer es bajar —y empezó a gritar: —¡Vengan aquí, vengan aquí, la Muerte está en mi poder, vengan a verla!

Fue tanto lo que gritó y tan fuerte, que la gente de la población se reunió debajo del árbol.

—Bajen —les decían.

—No podemos, todo el que se sube, se queda aquí —contestó el doctor.

Entonces la gente acordó cortar el árbol para que bajaran el doctor y la Muerte. Al momento que lo iban a comenzar a cortar, se asomó la viejita Pobreza.

—¿Qué pretenden hacer, si quieren bajar a los que están en la mata de huaya, por qué no me lo dicen?

—Discúlpenos[7], —dijeron los allí reunidos. La vieja Pobreza se volvió hacia el árbol y le dijo:

—¡Deja que todos bajen!

Cuando todos bajaron, el señor de la Muerte le dijo:

—Vieja Pobreza, por dejarme bajar del árbol, ahora tengo mucho trabajo y no te puedo llevar, otro día será.

Se fue el señor de la Muerte y la Pobreza se quedó en la tierra. Por eso hasta ahora la tenemos con nosotros.

4 silly, stupid 5 ruined my plans 6 sly, crafty 7 excuse us

Interacción con la lectura

1 Completa la tabla con claves del contexto.

CLAVES DEL CONTEXTO		
palabra desconocida	palabras clave	significado
limosna		
lastimoso		
rama		
satisfecho		
complacida		
deshacerse		
trepó		
acordó		
se asomó		

2 Trabaja con un grupo de estudiantes. Completen sus tablas. Usen las palabras clave que escribieron para decir cuál creen que es el significado de las palabras desconocidas. Escriban el significado de cada palabra en la columna vacía.

3 Comenta con tu grupo lo que escribieron en sus tablas y contesta las preguntas.

- ¿Qué hizo la Pobreza para deshacerse del señor de la Muerte cuando vino a buscarla?
- ¿Cuál era más importante para la vieja Pobreza, la mata de huaya o la Muerte? ¿Por qué?
- ¿Qué significa cuando la autora dice que el señor de la Muerte no se llevó a la Pobreza aunque era vieja?
- Da algunas características del personaje de la Muerte en este cuento. ¿La autora lo presenta como un personaje trágico y serio o no?

4 ¿Conoces otros cuentos o mitos que traten de la Muerte? Escribe un párrafo que diga cómo hablan de ella.

Fondo cultural ■◆■◆■◆■◆■◆■◆■◆■◆■◆■◆■◆■

Vuelta de hoja La vida de Luis Rodríguez iba por un camino peligroso. A los 7 años, ya era un ladrón. No pasaba de los 13 años, cuando estuvo en un centro de detención juvenil[1] y a los 15, dejó la escuela. Pero a los 18 años "comencé a darle vuelta a mi vida", recuerda Rodríguez. Con ayuda, empezó a trabajar. "Pero a lo largo de todo, leí todo lo que pude. Los libros salvaron mi vida", dice Rodríguez.

Hace más de un año, Rodríguez abrió al noreste de Los Ángeles el Café Cultural Tía Chucha, para los jóvenes hispanohablantes y sus familias. Allí tienen charlas de historia y libros, presentaciones musicales y exhibiciones de películas. Rodríguez quiere ayudar a otros jóvenes a desarrollar sus habilidades y a curarse[2] ellos mismos, tal como él se curó. Él es un escritor y activista mexicano-americano que nació en El Paso, Texas. Su padre, Alfonso, un director de escuela en México, fue quien fomentó su amor por los libros.

- ¿Conoces algún centro de la comunidad en tu barrio que te haya ayudado a ti o a algún(a) joven que conoces? ¿Cómo se llama el centro y cómo los(as) ayudó?
- ¿Por qué crees que el café de Rodríguez puede gustarle a los(as) jóvenes? ¿Qué otras cosas crees que puede añadir al café?

Luis Rodríguez en el Café Cultural Tía Chucha

---

1 juvenile detention center **2** to heal

Repaso del capítulo

Vocabulario y gramática

en el trabajo

el anuncio clasificado	classified ad
los beneficios	benefits
el / la cliente(a)	client
la compañía	firm / company
el / la dueño(a)	owner
la fecha de nacimiento	date of birth
el / la gerente	manager
el puesto	position
el salario (o el sueldo)	salary
la solicitud de empleo	job application

los trabajos

la computación	computer science
el / la consejero(a)	counselor
el / la mensajero(a)	messenger
el / la niñero(a)	babysitter
el / la repartidor(a)	delivery person
el / la recepcionista	receptionist
el / la salvavida	lifeguard

cualidades y características

agradable	pleasant
dedicado, -a	dedicated
flexible	flexible
injusto, -a	unfair
justo, -a	fair
puntual	punctual
la responsabilidad	responsibility
responsable	responsible

para la entrevista

los conocimientos	knowledge
la entrevista	interview
la habilidad	skill
la referencia	reference
el requisito	requirement

el trabajo

a tiempo completo	full time
a tiempo parcial	part time

actividades

atender	to help, to assist
construir (i→y)	to build
cumplir con	to carry out, to perform
donar	to donate
encargarse (de)(g→gu)	to be in charge of
juntar fondos	to fundraise
presentarse	to apply for a job
reparar	to repair
repartir	to deliver
seguir (+ gerund)	to keep on (doing)
sembrar (ie)	to plant
soler (ue)	to usually do something
solicitar	to request

la comunidad

la campaña	campaign
el centro de la comunidad	community center
el centro de rehabilitación	rehabilitation center
el centro recreativo	recreation center
la ciudadanía	citizenship
el / la ciudadano(a)	citizen
el comedor de beneficencia	soup kitchen
los derechos	rights
la gente sin hogar	homeless people
el hogar de ancianos	home for the elderly
la ley	law
la manifestación	demonstration
la marcha	march
el medio ambiente	environment
el servicio social	social service
la sociedad	society

acciones

beneficiar	to benefit
educar	to educate
garantizar	to guarantee
organizar	to organize
proteger	to protect

expresiones

a favor de	in favor of
en contra (de)	against
me es imposible	It is impossible for me . . .
me encantaría	I would love to. . .
me interesaría	I would be interested . . .

El presente perfecto

To form the **present perfect tense**, combine the present tense of the verb *haber* with a past participle.

he hablado	**hemos hablado**
has hablado	**habéis hablado**
ha hablado	**han hablado**

To form the past participle of a verb, add *-ado* to the stem of *-ar* verbs and *-ido* to the stem of *-er* and *-ir* verbs.

hab**lar** → hab**lado**　　　com**er** → com**ido**　　viv**ir** → viv**ido**

Some verbs that have a double vowel in the infinitive (except for *ui*) require an accent mark on the *i* in the past participle.

caer → ca**ído**　　　　**oír** → o**ído**

Many Spanish verbs have irregular past participles:

abrir	→	**abierto**	morir	→	**muerto**	romper	→	**roto**
decir	→	**dicho**	poner	→	**puesto**	ser	→	**sido**
escribir	→	**escrito**	resolver	→	**resuelto**	ver	→	**visto**

When using the present perfect tense, place negative words, object pronouns and reflexive pronouns before the form of *haber*.

No he repartido las flores.
Mi profesora **me** ha escrito un poema.
El dueño **se** ha ido temprano a la oficina.

El pluscuamperfecto

To form the **pluperfect,** combine the imperfect tense of the verb *haber* with a past participle.

había hablado	**habíamos hablado**
habías hablado	**habíais hablado**
había hablado	**habían hablado**

El presente perfecto del subjuntivo

To form the **present perfect subjunctive,** use the present subjunctive of the verb *haber* with a past participle.

haya trabajado	**hayamos trabajado**
hayas trabajado	**hayáis trabajado**
haya trabajado	**hayan trabajado**

Los adjetivos y los pronombres demostrativos

	Close to you		Closer to the person you are talking to		Far from both of you	
Adjectives	este	estos	ese	esos	aquel	aquellos
	esta	estas	esa	esas	aquella	aquellas
Pronouns	éste	éstos	ése	ésos	aquél	aquéllos
	ésta	éstas	ésa	ésas	aquélla	aquéllas

To refer to an idea, or something that has not been identified, we use the demonstrative pronouns *esto, eso,* or *aquello.*

● **Más práctica** ·
Practice Workbook Organizer 5-13, 5-14

Preparación para el examen

Chapter Review

To prepare for the test, check to see if you . . .

- know the new vocabulary and grammar
- can perform the tasks on pp. 244 and 245

1 **Vocabulario** Escribe la letra de la palabra o expresión que mejor complete cada frase. Escribe tus respuestas en una hoja aparte.

1. Cuando llenas una solicitud de empleo te piden tu _____.
   a. derecho
   b. fecha de nacimiento
   c. requisito
   d. entrevista

2. Vamos a participar en una _____ para proteger a la gente sin hogar.
   a. campaña
   b. ciudadanía
   c. rehabilitación
   d. responsabilidad

3. No quiero trabajar todos los días. Necesito un puesto a tiempo _____.
   a. puntual
   b. completo
   c. clasificado
   d. parcial

4. Una recepcionista debe _____ bien a los clientes.
   a. reparar
   b. atender
   c. repartir
   d. conseguir

5. ¿Quieres ayudarnos a _____ árboles en el jardín de la comunidad?
   a. educar
   b. beneficiar
   c. sembrar
   d. solicitar

6. Me gustaría trabajar de _____ en una piscina.
   a. salvavida
   b. mensajero
   c. vendedor
   d. repartidor

7. Las leyes de nuestro país _____ educar a todos los niños.
   a. benefician
   b. solicitan
   c. rescatan
   d. garantizan

8. Muchos jóvenes voluntarios _____ casas para la gente sin hogar.
   a. construyen
   b. destruyen
   c. limpian
   d. protegen

2 **Gramática** Escribe la letra de la palabra o expresión que mejor complete cada frase. Escribe tus respuestas en una hoja aparte.

1. Antes de trabajar en el hogar de ancianos, Pilar_____ en un centro recreativo.
   a. ha trabajado
   b. había trabajado
   c. está trabajando
   d. trabaja

2. Me interesaría este puesto, pero prefiero más _____.
   a. aquella
   b. aquellos
   c. aquél
   d. aquellas

3. Espero que mi profesora me _____ una buena carta de referencia.
   a. haya escrito
   b. había escrito
   c. ha escrito
   d. está escribiendo

4. No sé dónde está el gerente. No lo _____ en varias horas.
   a. he visto
   b. había visto
   c. veía
   d. haya visto

5. Quiero que te encargues de _____ solicitudes de empleo.
   a. estos
   b. esto
   c. estas
   d. este

6. Espero que ustedes _____ suficientes fondos para el hogar de ancianos.
   a. han juntado
   b. hayan juntado
   c. habían juntado
   d. juntan

7. "¿Cuántas bicicletas ya _____ este año?", le preguntó a Julio el dueño del taller.
   a. estás reparando
   b. reparabas
   c. hayas reparado
   d. has reparado

8. Cuando llegué al comedor de beneficencia, los voluntarios ya _____ la mesa.
   a. habían puesto
   b. han puesto
   c. van a poner
   d. hayan puesto

En el examen vas a . . .	Éstas son las tareas de práctica que te pueden ser útiles para el examen . . .	Si necesitas repasar . . .
3 Escuchar Escuchar a varios estudiantes en entrevistas de trabajo e identificar los empleos que están solicitando	Escucha lo que dicen estos estudiantes en sus entrevistas de trabajo. Presta atención a lo que dicen y di a qué empleo se presentaron Verónica, Ariel, José y Patricia.	**pp. 206–209** *A primera vista 1* **p. 211** Actividad 9 **p. 212** Actividad 11 **p. 213** Actividad 12
4 Hablar En una feria de trabajo, hablar de tu experiencia y hacer preguntas sobre los empleos	Imagina que vas a una feria de trabajo. Di lo que le dirías a un consejero acerca de tus conocimientos y habilidades, en qué te interesaría trabajar y en qué has trabajado antes. También haz preguntas sobre el empleo, por ejemplo: el horario, el sueldo y los beneficios.	**p. 211** Actividad 9 **p. 212** Actividad 11 **p. 212** Actividad 12 **p. 215** Actividad 15 **p. 216** Actividad 17
5 Leer Leer y comprender un anuncio clasificado	Lee este anuncio. ¿Qué tipo de empleo se ofrece? ¿Es un trabajo a tiempo completo o a tiempo parcial? ¿Qué conocimientos o habilidades se necesitan? **Recepcionista.** Se necesita joven bilingüe, puntual y responsable para atender el teléfono y otros trabajos de oficina. Otros requisitos: saber trabajar con computadoras y tener buenas referencias. Lunes a viernes de 8 a.m. a 5 p.m. Buenos beneficios y salario. Presentarse en nuestras oficinas de la Avenida Bolívar # 534.	**p. 209** *A primera vista 1* **p. 212** Actividad 11 **p. 216** Actividad 16
6 Escribir Escribir una carta para solicitar empleo	Imagina que vas a solicitar empleo. Piensa qué tipo de trabajo es, y escribe una carta para solicitar empleo. En tu carta di (a) por qué te interesa el trabajo, (b) qué cualidades personales tienes por las que serías el (la) mejor para ese puesto y (c) qué experiencia de trabajo tienes.	**p. 213** Actividad 13 **p. 226** Actividad 33 **pp. 236–237** *Presentación escrita*
7 Pensar Pensar en las contribuciones de los hispanohablantes a los Estados Unidos	¿Cuál es el impacto de algunos hispanohablantes en la cultura de los Estados Unidos? También piensa en cómo les influimos a ellos en sus países, como en la política, los negocios, las artes, las ciencias y el deporte.	**p. 226** *Fondo cultural* **pp. 232–233** *Puente a la cultura*

A ver si recuerdas...

Vocabulario

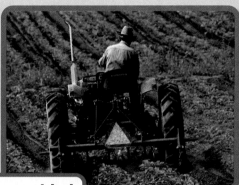

el mundo del espectáculo
el actor, la actriz
el bailarín, la bailarina
el/la cantante
el crítico, la crítica

el mundo de las ciencias y la tecnología
el/la dentista
el enfermero, la enfermera
el médico, la médica
el técnico, la técnica
el veterinario, la veterinaria

trabajos en la comunidad
el agricultor, la agricultora
el bombero, la bombera
el cajero, la cajera
el cartero, la cartera
el/la dependiente
el empleado, la empleada
el/la gerente
el mecánico, la mecánica
el paramédico, la paramédica
el/la policía
el político, la política
el secretario, la secretaria

los estudios
la graduación
la universidad

el mundo de las artes
el/la artista
el escritor, la escritora
el escultor, la escultora
el pintor, la pintora

Actividad 1

Hablar ....

Práctica de vocabulario

❶ Trabaja con otro(a) estudiante para emparejar cada actividad o área de trabajo con una profesión.

1. actuar, el teatro

2. los animales, las ciencias naturales

3. cuidar y proteger a la gente

4. los libros, escribir

5. las leyes, las ciencias sociales

a. policía

b. escritor(a)

c. abogado(a)

d. veterinario(a)

e. actor, actriz

❷ Con tu compañero(a), habla de qué cualidades o estudios se necesitan para trabajar en las profesiones de las listas en el *Vocabulario*.

Modelo

investigar / científico(a)
Si te gusta investigar, puedes ser científico.

Gramática·Repaso

Saber vs conocer

Both *saber* and *conocer* mean "to know."

You use *saber* to talk about knowing facts or information.

Nadie **sabe** la fecha del examen.

¿**Saben** Uds. quién es ese actor?

Saber followed by an infinitive means "to know how to do something."

Por supuesto, yo **sé usar** la computadora.

No, mi hermanito no **sabe manejar**.

Conocer means "to know" in the sense of being acquainted or familiar with a person, place, or thing.

Conocemos al Dr. Fernández y a toda su familia.

¿**Conocen** Uds. el jardín zoológico de Mérida?

In the preterite, *conocer* means "to meet someone for the first time."

Conocí a dos críticos que trabajan para el periódico.

¿Los **conociste** en la conferencia de ayer?

Actividad 2 Hablar

Práctica de gramática

¿Qué es necesario saber hacer en cada profesión? Con tu compañero(a) escoge cuatro profesiones de la lista en la pág. 246. Túrnate con tu compañero(a) para decir qué se debe saber hacer en cada una.

Modelo

periodista
Un periodista debe saber escribir bien.

Actividad 3 Hablar

Práctica de gramática

Túrnate con tu compañero(a) para hacer y contestar preguntas usando *saber* y *conocer*.

Modelo

el número de teléfono de (nombre) . . .
A —*¿Sabes el número de teléfono de Alex?*
B —*Sí, lo sé, es 555-1719. / No, no lo sé.*

- la fecha de hoy
- la respuesta
- al profesor (nombre)
- la Ciudad de México
- alguna canción en español
- montar en bicicleta
- alguna mujer de negocios
- a qué hora abre el museo

Actividad 4 Leer/Escribir

Práctica de gramática

Dos amigos hablan en una fiesta. Completa la conversación con el verbo *saber* o *conocer* según corresponda.

A —¿ **1.** quién es esa señora?

B —Es la doctora Rubio. Yo **2.** a sus hijos. Los **3.** el año pasado.

A —¿De veras? ¿Dónde los **4.** ?

B —En la universidad. Ellos **5.** a mi amiga Elena.

A —¿Elena Peña? Yo también la **6.** .

Vocabulario

la tecnología
la computadora
la computadora portátil
el correo electrónico
el disco compacto
el disquete
la página web
la Red
el salón de chat
el televisor
el video
la videocasetera

la ciudad
el apartamento
el barrio
la calle
la casa
la comunidad
el edificio de
    apartamentos
la gente
el tráfico

el medio ambiente
el agua
el aire
los animales
limpio, -a
la naturaleza
puro, -a
sucio, -a

acciones
beneficiar
cambiar
construir
crear
darse cuenta de
eliminar
mejorar
obtener
preocuparse
proteger
realizar
tener lugar

para comparar
ahora
antes
desafortunadamente
hace . . . que
hasta
más . . . (que)
mejor
menos . . . (que)
peor
pero

Actividad 5 **Escribir/Hablar** . . . .

Práctica de vocabulario

Haz una lista de cuatro cosas que hayan cambiado en tu barrio o comunidad en los últimos años. Luego escribe frases comparando cómo son las cosas ahora y cómo eran antes. Usa las palabras de la lista. Comparte tus frases con un(a) compañero(a).

Modelo

tráfico

El tráfico en mi comunidad es ahora peor que antes porque hay más gente que vive en el barrio.

Actividad 6 **Hablar** . . . .

Práctica de vocabulario

Túrnate con un(a) compañero(a) para decir qué había o no había en los períodos de tiempo indicados. Usen las palabras o expresiones de las listas.

Modelo

Hace 50 años . . .
Hace 50 años había televisión pero no había videocaseteras.

1. Hace 40 años . . .   **4.** Hace 10 años . . .

2. En 1975 . . .   **5.** En 1930 . . .

3. El año pasado . . .   **6.** Hace 20 años . . .

El *se* impersonal

In English you often use *they, you, one,* or *people* in an impersonal or an indefinite sense meaning "people in general." In Spanish you use *se* + the *Ud. /él /ella* or the *Uds. /ellos /ellas* form of the verb.

Se habla español.   **Se** venden computadoras baratas.

• Note that you don't know who performs the action. The word that follows the verb determines whether the verb is singular or plural.

Se creó una página web.   **Se crearon** páginas web.

• When the word following the conjugated verb is an infinitive, the verb form is singular.

Se necesita construir un nuevo edificio.

Actividad 7

Hablar ·

Práctica de gramática

Trabaja con otro(a) estudiante para hacer la pregunta *¿Dónde . . . ?* y contestarla. Luego inventen y contesten tres preguntas más con *¿Dónde?*

Modelo

escribir reseñas
A —*¿Dónde se escriben reseñas?*
B —*En el periódico se escriben reseñas.*

1. ver mucha gente tomando el sol
2. no permitir sacar fotos
3. vender ropa barata
4. poder esquiar
5. comer muy bien
6. **¡Respuesta personal!**

Actividad 8

Escribir ·

Práctica de gramática

Trabajas en la sección de anuncios clasificados de un periódico. En una hoja aparte escribe títulos para anuncios usando los siguientes verbos y las palabras de abajo. Recuerda que si la palabra que va después del verbo es plural el verbo debe ir en plural.

vender	reparar	alquilar
necesitar	buscar	comprar

1. un coche
2. computadoras
3. apartamento nuevo
4. personas con experiencia
5. bicicletas usadas
6. joven cortés
7. casas viejas
8. videos y discos compactos

● **Más práctica** · · · · · · · · · · · · ·
Practice Workbook 6-1, 6-2

For: More review
Visit: phschool.com
Web Code: jed-0601

Fondo cultural

Matta y el surrealismo

El surrealismo fue un movimiento literario y artístico muy importante de la primera mitad *(half)* del siglo XX. Entre sus artistas principales se destaca el pintor chileno Roberto Matta (1911–2002). Matta vivió la mayor parte de su vida en Europa y Estados Unidos, y sus influencias más importantes fueron Dalí y Picasso. Sus obras se caracterizan por el uso de figuras abstractas, el espacio, la transparencia, el movimiento, la energía y los colores brillantes *(bright)*. Este cuadro es un ejemplo de la pintura surrealista.

• ¿Cómo crees que se diferencia el realismo del surrealismo en la pintura?

L'Etang de No, (1958), Roberto Matta

¿Qué nos traerá el futuro?

Chapter Objectives

- Talk about careers and professions
- Talk about plans for the future
- Explain the impact of science and technology on our lives
- Understand cultural perspectives on jobs and technology

Video Focus

- The effects of technology on society

Country Connection

As you learn about careers and technology, you will make connections to these countries and places.

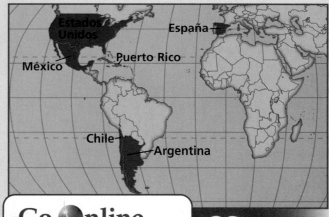

Estados Unidos

España

Puerto Rico

México

Chile

Argentina

Go Online
PHSchool.com

For: Online Atlas
Visit: phschool.com
Web Code: jee-0002

A primera vista 1

Vocabulario y gramática en contexto

¿Qué planes tienes para el futuro? **Te graduarás** de la escuela secundaria y, ¿qué harás después? En poco tiempo **tomarás decisiones** muy importantes.

Será bueno que hables con un(a) consejero(a), con tus padres o con otras personas sobre este tema. Ellos te pueden ayudar a ver qué profesiones se relacionan con tus intereses y habilidades.

el programador

el científico

3 Te gustan las computadoras. Te gusta resolver problemas y buscar soluciones porque eres **emprendedor.**

2 Te interesan **las finanzas** y el dinero. Los hombres y mujeres de negocios confían en ti porque eres honesto e inteligente.

el banquero

la mujer de negocios

1 Te gusta hacer investigaciones científicas en el laboratorio. Eres ordenado y **cuidadoso.** Te importan mucho los detalles.

el hombre de negocios

el redactor

4 Te es fácil escribir y eres cuidadoso. **Además de** escribir, eres **capaz** de leer el trabajo de otros escritores y hacer correcciones.

el diseñador

5 Te interesa la moda y eres capaz de **diseñar** ropa nueva y original. Tienes mucho talento artístico.

la jueza

la abogada

el abogado

6 Te encanta leer sobre la ley. Eres una persona justa y te importan los derechos de los ciudadanos.

el cocinero

7 Te gusta mucho cocinar, eres **eficiente** y algo artístico.

Actividad 1

Escuchar/Escribir/Hablar •

¿Con quién debo hablar?

1 En una hoja, escribe los números del 1 al 7. Después, escucha lo que necesitan las personas y escribe con qué profesional necesitan hablar.

2 Escribe dos cualidades que se necesitan para cada una de las profesiones que escribiste. Compara tu lista con la de otro(a) estudiante.

Los estudiantes hablan de su futuro

Estela Pérez

Manolo Sánchez

1 —¿Seguirás estudiando después de terminar la escuela secundaria?

—¡Sí, por supuesto! Para mí lo más importante es tener una buena educación. Soy **ambiciosa**, quiero ganar un buen salario, **así que** estudiaré finanzas. Buscaré trabajo y poco a poco **lograré** conseguir un puesto como directora o **jefa** de una oficina.

—Tu hermana quiere **seguir una carrera** similar, ¿no?

—Sí, ella quiere ser **contadora**. Es muy buena con los números. ¡Ya se encarga del dinero de la familia!

2 —¿Qué harás en cinco años?

—Me gustan los coches, así que **me dedicaré** a la mecánica. Quisiera ser dueño de un taller mecánico. Así no tendré otro jefe y **haré lo que me dé la gana**.

—¿Crees que te quedarás en casa con tus padres?

—Eso depende. Si estoy **casado**, mi esposa y yo **nos mudaremos** a una casa. Si estoy **soltero**, es posible que me quede con mis padres.

Ana María Sosa López

3 —¿Qué harás después de graduarte? Sabemos que eres bilingüe y que has hecho traducciones aquí en la escuela. ¿Serás **traductora**?

—Sí, me gusta **traducir** pero lo que más me interesa es viajar. **Por lo tanto** quiero **desempeñar un cargo** de traductora en **una empresa** que tenga oficinas en varios países.

—¿Te gustará vivir en otro país?

—Sí, porque realizaré mi sueño (*dream*) de viajar y conocer el mundo.

Francisco Gómez Durán

Belinda Domínguez

 —El consejero te dijo que eres **maduro** y estudioso . . . y sé que te gustan las matemáticas. **¿Te harás** banquero?

—No. Siempre me han fascinado los castillos históricos y también los edificios modernos. Algún día quiero ser **arquitecto** o **ingeniero.**

—¿De veras? ¿A qué universidad irás el año **próximo**?

—No lo sé todavía. Tengo que investigar para **averiguar** qué universidades ofrecen esas carreras y qué requisitos piden.

 —¿Qué crees que harás al terminar la escuela?

—Buscaré empleo. Necesito trabajar un poco y **ahorrar** antes de estudiar.

—¿Para qué estudiarás?

—Estudiaré para ser **peluquera** en un salón de belleza.

Actividad 2 Leer/Escribir

Lo que quieren ser

Escribe la palabra o las palabras que sean necesarias para completar las siguientes frases según lo que dijeron los estudiantes.

1. Estela es _____ y quiere ser _____. Estudiará _____.

2. Manolo se dedicará a la _____. Quiere ser el _____ de un taller mecánico.

3. Ana es _____. Quiere desempeñar un cargo de _____. Su sueño es _____.

4. Francisco es _____ y _____. Dice que será _____ o _____.

5. Belinda buscará _____. Después estudiará para ser _____.

Actividad 3 Escuchar

Planes para el futuro

En una hoja escribe los números del 1 al 5. Después, escucha lo que dicen las personas y escribe si es lógico o ilógico. Corrige las oraciones ilógicas.

● **Más práctica**
Practice Workbook 6-3, 6-4

For: Vocabulary practice
Visit: phschool.com
Web Code: jed-0602

Manos a la obra 1

Vocabulario y gramática en uso

Objectives
- To discuss different professions
- To talk about plans for the future
- To practice the future tense
- To practice the future of probability

Actividad 4 · Escuchar/Escribir/Hablar

Las cualidades necesarias

En una hoja, escribe los números del 1 al 4. Escucha los anuncios clasificados y escribe la profesión y la cualidad o las cualidades que se necesitan para cada trabajo. Compara tu lista con la de otro(a) estudiante.

Actividad 5 · Leer

Los 17 años

A los 17 años, los jóvenes también tienen nuevas responsabilidades y problemas. Completa lo que dicen estos dos amigos sobre esta edad.

por lo tanto	casado(a)	soltero(a)	además de	próximo

—¿Sabes a qué universidad vas a asistir el año __1.__, Roberto?

—No lo sé todavía, Luisa. __2.__ la Universidad San Ignacio, he escrito a cuatro universidades. Todas están lejos de aquí, __3.__ sé que voy a tener que mudarme.

—Me dicen que en San Ignacio te ayudan a alquilar apartamento si estás __4.__ porque reconocen que es más difícil para dos personas.

—Pues a mí no me importa eso. Voy a estar __5.__ hasta cumplir los 30 años.

—¡Yo también!

Actividad 6   · Escribir/Hablar

¿Cómo se dice?

❶ Imagina que te olvidaste de estas palabras. Escribe frases que quieran decir lo mismo.

Modelo

responsable
persona que es capaz de tomar decisiones y desempeñar un cargo

1. amable
2. emprendedor
3. ambicioso
4. honesto
5. capaz
6. maduro
7. cuidadoso
8. puntual

❷ Con otro(a) estudiante, decidan qué características deben tener los siguientes profesionales: ingeniero(a), contador(a), hombre / mujer de negocios, mecánico(a), peluquero(a).

> **Estrategia**
>
> **Circumlocution**
> When you can't remember or don't know a word, you can use circumlocution to describe or exemplify it without naming it (e.g., *the thing you open a door with* for *doorknob*).

Actividad 7 — **Hablar**

¿Qué quieres ser?

Con un(a) compañero(a) hablen
sobre los trabajos que les gustaría
o no tener algún día.

Modelo

A —*¿Te gustaría ser banquero?*
B —*Sí, porque me fascinan los números y soy
    muy cuidadoso.*
o: *¿Yo? ¡Qué va! No me interesan nada los números.*

Estudiante A

1.   2.   3.

4.   5   6.

Estudiante B

organizado(a)
eficiente
responsable
creativo(a)
capaz
amable
ambicioso(a)
emprendedor(a)

¡Respuesta personal!

Fondo cultural

En casa de mamá Según un estudio del Instituto de la
Juventud de España, el 77% de los jóvenes españoles
menores de 30 años vive con sus padres. ¿Por qué
vivirán tantos jóvenes españoles en casa de sus
padres? El estudio dice que hay varias razones
importantes. En España es bastante difícil para los
jóvenes conseguir un empleo que les permita ganar
el dinero necesario para vivir solos. Además, no es
fácil conseguir una casa o un apartamento barato
para mudarse.

Otras personas dicen que el problema es que los
jóvenes no quieren tener responsabilidades y por
eso prefieren vivir con sus padres. También hay
personas que piensan que en la cultura española la familia y los padres
son muy importantes para los jóvenes y por eso es difícil para ellos irse a
vivir lejos de casa.

- Da dos razones para explicar por qué viven los jóvenes españoles con sus padres.

- ¿Crees que en los Estados Unidos la mayoría de los jóvenes menores de 30 años vive
  con sus padres? ¿Por qué?

- Compara la situación de los jóvenes españoles y los estadounidenses. ¿Qué tienen
  en común? ¿Cuál es la diferencia más importante que ves entre ellos?

Leer/Hablar ....

Talleres de verano

Mira el anuncio sobre los talleres de verano.
¿A qué taller(es) van a asistir las personas que
quieran seguir las siguientes carreras? Trabaja
con un grupo de tres estudiantes para decidir.
Expliquen sus respuestas.

1. escritor(a)
2. redactor(a)
3. actor / actriz
4. abogado(a)

5. hombre / mujer de negocios
6. poeta
7. político(a)
8. bailarín / bailarina

UNIVERSIDAD
RODRIGO CABEZAS

DEPARTAMENTO DE ACTIVIDADES CULTURALES

FACULTAD DE HUMANIDADES

TALLERES DE VERANO

6 de diciembre al 12 de febrero

CREACIÓN E INTRODUCCIÓN A LA POESÍA ARGENTINA
Profesor: Fabián Díaz, poeta, doctor en Literatura Argentina

DANZA CONTEMPORÁNEA
Profesor: Lucía Suárez, bailarina y coreógrafa

EXPRESIÓN TEATRAL
Profesor: Javier Jiménez, actor y director

NEGOCIACIÓN Y DEBATE
Profesor: Oliverio Rojas, periodista, licenciado en Comunicación Social

REDACCIÓN ASERTIVA
Profesora: Sarah Vázquez, periodista

COMUNICACIÓN PERSUASIVA
Profesor: Ramón Santiago, actor y dramaturgo

Inscripciones e Informaciones hasta el 2 de diciembre en San Martín 301

  Leer/Hablar ....

Hablar sobre el trabajo

1 La búsqueda de trabajo es un tema sobre el que todo el mundo tiene
diferentes opiniones. Lee la siguiente encuesta *(survey)* que se hizo a un
grupo de jóvenes sobre de qué depende encontrar un trabajo.

¿De qué depende encontrar un buen trabajo? ¿Y en segundo lugar?		
	Primer lugar (%)	Segundo lugar (%)
De estar bien preparado	50	27
De tener buenas recomendaciones	28	30
De la buena suerte	16	23
De saber hablar bien	3	11
De ser guapo(a)	2	7
No sé	1	2

2 Trabaja con un grupo de estudiantes para hablar de la encuesta y
responder a las siguientes preguntas.

1. ¿Están de acuerdo con los resultados de la
encuesta? ¿Por qué? Traten de dar ejemplos
de algunas personas que conocen.

2. ¿Pueden añadir alguna otra razón a la lista?

3. Si todas estas razones son ciertas, ¿qué
recomendaciones pueden darle a una persona
que quiera seguir una carrera o comenzar una
nueva profesión?

Y tú, ¿qué dices?

1. ¿A qué se dedican tus padres? ¿Vas a seguir la misma carrera? ¿Por qué?

2. ¿Cuál es el sueño que quieres realizar? ¿Qué quieres lograr en el futuro?

3. ¿Te gustaría mudarte a otra ciudad, otro estado u otro país? ¿Por qué?

4. Imagina que no necesitas ahorrar dinero. ¿A qué te gustaría dedicarte después de graduarte de la universidad?

5. ¿Qué carreras no te gustaría seguir? ¿Por qué?

6. ¿Qué te gustaría hacer con tu tiempo libre?

7. ¿Cuáles son las mayores responsabilidades que tienes a tu edad? ¿Y los problemas? ¿Qué quieres cambiar o lograr en el futuro?

Ampliación del lenguaje

Profesiones

En español hay varios sufijos que indican profesión. Muchas palabras que terminan con los sufijos *-or / -ora, -ero / -era, -ario / -aria* nombran profesiones que tienen relación con los verbos o sustantivos de los que derivan.

Verbo	Sustantivo	Profesión
vender	venta	vendedor(a)
traducir	traducción	traductor(a)
escribir	escrito	escritor(a)
programar	programa	programador(a)
redactar	redacción	redactor(a)
dirigir	dirección	director(a)
diseñar	diseño	diseñador(a)
	barco	barquero(a)
	carta	cartero(a)
cocinar	cocina	cocinero(a)
	banco	banquero(a)

Lee las palabras de la tabla y escribe ocho frases en las que uses las profesiones y los verbos o sustantivos relacionados.

Modelo

vender / vendedor(a)
Un vendedor trabaja tratando de vender cosas a otras personas.

carta / cartero(a)
Mi tío es cartero. Entrega cartas en las casas y apartamentos de nuestra ciudad.

Gramática · Repaso

El futuro

You can express the future in Spanish in three ways: by using *ir* + *a* + infinitive, the present tense, or the future tense. In the future tense, all verbs have the same endings. For most verbs, attach the endings to the infinitive.

Here are the future tense forms of the regular verbs *pasar, comer,* and *pedir:*

pasar**é**	comer**é**	pedir**é**
pasar**ás**	comer**ás**	pedir**ás**
pasar**á**	comer**á**	pedir**á**
pasar**emos**	comer**emos**	pedir**emos**
pasar**éis**	comer**éis**	pedir**éis**
pasar**án**	comer**án**	pedir**án**

Some verbs have irregular stems in the future tense. Note that their future endings *(-é, -ás, -á, -emos, -éis, -án)* are the same as those of regular verbs.

haber	→	habr-	
poder	→	podr-	
querer	→	querr-	**-é**
saber	→	sabr-	**-ás**
poner	→	pondr-	**-á**
salir	→	saldr-	**-emos**
tener	→	tendr-	**-éis**
venir	→	vendr-	**-án**
decir	→	dir-	
hacer	→	har-	

¿Cómo será el planeta en 100 años?

11 Gramática   Leer

Los sueños

Lorena escribe en su diario sobre sus experiencias y sueños para el futuro. Completa este fragmento de su diario con el futuro de los verbos del recuadro.

poder	estudiar	hacer	visitar
pasar	realizar	ir	

disfrutar	~~regresar~~	tener	llamar
~~diseñar~~			

Hoy, después de regresar del parque, decidí lo que __1.__ el año próximo. Yo __2.__ a una universidad famosa y allí __3.__ mi sueño. __4.__ arquitectura. Después de estudiar, __5.__ unos años en Japón y __6.__ los parques más famosos. Así __7.__ aprender mucho.

Finalmente, __8.__ a este país para crear mi propia empresa. Se __9.__ "Parques y jardines de oriente" y yo __10.__ los jardines. Estoy segura de que __11.__ mucho éxito y muchas personas __12.__ de mis jardines y parques.

Actividad 12 · Gramática · Hablar

En el futuro

¿Sabes lo que quieres hacer en el futuro? Pregúntale a otro(a) estudiante sobre sus planes. Después, intercambien papeles.

Estudiante A

1. seguir una carrera después de graduarse
2. dedicarse a hacer trabajo de voluntario
3. averiguar información sobre la carrera de ingeniería
4. ir a ver a un consejero
5. hacer lo que le dé la gana
6. tener un trabajo y ahorrar mucho dinero
7. estudiar finanzas en unos años
8. tomar decisiones importantes para una empresa

Modelo

mudarse a otra ciudad para estudiar

A —¿*Te mudarás* a otra ciudad para estudiar en la universidad?
B —*No, iré a la universidad de mi ciudad.*

Estudiante B

¡Respuesta personal!

Actividad 13 · Gramática · Leer/Escribir

¿Qué hará . . . ?

Piensa en personas de tu escuela, familia, comunidad o programa de televisión favorito que correspondan a estas descripciones. ¿Qué harán en el futuro? Usa el futuro de los verbos del recuadro para escribir frases sobre lo que hará cada persona.

hacerse . . .	estudiar para ser . . .	trabajar como / en . . .
tener . . .	lograr ser . . .	mudarse a . . .
dedicarse a . . .	ser . . .	

Modelo

Pinta cuadros muy bonitos.
Santiago será un pintor famoso.

1. Le encanta arreglarles el pelo a sus amigas.
2. Le gusta planear y construir caminos y puentes.
3. Le gustan los animales.
4. Es cuidadoso(a) y escribe muy bien.
5. Le gustan las matemáticas.
6. Me fascina traducir textos.
7. Tiene mucho talento artístico.
8. Le interesan los negocios y las finanzas.

SERVICIOS MUNDIALES, S.A.

Isabela Ruiz
Contadora

Calle Flores, no.85
Caracas, Venezuela

Tel: 224-6560
Fax: 224-6586

Después de . . .

Con un(a) compañero(a), hablen de cómo serán sus relaciones en el futuro usando las frases de abajo. Pueden hablar de sus relaciones con los amigos, la familia, o las personas de la escuela o de la comunidad.

Modelo

verse cada semana

A —*En diez años, ¿tus amigos y tú se verán cada semana?*

B —*No, no nos veremos cada semana pero quizás cada mes.*

1. escribirse por correo electrónico
2. asistir a la misma universidad
3. tener mucho en común
4. saber dónde viven sus amigos de la escuela
5. salir juntos los fines de semana
6. recordar todo lo que pasó en la escuela secundaria
7. dedicarse a diferentes intereses

¿Cómo será tu vida en el futuro?

1 Escribe sobre tu futuro. Incluye la siguiente información:

- quedarse en la misma ciudad o mudarse
- asistir a la universidad o encontrar trabajo
- seguir una carrera
- viajar y adónde
- casarse o seguir soltero(a)
- tener hijos y cuántos

2 Ahora, compara tus respuestas con las de un(a) compañero(a). Completen una tabla como la siguiente con las semejanzas y las diferencias.

SEMEJANZAS	DIFERENCIAS

3 Usa la tabla para escribir un párrafo acerca de tu futuro y el futuro de tu compañero(a).

Fondo cultural

■◆■◆■◆■◆■◆■◆■◆■◆■◆■◆■

Jóvenes hispanohablantes trabajando en Washington El *Congressional Hispanic Caucus Institute,* CHCI, selecciona todos los años a unos 30 jóvenes para participar en su programa de pasantías[1] de verano. Los seleccionados pasan parte del verano en Washington, D.C., disfrutando de las ventajas de poder observar al gobierno en acción. "CHCI se siente orgulloso de ofrecerle a los mejores representantes de la comunidad hispanohablante la oportunidad de crecer como líderes y miembros de dicha comunidad", dijo la presidenta del instituto, Ingrid M. Durán.

- ¿Por qué es importante para los estudiantes participar en un programa de pasantías?

---

1 internships

● **Más práctica** . . . .
Practice Workbook 6-5

Go Online PHSchool.com

For: Practice with the future
Visit: phschool.com
Web Code: jed-0603

Gramática

El futuro de probabilidad

In Spanish, you use the future tense to express uncertainty or probability in the present.

¿Qué hora será?
I wonder what time it is.

Serán las seis.
It's probably six o'clock.

Estarán debajo de tu cama.
They must be under your bed.

The English equivalents in these cases are
I wonder, it's probably, it must be, and so on.

¿Dónde estarán mis zapatos?
Where can my shoes *be?*

Actividad 16 **Gramática** **Leer/Escribir**

Probablemente . . .

En una fiesta, conoces a las siguientes personas y comienzas a imaginarte qué cosas tendrán o qué harán en sus trabajos. Lee las siguientes frases. Escribe una segunda frase relacionada con la primera. Usa la forma correcta de los verbos del recuadro en el futuro para indicar probabilidad.

Modelo

Marcela es escritora.
Tendrá muchos libros.

tener	saber	vender	comprar	trabajar
estudiar	dedicarse	ser	aprender	seguir

1. El Sr. Paz es abogado.
2. Carmen es una mujer de negocios.
3. Andrés quiere ser traductor.
4. La Sra. Dávila es peluquera.
5. Héctor espera ser ingeniero.

6. Los hermanos González son agricultores.
7. Roberto quiere ser diseñador.
8. Margarita quiere ser científica.
9. El Sr. Pérez es juez.
10. Jaime y Elena quieren ser cocineros.

En voz alta

El poeta español Gustavo Adolfo Bécquer nació en Sevilla en 1836. Era hijo de un pintor famoso que murió cuando Bécquer tenía sólo 5 años. Desde joven, Bécquer comenzó a escribir poesía. A los 22 años conoció a Julia Espín, la mujer que inspiró la mayoría de sus famosas *Rimas*. El poeta murió en 1870, a los 34 años de edad.

Bécquer fue quizás el último de los poetas románticos. Sus *Rimas* fueron durante mucho tiempo los poemas de amor más famosos en el mundo hispanohablante.

Lee este fragmento de la *Rima LIII* y luego trata de repetirlo en voz alta.

Rima LIII
de Gustavo Adolfo Bécquer

Volverán las oscuras golondrinas[1]
en tu balcón sus nidos[2] a colgar[3],
y otra vez con el ala[4] a sus cristales
    jugando llamarán.

Pero aquellas que el vuelo refrenaban[5]
tu hermosura y mi dicha[6] a contemplar,
aquellas que aprendieron nuestros nombres...
    Ésas... ¡no volverán!

---

1 swallows 2 nests 3 hang 4 wing 5 slowed down 6 happiness

¿Recuerdas?

Al hablar en voz alta muchas veces se combinan la última vocal de una palabra con la primera vocal de la siguiente en una sola sílaba. Por ejemplo: *que aprendieron; que el.*

Actividad 17 Gramática   Escribir/Hablar

¿Dónde estarán en diez años?

1 Haz predicciones sobre tus amigos, profesores, artistas o políticos famosos. Completa la tabla usando por lo menos seis verbos de la lista en futuro.

ser	trabajar	dedicarse	realizar	mudarse	desempeñar
lograr	estar	tener	hacer	ahorrar	poder

¿Cuándo?	Predicción
El próximo año	(Nombre) tendrá...
En cinco años	
En diez años	
En veinte años	

2 Ahora, habla con un(a) compañero(a) sobre las predicciones que hizo cada uno. Escojan una de ellas, digan si están de acuerdo o no, y vuelvan a contarla añadiendo más detalles. Usen su imaginación y añadan todos los detalles que puedan.

Modelo

en diez años / mujer presidenta

A —*En diez años, una mujer será presidenta de los Estados Unidos.*
B —*Sí, primero será abogada y trabajará para la gente de su estado. Será muy popular.*

Actividad 18   Gramática   Escribir

¿Qué lograrás?

¿Qué harás en las siguientes situaciones? Completa las frases de una manera original usando el futuro.

Modelo

Si ahorro mucho dinero . . .
Si ahorro mucho dinero podré viajar a Guinea Ecuatorial.

1. Si consigo el empleo de mis sueños . . .
2. Si conozco a un(a) chico(a) que me gusta mucho . . .
3. Si encuentro un millón de dólares en la calle . . .
4. Si logro entrar en la universidad . . .
5. Si me ofrecen estudiar en el extranjero . . .
6. Si mis padres se mudan a otro estado . . .
7. Si logro tener mi propia empresa . . .
8. Si me piden trabajar como voluntario(a) . . .

> ### Nota
> Cuando una frase comienza con *si* + presente indicativo, generalmente es seguida de una frase que usa el futuro.

Actividad 19   Gramática   Leer/Hablar

Los trabajos del futuro

❶ ¿Qué profesiones serán importantes para el año 2030? Lee el artículo y haz una lista con un(a) compañero(a).

❷ Expliquen de qué hablan las predicciones del artículo. Busquen ejemplos que apoyen estas opiniones.

❸ Escojan dos profesiones y hablen de por qué son o serán importantes. Pueden ser profesiones de ahora o del futuro.

● **Más práctica**
Practice Workbook 6-6, 6-7

PHSchool.com

For: Practice with the future of probability
Visit: phschool.com
Web Code: jed-0604

Profesiones del futuro

Según los futurólogos, dentro de treinta años habrá nuevas profesiones que todavía no existen, como los acuicultores (agricultores del mar) y los ludicadores (inventores de programas de juego). Dicen también que los médicos, paramédicos, enfermeros, cocineros y maestros no perderán su importancia. Esto se debe a que las personas no dejarán de enfermarse y siempre necesitarán comer y estudiar. Incluso con el avance del tiempo estas profesiones tendrán más importancia que ahora.

A primera vista 2

Vocabulario y gramática en contexto

¿Ya estamos viviendo en el futuro? Hace unos años se hablaba de la llegada del siglo XXI. El siglo XXI ya llegó, y con éste muchos **avances** de la tecnología que cambiarán nuestras vidas.

1 Avances científicos y **tecnológicos**

2 Nuevos **inventos**

Muchos trabajos peligrosos son hechos ahora por **máquinas** o robots. Se **predice** que en el futuro menos gente trabajará en **las fábricas**. Habrá más tiempo de **ocio**, o sea que la gente tendrá más tiempo para divertirse o para viajar.

Inventos como la televisión digital y los discos digitales ofrecen imágenes más claras y mejor sonido. En muchas casas, los discos digitales están **reemplazando** a las videocaseteras.

3 **Realidad virtual**

La tecnología llamada realidad virtual permite vivir una experiencia a través de computadoras **como si fuera** real. Esta nueva tecnología ya se usa para entrenar a los pilotos.

Si queremos un futuro mejor, debemos prepararnos desde ahora. ¿Qué podemos hacer?

Hay que **tener en cuenta** la importancia del medio ambiente.

De hoy en adelante, debemos dedicarnos a proteger el agua.

4 **Medios de comunicación**

Gracias a **aparatos** como el teléfono celular podemos **comunicarnos** desde muchos lugares. Desde que **se inventó** la televisión **vía satélite**, podemos ver imágenes y **enterarnos** inmediatamente de lo que pasa en todo el mundo.

5 **Vivienda**

El uso de otras **fuentes de energía**, como la energía solar, permitirá calentar **las viviendas** sin **contaminar** el medio ambiente y, además, será mucho más barato.

6 **Transporte**

Algunas compañías han presentado los primeros coches eléctricos que ayudarán a **reducir** la contaminación del aire.

7 **Medicina**

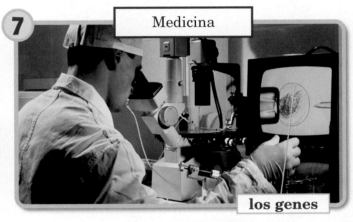

los genes

Cada año, los científicos **descubren** más cosas fascinantes sobre el cuidado de la salud. Avances en **la genética** harán posible **curar** muchas de **las enfermedades**, como el cáncer. Algunas enfermedades **desaparecerán** gracias a los nuevos medicamentos, que **prolongarán** la vida de muchas personas.

20 **Escuchar/Escribir** • • • • • • • • • • • • • • •

Radio Futura

En una hoja de papel escribe los números del 1 al 6. Vas a escuchar lo que se dice en un programa de radio sobre avances científicos que van a ayudar a resolver muchos problemas en el mundo. Escucha cada frase y escribe si es lógica o ilógica. Si la frase no es lógica, corríjela.

21 **Escribir** • • • • • • • • • • • • • • • • • • •

Avances de la tecnología

Escribe dos ejemplos de avances que se han logrado en cada una de las siguientes categorías.

- tecnología
- medicina
- medios de comunicación
- vivienda

TRES CAMPOS QUE TIENEN FUTURO

Según estudios de los últimos años, para el año 2050 habrá desaparecido la mayoría de los trabajos que ahora existen. Aunque habrá demanda de médicos, abogados y economistas, éstos son los campos con más futuro:

Con el uso de las computadoras y de la Red, la informática es la profesión del futuro. Por todo el mundo, los ingenieros de sistemas y programadores se dedican al desarrollo de nuevos y mejores programas de computación.

Servicios a empresas

Informática

Las empresas en general tendrán menos empleados, pero necesitarán de los servicios de profesionales como vendedores, secretarios y diseñadores gráficos.

Habrá mucho trabajo en hoteles y empresas turísticas. Se necesitarán cocineros, agentes de viaje, camareros y administradores.

Industria de la hospitalidad

Traducciones

- ✔ Traducciones bilingües: inglés-español, español-inglés
- ✔ Especializados en documentos legales, informes de mercadeo, libros científicos
- ✔ Servicio rápido y eficiente
- ✔ Traductores certificados

**Calle 49, número 456
San José, Costa Rica
Tel: 555-5555**

La demanda de traductores aumentará porque habrá más comercio entre los diferentes países.

Las personas que trabajan en el campo de mercadeo desarrollan estrategias para vender los productos.

UNA DELICIOSA BEBIDA

Actividad 22 · Escuchar

Campos de trabajo

Escribe los números del 1 al 5 en una hoja de papel. Escucha la descripción de cada trabajo y escribe a qué campo se refiere.

● **Más práctica**
Practice Workbook 6-8, 6-9

Actividad 23 · Escribir/Hablar

¿Comprendiste?

1. ¿Qué empleados(as) se necesitarán para ofrecer servicios a empresas?
2. Según lo que leíste, ¿cuál es la profesión del futuro? ¿Por qué?
3. ¿Por qué se necesitarán más traductores en el futuro?
4. ¿Por qué crees que habrá más demanda de empleados en la industria de la hospitalidad?
5. ¿Puedes describir una estrategia de mercadeo que se usa para vender un producto que conoces?

Manos a la obra 2

Vocabulario y gramática en uso

Objectives
- Discuss technology changes
- Talk about the impact of technology in our lives
- Practice the future perfect tense
- Practice the use of direct and indirect object pronouns

Leer ·

¿Nos ayudarán los robots?

Muchas personas creen que el uso del robot cambiará mucho nuestra vida en el futuro. Completa cada frase con la palabra correcta.

1. En el futuro, ¿nos darán los robots más tiempo para dedicarlo al_____y al descanso?

   a. uso   **b.** ocio   **c.** avance

2. La _____ de las fábricas ya tienen o pronto tendrán robots para hacer gran parte del trabajo allí.

   a. máquina   **b.** tecnología   **c.** mayoría

3. La _____ para vender los robots al público será a través de la Red.

   a. estrategia   **b.** informática   **c.** vía satélite

4. Veremos robots en muchas _____ también. Los usarán en casas y apartamentos para los trabajos diarios.

   a. demandas   **b.** viviendas   **c.** enfermedades

5. Muchas personas que predicen el futuro creen que el robot será uno de los _____ tecnológicos más importantes del siglo.

   a. avances   **b.** genes   **c.** campos

Leer ·

Una vida diferente

¿Qué piensas acerca de las computadoras? Completa el párrafo con las palabras o expresiones del recuadro.

el uso	reemplazar	predecir	la realidad virtual	los inventos
como si fuera	los avances	el campo	tener en cuenta	

Es imposible __1.__ el futuro, pero no hay duda de que __2.__ de la tecnología va a aumentar. Cada día, los ingenieros de sistemas escriben programas que cambian nuestra vida. Claro, las computadoras nunca van a __3.__ a las personas, pero __4.__ como __5.__, muestran cómo una computadora puede funcionar __6.__ una persona. Pero con todos __7.__ en __8.__ de la informática, es importante __9.__ que las computadoras nunca serán personas.

Actividad 26
Leer/Escribir/Hablar •

Las profesiones del mañana

1 En otro papel, escribe los números del 1 al 8. Escribe la información apropiada para cada espacio en blanco de la tabla.

2 Con otro(a) estudiante hablen de cuál o cuáles de esos trabajos les gustaría hacer y por qué.

3 Habla con tu compañero(a) sobre la importancia de estas profesiones ahora y en el futuro.

Industria	Profesión	Servicio / Producto
transporte	científico	1.
medios de comunicación	2.	teléfono celular
finanzas	3.	cajero automático
4.	5.	programa de computación
medicina	6.	7.
8.	mujer de negocios	estrategias para vender productos

Actividad 27

Escribir/Hablar •

Y tú, ¿qué dices?

Imagina que vas a vivir solo(a) durante ocho semanas en un observatorio, en medio del desierto. Haz una lista de los aparatos, la tecnología o los inventos que te gustaría tener allí.

1. ¿Cuáles te parecen más importantes? ¿Cuáles crees que usarás más frecuentemente?

2. ¿Cuáles de esos aparatos o inventos crees que desaparecerán en el futuro? ¿Por qué?

3. ¿Cuáles crees que serán los mejores avances que verás en el futuro?

4. ¿Qué cosas piensas que habrá en el futuro que no te gustarán? ¿Qué crees que se puede hacer para evitarlas?

Bachillerato Internacional El Bachillerato Internacional es un programa de estudios común para las escuelas preparatorias de América Latina y otros países. Actualmente[1], más de 1,400 colegios[2] en 114 países forman parte del programa. Tiene una gran ventaja[3] para los estudiantes que cambian de país con frecuencia ya que pueden ir, sin problemas, de un colegio de Bachillerato Internacional a otro.

Los programas se enseñan en el idioma del país. Por ejemplo, un estudiante de Francia que estudia en España tiene el mismo currículum que el de su país, pero lo aprende en español. El programa empezó en 1968 y es reconocido por universidades de todo el mundo. Busca la excelencia académica, desarrolla el pensamiento crítico y ayuda a la comprensión intercultural entre los jóvenes de todos los países.

• ¿Has oído hablar del Bachillerato Internacional? ¿Conoces alguna escuela que ofrece este programa?

• ¿Qué opinas de un programa de estudios que es igual en todo el mundo? ¿Es buena idea? ¿Por qué? ¿Por qué no?

1 Currently **2** high schools **3** advantage

Leer/Hablar •••

Predicciones

1 Averigua qué piensan tus compañeros(as) sobre cómo será la vida en 50 años. Completa las siguientes preguntas con el futuro del verbo correcto.

aumentar	comunicarse	curar	desaparecer	descubrir
enterarse	inventar	prolongar	reducir	reemplazar

1. ¿Los robots _____ a los empleados de las fábricas?

2. En el campo de la medicina, ¿_____ a las personas que sufren de cáncer?

3. ¿_____ nosotros con extraterrestres?

4. ¿Nuevas medicinas _____ la vida hasta los cien años?

5. ¿Nuevos métodos tecnológicos _____ la contaminación del aire?

6. ¿_____ nosotros de las causas del cáncer?

7. ¿_____ las enfermedades, como el resfriado común?

8. ¿_____ los ingenieros nuevos aparatos que harán más fáciles los quehaceres diarios?

9. ¿Los autobuses eléctricos _____ el ahorro de gasolina?

10. ¿Los científicos _____ nuevas fuentes de energía en el medio ambiente?

2 Con otro(a) estudiante preparen respuestas para tres de las preguntas y expliquen por qué dieron esas respuestas.

 Leer/Hablar •••

Los futurólogos predicen . . .

1 Lee estos fragmentos de un artículo sobre la vida en el año 2050.

LA VIDA EN EL 2050

Los futurólogos no son psíquicos, son científicos que basan sus predicciones en el estado de la ciencia y la sociedad del presente. Predicen que en el 2050 los aparatos de la casa podrán encenderse con un solo control remoto. La realidad virtual nos permitirá visitar lugares o amigos en el otro lado del mundo, en segundos. La prensa escrita desaparecerá por completo y también los libros y revistas. Leeremos todo en pequeños aparatos digitales. En cuanto al mundo del trabajo, dicen los futurólogos que se trabajará sólo 20 horas por semana y mucha gente trabajará desde su casa, gracias a la computadora y a la Red.

2 Trabaja con otro(a) estudiante para decir cómo será más fácil la vida y cómo podremos hacer más rápidamente las cosas, según el artículo.

3 Expliquen por qué son positivos o negativos los cambios que se mencionan en el artículo.

El futuro perfecto

Use the future perfect tense to express what will have happened by a certain time. To form the future perfect, use the future of the verb *haber* with the past participle of the verb.

Here are all the future perfect tense forms of *inventar*:

habré inventado	habremos inventado
habrás inventado	habréis inventado
habrá inventado	habrán inventado

¿Recuerdas?

Varios verbos tienen participios irregulares, como *escribir, escrito* y *volver, vuelto*. Los participios pasados de los verbos *descubrir* y *resolver* también son irregulares: *descubierto, resuelto.*

Para el año 2050 los científicos **habrán descubierto** otras fuentes de energía.
*By 2050, scientists **will have discovered** other energy sources.*

• The future perfect tense is often used with *dentro de* + time.

Dentro de cinco años, **habremos aprendido** mucho sobre la genética.
*In five years, we **will have learned** a lot about genetics.*

• You also use the future perfect tense to speculate about something that may have happened in the past.
—Laura no me llamó. ¿Qué le **habrá pasado**?
—**Se habrá enterado** de que no ibas.

—*Laura didn't call me. What **could have happened** to her?*
—***Perhaps she found out** you were not coming.*

Actividad 30 **Gramática** **Leer**

¿Qué habremos logrado para el año . . .?

Imagina que hablas con otros(as) estudiantes sobre lo que habrán logrado dentro de varios años. Completa las siguientes predicciones con el futuro perfecto del verbo correcto.

1. En unos diez años, la mejor estudiante de geología de mi clase _____ *(descubrir / desaparecer)* nuevos materiales de la Luna.

2. Dentro de veinte años, nuestra amiga escritora _____ *(conseguir / permitir)* el Premio Nobel de literatura.

3. Para las próximas Olimpiadas, mi patinadora favorita _____ *(inventar / reemplazar)* a la campeona mundial.

4. Si sigo estudiando, dentro de dos años _____ *(aumentar / eliminar)* mi vocabulario de español.

5. Dentro de 20 años, probablemente todos nosotros _____ *(prolongar / mudarse)* de casa alguna vez.

6. Dicen mis padres que como trabajamos mucho y somos dedicados, dentro de 15 años _____ *(alcanzar / diseñar)* nuestras metas.

Actividad 31 Gramática   Leer/Hablar

Más y más rápido

Muchas veces, pasan años antes de que la gente empiece a usar los inventos. Lee la tabla siguiente. Con otro(a) estudiante, piensa por qué unos inventos habrán tardado mucho *(taken a long time)* en usarse mientras que otros inventos habrán tardado poco. Escojan cuatro inventos y preparen explicaciones.

Modelo

electricidad / 46 años

A —*¿Por qué habrán pasado 46 años entre el invento de la electricidad y su uso masivo?*

B —*Habrá pasado mucho tiempo porque . . .*

MÁS Y MÁS RÁPIDO

Invento	Fecha	Años para su uso masivo *(widespread)*
Electricidad	1873	46
Teléfono	1876	35
Coche	1886	55
Radio	1906	22
Televisión	1926	26
Microondas	1953	30
Minicomputadora	1975	16
Teléfono celular	1983	13
La Red	1991	7

Coche antiguo

Actividad 32 Gramática   Hablar

Predicciones para el año 2030

En grupos de cuatro, hagan predicciones para el año 2030. ¿Qué habrá pasado en el mundo? ¿Qué pasará? Piensen en sus metas, su escuela, su comunidad, sus viajes de vacaciones, los deportes, la moda y los alimentos.

Modelo

Para el año 2030, habré terminado una carrera y estaré trabajando como abogada.

● **Más práctica**
Practice Workbook 6-10

Go Online
PHSchool.com

For: Practice with the future perfect
Visit: www.phschool.com
Web Code: jed-0607

Gramática

Uso de los complementos directos e indirectos

You already know the direct object pronouns *(me, te, lo, la, nos, os, los, las)* and the indirect object pronouns *(me, te, le, nos, os, les)* in Spanish.

When you use a direct and an indirect object pronoun together, place the indirect object pronoun before the direct object pronoun.

—Si necesitas un teléfono celular, yo **te lo** doy. ¿Quién **te** prestará la computadora?

—Octavio **me la** prestará.

When the indirect object pronoun *le* or *les* comes before the direct object pronoun *lo, la, los,* or *las,* change *le* or *les* to *se.* In these cases, you often add the prepositional phrase *a Ud., a él, a ella,* etc. or *a* + a noun or a person's name for clarification.

—¿A quién **le** comunicarán la noticia del descubrimiento?

—**Se la** comunicaremos **a Carlos**.

—José y Adela quieren leer los libros sobre el nuevo invento. ¿Puedes **prestárselos**?

When you attach two object pronouns to an infinitive, a command, or a present participle, you must add an accent mark to preserve the original stress.

—Quiero ver las fotos que van a usar para el mercadeo. **Dámelas**, por favor.

—No puedo **dártelas** hoy, espera hasta mañana.

Actividad 33 Gramática Leer

Sobre el futuro

Carla y Laura quieren estar preparados para el futuro. Completa lo que dicen con los complementos apropiados.

1. Laura quiere que le preste mi libro sobre genética pero no *(se lo / me lo)* _____ voy a prestar.

2. ¿Viste el programa vía satélite sobre la importancia del español en el mundo? *(Se lo / Te lo)* _____ recomiendo.

3. No recibimos la información sobre los nuevos aparatos eléctricos. El gerente de la empresa dice que *(nos la / se la)* _____ enviará la próxima semana.

4. Sé que ustedes comprarán una televisión digital. *(Me la / Se la)* _____ pediré prestada.

5. Quiero leer el artículo sobre informática. ¿*(Me lo / Te lo)* _____ das?

6. Nos explicaron la tarea sobre las nuevas fuentes de energía que habrá en el 2020, pero no *(te la / nos la)* _____ explicaron muy bien.

7. Me compré un programa de realidad virtual. *(Se lo / Te lo)* _____ mostraré cuando vengas a casa.

El español en la comunidad

Diarios digitales

Las personas hispanohablantes de los Estados Unidos siempre han querido enterarse de las noticias de sus países. Es lógico, allí tienen sus raíces y parte de su familia. Hasta hace unos años, la única fuente de información en español que tenían eran algunos periódicos y canales de televisión en español de los Estados Unidos.

Ahora, gracias a los diarios digitales que hay en la Red, los hispanohablantes pueden leer periódicos de sus países todos los días.

La Red también les ofrece a los estudiantes de español la oportunidad de practicar el idioma y aprender sobre los países hispanohablantes. Pueden saber, por ejemplo, no sólo las noticias importantes de Quito, sino también qué restaurante está de moda, qué película es más popular o qué obra de teatro están poniendo. La Red ha hecho del mundo un lugar verdaderamente pequeño.

Actividad 34 Gramática Hablar

¿Qué les darás?

❶ Imagina que vas a mudarte a un apartamento muy pequeño. Haz una lista de las cosas que no vas a necesitar y que les puedes regalar a tus amigos.

❷ Intercambia tu lista con la de un(a) compañero(a). Tu compañero(a) te va a preguntar a quién le darás cada una de tus cosas.

Modelo

la televisión
A —¿A quién le vas a dar la televisión?
B —Voy a dársela a Marta.

Actividad 35 Gramática Hablar

¿Qué les podemos ofrecer?

❶ Tú y tus amigos van a donar cosas a las siguientes personas que las necesitan. Para cada persona, escribe una cosa que le puedes ofrecer.

- un inmigrante que acaba de llegar
- una mujer sin hogar
- una persona de un hogar de ancianos
- un niño de un centro de rehabilitación

Modelo

un paciente de un centro de rehabilitación
unas revistas o una novela

❷ Trabaja con otro(a) estudiante. Hablen de las cosas que pueden ofrecer, cuándo las donarán y cómo las entregarán.

Modelo

A —¿Qué le podemos ofrecer a un paciente de un centro de rehabilitación?
B —Le podemos ofrecer unos refrescos.
A —¡Buena idea! ¿Cuándo podemos llevárselos?
B —Se los podemos llevar este fin de semana.

Actividad 36 Hablar/Escribir/Escuchar

Las cosas que traerá el futuro

● Trabaja en un grupo de tres o cuatro estudiantes. Escojan uno de los temas de la lista y hagan predicciones sobre ese tema. Luego, preparen una pequeña presentación para la clase. Mientras escuchan las presentaciones de los demás grupos, tomen notas.

- la vivienda
- la tecnología
- las carreras
- los medios de comunicación
- el ocio
- los alimentos

● Con tu compañero(a), usen sus notas para hablar sobre lo que dijeron los demás grupos. Escriban algunas frases que digan si las predicciones de los(as) demás estudiantes son lógicas o ilógicas y por qué.

Actividad 37 Leer/Escribir

Cómo la televisión hizo historia

Pocos avances tecnológicos han tenido una influencia tan grande como la televisión. En México, la televisión ha sido un agente de cambio que ha jugado papeles muy diferentes en distintos momentos históricos.

 Conexiones | Las ciencias sociales

La primera transmisión de televisión en México fue el 16 de mayo de 1935, y tuvo lugar en la sede[1] del partido político que gobernó[2] ese país por más de 70 años. Los líderes del partido pensaban que con la televisión en sus manos podían decidir qué ideas, noticias y opiniones iba a recibir el pueblo. Por mucho tiempo, la televisión fue un instrumento de los líderes del país.

1. ¿Por qué se puede decir que la televisión ha tenido una gran influencia en la historia de México?

2. ¿Qué papel juega la televisión en la política de tu país?

_____

1 headquarters 2 ruled

● **Más práctica** . . . .
Practice Workbook 6-11, 6-12

 Go Online
PHSchool.com

For: Practice with direct and indirect object pronouns
Visit: www.phschool.com
Web Code: jed-0608

¡Adelante!

Puente a la cultura
La arquitectura del futuro

Objectives

- **Read about the architecture of the future and the Latin American architects that are shaping it**
- **Compare and contrast different modern buildings**
- **Make predictions about the architecture of the future**

Estrategia

Look at Illustrations
Pictures, photographs, and other graphics are often used to emphasize a written message.

You can anticipate what the content of a text will be by examining the illustrations.

The article on this page is about architecture. Look at the photos on these pages and think about the style of the buildings. What might the article be about?

¿Te has preguntado alguna vez cómo serán los edificios del futuro? La mayoría de los arquitectos están de acuerdo en que serán más eficientes, mejores y más inteligentes pero, ¿qué quiere decir eso?

Seguramente, los edificios del futuro usarán menos ladrillo[1] y piedra, pues tendrán materiales como el titanio y las fibras de carbón y grafito[2], siguiendo el ejemplo de los aviones y coches. Cada vez habrá más edificios "inteligentes", en otras palabras, edificios en los que una computadora central controla todos los aparatos y servicios para aprovechar[3] mejor la energía eléctrica, la calefacción y el aire acondicionado en el interior.

El argentino César Pelli es uno de los arquitectos que diseñan los edificios del futuro. Una de sus obras más importantes son las Torres Petronas, en Kuala Lumpur, Malasia, consideradas los edificios más altos del mundo. Estas torres, con su planta en forma de estrella y construidas de cristal, acero[4] y concreto, tienen un diseño que es a la vez futurista e influenciado por la arquitectura islámica.

---

1 brick **2** titanium, and carbon and graphite fibers **3** to utilize **4** steel

Faro del Comercio

Hotel Camino Real

Torres Petronas

Otro edificio futurista es el Faro del Comercio, en Monterrey, México, diseñado por el arquitecto mexicano Luis Barragán. La arquitectura de Barragán reúne en un mismo diseño líneas simples y modernas con el uso de colores, texturas y materiales que recuerdan la cultura popular mexicana y los colores de la naturaleza.

Ricardo Legorreta, otro reconocido arquitecto mexicano, ha diseñado el Hotel Camino Real en Cancún, México. La arquitectura de Legorreta se caracteriza por ambientes con diseños geométricos, una armoniosa combinación de espacio y color y un uso funcional y decorativo de la luz.

Un edificio que impresiona por su estilo futurístico es el Milwaukee Art Museum, diseñado por el arquitecto español Santiago Calatrava. Este museo se destaca por su forma única que combina elementos de arte y arquitectura.

Vistas del interior y del exterior del Milwaukee Art Museum

¿Comprendiste?

1. ¿Qué materiales se usarán para construir los edificios del futuro? ¿Por qué crees que se usarán esos materiales?

2. ¿Qué influencias se pueden ver en las Torres Petronas y en el Faro del Comercio? ¿Conoces algún edificio similar? Explica las razones para diseñarlo así.

3. Compara uno de los edificios futuristas de estas páginas con algún edificio moderno que te guste. ¿En qué se parecen? ¿En que se diferencian?

El futuro de tu comunidad

Usa la información del texto y las fotos para hacer predicciones sobre los edificios del futuro de tu comunidad. ¿Cómo será la escuela?, ¿la biblioteca?, ¿el hospital? Escribe un párrafo sobre alguno de esos edificios.

Go Online
PHSchool.com

For: Internet Link Activity
Visit: www.phschool.com
Web Code: jed-0610

¿Qué me cuentas?

Cuando sea mayor

1 🎧 Vas a escuchar una serie de descripciones. Después de cada descripción, vas a oír dos preguntas. Escoge la respuesta correcta para cada pregunta.

1. a. avances tecnológicos   **b.** programas de dibujos animados   **c.** productos de mercadeo

2. a. insectos   **b.** medios de comunicación   **c.** cómo curar enfermedades

3. a. el mercadeo   **b.** las comunicaciones   **c.** la medicina

4. a. una gerente   **b.** una cocinera   **c.** una arquitecta

5. a. un disco digital   **b.** una calculadora   **c.** un teléfono celular

6. a. una contadora   **b.** una actriz cómica   **c.** una abogada

2 Observa las siguientes ilustraciones. Imagina a los niños dentro de 20 años. Con tus propias palabras, predice lo que estarán haciendo entonces. Describe con detalles tus predicciones para que resulten más interesantes. ¡Usa tu imaginación!

Si quieres, puedes usar las siguientes palabras o expresiones para conectar tus ideas.

para entonces	cuando	dentro de	así que
por eso	por lo tanto	porque	después de

1

2

3

4

5

6

3 Trabaja con tres compañeros(as) para comparar sus predicciones. Decidan cuál fue la más lógica, la más creativa y la más cómica.

Presentación oral

Mi escuela del futuro

Tarea
Imagina que dentro de 10 años regresas a tu escuela y que serás el(la) nuevo(a) director(a). ¿Qué cambios harás para adaptar la escuela a los avances tecnológicos que habrá entonces? Tienes que preparar un discurso para decir lo que harás.

1 Prepárate Responde a las preguntas sobre los cambios que harás en tu escuela. Usa una tabla como ésta para escribir tus respuestas.

¿Quiénes darán las clases y cómo las darán?	
¿Qué materias enseñarán?	
¿Qué cambios harás en el edificio?	
¿Cómo harán sus tareas los estudiantes?	
¿Cómo se comunicarán los estudiantes dentro y fuera de la escuela?	

2 Practica Vuelve a leer la información que anotaste en la tabla. Puedes usar tus notas para practicar, pero no al hablar ante la clase. Recuerda:

- explicar con detalles lo que harás y por qué
- mirar directamente al público al hablar
- usar los tiempos futuros y el vocabulario del capítulo

Modelo

Los estudiantes podrán estudiar desde sus casas. Por las tardes, un robot ayudará a todos los estudiantes con sus tareas. Cada estudiante tendrá una computadora muy avanzada, que será casi humana . . .

3 Haz tu presentación Imagina que las personas que escuchan no saben cómo será tu escuela en el futuro. Descríbeles con detalles las cosas que harás para adaptar tu escuela a los avances del futuro.

4 Evaluación Tu profesor(a) puede explicarte cómo va a evaluar tu presentación. Probablemente, para tu profesor(a) es importante ver que:

- investigaste y te preparaste bien para hacer la presentación
- diste suficientes detalles e información a tu público

Estrategia

Mapping your speech using main idea and details
To organize a speech you can *map* it in advance. Think of your presentation as an organized way to communicate your ideas. You should start with an opening statement of the main idea. Then, use the items in the chart you wrote as subtopics. As you speak, introduce each subtopic one at a time, and elaborate on it by adding details. End your presentation with a closing statement that reinforces the main idea or your opinion about it.

El futuro según el presente

Estrategia

Compare and contrast

When you are writing, if you want to compare issues, use signal words to mark their similarities and their differences . . . You can say, for instance, *"En el pasado había muchas enfermedades, pero hoy, con los avances en la medicina, podemos curarlas"* or *"Antes, los viajes tardaban mucho tiempo, pero ahora tardan sólo unas horas."* Other expressions are: *"Antes . . . pero ahora . . .", "en el pasado, ambos . . . y hoy . . .", "ni entonces ni ahora . . . ."*

Signal words and phrases give you clues about the structure of the passage.

Para nosotros, el futuro es siempre incierto *(uncertain)*. Tenemos una idea de lo que sucederá y cómo será la vida en unos años, pero no podemos estar completamente seguros de ello. Podemos hacer predicciones. Para la gente que vivió en tiempos pasados el futuro también fue incierto. Escoge un período del pasado y compáralo con el presente. Escribe un ensayo *(essay)* con tus comparaciones, teniendo en cuenta la pregunta: "¿El futuro será siempre mejor que el presente?".

1 Antes de escribir

Usa un diagrama como éste para anotar las semejanzas y las diferencias *(similarities and differences)* entre el período del pasado que escogiste y el presente.

Siglo XIX   **Presente**

- mucha gente no iba a la escuela

- había muchas enfermedades

- no había medios de comunicación muy avanzados

- curiosidad por el futuro

- importancia de la familia

- importancia de la educación

- avances en los descubrimientos para curar enfermedades

- comunicaciones muy avanzadas

2 Borrador

Escribe tu borrador en forma de ensayo. Comienza con la pregunta de la introducción y presenta las épocas *(time periods)* que vas a describir. Explica las diferencias y semejanzas entre los dos períodos, según lo que escribiste en el diagrama de Venn. Usa expresiones como *pero* y *sin embargo* para comparar y contrastar.

> Muchas veces nos preguntamos si el futuro será mejor que el presente. Esa pregunta no la podemos responder ahora, porque no sabemos lo que pasará.
>
> Por ejemplo, si comparamos el siglo XIX con el presente, encontraremos que éstos son dos momentos de la historia muy diferentes. La gente del siglo XIX no sabía lo que iba a ocurrir en el futuro; pero nosotros tampoco lo sabemos. En el siglo XIX no había . . .
>
> El mundo siempre tiene problemas diferentes; sin embargo, siempre habrá un futuro. Esto es lo que hace que . . .

Introduction to present the topic

Details of the past

Comparison of the past and the present

Conclusion on how the past and the present are similar

3 Redacción/Revisión

Después de escribir el primer borrador de tu ensayo, intercambia tu trabajo con el de otro(a) estudiante. Léanlos y hagan sugerencias sobre cómo mejorarlos. Decidan qué aspectos de los ensayos son más o menos efectivos. Fíjense en cómo el escritor del modelo incluyó detalles en su ensayo. Hagan sugerencias sobre cómo mejorar los ensayos.

Haz lo siguiente: Subraya con una línea los verbos en presente y con dos los verbos en futuro.

- ¿Hay concordancia entre los verbos y el sujeto?
- ¿El presente y el futuro están empleados correctamente?

> Muchas veces ~~preguntamos~~ *nos preguntamos* si el futuro ~~es~~ *será* mejor que ~~presente.~~ *el presente.* No <u>sabemos</u> lo que ~~pasarán~~ *pasará* en 50 años. <u>Ignoramos</u> lo que se <u>habrá</u> descubierto entonces. Esa pregunta no la ~~podremos~~ *podemos* responder ahora, ya que . . .

4 Publicación

Antes de escribir la versión final, lee de nuevo tu borrador y repasa los siguientes puntos:

- ¿Sigue mi ensayo un orden lógico?
- ¿Comparé claramente los dos períodos?
- ¿Añadí detalles a mis descripciones?
- ¿La conclusión es resultado de lo que dice el ensayo?

Después de revisar el borrador, escribe una copia en limpio de tu ensayo.

5 Evaluación

Tu profesor(a) puede explicarte cómo va a evaluar tu presentación. Probablemente, para tu profesor(a) es importante ver que:

- tus frases tienen sentido y expresan una idea completa
- usaste correctamente la estrategia de comparar y contrastar
- usaste el vocabulario y la gramática que aprendiste en este capítulo

Lectura

Rosa

Objectives

- **Read a short story**
- **Understand change in today's world**
- **Understand unknown words by inferring their meaning through context**

Estrategia

Coping with unknown words
When you encounter a word you don't know, try to infer its meaning from the context of the sentence. If you can't guess the meaning, skip the word and continue reading. If the word is essential and the reading doesn't help you understand it, look it up in the dictionary.

Al leer

Vas a leer un cuento de Ángel Balzarino, escritor argentino nacido en 1943. Al leer el cuento verás que el autor no nos explica dónde ocurre la acción, ni nos dice claramente quiénes son o qué hacen los personajes. De esta manera, el autor añade un elemento de suspenso. Lee el cuento una primera vez para tener una idea general de lo que pasa. Luego, copia la tabla que aparece al final de la lectura. Mientras lees por segunda vez, completa la tabla. Presta atención a los siguientes puntos:

- quiénes son los personajes
- las emociones de los personajes al principio del cuento
- la importancia de trabajar y la satisfacción de un trabajo bien realizado
- el final sorprendente (*surprising*)

—¡**Hoy** es el día! —el tono de Rosa expresó cierta zozobra[1], la sensación de una derrota[2] ineludible—. ¿Por qué habrán decidido eso?

—Nadie lo sabe, querida —respondió Betty.

—Así es. Son órdenes[3] superiores —Carmen pareció resignada[4] ante esa realidad—. Simplemente debemos obedecer.

Aunque la explicación resultaba clara y sencilla, no logró convencer a Rosa. Ya nada la consolaría[5]. Ahora sólo deseaba sublevarse[6], expresar abiertamente la indignación que sentía desde hacía una semana, cuando le comunicaron la orden increíble de sacarla de allí.

—¡No quiero separarme de ustedes! —ahora su voz tuvo el carácter de un ruego angustioso[7]—. ¡No puedo aceptarlo!

—Nosotras tampoco lo deseamos, Rosa.

—Posiblemente te lleven a un sitio más importante —dijo Carmen dulcemente, tratando de animarla—. Tus antecedentes son extraordinarios. Sin duda los han tenido en cuenta para esa resolución.

—Por supuesto —confirmó Betty—. ¿Adónde te gustaría trabajar ahora?

Se produjo un largo silencio; embargada[8] por la duda, Rosa demoró[9] una respuesta concreta, como si aún no hubiera contemplado esa posibilidad.

—No lo sé. No tengo ambiciones. Me gusta estar aquí.

—Pero ya estuviste mucho tiempo, ¿no te parece?

---

1 uneasiness, anxiety 2 defeat 3 orders 4 resigned
5 would comfort 6 to revolt 7 anguished plea
8 overwhelmed 9 delayed

—Tal vez sí. ¡Cuarenta y tres años! —la pesadumbre[10] de Rosa se transformó de pronto en una ráfaga de orgullo[11]—. Fui la primera que empezó a trabajar en el Control de Datos Generales. Siempre me encargaron las tareas más complicadas. Nunca tuve un problema, nadie me ha hecho una corrección.

—Lo sabemos, Rosa.

—¡Una trayectoria realmente admirable!

—Por eso querrán trasladarte. Necesitarán tus servicios en otra parte. Quizá te lleven al Centro Nacional de Comunicaciones.

Las palabras de Betty reflejaron un vibrante entusiasmo, casi tuvieron una mágica sonoridad[12]. Trabajar en ese lugar constituía un hermoso privilegio. A pesar de ser un anhelo[13] común, todas comprendían que eran remotas las posibilidades de realizarlo, como si debieran recorrer un camino lleno de escollos[14]. Preferían, tal vez para evitar una desilusión, descartar la esperanza[15] de ser escogidas.

---

10 sorrow 11 burst of pride 12 harmony 13 yearning
14 stumbling blocks 15 to leave aside any hope

—A cualquiera le gustaría estar allí —dijo Rosa sin énfasis—. Pero creo que ya soy demasiado vieja.

—Precisamente por eso te habrán escogido —dijo Betty con fervor—. Para trabajar allí se necesita tener mucha experiencia.

—Las cosas están cambiando, Rosa —confirmó Carmen—. Todo se presenta bajo un aspecto nuevo, casi sorprendente. Es un proceso de reestructuración. Ellos parecen decididos a dar a cada cosa el lugar que le corresponde. Sin duda comprendieron que era hora de darte una merecida recompensa[16].

—Quizá tengan razón —dijo Rosa modestamente—. Cuarenta y tres años de eficiente labor tienen un gran significado. Aunque nunca me interesó recibir un premio. Simplemente me dediqué a trabajar de la mejor manera.

—Siempre serás un ejemplo para nosotras, Rosa.

—Nadie será capaz de reemplazarte. Estamos seguras.

—Sin embargo, desearía saber a quién pondrán en mi lugar.

---

16 deserved reward

Las palabras de Rosa quedaron de repente superadas[17] por el ruido de unos pasos cada vez más cercanos; entonces, algo sobresaltadas[18] por esa señal que parecía anunciar una grave amenaza[19], las tres se quedaron a la expectativa.

—¡Allí vienen!

—Sí —Rosa no se preocupó en disimular su consternación—. ¡Ha llegado el momento!

Carmen y Betty se vieron contagiadas[20] por ese estado de ánimo; después, con forzada exaltación, sólo pudieron decir a modo de despedida:

—¡Mucha suerte en tu nuevo trabajo, Rosa!

La puerta se abrió de repente y cuatro hombres jóvenes, de cuerpos esbeltos y vigorosos, entraron en el lugar donde se amontonaban[21] diversas máquinas y pantallas a las que las luces incandescentes les daban un aspecto limpio, reluciente, casi de implacable frialdad[22].

—¿Cuál es? —preguntó uno de ellos.

El Suplente pasó lentamente la vista a su alrededor, en una especie de reconocimiento, hasta que extendió una mano.

—Aquélla. Se la conoce con el nombre de Rosa.

Los tres hombres se acercaron con pasos firmes y decididos hacia la computadora más grande, cuyo material parecía algo deteriorado por el uso y los años.

—¿La llevamos al lugar de costumbre?

—Sí, a la Cámara[23] de Aniquilación.

—Está bien.

Mientras los hombres llevaban la vieja y pesada computadora, el Suplente fue a ocupar su puesto. Entonces no pudo evitar una franca sonrisa de seguridad, de absoluto triunfo al comprender que ya estaba a punto de finalizar la Era de las Máquinas.

---

17 overcome 18 alarmed 19 serious threat 20 infected
21 piled up 22 coldness

23 Chamber

Interacción con la lectura

1 Llena la tabla con información del cuento.

ELEMENTOS DEL CUENTO

nombre del personaje principal	
dos palabras que describen al personaje	
una frase que dice cuál es el problema	
una frase que dice cuál es el final	

2 Trabaja con un grupo de estudiantes para comentar lo que escribieron en sus tablas.

- ¿Cuál es el problema que se presenta en el cuento? ¿Quién habrá decidido sacar a Rosa de la oficina?

- Carmen dice que quizás lleven a Rosa a un lugar más importante. ¿Lo habrá hecho porque lo cree o para animar a Rosa?

- ¿Cómo apoyan a Rosa sus compañeras? ¿Te parece que así debe ser?

- ¿Cuál será el futuro de Rosa? ¿Por qué habrá dicho que no tiene ambiciones?

- ¿Qué te parece el final del cuento? ¿Te parece optimista o pesimista? Explica por qué.

3 Trabaja con tu grupo para buscar palabras de la lectura que no conocían o no recordaban. Hablen sobre cómo lograron determinar o recordar el significado de esas palabras para entender mejor la lectura.

4 Y tú, ¿qué piensas? ¿Somos en realidad "arquitectos de nuestro propio futuro"? ¿O crees que otras personas deciden todo por nosotros?

El Proyecto de la Escuela Virtual de la Universidad de Puerto Rico sigue buscando maestros para un entrenamiento que transformará las clases que se dan a los estudiantes de una futura escuela virtual del Departamento de Educación.

Los interesados deben tener habilidades para el trabajo con computadoras, y tener cuentas *(accounts)* privadas de acceso a la Red. Se les darán materiales y un poco de dinero a los escogidos. El proyecto durará dos años.

- ¿Crees que en el futuro toda la educación será a distancia?

- ¿Cuáles serán las ventajas *(advantages)* de estos cursos? ¿Cuáles serán las desventajas?

- ¿Has pensado alguna vez en tomar clases a distancia? ¿Conoces alguna universidad o escuela que las ofrezca?

Instituto de Educación a Distancia, Universidad de Puerto Rico

Repaso del capítulo

Vocabulario y gramática

profesiones y oficios

el / la abogado(a)	lawyer
el / la arquitecto(a)	architect
el / la banquero(a)	banker
el / la científico(a)	scientist
el / la cocinero(a)	cook
el / la contador(a)	accountant
el / la diseñador(a)	designer
la empresa	business
las finanzas	finance
el hombre de negocios, la mujer de negocios	businessman, businesswoman
el / la ingeniero(a)	engineer
el / la jefe(a)	boss
el / la juez(a)	judge
el / la peluquero(a)	hairstylist
el / la programador(a)	programmer
el / la redactor(a)	editor
el / la traductor(a)	translator

cualidades

ambicioso, -a	ambitious
capaz	able
cuidadoso, -a	careful
eficiente	efficient
emprendedor, -a	enterprising
maduro, -a	mature

verbos

ahorrar	to save
aumentar	to increase
averiguar	to find out
comunicarse	to communicate
contaminar	to pollute
curar	to cure
dedicarse a	to dedicate oneself to
desaparecer	to disappear
descubrir	to discover
desempeñar un cargo	to hold a position
diseñar	to design
enterarse	to find out
graduarse (u → ú)	to graduate
hacerse	to become
inventar	to invent
lograr	to achieve, to manage (to)
mudarse	to move to
predecir	to predict
prolongar	to prolong, to extend

reducir (zc)	to reduce
reemplazar	to replace
seguir una carrera	to pursue a career
tomar decisiones	to make decisions
traducir	to translate

sustantivos asociados con el futuro

el aparato	gadget
el avance	advance
el desarrollo	development
la enfermedad	illness
la fábrica	factory
la fuente de energía	energy source
el gen, pl. los genes	gene
la genética	genetics
el invento	invention
la máquina	machine
la mayoría	the majority
los medios de comunicación	media
el ocio	free time
la realidad virtual	virtual reality
tecnológico, -a	technological
el uso	use
vía satélite	via satellite
la vivienda	housing

otras palabras y expresiones

así que	therefore
además de	in addition to
casado, -a	married
como si fuera	as though it were
de hoy en adelante	from now on
haré lo que me dé la gana	I'll do as I please
por lo tanto	therefore
próximo, -a	next
soltero, -a	single
tener en cuenta	to take into account

campos y carreras del futuro

el campo	field
la demanda	demand
la estrategia	strategy
la hospitalidad	hospitality
la industria	industry
la informática	information technology
el mercadeo	marketing
el producto	product
el servicio	service

el futuro

To express the future in Spanish, you can use *ir + a* + infinitive, the present tense, or the future. For most verbs, attach the endings (*-é, -ás, -á, -emos, -éis, -án*) to the infinitive.

pasar *to pass*

pasar**é**	pasar**emos**
pasar**ás**	pasar**éis**
pasar**á**	pasar**án**

comer *to eat*

comer**é**	comer**emos**
comer**ás**	comer**éis**
comer**á**	comer**án**

pedir *to ask*

pedir**é**	pedir**emos**
pedir**ás**	pedir**éis**
pedir**á**	pedir**án**

Other verbs have irregular stems in the future but have the same endings as the regular verbs.

haber	**habr-**
hacer	**har-**
saber	**sabr-**
tener	**tendr-**
poder	**podr-**
decir	**dir-**
salir	**saldr-**
querer	**querr-**
poner	**pondr-**
venir	**vendr-**

el futuro de probabilidad

In Spanish the future tense can express uncertainty or probability in the present.

¿Qué hora **será**? *(I wonder what time it is.)*

el futuro perfecto

Use the future perfect tense to express what will have happened by a certain time. To form the future perfect, use the future of the verb *haber* with the past participle of the verb.

pasar *to pass*

ha**bré** pasado	ha**bremos** pasado
ha**brás** pasado	ha**bréis** pasado
ha**brá** pasado	ha**brán** pasado

el uso de los complementos directos e indirectos

The indirect object pronoun goes before the direct object pronoun.

Te los traduciré. (los libros)

In the third person, the indirect objects *le / les* become *se* before the indirect objects *lo / la, los / las.* You can add the prepositional phrase *a Ud., a él, a ella,* etc., or *a* + a noun / name for clarification.

Se los traduciré a ella.

When the object pronouns are attached to an infinitive, a command, or a present participle, you must add an accent mark to keep the stress: *traducírmelos, tradúcemelos, traduciéndomelos.*

● **Más práctica** . . . .
Practice Workbook Organizer 6-13, 6-14

Preparación para el examen

1 Vocabulario Escribe la letra de la palabra o expresión que mejor complete cada frase. Escribe tus respuestas en una hoja aparte.

1. Tengo que _____ qué cursos ofrecen en la universidad.
   a. desarrollar   c. inventar
   b. averiguar   d. prolongar

2. Después de terminar sus estudios, mi hermano piensa _____ a otro estado.
   a. dedicarse   c. enterarse
   b. mudarse   d. comunicarse

3. Cuando una persona sabe hacer algo bien, se dice que es _____.
   a. capaz   c. madura
   b. entrometida   d. sincera

4. Gracias a _____ como el teléfono celular podemos comunicarnos desde muchos lugares.
   a. aparatos   c. campos
   b. transportes   d. servicios

5. Los avances en la genética harán posible curar _____.
   a. la contaminación c. las enfermedades
   b. las viviendas   d. el ocio

6. La _____ te permite vivir una experiencia como si fuera real.
   a. vivienda   c. realidad virtual
   b. genética   d. informática

7. A Jorge le gusta resolver problemas y tomar decisiones sin ayuda. Es muy _____.
   a. emprendedor   c. honesto
   b. cuidadoso   d. puntual

8. Creo que _____ me voy a dedicar a la medicina.
   a. así que   c. tener en cuenta
   b. de hoy en adelante d. como si fuera

2 Gramática Escribe la letra de la palabra o expresión que mejor complete cada frase. Escribe tus respuestas en una hoja aparte.

1. El año próximo _____ mi sueño de viajar por todo el mundo.
   a. realicé   c. realizo
   b. realizaré   d. estoy realizando

2. Andrés quiere ser traductor. El año que viene _____ en las Naciones Unidas.
   a. trabaja   c. está trabajando
   b. trabajará   d. trabajaba

3. No tengo reloj. ¿Qué hora _____?
   a. estará   c. será
   b. saldrá   d. era

4. Si necesitas un texto de genética, yo _____ prestaré.
   a. te la   c. se lo
   b. te los   d. te lo

5. ¿Vio usted el programa sobre los inventos del siglo XX? _____ prestaré.
   a. Se lo   c. Me lo
   b. Se la   d. Te la

6. Quiero ver las fotos que sacaste ayer. _____ por favor.
   a. Dámelas   c. Déle
   b. Dáselas   d. Déselas

7. Dentro de 20 años, ya _____ otras fuentes de energía.
   a. habrán descubierto c. descubrieron
   b. han descubierto   d. están descubriendo

8. Para el año 2020, muchos aparatos que ahora se usan ya _____.
   a. han desaparecido   c. están desapareciendo
   b. desaparecen   d. habrán desaparecido

En el examen vas a . . .	Éstas son las tareas de práctica que te pueden ser útiles para el examen . . .	Si necesitas repasar . . .
❸ Escuchar Escuchar y comprender una conversación entre dos jóvenes	Félix y Carmen hablan sobre sus planes para el futuro. Escucha su conversación y di (a) qué intereses y habilidades tiene cada uno; (b) cuáles son sus planes para después de graduarse de la escuela secundaria; (c) cuáles son sus sueños para su carrera.	**pp. 252–255** *A primera vista 1* **p. 253** Actividad 1 **p. 255** Actividades 2–3 **p. 261** Actividad 12
❹ Hablar Hablar sobre lo que quieres hacer en el futuro	Imagina que te entrevistas con una consejera que te ayudará a decidir qué carrera debes estudiar y a qué universidad debes ir. Explícale cuáles son tus intereses y cualidades, qué trabajo te gustaría tener, qué sueños quieres realizar, qué quieres lograr, en fin, explícale qué quieres hacer con tu vida.	**p. 258** Actividad 9 **p. 259** Actividad 10 **p. 261** Actividad 12 **p. 262** Actividad 15
❺ Leer Leer y comprender las predicciones de un futurólogo	Lee este fragmento del artículo de un futurólogo. ¿Esta persona cree que el futuro será mejor o peor que el presente? ¿Por qué? *En el futuro viviremos en paz, pues en unos años habrá nuevos inventos y aparatos que permitirán una mejor comunicación entre las personas. Además, gracias a ciencias nuevas como la informática y la genética, en 50 ó 60 años no habrá hambre ni enfermedades. Todos vivirán 100 años y trabajarán mucho menos que nosotros.*	**pp. 266–269** *A primera vista 2* **p. 270** Actividad 25 **p. 272** Actividades 28, 29 **p. 277** Actividad 36
❻ Escribir Escribir sobre los avances que habrá en el futuro	Escribe sobre los principales avances y problemas que crees que habrá en los 50 años que vienen. Di dos cosas que crees que habrán ocurrido. ¿Cómo cambiará la vida de la gente? ¿Cuáles serán los problemas más difíciles que tendrán que resolver?	**p. 265** Actividad 19 **p. 267** Actividad 21 **p. 269** Actividad 23 **p. 271** Actividad 27 **p. 273** Actividad 30 **p. 274** Actividades 31–32
❼ Pensar Pensar en la actitud de algunos jóvenes españoles que prefieren vivir con sus padres al terminar de estudiar	Piensa por qué te gustará o no te gustará vivir con tus padres cuando termines tus estudios. Compara tus razones con las de algunos jóvenes españoles.	**p. 257** *Fondo cultural*

A ver si recuerdas...

Vocabulario

materiales
el oro
la piedra
el plástico
la plata
el vidrio

descripciones
antiguo, -a
enorme
hermoso, -a
histórico, -a
impresionante
increíble
moderno, -a

acciones
buscar
dejar
descubrir
encontrar
explicar
impresionar
investigar
olvidar
perder
representar

construcciones
el castillo
el edificio
la escalera
la escultura
la figura
la fuente
el monumento
el palacio
la plaza
el templo

lugares
el bosque
el desierto
el mar
las montañas
el océano
el río
la selva tropical
el valle

Actividad 1 **Escribir/Hablar** ....

Práctica de vocabulario

1 Haz una lista de:

- dos lugares que visitaste o te gustaría visitar
- dos construcciones que puedes encontrar en esos lugares
- tres palabras que describan cada lugar

2 Intercambia tu lista con un(a) compañero(a). Hablen sobre por qué escogieron esos lugares, cómo son y qué se encuentra allí.

Las construcciones negativas

Here are some affirmative and negative words that you already know. Remember that they are antonyms.

AFFIRMATIVE

alguien	someone
algo	something
alguno, alguna *(pron.)*	some
algún, alguna *(adj.)*	some
algunos, algunas *(pron., adj.)*	some
siempre	always
también	also

NEGATIVE

nadie	no one
nada	nothing
ninguno, ninguna *(pron.)*	none, not any
ningún, ninguna *(adj.)*	no, not any
ningunos, ningunas *(pron., adj.)*	none, not any
nunca	never
tampoco	neither, either

- *Alguno, alguna, algunos, algunas,* and *ninguno, ninguna* have the same number and gender as the noun they modify.

- When *alguno* and *ninguno* come before a masculine singular noun, they become *algún* and *ningún*.

- To make a sentence negative in Spanish, put *no* in front of the conjugated verb.

  No pudieron encontrar **nada**.

- If a sentence begins with a negative word, like *nunca* or *nadie,* you don't need to use the word *no* in front of the verb.

  Nunca investigaron bien el interior del templo.

Actividad 2 Hablar

Práctica de gramática

Tu hermano vuelve a casa después de un viaje y quiere saber qué pasó mientras él no estaba. Túrnate con tu compañero(a) para contestar sus preguntas. Todas las respuestas son negativas.

Modelo

A —¿Me llamó alguien por teléfono?
B —*No, nadie te llamó.*

1. ¿Alguien preguntó por mí?

2. ¿Pasó algo interesante?

3. ¿Vino algún amigo a verme?

4. Y Susana, ¿vino a verme?

5. ¿Llegó alguna carta para mí?

Actividad 3 Leer

Práctica de gramática

Laura le escribe a Isabel. Escoge la expresión adecuada para completar su mensaje electrónico.

```
¡Hola Isabel!

¡Qué pena! No tengo __1.__ (algo /
nada) para contarte. He estado muy
ocupada estudiando y no ha pasado
__2.__ (nada / nadie) interesante. No
he visto a __3.__ (alguien / nadie).
No he ido a __4.__ (nada / ninguna)
parte. No he visto __5.__ (ningún /
ninguno) programa de televisión ni
visto __6.__ (nada / ninguna)
película. ¡Estoy muy aburrida!

Saludos, Laura
```

Vocabulario

fenómenos naturales

el granizo
el huracán
el incendio
la inundación
la lluvia
la nieve
el relámpago
el terremoto
la tormenta
el trueno

las estaciones

el invierno
el otoño
la primavera
el verano

para dar tu opinión

creo . . .
es / no es cierto que . . .
lo bueno / lo malo es que . . .
me parece que . . .
pienso que . . .

animales

la cebra
el elefante
el gato
el hipopótamo
la hormiga
el jaguar
el mono
la mosca
el mosquito
el oso
el pájaro
los peces
el perro
el tigre

sucesos

matar
morirse
nacer
ocurrir
pasar
suceder
tener lugar

  Actividad 4 Hablar/Escribir . . . .

Práctica de vocabulario

Escoge dos animales de la lista. Luego, con un(a) compañero(a), copien en una hoja una tabla como la que sigue. Escriban en la tabla los nombres de los animales que han escogido y las características de cada animal.

| Animal favorito |
| Lugar donde vive |
| Fenómeno natural que lo afecta |
| Tu opinión sobre el animal |

  Actividad 5 Hablar/Escribir . . . .

Práctica de vocabulario

Trabaja con otro(a) estudiante para emparejar cada descripción con el fenómeno de la naturaleza que corresponde. Luego escoge dos de esos fenómenos que hayan ocurrido recientemente y escribe una frase diciendo cuándo y dónde sucedió cada uno.

1. lluvia, truenos y relámpagos
2. luz muy viva producida en una tormenta
3. movimiento de tierra
4. ruido fuerte que se oye en una tormenta
5. viento muy fuerte y violento

a. trueno
b. tormenta
c. huracán
d. relámpago
e. terremoto

Los adjetivos usados como sustantivos

When you talk about two similar things in Spanish you can avoid repeating the noun by using the adjective as a noun.

> ¿Qué prefieres, los edificios antiguos o **los modernos?**
> ¿Quieres un gato blanco o **uno gris?**

- Note that in both cases the noun is dropped in the second part of the sentence, and the definite (*el, la, los, las*) or indefinite article (*un, una, unos, unas*) comes before the adjective.

- The adjective agrees in gender and number just as if the noun were still there; also the indefinite article *un* becomes *uno* when it is not followed by the noun.

> No me gustan los edificios antiguos ni **los modernos.**
> No quiero un gato blanco ni **uno gris.**

- The same applies to a prepositional phrase beginning with *a, de,* or *para.*

> ¿Prefieres las esculturas de la derecha o **las de la izquierda?**
> ¿El informe es para esta semana o **para la próxima?**

A masculine singular adjective can be made into a noun by placing *lo* before it.

> **Lo bueno** del verano es que tenemos vacaciones.

Actividad 6 Leer ....

Práctica de gramática

Dos amigos visitan el zoológico. Completa su conversación con *el, la, los, las* o *lo* según corresponda.

A —¿Vamos a la sección de los pájaros o a __1.__ de los reptiles?

B — A mí me gusta más __2.__ de los reptiles.

A — ¡Mira ese cocodrilo! ¿No es impresionante?

B — ¿Cuál, __3.__ más grande?

A — No, __4.__ pequeño. ¡Mira sus dientes! Para mí, __5.__ más interesante son los dientes. Y, ¿para ti?

B — A mí, __6.__ que más me interesa es no acercarme demasiado. ¡Me dan mucho miedo!

● **Más práctica** ....
Practice Workbook 7-1, 7-2

Actividad 7 Hablar ....

Práctica de gramática

Una mamá le ofrece cosas a un niño, pero él quiere algo diferente. Con un(a) compañero(a) hagan los papeles de la mamá y del niño.

Modelo

querer / helado de chocolate / (vainilla)
A —*¿Quieres un helado de chocolate?*
B —*¡No, quiero uno de vainilla!*

1. comprar / el globo rojo / (azul)
2. conseguir / un perrito pequeño / (grande)
3. comer / los dulces de fresa / (de limón)
4. ponerse / los pantalones largos / (cortos)

Go Online
PHSchool.com

For: More review
Visit: www.phschool.com
Web Code: jed-0701

Fondo cultural ■◆◇▣■◆▨◇■◆

Diego Rivera, el gran pintor mexicano, basó su obra en temas políticos y sociales. Siempre tuvo un gran interés por la historia de su país, y muchas de sus pinturas representan elementos históricos. Estos elementos son una forma de honrar y preservar la herencia *(heritage)* cultural de las antiguas civilizaciones prehispánicas. En este caso, se puede apreciar un detalle del fresco *La civilización Totonaca*, que muestra a los jefes de los poztecas con las pirámides al fondo.

• ¿Qué construcciones indígenas conoces en los Estados Unidos? ¿Dónde están?

Detalle de *La civilización Totonaca*, (1950),
Diego Rivera

¿Mito o realidad?

Chapter Objectives

- Describe what archaeologists do
- Identify and describe some extraordinary phenomena
- Give your opinion about mysterious events
- Talk about the contributions of the Maya and Aztec civilizations
- Compare some myths and legends from the Spanish-speaking world with those of the United States

Video Focus

- Famous archaeological sites in the Spanish-speaking world

Country Connection

As you learn about cultures and mysteries of the Spanish-speaking world, you will make connections to these countries and places.

México
Guatemala Honduras
Colombia
Perú
Chile

Go Online
PHSchool.com

For: Online Atlas
Visit: www.phschool.com
Web Code: jee-0002

A primera vista 1

Vocabulario y gramática en contexto

Objectives

Read, listen to, and understand information about
- what archaeologists do
- archaeological mysteries of other civilizations

1 66 ¡Hola! Soy Sabrina. El mes pasado, mis compañeros y yo fuimos a visitar **las ruinas** de **una civilización** que vivió hace muchos siglos. Las civilizaciones antiguas son **pueblos** que **existieron** hace muchos años. ¡Fue muy interesante! 99

2 66 Entre las ruinas se destacaba **el observatorio**. Allí se estudiaban los movimientos de la **Luna** y el Sol y se calculaba el tiempo. 99

3 66 También vimos un monumento de piedra enorme y calculamos que **pesaba** varias **toneladas**. Es imposible saber qué **función** tenía. 99

¿Pesará más de 3 toneladas?   calcular

4 66 Las paredes de los templos y **las pirámides** tenían **diseños geométricos** muy bonitos. 99

el diámetro

el círculo

 el triángulo

 el rectángulo

el óvalo

5 66 También tuvimos la oportunidad de trabajar con **un arqueólogo.** Los arqueólogos estudian los monumentos y las artes de las civilizaciones antiguas. ¡Aprendimos mucho de otras culturas! 99

6 66 Aprendimos a excavar para buscar cosas del pasado. 99

excavar

el ancho

el centímetro

7 66 **Medimos** algunas piedras y **estructuras** como las que se usaron para construir monumentos. 99

el largo

el alto

8 66 Pesamos cosas de cerámica. 99

9 66 También trazamos una línea en la tierra para medir **la distancia** entre dos piedras. 99

trazar

Actividad 1 · Escuchar · · · · · · · · · · · · · · ·

¿Qué hicieron Sabrina y sus compañeros?

En una hoja escribe los números del 1 al 6. Escucha las frases. Escribe *C* si la frase es cierta o *F* si la frase es falsa.

Actividad 2 · Hablar · · · · · · · · · · · · · · ·

Trabajo de arqueólogos

Imagina que trabajaste con un(a) arqueólogo(a). Dile a un(a) compañero(a) lo que hiciste en tu trabajo. Puedes ayudarte usando las ilustraciones de esta página. Por ejemplo: *Excavamos para buscar cosas del pasado.*

Misterios arqueológicos

Muchas civilizaciones antiguas construyeron grandes ciudades que son **un misterio**. No se sabe por qué y para qué se construyeron. Observa las fotos que enviaron los estudiantes de diferentes países explicando qué lugares o cosas **misteriosas** hay en sus países.

Analía, de Ciudad de México

Éste es el dibujo que se encontró en la piedra que **cubría** la tumba del misterioso señor Pakal, en la ciudad de Palenque. El hombre del dibujo parece estar sentado en **una nave espacial**. Algunas personas creen que esto es **una evidencia** de la presencia de extraterrestres en los tiempos de los mayas. ¿Es **probable**, no?

José, de Cuzco, Perú

Éstas son las ruinas de la misteriosa ciudad inca de Machu Picchu. Es posible que los incas hayan construido esta ciudad para protegerse de las invasiones o que haya sido un centro comercial. También es un misterio cómo unieron las piedras de sus muros[1] **ya que** no usaron argamasa[2]. No se sabe si van a **resolver** este misterio.

1 walls 2 mortar

María, de La Paz, Bolivia

Les envío esta foto de la ciudad de Tiahuanaco, en La Paz. Esta ciudad es un enigma ya que está llena de monumentos construidos con enormes piedras. Los arqueólogos no **dudan** que estas piedras son de un lugar que está a 80 kilómetros de Tiahuanaco. Lo que resulta **inexplicable** es cómo llevaron las piedras de un lugar a otro si no tenían animales para transportarlas.

Roberto, de San José, Costa Rica

En Costa Rica sucedió un fenómeno muy **extraño**: un día se encontraron piedras perfectamente redondas en la costa del Pacífico. Es **improbable** que descubramos de dónde vienen.

Actividad 3 Escuchar

¿Cuál es el lugar?

Escucha las descripciones y escoge la cultura o ciudad que corresponda.

1. a. Canadá   b. Costa Rica   c. Cuzco
2. a. Palenque   b. Honduras   c. Tiahuanaco
3. a. Inca   b. Pakal   c. Machu Picchu
4. a. Machu Picchu   b. Palenque   c. Tiahuanaco
5. a. Palenque   b. Cuzco   c. Machu Picchu

● **Más práctica**

Practice Workbook 7-3, 7-4

Go Online PHSchool.com

For: Vocabulary practice
Visit: www.phschool.com
Web Code: jed-0702

Manos a la obra 1

Vocabulario y gramática en uso

Objectives

- Talk about archaeological mysteries
- Talk about ancient civilizations
- Use the present and the present perfect subjunctive after expressions of doubt, uncertainty or disbelief

 Actividad 4 Leer/Escribir/Pensar ·

A recordar palabras

Completa cada analogía con una palabra correcta del recuadro. Sigue el modelo.

triángulo	astrónomo	medir	centímetro
arqueóloga	línea	óvalo	

Modelo

cierta : verdad :: inexplicable : *improbable*

1. cortar : papel :: trazar : _____

2. kilo : pesar :: centímetro : _____

3. reloj : círculo :: huevo : _____

4. laboratorio : científico :: observatorio : _____

5. el peso : tonelada :: el largo : _____

6. puerta : rectángulo :: pared de una pirámide : _____

7. enseñar : maestra :: excavar : _____

 Actividad 5 Leer/Escribir ·

¡A viajar!

❶ Imagina que quieres irte de viaje con tu familia. Completa este anuncio de un viaje arqueológico usando las palabras del recuadro.

redondas	arqueólogos	ya que
se excavaron	probable	extraños
misterios	cubría	existen

❷ ¿Qué otro misterio arqueológico te gustaría visitar? ¿Por qué?

❸ Haz una lista de tres cosas interesantes que puedes ver en un viaje como éste.

Viaje Arqueológico

Los __1.__ de los mayas

¿Sabías que...

...todavía __2.__ muchas estructuras antiguas __3.__ estaban construidas de piedra?

...la tierra __4.__ muchos monumentos importantes hasta que __5.__ ?

...hay sitios misteriosos y __6.__ con piedras perfectamente __7.__ ?

Explora las ruinas del Yucatán y de Centroamérica con un equipo de __8.__ en la selva tropical. Visita Cobá, uno de los sitios más antiguos de los mayas. Ven a Tulum y disfruta de las aguas azules del Caribe.

¡Es muy __9.__ que te diviertas!

Viajes Paraíso
Calle 55, esquina Lago
Ciudad de México, México

Hablar

Preguntas de arqueólogos

Un buen arqueólogo se hace muchas preguntas.
Trabaja con una(a) compañero(a) para hablar de
las fotos y los dibujos de los lugares en las páginas
298 a 301. Sigue el modelo.

líneas de Nazca

Modelo

líneas de Nazca / ¿quiénes trazaron?
A —*¿Quiénes trazaron las líneas de Nazca?*
B —*Los extraterrestres las trazaron, según algunas personas.*

Estudiante A

1. observatorio / ¿qué calculaban?
2. paredes de los templos / ¿qué tipo de dibujos muestran?
3. el monumento / ¿cuánto pesa?
4. las paredes de la pirámide / ¿qué forma tienen?
5. la evidencia de la presencia de extraterrestres en la región maya / ¿cuál puede ser?
6. las ruinas de Machu Picchu / ¿cuál era el misterio?
7. las piedras misteriosas que se encontraron en Costa Rica / ¿cómo eran?

Estudiante B

triángulo
más de 3 toneladas
cómo unieron las piedras de las paredes
perfectamente redondas
una nave espacial dibujada en una piedra que cubría una tumba
los extraterrestres, según algunas personas
diseños geométricos
el tiempo y el movimiento del Sol y de la Luna

Hablar

Juego

Tú y tus compañeros(as) van a jugar al juego de las veinte preguntas.
Cada estudiante piensa en un objeto sin decir lo que es y sus compañeros
tienen que hacerle preguntas que sólo pueden ser contestadas con *sí* o *no*.

1 Cada estudiante escribe una descripción de un objeto de la sala de
clases. Pueden usar las palabras del recuadro.

Es un objeto redondo.
Tiene números . . .

está hecho(a) de	pesa	mide	el ancho	el alto	el largo
óvalo	círculo	triángulo	rectángulo	redondo	sirve para

2 Los estudiantes hacen preguntas para identificar el objeto. El (La)
estudiante que identifica el objeto gana dos puntos.

Modelo

¿Tiene el objeto más de 20 centímetros de largo?
¿Tiene forma redonda?

Nota

Para expresar en
español el largo,
ancho o alto de un
objeto, puedes usar
estas mismas palabras
precedidas por la
preposición **de.**

El monumento mide
tres metros **de alto** y
dos metros **de ancho.**

Actividad 8

Atlántida

1 Lee el siguiente artículo sobre el misterio de la Atlántida.

Atlántida:
¿un misterio o un hecho histórico?

"Una rica civilización, con unos hermosos edificios, que se hundió[1] y quedó cubierta por el mar en menos de 24 horas." Así describió el filósofo griego Platón a la gran isla de Atlántida, y a la vez, empezó la leyenda del continente perdido.

Muchas personas dicen que fue una civilización imaginaria. Otros creen que existió de verdad.

Según los estudios, es posible que la misteriosa Atlántida no haya estado en el océano Atlántico como pensaba Platón. Es probable que la isla de Creta de Minos haya sido la Atlántida. La civilización de Creta se derrumbó[2], inexplicablemente, en la cumbre[3] de su desarrollo hacia el año 1500 a.C. Esos mismos estudios dicen que por la misma época el volcán Thera, cerca de la isla de Creta, provocó una ola[4] gigantesca que la cubrió por completo.

¿Hay mucho parecido entre el relato de Platón y el fin de Creta? ¿Te parece extraña esta coincidencia? La verdad es que, por ahora, es sólo un misterio más que sigue sin resolverse.

1 sank **2** collapsed **3** summit **4** wave

2 Ahora responde a las preguntas sobre lo que dice el artículo.

1. ¿De qué trata el artículo?

2. ¿Qué es la Atlántida y qué creen las personas acerca de la Atlántida?

3. ¿Qué sucedió con Creta?

4. ¿En qué se relacionan Creta y la Atlántida?

5. ¿Habías visto o leído antes algo sobre la Atlántida, en películas, documentales, dibujos animados, libros o artículos? ¿Qué explicación se daba allí? ¿Era parecida a la de este artículo?

3 En grupo, comenten lo que dice la leyenda. ¿Cuántos creen que es cierta? ¿Creen que hay suficiente evidencia de que la Atlántida realmente existió?

Hablar/Escribir

Compara los misterios

❶ Trabaja con un(a) compañero(a). Hagan una lista de los misterios que han estudiado hasta ahora en el capítulo. Añadan otros misterios que conozcan.

❷ Escojan dos misterios y compárenlos. ¿En qué se parecen? ¿En qué se diferencian? Pueden usar un diagrama de Venn como el siguiente para compararlos.

❸ Usando el diagrama de Venn, escriban frases para comparar los misterios.

Machu Picchu   **Atlántida**

ciudad inca   isla

 Escribir/Hablar

Y tú, ¿qué dices?

1. ¿Cuánto crees que pesa tu pupitre? ¿Y el escritorio del (de la) profesor(a)? ¿Y un árbol?

2. ¿Qué objeto o edificio en los Estados Unidos tiene el alto de una pirámide? ¿Qué río crees que es el más largo del mundo?

3. ¿Cuál es mayor, el diámetro de la Luna o el de la Tierra? ¿Y qué distancia crees que es mayor, la de la Tierra al Sol o la de la Tierra a la Luna?

4. Busca formas geométricas en la clase. ¿Qué cosas tienen forma de rectángulo, triángulo, círculo u óvalo?

Ampliación del lenguaje

Familia de palabras

Muchas veces podemos averiguar el significado de una palabra si conocemos otras palabras de la misma familia. Observa la relación entre las siguientes palabras. Luego completa las frases.

1. La piedra es muy _____. _____ 20 kilos.
2. Nadie puede _____ ese fenómeno. Es _____.

verbo	sustantivo	adjetivo
calcular	la calculadora	
cubrir		cubierto(a)
diseñar	el diseño	
dudar	la duda	dudoso(a)
	la evidencia	evidente
explicar	la explicación	inexplicable
	el fenómeno	fenomenal
funcionar	la función	
medir	la medida	
	el misterio	misterioso(a)
pesar	el peso	pesado(a)

Gramática

El presente y el presente perfecto del subjuntivo con expresiones de duda

To express doubt, uncertainty, or disbelief about actions in the present, you use the present subjunctive. To express doubt, uncertainty, or disbelief about actions in the past, you use the present perfect subjunctive. Recall that the present perfect subjunctive is formed with the present subjunctive of *haber* and a past participle.

doubt, uncertainty		subjunctive
Dudo que . . .		**existan** los extraterrestres
Es posible que . . .	**+**	*extraterrestrials **exist, do exist, will exist***
Es dudoso que . . .		

disbelief		
No creo que . . .	**+**	**hayan existido** los extraterrestres
Es imposible que . . .		*extraterrestrials **existed, have existed***

Expressions of belief, knowledge or certainty are usually followed by the indicative.

Creo que . . .		
Estoy segura que . . .		
Es evidente que . . .	**+**	
Es verdad que . . .		ésas **son** ruinas mayas
Sabemos que . . .		
No dudo que . . .		

 Actividad 11 **Gramática** **Leer**

Lo dudo

Jorge está leyendo una revista de arqueología. Completa lo que piensa con el presente del indicativo o el presente del subjuntivo del verbo apropiado.

1. Dudo que los arqueólogos _____ en lugares donde no exista evidencia de otras civilizaciones. *(excavar)*

2. Es improbable que una persona sin experiencia artística _____ trazar los diseños incas. *(poder)*

3. Es posible que las ruinas de los palacios _____ muchas toneladas. *(pesar)*

4. No creo que los científicos _____ el diámetro de una estructura sin ver antes la evidencia. *(calcular)*

5. Es imposible que el antiguo observatorio _____ más que un edificio moderno. Creo que el observatorio _____ menos que un edificio moderno. *(pesar)*

6. Estoy seguro de que los científicos _____ capaces de resolver muchos misterios. *(ser)*

Actividad 12 Gramática · Leer/Hablar

¿Qué opinas?

Trabaja con un(a) compañero(a) para dar su opinión sobre la información y las teorías que acaban de leer. Usen frases de las dos columnas.

Modelo

Los extraterrestres vivían en la ciudad de Palenque.
Dudo que los extraterrestres hayan vivido en la ciudad de Palenque.

columna A

Los seres humanos han transportado las piedras de Tihuanaco.

Los incas construyeron Machu Picchu para protegerse de las invasiones.

El señor Pakal está sentado en una nave espacial.

Las piedras que se encontraron en Costa Rica son perfectamente redondas.

Atlántida fue en realidad la isla de Creta de Minos.

columna B

Dudo que . . .

Creo que . . .

Estoy seguro(a) de que . . .

Es imposible que . . .

Es probable / improbable que . . .

Actividad 13   Leer/Hablar/Escribir

Noticias increíbles

Lee este artículo sobre algo que sucedió en 1938.

❶ Contesta las preguntas.

1. ¿De qué se trataba el programa de radio?

2. ¿Qué causó el pánico?

3. ¿Cree el señor en la calle que existen los extraterrestres?

4. ¿Qué cree la señorita?

❷ Trabaja con un grupo para pensar en un evento o un fenómeno que pueda causar pánico al público hoy día. Escriban entre todos un guión *(script)* de un programa sobre el evento o fenómeno.

❸ "Transmitan" su programa a la clase.

---

31 de octubre, 1938

¡Pánico por supuesta invasión de marcianos!

Programa de radio causó gran revuelo[1]

Orson Welles adaptó y transmitió por radio ayer La guerra de los mundos de H.G. Wells, de manera tan realista que la gente creyó que estaba escuchando las noticias de una invasión extraterrestre. Aquí les damos la opinión del público en las calles cuando todo se aclaró.

Periodista: ¡Señor, señor! ¿Qué cree usted que ha sucedido? ¿Es posible que nos invadan los marcianos?

Señor en la calle: Quizás todos hayamos pensado que era verdad. Pero no creo que una invasión así sea posible.

Periodista: ¿Y usted, señorita?

Chica en la calle: Yo me asusté, pero en realidad, dudo que existan los marcianos.

---

1 commotion

Los arqueólogos

Imagina que estás trabajando en una excavación arqueológica. Algunos de tus compañeros se olvidaron de hacer sus tareas, y tú quieres confirmar que se han hecho. Observa los dibujos, y con un(a) compañero(a) hagan y contesten preguntas según el modelo.

Modelo

Pedro / medir

A —¿*Pedro ya midió la pirámide?*

B —*No, no creo que la haya medido.*

1. Marcia / excavar

2. tú / pesar

3. Carlos y Raúl / trazar

4. usted / calcular

5. Mateo / estudiar

6. Teresa y Emilio / buscar

Gramática **Escribir/Hablar** ·

Y tú, ¿qué crees?

Escribe tres frases acerca de tu escuela, familia, comunidad o país, y léeselas a otro(a) estudiante. Tu compañero(a) debe responder usando las expresiones del recuadro.

(no) es cierto que	(no) dudar que	(no) creer que
es (im)probable que	es (im)posible que	(no) estar seguro(a) de que

Modelo

A —*Creo que nuestro equipo de béisbol puede ganar el campeonato este año.*

B —*Estoy seguro de que nuestro equipo puede ganar el campeonato.*

o: *Dudo que nuestro equipo pueda ganar este año porque Tomás Álvarez era el mejor jugador y acaba de romperse la muñeca.*

 Gramática **Escuchar/Hablar/Escribir** ·

La civilización misteriosa

❶ Un famoso arqueólogo ha descubierto las ruinas de una antigua ciudad de una misteriosa civilización. Escucha la entrevista que le hace una periodista al arqueólogo. Observa el dibujo mientras escuchas la entrevista.

❷ Ahora, contesta las siguientes preguntas según la entrevista.

1. ¿Por qué no cree el Dr. Romero que haya existido esta civilización hace millones de años?

2. ¿El Dr. Romero cree que se puede calcular la edad de las ruinas?

3. ¿Qué formas geométricas se han usado en los diseños de los edificios?

4. Según el Dr. Romero, ¿quiénes fueron los habitantes de esta civilización?

❸ Escribe un párrafo sobre cómo te imaginas tú que haya sido esta misteriosa civilización.

Hablar/Dibujar/GramActiva ....

La misteriosa civilización

1 Imagina que eres un(a) arqueólogo(a) y te envían a trabajar a un lugar misterioso. En grupos pequeños, imaginen cómo fue su viaje. Respondan a las siguientes preguntas. Recuerden que van a inventar una civilización y que deben ser creativos al responder a las preguntas.

1. ¿Adónde fueron? *(desierto, montaña, bosque, mar, playa, etc.)* ¿En qué país estaba ese lugar?

2. ¿Encontraron ruinas? ¿Cómo eran?

3. ¿Qué objetos encontraron? ¿Qué forma tenían esos objetos?

4. ¿Qué estructuras encontraron? ¿Qué creen que representan?

5. ¿Cómo se imaginan que era la civilización? ¿Creen que la crearon extraterrestres?

2 Ahora, dibujen lo que sucedió en el viaje. Pueden ilustrar las respuestas a las preguntas anteriores.

3 Cada grupo debe contar su viaje a la clase mientras muestran los dibujos que hicieron. Los estudiantes deben responderles usando diferentes expresiones del recuadro de gramática de la página 306.

Modelo

Es imposible que las personas de esa civilización hayan sido extraterrestres porque los extraterrestres nunca dejan evidencia.

El Camino Inca Antes de la llegada de los españoles, el imperio[1] inca iba desde lo que es hoy el norte de Chile hasta Colombia. Para poder comunicarse con todas las ciudades de este imperio tan inmenso, los incas construyeron más de 15,000 millas de caminos. El Camino Real, también llamado Camino Inca, va desde Colombia hasta Chile y tiene 3,250 millas de largo. (Es más largo que el camino más largo construido por los romanos, que iba desde Jerusalén hasta Escocia.) El camino pasa a través de montañas, selvas y desiertos, y llega a muchas de las antiguas ciudades del imperio.

Hoy en día, muchos turistas recorren[2] el Camino Inca para visitar las ruinas de ciudades como Machu Picchu y también para ver los impresionantes paisajes de la geografía de América del Sur.

1 empire **2** travel (along)

- ¿Por qué construyeron los incas tantos caminos? ¿Qué nos dice esto acerca de la civilización inca?

- ¿Te gustaría recorrer como turista el Camino Inca? ¿Por qué?

- ¿Qué sistema de caminos o carreteras conoces que se parezca al que construyeron los incas? ¿Para qué se construyó?

Actividad 18 · Leer/Escribir/Hablar

¿Cómo se explica?

¿Te has preguntado alguna vez sobre los misterios? En grupos de tres o cuatro estudiantes van a investigar y presentar ante la clase algunos misterios inexplicables del mundo.

1 Investiguen uno de los misterios que estudiaron en este capítulo u otros fenómenos inexplicables, como el monstruo de Loch Ness o el triángulo de las Bermudas. Deben:

- investigar en periódicos, revistas, libros o en la Red, cuándo, dónde y qué sucedió
- describir los cuentos populares y leyendas que haya sobre ese misterio
- incluir las explicaciones científicas
- dar la opinión que ustedes tienen sobre ese misterio

2 Luego, hagan una presentación a la clase. Incluyan todo lo que encontraron y sus opiniones. Pueden usar fotos o ilustraciones sacadas de periódicos, revistas o la Red.

Para decir más

el fantasma	*ghost*
el OVNI	*UFO*
la casa encantada	*haunted house*
el poltergeist	*poltergeist*
el amuleto	*amulet*

Actividad 19 · Leer/Escribir

Machu Picchu

En 1911, el norteamericano Hiram Bingham descubrió unas ruinas en las montañas del Perú. Cuando se excavaron las estructuras cubiertas por la selva, se descubrió una ciudad maravillosa.

Conexiones | La historia

Ubicado[1] a 2,400 metros sobre el nivel del mar, Machu Picchu es uno de los lugares más impresionantes del planeta. Esta ciudad de los incas, de casi un kilómetro de extensión, tenía aproximadamente 1,000 habitantes durante el siglo XV. Su diseño es extraordinario, y sus muros[2], acueductos y observatorios fueron perfectamente construidos sin usar ni cemento ni pegamento[3].

Machu Picchu es considerado uno de los monumentos arquitectónicos y arqueológicos más importantes del mundo, pero la historia y función de Machu Picchu siguen siendo un misterio. Algunos creen que era una fortaleza; otros creen que era un monasterio.

---

1 located **2** walls **3** glue

- ¿Por qué es un fenómeno arquitectónico Machu Picchu?
- ¿Qué se cree que era la función de Machu Picchu?
- Si los incas vivían en el siglo XV, ¿por qué crees que no se descubrieron las ruinas hasta 1911?

Más práctica
Practice Workbook 7-5, 7-6, 7-7

PHSchool.com

For: Practice with the subjunctive with expressions of doubt
Visit: www.phschool.com
Web Code: jed-0703

A primera vista 2
Vocabulario y gramática en contexto

Read, listen to, and understand information about
- myths and legends
- contributions from ancient civilizations

¿Cómo se explican los misterios del mundo?

En el mundo de hoy, los científicos desarrollan **teorías** para explicar **cualquier** fenómeno natural. En tiempos antiguos, la gente contaba cuentos para explicar los misterios del **universo** y los fenómenos de la naturaleza. Con el tiempo estos relatos se desarrollaron en **leyendas**, cuentos exagerados basados en personajes o temas históricos. También se crearon **mitos** para explicar los fenómenos de la naturaleza. Los mitos y las leyendas llegaron a formar parte de la cultura de los pueblos.

Uno de estos pueblos, los aztecas, tenía **creencias** muy interesantes para explicar fenómenos naturales como las inundaciones, el fuego y **el origen** del día y de la noche. Es importante comprender que los aztecas tenían muchos **dioses**: un dios del conocimiento y la civilización llamado Quetzalcóatl, un dios de la lluvia, una diosa del agua y una diosa del maíz. Los dioses eran una parte fundamental de la cultura azteca.

Así es cómo los aztecas explicaban el origen del día y de la noche...

"Todos los dioses querían ser el centro del universo, y por eso compitieron varias veces para **convertirse** en el sol. Durante estos **intentos**, destruyeron a **los habitantes** de **la Tierra** con inundaciones y fuego. El último intento tuvo lugar en Teotihuacán, la ciudad **sagrada** de los dioses. Allí, uno de los dioses saltó al fuego y se convirtió en el sol. Pero el sol no se movía. Entonces, los demás dioses **se arrojaron** al fuego y el sol pudo moverse por el cielo."

Con estos actos, según los aztecas, también se crearon la luna y las estrellas, **o sea que** nacieron el día y la noche.

Así es cómo los aztecas explicaban por qué la luna tiene sombras...

"Cuando el sol **apareció**, también apareció la luna. Los dioses se enojaron porque la luna **brillaba** tanto como el sol. Así que le arrojaron **un conejo** a la luna para cubrir su luz."

Según los aztecas, esto explica por qué alguna gente puede ver la imagen de un conejo en la luna.

Actividad 20 Escuchar ....

¿Cómo se explica?

Escribe en una hoja los números del 1 al 6. Escucha las frases. Escribe *C* (cierto) o *F* (falso) para cada frase.

Actividad 21 Leer ....

¿Cómo se creó el sol según los aztecas?

Según el relato azteca del origen del mundo, ¿en qué orden sucedieron los siguientes sucesos? Numéralos del 1 al 5.

- Como el sol no se movía, los otros dioses se arrojaron al fuego.

- Uno de los dioses saltó al fuego y salió el sol.

- Los dioses destruyeron a los habitantes de la Tierra.

- Los dioses se reunieron en el sitio sagrado de Teotihuacán.

- Se crearon la luna, el día, la noche y las estrellas.

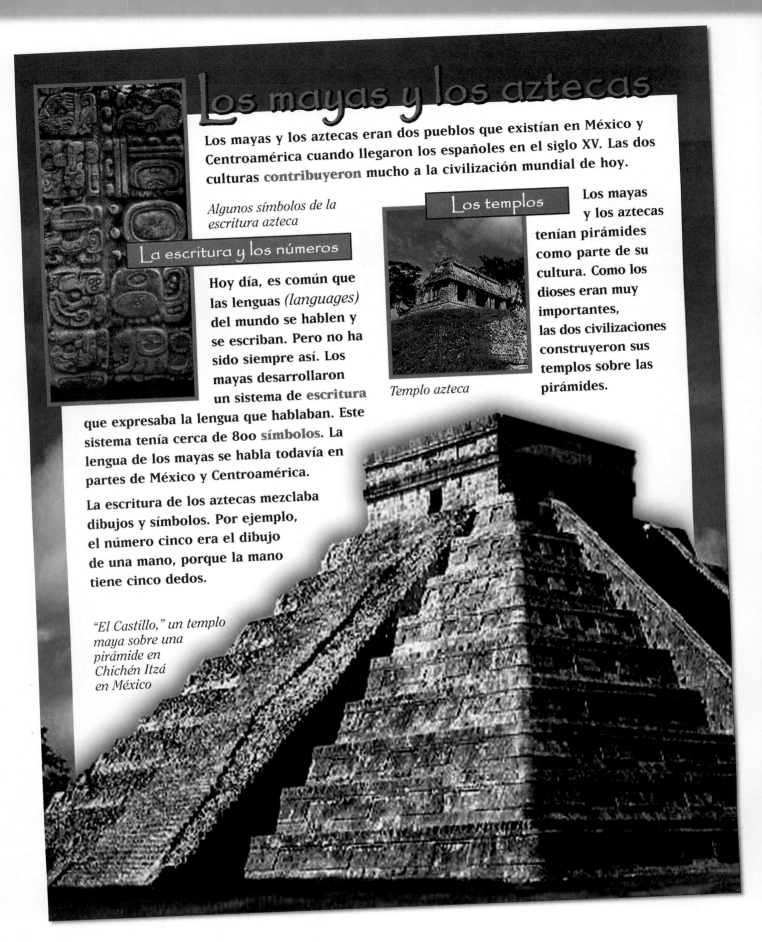

Los mayas y los aztecas

Los mayas y los aztecas eran dos pueblos que existían en México y Centroamérica cuando llegaron los españoles en el siglo XV. Las dos culturas **contribuyeron** mucho a la civilización mundial de hoy.

Algunos símbolos de la escritura azteca

La escritura y los números

Hoy día, es común que las lenguas *(languages)* del mundo se hablen y se escriban. Pero no ha sido siempre así. Los mayas desarrollaron un sistema de **escritura** que expresaba la lengua que hablaban. Este sistema tenía cerca de 800 **símbolos**. La lengua de los mayas se habla todavía en partes de México y Centroamérica.

La escritura de los aztecas mezclaba dibujos y símbolos. Por ejemplo, el número cinco era el dibujo de una mano, porque la mano tiene cinco dedos.

"El Castillo," un templo maya sobre una pirámide en Chichén Itzá en México

Los templos

Los mayas y los aztecas tenían pirámides como parte de su cultura. Como los dioses eran muy importantes, las dos civilizaciones construyeron sus templos sobre las pirámides.

Templo azteca

Los números y el calendario

Los mayas fueron grandes matemáticos. Descubrieron el concepto del cero, un concepto fundamental en las matemáticas que usamos hoy día. Los aztecas, **al igual que** los mayas, eran grandes **astrónomos**. Los mayas observaron los movimientos del Sol desde que salía por la mañana hasta que **se ponía** por la noche. No sólo estudiaron el Sol, **sino también** las estrellas, **los planetas** y la Luna.

Observatorio "El Caracol (snail)" en la ciudad maya de Chichén Itzá

Calendario azteca, también llamado, "Piedra del Sol"

Los mayas y los aztecas tenían dos calendarios distintos. Uno, el sagrado, estaba basado en los dioses y la religión. El otro era como el que usamos nosotros, basado en el año solar de 365 días. Los mayas no sabían cómo ocurrían **los eclipses**, pero creían que cuando el Sol estaba oscuro era porque los dioses estaban enojados.

Actividad 22 · Escribir

¿Con qué contribuyeron?

Después de leer la información de estas páginas, completa el cuadro sobre lo que contribuyeron los mayas y los aztecas.

● **Más práctica**
Practice Workbook, 7-8, 7-9

	Mayas	Aztecas
Astronomía		
Calendario		
Escritura		
Números		
Templos		

For: Vocabulary practice
Visit: www.phschool.com
Web Code: jed-0706

Manos a la obra 2

Vocabulario y gramática en uso

Actividad 23 · Leer

Un poco de todo . . .

Completa las siguientes frases con las palabras del recuadro.

conejo	dioses	leyendas	eclipse	astrónomo	símbolos

1. Los aztecas crearon _____ para explicar el origen del universo.
2. El _____ estudia los planetas y las estrellas desde el observatorio.
3. Las civilizaciones antiguas creían en muchos _____.
4. Durante un _____, la Luna cubre el Sol y la Tierra se queda a oscuras.
5. En la Luna se puede observar la imagen de un _____.
6. La escritura maya tiene una gran cantidad de _____.

Actividad 24 · Leer

El calendario azteca

Completa este párrafo con la palabra correcta que describe el calendario azteca.

El calendario azteca fue uno de los objetos más importantes de esa cultura. No sólo mostraba los días, sino que mostraba cómo **1.** *(se movían / se convertían)* el Sol, la Luna y el **2.** *(estrella / planeta)* Venus. El calendario es una piedra muy grande en forma de círculo y pesa 20 toneladas. En su centro está la cara de Tonatiuh, el **3.** *(conejo / dios)* del sol que, rodeada[1] por otros **4.** *(símbolos / mitos)*, representa el universo. Los aztecas tenían la **5.** *(creencia / línea)* de que para mantener el orden del sistema del universo debían hacer ciertas ceremonias. Por ejemplo, los antiguos **6.** *(sistemas / habitantes)* de la Ciudad de México ponían el calendario en posición horizontal como si fuera un espejo del cielo.

---

1 surrounded

Según la leyenda . . .

Trabaja con tu compañero(a) para hablar sobre lo que están aprendiendo de las civilizaciones antiguas. Sigue el modelo.

Modelo

A — *Según una leyenda mexicana, dos volcanes eran antes unos novios, ¿no?*

B —*Sí, se casaron contra los deseos de sus padres.*

Estudiante A

Según una leyenda/un mito/una creencia . . .

1. los dioses hacían muchos intentos para convertirse en el sol

2. unos extraterrestres trazaron las líneas de Nazca

3. los dioses se enojaron porque la luna brillaba tanto como el sol

4. los eclipses ocurrían cuando los dioses estaban enojados

5. los extraterrestres existían en los tiempos de los mayas

6. Atlántida fue una gran civilización en el Mediterráneo

7. Machu Picchu fue un centro comercial importante

Estudiante B

la erupción de un volcán causó su destrucción

los científicos no están seguros del origen de estas ruinas

las trazaron para saber dónde aterrizar (land) sus naves espaciales

mientras, los habitantes de la Tierra fueron destruidos con inundaciones y fuego

le arrojaron un conejo para hacer sombra y cubrir su luz

cubrían la luz del sol con la luna

un dibujo que se encontró en Palenque representa una nave espacial

En voz alta

En México, muchos escritores contemporáneos de ascendencia maya están escribiendo en el idioma nativo de sus antepasados[1]. Lo hacen para mantener vivos su idioma y su cultura y para conservar los cuentos y las creencias que antes se trasmitían sólo por tradición oral.

Feliciano Sánchez Chan nació en el pequeño poblado de Xaya, Tekax, Yucatán, en 1960. Sus obras "Retazos[2] de vida" y "X-Marcela" han sido premiadas en concursos de literatura de la lengua maya.

Escucha el poema de Sánchez Chan y trata de repetirlo en voz alta.

• Nombra tres elementos naturales que se mencionan en el poema. ¿Crees que es importante la naturaleza en la cultura del poeta? ¿Por qué?

---

1 ancestors **2** snippets

Sueño cuarto (la luz)

de Feliciano Sánchez Chan

Soy el trueno que ha venido
con su luz
de eternas profundidades
para alumbrar[3] el camino blanco
por donde transitan tus hijos, Madre.

. . .

El señor fuego es mi hermano mayor.
Hoy he venido
con mis cuatro hermanas:
la lluvia del oriente[4],
la lluvia del poniente[5],
la lluvia del norte
y la lluvia del sur.

. . .

---

3 to light **4** east **5** west

¿Recuerdas?

In Spanish the dipthong *ue* is pronounced "we" as in "wet." Read and pronounce: *trueno, fuego.*

Actividad 26 Escribir

Mitos y leyendas

En los mitos y las leyendas la gente inventa razones para explicar ciertas cosas. Usa tu imaginación para escribir una frase sobre seis de los siguientes fenómenos de la naturaleza. Explica por qué . . .

Modelo

. . . hay truenos
Hay truenos porque los dioses están tocando los tambores.

1. . . . cae lluvia

2. . . . hace viento

3. . . . se pone el sol

4. . . . ocurre un eclipse

5. . . . aparecen sombras

6. . . . brillan las estrellas

7. . . . salta un conejo

8. . . . el agua se convierte en hielo

Actividad 27 Leer/Escribir

Una leyenda quiché

Lee esta leyenda de los indígenas quichés de Guatemala sobre el pájaro quetzal, símbolo de la libertad y nombre de su moneda.

Quetzal nunca muere

Quetzal era el hijo del cacique[1] de una tribu[2] quiché[3]. Todos los habitantes lo admiraban y sabían que un día Quetzal se iba a convertir en el jefe de la tribu. Pero Chiruma, el hermano del cacique, estaba celoso de Quetzal.

Cuando Quetzal fue mayor, el adivino[4] le dijo: "No morirás nunca, Quetzal. Vivirás eternamente." Durante una lucha contra otra tribu, Chiruma se dio cuenta de que las flechas[5] que le arrojaban a Quetzal nunca lo herían[6]. Entonces Chiruma pensó que debía tener un amuleto. Esa noche, cuando Quetzal dormía, Chiruma entró en su cuarto y descubrió al lado de Quetzal una pluma de colibrí[7]. Recordó que el colibrí era un símbolo de la buena suerte[8] y robó la pluma.

Cuando murió el cacique, los ancianos escogieron a Quetzal para ser el nuevo jefe. Un día Quetzal caminaba por el bosque cuando de repente apareció un colibrí. El colibrí le dijo a Quetzal: "Soy tu protector y vengo a decirte que alguien quiere matarte".

De pronto oyó un silbido[9] y una flecha penetró en su pecho. Quetzal cayó sobre la hierba[10] verde y murió. Pero los dioses, que habían predicho una vida eterna, lo convirtieron en un hermoso pájaro. Su cuerpo tomó el color del césped, su pecho conservó el color de la sangre y el sol puso en su larga cola[11] muchos colores.

1 chief 2 tribe 3 indigenous people of Guatemala
4 fortune-teller 5 arrows 6 wounded 7 hummingbird's feather
8 luck 9 whistling sound 10 grass 11 tail

¿Comprendiste?

1. ¿Quién es Quetzal? ¿Quién es Chiruma?

2. ¿Qué hizo Chiruma para vengarse *(get revenge)* cuando no lo escogieron para ser el cacique de la tribu?

3. ¿Qué representa el símbolo de la pluma de colibrí?

4. ¿En qué se convirtió Quetzal?

Gramática

Pero y sino

The word *pero* is usually the equivalent of the English conjunction *but*. However, there is another word in Spanish, *sino*, that also means *but*. *Sino* is used after a negative, in order to offer the idea of an alternative: not this, *but rather* that.

> No voy a beber jugo de frutas **sino** agua.

• You can also use *sino* with *no sólo. . . sino también. . . (not only . . . but also)*

> Apareció **no sólo** el sol **sino también** la luna.

• You use *sino que* instead of *sino* when there is a conjugated verb in the second part of the sentence.

> No vendí mis libros **sino que** los regalé.

28 **Gramática** **Leer**

¿Qué dice el artículo?

Imagina que estás leyendo diferentes noticias y artículos. Decide si la palabra que completa cada frase es *pero* o *sino*.

1. Hizo varios intentos por convertirse en astrónomo _____ no lo consiguió.

2. No construirán un nuevo observatorio _____ que repararán el viejo.

3. No sólo se ven sombras en la luna _____ también figuras oscuras.

4. Creía que el lugar era sagrado _____ ahora no estoy seguro.

5. Según la creencia, no fue un solo dios _____ todos.

6. Tenían no sólo información _____ también evidencia importante.

29 **Gramática** **Leer/Hablar**

Dioses de los aztecas

Lee la lista de los dioses de los aztecas. Trabaja con otro(a) compañero(a) para hacer frases sobre los dioses usando *sino* y *pero*.

Modelo

Quetzalcóatl no sólo era el dios del conocimiento sino también de la civilización. Era el dios de la civilización pero no el dios del fuego.

● **Más práctica**
Practice Workbook 7-10

Los **DIOSES** importantes de los **AZTECAS**

Coatlicue– La primera diosa: creó la Luna y las estrellas

Huitzilopochtli– Dios de la guerra y el Sol

Quetzalcóatl– Dios del conocimiento y la civilización

Mictantecuhtle– Dios de los muertos

Ehecatl– Dios del viento

Tláloc– Dios de la lluvia

Xiuhtecuhtle– Dios del fuego

Go Online
PHSchool.com

For: Practice with *pero* and *sino*
Visit: www.phschool.com
Web Code: jed-0707

Gramática

El subjuntivo en cláusulas adjetivas

Sometimes you use an entire clause to describe a noun. This is called an adjective clause.

- When you have a specific person or thing in mind, you use the indicative.

    Este libro tiene un artículo **que habla** sobre los mayas.

- If you don't have a specific person or thing in mind, or if you are not sure the person exists, you use the subjunctive. Sometimes *cualquier(a)* is used in these expressions.

    Busco un libro **que tenga** un artículo sobre los mayas.
    Escoge **cualquier** cosa **que te guste**.

- You also use the subjunctive in an adjective clause when it describes a negative word such as *nadie, nada,* or *ninguno(a)*.

    No hay **nadie que conozca** los símbolos aztecas.

To refer to something or someone unknown in the past, you can use the present perfect subjunctive.

    Busco una joven **que haya estudiado** arqueología.
    No hay nadie **que haya visto** un extraterrestre.

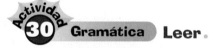

Actividad 30 Gramática **Leer**

El proyecto sobre culturas antiguas

Un grupo de estudiantes va a hacer un proyecto para representar algunos aspectos artísticos de las culturas antiguas. Están tratando de decidir a quiénes y qué necesitan para hacer su proyecto. Completa las siguientes frases con el presente del subjuntivo o del indicativo.

—Necesitamos encontrar a un estudiante que __**1.**__ *(ser)* muy artístico para hacer dibujos de los dioses.

—Pues, yo conozco a una chica que siempre __**2.**__ *(hacer)* dibujos muy bonitos en su cuaderno durante mi clase de inglés.

—Fernando compró un libro que __**3.**__ *(tener)* unos diseños de la Pirámide del sol. Podemos hacer un modelo de ella. ¿Conocemos a alguien que __**4.**__ *(saber)* hacer construcciones de cerámica?

—No puedo pensar en ningún estudiante que __**5.**__ *(poder)* hacer un modelo de la pirámide.

—El calendario azteca es fascinante. Podemos dibujarlo y pintarlo usando cualquier sistema de colores que nos __**6.**__ *(gustar)*.

—Buena idea. Vamos a buscar un dibujo o una foto que nos __**7.**__ *(servir)* de modelo.

Actividad 31 **Gramática** **Leer/Escribir** ·

Investigación sobre las culturas antiguas

Imagina que tienes que investigar acerca de
las culturas antiguas. Usa tu imaginación
y completa las frases usando la forma correcta
del verbo. Añade detalles a cada frase.

Modelo

Busco una biblioteca que (estar). . .
Busco una biblioteca que esté cerca de mi casa.

1. Necesito un libro que (explicar). . .

2. Yo sé de un libro que (hablar). . .

3. No hay nadie que (conocer). . .

4. No hay nada que (decir). . .

5. Escogeré cualquier artículo que (gustar). . .

6. Quiero encontrar una página Web que (tener). . .

7. Mi amigo tiene varios artículos que (aparecer). . .

8. Tengo que hablar con las personas que (contribuir). . .

Actividad 32 **Gramática**   **Hablar** ·

¿A quién conoces que sepa . . . ?

Trabaja con otro(a) estudiante para identificar a personas de tu escuela o
comunidad que hayan hecho o sepan hacer diferentes cosas.

Modelo

A —*¿Hay alguien en nuestra escuela que sepa hablar tres idiomas?*

B —*Sí, el padre de Berta sabe hablar español, italiano e inglés.*

o: —*No sé. No conozco a nadie que sepa hablar tres idiomas.*

Estudiante A

1. tener un coche deportivo
2. conocer a una persona famosa
3. haber ganado un campeonato de deportes
4. ser actor / actriz de cine
5. haber vivido en un país extranjero por más de un año
6. contribuir su tiempo como voluntario(a)

Estudiante B

¡Respuesta personal!

Actividad 33 **Gramática** **Escribir/Hablar** ·

Tu anuncio clasificado

1 Imagina que decides aprender otro idioma o cambiar de trabajo. Escribe un anuncio clasificado para el periódico solicitando un(a) maestro(a) o una escuela de idiomas o pidiendo trabajo.

> **Modelo**
> _____
>
> *Busco una escuela de idiomas que dé clases de chino.*

2 Ahora, trabaja con otro(a) estudiante para intercambiar los anuncios que hicieron. Cada uno(a) debe responder al anuncio con un mensaje breve.

> **Modelo**
> _____
>
> **A** — *Busco una escuela de idiomas que dé clases de chino.*
> **B** — *Yo conozco una escuela que da clases de chino.*

El español en el mundo del trabajo

· ·

Antigua, en Guatemala, es una de las ciudades más bellas de América Latina. Está llena de bellos edificios y plazas coloniales. También hay muchas ruinas de edificios antiguos destruidos por los terremotos que ocurren en la región.

En esta ciudad se encuentra la Academia de Español de Guatemala. Allí se dan cursos de español especialmente diseñados para diferentes profesiones.

La escuela tiene un curso muy interesante para guías de turismo. Muchas veces, los estudiantes de este curso salen a pasear por la ciudad mientras el profesor les enseña todas las palabras que deben saber para describir los edificios y las ruinas. Estos estudiantes aprenden a usar el español para hacer un trabajo útil e interesante.

Una calle de Antigua

Escribir/Hablar ·····································

Juego

❶ En grupos, piensen en algún programa de televisión, libro o película que trate sobre extraterrestres o fenómenos inexplicables. Completen una tabla como la siguiente sobre el programa, el libro o la película.

Nombre del programa, libro o película	
Argumento general	
Ejemplos de fenómenos inexplicables	
Personajes	
¿Dónde ocurre?	
¿Cuándo ocurre?	
¿Cuál es el final?	

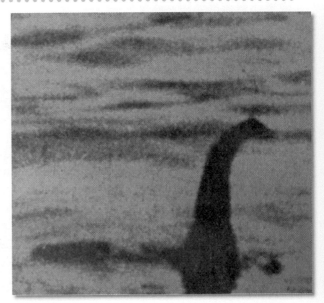

El monstruo de Loch Ness

❷ Ahora, jueguen a adivinar qué programa de televisión, libro o película escogió cada grupo. Por turnos, cada grupo pasa al frente de la clase y relata de qué trata el programa, el libro o la película que escogió sin dar el título. Pero, para hacer el juego más divertido, tienen que cambiar uno de los elementos que pusieron en sus tablas. Por ejemplo, pueden cambiar el nombre de los personajes principales o el lugar donde ocurre la historia. Gana el grupo que haya adivinado más programas, libros o películas.

Hablar/Escribir ···························

¿Recuerdas la leyenda?

Trabaja con un grupo para escribir con tus propias palabras una leyenda conocida.

❶ Escojan una leyenda que conozcan.

❷ Hagan una tabla con lo siguiente y complétenla con los datos de la leyenda que escogieron.

- el tema
- la situación
- los personajes
- el lugar y la época
- el conflicto
- cómo se resuelve el conflicto

❸ Escriban la leyenda. No se olviden de escribir el título.

❹ Pueden ilustrar la leyenda e incluir música.

Estrategia

Cooperative learning
You might assign roles to each member of the group. These roles might include:

secretary

editor

illustrator

story-teller / presenter

● **Más práctica** ·················
Practice Workbook 7-11, 7-12

For: Practice with the subjunctive with adjective clauses
Visit: phschool.com
Web Code: jed-0709

¡Adelante!

Puente a la cultura
Misterios del pasado

Objectives

- **Read about the mysteries of past civilizations in Latin America**
- **Make predictions about the text based on photos**
- **Use different sources to investigate a mystery of the past**

Estrategia

Using illustrations
You can preview what you are about to read by looking at the illustrations or photos that accompany the text. You can also look at the illustrations to locate details while reading. Before starting to read, look at the photos on these pages and make a prediction about what the text is about. After you finish reading, check if your prediction was right.

Los moai en la Isla de Pascua

Cuando los europeos llegaron a América a partir de 1492, se encontraron con muchos pueblos indígenas. Hoy día no hay nadie que pueda explicar la desaparición de la cultura de algunos de estos pueblos.

La Isla de Pascua

En el medio del océano Pacífico se encuentra la Isla de Pascua, de unos 167 metros cuadrados. Allí se encuentran los moai, unas estatuas enormes de piedra que representan enormes cabezas con orejas largas y torsos pequeños. Se encuentran en toda la isla y miran hacia el cielo como esperando a algo o alguien. Pero la pregunta es ¿cómo las construyeron y las movieron los habitantes indígenas a la isla? Se sabe que no conocían ni el metal ni la rueda. Cuando se les pregunta a los habitantes de hoy cómo llegaron las estatuas al lugar, ellos responden: —¡A pie!

Muchos esperan que aparezca la verdad acerca de estas estatuas. Hay quienes dicen que las estatuas representan a los primeros habitantes de la isla, que creen que eran polinesios. Otros dicen que representan a los dioses y muchos creen que eran extraterrestres. Quizás algún día descubramos el misterio de esta pequeña isla.

Los olmecas

Más de 1,500 años antes de los mayas y 25 siglos antes de los aztecas existieron los olmecas, la primera gran civilización de Mesoamérica. Entre sus ruinas se descubrieron unas cabezas de piedra gigantes que no sólo miden entre dos o tres metros de alto sino que pesan entre 11 y 24 toneladas. Pero en esa zona de México no existen piedras tan grandes. Se supone que[1] los olmecas tuvieron que mover esas piedras más de 129 kilómetros. ¿Cómo lo hicieron? Es un misterio.

Cabeza olmeca

Las líneas de Nazca

En 1927, un arqueólogo que recorría[2] el sur de Perú observó unas largas líneas de muchas formas a los lados de la carretera. Observó las líneas desde una meseta, las dibujó en un papel y descubrió que un dibujo tenía la forma de un pájaro volando. Más tarde se encontraron en las Pampas de Nazca, al sur de Perú, más de 30 dibujos que representan animales y figuras geométricas y humanas. Lo interesante de estos dibujos es que las formas solamente pueden verse desde el aire. ¿Para qué servían las líneas? ¿Cómo se hicieron?

---

1 supposedly **2** travelled

¿Comprendiste?

1. ¿Qué son los moai? ¿Qué representan?

2. ¿Qué se descubrió entre las ruinas de los olmecas? ¿Por qué es un misterio?

3. ¿Qué descubrió un arqueólogo que recorría el sur de Perú?

4. ¿Qué representan los dibujos que forman las líneas de Nazca?

5. ¿Por qué es un misterio las líneas de Nazca?

Líneas de Nazca

Investiga

Busca en la biblioteca o en la Internet información sobre algún otro misterio del pasado, como el hombre de Palenque o la Atlántida. Escribe un pequeño párrafo que describa el misterio y tu opinión sobre el tema.

Go Online
PHSchool.com

For: Internet link activity
Visit: phschool.com
Web Code: jed-0710

¿Qué me cuentas?

Ver para creer

1 🔊 Escucha las siguientes descripciones. Después de cada descripción, vas a oír dos preguntas. Escoge la mejor respuesta para cada pregunta.

1. **a.** del descubrimiento de América
   b. de su último trabajo arqueológico en América Central

2. **a.** conocer a un grupo de arqueólogos
   b. las ruinas de un antiguo palacio olmeca

3. **a.** diseños geométricos y símbolos de soles y dioses
   b. dibujos de animales

4. **a.** Leyeron las notas que dejaron los olmecas.
   b. Midieron las piedras y calcularon su peso.

5. **a.** un hombre misterioso que apareció y les contó acerca de una leyenda
   b. que nadie sabía que esa estructura existiera

6. **a.** porque la leyenda decía que ese lugar no existía
   b. porque existía una leyenda y la creencia de que allí vivían extraterrestres

2 Las ilustraciones a continuación representan un cuento. Con tus propias palabras, describe detalladamente lo que sucedió. Puedes usar las siguientes palabras o expresiones para conectar tus ideas.

| finalmente | después | entonces |
| mientras | más tarde | de repente |

1

2

3

4

5

6

3 Trabaja con un grupo de estudiantes. Comparen los detalles de los cuentos que escucharon. ¿Qué fue lo más interesante? ¿Qué fue lo más extraño? ¿Y lo más misterioso?

Tu descubrimiento científico

Tarea

Imagínate que eres un(a) científico(a), que creaste una teoría para explicar un fenómeno extraño y tienes que convencer *(convince)* a la clase de que tu explicación tiene sentido.

1 Prepárate Completa un organizador gráfico como éste sobre tu descubrimiento. Escribe en el rectángulo de la izquierda el nombre y una descripción del fenómeno inexplicable, y en los de la derecha, tus explicaciones de lo que sucedió. Puedes inventar el fenómeno y las teorías para tratar de explicarlo.

Fenómeno inexplicable: _____

2 Practica Vuelve a leer la información del organizador. Practica tu presentación para recordar los detalles. Puedes usar tus notas para practicar, pero no al hablar ante la clase. Recuerda:
- explicar claramente de qué fenómeno inexplicable estás hablando
- dar razones convincentes *(convincing)* que traten de explicarlo
- mirar directamente al público al hablar

Modelo

No hay nadie que haya descubierto qué les sucedió a los habitantes de la Atlántida. Yo creo que unos extraterrestres aparecieron en la Atlántida y se convirtieron en sus habitantes. Dudo que el clima les haya gustado, por eso se mudaron a un pueblo de Alaska.

3 Haz tu presentación Haz la presentación de forma convincente para que tus compañeros de clase entiendan el fenómeno y cómo se resuelve según tu teoría. Puedes acompañar tu presentación con un dibujo o un organizador gráfico sobre el fenómeno.

4 Evaluación Tu profesor(a) puede explicarte cómo va a evaluar tu presentación. Probablemente, para él (ella) es importante ver que:
- te preparaste bien para hacer tu presentación
- diste suficiente información a la clase
- usaste el vocabulario del capítulo

Tu leyenda

Objectives

- **Write a legend about something or someone from the past**
- **Combine sentences in order to add interest to the story**
- **Add details in order to improve the story**

Estrategia

Combining sentences
The paragraphs in your story may lose their impact if you use only short, choppy sentences. One way to improve the flow of your paragraphs is to combine sentences with conjunctions like *y, o,* or *pero.* For example, *"Todos los habitantes del pueblo conocen la leyenda pero ninguno habla de ella"* is more interesting than *"Todos los habitantes del pueblo conocen la leyenda. Ninguno habla de ella."* Likewise, *"El hombre no tenía ni familia ni amigos"* sounds better than *"El hombre no tenía familia. El hombre no tenía amigos."*

Ahora es tu turno de inventar una leyenda. Usa tu imaginación y escribe una leyenda acerca de algún personaje o lugar imaginario. Puedes también escribir acerca de alguna leyenda ya conocida pero añadiéndole detalles propios.

1 Antes de escribir

Responde a las preguntas como ayuda para encontrar ideas para tu leyenda.

- ¿En dónde ocurre la historia?
- ¿Quién o quiénes son los protagonistas de tu historia?
- ¿Cuál es el misterio o fenómeno inexplicable principal? ¿Qué sucede?
- ¿El misterio o fenómeno inexplicable se resuelve o tiene un final abierto?
- ¿Qué título tiene la leyenda?

Recuerda que una leyenda tiene la estructura de un cuento, es decir, una introducción, un desarrollo y un final. Completa una tabla como ésta para ordenar tus ideas sobre la leyenda que vas a escribir.

Título de la leyenda	La leyenda del extraterrestre del valle
Introducción	Un hombre estaba dando un paseo por el valle cuando de repente apareció un extraterreste . . .
Desarrollo	Se hicieron amigos y el hombre decidió acompañar al extraterrestre a su planeta . . .
Final	Nunca más se supo del hombre . . .

2 Borrador

Escribe tu borrador utilizando la información de la tabla. Recuerda que al escribir una leyenda debes añadir todos los detalles que sean posibles y combinar las oraciones para que los párrafos sean más interesantes. La leyenda debe ser misteriosa e interesante. No te olvides de usar el vocabulario y la gramática que aprendiste en este capítulo.

Según cuenta la leyenda, un hombre estaba dando un paseo por
el valle del pueblo cuando de repente apareció una figura muy
extraña. Tenía una cabeza redonda sin pelo y sus ojos eran muy
grandes y ovalados. "Dudo que existan extraterrestres", pensó el
hombre en ese momento, "pero ahora no estoy tan seguro". . .

El desconocido se le acercó y le dijo: "Es verdad, soy un
extraterrestre, pero no tenga miedo. Yo sólo busco un hombre que
quiera ser mi amigo." El hombre le respondió que no tenía amigos
pero que podía hacer una excepción. Después de hablar por muchas
horas, el extraterrestre le ofreció llevarlo a conocer su planeta.
Como el hombre no tenía ni familia ni amigos, aceptó la invitación.
Entonces . . .

Nunca más se supo del hombre . . .

Topic sentence: Sets the story.

Description of a character: What did the stranger look like?

Development: What happened after the two characters met.

Conclusion: Explains the mystery or leaves it to the reader's imagination.

3 Redacción/Revisión

Después de escribir el primer borrador de
la leyenda, trabaja con otro(a) estudiante
para intercambiar los trabajos y leerlos.
Decidan qué aspectos son más efectivos.
Fíjense en cómo el(la) escritor(a) del
modelo incluyó detalles en su composición.
Cada uno puede sugerir qué cambios hacer
para mejorar las leyendas.

Haz lo siguiente: Verifica si usaste
correctamente las formas del indicativo y
del subjuntivo.

El desconocido se le acercó y le dijo : "Es
verdad, ~~sea~~ *soy* un extraterrestre, pero no ~~tienes~~ *tenga*
miedo. Yo sólo busco un hombre que ~~quiere~~ *quiera*
ser mi amigo."

4 Publicación

Antes de hacer la versión final, lee de
nuevo tu borrador y repasa lo siguiente:

- ¿La leyenda tiene un orden lógico?
- ¿Es interesante la introducción?
- ¿Incluí suficientes detalles que den un
  ambiente *(feeling)* a la historia?
- ¿Es misterioso el final de la leyenda?

Después de revisar el borrador, escribe tu
composición en limpio.

5 Evaluación

Tu profesor(a) puede explicarte cómo va a
evaluar tu presentación. Probablemente,
para tu profesor(a) es importante ver que:

- las oraciones tienen sentido y expresan
  ideas completas
- la leyenda sigue un orden lógico
- incluiste detalles en la leyenda
- usaste correctamente la gramática y el
  vocabulario del capítulo

Lectura

Fragmento de
Don Quijote de la Mancha
Capítulo XXII

Estrategia

Characters and actions
Read the passage once through to understand the events of the story. When you have read through once, think about the characters in the story. What are they like? Then, re-read the story and write down the events.

Al leer

El personaje más famoso de la literatura española es Don Quijote de la Mancha, el protagonista de la novela del mismo nombre que escribió Miguel de Cervantes. La historia cuenta que el Quijote leyó tantos libros sobre caballeros andantes *(knights),* que un día perdió el juicio *(lost his mind)* y decidió ser uno de ellos. En la época en que él vive (el siglo XVII) ya no hay caballeros andantes, pero en su imaginación, el Quijote ve a las sirvientas *(maids)* como princesas, las posadas *(inns)* como castillos y los molinos *(windmills)* como gigantes contra los que tiene que pelear. El conflicto entre la fantasía del Quijote y la realidad produce situaciones cómicas que hacen reír.

El fragmento que vas a leer es una adaptación del Capítulo XXII, en el que Don Quijote y su escudero *(squire)* y amigo Sancho Panza se encuentran con unos prisioneros.

Copia la tabla de la página 333. Complétala mientras lees. Ésta te ayudará a contestar las preguntas que aparecen al final.

Don Quijote vio que por el camino venían doce hombres atados[1] con una gran cadena[2] de hierro por el cuello, y todos con esposas[3] en las manos. Venían con ellos dos hombres a caballo y dos a pie. Su escudero Sancho Panza dijo:

—Ésta es una cadena de prisioneros, gente forzada[4] por el rey, que va a las galeras[5].

—¿Cómo gente forzada? —preguntó Don Quijote—. ¿Es posible que el rey haga fuerza a alguien?

—No digo eso —respondió Sancho—, son personas que, por sus crímenes, van condenadas a servir al rey en las galeras por fuerza.

---

1 tied **2** chain **3** handcuffs **4** forced **5** galleys

—Entonces —contestó Don Quijote— esta gente, aunque los llevan, van de por fuerza, y no porque ellos quieren.

—Así es —dijo Sancho.

—Pues —dijo su amo—, aquí puedo hacer mi tarea: deshacer fuerzas y ayudar a los miserables.

Don Quijote se acercó y le preguntó al primero que por qué crímenes iba a las galeras. Él le respondió que por enamorado.

—¿Por eso no más? —replicó Don Quijote—. Pues, si por enamorados echan a galeras, yo estaría en ellas desde hace tiempo.

—No son los amores como los que usted piensa —dijo el prisionero—; que los míos fueron que quise tanto a una cesta llena de ropa blanca, que la abracé conmigo tan fuertemente que, a no quitármela la justicia por fuerza, aún la tendría.

—Éste, señor, va por músico y cantor, le dijeron.

—Pues, ¿cómo —repitió Don Quijote—, por músicos y cantores van también a galeras?

Pero uno de los guardas le explicó:

—Señor caballero, cantar es confesar en el tormento⁶.

Luego al tercero que le preguntó Don Quijote, éste le dijo:

—Yo voy por cinco años porque me faltaron diez monedas de oro.

—Yo daré veinte de muy buena gana⁷ —dijo Don Quijote— por libraros⁸ de las galeras.

—Eso me parece —respondió el prisionero— como quien tiene dineros en mitad del mar y se está muriendo de hambre, sin tener adónde comprar lo que necesita. Si hubiera tenido el dinero necesario para cambiar la opinión del juez, hoy estaría paseando por la plaza de Toledo y no camino a las galeras.

Al final venía un hombre con más cadenas que los demás.

—¿Cuál es su crimen? —preguntó Don Quijote.

—Va por diez años por ladrón —replicó el guarda—. Este hombre tiene solo más crímenes que todos los otros juntos. Es el famoso Ginés de Pasamonte.

—Para servir a Dios y al rey, otra vez he estado cuatro años, —respondió Ginés—; y no me pesa mucho ir a ellas, porque allí tendré lugar de acabar de escribir mi libro.

Dijo entonces Don Quijote:

—De todo lo que me habéis dicho, he sacado en limpio que, aunque os han castigado⁹ por vuestros crímenes, las penas que vais a padecer¹⁰ no os dan mucho gusto, y que vais a ellas muy de mala gana y muy contra vuestra voluntad. Me parece duro caso hacer esclavos¹¹ a los que Dios y la naturaleza hizo libres. Estos pobres no han cometido nada contra vosotros, guardias. Pido que los dejéis libres pero si no lo hacen, por fuerza haré que lo hagáis.

---

6 torture 7 willingly 8 *libraros* means *librarlos*; the ending *-os* is the pronoun corresponding to *vosotros* 9 punished 10 to suffer 11 slaves

¿Recuerdas?

En el español antiguo, se utilizaban los pronombres personales *vosotros* y *vosotras,* y las formas verbales correspondientes. En la actualidad, estas formas casi no se usan en los países de habla hispana con excepción de España.

Pero los guardias no hicieron caso y le dijeron:

— No ande buscando tres pies al gato[12].

—¡Vos sois el gato, y el ratón, y el bellaco! —respondió Don Quijote furioso y atacó[13] a los guardias. Sancho ayudó a dar la libertad a los prisioneros. Muy sorprendidos y asustados, los guardas se escaparon.

Don Quijote llamó entonces a los prisioneros y así les dijo:

—De gente bien educada es agradecer[14] los beneficios que reciben. Les pido que vayan a la ciudad del Toboso, y allí os presentéis ante la señora Dulcinea del Toboso y le digáis que su caballero, el de la Triste Figura, ha tenido esta famosa aventura.

Respondió por todos Ginés de Pasamonte, y dijo:

—Lo que vuestra merced[15] nos manda, señor y libertador nuestro, es imposible de toda imposibilidad cumplirlo. Lo que podemos hacer es rezar[16] por usted.

—¡No! —dijo Don Quijote furioso.

Pasamonte, que ya se había dado cuenta que Don Quijote no era muy cuerdo[17], empezó con los demás prisioneros a arrojarle piedras a Don Quijote, le quitaron la ropa a Sancho y huyeron[18]. Solos quedaron Sancho y Don Quijote; Don Quijote, muy triste de verse tan malparado[19] por los mismos a quien tanto bien había hecho.

---

12 looking for a problem where there is none **13** attacked **14** to thank **15** archaic usage for *Usted*
16 to pray **17** sane **18** fled **19** left in such a sorry state

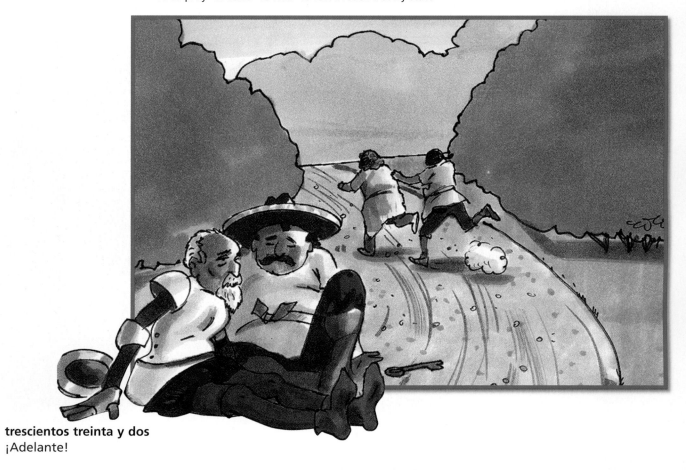

Interacción con la lectura

❶ Completa una tabla como la siguiente a medida que lees.

Preguntas	Respuestas
1. ¿Cuál es la situación?	
2. ¿Qué piensa Don Quijote que ocurre?	
3. ¿Qué sucede en realidad?	
4. ¿Qué hace Don Quijote?	
5. ¿Qué resultados tiene su acción?	

❷ Trabaja con otro(a) compañero(a) para comparar la información de las tablas de cada uno(a). Añadan cualquier otro detalle interesante que recuerden.

¿Comprendiste?

1. ¿Qué cree Don Quijote que es su misión en la vida?

2. Don Quijote escucha las historias de los prisioneros. ¿Cómo reacciona Don Quijote después de escucharlas? ¿Considera que el castigo *(punishment)* de los prisioneros es justo?

3. ¿Por qué quiere Don Quijote que los prisioneros ya libres vayan a ver a la señora Dulcinea? ¿Qué nos dice de su personalidad?

4. Don Quijote ve las cosas de manera diferente que los demás personajes. ¿Crees que él piensa que dice la verdad? ¿Crees que él ve las cosas como son? ¿Crees que Sancho ve las cosas como son?

5. Piensa en algún ejemplo de la vida real en el que dos personas vean una misma cosa de diferente forma. ¿Por qué crees que puede ser eso? Di qué pueden hacer para ponerse de acuerdo.

6. En tu opinión, ¿qué quiere expresar el autor al escribir acerca de Don Quijote?

Fondo cultural

Miguel de Cervantes Saavedra (1547–1616) nació en España, y antes de ser escritor participó en varias guerras. Como soldado *(soldier)*, perdió el uso de la mano izquierda y poco después fue llevado a Argel como esclavo, donde estuvo cinco años. Buscando su libertad *(freedom)* trató de escapar cuatro veces. Un grupo de religiosos lo rescató y pudo regresar por fin a España. Trabajó para el gobierno *(government)* español, pero fue acusado de manejar mal el dinero a su cargo y fue encarcelado durante varios meses. Ya en libertad empezó a escribir novelas y comedias, entre ellas su más famosa novela, *Don Quijote de la Mancha.* Cervantes murió el mismo año que William Shakespeare.

• Da un ejemplo de un conflicto entre la fantasía y la realidad que hayas leído en algún libro. Explica cómo presenta el autor este conflicto y qué crees que quiere decir.

Miguel de Cervantes Saavedra

Repaso del capítulo

Vocabulario y gramática

descubrimientos

el / la arqueólogo(a)	archaeologist
la civilización	civilization
la escritura	writing
la pirámide	pyramid
las ruinas	ruins
sagrado, -a	sacred
el símbolo	symbol

mitos y leyendas

la creencia	belief
el / la dios(a)	god, goddess
la leyenda	legend
el mito	myth
la nave espacial	spaceship
el origen	origin

para hablar de los fenómenos inexplicables

la estructura	structure
la evidencia	proof, evidence
extraño, -a	strange
el fenómeno	phenomenon
la función	function
la imagen	image
inexplicable	inexplicable
el misterio	mystery
misterioso, -a	mysterious
la teoría	theory

para describir objetos

el alto	height
el ancho	width
el centímetro	centimeter
el círculo	circle
el diámetro	diameter
el diseño	design
la distancia	distance
geométrico, -a	geometric(al)
el largo	length
el óvalo	oval
el rectángulo	rectangle
redondo, -a	round
la tonelada	ton
el triángulo	triangle

otras palabras

el conejo	rabbit
cualquier, -a	any
el intento	attempt

para indicar duda

improbable	unlikely
probable	likely

el universo

el / la astrónomo(a)	astronomer
el eclipse	eclipse
el / la habitante	inhabitant
la Luna	moon
el observatorio	observatory
el planeta	planet
el pueblo	people
la sombra	shadow
la Tierra	Earth
el universo	universe

expresiones

al igual que	as, like
o sea que	in other words
sino	but
ya que	because, due to

verbos

aparecer (zc)	to appear
arrojar(se)	to throw (oneself)
brillar	to shine
calcular	to calculate, to compute
convertirse (en)	to turn (into), to become
contribuir (u→y)	to contribute
cubrir	to cover
dudar	to doubt
excavar	to excavate
existir	to exist
medir (e→i)	to measure
pesar	to weigh
ponerse (el sol)	to set (sun)
resolver (o→ue)	to solve
trazar	to trace, to draw

El presente y el presente perfecto del subjuntivo con expresiones de duda

Use the present subjunctive after expressions of doubt, uncertainty, or disbelief.

Dudo que **haya** una nave espacial en el pueblo.

To express doubt, uncertainty, or disbelief about actions in the past, Spanish uses the present perfect subjunctive mode.

Es probable que los arqueólogos **hayan encontrado** nuevas evidencias.

Expressions starting with *creo, no dudo, estoy seguro(a)* are usually followed by the indicative since they do not express doubt, disbelief or uncertainty.

Estoy seguro de que aquellas piedras **pertenecen** a los mayas.

Pero y sino

The word *pero* is usually the equivalent of the English conjunction *but*. The word *sino* also means *but*. *Sino* is used when the idea being conveyed is *not this*, *but rather* that.

No voy a comer carne **sino** vegetales.

You can also use *sino* with *no sólo . . . sino también . . .*

Vino **no sólo** María **sino también** Ana.

You use *sino que* when there is a conjugated verb in the second part of the sentence.

No salí a pasear **sino que** me quedé en casa.

El subjuntivo en cláusulas adjetivas

You can use an entire clause to describe a noun. This is an adjective clause. When you have a specific person or thing in mind, you use the indicative.

Busco a la arqueóloga **que trabaja** con ruinas aztecas.

If you don't have a specific person or thing in mind, or if you are not sure the person exists, you use the subjunctive. To refer to something or someone in the past, you use the present perfect subjunctive.

Necesito un artículo **que hable** sobre las pirámides.
Busco un joven **que haya estudiado** español.

You also use the subjunctive in an adjective clause when it describes a negative word such as *nadie*, *nada*, or *ninguno(a)*.

No hay **nadie que tenga** tiempo libre.

You use the subjunctive in an adjective clause when it doesn't describe a specific person or thing, using words such as *cualquier* or *cualquiera*.

Escoge **cualquier** cosa **que quieras**.

● **Más práctica**
Practice Workbook Organizer 7-13, 7-14

Preparación para el examen

1 Vocabulario Escribe la letra de la palabra o expresión que mejor complete cada frase. Escribe tus respuestas en una hoja aparte.

1. Un huevo tiene forma de _____ .
   a. triángulo
   c. pirámide
   b. óvalo
   d. rectángulo

2. El arqueólogo midió _____ de la roca.
   a. el mito y el origen
   c. el fenómeno y el misterio
   b. el planeta y el observatorio
   d. el ancho y el largo

3. Cada civilización tenía sus teorías sobre el _____ del mundo.
   a. origen
   c. universo
   b. pueblo
   d. habitante

4. Los astrónomos mayas observaban _____ y los eclipses.
   a. las ruinas
   c. los planetas
   b. el símbolo
   d. el círculo

5. A un fenómeno extraño e inexplicable lo llamamos _____.
   a. misterio
   c. evidencia
   b. geométrico
   d. estructura

6. El arqueólogo _____ el diámetro del calendario azteca.
   a. cubrió
   c. pesó
   b. dudó
   d. midió

7. A las seis de la tarde se _____ el sol.
   a. excavó
   c. calculó
   b. resolvió
   d. puso

8. Los astrónomos _____ en la reunión con información sobre los planetas.
   a. brillaron
   c. se arrojaron
   b. contribuyeron
   d. existían

2 Gramática Escribe la letra de la palabra o expresión que mejor complete cada frase. Escribe tus respuestas en una hoja aparte.

1. Dudo que _____ naves espaciales en el imperio maya.
   a. existió
   c. existen
   b. existirán
   d. hayan existido

2. Algunos creen que es probable que los extraterrestres _____ las líneas de Nazca.
   a. trazaron
   c. trazan
   b. hayan trazado
   d. tracen

3. La arqueóloga está segura de que esta pirámide _____ a la civilización azteca.
   a. pertenecerá
   c. pertenece
   b. haya pertenecido
   d. pertenecerían

4. No conozco ningún arqueólogo que _____ el nombre de todos los dioses aztecas.
   a. sabe
   c. sabían
   b. sepa
   d. supo

5. Necesitan un científico que _____ la edad del templo.
   a. calcula
   c. calculo
   b. calculen
   d. calcule

6. Es improbable que los aztecas _____ a la luna.
   a. han viajado
   c. hayas viajado
   b. viajan
   d. hayan viajado

7. No conozco a nadie que _____ para buscar ruinas de la cultura azteca.
   a. haya excavado
   c. han excavado
   b. excava
   d. hayan excavado

8. El sol no desapareció _____ que se puso.
   a. también
   c. sino
   b. pero
   d. sólo

En el examen vas a . . .	Éstas son las tareas de práctica que te pueden ser útiles para el examen . . .	Si necesitas repasar . . .

 ❸ Escuchar Escuchar y comprender una entrevista con un arqueólogo que acaba de regresar de una excavación

Escucha una entrevista entre un locutor de una estación de radio y la famusa arqueóloga Dr. Cruz, y responde a las siguientes preguntas: (a) ¿Qué civilización estudió? (b) ¿Qué excavó? (c) ¿Cómo explicó lo que encontró? (d) ¿El locutor cree que es un mito o la realidad?

pp. 298–301 *A primera vista 1*
p. 299 Actividades 1–2
p. 301 Actividad 3
p. 305 Actividad 9
p. 309 Actividad 16

 ❹ Hablar Hablar sobre un misterio o fenómeno inexplicable del pasado o del presente

Piensa en un misterio o fenómeno inexplicable que te interese. Descríbelo y sugiere una explicación lógica de por qué existe o se produce dicho misterio o fenómeno.

p. 305 Actividad 9
p. 308 Actividad 14
p. 309 Actividad 16
p. 310 Actividad 17

 ❺ Leer Leer y comprender una leyenda

Lee este relato azteca. Según el relato, ¿cuál es la explicación para el principio de la lluvia? (a) A los dioses les gustaba el templo que los aztecas construyeron. (b) Para que lloviera, siete hombres cantaban cuatro canciones. (c) La luna apareció por 28 días.

Cuenta el relato que los antiguos aztecas construyeron un templo a los dioses del fuego y de la lluvia en una montaña. Y siete hombres se reunían cuando llegaba el tiempo de sembrar la tierra, llamaban al dios de la lluvia y cantaban cuatro canciones, porque cuatro por siete es 28, y veintiocho días tiene el mes de la luna. Poco después, comenzaba a llover.

p. 304 Actividad 8
p. 311 Actividad 19
pp. 312–315 *A primera vista 2*
p. 312 Actividad 21
p. 318 Actividad 27
pp. 324–325 *Puente a la cultura*

 ❻ Escribir Escribir sobre un misterio arqueológico

Escoge una de las ruinas misteriosas de las que se han hablado en este capítulo y escribe un párrafo sobre lo que piensas de ella. ¿Cuál crees que fue el origen y la función de esa construcción? ¿Está relacionada con algún mito o leyenda de esa civilización? ¿Crees que algún día se descubrirán sus misterios?

p. 304 Actividad 8
p. 305 Actividad 9
p. 309 Actividad 16
p. 311 Actividad 18
p. 318 Actividad 27
pp. 324–325 *Puente a la cultura*

 ❼ Pensar Pensar en un mito y buscar una explicación posible

Piensa en alguna leyenda o mito que has estudiado en este capítulo. Busca una razón posible para explicar el origen de este mito y la función que tenía.

See *Actividades* referenced in #6 Escribir p. 337.

A ver si recuerdas...

Vocabulario

construcciones

el edificio histórico
la fuente
la iglesia
la mezquita
el monumento
el museo
el palacio
la plaza
el puente
la sinagoga
el teatro

para indicar el lugar

a la derecha
a la izquierda
al lado de
cerca de
debajo de
delante de
detrás de
entre
lejos de

para indicar el tiempo

¿Cuánto tiempo hace que . . . ?
desde
la fecha
hace . . . dos, tres, cuatro años
hace mucho / poco tiempo
recientemente

para describir

antiguo, -a
enorme
grande
horrible
moderno, -a
nuevo, -a
pequeño, -a
viejo, -a

en la ciudad

la avenida
la calle
la cuadra
la esquina

Actividad 1

Escribir/Hablar ....

Práctica de vocabulario

Haz una lista con tres lugares o edificios famosos de tu pueblo, de tu ciudad o de tu estado, por ejemplo: un monumento, una calle, un teatro o una plaza. En una tabla como la siguiente, escribe dónde quedan esos lugares o edificios, cómo son y cuándo los visitaste. Usa las palabras de la lista de vocabulario. NO escribas el nombre de la construcción.

¿Qué es?	¿Dónde queda?	¿Cómo es?	¿Cuándo lo visitaste?
1. [lugar o edificio]			
2. [lugar o edificio]			

Hazle preguntas a otro(a) estudiante sobre los lugares de su lista. Pregúntale sobre la información que escribió y trata de identificar los lugares.

Modelo

A —¿Cuándo visitaste el lugar?
B —Lo visité hace un año.

Gramática · Repaso

Las palabras interrogativas

Remember that you use interrogative words to ask questions. In Spanish, all interrogative words have a written accent mark.

The interrogative words *¿cómo?*, *¿cuándo?*, *¿dónde?*, *¿adónde?*, *¿qué?*, *¿para qué?*, *¿por qué?* are invariable—they do not change in gender or number.

> **¿Cuándo** vas al museo? **¿Por qué** vamos a la plaza?

The interrogative words *¿cuál? / ¿cuáles?*, and *¿quién? / ¿quiénes?* have both singular and plural forms, but do not change in gender.

> **¿Cuáles** son tus amigos? **¿Quién** es tu mejor amiga?

The interrogative words *¿cuánto? / ¿cuántos? / ¿cuánta? / ¿cuántas?* agree both in number (singular / plural) and gender (masculine / feminine) with the noun they modify.

> **¿Cuánto** dinero? **¿Cuántas** horas?

In Spanish, prepositions always precede interrogative words.

> **¿Para qué** hiciste eso? **¿Con quién** fuiste tú?

Just as in direct questions, interrogative words have a written accent when they are used in indirect questions.

> Quiero saber **quiénes** van a la fiesta. Me preguntó **cuál** era mi mochila.

Actividad 2 · Leer

Práctica de gramática

Dos amigas quieren ir al museo. Completa el diálogo con las palabras interrogativas que correspondan.

A —¿ __1.__ vamos al museo, en autobús o a pie?

B —Depende . . . ¿tú sabes a __2.__ cuadras de aquí está el museo?

A —Creo que a unas veinte . . . ¿ __3.__ no vamos en autobús?

B —Sí, mejor. Estoy cansada. ¿Sabes __4.__ está la parada del autobús?

A —Aquí, pero . . . mira, aquí paran cuatro autobuses. ¿ __5.__ tomamos? ¿A __6.__ le preguntamos?

Actividad 3 · Escribir/Hablar

Práctica de gramática

Tú y tu compañero(a) trabajan para una organización de turismo. Deben entrevistar a los turistas que visitan un centro cultural, un teatro o un museo. Escriban diez preguntas para hacerles a los turistas. Lean sus preguntas a la clase. Pueden representar la entrevista con otros(as) compañeros(as).

Modelo

¿De dónde es usted?
¿Por qué ha venido a . . . ?

Vocabulario

el arte
la artesanía
la creación
la joya
la melodía
el oro
la plata

el comercio
cambiar
comprar
el mercado
pagar
el producto
regatear
vender

reacciones
asustarse
enojarse
estar asustado, -a
estar enojado, -a
ponerse enojado, -a
temer
tener miedo de

acciones
atreverse
capturar
destruir
escaparse
luchar
matar
morirse
refugiarse
salvar

las relaciones
colaborar
comunicarse
el conflicto
desconfiar
llevarse bien / mal
la pelea
pelearse
ponerse de acuerdo
reaccionar
relacionarse

  Actividad 4 · Leer/Escribir/Hablar ....

Práctica de vocabulario

Empareja cada definición con la palabra correspondiente. Luego, usa las definiciones como modelos y escribe tus propias definiciones de cuatro palabras o expresiones de las listas. Lee tus definiciones a un(a) compañero(a) para ver si puede identificar las palabras apropiadas.

1. arte u obra con una marca personal
2. evitar un peligro
3. no confiar
4. lugar donde la gente compra y vende productos
5. discutir el precio de algo

  a. mercado
  b. regatear
  c. artesanía
  d. salvarse
  e. desconfiar

  Actividad 5 · Escribir/Hablar ....

Práctica de vocabulario

Piensa en un conflicto que hayas tenido en casa o en la escuela. Haz una red de palabras como la que sigue y complétala. Usa las palabras del vocabulario. Compara tu red con las de otros(as) compañeros(as). Hablen sobre las causas de los conflictos y sus soluciones.

PARTICIPANTES   REACCIÓN

CONFLICTO

CAUSA   SOLUCIÓN

Gramática·Repaso

Verbos con cambios en el pretérito

Verbs like *oír*, *leer*, and *creer* change the *i* to *y* in the *Ud./él/ella* and *Uds./ellos/ellas* forms: *leí, leíste, leyó, leímos, leísteis, leyeron.*

Stem-changing *-ir* verbs like *dormir, morir (o → ue), sentir, preferir (e → ie),* and *pedir, repetir (e → i)* have changes in the *Ud./él/ella* and the *Uds./ellos/ellas* form of the preterite.

> dormir: **dur**mió, **dur**mieron
> sentir: **sin**tió, **sin**tieron

Some verbs, such as *decir, traer,* and *traducir* have irregular stems in the preterite but they share the same endings:

> decir: di**je**, di**jiste**, di**jo**, di**jimos**, di**jisteis**, di**jeron**
> traer: tra**je**, tra**jiste**, tra**jo**, tra**jimos**, tra**jisteis**, tra**jeron**
> traducir: tradu**je**, tradu**jiste**, tradu**jo**, tradu**jimos**, tradu**jisteis**, tradu**jeron**

The following verbs also have irregular stems in the preterite and share the following endings: *-e, -iste, -o, -imos, isteis, -ieron.*

tener	estar	saber	poner	andar	poder	venir	hacer
tuv-	estuv-	sup-	pus-	anduv-	pud-	vin-	hic-

> **¿Recuerdas?**
>
> El verbo *haber* en el pretérito se conjuga *hubo*. Se usa para indicar que algo sucedió en el pasado en un momento específico en el tiempo, no algo que sucedía siempre.
>
> Anoche *hubo* luna llena.

Actividad 6 · Leer ....

Práctica de gramática

Escribe la forma correcta del pretérito para completar este informe sobre un día en la vida de dos estudiantes.

> Ayer, ellos __**1.**__ (tener) muchas actividades. Primero, __**2.**__ (andar) un rato por el parque. Después, sus amigos __**3.**__ (venir) a la casa de visita. Luego, __**4.**__ (estar) en la biblioteca e __**5.**__ (hacer) varias tareas para sus clases. __**6.**__ (leer) un cuento para la clase de inglés y __**7.**__ (traducir) algunas frases del español al inglés. Al salir, __**8.**__ (querer) llamar a Pablo e Isabel pero no __**9.**__ (poder) porque su teléfono no funcionaba. __**10.**__ (ir) a un café y __**11.**__ (pedir) unos pasteles con café. ¡Una manera perfecta de descansar después de un día tan ocupado!

Actividad 7 · Hablar ....

Práctica de gramática

Entrevista a tu compañero(a) sobre la última película que fueron a ver sus amigos(as). Túrnense para hacer preguntas y contestarlas. Usen los siguientes verbos: *ir, estar, andar, dormir, preferir, comenzar, terminar.*

Modelo _____

ir
¿Qué película fueron a ver?

● **Más práctica** ....
Practice Workbook 8-1, 8-2

For: More review
Visit: www.phschool.com
Web Code: jed-0801

Juaquín Sorolla y Bastida (1863–1923) fue un pintor español. Su obra refleja una gran habilidad para capturar los efectos de la luz. En este cuadro de Granada, Sorolla captura la majestad de la Alhambra y de la Sierra Nevada usando el contraste entre la luz y la sombra.

• ¿Conoces otros pintores que sean famosos por su uso de la luz? ¿Quiénes son?

Granada, (1920),
Joaquín Sorolla y Bastida
Museo Sorolla, Madrid, Spain/Bridgeman Art Library.

Encuentro entre culturas

Chapter Objectives

- **Describe how different cultures interact**
- **Talk about the fusion of cultures in Spain before 1492**
- **Talk about fusion of different cultures in the Americas after the Europeans arrived**
- **Understand cultural perspectives of different ethnic groups in the United States**

Video Focus

- **Cultural diversity in the Spanish-speaking world**

Country Connection

As you learn about different cultures in Spain and the Americas, you will make connections to these countries and places.

Estados Unidos
España
México
Paraguay
Argentina

Go Online
PHSchool.com
For: Online Atlas
Visit: www.phschool.com
Web Code: jee-0002

A primera vista 1

Vocabulario y gramática en contexto

❝ Mis compañeros y yo fuimos de viaje a España. Visitamos las ciudades de Córdoba, Granada y Sevilla, y aprendimos mucho sobre la historia. Es interesante que hayan vivido allí **judíos**, **musulmanes** y **cristianos**. **La influencia** de cada cultura se puede ver en la **arquitectura** de los edificios y otras construcciones. ¡La mezcla de culturas es fascinante! **❞**

el acueducto

Acueducto de Segovia

Invasión árabe

el arco

La Mezquita de Córdoba

Siglo III a.C. - V d.C.[1]	711	785
El imperio romano **dominaba** la península. **Los romanos** trajeron a España **la unidad** política, vías (calles), acueductos y puentes, y la religión cristiana.	**Los árabes** vinieron de África, **invadieron** España y **conquistaron** gran parte de la península. La **ocuparon** por casi 800 años.	Los árabes trajeron la religión musulmana a España. Durante **la conquista**, se construyeron impresionantes mezquitas, como la de Córdoba.

1 a.C. (*antes de Cristo*) and d.C. (*después de Cristo*) are equivalent to B.C. and A.D. in English.

Escuchar

Estilos y culturas

Escucha lo que dicen los jóvenes y señala la
fotografía que corresponda al lugar del que hablan.

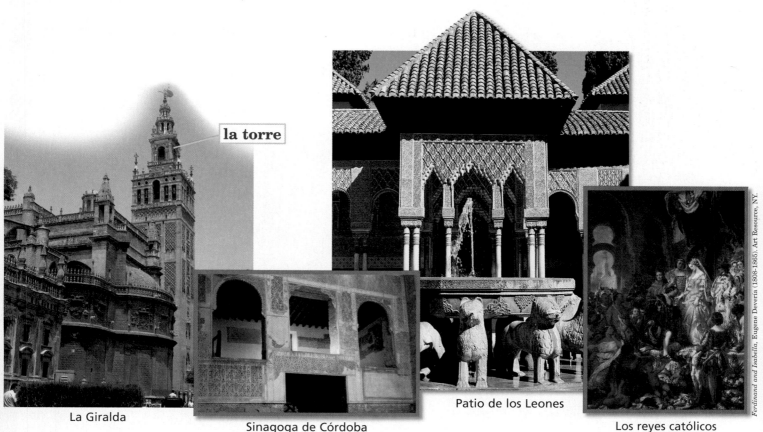

la torre

La Giralda

Sinagoga de Córdoba

Patio de los Leones

Los reyes católicos

Ferdinand and Isabella, Eugene Deveria (1808-1865). Art Resource, NY.

1248	1315	1377	1492
Cuando los cristianos **reconquistaron** Sevilla, construyeron la Catedral de Sevilla donde **anteriormente** había una mezquita musulmana. La **única** parte de la construcción original que existe todavía es la torre, que se llama la Giralda.	Se construyó la sinagoga de Córdoba, en donde se observa cómo los judíos **asimilaron** el arte árabe y lo combinaron con sus propias decoraciones.	Los cristianos continuaron la Reconquista. Granada fue la última ciudad que ocuparon los árabes. Al final de esta **época**, se construyó el Patio de los Leones en la Alhambra, en Granada, que es **una maravilla**.	Los cristianos **expulsaron** a los árabes de España. Isabel de Castilla y Fernando de Aragón, "los reyes católicos," **gobernaron** España. Cristóbal Colón llegó a América.

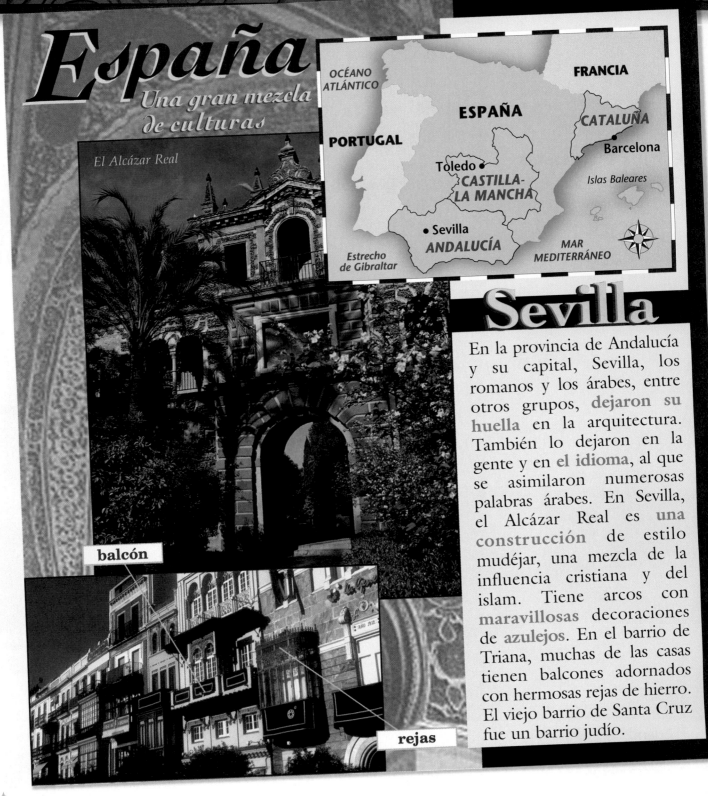

España

Una gran mezcla de culturas

El Alcázar Real

OCÉANO ATLÁNTICO

FRANCIA

ESPAÑA

CATALUÑA

PORTUGAL

Barcelona

Toledo

CASTILLA-LA MANCHA

Islas Baleares

Sevilla

ANDALUCÍA

MAR MEDITERRÁNEO

Estrecho de Gibraltar

Sevilla

En la provincia de Andalucía y su capital, Sevilla, los romanos y los árabes, entre otros grupos, **dejaron su huella** en la arquitectura. También lo dejaron en la gente y en **el idioma**, al que se asimilaron numerosas palabras árabes. En Sevilla, el Alcázar Real es **una construcción** de estilo mudéjar, una mezcla de la influencia cristiana y del islam. Tiene arcos con **maravillosas** decoraciones de **azulejos**. En el barrio de Triana, muchas de las casas tienen balcones adornados con hermosas rejas de hierro. El viejo barrio de Santa Cruz fue un barrio judío.

balcón

rejas

Escribir

Un viaje por España

Imagina que tú y tus compañeros van a viajar a España. Escribe tres lugares que te gustaría conocer. Explica por qué te gustaría conocerlos.

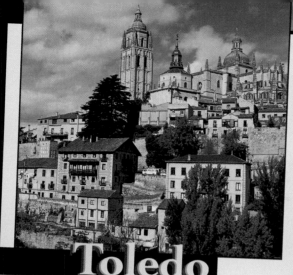

Toledo

La ciudad de Toledo es ejemplo de la colaboración entre diferentes **grupos étnicos**. En 1085, el rey Alfonso VI reunió en Toledo a los más importantes científicos y filósofos árabes, judíos y cristianos de la época. En este período **se fundó** la famosa Escuela de Traductores de Toledo. En ella se traducían al latín los libros que tenían gran demanda en Europa. Más tarde, en el siglo XIII, la ciudad fue centro cultural de España y de toda Europa.

Barcelona

Un ejemplo de cómo **se integran** las culturas en la época moderna es la ciudad de Barcelona, capital de Cataluña. Por estar cerca de Francia **la población** de Cataluña tiene varias formas de expresión de influencia francesa. Una es el idioma catalán, que ha tomado muchas palabras del francés.

Señales en catalán y español

La otra es la comida, con platos como la butifarra, similar al "saucisson[1]" francés.

1 cold sausage

Actividad 3 · **Hablar** ·

Las culturas de una ciudad

Conversa con un(a) compañero(a) sobre las diferentes culturas que se ven hoy o que se veían en el pasado en las ciudades de estas páginas.

Modelo

En Toledo había muchas culturas y grupos étnicos que se integraron.

● **Más práctica** ·
Practice Workbook 8-3, 8-4

Actividad 4 · **Escribir** ·

Construcciones famosas

Haz una tabla con tres columnas. Escribe una lista de seis construcciones sobre las que has leído. Di dónde están, cuándo se construyeron y si las construyeron los árabes, los judíos o los cristianos.

For: Vocabulary practice
Visit: www.phschool.com
Web Code: jed-0802

Manos a la obra 1

Vocabulario y gramática en uso

Objectives
- Describe how different cultures interact
- Talk about the fusion of different cultures in Spain before 1492
- Practice the conditional tense

Actividad 5 Leer/Hablar

¡Bienvenido a Toledo!

Completa la siguiente información con las palabras del recuadro. Después, habla con otro(a) compañero(a) y pregúntale si le gustaría visitar Toledo y por qué.

ocuparon	musulmanes	reconquistó	población	étnicos
judíos	maravillas	única	se integraron	unidad

Durante siglos, la ciudad de Toledo ha mantenido su __1.__ mientras recibía la influencia de muchas culturas y religiones. Los romanos entraron en la ciudad en 193 a.C. y la __2.__. Siglos después, los __3.__ que vinieron desde el sur de España y desde África conquistaron Toledo. Durante la Edad Media (*Middle Ages*), que se extendió aproximadamente desde el año 476 al 1492, Toledo fue un centro intelectual y artístico, con una gran __4.__ formada por varios grupos __5.__, como musulmanes, __6.__ y cristianos. El palacio musulmán, llamado El Alcázar, fue construido en 1531 y es una de las verdaderas __7.__ de la ciudad. Más adelante, durante la Reconquista, el rey Alfonso XIII __8.__ la ciudad en 1085 y volvieron a gobernar los reyes cristianos. Toledo no es la __9.__ ciudad de España donde __10.__ muchas culturas y religiones, pero es uno de los mejores ejemplos.

Actividad 6 Escribir

Un patio andaluz

Observa la foto de un patio en España. Luego, escribe una descripción de lo que ves y tus impresiones. Incluye las palabras siguientes.

azulejos	rejas	influencia
balcón	arquitectura	arco
construcción	maravilloso(a)	musulmán

Patio de Andalucía, España

Actividad 7 — **Leer/Hablar**

Una breve historia de España

Para entender bien las culturas de hoy, es importante que conozcas la historia de otros países. Lee la línea cronológica de esta página. Con otro(a) estudiante, habla de la historia de España. Trata de usar todos los verbos siguientes.

invadir	ocupar	asimilarse	llegar	contribuir
reconquistar	gobernar	expulsar	integrarse	dominar

Modelo

A —*¿Qué pasó en el año 1085?*
B —*Los cristianos reconquistaron Toledo.*

218 a.C.
Romanos: Conquista de España, construcción de puentes y acueductos

711
Llegada de los musulmanes de África; contribuciones en las matemáticas, las ciencias, el papel, los números que usamos hoy; integración de muchos grupos étnicos en España

1085
Cristianos: reconquista de Toledo

1236
Musulmanes: gobiernan desde La Alhambra de Granada

1492
Reyes Católicos: reconquista y ocupación de Granada; expulsión del último rey musulmán, Boabdil; expulsión de los judíos de España

---

Ampliación del lenguaje

Palabras árabes

Durante los ochocientos años que los árabes estuvieron en España, muchas palabras del árabe pasaron a formar parte del español. Muchas de ellas entraron también en otros idiomas de Europa, incluyendo el inglés. Lee las palabras de la tabla y escoge las que mejor completan las frases.

Palabras de origen árabe	
alcázar	¡hola!
algodón	jarabe
alfombra	limón
barrio	mezquita
baño	naranja
café	¡ojalá!
chisme	taza
guitarra	

1. En el _____ donde vivo hay una _____ adonde van los musulmanes.

2. El músico estaba tocando su _____ , pero cuando me vio me saludó diciendo " _____ ".

3. En mi casa tenemos una _____ en el piso que está hecha de _____ .

4. Todas las mañanas, mi mamá bebe una _____ de _____ y un jugo de _____ .

Actividad 8 Leer/Escribir/Hablar ·······························

Mi Buenos Aires querido

¿Has oído alguna vez hablar de la ciudad de Buenos Aires y su origen?
Lee el siguiente artículo sobre Buenos Aires y contesta las preguntas.

Conexiones **Las ciencias sociales** _____

Buenos Aires

Desde que se fundó Buenos Aires en 1536, allí se han mezclado distintas culturas, religiones y tradiciones. Aunque el idioma oficial de Argentina es el español, en la ciudad hay barrios en los que el idioma que más se habla es el italiano, el inglés, el yiddish, el ruso o el árabe y donde se pueden ver mezquitas, sinagogas e iglesias. Anteriormente, la mayoría de los inmigrantes que llegaban a Buenos Aires venían de Europa, pero en los últimos tiempos la mayoría ha llegado de otros países latinoamericanos, sobre todo de Bolivia.

Esta inmigración de diferentes grupos étnicos ha hecho de Buenos Aires una ciudad multicultural y cosmopolita. En algunos casos los inmigrantes se han asimilado a la manera de vivir del lugar. Por ejemplo, aunque muchos hablan sus propios idiomas, la mayoría habla también español.

También puedes encontrar que en un mismo barrio se practican las religiones judía, cristiana y musulmana, y se comen platos que vienen de muchos lugares, como la pasta de Italia o los guisos (*stews*) de España.

Buenos Aires no es la única ciudad de América del Sur con esta mezcla maravillosa de culturas pero es una de las más conocidas por su variedad.

1. ¿Cuáles son algunos de los inmigrantes y grupos étnicos que se establecieron en Buenos Aires?

2. ¿Por qué es bueno que muchas personas de diferentes culturas vivan en una misma ciudad?

3. Trabaja con tres estudiantes. Copien esta tabla, complétenla y comparen su ciudad o comunidad con la ciudad de Buenos Aires.

	Buenos Aires	Mi ciudad / comunidad
¿Dónde está?		
¿Cuál es el idioma oficial?		
¿Qué religiones se practican?		
¿Hay muchos inmigrantes?		
¿De dónde son?		

Actividad 9 Leer/Escribir

La cultura en la arquitectura

Puedes aprender sobre otras culturas al observar su arte y su arquitectura. Mira el anuncio y contesta las preguntas.

1. ¿Sobre qué es la exposición *(exhibit)*?

2. ¿De dónde son los arquitectos? ¿Son todos de la misma cultura étnica?

3. ¿Crees que las construcciones que se presentan en la exposición van a ser similares? ¿Por qué? ¿Por qué no?

4. Imagina que puedes dejar una huella en tu comunidad. ¿Qué contribución te gustaría hacer? Haz un folleto como éste que la represente.

Museo Regional del Sur y Museo Histórico Arqueológico presentan

HUELLAS DE IDENTIDAD:

ASIMILACIÓN CULTURAL EN LA ARQUITECTURA CHILENA

23 de enero–12 de mayo

▶ *5 arquitectos de la época moderna*
▶ *diversas influencias étnicas*
▶ *construcciones únicas*

Avenida de la Cruz, no. 32
Valparaíso

Actividad 10 Escribir/Hablar

Y tú, ¿qué dices?

1. ¿Qué cultura(s) representas tú? ¿De dónde eran tus abuelos y bisabuelos *(great-grandparents)*? ¿Qué idioma(s) hablaban? ¿Lo(s) siguen hablando? ¿Por qué?

2. ¿Qué culturas han contribuido a la cultura de los Estados Unidos? ¿Qué huellas han dejado?

3. ¿Alguna vez has tenido que integrarte a una nueva cultura o grupo? ¿Cuándo? ¿Cómo te sentiste? ¿Qué diferencias notaste entre tu manera de ser y la de ellos?

4. Imagina que hay un nuevo estudiante de otro país en tu clase. Di al menos cinco cosas que puedes hacer para ayudarle a integrarse.

Gramática

El condicional

You use the conditional in Spanish to express what a person would do or what a situation would be like.

Me **gustaría** leer un libro sobre el budismo.   Yo le **pediría** ese libro a Tomás.

- As with the future tense, you form the conditional by adding the endings to the infinitive. The conditional endings are the same for all verbs. Here are the conditional forms of *hablar, ser,* and *ir.*

hablar

hablaría	hablaríamos
hablarías	hablaríais
hablaría	hablarían

ser

sería	seríamos
serías	seríais
sería	serían

ir

iría	iríamos
irías	iríais
iría	irían

- All verbs that are irregular in the future tense have the same irregular stems in the conditional.

decir	dir-	poder	podr-	saber	sabr-	tener	tendr-
haber	habr-	poner	pondr-	salir	saldr-	querer	querr-
hacer	har-	componer	compondr-	venir	vendr-	contener	contendr-

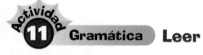

Actividad 11 Gramática **Leer**

La Ruta Quetzal

El año pasado tu amiga participó en la Ruta Quetzal, un viaje que muchos jóvenes hacen por España y América Latina. Tú quieres hacer el viaje el año próximo, y ella te cuenta cómo sería. Completa el párrafo con el condicional del verbo apropiado.

¿Te interesa participar en la Ruta Quetzal? Esta experiencia __1.__ *(tener / ser)* fantástica para ti. El viaje __2.__ *(ocupar / comenzar)* en España. Para decidir quiénes __3.__ *(ir / poder)*, tú y los otros estudiantes __4.__ *(contribuir / salir)* ideas sobre los lugares que se __5.__ *(fundar / poder)* visitar. Al terminar la experiencia, Uds. __6.__ *(saber / fundar)* mucho más sobre la integración de la cultura española con la americana y __7.__ *(poner / poder)* apreciar más las dos culturas. Cuando yo fui, mis padres me dijeron que me __8.__ *(ayudar / preferir)* a juntar dinero. ¿Te __9.__ *(saber / dar)* dinero tus padres? ¡No importa! Tienes que ir.

Actividad 12 Gramática | Hablar ....

¡Ganamos!

Tu familia participa en un concurso para ganar una casa que se construiría según el estilo musulmán. Como a tu mamá le encanta este tipo de arquitectura, ella se imagina cómo sería. Habla con otro(a) estudiante para describir su nueva casa. Usen elementos de cada columna.

Modelo

Mi mamá tendría una ventana con un balcón.

Yo	tener	balcón
Nosotros	poner	rejas
Mis hermanos	construir	azulejos
Mi hermano(a)	gustar	flores
Mi mamá (o papá)	querer	fuente
Mis padres	pedir	arcos
¡Respuesta personal!	hacer	torre
	preferir	patio
	¡Respuesta personal!	jardín
		¡Respuesta personal!

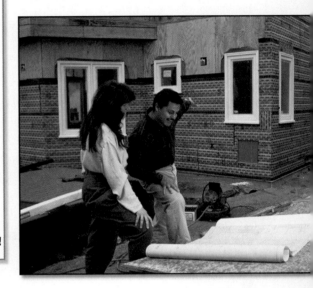

Actividad 13 Gramática | Hablar ....

No sabía que en . . .

Piensa en una ciudad que visitaste y en las cosas que encontraste que no te habías imaginado. Escoge entre las cuatro columnas para decir tus frases a un(a) compañero(a).

Modelo

No me había dado cuenta de que vería grupos étnicos tan diferentes.

no podía creer que	haber	cosas tan . . .	divertido
no sabía que	encontrar	grupos étnicos tan . . .	interesante
no me di cuenta de que	ver	construcciones tan . . .	alto
nunca pensé que	comer	la influencia de . . .	impresionante
¡Respuesta personal!	escuchar	música tan . . .	diferente
	visitar	comida tan . . .	similar
	hacer	puntos de interés tan . . .	maravilloso
	¡Respuesta personal!	personas tan . . .	único
		¡Respuesta personal!	¡Respuesta personal!

14 Gramática · · Hablar ·

Conoce nuestra comunidad

Imagina que un(a) estudiante de otro país te hace preguntas para informarse sobre tu comunidad. Trabaja con otro(a) estudiante para hacer los papeles de estudiante y estudiante extranjero(a). Usen el condicional.

Modelo

¿Qué *(tener)* que ponerme para ir a la escuela?
A —*¿Qué tendría que ponerme para ir a la escuela?*
B —*Podrías llevar jeans y una camiseta.*

Estudiante A

1. ¿*(Vivir)* muchos o pocos grupos étnicos en tu comunidad?
2. ¿A qué lugares *(poder)* ir para ver la vida típica de los jóvenes en tu comunidad?
3. ¿*(Ser)* fácil o difícil asimilarme en tu escuela?
4. ¿*(Tener)* que hablar inglés todo el tiempo?
5. ¿Qué religiones diferentes *(encontrar)*?
6. ¿Qué más *(deber)* hacer para integrarme a la nueva cultura?

Estudiante B

¡Respuesta personal!

  15 Gramática · · Pensar/Escribir/Hablar ·

En tu comunidad

1 Imagina que acabas de mudarte a otro estado y quieres aprender más sobre tu nueva comunidad. Haz una lista de preguntas que le harías a un(a) jóven que vive en esa comunidad.

Modelo

¿Adónde podría ir para encontrar jóvenes de mi edad?
¿Cuál es el equipo de deportes más popular?
¿Cuál es el restaurante más popular entre los jóvenes?

2 Trabaja con un grupo para escoger un mínimo de seis preguntas. Contesten las preguntas y usen las respuestas para escribir un breve párrafo en el cual describen su comunidad.

Modelo

Si quieres conocer a jóvenes de tu edad, podrías ir al café La Paz por la tarde porque allí van muchos chicos después de la escuela.

Leer/Hablar . . . .

La música llegó por España

Durante la conquista árabe, España se convirtió en la puerta por donde entraban a Europa las nuevas ideas y descubrimientos.

laúd

Conexiones **La música** _____

Durante la época que los árabes ocuparon España, Europa recibió muchos instrumentos y conceptos musicales de ese pueblo.

Los árabes fundaron escuelas de música en España. Instrumentos musicales como la guitarra, el órgano y el laúd *(lute)* no se conocían en Europa hasta que los árabes los llevaron a España. Pero quizás la contribución más importante fue el concepto de armonía, que cambió la historia de la música europea.

• ¿Por qué crees que se dice que España era la puerta por donde entraban las nuevas ideas a Europa?

• ¿Cuáles fueron las contribuciones árabes a la música europea?

El arpa paraguaya nació cuando se asimilaron dos culturas, la española y la indígena guaraní del territorio que sería Paraguay. El arpa es originaria de Egipto y es uno de los instrumentos más antiguos que se conocen. Los exploradores españoles que viajaron por el Río de la Plata en 1526 fueron acompañados de un hombre que tocaba el arpa. Los guaraníes, que amaban la música, adoptaron el arpa, la cambiaron a su manera y la hicieron parte de su vida diaria. El resultado fue maravilloso: un instrumento ligero hecho de madera *(wood)* americana, y frecuentemente, con cuerdas *(strings)* de colores diferentes.

Los guaraníes enseñan a sus niños a tocar con una técnica propia que pasa de padres a hijos. La música que ha resultado de este instrumento, que llegó con los españoles y que ha sido integrado en la cultura indígena, es muy especial y bella.

• ¿Qué contribuyó España a la música paraguaya? ¿Cómo la han asimilado los guaraníes a su cultura?

• ¿Puedes nombrar un instrumento u otra expresión artística en los Estados Unidos que haya tenido su origen en otra cultura?

● **Más práctica** . . . .
Practice Workbook 8-5, 8-6, 8-7

For: Practice with the conditional
Visit: www.phschool.com
Web Code: jed-0803

A primera vista 2

Vocabulario y gramática en contexto

Objectives

Read, listen to, and understand information about
- interaction between cultures
- fusion of different cultures in the Americas after the arrival of the Europeans

Con la llegada de los españoles y otros exploradores **europeos** a las Américas al final del siglo XV, se produjo **un encuentro** que iba a cambiar para siempre la vida en los dos hemisferios.

La llegada: los aztecas y Hernán Cortés

1 En el siglo XIII, llegó a la región central de México un grupo de **indígenas** llamados aztecas. Estos indígenas, más tarde llamados *mexicas*, **establecieron** entre dos lagos la ciudad de Tenochtitlán, la cual llegó a ser la capital de su **imperio**. En esta **tierra** creció el imperio azteca que dominó el centro y el sur de México a finales del siglo XV. El imperio azteca estaba basado en la agricultura, el comercio, la religión y **la guerra.**

Tenochtitlán era una ciudad con una gran población y **una riqueza** increíble.

2 En 1519, el español Hernán Cortés llegó a la costa de México cerca de Veracruz. Desde allí salió para Tenochtitlán con un grupo de **soldados** montados a caballo y con **armas** de fuego. Los aztecas **se rebelaron** contra los españoles, con quienes **se enfrentaron** y **lucharon** en numerosas **batallas.** En 1521, Hernán Cortés logró conquistar al **poderoso** imperio azteca y a su emperador, Moctezuma. Así se creó el gobierno español en las Américas, llamado *virreinato*. Éste duró hasta 1821, año en que México ganó su independencia de España.

la batalla

Los aztecas describían a los españoles como seres[1] con dos cabezas, una de hombre y otra de animal, y cuatro patas.[2]

---

1 beings **2** legs

El intercambio

3 **Al llegar** los españoles, se estableció **una colonia** con **el poder** de España, que se llamó Nueva España. Después de poco tiempo, empezó **un intercambio** de mercancías entre Europa y las Américas. Los españoles se llevaron café, chocolate y maíz, hasta entonces **desconocidos** en Europa, y trajeron a Nueva España caballos, pollo y arroz.

las mercancías

la misión

el misionero

4 Los españoles cambiaron muchos aspectos de la vida de los indígenas. Ellos querían que los indígenas **adoptaran** su religión, su **lengua** y su cultura. Muchos religiosos de varias órdenes, como los Dominicanos y los Franciscanos, llegaron a la colonia. Esos misioneros construyeron misiones para enseñarles a los indígenas su religión. Los españoles también trajeron su arquitectura, su comida y sus tradiciones. Con la poca **semejanza** entre la cultura española y la indígena, el encuentro entre los dos mundos cambió para siempre la historia de las Américas.

Actividad 17 Escuchar ·

Diferentes opiniones

Escribe los números del 1 al 6 en una hoja. Escucha cada frase sobre la historia del encuentro entre los aztecas y los españoles y escribe *C* si es cierta o *F* si es falsa.

La fusión

Durante la época colonial (1521–1821) se mezclaron diferentes **razas**, religiones y costumbres. No sólo había gente de **descendencia** europea, sino también indígena y **africana**. Como **resultado** de esta **mezcla**, hay una gran **variedad** de tradiciones y culturas en América.

1 Los indígenas influyeron en las prácticas religiosas cristianas que trajeron los españoles. En la celebración del Día de los Muertos, que tiene lugar el dos de noviembre para recordar a los familiares que han muerto, se combinan elementos de las religiones católicas e indígenas.

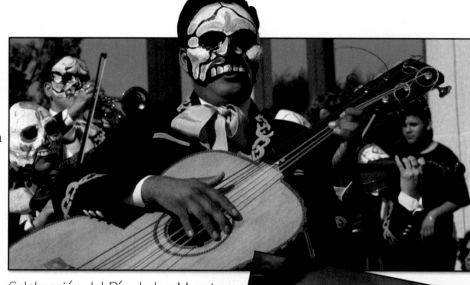

Celebración del Día de los Muertos

2 Una de las cosas en que se vio la influencia española fue la comida. Durante la época colonial, la alimentación de los indígenas cambió debido a los productos traídos por los españoles. Es en esta época que aparecen muchos de los platos mexicanos de hoy día. Por ejemplo, el mole poblano, una salsa típica de la cocina mexicana, fue creado por las monjas[1] de una misión utilizando productos mexicanos, asiáticos y europeos.

El mole poblano

1 nuns

Actividad **18** **Escribir** ·

Contesta las preguntas con la información de las páginas 358–359.

1. En la fusión que tenía lugar durante la época colonial, ¿se veía la influencia de qué tres tradiciones?

2. ¿La celebración del Día de los Muertos representa la combinación de elementos de qué religiones?

3. ¿Por qué dicen que la comida representa una fusión?

4. ¿Por qué representa la herencia de Sandra lo más noble de la historia de las Américas?

La herencia

Esta mezcla de culturas sigue presente hoy en día.

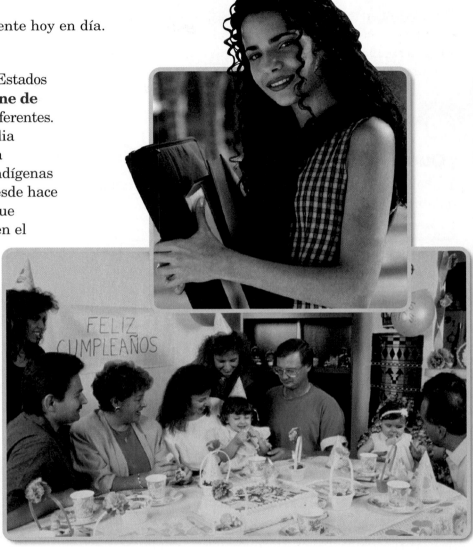

❝ Me llamo Sandra y vivo en los Estados
Unidos. Mi herencia **se compone de**
elementos de varias culturas diferentes.
Los antepasados de mi familia
representan lo más noble de la
historia de las Américas: los indígenas
americanos que vivían aquí desde hace
mucho tiempo, los españoles que
llegaron a la costa de México en el
siglo XVI, y los africanos con
sus tradiciones tan ricas.
Estoy muy orgullosa de que
mi herencia sea de estas tres
culturas. Uno de mis **retos**
es aprender sobre las
contribuciones de estas
culturas a mi país. ❞

Actividad 19 · Leer/Escribir

Las analogías

Escoge la mejor palabra para completar cada analogía.

africano	europeo	poderoso
luchar	desconocido	lengua

1. europeo: Europa; _____ : África
2. igual : diferente; _____ : débil
3. indígena: azteca; _____ : español
4. escribir : lápiz; _____ : arma
5. justo : injusto; _____ : familiar
6. volver : regresar; _____ : idioma

● **Más práctica**
Practice Workbook 8-8, 8-9

Go Online
PHSchool.com

For: Vocabulary practice
Visit: www.phschool.com
Web Code: jed-0806

Manos a la obra 2

Vocabulario y gramática en uso

Objectives
- Describe how different cultures interact
- Talk about the fusion of different cultures in the Americas after the arrival of the Europeans
- Practice the imperfect subjunctive

Actividad 20 Escribir ••

¿Qué significa esta palabra?

Trabaja con otro(a) estudiante para escribir definiciones de las palabras siguientes.

Modelo

poderoso
Una persona que es poderosa tiene mucha influencia.

1. la semejanza
2. el imperio
3. la riqueza
4. la batalla
5. el encuentro

6. el resultado
7. la mezcla
8. la mercancía
9. la misión
10. el reto

Actividad 21 Escuchar/Escribir •••••••••••

Cortés llega a Tenochtitlán

Escucha una descripción de la entrada de Cortés a Tenochtitlán. Después, lee cada frase y escribe si es cierta (*C*) o falsa (*F*). Si la frase es falsa, vuelve a escribirla para que diga algo cierto.

Primera entrada de Cortés y sus soldados en Tenochtitlán

1. Cortés entró a Tenochtitlán después de una batalla contra los mensajeros de Moctezuma.
2. Los conquistadores no siguieron el camino a Tenochtitlán que les sugirieron los aztecas.
3. Cortés nunca llegó a conocer al líder del imperio azteca.
4. Moctezuma y Cortés se encontraron en un palacio muy grande.
5. Moctezuma le dio armas a Cortés como regalos.

Hablar

A describir el cuadro

Mira este cuadro que representa el encuentro
entre Cortés y los representantes de
Moctezuma. Describe lo que ves a un(a)
compañero(a).

Modelo

Los soldados de Cortés tenían caballos.

Cortés ofrece un banquete a los enviados de Moctezuma

Leer/Escribir/Hablar

¿Imperio del siglo XXI?

¿Sabes qué es un imperio? Lee este párrafo para aprender qué
es un imperio y cuáles son sus ventajas y desventajas.

Conexiones **Las ciencias sociales**

Un imperio es un grupo importante de territorios que dependen
de un mismo gobierno. Los territorios que dependen del
gobierno central se llaman colonias. Los ciudadanos de las
colonias disfrutan por lo general de los mismos derechos y
beneficios que los ciudadanos del país del gobierno central. Sin
embargo, esto no ha sido siempre así. Como consecuencia, las
colonias se han ido separando del gobierno central, creando sus
propios gobiernos.

• ¿Cuáles son las características de un imperio? Trabaja con
  otro(a) estudiante para hacer una lista usando las palabras
  del recuadro.

componerse	poder	reto	variedad
riqueza	poderoso	luchar	establecer
invadir	batalla	soldado	intercambio

Leer/Escribir ·

Una mezcla de culturas

Lee la lectura y contesta las preguntas.

Mi herencia africana

Mi nombre es Noemí y nací en la ciudad de Santo Domingo, en la República Dominicana. Soy resultado de una mezcla de razas y culturas. De mi padre recibí mi herencia africana. Los antepasados de mi madre eran españoles e indígenas. De niña, la cultura dominicana tuvo más influencia en mi vida. Ahora vivo en los Estados Unidos y me encanta ir a la República Dominicana, donde hay mucha riqueza cultural y donde lo paso muy bien con mi familia y mis amigos. Sin embargo, cuando estoy en la República Dominicana quiero volver a los Estados Unidos, porque también me identifico con este país.

Vivo en Nueva York, una ciudad donde se encuentran y se mezclan muchas culturas: la cultura dominicana, la estadounidense y la africana, entre otras. Para mí, en Nueva York es fácil aprender sobre mi herencia cultural. Voy a una iglesia dominicana, escucho cantantes dominicanos y españoles en la radio y voy a festivales de música y presentaciones de arte africano. Las culturas que forman mi herencia han influido mucho en la vida de toda la ciudad. Me siento orgullosa de mi herencia.

1. ¿De cuántas culturas está formada la herencia de Noemí? Di cuáles son.

2. ¿De dónde son los antepasados de la autora?

3. ¿Cuál es la cultura que más ha influido en la vida de la autora?

4. ¿Cómo aprende sobre su cultura dominicana?

5. ¿Cómo se siente ella de su herencia?

6. ¿Hay una variedad de culturas en tu comunidad? Descríbelas.

■◆■◆■◆■◆■◆■◆■◆■◆■◆■◆■◆■◆■◆■◆

¡Qué rica la comida texmex! El estado de Texas está en la frontera de México y allí se encuentran y se mezclan dos culturas, la estadounidense y la mexicana. Algunas personas hablan inglés con acento español y español con palabras del inglés.

La comida texmex es otro resultado de ese encuentro. Es una mezcla de la cocina mexicana y la texana, con influencia de la cocina cajún del Sur de los Estados Unidos. El arroz, los frijoles, el chile y las tortillas de maíz se mezclan con las cebollas texanas y los mariscos del Golfo, para lograr un resultado exquisito.

La comida texmex ya no se encuentra sólo en Texas; en todas las ciudades grandes de los Estados Unidos hay restaurantes de estilo texmex. La próxima vez que veas uno de ellos, no dejes de entrar.

• ¿Has ido a algún restaurante texmex o de comida latinoamericana? Compara la comida que había allí con la que comes generalmente en casa.

En voz alta

En los años 20 aparece en varios países del Caribe el movimiento de poesía negra. Los poetas de este movimiento tratan de reflejar el ritmo de la música africana con las palabras y expresiones de los caribeños descendientes de africanos.

El puertorriqueño Luis Palés Matos (1898–1959) es uno de los poetas más importantes de este movimiento. Nació en Guayama, Puerto Rico. Sus padres eran poetas. Comenzó a escribir poesía desde muy joven, pero su primer poema con tema africano fue *Pueblo negro*, que publicó en 1926. Él llegó a ser un poeta reconocido en el Caribe y también en América del Sur. Escucha este fragmento y trata de repetirlo en voz alta.

• Según el poeta, ¿dónde vibra el alma africana?

• ¿Qué nos dice este poema sobre la cultura del Caribe?

Calabó y bambú
(fragmento)
Luis Palés Matos
(1898–1959)

Calabó y bambú.
Bambú y calabó.
Es el sol de hierro que arde[1] en Tombuctú[2].
Es la danza negra de Fernando Poo[3].
El alma africana que vibrando[4] está
en el ritmo gordo[5] del mariyandá.
Calabó y bambú.
Bambú y calabó.
El Gran Cocoroco dice: tu-cu-tú.
La Gran Cocoroca dice: to-co-tó.

---

1 burns **2** African city **3** African island **4** vibrating **5** fat

---

Actividad 25 — Hablar

¿De dónde venimos?

Trabaja con otro(a) estudiante para contestar las preguntas.

1. ¿Cómo se muestran las diferentes herencias culturales en tu comunidad? ¿Y en los Estados Unidos?

2. Habla de algunas celebraciones que tengan raíces *(roots)* culturales.

3. ¿Cómo se ve la influencia de diferentes herencias en la lengua que hablamos? ¿Puedes pensar en algún ejemplo?

4. ¿Hay influencia indígena en el lugar donde vives? ¿En qué cosas la ves?

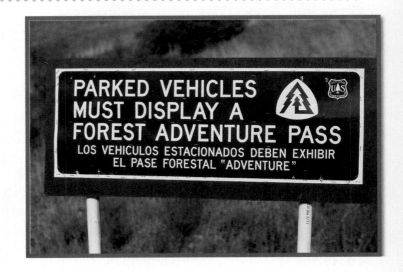

El imperfecto del subjuntivo

You know that you use the subjunctive to persuade someone else to do something, to express emotions about situations, and to express doubt and uncertainty. If the main verb is in the present tense, use the present subjunctive. If the main verb is in the preterite or imperfect, use the imperfect subjunctive.

> Los indígenas **dudan** que los europeos **aprendan** su lengua.
> Los indígenas **dudaban** que los europeos **aprendieran** su lengua.

> El profesor **sugiere** que **aprendamos** los nombres de las colonias.
> El profesor **sugirió** que **aprendiéramos** los nombres de las colonias.

- To form the imperfect subjunctive, take the *Uds./ellos/ellas* form of the preterite and replace the ending *-ron* with the imperfect subjunctive endings. Here are the forms of the imperfect subjunctive for *cantar*, *aprender*, and *vivir*.

cantar

cantara	cantáramos
cantaras	cantarais
cantara	cantaran

aprender

aprendiera	aprendiéramos
aprendieras	aprendierais
aprendiera	aprendieran

vivir

viviera	viviéramos
vivieras	vivierais
viviera	vivieran

- Note that the *nosotros* form has a written accent.

Irregular verbs, stem-changing verbs, and spelling-changing verbs follow the same rule for forming the imperfect subjunctive.

ir: fueron → fue-	El rey les dijo que **fueran** al Nuevo Mundo.
haber: hubieron → hubie-	Dudaba que **hubiera** semejanzas.
pedir: pidieron → pidie-	No era necesario que **pidieran** tantas armas.
construir: construyeron → construye-	Los europeos querían que los habitantes **construyeran** una iglesia.

26 Gramática **Leer**

Historia de la conquista

Bernal Díaz del Castillo (1492–1581) escribió un libro sobre la conquista de México. Completa las frases con el imperfecto del subjuntivo del verbo apropiado.

1. Era impresionante que la capital de los aztecas *(ser / ver)* tan enorme.
2. Era increíble que los edificios de la ciudad *(tener / traer)* torres tan altas.
3. Dudábamos que lo que veíamos *(ser / decir)* verdad.
4. Nos gustó mucho que *(saber / haber)* tantos árboles en los jardines.
5. No podíamos creer que la gente *(creer / poder)* navegar por la ciudad.
6. Nos parecía interesante que los indígenas *(saber / decir)* cultivar el maíz en un lago.

Durante la conquista . . .

Imagina que estuviste presente cuando Cortés llegó a México. Tu trabajo era relatar lo que veías. Completa las siguientes oraciones con el imperfecto del subjuntivo del verbo apropiado.

| ser | rebelarse | comprender |
| establecer | adoptar | |

1. Era imposible que los aztecas _____ la lengua de los españoles.

2. Los españoles esperaban que los indígenas _____ sus costumbres inmediatamente.

3. Los reyes querían que las colonias _____ un intercambio de mercancías.

4. Según los aztecas era posible que los españoles _____ enviados por sus antepasados.

5. Los españoles temían que los indígenas _____ contra ellos.

Nuestra herencia

Para la familia de Carlos es muy importante mantener su herencia. Completa las frases de Carlos de una manera original, usando el imperfecto del subjuntivo de los verbos del recuadro.

hablar	aprender	comer
adoptar	venir	ir
haber	sentirse	abandonar

Modelo

Papá quería que todos nosotros . . . (hablar)
Papá quería que todos nosotros habláramos la lengua de nuestros antepasados.

1. Mis padres preferían que mis hermanos y yo . . .

2. Mi mamá exigía que todos . . .

3. Mis padres no querían que yo . . .

4. Todos estábamos orgullosos que nuestros antepasados . . .

5. Mi hermana tenía miedo que nuestro hermano . . .

6. A mis abuelos no les gustaba que los jóvenes de la familia . . .

7. Nadie creía que . . .

8. Era importante que todos nosotros . . .

El español en el mundo del trabajo

Salud y ciencia . . . en español

La ciudad de Houston, en Texas, es la quinta de los Estados Unidos con mayor número de hispanohablantes. Sin embargo, al abrir sus puertas en marzo de 1996, el Museo de Salud y Ciencia de Houston sólo tenía un trabajador bilingüe.

Hoy la situación es muy diferente. El museo tiene profesionales bilingües que ofrecen visitas guiadas en español. También hay videos educativos del museo con subtítulos en español. Además, se publica una guía en español y el servicio telefónico de atención al público tiene menús bilingües.

Actividad 29 Gramática Hablar

¿Qué querían que hicieras?

Piensa en las cosas que esperaban tus familiares u otras personas que hicieras de pequeño(a). Trabaja con otro(a) estudiante para hablar sobre lo que querían esas personas que hiciera cada uno(a) de pequeño(a). Añadan detalles a sus frases.

Modelo

los maestros / querer / compartir

A —¿*Qué querían los maestros* de la escuela primaria?

B —*Los maestros querían que compartiéramos los materiales con nuestros compañeros.*

Estudiante A

los maestros	querer
mi mamá	esperar
mi papá	pedir
mis padres / abuelos	decir
mi(s) hermano(s)	prohibir
mi(s) hermana(s)	aconsejar
el(la) director(a) de la escuela	sugerir
mi entrenador(a)	exigir
¡Respuesta personal!	

Estudiante B

respetar
adoptar
salir
llevarse bien
ir
dormir
jugar
despertarse
¡Respuesta personal!

Actividad 30 Gramática Leer/Hablar

¿Qué pasó?

Piensa en un momento importante de tu niñez. Según lo que recuerdas, completa las siguientes frases.

1. Yo esperaba que . . .

2. Yo quería que . . .

3. [Nombre de un(a) amigo(a) o un pariente] quería que . . .

4. Era importante que . . .

5. (No) me sorprendió que . . .

6. Me gustó que . . .

7. Me molestó que . . .

8. Me pareció interesante que . . .

● **Más práctica** . . . . . .
Practice Workbook 8-10

For: Practice with the
imperfect subjunctive
Visit: www.phschool.com
Web Code: jed-0807

Gramática

El imperfecto del subjuntivo con *si*

Use the imperfect subjunctive after *si* when a situation is unlikely, impossible, or not true.

> **Si tuviera** tiempo, aprendería más sobre las misiones.
> *If I had time, I'd learn more about the missions.*

> **Si viviéramos** en México, adoptaríamos las costumbres del país.
> *If we lived in Mexico, we'd adopt the customs of the country.*

> Ese imperio sería más poderoso **si tuviera** oro.
> *That empire would be more powerful if it had gold.*

- Notice that you use the imperfect subjunctive form after *si*, and the conditional in the main clause.

After *como si* ("as if") you always use the the imperfect subjunctive regardless of the tense of the first verb in the sentence. Notice that the other verb can be in either the present or the past tense.

> Él se vestía **como si fuera** un rey.
> *He dressed **as if he were** a king.*

> Hablan **como si supieran** la lengua desde niños.
> *They speak **as if they knew** the language since childhood.*

Actividad 31 **Gramática** **Leer**

A pensar . . .

Imagina que has ido a ver un espectáculo de bailes tradicionales de diferentes países de América Latina. Completa el texto con el imperfecto del subjuntivo del verbo apropiado.

Si las personas que crearon los bailes **1.** (*enfrentarse / vivir*) ahora, les gustaría mucho ver a los bailarines interpretarlos. Ellos bailaban como si **2.** (*estar / establecer*) en una gran fiesta. Las joyas que llevaban brillaban como si **3.** (*ser / ir*) de oro. Si los antepasados los **4.** (*ver / adoptar*) bailar, se emocionarían mucho. Si yo **5.** (*poder / querer*), aprendería más sobre las tradiciones y herencias de los países de América Latina. Me gustaría estudiar sobre los países que no **6.** (*salir / tener*) muchas semejanzas con el mío.

Actividad 32 Gramática Escribir

Como si . . .

En la escuela Gabriela Mistral los estudiantes están participando en una obra musical sobre la conquista de México. Describe lo que pasó usando expresiones de las dos columnas y el imperfecto del subjuntivo.

Modelo

Los estudiantes actuaron . . . / ser actores profesionales
Los estudiantes actuaron como si fueran actores profesionales.

Columna A	Columna B
1. Antes de la obra el director les habló a los jóvenes . . .	estar enamorada del rey
2. Las armas de los actores brillaron . . .	sentir compasión
3. Los jóvenes lucharon . . .	haber visto una obra de teatro de Broadway
4. El actor principal actuó . . .	ser un rey de verdad
5. El jóven que hizo el papel de misionero actuó . . .	ser de oro
6. La actriz principal actuó . . .	saber lo que estaban haciendo
7. El público aplaudió . . .	participar en una batalla

Actividad 33 Gramática   Hablar/Escribir

Nuestra sociedad

En grupo hablen sobre las características y los problemas de la sociedad actual. Escriban ocho frases usando el imperfecto del subjuntivo con *si*.

Modelo

Si los jóvenes y los adultos trataran de comprenderse mejor, no habría tantos conflictos sobre la música en nuestras casas.

Gramática **Leer/Hablar**

Si pudiera . . .

1 Lee el siguiente anuncio de una agencia de viajes y completa las frases.

Modelo

Si nada me parara . . .
*Si nada me parara, invitaría a
mi mejor amigo(a) a un viaje a
la Antártida.*

2 Ahora, trabaja con otro(a) estudiante para comparar lo que escribieron.

▶ **Si tuvieras todo el tiempo del mundo...**

▶ **Si tu sueño se hiciera realidad...**

▶ **Si la distancia no existiera...**

▶ **Si nada te parara...**

▶ **Si pudieras escoger...**

¿QUÉ HARÍAS?
Viajes Inolvidables
Reforma 400
Tel: 555-8900

  Hablar/Escribir

Encuentros

1 En grupo, van a describir un encuentro de dos culturas del pasado. Pueden tomar ideas de este capítulo o de la clase de estudios sociales. Describan lo siguiente:

* ¿Qué culturas se encontraron?
* ¿Cuándo y dónde fue el encuentro?
* ¿Cómo fue el encuentro?
* ¿Exigía un grupo que el otro hiciera algo?
* ¿Cambió un grupo más que el otro?
* ¿Cuál fue el resultado del encuentro?

2 Comparen el encuentro sobre el que escribieron con una situación del presente. Analicen qué cosas tienen en común.

● **Más práctica**
Practice Workbook 8-11, 8-12

 Go Online
 PHSchool.com

For: Practice with the imperfect subjunctive after *si*
Visit: www.phschool.com
Web Code: jed-0808

¡Adelante!

Puente a la cultura
Las misiones de California

Objectives

- **Read about Spanish missions in California and learn about their role in California's history**
- **Distinguish between fact and opinion**

Estrategia

Fact and opinion
As a critical reader, you must distinguish between the facts and opinions of your source to judge the information's reliability. As you read, try to determine if any of the information presented is the opinion of the author, or whether it is based on facts.

Estatua del Fray (Brother) Junípero Serra

Durante el siglo XVIII, los españoles colonizaron el territorio de California. En 1767, el gobierno español y la Iglesia Católica les dieron la tarea a los padres franciscanos de construir misiones y encargarse de ellas.

Las misiones fueron creadas no sólo para enseñar la religión cristiana a los indígenas sino también para enseñarles tareas que pudieran realizar en la nueva sociedad española. Asimismo[1] tenían la función de recibir y alimentar a las personas que viajaban a través del territorio desconocido de California.

Las misiones incluían una iglesia, cuartos para los sacerdotes, depósitos, casas para mujeres solteras, barracas para los soldados, comedores y talleres. Los indígenas casados vivían en una villa cerca de la misión.

---

1 likewise

Misión de San Diego de Alcalá, la más antigua de las misiones

Fray Junípero Serra fue escogido por los españoles para fundar las misiones. Serra fundó nueve misiones en California. Las mismas se encuentran en el Camino Real, una ruta que va desde San Diego hasta la Bahía de San Francisco. Muchas personas recorren hoy el Camino Real para visitar las misiones y aprender sobre su historia.

¿Comprendiste?

1. ¿Para qué fueron creadas las misiones?
2. ¿Qué hizo Fray Junípero Serra?
3. ¿Conoces otros edificios que representen el encuentro entre distintas culturas? Explica tu respuesta.

Go Online
PHSchool.com

For: Internet Link Activity
Visit: www.phschool.com
Web Code: jed-0810

San Rafael
San Francisco de Solano
San José
San Francisco de Asís
Santa Clara
Santa Cruz
San Juan Bautista
San Carlos de Monterey
Soledad
San Antonio
San Miguel
San Luis Obispo
La Purísima
Santa Inés
Santa Bárbara
San Buenaventura
San Fernando Rey
San Gabriel
San Juan Capistrano
San Luis Rey
San Diego

EL CAMINO REAL

Iglesia de la Misión de Santa Bárbara, también llamada "Reina de las Misiones," pues es la más grande de todas

¿Qué me cuentas?

De leyendas y ciudades

1 Escucha la leyenda. Después de cada párrafo vas a oír dos preguntas. Escoge la mejor respuesta para cada pregunta.

1. a. una mercancía   **b.** un bolso lleno de oro   **c.** un azulejo

2. a. devolvérselo a su dueño   **b.** llevárselo a su familia   **c.** comprar muchas cosas

3. a. en el bolso no había ninguna moneda   **b.** en el bolso había cuarenta monedas   **c.** faltaban dos monedas en el bolso

4. a. al rey   **b.** al representante del rey   **c.** a sus amigos

5. a. porque le contó su historia   **b.** porque compró pocas cosas con el oro   **c.** porque devolvió el bolso

6. a. al señor español   **b.** al mensajero   **c.** al señor azteca

2 Observa las siguientes ilustraciones. Las dos muestran un lugar de una ciudad en épocas distintas. Con tus propias palabras, compara las dos ilustraciones. Añade datos históricos y culturales para que tu comparación sea más interesante. ¡Usa tu imaginación!

Si quieres, puedes usar las siguientes palabras o expresiones para conectar tus ideas.

al principio	antes de	porque
anteriormente	también	así
sin embargo	para ilustrar	durante

1

2

3 Trabaja con otro(a) compañero(a) para hablar sobre las ilustraciones. Túrnense para describir las características de cada ilustración. Al terminar, den a la clase su opinión sobre lo que creen que ocurrió en cada época.

Presentación oral

Una visita a . . .

Tarea

Imagínate que eres guía turístico(a) en una ciudad multicultural. Tienes que planear una visita a los lugares más importantes de la ciudad.

1 **Prepárate** Escoge la ciudad en la que te gustaría organizar una visita. Completa una tabla como la siguiente sobre las características de la ciudad y sus habitantes.

nombre de la ciudad	
herencia cultural	
religiones	
restaurantes típicos	
edificios históricos	

Puedes dibujar un plano de la ciudad y marcar con una flecha *(arrow)* los lugares sobre los que hablarás.

2 **Practica** Vuelve a leer la información que anotaste en la tabla. Practica varias veces tu presentación para recordar todos los detalles. Puedes usar tus notas para practicar, pero no al hablar ante la clase. Recuerda:

- describir con detalles la parte de la ciudad de la que hablas
- añadir detalles sobre cómo se relacionan entre sí los diferentes grupos culturales de la ciudad
- mirar directamente al público
- usar el vocabulario y la gramática del capítulo

Modelo

Hoy visitaremos el centro de la ciudad de San Cristóbal de las Casas. La ciudad tiene herencia cultural española e indígena. La religión de sus habitantes es la cristiana, por eso tiene muchas iglesias . . .

3 **Haz tu presentación** Imagina que tus compañeros de clase son los turistas. Explícales cómo es la ciudad, como si estuvieran allí.

4 **Evaluación** Tu profesor(a) puede explicarte cómo va a evaluar tu presentación. Probablemente, para él (ella) es importante ver que:

- te preparaste bien para hacer tu presentación
- diste suficiente información sobre la ciudad
- tu presentación se entendió bien

Estrategia

Speaker's purpose
Before giving an oral presentation, you must think what the purpose of your speech is. Do you want to inform, persuade, or entertain your audience?

In this case, your purpose will be to inform. You need your audience—the tourists—to be both interested in the tour and informed. Use interesting facts about the city and present them in an engaging way.

Mi experiencia con otras culturas

Objectives

- **Narrate a personal experience**
- **Order facts chronologically**
- **Add details to make the story more interesting**

Estrategia

Chronological ordering
Putting events in chronological order means listing them in the order they occurred. This usually means starting with the first event and continuing to the last. You can also use reverse chronological order if it's more appropriate for the story you are telling. Remember to use signal words that indicate chronological order, like *primero, luego, después, segundo, finalmente, por último.*

¿Cómo sería ir a vivir a otro país? ¿Te mudaste de país en algún momento de tu vida? ¿Tus padres nacieron en otro país? ¿Conservan en tu familia tradiciones de sus antepasados? ¿Conoces a alguna persona que haya nacido en otro país y esté viviendo aquí? Escribe un episodio *(episode)* autobiográfico sobre alguna de estas cosas. Escribe desde el punto de vista de tu experiencia propia, o bien inventa una historia. Puedes relatar cómo te sentiste cuando llegaste al país, qué cosas encontraste, qué piensas de la integración con otras culturas o qué tradiciones conserva tu familia.

1 Antes de escribir

Piensa en ideas para tu episodio autobiográfico. A medida que pienses en posibles temas, hazte las siguientes preguntas:

- ¿Con qué claridad recuerdo o me imagino la experiencia?
- ¿Estoy listo(a) para compartir la experiencia con otros?
- ¿Qué aprendí o aprendería de la experiencia?

Para ordenar tus ideas para el episodio autobiográfico, completa una tabla como la que aparece a continuación.

Personajes	Lo que sucedió	Época	Lugar	Pensamientos/Sentimientos
yo, mamá, papá, abuela	mudarnos a Estados Unidos	cinco años atrás	Nueva York	• triste por dejar a mis amigos • nervioso por ir a un país desconocido

2 Borrador

Escribe tu borrador de un episodio autobiográfico. Escribe tus ideas en orden lógico, así tu relato va a ser más interesante y más fácil de leer. Añade todos los detalles que sean necesarios. Recuerda usar el vocabulario y la gramática de este capítulo.

Topic sentence and introductory paragraph: What is the composition about?

Hace cinco años que vivo con mi familia en los Estados Unidos. Antes vivíamos en México, en la ciudad de Aguascalientes. Tenía muchos amigos allí. Cuando mi papá me dio la noticia de que íbamos a mudarnos a los Estados Unidos, mis amigos no querían que los dejara. Yo les pedí que fueran a . . .

Recuerdo que cuando llegamos a Nueva York me sentía feliz. Nuestro apartamento estaba . . .

Details: The writer expresses his or her feelings in the autobiographic composition.

Signal words: The writer uses words that indicate the chronological order of events.

Al principio no sentí mucho la diferencia, pues todas las personas del barrio hablaban español. Era increíble que hasta en los almacenes y los restaurantes yo encontrara personas que hablaban el mismo idioma que yo . . .

Finalmente, me dí cuenta de que debía aprender inglés porque . . .

Conclusion: The writer uses a signal word that indicates chronological order.

3 # Redacción/Revisión

Después de escribir el primer borrador, trabaja con otro(a) estudiante para intercambiar los trabajos y leerlos. Luego, hagan sugerencias para mejorar sus composiciones.

Haz lo siguiente: Subraya con una línea los verbos en pretérito o en imperfecto y con dos líneas los verbos en imperfecto del subjuntivo.

- ¿Siguieron el plan de la tabla que hicieron?
- ¿Organizaron la información en orden cronológico?

- ¿Están empleados correctamente el pretérito, el imperfecto y el imperfecto del subjuntivo?

Cuando mi papá me <u>dio</u> la noticia de que <u>íbamos</u>

a mudarnos a los Estados Unidos, mis amigos

no <u>querían</u> que los <s>deje</s> dejara Yo les <s>pediré</s> pedí que

<u>fueran</u> a . . .

4 # Publicación

Antes de crear la versión final, lee de nuevo tu borrador y repasa los siguientes puntos:

- ¿Incluí detalles para expresar mis sentimientos?
- ¿Estoy relatando un episodio interesante?
- ¿Refleja la integración con otras culturas?

Después de revisar el borrador, escribe en limpio tu composición.

5 # Evaluación

Tu profesor(a) puede explicarte cómo va a evaluar tu presentación. Probablemente, para tu profesor(a) es importante ver que:

- las frases tienen sentido y expresan una idea completa
- la composición tiene un orden lógico
- usaste correctamente el vocabulario y la gramática del capítulo

Lectura

El último sol
Fragmento adaptado

Objectives
- **Read and understand a story based on historical facts**
- **Acquire vocabulary as you read**

Estrategia

Skipping and guessing
When reading for pleasure, you may try to skip unfamiliar words. If the word is truly essential to the meaning of the passage, try to guess the word's meaning. If you guess correctly, the text will make sense!

Al leer

¿Alguna vez has sentido que nadie te entiende? Vas a leer un cuento de Elías Miguel Muñoz, un destacado novelista y cuentista cubano que reside en los Estados Unidos. Al leer este cuento te verás transportado(a) a otro mundo, el mundo del México antiguo, Tenochtitlán. Lee el cuento una primera vez sin pararte. No te preocupes por las palabras que no conozcas. Trata de adivinarlas. Cuando leas el cuento por segunda vez, mira los significados para ver si las entendiste. Mientras lees, presta atención a los siguientes puntos para que puedas llenar la tabla que aparece al final de la lectura:

- quiénes son los personajes
- dónde ocurre la acción, cómo cambia
- cómo cambia la relación de los personajes
- cómo reacciona el narrador
- cómo se siente el narrador al final de la lectura

DANIEL, el protagonista de El último sol *es un joven que estudia en la Ciudad de México. A Daniel le encanta compartir pasajes de la historia de México con su novia Chalchi. Un día Daniel se queda dormido y sueña con la Piedra del Sol, el calendario azteca que había visto en el Museo de Antropología. Cuando se despierta, Daniel se encuentra en un mundo diferente . . .*

"¡Tozani!" Escucho una voz de mujer que viene de lejos. "¡Tozani!" Trato de despertar, pero me pesan los párpados[1]. Siento mucho frío. "¡Tozani!" La voz se hace más fuerte. Abro por fin los ojos y veo mi cuerpo, casi desnudo. Sólo llevo un taparrabo[2] y estoy acostado en una cama que no es la mía; es un petate[3]. Busco a la dueña de la voz y por fin la veo, parada frente a mí.

—Despierta ya —me dice ella.

Habla un idioma extraño que yo, de una manera también muy extraña, puedo comprender. Sus palabras llegan a mí como filtradas por el aire frío de este cuarto.

—Despierta —repite—. Es hora de ir al lago.

La observo. Es una muchacha joven, hermosa. Tiene el cabello atado atrás, con dos trenzas[4] sobre la frente. Lleva un vestido largo, blanco; en la cintura, un amplio cincho[5] bordado. Sus ojos son de un verde intenso. Se parece tanto a Chalchi que la llamo por ese nombre, Chalchiunenetl, y ella responde . . .

—Sí. Has dormido mucho, Tozani.

—¿Tozani? Yo no me llamo Tozani —le digo, confundido. Y ella me mira sonriendo.

—Levántate ya, esposo.

---

1 eyelids **2** loincloth **3** bedroll **4** braids **5** belt

¡Me ha llamado *esposo*! Miro a mi alrededor y descubro que no estoy en casa de mis padres. Este lugar es mucho más grande; las paredes son blancas y a lo largo de cada una hay tiestos[6] enormes con flores de varios tipos y colores. Los muebles son escasos pero hermosos, de madera densa: un pequeño armario, una mesa baja y dos sillas. Hay una armonía total en este sitio. La puerta que da a la calle está inundada de luz.

¿Dónde estoy?

• • • • • • • • • • • • • • •

Trato de ordenar mis pensamientos. Debo estar soñando. Cierro los ojos. Me golpeo la cara para despertar, ¡una, dos, tres veces! Y escucho la voz asustada de Chalchi; sus manos sujetan las mías.

—¡Tozani! —exclama—. ¡¿Qué haces?! ¿Por qué te golpeas?

No puedo contestarle. Algo en la garganta me impide hablar.

—Estabas soñando, esposo —me dice ella, mientras me acaricia.

—¿Soñando? —le pregunto, incrédulo.

—Sí. Pero ya, por fin, empiezas a despertar.

Me muevo. Respiro. Tengo los ojos muy abiertos. Sí. Estoy despierto.

—Cuando regreses del lago, comeremos —me dice Chalchi. Y se va a otro cuarto.

El lago. ¿Qué tendré que hacer en el lago? Me acuesto otra vez en el petate incómodo. ¿Cómo explicar todo esto?

6 flowerpots

—¡Chalchi! —la llamo, y ella aparece ante mí.

—Estoy amasando *tlaxcalli*[7], preparando tu *atolli*[8]. ¿Por qué no te has ido al lago?

—¡Porque no sé para qué tengo que ir al lago!

—¿Estás soñando otra vez, querido mío? — ella me dice, sonriendo—. Tienes que ir al lago para bañarte, claro. Luego te vestirás de guerra para asistir al Templo Mayor. No olvides que el Reverendo Padre quiere verte.

—¿El Reverendo Padre?

—Sí. El señor emperador, Moctezuma.

—¡¿Quién?!

—Pobre de ti. Ese sueño de anoche te obsesiona.

—¿En qué año estamos, Chalchi?

—Acatl. El año 1-Caña[9], el día de 2-Casas.

Trato de recordar el calendario azteca. Un escalofrío[10] me invade el cuerpo cuando por fin descifro el significado de aquella fecha. *Acatl*, equivalente al año 1519 del calendario cristiano. El día 2-Casas, o sea, el 29, probablemente del mes de junio. Un mes antes de la entrada de Hernán Cortés en Tenochtitlán.

• • • • • • • • • • • • • • • •

—Chalchi, ¿por qué quiere verme Moctezuma?

Ella me mira como diciéndome, "despierta ya, querido esposo". Exasperada y sin comprender mi pregunta, me explica:

—El reverendo señor Moctezuma, *Huey-Tlatoani* de los aztecas, quiere encomendarte una misión muy importante . . .

—¿Qué misión es?

—¿Tampoco lo recuerdas? ¡Ese sueño de anoche te ha convertido en otro hombre, Tozani!

—Mi misión tiene que ver con los "dioses blancos", ¿verdad?

—Sí. En la última reunión del consejo gobernante, nuestro emperador decidió enviar una comisión para recibir a los seres blancos, para llevarles regalos y guiarlos hasta nuestra ciudad. El consejo te escogió a ti para encabezar la comisión.

—Esos seres no son dioses, Chalchi.

—¿Cómo lo sabes?

—Lo sé. Simplemente lo sé.

Chalchi se queda pensativa unos minutos. Luego me dice, agitada:

—Los mensajeros de Moctezuma que han visto a esos seres, cuentan que son grandes de estatura, que tienen la cara cubierta de cabello. Y algunos de ellos tienen cuatro patas enormes y dos cabezas, una de animal y otra de hombre . . .

—Son los españoles, Chalchi —le digo, sabiendo que no me entenderá. Repito: —Son los soldados de Cortés.

—Los soldados . . . ¿de quién?

—De Cortés, un hombre que viene a destruirnos.

—¡No! Moctezuma dice que son dioses. Dice que nuestro creador, Quetzalcóatl, ha regresado para recuperar su reino.

—¡Está loco el emperador!

7 corn tortillas 8 corn gruel 9 1-Reed, represents a month in the Aztec calendar 10 chill

Interacción con la lectura

1 Llena la tabla con la información del cuento.

CAMBIOS EN LA NARRACIÓN		
	Antes	Ahora
Nombre de los dos personajes principales		
Cuándo ocurre la acción		
Lugar donde ocurre la acción		
Cuál es la relación entre los personajes		
Cómo se siente el personaje		

2 Trabaja con un grupo de estudiantes para comentar lo que escribieron en sus tablas y contestar las siguientes preguntas.

- ¿Qué le ha ocurrido a Daniel? ¿Cómo lo sabes?

- ¿Cómo es la nueva vida de Daniel?

- ¿Por qué es importante la fecha? ¿Quiénes son esos seres con dos cabezas y cuatro patas?

- ¿Qué tarea le ha encargado el emperador a Daniel?

- ¿Qué sabe Daniel que nadie más sabe?

- ¿Daniel puede cambiar lo que ocurrirá?

3 Trabaja con tu grupo para describir a los personajes en el mundo azteca: ¿Cómo se vestían? ¿Qué comían? Usa el vocabulario de la lectura.

4 Conocemos el final de la historia: Hernán Cortés conquistó el imperio Azteca. ¿Qué crees que hizo Daniel? ¿Trató de prevenir (*warn*) a los demás? ¿Trató de parar a los españoles? Comenta tus ideas con tus compañeros.

Fondo cultural

La herencia azteca Aunque el mundo de los aztecas desapareció con la llegada de Hernán Cortés en 1519, en México todavía se siente la herencia azteca en el lenguaje y las costumbres. En México todavía usan petates para acostarse en el campo y los niños toman atole en la merienda y los adultos en las celebraciones. Además, en todo el mundo se usan las palabras *tomate, chocolate, chile, coyote*. Las otras lenguas americanas de Norteamérica, el Caribe y Sudamérica también han contribuido con palabras que se usan hoy en todo el mundo: *caimán, canoa, caribú, cóndor, gaucho, huracán, iglú, iguana, jaguar, maíz, mocasín, papaya, poncho, puma*. Generalmente, estas palabras se refieren a objetos que se desconocían en Europa antes del descubrimiento de América.

- ¿Conoces más palabras como éstas?

- ¿Qué tipos de palabras pasan de una lengua a otra? ¿Por qué?

- ¿Tú usas palabras nuevas o distintas a las que usan los demás? ¿De dónde vienen? ¿Por qué las usas?

Repaso del capítulo

Vocabulario y gramática

para hablar de construcciones

el acueducto	aqueduct
el arco	arch
la arquitectura	architecture
el azulejo	tile
el balcón, pl. los balcones	balcony
la construcción	construction
la reja	railing, grille
la torre	tower

para hablar de la llegada a las Américas

anteriormente	before
el arma, pl. las armas	weapon
la batalla	battle
la colonia	colony
la conquista	conquest
el imperio	empire
el / la indígena	native
la maravilla	marvel, wonder
la misión	mission
el / la misionero(a)	missionary
la población	population
el poder	power
poderoso, -a	powerful
el reto	challenge
la riqueza	wealth
el / la soldado	soldier
la tierra	land

para hablar del encuentro de culturas

africano, -a	African
el antepasado	ancestor
el / la árabe	Arab
cristiano, -a	Christian
la descendencia	descent, ancestry
desconocido, -a	unknown
el encuentro	meeting
la época	time, era
europeo, -a	European

la guerra	war
el grupo étnico	ethnic group
la herencia	heritage
el idioma	language
la influencia	influence
el intercambio	exchange
el / la judío(a)	Jewish
la lengua	language
la mercancía	merchandise
la mezcla	mix
el musulmán, la musulmana	Muslim
el / la romano(a)	Roman
la raza	race
el resultado	result, outcome
la semejanza	similarity
la unidad	unity
la variedad	variety

verbos

adoptar	to adopt
asimilar(se)	to assimilate
componerse de	to be formed by
conquistar	to conquer
dejar huellas	to leave marks, traces
dominar	to dominate
enfrentarse	to face, to confront
establecer (zc)	to establish
expulsar	to expel
fundar(se)	to found
gobernar (ie)	to rule, to govern
integrarse	to integrate
invadir	to invade
luchar	to fight
ocupar	to occupy
rebelarse	to rebel, to revolt
reconquistar	to reconquer

otras expresiones y palabras

al llegar	upon arriving
maravilloso, -a	wonderful
único, -a	only

el condicional

Use the conditional to express what you would do or what a situation would be like.

hablar

hablaría	hablaríamos
hablarías	hablaríais
hablaría	hablarían

ser

sería	seríamos
serías	seríais
sería	serían

ir

iría	iríamos
irías	iríais
iría	irían

Verbs that are irregular in the future tense have the same irregular stems in the conditional.

tener

tendría	tendríamos
tendrías	tendríais
tendría	tendrían

future and conditional stems of other irregular verbs:

decir	**dir-**	poder	**podr-**	saber	**sabr-**
haber	**habr-**	poner	**pondr-**	salir	**saldr-**
hacer	**har-**	querer	**querr-**	venir	**vendr-**

el imperfecto del subjuntivo

Use the subjunctive to say what one person asks, hopes, tells, insists, or requires someone else to do. If the main verb is in the preterite or imperfect tense, use the imperfect subjunctive.

cantar

cantara	cantáramos
cantaras	cantarais
cantara	cantaran

aprender

aprendiera	aprendiéramos
aprendieras	aprendierais
aprendiera	aprendieran

vivir

viviera	viviéramos
vivieras	vivierais
viviera	vivieran

el imperfecto del subjuntivo con *si*

Use the imperfect subjunctive after *si* when a situation is unlikely, impossible, or not true. Use the conditional in the main clause.

Si hablaras más, tendrías muchos amigos.
Si Marcos no fuera tan travieso, lo llevaría de paseo.

After *como si* you always use the imperfect subjunctive.

Ella se sentía **como si estuviera** en un lugar desconocido.

● **Más práctica** ·
Practice Workbook Organizer 8-13, 8-14

Preparación para el examen

1 Vocabulario Escribe la letra de la palabra o expresión que mejor complete cada frase. Escribe tus respuestas en una hoja aparte.

1. Un ejemplo de un _____ fue el pueblo romano, porque tuvo tanto poder que pudo decidir el futuro de otros pueblos.
   a. misionero
   b. imperio
   c. arte
   d. arma

2. Empezó un intercambio de _____ entre Europa y las Américas.
   a. riquezas
   b. banderas
   c. mercancías
   d. libertad

3. Cuando un país invade a otro país y se queda allí por muchos años, decimos que lo _____.
   a. expulsa
   b. ocupa
   c. lucha
   d. permite

4. Como resultado de la mezcla de españoles, indígenas y africanos hay una gran _____ de culturas en América.
   a. batalla
   b. reja
   c. variedad
   d. mercancía

5. La Mezquita de Córdoba es un ejemplo de la arquitectura árabe porque tiene muchos _____, igual que la Alhambra, en Granada.
   a. caballos
   b. retos
   c. budistas
   d. arcos

6. Los misioneros tenían opiniones diferentes sobre _____ de los españoles en la vida de los indígenas.
   a. la semejanza
   b. el azulejo
   c. la arquitectura
   d. la influencia

7. España era un imperio _____ en la época de la conquista de América.
   a. único
   b. poderoso
   c. débil
   d. africano

8. Cuando los cristianos reconquistaron Sevilla, muchos árabes se habían _____ con los españoles.
   a. rebelado
   b. reconquistado
   c. asimilado
   d. expulsado

2 Gramática Escribe la letra de la palabra o expresión que mejor complete cada frase. Escribe tus respuestas en una hoja aparte.

1. Yo _____ con Luisa por teléfono todos los días si tuviera tiempo, pero estoy muy ocupada.
   a. hablo
   b. he hablado
   c. hablaría
   d. hablaba

2. Nosotros _____ al balcón, pero hace mucho frío y está lloviendo.
   a. saldremos
   b. saldríamos
   c. salíamos
   d. saldrían

3. El arquitecto le dijo al dueño de la casa que _____ el azulejo de color amarillo porque era mejor.
   a. compré
   b. compró
   c. comprara
   d. compras

4. El rey de España lo miró como si _____ que estaba mintiendo.
   a. creyera
   b. crea
   c. creía
   d. creerá

5. La madre le dijo al niño que _____ a la escuela después de comprar la comida.
   a. vendría
   b. vienen
   c. vinieron
   d. viene

6. Si _____ todas tus riquezas, te regalaría mis caballos, le dijo el español al indígena.
   a. me das
   b. me dieras
   c. me diste
   d. me dieron

7. Aprenderíamos otros idiomas, como el chino, si _____ la oportunidad de estudiarlos en la escuela.
   a. tuviéramos
   b. tuvimos
   c. tuvieran
   d. tuvieras

8. Los misioneros querían que los indígenas _____ su religión.
   a. adoptáramos
   b. adoptaron
   c. adoptamos
   d. adoptaran

En el examen vas a . . .	Éstas son las tareas de práctica que te pueden ser útiles para el examen . . .	Si necesitas repasar . . .

 3 Escuchar Escuchar y comprender la descripción de una visita a un pueblo indígena

La visitante describe su visita a un pueblo. (a) ¿Por qué es famoso ese pueblo? ¿Qué dice de la arquitectura? (b) ¿Qué le impresiona más? ¿Qué le recuerda el mercado? (c) ¿Qué otras cosas encuentra allí? (d) ¿Con qué compara al pueblo?

pp. 344–347
A primera vista 1
p. 347 Actividad 4
p. 350 Actividad 8
p. 354 Actividad 15
p. 379 *Interacción con la lectura*

 4 Hablar Presentar una visita guiada para conocer una ciudad

Escoge una ciudad que te guste. Imagina que le hablas de esta ciudad a un recién llegado. Menciona (a) los edificios históricos, (b) las culturas y religiones, (c) una breve historia de la ciudad y (d) lugares donde los jóvenes se divierten.

p. 350 Actividad 8
p. 354 Actividad 15
p. 373 *Presentación oral*

 5 Leer Leer y comprender un cuento

Lee este párrafo sobre las aventuras de un indígena azteca y di (a) ¿En qué ciudad crees que se despierta Maco? ¿En qué época sería? (b) ¿Qué lengua habla la gente? (c) ¿Crees que es un sueño o es la realidad?

Un día, Maco, un joven indígena azteca, cerró sus ojos y cuando los abrió se vio en medio de una ciudad muy diferente a la que vivía. La gente era alta con los cabellos claros. Llevaban ropas largas y zapatos. Hablaban una lengua familiar, parecida a la de las personas que habían llegado a su tierra hacía poco tiempo. La gente lo miraba, pero nadie se paraba a hablarle...

pp. 376–379 *Lectura*

 6 Escribir Escribir una reseña sobre la herencia

Escribe una reseña sobre qué cosas pueden hacer las familias para mantener su herencia cultural y las tradiciones de sus antepasados. Sugiere qué pueden hacer para mantener el idioma, las comidas y otras tradiciones familiares.

p. 351 Actividad 9
p. 351 Actividad 10
pp. 374–375
Presentación escrita

 7 Pensar Pensar en ejemplos de intercambio cultural en el mundo de hoy y decir si son positivos o no

Da un ejemplo de un intercambio entre culturas en el mundo de hoy en día. Di por qué crees que ese intercambio es positivo o crea conflictos. ¿Crees que ayuda a que las personas se integren o no?

p. 350 Actividad 8
p. 362 Actividad 24
pp. 370–371
Puente a la cultura

A ver si recuerdas...

Vocabulario

la basura
- la campaña
- el centro de reciclaje
- la contaminación
- el medio ambiente
- reciclar
- recoger
- separar

la comunidad
- la avenida
- el barrio
- la calle
- la carretera
- la gente
- el lago
- el parque
- la plaza
- el pueblo
- el río
- los vecinos

para reciclar
- la botella
- el cartón
- la lata
- el plástico
- el vidrio

opiniones
- me encanta(n)
- me gusta(n)
- me importa(n)
- me interesa(n)
- me molesta(n)
- me parece(n)
- me preocupa(n)

el tráfico
- la ambulancia
- el camión
- el coche
- el peatón
- la sirena
- la zona escolar
- la zona de construcción

actividades
- adoptar
- arrojar
- beneficiar
- colaborar
- contar con
- establecer
- evitar
- mejorar
- obligar
- prevenir
- reducir

Actividad 1   **Escribir/Hablar** . . . .

Práctica de vocabulario

¿Te importa el medio ambiente? Escribe cinco preguntas que le puedes hacer a un(a) compañero(a) para saber si le importa a él / ella. Luego, trabaja con tu compañero(a) para hacer preguntas y contestarlas.

| Modelo |

A —¿*Te importa reciclar el vidrio?*
B —*Sí, me importa mucho. Mi familia y yo siempre reciclamos.*

Actividad 2   **Escribir/Hablar** . . . .

Práctica de vocabulario

Trabaja con otro(a) estudiante para escribir definiciones de las palabras siguientes. Lean sus definiciones a otros estudiantes para ver si pueden identificar las palabras correctas.

1. tráfico
2. carretera
3. arrojar
4. botella
5. peatones
6. evitar
7. sirena
8. vecinos

Verbos como *gustar*

You know that *gustar* is used to talk about likes and dislikes. When you use *gustar*, the subject of the sentence is what is liked or disliked. You use the singular form *gusta* when what is liked is a singular noun or an action (an infinitive). You use the plural form *gustan* when what is liked is a plural noun.

> Nos **gusta** este barrio.
> Me **gustan** las calles de este barrio.

> Le **gusta** trabajar para la comunidad.

Use the indirect object pronoun to indicate to whom something is pleasing.

> **Me** gustaría participar en la campaña de reciclaje.

Other Spanish verbs that often follow the same pattern as *gustar* are:

doler *to ache, to be painful*	importar *to matter*	parecer *to seem*
encantar *to love*	interesar *to interest*	preocupar *to worry*
faltar *to lack, to be missing*	molestar *to bother*	quedar (bien / mal) *to fit*

- The personal *a* plus a pronoun or a person's name can be used for emphasis, or to make clear to whom you are referring.

> **A nosotros** nos preocupa la contaminación del aire.
> ¿Le interesaron **a Sergio** los libros?

Actividad 3 — Leer

Práctica de gramática

Un grupo de vecinos escribe una carta al periódico. Escoge las expresiones adecuadas para completarla.

> Estimado Sr. Director:
>
> Le escribimos porque **1.** *(preocupar / interesar)* la interrupción del tráfico en la calle Ramos. Aunque a todos nosotros **2.** *(importar / interesar)* que se construya un nuevo centro médico, la construcción **3.** *(importar / molestar)* diariamente. A mí no **4.** *(importar / molestar)* sólo el problema del tráfico, **5.** *(preocupar / interesar)* también la basura que se está acumulando en el lugar. Favor de mejorar la situación.
>
> Atentamente,
> Los vecinos de la calle Ramos

Actividad 4 — Hablar

Práctica de gramática

Tu compañero(a) describe a sus amigos y a su familia usando las palabras siguientes. Responde a lo que dice tu compañero(a) con ejemplos de tu propia experiencia.

Modelo

A mi hermano(a) y a mí *(molestar)* . . .
A —A nosotros(as) *nos molesta el frío.*
B —A mis hermanos(as) no *les molesta nada el frío.*

1. A mí *(molestar)*
2. A mi compañero(a) *(interesar)*
3. A mis amigos(as) *(preocupar)*
4. A mi madre (padre) no *(gustar)*
5. A mí *(faltar)*
6. A mi mejor amigo(a) *(encantar)*

Vocabulario

lugares
el bosque
el campo
el desierto
el fondo del mar
las montañas
el océano
el parque nacional
la selva tropical
la sierra
los valles

fenómenos naturales
la explosión
el huracán
el incendio
la inundación
la lluvia
la nieve
el relámpago
el terremoto
la tormenta
el trueno

acciones
capturar
cuidar
eliminar
matar
permitir
prohibir
proteger
rescatar
salvar

animales
el caballo
la cebra
el conejo
el elefante
el gato
el hipopótamo
la hormiga
los insectos
el jaguar
el mono
la mosca
el mosquito
el oso
el pájaro
los peces
el perro
el tigre

   Actividad 5 **Hablar/Escribir** ....

Práctica de vocabulario

Decide con tu compañero(a) qué lugares de la lista les interesan más y cuáles les interesan menos y por qué. Hagan una tabla como la siguiente y compartan los resultados con la clase.

Nos gustan más . . .	Porque . . .	Nos gustan menos . . .	Porque . . .
1. las montañas		1. el desierto	
2. el océano		2. las sierras	

  Actividad 6 **Leer** ....

Práctica de vocabulario

Lee con un(a) compañero(a) los siguientes titulares y anuncios de periódicos y luego complétenlos con estas palabras o expresiones.

insectos	óceano	mosquitos
árboles	incendio	inundaciones
peces	lluvias	

1. ¡_____ en el bosque! Se quemaron miles de _____.

2. Si quiere que los _____ se mantengan lejos, use el repelente de _____.

3. Grandes _____ en Zamora a causa de las _____ recientes.

4. Una exploración del _____ descubre nuevas especies de _____.

Gramática · Repaso

Usos del artículo definido

In general, the definite article *(el, la, los, las)* is used in Spanish the same way it is in English. In the following cases, however, it is used in Spanish but not in English.

When people are referred to by name and an accompanying title, preceding the title (but not when people are addressed directly using a title):

La profesora Estévez enseña ciencias.   Buenas tardes, **doctor Zabala**.

Before the name of a street, avenue, park, or other proper names:

Los vecinos de **la calle Ramos** se quejaron.

Before any noun representing an entire species, institution, or general concept:

El perro es el mejor amigo del hombre.   **La educación** es muy importante.

With certain time expressions:

Llegó a **las siete** de la tarde. *(hours)*   Me encanta **la primavera**. *(seasons)*
Van a reunirse **el lunes** próximo. *(days)*   Salió de su país a **los diez años**. *(age)*

When it is an inseparable part of the name of a country, such as *El Salvador* and of some cities, such as *El Cairo, La Habana, El Havre, La Haya, La Paz*.

The words *al* and *del* result from contracting the prepositions *a* and *de* with the article *el*, but there is no contraction when *El* is part of a proper name.

Vamos **al** parque. Venimos **del** bosque.   Vamos a **El Paso**. Venimos de **El Paso**.

Actividad 7   Hablar

Práctica de gramática

Con un(a) compañero(a) escriban sustantivos (con su correspondiente artículo definido) que sirvan para completar las frases siguientes.

Modelo

_____ es bueno para la salud.
El aire puro / El ejercicio / El jugo de naranja es bueno para la salud.

1. _____ Romero nos recibirá a las cuatro.

2. _____ es / no es un país de Asia.

3. _____ son / no son muy caros.

4. Generalmente _____ por la tarde practicamos en el club.

Actividad 8   Leer

Práctica de gramática

Completa los diálogos con artículos definidos o con las contracciones *al* o *del*. Si el artículo no es necesario, deja el espacio en blanco.

1. —Lo siento, ya son _____ siete y debo irme.
   —Claro, Carmen, nos vemos _____ miércoles. Recuerda que es _____ reunión.

2. — ¡Mira! Aquí llega _____ doctora López.
   —¿Cómo está, _____ doctora López?

● **Más práctica**
Practice Workbook 9-1, 9-2

Diego Rivera (1886–1957) En 1921, el pintor Diego RIvera conoció a José Vasconcelos, que estaba a cargo del Ministerio de Educación de México. Una de las ideas de Vasconcelos era crear murales en edificios públicos para educar al pueblo. En 1922, Vasconcelos le encomendó (*commissioned*) a Rivera su primer mural. Este mural se llamó *Creación*. En este mural Rivera combina elementos de la tradición indígena, como se ve en el dibujo del jaguar, con elementos religiosos e intelectuales basados en el arte clásico europeo.

•¿Qué otras cosas asocias con la tradición indígena mexicana?

Creación, (1922–1923), Diego Rivera

Cuidemos nuestro planeta

Chapter Objectives

- **Talk about environmental concerns in the community**
- **Discuss how to solve local and global environmental problems**
- **Express attitudes and opinions about the environment**
- **Understand cultural perspectives on dealing with conservation and the environment**

Video Focus

- **Protecting our natural environment**

Country Connection

As you learn about the environment, you will make connections to these countries and places.

Puerto Rico

Costa Rica

Chile

Argentina

Go Online
PHSchool.com

For: Online Atlas
Visit: www.phschool.com
Web Code: jee-0002

A primera vista 1

Vocabulario y gramática en contexto

Objectives

Read, listen to, and understand information about
• environmental issues
• what we can do to protect the environment

La contaminación del aire, de los ríos y de los mares es un problema gigante. En estas páginas el Dr. Biente contesta algunas preguntas sobre este problema y sobre lo que podemos hacer para ayudar a resolverlo.

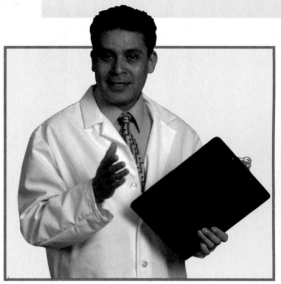

1 66 La contaminación es uno de los problemas más **graves** del mundo. Hasta que tomemos **medidas** apropiadas para reducirla, este hermoso planeta estará en peligro. 99

los desperdicios

el veneno

la fábrica

2 —Dr. Biente, en mi barrio hay una fábrica de **pesticidas** y otros productos **químicos** que arroja los desperdicios al río. ¿Cree que es peligroso?

—¡Claro! **Debido a** estas prácticas peligrosas, los peces del río pueden morir en las aguas **contaminadas**. No debemos **echar** desperdicios en los ríos.

3 —Dr. Biente, ¿qué haremos cuando no haya **recursos naturales** tan importantes como **el petróleo**? ¿Cómo podremos usar los coches?

—En el futuro no podremos **depender del** petróleo para producir energía; algún día **se agotará**. Tenemos que **fomentar** el uso de fuentes de energía más eficientes **tan pronto como** sea posible. Creo que en el futuro todos los coches serán eléctricos, pues son **económicos** y limpios.

4 —La población está **creciendo** y cada día hay más gente en el planeta. ¿Cómo vamos a evitar que haya una **escasez**, o sea, una falta de recursos naturales?

—Es cierto que nos **amenaza** el peligro de la escasez. Por eso todos los seres humanos tenemos que tomar medidas para **conservar** los recursos que tenemos.

5 —¿Y **el gobierno** no puede hacer nada para proteger el medio ambiente?

—El gobierno **está a cargo de** hacer leyes para proteger el ambiente y **castigar** con multas a quienes no las obedezcan. Pero recuerden, no podemos esperar hasta que el gobierno haga algo, nosotros tenemos que cuidar el ambiente cada día.

 Actividad 1 Escuchar ·······································

Cómo cuidar el medio ambiente

Escribe los números del 1 al 6 en una hoja. Escucha lo que dice cada persona y di si es cierto *(C)* o falso *(F)*.

 Actividad 2 Leer ···································

Los consejos del Dr. Biente

Completa estos consejos con la palabra apropiada.

1. Los *(desperdicios / gobiernos)* no se deben echar en los ríos.

2. Debemos *(agotar / fomentar)* nuevas fuentes de energía.

3. Los gobiernos deben *(tomar medidas contra / depender de)* la contaminación.

4. En el futuro debemos construir menos *(recursos naturales / fábricas)* en las ciudades.

5. El gobierno debe *(estar a cargo de / castigar a)* las personas que echan desperdicios a los ríos.

6. Todos debemos colaborar para *(contaminar / proteger)* el medio ambiente.

¿Cómo cuidas tu planeta?

Contesta las preguntas para ver si estás haciendo todo lo que puedes por la protección del medio ambiente.

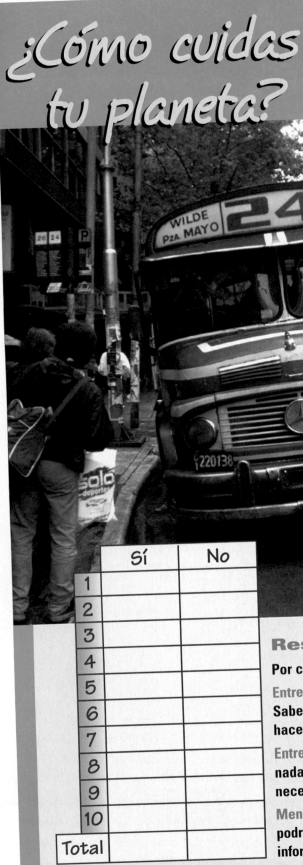

1. ¿**Colocas los recipientes** plásticos y de vidrio en el depósito de reciclaje?

2. ¿Evitas poner **las pilas** (baterías) viejas con el resto de la basura?

3. ¿Apagas el televisor cuando no lo estás viendo?

4. ¿Cierras la llave *(faucet)* del agua cuando te lavas los dientes?

5. ¿Apagas las luces antes de salir de una habitación para ahorrar **electricidad**?

6. Cuando vas a acampar, ¿evitas dejar basura en el campo?

7. ¿Usas papel reciclado? ¿Tratas de no **desperdiciar** papel?

8. ¿Tratas de usar el transporte público?

9. ¿Sabes lo **suficiente** sobre los problemas de contaminación de tu comunidad? ¿Tratas de conservar el medio ambiente?

10. ¿Tratas de **limitar** el uso de productos que contaminen el medio ambiente?

	Sí	No
1		
2		
3		
4		
5		
6		
7		
8		
9		
10		
Total		

Resultados

Por cada sí que respondiste, cuenta dos puntos.

Entre 15 y 20 puntos: Eres una persona preocupada por el medio ambiente. Sabes lo que puedes hacer para reducir la contaminación ambiental y lo haces cuando puedes.

Entre 10 y 14 puntos: Te preocupas por el medio ambiente y no haces nada que sepas que lo puede dañar pero no tienes toda la información necesaria.

Menos de 10 puntos: Como no tienes mucha información, haces cosas que podrían aumentar la contaminación en vez de reducirla. Debes buscar más información sobre este tema en cuanto puedas.

Puerto Rico: *cómo conservar bella la isla*

Como todos sabemos, Puerto Rico es famoso por sus bellos paisajes y sus playas de aguas azules y calientes. Sin embargo, para cuidar esa belleza el gobierno y los habitantes de la isla han tenido que buscar desde hace años nuevas maneras de **deshacerse** de la basura.

Con este objetivo, un grupo de hombres y mujeres de negocios decidió unirse en 1993 para formar el programa Industria y Comercio Pro-Reciclaje (ICPRO). Esta organización se dedica a **promover** programas educativos sobre el ahorro y reciclaje de recursos en escuelas y comunidades alrededor de la isla.

El ICPRO también ha organizado un concurso de artes plásticas llamado "Basurarte" para los jóvenes de escuela secundaria y la universidad. Los jóvenes artistas tratan de hacer obras de arte con materiales recogidos en la basura. Con sus obras de arte, los jóvenes quieren educar a la gente sobre la importancia del reciclaje y el cuidado del medio ambiente.

Actividad 3 · Escribir

¿Comprendiste?

1. ¿Qué han tenido que hacer desde hace años los habitantes y el gobierno de Puerto Rico? ¿Por qué?

2. ¿Qué es ICPRO y a qué se dedica? ¿En tu comunidad hay programas educativos que informen a la gente sobre los beneficios del reciclaje?

3. ¿Qué tipo de concurso organizó el programa ICPRO?

4. ¿Quiénes participaron en ese concurso y para qué lo hicieron?

● **Más práctica**
Practice Workbook 9-3, 9-4

For: Vocabulary practice
Visit: phschool.com
Web Code: jed-0902

Manos a la obra 1

Vocabulario y gramática en uso

Objectives

- Talk about environmental issues
- Discuss what we can do to protect the environment
- Practice the subjunctive after conjunctions
- Practice the relative pronouns *que, quien, lo que*

Actividad 4 — Leer

Problemas y soluciones del medio ambiente

Lee las siguientes frases que describen problemas del medio ambiente y las soluciones. Escoge la palabra que mejor complete cada frase.

1. En la capital de Chile, se *(castiga / desperdicia)* con una multa a las personas que echan basura en la calle.

2. En España, reciclan los teléfonos celulares *(en vez de / a cargo de)* echarlos a la basura, pero primero se separa *(el veneno / la pila)* del teléfono.

3. En la Ciudad de México, el aire *(contaminado / económico)* es un problema tan *(químico / grave)* que se prohíbe el uso del coche ciertos días de la semana.

4. En Perú, para reciclar, se *(agota / coloca)* el vidrio y el papel en un recipiente especial.

5. Argentina tiene mucho gas natural, que sirve para producir *(desperdicios / energía)*.

6. Debido a la *(escasez / medida)* en la Ciudad de México, hay que *(promover / conservar)* el agua.

Actividad 5 — Leer/Escribir

Un cartel ecológico

❶ Lee el cartel y responde a las preguntas.

1. ¿Qué consejos da el cartel para reducir la basura?

2. Según el cartel, ¿qué es reciclar?

3. ¿Cuál es el objetivo de este cartel?

❷ Piensa en las tres "R"s de las que habla el cartel. Escribe otros dos consejos sobre cosas específicas que la gente pueda hacer para reducir, reciclar y reutilizar. Piensa en tu propia experiencia y en cosas que se hayan hecho en tu comunidad.

REDUCIR
- No use más bolsas de las que necesita.
- Compre productos en recipientes grandes.
- Evite los productos desechables[1].

RECICLAR
- Reciclar es devolver a las fábricas todos los materiales que se pueden volver a usar, como el cartón y el vidrio.

REUTILIZAR
- Dé a cada producto todo el uso posible antes de considerarlo basura.
- Es importante ser consumidores responsables y pedir a las empresas que vendan productos que se puedan reutilizar.

1 disposable

Actividad 6 **Leer/Escribir** ··

Las cosas que contaminan

En cada grupo de palabras busca algo que contamina el medio ambiente. Después, escribe frases que describan cómo esas cosas contaminan el medio ambiente. Además, sugiere una solución al problema.

Modelo

el petróleo
El petróleo que se usa en los coches contamina mucho.
Tenemos que inventar coches que no usen petróleo.

1. **a.** el reciclaje   **b.** las medidas   **c.** los productos químicos

2. **a.** el recipiente   **b.** el gobierno   **c.** los pesticidas

3. **a.** el veneno   **b.** la protección   **c.** la electricidad

4. **a.** las verduras   **b.** la energía   **c.** la pila

5. **a.** la población   **b.** los desperdicios   **c.** los derechos

6. **a.** la basura   **b.** lo suficiente   **c.** el ambiente

Actividad 7 **Hablar** ···

En el futuro

Muchos jóvenes se preocupan por el futuro, pues no saben cómo se resolverán los problemas de contaminación y la escasez de recursos naturales que tenemos hoy. Habla sobre este tema con otro(a) estudiante.

fomentar

Modelo

A —*En el futuro, ¿crees que se fomentará el uso del transporte público?*

B —*Sí, porque es mucho más económico.*

Estudiante A

1.

dañar

2.

fomentar

3.

limitar

4.
agotarse

5. **¡Respuesta personal!**

Estudiante B

económico(a)
grave
medida
escasez
¡Respuesta personal!

Actividad 8 **Escribir/Hablar**

Para proteger el futuro

1 Piensa en los problemas del medio ambiente y lo que se puede hacer para protegerlo. Copia la tabla y complétala con, por lo menos, cuatro problemas.

el problema	lo que se puede hacer	quiénes están a cargo (todos los ciudadanos, el gobierno, las industrias, etc.)
contaminación del océano	no echar basura	los ciudadanos
los desperdicios industriales		

2 Cuando hayas completado tu tabla, trabaja con otro(a) estudiante. Hablen de las medidas que indicaron en sus tablas y expliquen quiénes deben estar a cargo de tomar esas medidas.

Modelo

proteger el océano

A —¿Qué medidas se pueden tomar para proteger el océano de la contaminación?

B —No debemos echar basura ni desperdicios al océano.

A —¿Quiénes están a cargo de protegerlo?

B —Todos los ciudadanos podemos proteger el océano al no echar basura.

3 Ahora, hagan una presentación para explicar a la clase los problemas y las soluciones de los que han hablado.

Actividad 9 **Escribir/Hablar**

Y tú, ¿qué dices?

1. ¿Qué problemas ambientales existen en tu comunidad?

2. ¿Qué medidas toman tú, tu familia y tu comunidad para proteger el medio ambiente? ¿Qué pueden hacer que no estén haciendo ya?

3. Nombra al menos una cosa que quieras . . .
   a. no desperdiciar   c. limitar
   b. promover   d. conservar

4. ¿De qué fuentes de energía depende más tu comunidad? ¿Qué otras fuentes de energía eficientes y económicas están tratando de fomentar?

 Fondo cultural

Día	Terminación de patente
Lunes	5 y 6
Martes	7 y 8
Miércoles	9 y 0
Jueves	1 y 2
Viernes	3 y 4

Restricción de vehículos
El aire en la ciudad de Santiago de Chile está muy contaminado. El problema es tan grave, que el gobierno ha tenido que establecer la "restricción vehicular". Eso quiere decir que algunos días de la semana no puedes usar tu coche en la ciudad. El día depende del último número de la patente (license plate) del coche. Por ejemplo: si miras la tabla del periódico El Mercurio, verás que los coches que tienen una patente que termina con los números 5 ó 6, no pueden usarse los lunes.

• ¿Hay algún tipo de restricción vehicular en tu comunidad? Descríbela, y explica qué le pasa a la persona que no la obedezca.

La población crece

1 Lee la tabla y contesta las preguntas.

1. Según la tabla, ¿en qué siglo creció más la población?

2. ¿Qué problemas crees que ha causado este gran aumento en la población?

2 Ahora, lee el artículo siguiente y contesta las preguntas.

EVOLUCIÓN DE LA POBLACIÓN DEL MUNDO EN LOS ÚLTIMOS 2,000 AÑOS
(en millones de habitantes)

El número de habitantes de la Tierra se ha multiplicado por diez en los últimos tres siglos.

Año 0	100	500	1000	1500	1600	1700	1800	1900	1960	1976	1987	1999	2000
170	180	190	265	425	545	680	980	1,645	3,000	4,000	5,000	6,000	6,228

¿HAY AGUA PARA TODOS?

La población crece y los recursos se agotan. ¿Qué pasará en el futuro?

¿Qué pasará en el futuro si la población sigue creciendo? Los científicos no tienen una respuesta.

Uno de los problemas más graves que tendremos que resolver es la escasez de agua. En los últimos 100 años, el consumo de agua aumentó más de seis veces. En el año 2002, 31 países no tenían suficiente agua, y para el año 2025, serán 48. El 35 por ciento de la población mundial tendrá problemas para conseguir el agua que necesita. Además, muchas fuentes de agua están contaminadas debido al uso de los pesticidas en la agricultura.

Esto hace aun más grave el problema, pues la agricultura es la mayor fuente de alimentos del planeta, su principal recurso nutritivo. El trigo (wheat), el arroz y el maíz son los alimentos más consumidos en todo el planeta.

¿Comprendiste?

1. ¿Cuál será uno de los problemas más graves si la población sigue creciendo?

2. ¿Cuáles son los alimentos más consumidos en todo el planeta?

3. En tu opinión, ¿quién debe tomar medidas para resolver estos problemas: los gobiernos de cada comunidad, los gobiernos de cada país, las Naciones Unidas o los ciudadanos?

Gramática

Conjunciones que se usan con el subjuntivo y el indicativo

Certain conjunctions related to time are followed by either the indicative or the subjunctive.

después (de) que *after*   **mientras** *while, as long as*   **cuando** *when*

en cuanto *as soon as*   **tan pronto como** *as soon as*   **hasta que** *until*

You use the subjunctive after these conjunctions when the action that follows has not yet taken place.

> Van a seguir contaminando **hasta que** el gobierno los castigue.
> Habrá menos contaminación **cuando haya** menos fábricas.

You use the indicative after these conjunctions when the action that follows has already taken place or if it occurs regularly.

> Siempre apagamos las luces en cuanto **salimos** del cuarto.
> La empresa cerró tan pronto como **se puso** grave el problema.

• The conjunction *antes de que* is always followed by the subjunctive.

> Siempre se agotan los boletos **antes de que yo compre** el mío.

• If the subject of the sentence does not change, use the infinitive after *antes de*, *después de* and *hasta*:

> **Después de visitar** (nosotros) la fábrica, debemos escribir el informe.
> Marisa no piensa descansar **hasta resolver** (ella) el problema.

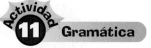

11 **Gramática** **Leer**

La contaminación

Dos estudiantes están hablando sobre la contaminación. Completa el diálogo con el presente del subjuntivo del verbo apropiado del recuadro.

estar	echar	tomar	saber	agotarse

—La contaminación es un problema muy grave. Va a seguir aumentando hasta que el gobierno __1.__ medidas serias.

—Sí, seguro. Mientras la gente __2.__ desperdicios en lugares públicos, no vamos a resolver el problema.

—La gente debe saber que tan pronto como los recursos naturales __3.__, no vamos a tener lo suficiente para poder vivir.

—¡Debemos hacer algo!

—Sí. Podemos hacer una campaña en la escuela. Mientras los estudiantes __4.__ en recreo, pueden informarse sobre cómo conservar los recursos naturales.

—Después de que nuestros compañeros __5.__ más sobre el tema, todos van a querer colaborar.

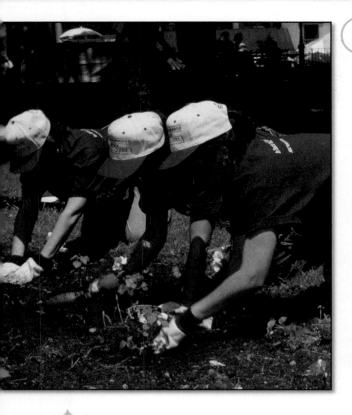

Familias de palabras

Las familias de palabras son grupos de palabras relacionadas por tener una misma raíz. Lee las familias de palabras de la tabla. Piensa en palabras que conoces que pertenezcan a esas familias. Escribe en una hoja de papel las palabras que faltan para llenar los recuadros.

Sustantivos	Adjetivos	Verbos
1. desperdicios	desperdiciado(a)	
2. contaminación		contaminar
3.	protegido(a)	proteger
4. amenaza	amenazante	
5. agotamiento	agotado(a)	
6. economía		economizar

Gramática **Hablar**

¿Cuándo?

Tu compañero(a) quiere saber cuándo se van a reconocer las amenazas del futuro. Responde a sus preguntas usando las conjunciones *antes de que, cuando, tan pronto como, después de que, mientras, hasta que, en cuanto*.

Modelo

el gobierno *(tomar)* medidas para fomentar la protección de la Tierra / reducir los recursos naturales

A —*¿Cuándo va a tomar medidas el gobierno para fomentar la protección de la Tierra?*

B —*Cuando se reduzcan los recursos naturales.*

Estudiante A

1. las fábricas *(deshacerse)* de los desperdicios sin contaminar
2. voluntarios *(fomentar)* el cuidado de la comunidad
3. *(promoverse)* leyes para proteger los recursos naturales
4. los ciudadanos *(colocar)* los objetos reciclables en lugares apropiados
5. las compañías que producen coches *(limitar)* el uso de petróleo

Estudiante B

castigarlas el gobierno

poder organizarse y recibir fondos

agotarse los recursos naturales

ser fácil y económico hacerlo

dejar de comprar coches ineficientes

tener más influencia los ciudadanos que las empresas

reconocer que el problema es grave

Actividad 13 — Leer/Escribir

¡No a la contaminación!

Lee el siguiente folleto *(brochure)* sobre una fábrica de tu comunidad y responde a las preguntas que aparecen a continuación.

Marcha en contra de la CONTAMINACIÓN

¿Sabías que la fábrica de pesticidas no respeta el medio ambiente? Contamina el agua del río con los desperdicios y también contamina el aire. Aunque el gobierno ha promovido leyes para la protección de la comunidad, esta fábrica continúa deshaciéndose de su basura en nuestras aguas y en nuestro aire.

Mientras fábricas como ésta no respeten las medidas de protección, van a dañar cada vez más a nuestro planeta. ¡Debemos exigir que la fábrica coloque sus desperdicios en lugares apropiados antes de que sea demasiado tarde! Juntos, podemos fomentar un cambio. ¡Toma medidas para proteger al planeta! ¡Deja de comprar los pesticidas! ¡Exige que la fábrica use recipientes apropiados para sus productos químicos!

Para mostrar tu apoyo, puedes participar en la marcha frente a la fábrica, o puedes firmar una petición en contra de la persona que está a cargo.

La protección de la comunidad depende de ti.

1. ¿Cómo contamina el medio ambiente la fábrica de pesticidas?
2. ¿Existen leyes para proteger a la comunidad? ¿Las obedece la fábrica?
3. ¿Qué medidas pueden tomar los ciudadanos? Nombra dos medidas.
4. ¿Cómo pueden apoyar la causa los ciudadanos?
5. ¿Puedes pensar en otras maneras de apoyar la causa de la que se habla en el folleto?

Actividad 14 — Gramática Escribir/Hablar

Problemas y soluciones

1 Con otro(a) estudiante, escribe cinco frases que identifiquen amenazas en tu comunidad respecto al medio ambiente y soluciones posibles, usando las conjunciones *antes de que, cuando, tan pronto como, después de que, mientras, hasta que.*

Modelo

Los ciudadanos no ahorran electricidad. Hasta que los ciudadanos hagamos un esfuerzo por ahorrar electricidad tendremos problemas.

2 Cada pareja va a compartir sus ideas con la clase. Para cada problema que se menciona, la clase va a sugerir soluciones.

Gramática **Escribir/Hablar** ·

En cuanto podamos . . .

❶ Trabaja con otro(a) estudiante. Imaginen que se reunieron para hablar sobre lo que harán después de graduarse de la escuela. Hagan una lista de cosas que pueden hacer.

Modelo

• ir a la universidad
• buscar un trabajo
• viajar

❷ Escojan una idea de su lista y hablen de los pasos necesarios para realizarla, usando las siguientes conjunciones.

después de que	tan pronto como	después de	mientras
cuando	hasta que	en cuanto	

Modelo

ir a la universidad

A —*En cuanto me gradúe iré a la universidad.*

B —*Me quedaré con mis padres hasta que empiecen las clases.*

 Leer/Hablar ·

La lluvia ácida

Lee el siguiente artículo sobre la lluvia ácida y contesta las preguntas que aparecen a continuación.

Conexiones **Las ciencias** _____

En más de una docena de países europeos está ocurriendo una corrosión acelerada en los edificios y monumentos históricos. Así, por ejemplo, el Partenón ha sufrido más el efecto de la erosión en los últimos 30 años que durante los 2,400 años anteriores, y en España las pinturas del museo del Prado se han estado deteriorando a causa de la contaminación.

Todo ello es debido a las emisiones de dióxido de azufre *(sulfur)* y óxidos de nitrógeno, que se convierten en ácidos fuertes y atacan tanto a edificios antiguos como nuevos. Los más afectados son los objetos y estructuras de materiales fácilmente degradables, como la piedra caliza *(limestone)* y la arenisca *(sandstone)*.

• ¿Qué otros ejemplos de corrosión por lluvia ácida conoces?

• ¿Hay corrosión por lluvia ácida en tu comunidad? Descríbela.

● **Más práctica** · · · · · · · · · · · · · ·
Practice Workbook 9-5

Go Online
PHSchool.com
For: Practice with conjuctions
Visit: www.phschool.com
Web Code: jed-0903

Gramática

Los pronombres relativos *que, quien* y *lo que*

You use relative pronouns to combine two sentences or to give clarifying information. The most common relative pronoun in Spanish is *que*. It can mean "that," "which," "who," or "whom," and it may refer either to persons or to things.

> Ésta es la fábrica **que** visité ayer.
> La fábrica, **que** hace productos químicos, fomenta la protección del medio ambiente.
> El Sr. Ríos es el profesor **que** nos llevó a la fábrica.

After a preposition, use *que* to refer to things and *quien(es)* to refer to people.

> No encuentro el papel **en que** escribí tu dirección.
> El problema **del que** te hablé ocurrió en otro barrio.
> La señora **a quien** te presenté trabaja en una fábrica de recipientes.

- Use the relative phrase *lo que* to refer to a situation, concept, action, or object not yet identified.

> No recuerdo **lo que** me dijo.
> **Lo que** más me gusta es estar a cargo del proyecto.

Actividad 17 Leer

El medio ambiente

Muchas de las noticias del periódico hablan sobre el medio ambiente.
Completa las frases con los pronombres relativos *que, quien(es)* o *lo que.*

1. El gobierno anunció las medidas _____ limitan el uso de pesticidas.

2. _____ más amenaza a la población es la escasez de recursos.

3. La persona de _____ habla el artículo tira los desperdicios en el río.

4. Las medidas _____ fueron tomadas por el gobierno no resuelven los problemas más graves.

5. El petróleo _____ se echa en el océano produce contaminación.

6. Las personas a _____ ayudó el gobierno viven ahora en una zona sin contaminación.

Actividad 18 Hablar

Lo que a mí me parece es . . .

Completa las frases siguientes con tus opiniones personales.

1. Lo que más me molesta de la contaminación es . . .

2. El gobierno es la organización que . . .

3. Nuestros padres son las personas con quienes . . .

4. (Nombres) son las personas que . . .

5. No estoy de acuerdo con lo que . . .

El petróleo

1 En grupo, lean el siguiente artículo sobre el petróleo en el mar.

Petróleo en el mar

En nuestra sociedad, el petróleo y sus derivados son imprescindibles[1] como fuente de energía y para la fabricación[2] de productos químicos, alimentos, medicinas, etc.

Por otro lado, alrededor del 0.1% al 0.2% de la producción mundial de petróleo termina en el mar. Esto produce la contaminación de las aguas y daña el ecosistema marino. Aves[3] y mamíferos mueren constantemente a causa del petróleo en sus cuerpos.

¿Cómo llega el petróleo al mar? El petróleo debe ser transportado muchas millas por el mar hasta llegar al lugar donde se va a usar. En el camino se producen a veces accidentes que pueden ser muy graves. Pero, la mayor parte del petróleo que termina en el mar procede de la tierra, de desperdicios de las casas, automóviles, combustible, fábricas, etc.

En la actualidad[4] se usan productos de limpieza especiales para limpiar el petróleo, pero evitar la contaminación es la única solución verdaderamente aceptable.

---

1 indispensable, essential **2** manufacture
3 Birds **4** currently, today

2 Decidan cuáles son las ideas más importantes del artículo. Escríbanlas en una lista y añadan detalles.

Modelo

Necesitamos el petróleo como fuente de energía.

3 Usen las ideas que anotaron para pensar en una propuesta sobre cómo resolver el problema del petróleo en el mar y en cómo se puede evitar la contaminación de las aguas. Pueden usar la Internet o la biblioteca para investigar sobre el tema.

Modelo

Cuando se transporta el petróleo por mar, se deben usar barcos que sean más modernos.

4 Presenten sus ideas a la clase.

● **Más práctica** · · · · · · · · · · · · ·
Practice Workbook 9-6, 9-7

For: Practice with relative pronouns
Visit: www.phschool.com
Web Code: jed-0905

A primera vista 2

Vocabulario y gramática en contexto

¿Has escuchado decir alguna vez que **el clima** de la Antártida es muy frío o que en el Caribe hace mucho calor? Cada región del planeta tiene su propio clima. La flora y la fauna de cada región, es decir las plantas y los animales que viven en ella, están adaptados a su clima.

1 La actividad de los seres humanos puede cambiar el clima de una región o de todo el planeta. Por ejemplo, el CO_2 que **producen** los automóviles y las plantas generadoras de energía **atrapa** el calor del sol en **la atmósfera**. Este fenómeno, llamado **efecto invernadero**, ha hecho que las temperaturas de muchas regiones aumenten.

la piel

la foca

2 Los seres humanos también pueden causar cambios en las condiciones de vida de un lugar. Cuando se **produce un derrame de petróleo**, muchos peces y otros animales marinos de la región pueden morir. **La limpieza** de estos derrames y **el rescate** de los animales de esa región cuesta mucho trabajo y dinero.

el ave

la pluma

3 Los cambios en el clima, además de **la caza** y la pesca **excesivas** han puesto muchos animales **salvajes** en **peligro de extinción.** La escasez de alimentos y **la falta** de agua son dos resultados principales de la expansión de las ciudades y de otras actividades humanas. **La selva tropical** es un lugar que ha sido **explotado** sin control. Se han cortado tantos árboles que el número de **especies** que viven allí ha **disminuido. La preservación** de todas las especies es nuestra responsabilidad y podemos hacer cambios **con tal que** hagamos un esfuerzo.

Animales en peligro de extinción

el águila calva

la ballena

4 Los científicos dicen que **el recalentamiento global**, es decir, el aumento de las temperaturas en todo el planeta, puede **derretir** la nieve y **el hielo** de los polos y las montañas. Muchas ciudades quedarán bajo el agua **a menos que detengamos** el recalentamiento global.

Actividad 20 Escuchar/Escribir ·············

¿Será cierto?

Escribe los números del 1 al 6 en una hoja. Escucha cada frase y escribe C *(cierta)* o F *(falsa)*. En el caso de las falsas, vuelve a escribir la frase para que sea cierta.

Actividad 21 Escribir/Hablar ············

Definiciones

Trabaja con otro(a) estudiante para escribir definiciones de estas palabras y expresiones. Luego, escriban frases usando tres de las palabras y expresiones.

1. el efecto invernadero
2. la caza
3. derretir
4. el rescate
5. disminuir

Punta Arenas: miedo al sol

¿Has oído hablar de **la capa de ozono**? El ozono es un gas que forma una capa en la atmósfera que nos protege de los rayos ultravioleta del sol. A veces esta capa contiene

agujeros a causa del uso excesivo de productos que usamos todos los días, como **los aerosoles**. Es importante **tomar conciencia** de este problema, ya que **afecta** nuestra vida diaria.

Punta Arenas, en Chile, es una de las ciudades más cercanas al polo Sur. Y es en esa región donde está el agujero más grande de la capa de ozono.

Desde hace años, los habitantes de Punta Arenas viven bajo **la amenaza** de los rayos ultravioleta y ajustan *(adjust)* sus vidas a los niveles de ozono de la atmósfera. Si las noticias del tiempo indican que los niveles de ozono son muy altos, se recomienda llevar ropa que proteja todo el cuerpo, ponerse anteojos de sol y loción protectora para el sol.

Los científicos no saben aún cómo afectará este fenómeno en el futuro a los habitantes de esta ciudad.

Actividad 22 · Leer/Escribir ··

La amenaza del sol

1. ¿Por qué es importante la capa de ozono? ¿Qué pasará si no la cuidamos?

2. ¿Dónde está Punta Arenas? ¿Qué problema hay allí?

3. ¿Qué pueden hacer los habitantes de Punta Arenas para protegerse de los rayos ultravioleta?

4. ¿Cómo crees que se sentirán los habitantes de esa ciudad viviendo bajo esta amenaza todos los días?

5. ¿Qué podemos hacer para que la gente tome conciencia de la importancia que tiene cuidar nuestro medio ambiente?

El Parque Nacional de Guanacaste

En los últimos años se ha hecho muy popular el ecoturismo. Los turistas ecológicos no sólo quieren visitar lugares hermosos, sino que desean aprender sobre la fauna y la flora de la región, las características del terreno *(terrain)* y su clima. Este tipo de turista desea ayudar a cuidar y preservar la naturaleza.

1 Uno de los países que promueve el ecoturismo es Costa Rica. El Parque Nacional de Guanacaste, en la región del Pacífico Norte, por ejemplo, es un refugio para muchos animales y plantas, pero también uno de los lugares favoritos de los ecoturistas. En los años 80, se creó un Programa de Ecoturismo para que los visitantes pudieran disfrutar de los hermosos paisajes mientras participan en los programas educativos.

2 Guanacaste es una **reserva natural** para muchos animales y plantas, pues en sus **tierras** hay varios tipos de bosques. Según los científicos, este parque tiene 3,000 tipos de plantas, 300 especies de aves y mamíferos, como el armadillo, el puma y el mono de cara blanca, y 5,000 especies de mariposas.

Actividad 23

Escribir/Hablar · · · · · · · · · · · · ·

Cuando vaya a Guanacaste . . .

Haz una lista de los esfuerzos que hacen en un parque nacional de Costa Rica por proteger el medio ambiente. Habla con otro(a) estudiante sobre lo que hacen.

● **Más práctica** · · · · · · · · · · · · · · · ·
Practice Workbook 9-8, 9-9

For: Vocabulary practice
Visit: www.phschool.com
Web Code: jed-0906

Manos a la obra 2

Vocabulario y gramática en uso

Objectives
- Discuss environmental issues
- Talk about animals in danger of extinction
- Use the subjunctive after conjunctions

 Leer/Escribir ·

Definiciones ambientales

Indica a qué palabra se refiere cada definición. Luego, escribe un párrafo
en el que usas por lo menos tres de las palabras.

1. mamífero *(mammal)* enorme que vive en el agua
2. animal con piel que vive en el mar y en la tierra
3. acción de limpiar
4. cubre el cuerpo del ave
5. hacer o causar algo
6. parar
7. agua sólida
8. ave que representa un símbolo de los Estados Unidos

a. el águila calva
b. el hielo
c. detener
d. producir
e. la ballena
f. la pluma
g. la foca
h. la limpieza

25 Leer ·

El efecto invernadero

Completa esta conversación entre Tomás y Ana con las palabras del
recuadro.

una amenaza	el recalentamiento global	la capa de ozono	los aerosoles
el clima	efecto invernadero	la atmósfera	

Tomás: —Hace mucho calor, ¿verdad?

Ana: —Sí, mucho. Tal vez es a causa del __1.__ .

Tomás: —¿Qué es eso?

Ana: —Es la producción de gases que atrapan el calor del sol en __2.__ .
Cuando estos gases aumentan, hay cambios graves en __3.__ del
mundo. Hace más calor o llueve más.

Tomás: —Pero __4.__ protege la Tierra de los rayos del sol, ¿verdad?

Ana: —Sí, pero __5.__ y otros productos químicos son __6.__ para la capa
de ozono. Ya han creado un agujero en la capa de ozono sobre la
Antártida. Un resultado es __7.__ en todas partes del mundo. El sol
es tan fuerte en Australia, por ejemplo, que los estudiantes tienen
que llevar sombreros especiales para protegerse la cabeza y el cuello.

Actividad 26 — Escribir/Hablar

Peligros

1 Escribe una lista de cinco cosas que pueden afectar la vida y la salud de los animales y de los seres humanos. Puedes usar las palabras del recuadro.

escasez	contaminado(a)	derrame de petróleo	caza excesiva	explotar
derretir	capa de ozono	especie	falta	amenaza

2 Luego, intercambia tu lista con la de otro(a) estudiante, piensa en qué se puede hacer para solucionar los problemas y habla de tus soluciones con tu compañero(a).

Modelo

la pesca excesiva

A —*La pesca excesiva es una amenaza a la población de peces.*

B —*Podemos establecer leyes en contra de la pesca excesiva.*

Actividad 27 — Leer/Pensar/Hablar

Un rescate problemático

Imagina que hay un derrame de petróleo y tienes que llevar a la otra orilla *(bank)* del río a una anaconda, un cocodrilo y un ave. En el barco hay lugar sólo para ti y uno de ellos. Como no puedes dejarlos juntos en ninguna orilla porque la anaconda se comería al cocodrilo o el cocodrilo se comería al ave, ¿cómo podrías rescatar a todos sin problemas? Con un(a) compañero(a), piensen en las soluciones posibles.

Fondo cultural

■◆◆■◆■◆◆■◆■◆■◆■◆◆■◆■◆■◆■◆■ ■◆■◆■◆◆■◆

Pingüinos magallánicos Los pingüinos magallánicos son los pingüinos más grandes de las zonas templadas. Reciben su nombre de Fernando de Magallanes, quien los vio por primera vez en 1519. Estos pingüinos tienen plumas negras y blancas en la cara, el cuello y el pecho. Viven en las costas rocosas del sur de Argentina y Chile y comen calamares[1] y peces pequeños. Hoy día hay alrededor de 1,200,000 pingüinos magallánicos. Aunque por el momento no están amenazados, las aguas donde comen están expuestas[2] al peligro de derrames de petróleo y algunas veces los pingüinos quedan atrapados en las redes de los pescadores[3].

- ¿Dónde viven los pingüinos magallánicos? ¿Qué comen?
- ¿Qué peligros hay en las aguas donde viven los pingüinos?

1 squid **2** exposed **3** fishermen's nets

Leer/Hablar/Escribir

Las selvas tropicales de Costa Rica

1 Lee la siguiente entrevista de Nelly Anderson, una estudiante de Costa Rica que se dedica a la preservación de la flora y la fauna de su país.

Entrevista con Nelly Anderson

¿Por qué te interesa la ecología?

Porque Costa Rica tiene muchas especies de plantas y animales salvajes.

¿Cuáles son los problemas que afectan a las selvas tropicales y la naturaleza en el mundo?

Muchos países han explotado las selvas sin control. Se cortan los árboles para hacer cosas de madera[1] y tener tierras libres para que coman las vacas[2]. Ahora hay una escasez de recursos naturales.

¿Quién debe ejercer[3] este control?

El gobierno y todos los habitantes de países como Costa Rica. Además, los agricultores no deben cortar tantos árboles y deben respetar la naturaleza.

¿Qué hace el gobierno de Costa Rica ante este problema?

El gobierno ayuda al Instituto Costarricense de Turismo. Los turistas vienen a Costa Rica por su flora y fauna. Por lo tanto, el gobierno trata de fomentar más interés por la ecología.

¿Qué se puede hacer para que los niños y los adultos tomen conciencia del medio ambiente?

Pienso que la gente no tiene suficiente información. Por eso usan productos como aerosoles y pesticidas, que contaminan la atmósfera. Hay que educarlos.

1 wood   2 cows   3 exercise

2 Contesta las preguntas sobre la entrevista.

1. ¿Por qué se cortan muchos árboles?
2. ¿Qué hace el gobierno de Costa Rica para apoyar la causa de Nelly?
3. ¿Qué recomienda Nelly para que la gente tome conciencia del problema?

3 Trabaja con un(a) compañero(a) para crear un slogan o un anuncio que ayude a la gente a tomar conciencia de la importancia de no destruir las selvas tropicales.

Hablar/Escribir · · · · · · · · · · · · · · · · · · ·

Para el futuro

❶ En grupos de tres o cuatro estudiantes escojan uno de estos temas. Hagan una lista de todas las palabras o expresiones relacionadas con ese tema.

• los derrames de petróleo

• se disminuyen los árboles en las selvas tropicales

• los animales que están en peligro de extinción

• el agujero en la capa de ozono

• el recalentamiento global

• la falta de preservación de la flora del planeta

❷ Luego diseñen un cartel para que la gente de su comunidad tome conciencia del problema que han escogido. Indiquen qué cosas hace la gente diariamente que producen el problema y lo que se puede hacer para mejorar la situación.

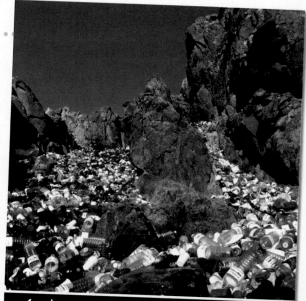

Cada vez que usas un vaso de plástico cuando puedes usar un vaso de vidrio, creas basura que no es necesaria.

 Leer/Escribir/Hablar ·

Y tú, ¿qué dices?

1. ¿Puedes nombrar animales en el mundo que estén en peligro de extinción? Usa un diccionario para buscar los nombres en español. ¿Por qué es importante salvar a los animales que están en peligro de extinción?

2. ¿Cómo han cambiado la Tierra las personas? Escribe una lista de cuatro o cinco cosas que han hecho.

3. ¿Qué te preocupa más? Pon en orden la lista de temas, de lo más a lo menos serio, en tu opinión. Después explica por qué te preocupa el tema que escogiste como el más serio.

    a. el recalentamiento global

    b. la amenaza de una guerra nuclear

    c. la destrucción de las selvas tropicales

    d. la caza excesiva de los animales

    e. la falta o escasez de recursos naturales

    f. la contaminación de las aguas

    g. el derretimiento de los glaciares

    h. las nuevas enfermedades

    i. la violencia en la sociedad

4. ¿De qué se preocupan tus compañeros(as)? Haz una encuesta en tu clase para conocer la opinión de los demás estudiantes. Comparte los resultados con el resto de la clase.

Más conjunciones que se usan con el subjuntivo y el indicativo

The following conjunctions are usually followed by the subjunctive to express the purpose or intention of an action:

a menos que *unless*   **para que** *so that*
sin que *without*   **aunque** *although, even though*
con tal (de) que *provided (that)*

Te doy este libro **para que** tengas más información sobre la capa de ozono.

If the subject of the sentence does not change, use the infinitive after *para* and *sin*.

No puedes saber el final **sin ver** la película.

With the conjunction *aunque*, use the subjunctive to express uncertainty. Use the indicative when there is no uncertainty. Compare the following:

Aunque llueve vamos a la reserva natural.   *Although it is raining, we're going to the nature preserve.*

Aunque llueva, vamos a la reserva natural.   *Although it may rain, we're going to the nature preserve.*

Actividad 31   Gramática   **Leer/Escribir**

En el zoológico

Completa las frases sobre el zoológico con el subjuntivo del verbo apropiado.

1. Nos han dado información para que (nosotros) *(producir / saber)* más.

2. El guardia del zoológico limpia el lugar de las focas sin que (ellas) *(molestarse / derretirse)*.

3. Un cartel dice que la ballena azul desaparecerá a menos que su caza *(disminuir / aumentar)*.

4. Aunque *(explotar / haber)* contaminación el río parece limpio.

5. Se construyen reservas para que los animales salvajes no *(desaparecer / afectar)*.

Actividad 32   Gramática   **Leer/Hablar**

El rescate

Imagina que se produjo un derrame de petróleo y estás organizando la limpieza y el rescate de animales. Completa las frases de una manera lógica.

1. Nosotros vamos a trabajar hasta tarde con tal de que Uds. . . .

2. No pueden tocarles la piel a las focas a menos que . . .

3. Leonardo y María, Uds. deben limpiar el área sin . . .

4. Vayan a hablar con la gente del barco que lleva petróleo aunque ellos . . .

5. Escribe un informe sobre el rescate para que la gente . . .

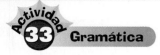
¡Delicioso!

Una empresa que crea anuncios para revistas necesita tu ayuda. Completa los anuncios usando la conjunción apropiada de la página 412. Usa como modelo el anuncio sobre el turrón, un alimento dulce en forma de tableta típico de España.

Dulces... ¡para que goces!

1. El chocolate . . . cómelo _____ te sientas más dulce.

2. ¡No manejes este coche _____ todos lleven su cinturón de seguridad *(seat belts)*!

3. El único teléfono celular que funciona _____ estés bajo tierra.

4. El reloj que sigue funcionando durante un año _____ cambies la pila.

5. ¡Salgan de casa! Vengan de viaje con nosotros . . . ¡_____ tengan niñero!

En voz alta

José Martí (1853–1895) fue una de las grandes figuras históricas y literarias de América. Además de escribir poesía, artículos periodísticos y muchísimos ensayos, Martí dedicó su vida a la lucha por la libertad de Cuba. Fue uno de los fundadores del modernismo, un estilo literario que se caracteriza por su interés en la belleza y el estilo. La poesía de Martí es directa y clara. *Versos sencillos,* del cual las siguientes estrofas representan una pequeña parte, refleja la visión que tenía del mundo. Escucha las estrofas y luego contesta las preguntas.

- Según el poema, ¿cómo es el poeta?

- ¿Cómo el poeta le da importancia a la naturaleza en el poema?

De versos sencillos, 1891
José Martí

Yo soy un hombre sincero
de donde crece la palma,
y antes de morirme, quiero
echar mis versos del alma.[1]

Yo vengo de todas partes,
y hacia todas partes voy:
arte soy entre las artes,
en los montes,[2] monte soy.

---

1 Soul 2 forests

¿Recuerdas?

Generalmente se divide una palabra en sílabas después de una vocal o entre las consonantes. Cada línea de estas estrofas de *Versos sencillos* tiene ocho sílabas. Escribe el poema en una hoja de papel y divide las palabras en sílabas.

Actividad 34 Gramática Hablar

Cómo cuidar el planeta

Imagina que vas a una conferencia sobre cómo cuidar el planeta en que vivimos. En ella se habla sobre diferentes temas ambientales. Trabaja con un(a) compañero(a) para hacer preguntas y respuestas sobre los temas de la conferencia.

Modelo

el recalentamiento global / a menos que
A —¿Qué va a suceder con el recalentamiento global?
B —A menos que los gobiernos no tomen conciencia del problema, el recalentamiento global aumentará cada año.

> **¡Cuidemos el planeta!**
>
> **Conferencia sobre el medio ambiente**
>
> • Oportunidades para hacer trabajo voluntario
> • Ideas para tu comunidad
> • Nuevos productos para proteger el planeta
>
> **sábado 3 de mayo**
>
> Proyecto Limpieza

Estudiante A

1. la caza excesiva
2. la destrucción de árboles en la selva tropical
3. la capa de ozono
4. las reservas naturales del planeta
5. la contaminación de los ríos
6. la extinción de algunos animales
7. los derrames de petróleo

Estudiante B

a menos que
para que
sin que
con tal (de) que
aunque
sin

Actividad 35 Gramática Leer/Hablar

Ecoturismo en Chile

Imagina que vas a hacer ecoturismo a Chile con un(a) amigo(a). Como él (ella) todavía no ha llegado, le cuentas tus planes por teléfono. Completa las frases de una manera apropiada.

1. Visitaremos varias reservas naturales a menos que . . .

2. No saldré hasta que tú . . .

3. Iremos a una conferencia sobre la capa de ozono con tal que . . .

4. Sacaremos fotos de las especies del lugar para que . . .

5. Nos quedaremos en un pueblo cerca del océano aunque . . .

6. No haré nada sin que tú . . .

7. Planearemos nuestras excursiones en cuanto . . .

Actividad 36 · Gramática · Leer/Escribir

Las ballenas en peligro

1 Lee la noticia del periódico acerca de la reunión anual de la Comisión Ballenera Internacional.

2 Ahora, responde a las preguntas.

1. En el artículo se habla de un santuario. En este contexto, ¿un santuario es un lugar religioso o un refugio natural?

2. ¿Qué dos votaciones se realizaron en la reunión de la Comisión Ballenera Internacional?

3. ¿Crees que ha sido un hecho positivo que Japón no haya obtenido votos suficientes en la votación?

4. ¿Qué se lograría con la creación del santuario de las ballenas?

5. ¿Has ido alguna vez a un lugar donde se pueda observar a las ballenas? Descríbelo.

Victoria parcial para las ballenas

Con una derrota (defeat) para la ambición de Japón de volver a practicar la caza comercial de ballenas, finalizó la reunión anual de la Comisión Ballenera Internacional. El gobierno de Japón no pudo obtener votos suficientes para que se le permitiera continuar con la caza de ballenas.

En tanto, el proyecto presentado por los gobiernos de Argentina y Brasil de crear un Santuario Ballenero del Atlántico Sur no obtuvo el 75% de los votos necesarios en la votación para ser aprobado.

Desde hace más de tres años las organizaciones ecológicas trabajan para lograr la creación de un santuario en el Atlántico Sur que ofrecería la protección que las ballenas necesitan y beneficiaría a las actividades científicas, educativas y turísticas en la región.

El español en el mundo del trabajo

Rescatista internacional en Sudamérica

En los países de habla hispana existen brigadas de rescate que ayudan a las víctimas de tragedias como, por ejemplo, la ocurrida en el terremoto del 13 de enero de 2001 en San Vicente, El Salvador. Para desempeñar (perform) este trabajo se necesita entrenamiento, equipo y conocimiento del idioma para comunicarse y coordinarse con los demás rescatistas (rescuers). No importa cual sea la especialidad del rescatista: primeros auxilios, excavación, demolición o control de incendios, hablar español le permite al rescatista trabajar en equipo con las otras organizaciones nacionales. Hoy día, existen numerosos grupos, tanto oficiales como no oficiales, que desempeñan esta labor tan importante.

• ¿Conoces a algún grupo de rescatistas?

• ¿Te gustaría trabajar como rescatista?

● **Más práctica**
Practice Workbook 9-10, 9-11, 9-12

For: Practice with the subjunctive after conjuctions
Visit: www.phschool.com
Web Code: jed-0908

¡Adelante!

Puente a la cultura

Galápagos: el encuentro con la naturaleza

Objectives

- **Read about the history of the Galapagos islands**
- **Learn about the endangered species of the Galapagos**
- **Use topic sentences for reading comprehension**

Estrategia

Using topic sentences to orient you
In this text, you will read about the history of a particular place. As you read, notice how the topic sentence of each paragraph helps orient you. Each topic sentence contains a date, and the paragraph then discusses a particular period in history. As you read, think about what other information the topic sentence provides to set the scene for the rest of the paragraph.

Las islas Galápagos son un archipiélago de más de cincuenta islas que se encuentran en el Océano Pacífico a 800 kilómetros de la costa del Ecuador. Estas islas, que forman una provincia del Ecuador, son de origen volcánico y se ubican[1] directamente en la línea ecuatorial. Las islas son famosas por sus tortugas gigantes, que pueden vivir más de 100 años.

A finales del siglo XVI los piratas ingleses se establecieron en el archipiélago para atacar los barcos españoles que traían riquezas del Perú. Los piratas descubrieron que la carne de las tortugas gigantes era una excelente fuente de alimentos. Además, las tortugas podían vivir en los barcos, sin comida ni agua, por muchos meses.

A finales del siglo XVIII llegaron los balleneros. Pronto comenzaron a cazar las tortugas con la misma velocidad con que cazaban las ballenas. Se cree que mataron alrededor de 200,000 tortugas.

En 1835, un joven inglés de 22 años llamado Charles Darwin llegó a las islas en el barco *H.M.S. Beagle* y pasó cinco semanas estudiando su fauna. Las ideas centrales de su libro fundamental, *El origen de las especies*, nacieron a partir de su viaje en el *Beagle*. La teoría propone[2] que las tortugas son las especies más fuertes que sobreviven[3] a través del tiempo.

---

1 they are located **2** proposes **3** survive

En 1935 el gobierno ecuatoriano decidió establecer una reserva natural de flora y fauna en las islas. En esa época, 3 de las 14 especies de tortugas habían desaparecido junto con algunos mamíferos y aves del lugar. En 1959 se creó la Fundación Charles Darwin para las islas Galápagos. Su trabajo de investigación y protección de los animales logró salvar varias especies que estaban por desaparecer.

El turismo organizado comenzó en 1970, pero se han implementado estrictas reglas para el cuidado de la fauna del lugar. Hoy en día las islas enfrentan muchos problemas, como el exceso de población y la falta de recursos del gobierno ecuatoriano para proteger su flora y fauna. Pero muchos colaboran para preservar este lugar único . . . y sus tortugas gigantes.

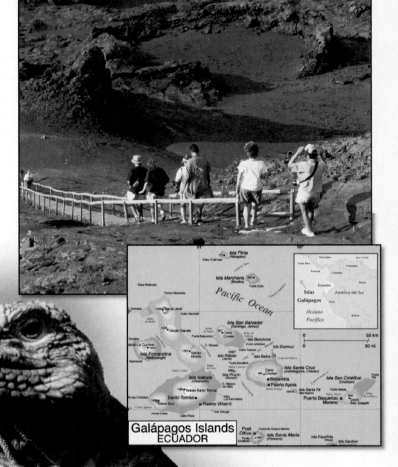

¿Comprendiste?

1. Usando las frases que empiezan cada párrafo, dibuja una línea de tiempo identificando los períodos de tiempo en la historia de las islas Galápagos de los que habla el artículo.

2. ¿A qué país pertenecen las islas Galápagos? ¿Dónde se encuentran?

3. ¿Por qué se establecieron en Galápagos los piratas ingleses?

4. ¿Qué logró la Fundación Charles Darwin para las islas Galápagos?

5. ¿Qué problemas enfrentan hoy en día las islas?

¿Qué me cuentas?

Unas vacaciones inolvidables

1 🎧 Escucha estas descripciones. Después de cada párrafo vas a oír dos preguntas. Escoge la mejor respuesta para cada una.

1. **a.** Se quemó en una fogata en una excursión de cámping.
   b. Se quemó en el sol.

2. **a.** Le explicó que en esa zona existía un agujero en la capa de ozono.
   b. Le explicó que en esa zona existía el efecto invernadero.

3. **a.** Le aconsejó que se cubriera el cuerpo si iba a la playa.
   b. Le aconsejó que se quedara en el mar si iba a la playa.

4. **a.** Catalina fue a la playa con sus amigas y llevó crema protectora.
   b. Catalina pasó unos días sin ir a la playa.

5. **a.** Empezó a pensar que la crema protectora para el sol era muy buena.
   b. Empezó a pensar en el medio ambiente.

6. **a.** Decidió proteger más el medio ambiente.
   b. Decidió usar más recursos naturales en su comunidad.

2 Estas ilustraciones representan un cuento. Con tus propias palabras, describe detalladamente lo que sucedió. Recuerda que no puedes usar tus notas mientras cuentas el cuento. Añade información para que el cuento resulte más interesante. ¡Usa tu imaginación!
Puedes usar las siguientes palabras o expresiones para conectar tus ideas.

| antes de que | tan pronto como | cuando | en cuanto |
| hasta que | después (de) que | mientras | aunque |

1

2

3

4

5

3 Trabaja con un grupo de seis estudiantes. Cada miembro del grupo describe uno de los dibujos. Uno de los miembros toma notas de las descripciones. Al terminar, lee sus notas y comenta con sus compañeros los detalles del cuento.

Presentación oral

Campaña para limpiar la comunidad

Tarea

Imagínate que vas a organizar una campaña para limpiar tu comunidad. Tienes que convencer a tus compañeros de que es necesario mantener limpia la ciudad para evitar la contaminación. Haz un discurso persuasivo para presentar tus ideas.

Estrategia

Finding good details
When giving a speech, you need to include appropriate details in order to make sense when talking about your topic. Interesting details add color and life to what you talk about and give it more substance. A good way to choose the right details to include is to ask these questions: *Who? What? Where? Why? When? How?*

Prepárate Completa una red de palabras como la siguiente con las razones de por qué es importante mantener limpia la comunidad.

¿Por qué hay que mantener limpia la comunidad?

Practica Vuelve a leer la información de la tabla. Practica tu presentación para recordar los detalles. Puedes usar tus notas para practicar, pero no al hablar ante la clase. Recuerda:

- explicar cada razón en forma clara
- presentar un plan a tus compañeros de lo que deben hacer
- mirar al público y hablar con voz clara y persuasiva
- usar el vocabulario que aprendiste en el capítulo

Modelo

Existen muchas razones para que mantengamos limpia nuestra comunidad. Es importante que sepamos que la contaminación se puede evitar. Cada uno de nosotros puede contribuir con la tarea.

3 Haz tu presentación Imagina que tus compañeros de clase son los que van a ayudar a limpiar la comunidad. Explícales por qué es importante mantener limpia la comunidad.

4 Evaluación Tu profesor(a) puede explicarte cómo va a evaluar tu presentación. Probablemente, para el (ella) es importante ver que:

- tu presentación fue convincente
- diste suficientes razones y soluciones
- tu conclusión resumió las ideas principales del discurso

Cuidemos nuestros océanos

Objectives

- Write a petition letter to an oil company
- Give reasons and details to explain why the petition is being made
- Summarize ideas in a conclusion

Estrategia

Good conclusions
It's always a good idea to end what you write with a good conclusion that draws your main ideas together. For example, your conclusion can review ideas you introduced earlier and give a few sentences that tie them together. Your conclusion can also summarize your main idea in other words, or it can close with an interesting comment that leaves your reader wanting to know more about your topic.

Imagínate que trabajas como voluntario(a) en una asociación de defensa de la preservación de los océanos. Tienes que escribir una carta a una empresa petrolera para que tome conciencia de los problemas que producen los derrames de petróleo en las aguas del planeta y qué cosas se pueden hacer para evitarlos. Puedes concentrarte en los problemas que producen en su flora y fauna y las consecuencias que esto tiene para las personas.

1 Antes de escribir

Completa una tabla como la siguiente para reunir datos sobre los problemas que producen los derrames de petróleo en las aguas de los océanos.

Problemas que causan los derrames	Cómo se pueden evitar
• destrucción de las plantas	• tener cuidado
• contaminación del alimento de los peces	• tomar conciencia de los peligros
•	•
•	•
•	•

2 Borrador

Escribe tu borrador de la carta. Explica cómo afectan los derrames de petróleo a las aguas de los océanos y qué se puede hacer para evitarlos. Añade todos los detalles que sean necesarios. Recuerda usar el vocabulario y la gramática de este capítulo.

Estimado Sr. López:

Mi nombre es Enrique Lomas y trabajo como voluntario en una asociación de defensa de la preservación de los océanos. Le escribo esta carta para que ustedes tomen conciencia de lo importante que es la preservación de las aguas de nuestro planeta y de la flora y la fauna que viven en ellas.

Topic sentence: set the purpose of the letter.

Details: add information about the topic.

Es importante que se eviten los derrames de petróleo en los océanos antes de que sea demasiado tarde. Los derrames de petróleo destruyen y contaminan los animales y las plantas que viven en los océanos. Esto afecta también a las personas . . .

Mi intención con esta carta es comunicarles que mientras la vida en los océanos no sea respetada no vamos a poder…

Conclusion: ties everything together.

3 Redacción/Revisión

Después de escribir el primer borrador, trabaja con otro(a) compañero(a) para intercambiar los trabajos y leerlos. Decidan qué aspectos son más efectivos. Luego, hagan sugerencias para mejorar sus composiciones. Fíjense si:

- ¿Se usó correctamente el subjuntivo o el indicativo después de las conjunciones?
- ¿Hay concordancia *(agreement)* entre los sujetos y los verbos?
- ¿Existen errores de ortografía?

En caso de algún error, corríjanlo.

4 Publicación

Antes de hacer la versión final, lee de nuevo tu borrador y repasa los siguientes puntos:

- ¿Muestra la carta mi punto de vista respecto al tema?
- ¿Incluí detalles para expresar lo que pienso?
- ¿Refleja la importancia de comprender el problema?
- ¿Presenta una conclusión interesante?

Después de revisar el borrador, escribe una copia en limpio de tu composición.

Le escribo esta carta para que ustedes
~~toman~~ tomen conciencia de lo importante
que ~~son~~ es la ~~preservasión~~ preservación de las aguas de
nuestro planeta y de la flora y la fauna que
viven en ellas.

5 Evaluación

Tu profesor(a) puede explicarte cómo va a evaluar tu presentación. Probablemente, para tu profesor(a) es importante ver que:

- usaste suficientes detalles para hacer tu punto más interesante
- las frases tienen sentido y expresan una idea completa
- la carta muestra claramente tu opinión sobre el tema
- tu conclusión resume las ideas principales de la carta

Lectura

La mariposa monarca

Objectives

- **Read an article**
- **Understand the uniqueness of the Monarch butterfly**
- **Use context clues to figure out the meaning of a word**

Estrategia

Context clues

It is impossible to know the meaning of every word you read, but by developing your guessing ability, you will be able to understand enough to guess at the total meaning of a sentence, paragraph, or essay. Sometimes you can discover the meaning of a word from other words, punctuation, or sentences in the paragraph. These clues are often called context clues.

Al leer

Vas a leer un artículo sobre la mariposa monarca. Como ocurre casi siempre en los textos de no ficción, encontrarás palabras relacionadas con el tema de las mariposas que quizás no conozcas. Recuerda que debes tratar de determinar su significado a partir del contexto antes de consultar el diccionario o pedir ayuda a otra persona. Antes de leer, copia la tabla que aparece al final de la lectura. Mientras lees, complétala para que puedas contestar las preguntas sobre la lectura. Presta atención a los siguientes puntos:

- la migración de la mariposa monarca
- características que diferencian a esta mariposa de las demás
- los problemas que amenazan a la mariposa monarca

Tres cuartas partes de los animales que viven en la tierra son insectos. De todos los insectos, quizás el más hermoso sea la mariposa monarca. Este insecto, además de ser increíblemente bello, es un importante agente polinizador[1] y un factor de equilibrio ecológico.

Las mariposas, en general, viven alrededor de 24 días; sin embargo, la mariposa monarca llega a vivir 9 meses, es decir, 12 veces más que las otras especies de mariposas. Además, es muy resistente a las condiciones del clima.

---

1 pollen carrier

Llegada a México

Cada año, millones de mariposas monarca vuelan desde Canadá, lugar de donde provienen[2], hasta México. Llegan a fines de octubre a la zona entre Michoacán y el Estado de México y a mediados[3] de abril comienzan el viaje de regreso al norte. Es un viaje de más de 4,000 kilómetros.

En el camino, las mariposas se alimentan de asclepias[4], unas plantas que contienen una sustancia que es venenosa para otras especies. Esta sustancia le da a la mariposa un sabor y un olor desagradables, y esto le sirve de protección contra otros animales. La mariposa monarca también ayuda a la asclepia, pues es su agente de polinización.

Las condiciones de las montañas michoacanas son ideales para las mariposas: hay mucho oxígeno, están protegidas del viento y la temperatura es casi siempre agradable. Por otra parte, gracias a que los millones de mariposas que llegan a esta zona son agentes de polinización, hay una gran variedad de plantas en esta región.

Hibernación

Durante mucho tiempo se pensó que la mariposa monarca pasaba el invierno en zonas tropicales; pero nadie sabía adónde iban. Fue un misterio hasta 1975, en que después de décadas de investigación se encontró su lugar de hibernación. Para sorpresa de muchos, estaba en una zona donde las temperaturas normales están cerca de cero grados centígrados, en una región boscosa[5] entre valles y montañas. Esta región tiene una altitud promedio[6] de 3,300 metros sobre el nivel del mar, y se encuentra en la majestuosa Sierra Madre de México, entre Michoacán y el Estado de México.

Como la mariposa es un insecto de sangre fría, puede ajustar[7] la temperatura de su cuerpo al medio ambiente, lo que le permite conservar una gran cantidad de energía y grasa para su largo viaje de regreso.

Migración

Las mariposas monarca deben migrar en invierno porque el clima de Canadá es extremadamente frío durante esa estación. Para asegurar su sobrevivencia[8], las mariposas comienzan a desplazarse[9] al sur a medida que se acerca el invierno. Al llegar a las zonas de hibernación entre los estados de México y Michoacán, las mariposas buscan los lugares con la mejor temperatura para hibernar.

---

2 come from 3 in the middle of 4 milkweed

5 wooded 6 average 7 to adjust 8 survival 9 travel

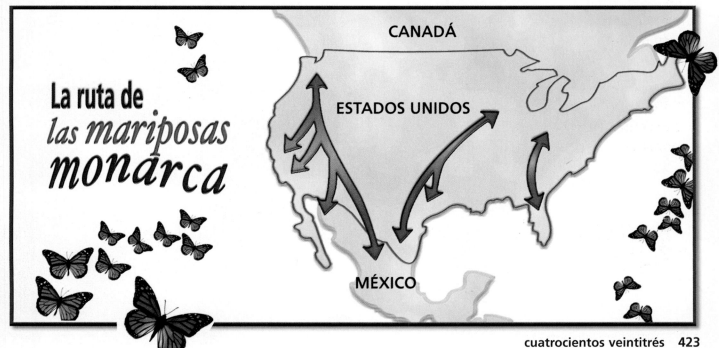

La ruta de *las mariposas* monarca

CANADÁ

ESTADOS UNIDOS

MÉXICO

El número de mariposas que llega a los diferentes refugios del Estado de México y Michoacán está entre los 100 y los 140 millones, de acuerdo con las condiciones de su hábitat de verano en Canadá y los Estados Unidos.

Sobrevivir[10] el invierno es una tarea difícil para las monarcas. También es importante el papel que juegan los depredadores[11], aves y pequeños mamíferos, ya que de las mariposas muertas el 50% muestra mutilaciones y señales de ataque. La mortalidad natural en invierno se acerca al 35% aunque cambia de acuerdo a las condiciones del clima.

Refugios

Los refugios son lugares donde se reúnen las monarcas para pasar el invierno y reproducirse; se trata de bosques localizados en las laderas de las montañas y que están resguardados[12] del aire polar y de los cambios del clima. Los refugios se localizan entre los 2,700 y 3,200 metros de altitud sobre el nivel del mar, dependiendo de las condiciones del clima de cada año.

Peligros

El 20 de mayo de 2001 hubo un incendio en la zona entre el Estado de México y Michoacán en donde se reproduce la mariposa monarca. A pesar de los esfuerzos, se quemaron más de 500 hectáreas de la reserva natural. Se cree que el fuego fue causado por un grupo de turistas que hicieron una fogata y no la apagaron totalmente cuando se fueron del lugar. Afortunadamente las mariposas no sufrieron daños, pues habían emigrado a Canadá desde marzo.

En febrero de 2003 el diario *The New York Times* informó que una tormenta de invierno en la zona de hibernación había causado la muerte de miles de mariposas durante el año anterior. Sin embargo, los científicos habían podido comprobar[13] que un año después la población de mariposas parecía haber recuperado[14] su nivel de años anteriores.

Las mariposas monarca son insectos bellos, útiles y resistentes. Debemos hacer todo lo posible para proteger los increíbles habitantes que comparten este planeta con nosotros.

---

10 to survive **11** predators **12** protected

13 to prove **14** recovered

Interacción con la lectura

1 Trabaja con un grupo de estudiantes para comentar lo que escribieron en sus tablas.

- ¿En qué se diferencia la mariposa monarca de las demás mariposas?

- ¿Conoces otros animales que migran para pasar el invierno en otras zonas? ¿En qué se diferencian esos animales de las mariposas monarca?

- ¿Por qué podemos decir que las mariposas monarca no son solamente hermosas sino también muy útiles?

- ¿Cuáles son los principales problemas que enfrentan las mariposas monarca? ¿Qué podemos hacer para protegerlas?

2 Trabaja con tu grupo para buscar palabras de la lectura que no conocían. Hablen sobre cómo lograron determinar el significado de esas palabras para entender la lectura.

3 Y tú, ¿qué piensas? ¿Crees que las mariposas monarca son animales extraordinarios o no? ¿Qué otro animal conoces que te parece extraordinario? Habla de ese animal a tu grupo.

Mariposa monarca	
¿Dónde vive?	
¿Cuánto tiempo vive?	
¿De qué se alimenta?	
Otras características importantes	
¿Qué peligros la amenazan?	

Fondo cultural

Festival Cultural de la Mariposa Monarca Desde hace 10 años, en los pueblos de Michoacán cercanos a los lugares donde hibernan las mariposas monarca, se celebra el Festival Cultural de la Mariposa Monarca. El Festival tiene como objetivo promover las artes de esos pueblos y el ecoturismo en la región oriental del estado de Michoacán.

La fiesta incluye música, danza, pintura y artesanías. La sede central del festival es Angangueo, ciudad que se hizo famosa desde que en 1976 se descubrió cerca de allí el primer santuario de las mariposas monarca. Durante los 16 días de festival, los artesanos trabajan en las plazas de los pueblos y venden sus obras a los visitantes.

- ¿Conoces algún festival que celebre la flora o fauna de tu región? Si es así, descríbelo.

Repaso del capítulo

Vocabulario y gramática

sobre la contaminación

el aerosol	aerosol
la contaminación	pollution
contaminado, -a	polluted
el derrame de petróleo	oil spill
el desperdicio	waste
la fábrica	factory
el pesticida	pesticide
el petróleo	oil
la pila	battery
químico, -a	chemical
el recipiente	container
el veneno	poison

sobre los recursos naturales

económico, -a	economical
la protección	protection
el recurso natural	natural resource
suficiente	enough

verbos

afectar	to affect
agotar(se)	to exhaust, to run out
amenazar	to threaten
atrapar	to catch, to trap
castigar	to punish
colocar	to put, place
conservar	to preserve
crecer	to grow
dañar	to damage
depender de	to depend on
derretir	to melt
deshacerse de	to get rid of
desperdiciar	to waste
detener	to stop
disminuir	to decrease, to diminish
echar	to throw (away)
explotar	to exploit, to overwork
fomentar	to encourage
limitar	to limit
producir	to produce
promover (ue)l	to promote

sobre los animales

la caza	hunting
(en) peligro de extinción	(in) danger of extinction, endangered
la piel	skin
la pluma	feather
salvaje	wild

otras palabras y expresiones

el agujero	hole
la amenaza	threat
a menos que	unless
con tal que	provided that, as long as
debido a	due to
la electricidad	electricity
en cuanto	as soon as
la escasez	shortage
estar a cargo de	to be in charge of
excesivo, -a	excessive
la falta	lack
el gobierno	government
grave	serious
la limpieza	cleaning
tan pronto como	as soon as
tomar conciencia de	to become aware of
tomar medidas	to take steps (to)

sobre el medio ambiente

a atmósfera	atmosphere
la capa de ozono	ozone layer
el clima	weather
el efecto invernadero	greenhouse effect
el hielo	ice
la preservación	conservation
el recalentamiento global	global warming
el rescate	rescue
la reserva natural	nature preserve
la selva tropical	tropical forest
la tierra	land

animales

el ave	bird
el águila calva, pl. las águilas calvas	bald eagle
la ballena	whale
la especie	species
la foca	seal

Conjunciones que se usan con el subjuntivo y el indicativo

Certain conjunctions related to time are followed by either the indicative or the subjunctive.

en cuanto	**tan pronto como**	**cuando**
mientras	**hasta que**	**después (de) que**

You use the subjunctive after these conjunctions when the action that follows has not yet taken place. You use the indicative with these conjunctions when the action that follows has already taken place or if it occurs regularly.

Van a producir petróleo **hasta que** se agote.
En cuanto salgo del cuarto, siempre apago las luces.

• The conjunction *antes de que* is always followed by the subjunctive.

Pon el helado en el refrigerador **antes de que** se derrita.

• If the subject of a sentence does not change, use the infinitive after *antes de, después de, hasta.*

Después de salir del trabajo, voy a visitar a mi amigo Juan.

Más conjunciones que se usan con el subjuntivo y el indicativo

The following conjunctions are usually followed by the subjunctive to express the purpose or intention of an action:

a menos que	**para que**	**sin que**	**con tal (de) que**	**aunque**

No haré la limpieza de la casa **a menos que** me ayudes.

• If the subject of the sentence does not change, use the infinitive after *para* and *sin*.

Debemos dejar de usar aerosoles **para** detener la destrucción de la capa de ozono.

• With the conjunction *aunque*, use the subjunctive to express uncertainty. Use the indicative when there is no uncertainty.

Aunque produzcan más petróleo no podrán depender de este recurso por mucho tiempo.
No quiero ver ese programa sobre las ballenas **aunque** todos dicen que es muy bueno.

Los pronombres relativos *que, quien* y *lo que*

You use relative pronouns to combine two sentences or to give clarifying information. The most common relative pronoun in Spanish is *que*. It can mean "that," "which," "who," or "whom," and it may refer either to persons or to things.

El artículo **que** salió en el periódico habla sobre la contaminación.

After a preposition, use *que* to refer to things and *quien(es)* to refer to people.

El problema **del que** te hablé es muy grave.   La persona **de quien** te hablé se llama Adriana.

Use the relative phrase *lo que* to refer to a situation, concept, action, or object not yet identified.

Te cuento **lo que** me explicó el científico.

 Más práctica . . . .
Practice Workbook Organizer 9-13, 9-14

Chapter Review

To prepare for the test, check to see if you . . .
- know the new vocabulary and grammar
- can perform the tasks on pp. 428 and 429

Preparación para el examen

Vocabulario Escribe la letra de la palabra o expresión que mejor complete cada frase. Escribe tus respuestas en una hoja aparte.

1. Muchos animales salvajes están en peligro de _____ a causa de la caza.
   a. preservación
   b. extinción
   c. población
   d. amenaza

2. El uso excesivo de _____ puede destruir la capa de ozono.
   a. venenos
   b. derrames
   c. aerosoles
   d. recipientes

3. Es muy peligroso cuando las fábricas arrojan _____ al río.
   a. peces
   b. desperdicios
   c. recursos
   d. medidas

4. ¿Qué haremos cuando se acaben los recursos naturales como _____?
   a. el petróleo
   b. la energía
   c. el terreno
   d. el clima

5. El número de ballenas ha disminuido a causa de _____ de petróleo.
   a. la contaminación
   b. los derrames
   c. la piel
   d. la electricidad

6. Hay que buscar nuevas maneras de _____ de la basura.
   a. depender
   b. castigar
   c. promover
   d. deshacerse

7. El _____ es un fenómeno que ocurre cuando las temperaturas suben.
   a. efecto invernadero
   b. derrame de petróleo
   c. producto químico
   d. medio ambiente

8. Muchos se dedican a la caza de las focas para usar sus _____.
   a. alimentos
   b. pieles
   c. plumas
   d. dientes

Gramática Escribe la letra de la palabra o expresión que mejor complete cada frase. Escribe tus respuestas en una hoja aparte.

1. No van a parar de tirar desperdicios hasta que los _____.
   a. castiguen
   b. castigaron
   c. castigaran
   d. castigan

2. Mientras la gente no _____ conciencia de los problemas de la contaminación, no podrán disminuirla.
   a. tome
   b. tomará
   c. haya tomado
   d. toma

3. Después de _____ los ríos, tendremos que tomar medidas para reducir el número de fábricas.
   a. limpiemos
   b. limpiamos
   c. limpiaremos
   d. limpiar

4. Mientras no _____ leyes más justas no voy a contribuir a su campaña.
   a. promuevan
   b. promueven
   c. promoviendo
   d. promovieron

5. Allí está el refugio de vida silvestre _____ visitamos el año pasado.
   a. quien
   b. del que
   c. lo que
   d. que

6. _____ más le molesta a la gente es el recalentamiento global.
   a. Lo que
   b. El que
   c. Que
   d. En que

7. La señora _____ te hablé trabaja en una reserva natural.
   a. a quien
   b. del que
   c. de quien
   d. que

8. Siempre _____ las luces en cuanto salimos de casa.
   a. apaguemos
   b. apagamos
   c. apagaron
   d. apaguen

En el examen vas a . . .	Éstas son las tareas de práctica que te pueden ser útiles para el examen . . .	Si necesitas repasar . . .
3 Escuchar Escuchar y comprender unas descripciones sobre la contaminación del medio ambiente	Escucha a una persona que llama al locutor de un programa popular en la radio. Quiere expresar sus opiniones sobre los problemas y las soluciones del medio ambiente. Identifica a) el problema que menciona y b) la solución que sugiere.	**pp. 390-393** *A primera vista 1* **p. 396** Actividades 8–9
4 Hablar Hacer unas sugerencias sobre cómo proteger el medio ambiente de la comunidad	Trabajas para un centro comunitario y te piden que hables con un grupo de jóvenes sobre cómo proteger el medio ambiente en sus vidas personales. Diles qué hacer en a) casa, b) la escuela y c) la comunidad.	**p. 394** Actividad 5 **p. 396** Actividades 8–9 **p. 400** Actividad 13 **p. 419** *Presentación oral*
5 Leer Leer y comprender declaraciones sobre los problemas del medio ambiente	Lee este artículo sobre un reciente derrame de petróleo y di a) ¿dónde tuvo lugar el derrame?, b) ¿por qué ha sido un desastre para el turismo?, c) ¿qué medidas deberían tomarse para prevenir estos accidentes? *El derrame de petróleo cerca de la costa de Galicia, en España, ha causado grandes problemas para el turismo y el trabajo en la región. El gobierno ha gastado millones de euros en la limpieza de las playas y el rescate de la fauna marina. Miles de peces y otras especies marinas han desaparecido. A menos que no haya leyes más estrictas para prevenir desastres de este tipo, la vida marina y el turismo seguirán amenazados.*	**pp. 404–407** *A primera vista 2* **p. 410** Actividad 28 **p. 415** Actividad 36
6 Escribir Escribir una carta al periódico sobre los problemas del medio ambiente	Eres miembro de un grupo que se encarga de la protección del ambiente y tienes que escribir una carta a los jóvenes de tu zona para que tomen conciencia de lo que pueden hacer para proteger la comunidad. Describe por lo menos dos problemas y explica las consecuencias si no se toman las medidas necesarias. Al final, diles qué pueden hacer ellos para ayudar.	**p. 394** Actividad 5 **p. 396** Actividad 9 **p. 400** Actividad 14 **p. 411** Actividad 29 **pp. 420–421** *Presentación escrita*
7 Pensar Pensar en los problemas ecológicos globales	Piensa en uno de los problemas y su solución mencionados en el capítulo. Descríbelo y piensa si en los Estados Unidos existe o no ese problema y cómo lo resolverías tú.	**pp. 390–393; 404–407** **p. 397** Actividad 10 **p. 403** Actividad 19

A ver si recuerdas...

Vocabulario

la sociedad
la comunidad
la costumbre
los / las demás
la escuela
la familia
el hermano, la hermana
los padres
la sociedad
el vecino, la vecina

condiciones
la edad
injusto, -a
justo, -a
libre
mayor
menor

derechos y obligaciones
el derecho
la injusticia
la ley
las medidas
la obligación
las reglas
la responsabilidad
la seguridad
las tareas

actividades
alcanzar
beneficiar
conseguir
cumplir (con)
disfrutar (de)
encargarse (de)
luchar
obtener
proteger

expresiones
a favor
de niño
de pequeño
en contra
(me) parece justo / injusto
se permite
se prohibe

 Actividad 1 Hablar/Escribir ....

Práctica de vocabulario

Trabaja con otro(a) estudiante para emparejar cada definición con la palabra correspondiente. Luego, escoge 4 palabras y escribe un cuento.

1. cuidar a alguien de cualquier tipo de peligro
2. lo contrario de justo
3. las personas que viven en el mismo barrio
4. lo contrario de prohibir
5. hacer lo que se debe
6. la regla establecida por una autoridad
7. tomar la responsabilidad de hacer algo

a. cumplir
b. la ley
c. permitir
d. injusto
e. los vecinos
f. proteger
g. encargarse

 Actividad 2 Escribir/Hablar ....

Práctica de vocabulario

Haz una lista de tres actividades que se prohíban y tres actividades que se permitan en tu casa o en tu escuela. Compara la lista con la de un(a) compañero(a). Escriban una frase entre los (las) dos para expresar su opinión. Compartan su oración con la clase.

Modelo

En la escuela se prohibe hablar mientras la profesora habla.
Nos parece justo para mantener el orden en la clase.

Pretérito vs. imperfecto

Remember that when speaking in Spanish about the past, you can use either the preterite or the imperfect, depending on the sentence and the meaning you want to convey. Compare:

> El sábado pasado me **permitieron** llegar tarde a casa.
> De niño nunca me **permitían** llegar tarde.

Use the preterite:

• to tell about past actions that happened and are complete.

> Las mujeres **protestaron** para obtener los mismos derechos.

• to give a sequence of actions in the past.

> **Llegamos** al restaurante, **nos sentamos** y **comimos**.

Use the imperfect:

• to tell about habitual actions in the past.

> Ellas no **tenían** los mismos derechos que los hombres.

• to give background details such as time, location, weather, mood, age, and physical and mental descriptions.

> **Era** tarde, **hacía** frío, **estábamos** cansados y **teníamos** hambre.

• when two or more actions are taking place simultaneously in the past.

> Mientras nosotros **comíamos**, mis hermanos **se peleaban**.

Use the preterite and the imperfect together when an action (preterite) interrupts another that is taking place in the past (imperfect).

> **Estábamos comiendo** cuando **llegó** mi hermano.

Actividad 3 Leer

Práctica de gramática

Esteban se asustó ayer por la noche al volver a su casa. Para saber qué le pasó, completa estas frases con el tiempo verbal correcto.

Ayer __1.__ *(eran / fueron)* las once de la noche cuando Esteban __2.__ *(regresó / regresaba)* a su casa. __3.__ *(Estaba / Estuvo)* muy oscuro y no se __4.__ *(vio / veía)* nada. De repente __5.__ *(se escuchó / se escuchaba)* un extraño ruido en la noche. Esteban __6.__ *(salió / salía)* corriendo y __7.__ *(se escondió / se escondía)* detrás de un árbol. ¿__8.__ *(Fue / Era)* un fantasma quien __9.__ *(se acercó / se acercaba)*? ¡No! __10.__ *(Fue / Era)* un gato que __11.__ *(tuvo / tenía)* hambre y __12.__ *(buscó / buscaba)* algo para comer.

Actividad 4 Escribir/Hablar

Práctica de gramática

Con un(a) compañero(a) escribe un relato sobre algo que les haya sucedido, usando el pretérito y el imperfecto. Primero, escojan algo en lo que los (las) dos participaron. Luego, formen frases sobre:

• la causa de lo que sucedió
• la hora de llegada y una descripción del ambiente
• qué hacía la gente
• algo que pasó

Compartan su relato con otros(as) compañeros(as).

Modelo

Era el cumpleaños de [nombre] y él (ella) hacía una fiesta.

Vocabulario

Actividad 5

Leer ....

Práctica de vocabulario

Estos titulares y anuncios aparecieron recientemente en los periódicos. Léelos y luego complétalos con las palabras o expresiones que siguen.

campaña	gobierno	beneficios
juez	habitantes	víctimas
manifestación	población	

1. ¡Arrestaron a quince personas en la _____ de ayer!

2. El conflicto entre los _____ del valle causa problemas al _____.

3. Las _____ del accidente aparecen ante *(before)* el _____.

4. La _____ de limpieza de la plaza Tribunales cuenta con el apoyo de la _____ de ese lugar.

5. Los ciudadanos quieren garantizar _____ para los ancianos.

Actividad 6

Escribir/Hablar ....

Práctica de vocabulario

❶ Piensa en un conflicto que haya sucedido en tu familia, escuela o comunidad recientemente. Luego, copia esta tabla en una hoja y complétala.

¿Quiénes participaron?	¿Qué hicieron?	¿Por qué?	¿Tenían o no razón?
_____	_____	_____	_____

❷ Usando la información que escribiste en la tabla, cuéntale a otro(a) estudiante la historia del conflicto.

Verbos con distinto sentido en el pretérito y en el imperfecto

A few Spanish verbs have different meanings in the imperfect and the preterite tenses.

	IMPERFECT	PRETERITE
saber	*knew* ¿**Sabías** que Ángel Suárez había ganado las elecciones?	*found out, learned* Sí, lo **supe** esta mañana por el periódico.
conocer	*knew (somebody)* Mi padre lo **conocía** cuando era pequeño.	*met (somebody) for the first time* Ellos se **conocieron** en la escuela.
(no) querer	*wanted to* Mi hermana **quería** ir a la manifestación.	*tried to* Yo también **quise** hacerlo pero no pude.
	didn't want to No **querían** decirle la verdad a su familia.	*refused to* No **quisieron** decirle la verdad a su familia.
poder	*was able to, could* Ella **podía** encontrar la solución en un minuto.	*managed to, succeeded in* Ella **pudo** encontrar la solución en un minuto.

Actividad 7 **Leer** •

Práctica de gramática

Dos amigos hablan sobre sus actividades. Completa esta conversación con el pretérito o el imperfecto del verbo apropiado.

conocer	poder	querer	saber

A — ¿Pudiste estudiar el sábado por la tarde?

B — No, no __1.__. Pablo y Agustín estuvieron en casa toda la tarde.

A — ¡Ah! Pablo es el chico que yo __2.__ el verano pasado, ¿no?

B — No, tú no lo __3.__.

A — Bueno, yo __4.__ conocerlo, pero no __5.__ conocerlo en persona. Lo __6.__ por teléfono.

B — ¿Tú hablaste por teléfono con él? ¡Yo nunca lo __7.__! A mí él nunca me dijo nada.

● **Más práctica** •
Practice Workbook 10-1, 10-2

Actividad 8 **Leer** •

Práctica de gramática

Escoge el verbo que corresponda para completar lo que escribió Teresa anoche en su diario.

Querido diario:

Hoy __1.__ (*conocí / conocía*) a un chico guapísimo. Julia y yo __2.__ (*quisimos / queríamos*) ir al cine, pero no __3.__ (*pudimos / podíamos*). No había más entradas para la película que __4.__ (*quisimos / queríamos*) ver. Al salir nos encontramos con el chico guapísimo. Yo no lo __5.__ (*conocí / conocía*), pero Julia me contó que ella lo __6.__ (*conoció / conocía*) en una fiesta. Él __7.__ (*quiso / quería*) ir a tomar algo pero Julia no __8.__ (*quiso / quería*).

For: More review
Visit: www.phschool.com
Web Code: jed-1001

Fondo cultural

■◆■◆■◇■◆■◇■◆

Escenas de la vida

La obra de Francisco Goya (1746–1828) cubrió un período de más de 60 años. En su juventud, cuando pintó este cuadro, Goya aceptó felizmente el mundo tal como era.

Años más tarde, Goya comenzó a sentirse desilusionado con la gente y la sociedad. Como resultado, pintó escenas que criticaban la política de la época. Su selección de temas es evidencia de que creía en el derecho del artista de pintar el mundo tal como lo veía.

•¿Crees que un artista debe tener el derecho de pintar lo que le dé la gana? ¿Por qué? ¿Por qué no?

El baile a orillas del Manzanares, (1777), Francisco de Goya y Lucientes

¿Cuáles son tus derechos y deberes?

Chapter Objectives

- **Talk about rights and responsibilities at home and in school**
- **Discuss rights in society guaranteed by the Constitution**
- **Talk about the role of government**
- **Learn what young people think about the world problems they face and the solutions they propose**
- **Understand cultural perspectives on rights and responsibilities**

Video Focus

- **Human rights education**

Country Connection

As you learn about rights and responsibilities in the Spanish-speaking world, you will make connections to these countries and places.

For: Online Atlas
Visit: www.phschool.com
Web Code: jee-0002

A primera vista 1

Vocabulario y gramática en contexto

Objectives

Read, listen to, and understand information about
• children's rights at home, at school, and in society
• parents' rights

Los adolescentes sienten a veces que tienen tantos **deberes** o responsabilidades como los adultos, pero menos derechos que los niños. ¿Crees que los problemas de Laura son comunes entre los adolescentes de hoy?

Laura: ¿Puedo ir a la fiesta el sábado?

Madre: El sábado vamos a ver a tu abuela.

Laura: ¡Es una **injusticia**! Tengo 16 años y no tengo **libertad** para decidir qué voy a hacer el sábado. . .

Ustedes dicen que quieren mi **felicidad**, pero no sé hasta qué punto es justo que me **traten** como a una niña, **de ese modo** no soy feliz.

Padre: Laura, claro que queremos que seas feliz y que sientas nuestro **apoyo**. Para nosotros también es difícil saber cómo tratar a una chica de 16 años.

Laura: Pero, ¿por qué tienen que **obligarme** a ir a casa de la abuela un sábado por la noche?

Creo que tengo una idea para resolver este **asunto**.

Derechos de los adolescentes

► Iré siempre donde yo quiera ir.

► Podré usar la ropa que yo quiera.

► Nadie podrá prohibirme que me pinte el pelo de cualquier color.

► Hablaré por teléfono con mis amigas todo el tiempo que sea necesario.

► Nadie me prohibirá navegar en la Red.

► Nadie entrará en mi cuarto sin permiso.

Padre: Ana, nosotros nunca hemos **maltratado** a Laura. . . **ambos** queremos su felicidad. ¿Por qué está tan enojada con nosotros?

Madre: Pedro, si tú tuvieras 16 años, ¿no te sentirías como ella?

Padre: Quizás. Pero creo que debe tratarnos con **respeto** y **tolerancia**. ¿O es que los padres no tenemos derechos?

Laura: Papá, creo que mi lista de derechos es muy **adecuada**, ¿verdad?

Padre: Pues yo también hice una lista, pero de los derechos de los padres. ¿Qué te parece?

Derechos de los padres

1. Nos dirás siempre adónde vas.

2. Si te vas a cambiar el color del pelo, pedirás permiso.

3. Estableceremos un horario para hablar por teléfono.

4. Estableceremos un horario para usar la Red.

5. Mantendrás tu cuarto ordenado y limpio.

Actividad 1 · **Escuchar** . . . .

Los derechos de cada uno

Escribe los números del 1 al 5 en una hoja de papel. Escucha cada frase y escribe *C* (cierta) o *F* (falsa).

Actividad 2 · **Hablar** . . . .

Lo mejor de las listas

Piensa si estás de acuerdo con las listas que escribieron Laura y su papá. De ambas listas, escoge cuatro frases con las que estés de acuerdo y di por qué estás de acuerdo. Habla con otro(a) estudiante sobre tus opiniones.

Derechos y deberes en la escuela

En todas las escuelas, los estudiantes tienen ciertos derechos y deberes. Sin embargo, no en todos los países, ni en todas las escuelas, son iguales. Por ejemplo, en tu escuela, ¿hay un **código de vestimenta** o todo el mundo puede llevar la ropa que más le guste? Y **en cuanto a los armarios** de los estudiantes, ¿los maestros tienen derecho a registrarlos?

Para resolver estas preguntas de manera **satisfactoria**, el gobierno en España estableció una ley de los derechos y deberes de los estudiantes.

Actividad 3 · · · · · · · · · **Hablar/Escribir**

Los derechos en tu escuela

Con otro(a) estudiante, comenta los derechos y deberes de los estudiantes españoles. Hablen de los derechos y deberes que tienen ustedes en su escuela y escríbanlos en una hoja de papel. Luego, compárenlos con los de los estudiantes en España.

Los estudiantes tienen el deber de:

- cumplir y respetar los horarios para el desarrollo de las actividades de la escuela
- respetar **la autoridad** de los maestros
- respetar el derecho al estudio de sus compañeros
- respetar la libertad de expresión y **pensamiento** de sus compañeros
- no **discriminar** a ningún o ninguna estudiante por **motivos** personales o sociales
- cuidar y utilizar correctamente las escuelas; ayudarlas a funcionar bien
- participar en la vida y funcionamiento de las escuelas

Los estudiantes tienen derecho a:

- recibir una **enseñanza** gratuita
- no ser **discriminados** por causas personales o sociales
- **votar** a sus representantes en el Consejo Escolar
- **gozar** de libertad de expresión y pensamiento
- **reunirse** y utilizar las escuelas para actividades educativas

El gobierno y los derechos de la niñez

El estado, o sea todas las instituciones del gobierno, son responsables de **aplicar** las leyes que protegen a la niñez. Los gobiernos deben:

1. Garantizar que los niños y adolescentesvivan en **paz**.

2. Garantizar que los niños no **estén sujetos** a **maltratos** ni **abusos** por parte de las personas que se encargan de ellos.

3. Dar ayuda a los niños que **sufren** de mucha **pobreza**.

4. Prohibir que se discrimine por **razones** de raza, nacionalidad o sexo.

5. Reconocer **la igualdad** de derechos ante la ley.

Actividad 4 **Escribir** . . . .

La felicidad de los más jóvenes

1. Según el documento, ¿qué derechos debe garantizar el gobierno para los niños?

2. Indica dos cosas que, según el documento, el gobierno debe prohibir.

3. ¿Qué quiere decir "reconocer la igualdad de todas las personas ante la ley"? ¿Por qué es importante?

● **Más práctica** . . . .
Practice Workbook 10-3, 10-4

For: Vocabulary practice
Visit: www.phschool.com
Web Code: jed-1002

Manos a la obra 1

Vocabulario y gramática en uso

Objectives
- Learn about the rights and responsibilities that people have
- Review uses of the present perfect subjunctive and the imperfect subjunctive
- Review the passive voice

Actividad 5 Leer/Escribir

Lo positivo y lo negativo

En una hoja de papel, copia esta tabla. Lee las palabras y escríbelas en la columna apropiada. Luego, escribe frases con tres de las palabras.

lo positivo	lo negativo

la libertad   el respeto   la felicidad   el abuso
el deber   discriminar   la tolerancia   el apoyo
maltratar   sufrir   el maltrato   gratuito(a)
la paz   la injusticia   la igualdad   adecuado(a)

Actividad 6 Leer/Escuchar/Escribir

Entrevista con una peruana

1 Lee esta entrevista con Viviana Gallegos, una adolescente del Perú.

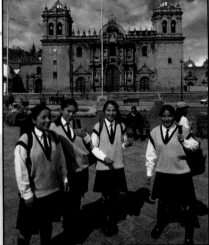

"Una entrevista con

Viviana Gallegos...

¿Qué nacionalidad tienes?
Soy peruana.

¿Es gratuita la enseñanza en Perú?
Hay colegios privados y colegios del estado. Los colegios del estado son gratuitos.

¿Hay un código de vestimenta en las escuelas?
Sí, tenemos que usar uniformes. Cada escuela tiene su uniforme. Unos uniformes son más bonitos que otros.

¿Hay servicios médicos adecuados para todos los ciudadanos?
Sí, se llaman postas médicas. Son centros médicos pequeños. Ofrecen consultas con médicos y dan vacunas (*vaccines*). Ambos servicios son gratuitos.

2 Ahora, escucha las preguntas y contéstalas en clase.

Actividad 7 — Leer/Escribir/Hablar

Los derechos en nuestra escuela

Túrnate con un(a) compañero(a) para indicar si estás de acuerdo o no con las frases siguientes sobre tu escuela, y explícale por qué. Tu compañero(a) va a tomar apuntes sobre lo que dices, y luego ambos van a compartir sus ideas con la clase.

1. No es necesario seguir un código de vestimenta en esta escuela.
2. Los adolescentes deben tratar a los maestros con más respeto y, de ese modo, respetar su autoridad.
3. En nuestras clases, los chicos tienen más libertad que las chicas.
4. La enseñanza en esta escuela es adecuada para prepararme para lo que voy a hacer en el futuro.
5. Todos los estudiantes tienen derecho a gozar de libertad de expresión.
6. Los profesores deben tener la autoridad y el deber de registrar los armarios.
7. Todos los estudiantes deben estar sujetos a las mismas reglas.

Actividad 8 — Escribir/Hablar

En nuestro país

❶ Piensa en los siguientes temas sociales. En tu opinión, ¿cuál es el más importante? ¿Y el menos importante? Ponlos en orden de importancia.

1. la libertad de expresión y pensamiento
2. la igualdad entre los hombres y las mujeres
3. cómo tratar a los animales
4. los servicios médicos
5. el apoyo a los niños
6. la pobreza
7. las reglas para manejar
8. los deberes del estado

❷ Dile tu opinión a un(a) compañero(a) sobre los temas mencionados en la parte anterior. Usa las palabras del recuadro.

adecuado(a)	satisfactorio(a)	injusticia	en cuanto a
abuso	respeto	gratuito(a)	ambos(as)

Modelo

la alimentación

A —*La alimentación en nuestro país es satisfactoria.*
B —*Pues yo no estoy de acuerdo. La gente come demasiada comida basura y . . .*

Actividad 9

Hablar/Escribir

Derechos y responsabilidades

1 Ser adolescente quiere decir tener muchos derechos pero también responsabilidades. En grupo, completen una tabla como la siguiente con los derechos y responsabilidades que tienen los adolescentes.

2 ¿Cómo se comparan los derechos y responsabilidades de los adolescentes con los de los adultos? Usen sus tablas para responder.

Derechos	Responsabilidades
1.	1.
2.	2.
3.	3.

Actividad 10

Escribir/Hablar

Y tú, ¿qué dices?

1. ¿Por qué crees que hay códigos de vestimenta en muchas escuelas? ¿Crees que es buena idea tener un código de vestimenta? ¿Por qué?

2. Describe el asunto de tu comunidad que sea más importante para ti. ¿Cómo se debe resolver ese asunto?

3. En tu opinión, ¿por qué la gente discrimina? ¿Tiene motivos personales? Explica.

4. ¿Hasta qué punto piensas que en nuestra sociedad hay igualdad?

Ampliación del lenguaje

El sufijo –miento

Un sustantivo que termina en el sufijo *–miento* tiene como base un verbo. Para formar sustantivos, a los verbos en infinitivo que terminan en *-ar*, quítales la *r* y añádeles el sufijo *-miento (tratar → trat**amiento**)*, y a los que terminan en *-er* y en *-ir* quítales la terminación y agrégales una *i* antes del sufijo *(vencer → venc**imiento**)*. Los sustantivos con *-miento* son masculinos. Copia la tabla y escribe los sustantivos. Luego, completa las frases.

verbo	sustantivo
1. funcionar	funcionamiento
2. nacer	nacimiento
3. pensar	
4. mejorar	
5. conocer	
6. comportar	
7. descubrir	
8. mover	

1. El ____ de la electricidad hizo que la vida de mucha gente fuera más fácil. Pero ____ la electricidad tomó mucho tiempo.

2. Muchos científicos trabajan juntos para ____ el medio ambiente. El ____ del medio ambiente es importante.

Actividad 11
Escribir/Dibujar •

Una tarjeta especial

Vas a entrar en un concurso para hacer
tarjetas que digan algo sobre los derechos
y las responsabilidades de la gente. Dibuja
una tarjeta y añádele un deseo o derecho.
Usa el vocabulario de este capítulo.

Modelo

*Es importante que todos los ciudadanos
voten en las elecciones del estado.*

Fondo cultural

Consulta (referendum) infantil y juvenil 2000 El 2 de julio de
2000, día de la votación para presidente de México, casi
4 millones de niños y adolescentes votaron para dar sus
opiniones sobre la familia, la escuela y el país.

Mira las gráficas para comparar lo que piensan los niños y los
adolescentes sobre el respeto en las escuelas y lee la tabla de
abajo que muestra opiniones de los adolescentes.

• ¿Son ustedes respetados en la escuela?

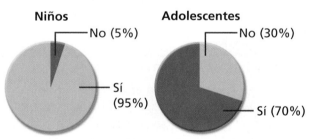

Niños   **Adolescentes**
No (5%)   No (30%)
Sí (95%)   Sí (70%)

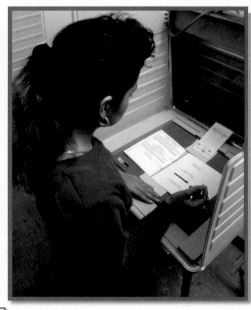

Adolescentes	Sí	No
¿Son tomados en cuenta en su familia?	95%	5%
¿Son tomados en cuenta en la comunidad?	83%	17%
¿Son tomados en cuenta en el país?	61%	39%
¿Participan en las decisiones del país?	32%	68%
¿Hay igualdad entre hombres y mujeres en el país?	37%	63%

• ¿Por qué crees que la opinión de los
niños y de los adolescentes sobre la
escuela es diferente?

• Compara lo que dicen los adolescentes
mexicanos sobre el respeto en las
escuelas con lo que piensan tus
compañeros(as). ¿Crees que ellos
opinan lo mismo? ¿Por qué?

La voz pasiva: *ser* + participio pasado

In a sentence, the subject usually performs the action. This is called active voice. Sometimes, the subject does not "do" the action but rather has the action "done to it" or receives the action. This is called passive voice.

> Santiago **estableció** las reglas del club.
> Las reglas del club **fueron establecidas** por Santiago.

In Spanish, like in English, you form the passive voice by using *ser* + past participle. Since the past participle is an adjective, it agrees in number and gender with the subject.

> Las reglas **son aplicadas** por el estado.

- If you mention "who" or "what" performs the action, you use *por* to mean "by".
- You often use the impersonal *se* when the subject is unknown.

> **Se necesita** una persona para trabajar en el centro comunitario.

---

12 Gramática · Escuchar/Escribir/Hablar

Las noticias del día

Imagina que enciendes la radio y escuchas las noticias del día. Para cada frase que escuches, llena una tabla como ésta. Después, usa tus notas para contar de nuevo las noticias.

¿Quién(es) fue(ron) afectado(s)?	¿Qué le(s) pasó?	¿Por quién(es)?
un niño	fue asustado	un oso
1.		

Modelo

Un niño fue asustado por un oso que había escapado del zoológico.

---

13 Gramática Hablar

¿Quién lo hizo?

Con un(a) compañero(a), comenta por quién o quiénes fueron hechas estas cosas. Sigue el modelo.

Modelo

escribir / artículo

A —*¿Quién escribió el artículo sobre la adolescencia?*

B —*El artículo fue escrito por un reportero.*

Estudiante A

1. curar / niños
2. respetar / igualdad
3. leyes / aplicar
4. leer / discurso
5. entrevistar / adolescentes
6. (nombre) / escoger
7. promover / paz
8. evitar / injusticias

Estudiante B

autoridades
gobierno
estudiantes
maestro (a)
médico (a)
reportero (a)
juez

● **Más práctica**
Practice Workbook 10-3, 10-4

PHSchool.com

For: Practice with the passive voice
Visit: www.phschool.com
Web Code: jed-1004

Gramática

El presente y el imperfecto del subjuntivo

Use the present or the present perfect subjunctive when the verb in the main clause is in the:

Present	**Espero** que **hayan votado**.
Command form	**Dile** que **vote** mañana en las elecciones.
Present perfect	No **hemos establecido** ninguna regla que **sea** injusta.
Future	El sistema **funcionará** mejor cuando **se cambien** las leyes.

Use the imperfect subjunctive when the verb in the main clause is in the:

Preterite	Mi mamá me **pidió** que **tratara** con más respeto a mi hermano.
Imperfect	Mis padres **querían** que mi hermano y yo **nos lleváramos** bien.
Pluperfect	El profesor nos **había exigido** que ambos **tuviéramos** más tolerancia.
Conditional	Al jefe le **gustaría** que los empleados **llegaran** a tiempo.

Actividad 14 · Gramática · Leer

Responsabilidades como estudiante

Imagina que hablas con un adulto acerca de las responsabilidades que tenía cuando iba a la escuela. Completa el párrafo con el tiempo correcto del subjuntivo de los verbos.

Cuando era joven, el director de la escuela quería que los estudiantes __1.__ *(sigan / siguieran)* un código de vestimenta. A mí no me gustaba que __2.__ *(tenga / tuviera)* que usar ropa especial para ir a clases. Yo quería que nosotros __3.__ *(gocemos / gozáramos)* de la libertad de vestirnos de cualquier manera, como ahora. ¡Tú tienes suerte! Los maestros no pueden prohibir que __4.__ *(lleves / llevaras)* pantalones rotos ni zapatos viejos. Siempre me ha sorprendido que ahora los maestros no __5.__ *(obliguen / obligaran)* a los estudiantes a sentarse cuando empieza la clase. Es curioso que tampoco les __6.__ *(pidan / pidieran)* la tarea todos los días. En mis clases era común que todas las semanas nos __7.__ *(den / dieran)* un examen, y de ese modo, hacían que __8.__ siempre *(estudiáramos / estudiemos)*. También querían que los estudiantes __9.__ *(hagamos / hiciéramos)* proyectos especiales después de la escuela. Pero hoy es diferente. Este sistema de enseñanza menos formal funciona bien, a menos que los jóvenes __10.__ *(se rebelen / se rebelaran)*. Ojalá no __11.__ *(pase / pasara)* eso. Sería triste que los estudiantes __12.__ *(sufran / sufrieran)* por una falta de organización en la escuela.

Actividad 15 Gramática · Hablar ·

Los primeros años . . .

¿Cómo fueron tus primeros años de escuela?
Con un(a) compañero(a), comparen las
responsabilidades que tenían en sus primeros
años de escuela con las que tienen ahora. Usen
palabras de las dos columnas.

Modelo

Antes, la maestra prefería que yo hiciera la
tarea con mis padres. Ahora, mis profesores
quieren que haga la tarea solo(a).

Columna A	Columna B
mis padres	exigir
mis maestros(as)	dudar
mis profesores(as)	aconsejar
mis amigos(as)	ser común que
mi entrenador(a)	querer
mis hermanos(as)	sugerir
mis compañeros(as) de clase	preferir
	recomendar
	ser importante que

Actividad 16 Gramática · Escribir/Hablar ·

Una biografía

Imagina que tienes que escribir una biografía de un(a) compañero(a).

1 Escribe cinco preguntas que le puedes hacer a tu compañero(a) sobre
su niñez y sobre cómo es diferente hoy por las experiencias que ha tenido.

Modelo

A —*¿De qué tenías miedo cuando eras niño(a)?*
B —*Tenía miedo de que mis padres me castigaran.*
A —*Y ahora, ¿de qué tienes miedo?*
B —*Ahora tengo miedo de que las clases de la universidad sean*
más difíciles.

2 Haz las preguntas a tu compañero(a) y toma apuntes mientras las
contesta. Luego, intercambien papeles.

3 Usa tus notas para escribir una biografía breve.

Los adolescentes en el mundo de hoy

Tu clase va a escribir un informe sobre los adolescentes de hoy.

1 Para juntar información, trabajen en grupos de cuatro estudiantes y completen las siguientes frases con tres diferentes respuestas.

- Nos importa que . . .
- Nos sorprende que . . .
- Queremos que . . .
- Nos alegramos de que . . .
- Es una lástima que . . .
- Nos molesta que . . .

2 Compartan sus respuestas con los otros grupos. Escojan las respuestas que más se repitieron y digan en qué orden de importancia las colocarían.

3 Ahora, imaginen que pueden hablar con las autoridades del gobierno para informarles cómo se sienten ustedes como adolescentes. Deben presentarles una propuesta *(proposal)* sobre cuáles son los temas más importantes para los adolescentes. Escríbanlos en forma de frase, dando buenas razones de por qué son importantes.

Modelo

Nos parece injusto que no podamos votar hasta los 18 años. Tenemos . . .

En voz alta

Escucha el poema que escribió Hilario Barrero (Toledo, 1948–), un escritor, traductor y poeta español que vive en Nueva York y también da clases en una universidad. Trata de repetir el poema en voz alta. Luego, contesta las preguntas.

- ¿Por qué dice el poeta que el maestro les roba su tiempo a los estudiantes?
- ¿Crees que los estudiantes están interesados en lo que les quiere enseñar el profesor? Repite alguna de las frases del poema para dar un ejemplo.
- ¿Te parece que para el autor es fácil o difícil enseñar a los estudiantes? ¿Por qué?

Subjuntivo
de Hilario Barrero

Y tener que explicar de nuevo el subjuntivo,
. . . cuando lo que desean es (. . .)
y olvidarse del viejo profesor que les roba
su tiempo inútilmente.
Mientras copian los signos del lenguaje,
emotion, doubt, volition, fear, joy . . .,
y usando el subjuntivo de mi lengua de humo[1]
mi deseo es que tengan un amor como el nuestro,
pero sé que no escuchan la frase
que les pongo para ilustrar su duda
ansiosos como están de usar el indicativo.
(. . .)

---

1 smoke

Más práctica
Practice Workbook 10-6, 10-7

For: : Practice with present subjunctive and imperfect subjunctive
Visit: www.phschool.com
Web Code: jed-1005

A primera vista 2

Vocabulario y gramática en contexto

Objectives

Read, listen to, and understand information about
- **individual rights in society**
- **role of government**

¿Te preguntaste alguna vez de dónde vienen tus derechos? **La garantía** de decir lo que piensas, de reunirte con otros, y de sentirte tranquilo(a) forman parte de la Constitución de los Estados Unidos. Son parte de las diez primeras enmiendas[1] que se añadieron a la Constitución en 1791 para garantizar la libertad de expresión y otros derechos **fundamentales**.

---

1 amendments

"La libertad de expresión es la base de una sociedad **democrática**. Debemos proteger la libertad de **prensa**, **de modo que** todos tengamos acceso a los diferentes **puntos de vista** que se expresan en los medios de comunicación."

La **igualdad** es esencial si queremos tener una sociedad **libre** y con **justicia** para todos. Hay que **asegurar** que todas las personas, en todo el mundo, **lleguen a** gozar de los mismos derechos.

"Debido a que todos gozamos de derechos, la policía no puede **detener** a una persona sin acusarla de un crimen específico. Tampoco puede registrar la casa del acusado sin un documento que indique que es **sospechoso** de haber **violado** la ley."

"La Declaración garantiza los derechos del acusado a tener **un juicio** rápido y público, a ser **juzgado** por **un jurado** imparcial del estado y a no recibir **castigos** crueles.

el acusado

El acusado es **inocente** hasta que se muestre, con testigos y pruebas, que es **culpable**."

la testigo

Actividad **18** Escuchar/Escribir ··············

Los derechos del pueblo

Escribe los números del 1 al 6 en una hoja de papel. Escucha lo que dicen estos jóvenes y en cada caso escribe *C* (cierto) o *F* (falso). Vuelve a escribir las frases falsas, de manera que sean ciertas.

Actividad **19** Escribir ··············

Tus derechos

Escribe una lista de los tres derechos que te parecen más importantes para que una sociedad sea democrática. Puedes usar los que aparecen en estas páginas u otros que conozcas.

Jóvenes por el desarrollo y la paz

Los jóvenes tienen gran fuerza en el mundo de hoy. El desarrollo de los países depende, entre otras cosas, de la participación de los jóvenes. Hay organizaciones internacionales, como la Red de Jóvenes y Estudiantes, que reúnen grupos de jóvenes de todo el mundo. Allí **intercambian** sus ideas y hacen **propuestas** sobre los diferentes **modos** de resolver sus propios problemas y los de otros jóvenes.

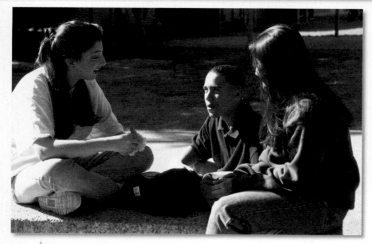

A medida que participan en estas reuniones, los jóvenes aprenden a respetar la diferencia de opiniones de otros grupos. Juntos **proponen** soluciones a sus problemas y a los problemas del mundo.

Éstos son algunos problemas que enfrentan los jóvenes:

- **las desigualdades** sociales, económicas y políticas
- **el desempleo**
- la discriminación por sexo
- los jóvenes sin hogar
- los conflictos **mundiales**
- la contaminación ambiental
- las enfermedades, el hambre y la mala nutrición
- los problemas en la familia
- **la falta de** oportunidades de educación y entrenamiento

 Escribir ·

Problemas de los jóvenes

Haz una lista de los problemas que tienen los jóvenes de hoy. Empieza con los que creas que son más importantes y termina con los menos importantes.

Qué proponen los jóvenes?

Lydia, de San Luis Obispo, California. Ella quiere ser representante **ante** la Organización de las Naciones Unidas. ▶

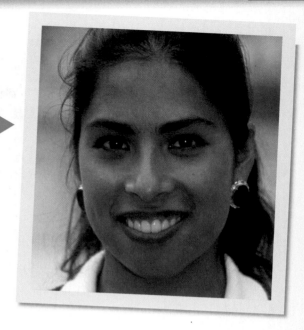

❝ **En lugar de** pensar sólo en nosotros mismos, somos responsables de hablar por los jóvenes del mundo que llevan una vida difícil. Ellos también tienen derecho a lograr sus **aspiraciones.** ❞

◀ Mark, de Atlanta, Georgia. Mark dice que trabajará en el gobierno.

❝ **El fin** de la democracia es que tengamos más libertad para expresar sin miedo lo que **opinamos.** La libertad de expresión es **un valor** democrático fundamental. ❞

Yamiko y Alicia, de Providence, Rhode Island. Ellas quieren ser consejeras de estudiantes. ▶

❝ Si la gente se reúne con fines **pacíficos** e intercambia opiniones cuando no está de acuerdo, puede encontrar soluciones a muchos problemas. Así, habrá menos guerras y también menos problemas en las escuelas. ❞

Actividad 21 · Escuchar

Hagamos algo

Escucha las frases. Después de oír cada frase, di quién de los estudiantes de esta página crees que dijo cada cosa.

Actividad 22 · Escribir

Y tú, ¿qué propones?

Imagina que te invitan a representar a los jóvenes de tu país, o de otro país que conozcas, en alguna organización internacional. Escribe cinco problemas y cinco propuestas que harías para mejorar las condiciones de los jóvenes de ese país.

● **Más práctica**
Practice Workbook 10-8, 10-9

Go Online
PHSchool.com
For: Vocabulary practice
Visit: www.phschool.com
Web Code: jed-1006

Manos a la obra 2

Vocabulario y gramática en uso

Leer ·

En la sala de justicia

¿Quién dijo cada frase en la sala de justicia?

1. Hay que prometer decir la verdad, sólo la verdad.

   a. el inocente   **b.** el juicio   **c.** el juez

2. Desde donde yo estaba, pude ver muy bien lo que hizo el criminal.

   a. el sospechoso   **b.** el testigo   **c.** la acusada

3. Lo siento, señor juez, pero esa mujer no ha dicho la verdad. Yo no lo hice.

   a. el acusado   **b.** el jurado   **c.** la víctima

4. No hay suficiente información. ¡El acusado es inocente!

   a. la justicia   **b.** la policía   **c.** la abogada

5. Sí, soy inocente. ¡Tienen que creerme!

   a. el acusado   **b.** el juicio   **c.** el castigo

6. Hemos decidido quién es culpable.

   a. el inocente   **b.** el jurado   **c.** la acusada

7. El jurado deberá juzgar al acusado con justicia.

   a. el juez   **b.** los valores   **c.** la prensa

Leer/Escribir ·

¿Qué quieren decir?

Para poder defender nuestros derechos, es importante saber lo que quieren decir las palabras de la Declaración de derechos. Empareja cada palabra con su significado. Luego, escribe dos frases usando cuatro palabras de la primera columna.

1. la justicia   dar a cada persona lo que es de esa persona

2. democrático(a)   no respetar una ley

3. detener   las cosas que los ciudadanos pueden hacer o exigir de acuerdo con la ley

4. las garantías   cuando todos participan en el gobierno de un país

5. los derechos   cuando la policía le quita la libertad a una persona porque cree que es sospechosa

6. violar   las da el estado cuando asegura derechos para todos sus ciudadanos

El Sol

Santiago, 23 de septiembre

Presidente asegura derechos a todos los niños.

Actividad 25

Escribir/Hablar ....

¿Que dicen los titulares?

❶ Usa elementos de cada columna para escribir titulares *(headlines)*.

1. la Organización de las Naciones Unidas	detener	puntos de vista con fines pacíficos
2. la policía	votar	competencia mundial de atletismo
3. el Congreso	asegurar	garantías y derechos de los ciudadanos
4. el juez	proponer	el castigo del culpable
5. la declaración	reunirse	los valores democráticos
6. el presidente del club atlético	defender	los sospechosos
7. el grupo para la defensa de los niños	intercambiar	el derecho a la educación y la alimentación

❷ Imagina que eres reportero(a). Trabaja con otro(a) estudiante para escribir tres frases sobre uno de los titulares.

Fondo cultural

Políticos y educadores ¿Sabías que muchos líderes políticos en los países hispanohablantes fueron educadores o maestros? Un político famoso, el mexicano José Vasconcelos (1882–1959), también fue educador, además de filósofo, abogado, historiador y escritor. Después de luchar en la Revolución Mexicana, fue rector de la Universidad Nacional y creó la Secretaría de Educación Pública. La dividió en cuatro departamentos: el de Escuelas, para desarrollar la enseñanza técnica y científica; el de Bibliotecas, para promover la lectura en todo el país; el de Bellas Artes, para desarrollar la cultura artística; y el de Enseñanza indígena para eñsenar a los indígenas a leer ya que no tenían acceso a la educación. En su época, miles de campesinos y obreros aprendieron a leer y a escribir y se dio el más importante avance de la educación en México. Los estudiantes lo llamaron "Maestro de las juventudes de América".

Vasconcelos, además, creó la orquesta sinfónica de México y promovió la pintura mural y la obra de los grandes muralistas Diego Rivera y José Clemente Orozco.

• ¿Por qué es importante que los políticos sean maestros?

José Vasconcelos

Actividad 26 Escuchar/Escribir

Escucha la radio

A veces parece que las noticias siempre son malas. Escucha la radio y completa las frases para hacer un resumen de las noticias.

1. En Santa Ana, un grupo de personas . . .

2. En Ciudad Luna, hubo una manifestación . . .

3. Representantes de la organización mundial Los Amigos . . .

4. Desaparecieron 200 cajas de juguetes . . .

5. El alcalde Marino dijo que . . .

   Actividad 27 Leer/Hablar

¿Qué opinas? o "la libertad de opinión"

Trabaja con otro(a) estudiante. Usa tu derecho a la libertad de opinión y di si estás de acuerdo o no con las siguientes frases. Usa expresiones como: *creo que, me parece que, me preocupa que, dudo que.*

Modelo

(no) proteger los derechos fundamentales

A —*Debemos proteger los derechos fundamentales.*

B —*Creo que debemos proteger los derechos fundamentales para no perderlos.*

1. (no) detener a los sospechosos

2. los testigos de un crimen (no) ayudar a la víctima

3. (no) ser culpables los padres de jóvenes desobedientes

4. (no) apoyar la participación de jóvenes en manifestaciones pacíficas

5. (no) luchar contra la falta de justicia en otros países

6. (no) construir más carreteras

7. (no) controlar lo que pueden hacer los jóvenes

8. (no) proponer soluciones pacíficas

    Actividad 28 Hablar/Escribir

El noticiero

Con un(a) compañero(a), escribe un breve reportaje sobre "el misterio de la desaparición de una bicicleta" para el programa de noticias. Describe lo que pasó e incluye un comentario de un testigo. Pueden usar las palabras del recuadro. Presenten su reportaje a otra pareja. Uno(a) es reportero(a) del noticiero y otro(a) es testigo.

el / la testigo inocente	culpable detener	en lugar de el punto de vista	sospechoso(a) opinar

Actividad 29 Leer/Hablar

Momentos históricos

En todas las épocas hay artistas que representan momentos históricos de la vida de sus países y de sus héroes. Uno de esos momentos es cuando se firman *(sign)* documentos fundamentales, como las declaraciones de independencia y las constituciones. Lee sobre un pintor de la historia de Venezuela y contesta las preguntas.

Conexiones Las artes

Juan Lovera (1776–1841) es un pintor que inició el género de pintura histórica en Venezuela. En su obra, *El 5 de julio de 1811*, retrata a más de cien personajes y deja testimonio de un suceso de gran importancia para Venezuela, la firma de la declaración de independencia de España. La pintura muestra con detalles y de manera fiel a los hechos la ropa y la posición de los criollos *(native born)* de esa época. Además de los dibujos de cada uno de los personajes principales, tiene escritos sus nombres. Esta obra muestra la misión de las artes para preservar la historia.

- ¿Por qué piensas que las pinturas eran más importantes testimonios históricos antes que ahora?

- ¿Recuerdas alguna pintura que muestre un momento de la historia de los Estados Unidos?

El 5 de Julio de 1811, Juan Lovera, (Venezuelan)

Actividad 30   Hablar/Escribir

Y tú, ¿qué respondes?

❶ Imagina que estás en tu clase de Educación cívica. Discute y contesta estas preguntas con un(a) compañero(a):

1. En tu opinión, ¿qué debe garantizar el gobierno a los ciudadanos?

2. ¿Qué debe garantizar el(la) director(a) de tu escuela a los(as) estudiantes?

3. ¿Conoces países donde no respetan el punto de vista de la gente? ¿Puedes mencionar algunos de esos países?

4. ¿El desempleo existe en todos los países del mundo? ¿Como crees que afecta a las familias que sufren debido al desempleo?

5. ¿Qué organizaciones mundiales conoces que tengan fines pacíficos? Descríbelas.

6. ¿Conoces países que aseguran una educación gratuita para los ciudadanos?

❷ Escribe un párrafo sobre lo que significa para ti la democracia de los Estados Unidos.

El pluscuamperfecto del subjuntivo

You use the pluperfect subjunctive to describe actions in the past, when one action takes place before the other. In such cases, the action that takes place before is in the pluperfect subjunctive, and the action that takes place after is in the preterite, the imperfect or the pluperfect of the indicative.

> Carlos **se sorprendió** que su amigo **hubiera comprado** todos los materiales.
> **Esperaba** que **hubieran ido** a la fiesta con los niños.
> Yo **había querido** que mis hermanos **hubieran venido** a la casa de la abuela.

You form the pluperfect subjunctive using the past subjunctive of *haber* + the past participle of the verb.

hubiera salido	hubiéramos salido
hubieras salido	hubierais salido
hubiera salido	hubieran salido

- You also use the pluperfect subjunctive when the verb in the main clause is in the conditional.

  > ¿**Sería** posible que Teresa **hubiera terminado** el informe?

- Note that since the expression *como si* (as if) always refers to something that is contrary to the truth, or unreal, it must always be followed by the subjunctive, either the imperfect subjunctive or the pluperfect subjunctive.

  > Estaba tan cansada **como si hubiera corrido** todo el día.
  > Sergio descansa **como si no tuviera** nada que hacer.

Actividad 31 Gramática) Leer

Las noticias del día

Imagina que estás leyendo el periódico. Completa las siguientes frases con la forma correcta del verbo en el pluscuamperfecto del subjuntivo.

1. Fue una sorpresa que el gobierno _____ (*detener / proponer*) a tantas personas en el aeropuerto.

2. Los ciudadanos se enojaron porque los aerosoles _____ (*opinar / destruir*) tanto el medio ambiente.

3. Los estudiantes dudaban que la policía _____ (*castigar / asegurar*) al presidente de la universidad.

4. Los testigos esperaban que las noticias _____ (*estar / ser*) más positivas.

5. Los ciudadanos de ese país esperaban que el gobierno _____ (*garantizar / juzgar*) la libertad de prensa y de expresión.

6. Me sorprendía que el juez _____ (*opinar / violar*) de esa manera.

7. ¿Sería verdad que el actor _____ (*juzgar / robar*) el coche de su novia?

8. El testigo desapareció como si _____ (*saber / violar*) algo acerca del acusado.

Actividad 32 | Gramática | Hablar

En tu comunidad

Imagina que te encuentras con un(a) amigo(a) y conversan sobre las cosas que sucedieron en tu barrio. Trabaja con un(a) compañero(a). Tu compañero(a) te dice lo que pasó en el barrio y tú le respondes cómo te hizo sentir, usando un verbo de emoción y el pluscuamperfecto del subjuntivo.

Modelo

Roberto / celebrar su cumpleaños

A —*Roberto celebró su cumpleaños.*

B —*Me alegré mucho que hubiera celebrado su cumpleaños.*

Estudiante A

1. la abuela de Pedro / enfermarse
2. los hijos de Ana / cambiarse de escuela
3. la familia Ortiz / irse de viaje
4. el dueño del supermercado / acusar al vecino
5. los padres de Luisa / comprarse una casa

Estudiante B

Me alegré . . .
Fue una lástima . . .
Me sorprendió . . .
Me enojó . . .
Fue maravilloso . . .

El español en la comunidad

El español y las campañas electorales

Cada día más, en las campañas electorales en los Estados Unidos los candidatos dedican tiempo a comunicarse en español con la comunidad hispanohablante. Además de que ya hay boletas para votar traducidas al español, en las elecciones para presidente del 2000, por ejemplo, los candidatos usaron las estaciones de radio y televisión en español para trasmitir sus mensajes, y fueron entrevistados en programas de la televisión en español. Pero esta idea no es nueva, el presidente John F. Kennedy fue el primero que grabó mensajes en español durante su campaña, en 1960.

Como la población de hispanohablantes está creciendo en los Estados Unidos, se espera que durante las campañas presidenciales próximas, los candidatos usarán aún más el español para convencer (*convince*) a los hispanohablantes de votar por ellos. Es probable que entonces quienes puedan hablar los dos idiomas, ¡tendrán más posibilidades de ganar!

Gramática **Escribir** ....

El culpable

Imagina que eres un(a) detective que investigó un robo en una tienda. Entrevistaste a diferentes personas y su comportamiento fue muy sospechoso. Usa la expresión *como si* y el pluscuamperfecto del subjuntivo para explicar cómo actuaron.

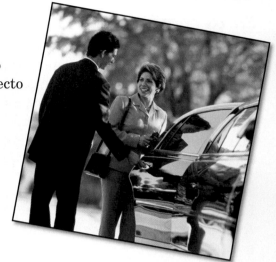

Modelo

el chofer *(reaccionar)* / estar enojado con la dueña
El chofer reaccionó como si hubiera estado
enojado con la dueña.

1. el vecino *(actuar)* / no importarle nada
2. el contador *(responder)* / estar loco
3. la vendedora *(mirar)* / esconder algo
4. la dueña *(hablar)* / enojarse con la vendedora
5. el cliente *(reírse)* / asustarse con las preguntas

 Gramática **Hablar/Escribir** ....

Por una sociedad mejor

❶ En grupo, investiguen sobre la vida de una persona famosa que luchó o que lucha por una sociedad más justa. Pueden buscar información en la biblioteca o en la Red. La persona puede ser:

- un(a) presidente(a)
- un(a) escritor(a)
- un(a) pintor(a)
- un(a) héroe(a)
- un(a) científico(a)

❷ Preparen un cuestionario sobre la vida de la persona que escogieron, por ejemplo, dónde nació, cómo fue su niñez, a qué se dedicaba, cuáles eran o son sus razones para luchar por una sociedad mejor, qué logró hacer. Escriban en una hoja de papel aparte las respuestas a las preguntas del cuestionario.

Modelo

¿Cómo reaccionó el país cuando se murió Lincoln?
El país se sorprendió de que el presidente Lincoln hubiera muerto.

❸ Intercámbiense los cuestionarios entre los grupos para responderlos. Luego, devuélvanlos al grupo que los hizo para que revise las respuestas.

❹ Corrijan las respuestas y compartan su información sobre la persona famosa con el resto de la clase.

Más práctica ....
Practice Workbook 10-10

For: Practice with the pluperfect subjunctive
Visit: www.phschool.com
Web Code: jed-1007

Gramática

El condicional perfecto

You use the conditional perfect to express what would or should have happened at some point in the past.

> Y tú, ¿qué **habrías dicho** en esa situación?
> *And you, what **would you have done** in that situation?*

> Yo le **habría dado** un buen consejo.
> *I **would have given** him(her) good advice.*

You form the conditional perfect using the conditional of *haber* + the past participle of the verb.

habría trabaj**ado**	habríamos trabaj**ado**
habrías trabaj**ado**	habríais trabaj**ado**
habría trabaj**ado**	habrían trabaj**ado**

• The conditional is used with *si* clauses to say what might have been if things had been different. In these sentences you use the past perfect subjunctive and the conditional perfect together.

> Si **hubiera sabido** que estabas interesada, te **habría invitado** a la reunión.
> *If **I had known** you were interested, I **would have invited** you to the meeting.*

> Si no **hubieran venido** a este país, no los **habrías conocido**.
> *If they **hadn't come** to this country, you **would not have met** them.*

Actividad 35 Gramática **Leer**

Lo habrían hecho pero, . . .

Muchas personas quieren resolver problemas, pero no siempre pueden. Completa las frases con el condicional perfecto del verbo apropiado.

1. Yo *(participar / detener)* en la reunión, pero no pude porque estaba enferma.

2. Los profesores *(obligar / asegurar)* el respeto a los derechos de los estudiantes si hubieran ido a la manifestación.

3. Si las personas no hubieran actuado de una manera tan sospechosa, la policía no los *(detener / intercambiar)*.

4. Si yo fuera el profesor, *(decir / proponer)* otro código de vestimenta.

5. Si ellos no hubieran tenido problemas, no *(aceptar / sufrir)* nuestra ayuda.

6. Si hubiera tenido problemas como tú, yo *(buscar / asegurar)* el apoyo de mis padres.

7. Creo que con un buen traductor, la confusión entre los dos países *(proponerse / resolverse)*.

36 Gramática Escribir ·

¿Qué habrías hecho?

Imagina que te sucedieran las siguientes cosas. Escribe frases sobre lo que habrías hecho si hubieras estado en estas situaciones.

Modelo

ser testigo
Si hubiera sido testigo en un juicio, me habría olvidado de todo lo que sabía.

1. estar acusado
2. perder (una cosa)
3. llegar tarde
4. ganar un premio
5. ser sospechoso(a)

6. empezar a trabajar
7. encontrar (una cosa)
8. tener derecho a (algo)
9. ver un extraterrestre
10. tener conocimiento de (una cosa)

 37 Gramática Hablar ·

¿Qué habría hecho yo?

Habla con un(a) compañero(a) de lo que habrías hecho si hubieran pasado las siguientes cosas. Usen la información para hacer la pregunta *¿Qué habrías hecho si . . .?* y contéstenla.

Modelo

mudarse nuevos vecinos a tu barrio
A —*¿Qué habrías hecho si se hubieran mudado nuevos vecinos a tu barrio?*
B —*Yo habría ido a conocerlos.*

1. (no) ir de vacaciones
2. perder mucho dinero
3. ocurrir un accidente en la calle
4. invitarte a ir a una fiesta

5. detenerte la policía
6. desaparecer tu coche
7. enterarte de un crimen
8. ignorarte tus amigos

 38 Gramática Hablar/Escribir ·

Cómo me habría gustado

❶ ¿Qué habrías hecho para mejorar la vida de los jóvenes de tu país y del mundo en el siglo XX? Trabaja con otro(a) estudiante para hacer una lista. Habla de los siguientes temas:
• la escuela
• la comunidad
• los países pobres
• el gobierno

Modelo

Yo habría quitado el código de vestimenta para dar más libertad a los estudiantes.

❷ Ahora, cada pareja debe presentar sus ideas a la clase. La clase debe hacer comentarios y preguntas sobre las ideas.

Gramática **Escribir/Hablar** · · · · · · · · · · ·

En otro país

❶ Imagina cómo habría sido tu vida si hubieras nacido en otro país. Piensa en un país que te interese. Investiga cómo vive la gente en ese lugar. Escribe un párrafo describiendo cómo habría sido tu vida en ese país.

> **Modelo**
>
> *Si yo hubiera nacido en España, habría hablado español. Me habría gustado la comida con pescado y mariscos, así como . . .*

❷ Trabaja con otro(a) estudiante. Lean los párrafos que escribieron y digan por qué eligieron ese lugar. Añadan detalles de ese país, como el clima, los lugares que pueden visitar, la comida, el idioma y la música.

Madrid, España

 Gramática **Leer/Escribir/Hablar** ·

Por los derechos de los animales

❶ Lee el siguiente folleto que se repartió en una manifestación en España a favor de los derechos de los animales.

❷ Responde a las siguientes preguntas sobre el folleto.

1. Según el folleto, ¿cuál es la situación de los perros en España? ¿Cómo ayudan los suizos?

2. ¿Cuál habría sido tu reacción si hubieras recibido este folleto?

3. ¿Qué opinas sobre los derechos de los animales? ¿Piensas que todos los animales deben gozar de los mismos derechos? ¿Por qué?

❸ En grupo, comparen sus respuestas a las preguntas anteriores. Piensen qué otras cosas se podrían hacer para proteger a los animales. Hagan un folleto para proponer sus ideas y explicar por qué la gente debe cuidar a los animales.

Situación de los perros en España

Estoy obligado a escribir esto, después de toda la información que he recibido sobre el maltrato que dan a muchos animales en España. Ahora vivo en Zurich (Suiza), y me sorprende que la gente de este país tenga que solucionar nuestros problemas. Cada semana, llegan perros de España que son salvados de su sacrificio o rescatados de alguna otra situación difícil.

Por favor, firmen esta petición de apoyo.

Amante de los animales

● **Más práctica** · · · · · · · · · · · · · · · · · · ·
Practice Workbook 10-11, 10-12

 Go Online
PHSchool.com

For: Practice with the conditional perfect
Visit: www.phschool.com
Web Code: jed-1009

¡Adelante!

Puente a la cultura
Héroes de América Latina

Objectives

- **Read about heroes of the Latin American independence movement**
- **Compare and contrast the independence movements of the U.S. and of Spanish-speaking countries**
- **Create a timeline to organize and compare historical data**

Simón Bolívar

Estrategia

Creating a timeline
Graphic aids are always useful to show data in a visual way. *Timelines* are graphic aids used to organize data in chronological order. Use them when you have historical information to organize and compare.

Durante la época colonial, España dominaba un territorio desde California hasta el Cabo de Hornos, al extremo sur de Sudamérica. Este territorio tenía aproximadamente 17 millones de habitantes y estaba dividido en cuatro virreinatos, o unidades políticas. Los representantes de la Corona[1] española controlaban no sólo la política en las colonias sino también los impuestos[2], el comercio, y así la vida de los habitantes.

Los habitantes de las colonias en América criticaban a España por su gran poder, pero en 1808, la monarquía española tuvo una crisis. Al sentir que la monarquía estaba débil, los criollos, o hijos de españoles nacidos en América, se rebelaron contra la Corona, iniciando así un movimiento de independencia en las colonias. Este movimiento resultó en la independencia de los países de América Latina.

Aquí hablamos de tres de los héroes de este movimiento. Aunque la historia de cada uno es my diferente, sus sueños de crear naciones independientes en América son muy similares.

Simón Bolívar: El Libertador de América

Simón Bolívar (1783–1830) nació en Caracas, Venezuela. Su sueño era liberar a las colonias españolas y unirlas en una gran patria[3]. Casi lo logró en 1819 cuando, después de muchos éxitos militares, creó la República de la Gran Colombia y fue su presidente. La Gran Colombia incluía los territorios que hoy forman Colombia, Venezuela, Panamá y Ecuador. Para 1826, Bolívar ya era también jefe supremo del Perú y presidente de Bolivia. Pero Bolívar murió sin realizar su sueño. Nunca pudo unir las repúblicas hispanoamericanas ya que había divisiones entre ellas. Bolivia se independizó en 1829 y Venezuela se separó de Colombia.

---

1 (Spanish) crown **2** taxes **3** homeland

José Martí: El apóstol de la independencia cubana

Además de gran poeta e intelectual, José Martí (1853–1895) es el héroe nacional y el apóstol de la independencia de Cuba. Desde los dieciséis años, ya participaba en la vida política y estuvo en prisión por haber escrito en publicaciones contra las autoridades coloniales españolas. Lo deportaron a España y de allí, fue a Nueva York, donde escribió la mayoría de sus obras. Luego, fundó el Partido Revolucionario Cubano en 1892. Regresó a Cuba cuando comenzó la guerra por la independencia en 1895 y murió en una batalla.

Miguel Hidalgo: El precursor de la independencia de México

Miguel Hidalgo se destaca en la historia de México como uno de los precursores de la independencia de ese país. Muchos lo criticaron porque era miembro del clero y tenía ideas revolucionarias. En 1810, durante un sermón, llamó al pueblo a luchar. Miles de indígenas que habían sufrido largos años de maltrato y explotación, decidieron seguirlo junto con los criollos. Miguel Hidalgo y su representante, el general Allende, organizaron el movimiento que llevó a la independencia en 1821.

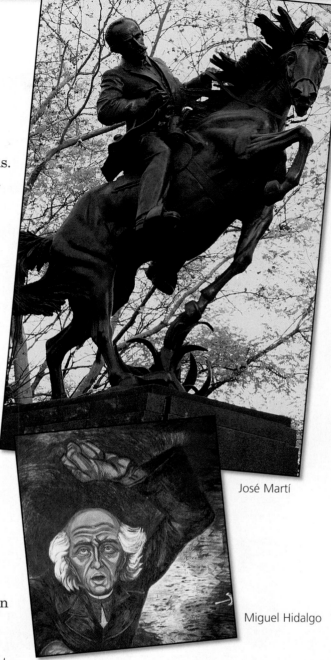

José Martí

Miguel Hidalgo

¿Comprendiste?

1. ¿En qué siglo se iniciaron los movimientos de independencia de las naciones hispanohablantes de América y cuáles fueron sus causas?

2. ¿Qué tienen en común los héroes del artículo? Da dos ejemplos.

3. Menciona dos héroes de otros países y di quiénes eran y qué hicieron.

4. Compara el movimiento de independencia de los Estados Unidos con el de las naciones hispanohablantes. Di sus semejanzas y diferencias.

Cronología de la independencia latinoamericana

Copia la línea cronológica y complétala con la información del texto que leíste.

Go Online
PHSchool.com
For: Internet Link Activity
Visit: www.phschool.com
Web Code: jed-1010

1808	1810	1819	1821	1826	1829	1895
_____	Movimiento de independencia de México	_____	_____	_____	Independencia de Bolivia	_____

Justicia para todos

1 🎧 Escucha el siguiente diálogo entre Sergio y su padre. Después de cada sección del diálogo vas a oír tres preguntas. Escoge la mejor respuesta para cada pregunta.

1. **a.** a una propuesta   **b.** a un juicio   **c.** a un castigo

2. **a.** un jurado, un juez y testigos   **b.** una secretaria y dos policías   **c.** un representante del estado

3. **a.** un libro   **b.** un video   **c.** una obra de teatro

4. **a.** gozarían de igualdad ante la ley   **b.** todos serían culpables   **c.** no podría haber testigos

5. **a.** el juez   **b.** el abogado   **c.** el estado

6. **a.** es interesante   **b.** es entretenido   **c.** es muy necesario

2 Las ilustraciones a continuación representan un cuento. Con tus propias palabras, describe detalladamente lo que sucedió. Recuerda que no puedes usar tus notas mientras cuentas el cuento. Añade información para que el cuento resulte más interesante y ponle un título. ¡Usa tu imaginación!

Puedes usar las siguientes palabras o expresiones para conectar tus ideas.

primero	antes de	después	finalmente
por eso	porque	cuando	entonces

1

2

3

4

5

6

3 Trabaja con un grupo de estudiantes. Cada miembro del grupo cuenta su cuento. ¿Qué conclusiones sacan sobre las reglas de los miembros de una familia a partir de los cuentos?

Los derechos de los estudiantes

Tarea

Imagina que el director de la escuela ha decidido que los estudiantes propongan qué reglas y derechos les gustaría tener en su escuela. Prepara un discurso para presentar las reglas y los derechos que tú propondrías.

Estrategia

Think, plan, then speak
Before proposing a list of rules, think about what you're going to include. Make a plan and use a table or graphic to organize your thoughts. Then, speak using the information that you have gathered.

1 **Prepárate** Completa una tabla como la siguiente con las reglas y los derechos que quieres proponer.

Reglas de la escuela	Derechos de los estudiantes

2 **Practica** Vuelve a leer la información que anotaste en la tabla. Practica varias veces tu discurso para recordar las reglas y los derechos que vas a proponer. Presenta razones por las que crees que estos derechos y reglas son beneficiosos. Usa tus notas para practicar, pero no al hablar ante la clase. Recuerda:

- explicar cada regla y derecho en forma clara y persuasiva
- presentar las razones por las que estos derechos y reglas serían beneficiosos
- mirar directamente al público y hablar con voz clara

Modelo

Los estudiantes deberíamos tener derecho a vacaciones más largas. Si hubiéramos tenido antes más tiempo para relajarnos, habríamos aprendido más y mejor. También la escuela debería tener derecho a exigir que . . .

3 **Haz tu presentación** Imagina que tus compañeros son los que van a analizar las reglas y los derechos que propongas. Debes convencerlos de que tu propuesta beneficiará tanto a los estudiantes como a los profesores.

4 **Evaluación** Tu profesor(a) puede explicarte cómo va a evaluar tu presentación. Probablemente, para tu profesor(a) es importante ver que:

- tu discurso fue convincente y se entendió bien
- diste suficientes razones de por qué los derechos y las reglas que propones son beneficiosos para todos.

¿Cuáles son sus derechos?

Estrategia

Snappy introductions
An interesting introduction will get your reader involved in your essay immediately. One good way to begin is to ask a question to pique his or her curiosity. Another way to hook your reader is to start with an interesting fact or incident related to your story.

Imagínate que eres reportero(a) y tienes que hacer un ensayo editorial sobre lo que saben los ciudadanos de los Estados Unidos acerca de los derechos y las garantías que tienen según la Constitución. Puedes entrevistar *(interview)* a personas de diferentes edades y usar sus respuestas para escribir tu ensayo.

1 Antes de escribir

Usa las siguientes preguntas para entrevistar a las personas sobre lo que saben acerca de sus derechos y garantías como ciudadanos(as) de los Estados Unidos. Escribe sus respuestas en una tabla como la siguiente.

1. ¿Es ciudadano(a) de los Estados Unidos?
2. ¿A qué se dedica?
3. ¿Sabe qué derechos y garantías tiene como ciudadano(a) de los Estados Unidos?
4. ¿Cómo usa usted sus libertades?
5. ¿Cómo compara su situación en este país con respecto a otros países?

Entrevista a: Ingrid Ramírez	**Entrevista a:** Jorge Ríos
1. ciudadana de los Estados Unidos	1. ciudadano de los Estados Unidos
2. maestra en Nueva York	2. mecánico en Miami
3. derecho a la libertad de expresión, libertad de prensa, libertad de religión	3. derecho a la libertad de decir lo que uno quiere
4. "Trabajo, me expreso y viajo libremente; tengo la religión que quiero."	4. "Puedo tener una vida cómoda, trabajar y viajar."
5. muy buena situación con respecto a otros países	5. mejor situación que en otros países

1 Borrador

Escribe tu borrador del ensayo. Presenta las opiniones de las personas entrevistadas sobre lo que saben de los derechos y las garantías que tienen como ciudadanos(as). Añade todos los detalles que sean necesarios. Recuerda usar el vocabulario y la gramática de este capítulo.

Snappy introduction uses a question to get the readers' attention.

Nuestra Constitución determina los derechos y las garantías que tienen los ciudadanos de este país. Pero, ¿sabe realmente la gente de qué tratan esos derechos y garantías? La mayoría de nosotros vivimos sin preguntarnos qué habría sido de nuestra vida si no se hubieran creado los derechos de los ciudadanos . . .

Examples of how people think about the topic.

Por ejemplo Ingrid, una maestra de Nueva York, dice que goza de sus libertades ya que trabaja, se expresa y viaja libremente . . .

Conclusion ties everything together.

Al igual que Ingrid, muchas personas que hubieran vivido en este país en las últimas décadas, habrían . . .

3 Redacción/Revisión

Después de escribir el primer borrador, trabaja con otro(a) compañero(a) para intercambiar los trabajos y leerlos. Decidan qué aspectos son más interesantes. Luego, hagan sugerencias para mejorar sus composiciones y corregir los errores.

mayoría

La ~~mayorías~~ de nosotros vivimos sin
                                  habría
preguntarnos qué ~~habrían~~ sido de nuestra
                hubieran
vida si no se ~~hubiera~~ creado los derechos

de los ciudadanos . . .

- ¿Se usó correctamente el pluscuamperfecto del subjuntivo y el condicional perfecto?

- ¿Existen errores de ortografía?

4 Publicación

Antes de hacer la versión final, lee de nuevo tu borrador y repasa los siguientes puntos:

- ¿Presenta el ensayo una idea clara sobre el tema?

- ¿Incluí opiniones de otras personas para explicar el tema?

- ¿Muestra el ensayo la importancia del tema?

- ¿Presenta una conclusión interesante?

Después de revisar el borrador, escribe una copia en limpio de tu composición.

5 Evaluación

Tu profesor(a) puede explicarte cómo va a evaluar tu ensayo. Probablemente, para tu profesor(a) es importante ver que:

- explicaste tu punto de vista sobre el tema

- presentaste detalles para explicar el tema

- las frases tienen sentido *(make sense)* y expresan una idea completa

- usaste correctamente el vocabulario y la gramática

Si me permiten hablar . . .

(Fragmento)

Estrategia

Investigate the author's reasons
Authors must decide which materials are most appropriate for describing the events they want to include in the narration of their experiences. The setting, the selection of special memories and how they affected his or her life, the use of particular details to describe feelings and personal opinions and the inclusion of anecdotes to liven up the narration, all these elements will give you clues to the author's reasons for writing.

Al leer

Este fragmento de *Si me permiten hablar . . .* es parte de una historia oral basada en las experiencias de Domitila Barrios Chungara en las minas de cobre *(copper mines)* de Bolivia. En este fragmento, Domitila cuenta cómo tenía que luchar para quedarse en la escuela y continuar su educación. Su testimonio revela a una joven cuyo coraje y determinación lograron vencer los obstáculos y prejuicios que formaban parte de la vida diaria de las mujeres en los pueblos mineros. Mientras lees este relato, presta atención a los siguientes puntos y luego completa la tabla que aparece en la página 471 con la siguiente información:

• el ambiente de pobreza en el hogar de la protagonista

• los errores que cometió y cómo logró superarlos

• los obstáculos que tuvo que enfrentar

• la actitud del padre de Domitila

Bueno, en el 54 me fue difícil regresar a la escuela después de las vacaciones, porque nosotros teníamos una vivienda que consistía en una pieza pequeñita donde no teníamos patio y no teníamos dónde ni con quiénes dejar a las wawas[1]. Entonces consultamos al director de la escuela y él dio permiso para llevar a mis hermanitas conmigo. El estudio se hacía por las tardes y por las mañanas. Yo tenía que combinar todo: casa y escuela. Entonces yo llevaba a la más chiquita cargada y a la otra agarrada de la mano y Marina llevaba las mamaderas[2] y las mantillas[3] y mi hermana la otrita llevaba los cuadernos. Y así todas nos íbamos a la escuela. En un rincón teníamos un cajoncito donde dejábamos a la más chiquita mientras seguíamos estudiando. Salía de la escuela, tenía que cargarme la niñita, nos íbamos a la casa y tenía yo que cocinar, lavar, planchar, atender a las wawas. Me parecía muy difícil todo eso. ¡Yo deseaba tanto jugar! Y tantas otras cosas deseaba, como cualquier niña.

Dos años después, ya la profesora no me dejó llevar a mis hermanitas porque ya metían bulla[4]. Mi padre no podía pagar a una sirvienta, pues no le alcanzaba su sueldo ni para la comida y la ropa de nosotras. En la casa, por ejemplo, yo andaba siempre descalza, usando los zapatos solamente para ir a la escuela.

---

1 small children **2** baby bottles **3** swaddling clothes **4** made noise

Bueno, como la profesora no me había dado aquella orden, entonces yo empecé a irme sola a la escuela. Echaba llave a la casa y tenían que quedarse las wawas en la calle, porque la vivienda era oscura, no tenía ventana y les daba mucho terror cuando se la cerraba. Era como una cárcel[5], solamente con una puerta. Y no había dónde dejar a las chicas, porque en ese entonces vivíamos en un barrio de solteros, donde no había familias, puros hombres vivían allí.

Entonces mi padre me dijo que dejara la escuela, porque ya sabía leer y leyendo podía aprender otras cosas. Pero yo no acepté y me puse fuerte[6] y seguí yendo a la escuela.

Mi padre gestionó[7] en la empresa minera de Pulacayo para que le diera una vivienda con patiecito, porque era muy difícil vivir donde estábamos. Y el gerente, a quien mi papá le arreglaba sus trajes, ordenó que le diera una vivienda más grande con un cuarto, una cocina y un corredorcito donde se podía dejar a las chicas.

Sufríamos hambre a veces y no nos satisfacían los alimentos porque era poco lo que podía comprar mi papá. Ha sido duro vivir con privaciones y toda clase de problemas cuando pequeñas. Pero eso desarrolló algo en nosotras: una gran sensibilidad, un gran deseo de ayudar a toda la gente. Nuestros juegos de niños siempre tenían algo relacionado con lo que vivíamos y con lo que deseábamos vivir. Además, en el transcurso de nuestra infancia habíamos visto eso: mi madre y mi padre, a pesar de que teníamos tan poco, siempre estaban ayudando a algunas familias de Pulacayo. Entonces, cuando veíamos pobres por la calle mendigando[8], yo y mis hermanas nos poníamos a soñar. Y soñábamos que un día íbamos a ser grandes, que íbamos a tener tierras, que íbamos a sembrar y que a aquellos pobres les íbamos a dar de comer.

Y bueno, así era nuestra vida. Yo tenía entonces 13 años. Mi padre siempre insistía en que no debía seguir en la escuela. Pero yo le iba rogando[9], rogando y seguía yendo. Claro, siempre me faltaba material escolar[10]. Entonces, algunos maestros me comprendían, otros no.

---

5 jail 6 got stubborn 7 negotiated 8 begging
9 pleading 10 school supplies

El problema es que habíamos hecho un trato[11] mi papá y yo. Él me había explicado que no tenía dinero, que no me podía comprar material, que no podía dar nada para la escuela. Y de ahí que me arreglaba como podía. Y por eso tenía yo problemas.

En el sexto curso tuve como profesor a un gran maestro que me supo comprender. Era un profesor bastante estricto, y los primeros días que no llevé el material completo, me castigó severamente. Tuve que irme a la casa, llorando. Pero al día siguiente, volví. Y de la ventana miraba lo que estaban haciendo los chicos.

En uno de esos momentos, el profesor me llamó.

—Seguramente no ha traído su material —me dijo. Yo no podía contestar y me puse a llorar.

—Entre. Ya pase, tome su asiento. Y a la salida se ha de quedar usted.

A la salida me quedé y entonces él me dijo:

—Mira, yo quiero ser tu amigo, pero necesito que me digas qué pasa con vos[12]. ¿Es cierto que no tienes tu mamá?

—Sí, profesor.

—¿Cuándo se murió?

—Cuando estaba todavía en el primer curso.

—Y tu padre, ¿dónde trabaja?

—En la policía minera, es sastre[13].

—Bueno, ¿qué es lo que pasa? Mira, yo quiero ayudarte, pero tienes que ser sincera. ¿Qué es lo que pasa?

Yo no quería hablar, porque pensé que iba a llamar a mi padre como algunos profesores lo hacían cuando estaban enojados. Pero el profesor me hizo otras preguntas y entonces le conté todo. También le dije que podía hacer mis tareas, pero que no tenía mis cuadernos, porque éramos bien pobres y mi papá no podía comprar y que, años atrás, ya mi papá me había querido sacar de la escuela porque no podía hacer ese gasto más. Y que con mucho sacrificio y esfuerzo había yo podido llegar hasta el sexto curso. Pero no era que mi papá no quisiera, sino porque no podía, porque, incluso, a pesar de toda la creencia que había en Pulacayo de que a la mujer no se le debía enseñar a leer, mi papá siempre quiso que supiéramos por lo menos eso.

Sí, mi papá siempre se preocupó por nuestra formación[14]. Cuando murió mi mamá, la gente nos miraba y decía: "Ay, pobrecitas, cinco mujeres, ningún varón . . . ¿Para qué sirven? . . . Mejor si se mueren". Pero mi papá muy orgulloso decía: "No, déjenme a mis hijas, ellas van a vivir". Y cuando la gente trataba de acomplejarnos[15] porque éramos mujeres y no servíamos para gran cosa, él nos decía que todas las mujeres tienen los mismos derechos que los hombres. Y decía que nosotras podíamos hacer las hazañas[16] que hacen los hombres. Nos crió siempre con esas ideas. Sí, fue una disciplina muy especial. Y todo eso fue muy positivo para nuestro futuro. Y de ahí que nunca nos consideramos mujeres inútiles.

El profesor comprendía todo esto, porque yo le contaba. E hicimos un trato de que yo le iba a pedir todo el material que necesitaba. Y así pude terminar mi último año escolar.

---

11 deal **12** with you **13** tailor **14** education **15** make us feel bad
16 feats

Interacción con la lectura

1 Completa la tabla siguiente para investigar por qué Domitila Barrios de Chungara escribió este relato autobiográfico.

Razones de Domitila	Ejemplos
describir las condiciones en que ella y su familia vivían	vivienda pobre, pasar hambre
analizar sus errores para prevenirlos en el futuro	
explicar su actitud frente a los obstáculos que tenía que enfrentar	
explicar el comportamiento de sus maestros	
explicar el comportamiento de su padre	

2 Trabaja con otro(a) compañero(a) para analizar la información de las tablas de cada uno(a). Comenten cuáles son las razones principales que llevaron a Domitila Barrios de Chungara a escribir este relato autobiográfico.

¿Comprendiste?

1. ¿Por qué dice Domitila que le fue difícil regresar a la escuela después de las vacaciones de 1954? ¿Qué tenía que hacer ella después de la clase?

2. Según Domitila, ¿qué aspecto positivo surgió de las privaciones que ella y su familia tuvieron que pasar?

3. ¿Cuál era la actitud del pueblo de Pulacayo hacia las mujeres?

4. ¿Qué piensas de la actitud del padre hacia los derechos de las mujeres?

5. ¿Piensas que Domitila logró superar los obstáculos que tuvo que enfrentar? Explica tu respuesta.

 Fondo cultural

Domitila Barrios Chungara (1937–) nació en Pulacayo, un pueblo minero de Bolivia. Años después recogió sus memorias de este pueblo en su obra *Si me permiten hablar . . .* Desde muy pequeña, Domitila estaba consciente del sufrimiento de su pueblo, en particular, la falta de educación, de empleo, de vivienda y de comida. Su ambición era mejorar las condiciones de vida de los campesinos y mineros de Bolivia. En 1952 se casó con un minero y empezó a participar en el Comité de Amas de Casa *(Homemakers)* del Distrito Minero Siglo XXI, y después, fue nombrada su Secretaria General. Su participación en las protestas contra las injusticias del gobierno causó que la encarcelaran *(jailed)*. Después tuvo que exiliarse *(go into exile)* en Europa. A pesar de estas terribles experiencias, Domitila sigue su campaña por los derechos de los pobres, los niños y las mujeres.

Domitila Barrios Chungara

- ¿Has participado alguna vez en un movimiento u organización que se dedica a luchar por los derechos de la gente? ¿Qué motivo tuviste para hacerlo? Si no lo has hecho, ¿te gustaría participar en el futuro?

Repaso del capítulo

Vocabulario y gramática

sobre tus derechos y responsabilidades

aplicar (las leyes)	to apply (the law)
discriminado, -a	discriminated
discriminar	to discriminate
funcionar	to function
gozar (de)	to enjoy
maltratar	to mistreat
obligar	to force
sufrir	to suffer
tratar	to treat
votar	to vote

en el hogar

el abuso	abuse
el / la adolescente	adolescent
el apoyo	support
la libertad	liberty
la niñez	childhood
la pobreza	poverty

en la escuela

el armario	locker
la autoridad	authority
el código de vestimenta	dress code
el deber	duty
la enseñanza	teaching
la igualdad	equality
el maltrato	mistreatment
el motivo	cause
el pensamiento	thought
la razón	reason
el respeto	respect

otros adjetivos y expresiones

adecuado, -a	adequate
ambos	both
de ese modo	in that way
en cuanto a	with respect to, as for
estar sujeto(a) a	to be subject to
satisfactorio, -a	satisfactory

sobre los derechos de los ciudadanos

el / la acusado(a)	accused, defendant
asegurar	to assure
el castigo	punishment
la desigualdad	inequality
el desempleo	unemployment
detener	to detain
el estado	the state
la felicidad	happiness
fundamental	fundamental, vital
la injusticia	injustice
el juicio	judgement
el jurado	jury
la justicia	justice
juzgar	to judge
la paz	peace
la prensa	the press
la propuesta	proposal
sospechoso, -a	suspicious
el / la testigo	witness
la tolerancia	tolerance
violar	to violate

sobre los derechos de todas las personas

la aspiración	aspiration
el fin	purpose
la garantía	guarantee
la igualdad	equality
intercambiar	to exchange
libre	free
mundial	worldwide
opinar	to think
pacífico, -a	peaceful
proponer	to propose, to suggest
el punto de vista	point of view
el valor	value

otros adjetivos y expresiones

a medida que	as
ante	before
culpable	guilty
democrático, -a	democratic
de modo que	so, so that
el modo	the way
en lugar de	instead of
la falta de	lack of
inocente	innocent
llegar a	to reach, to get to

La voz pasiva: *ser* + participio pasado

Form the passive voice by using *ser* + past participle. The past participle is an adjective, so it agrees in number and gender with the subject. However, use the impersonal *se* when the subject is unknown.

Las reglas **son aplicadas** por el estado.   Se **necesita** una persona para trabajar con nosotros.

El presente y el imperfecto del subjuntivo

Use the present subjunctive when the verb in the main clause is in the present, present perfect, command or future tense.

Dile que **vote** mañana en las elecciones.   Armando cantará cuando **se lo pidan**.
No hemos dicho que ella **sea** nuestra amiga.

Use the imperfect subjunctive when the verb in the main clause is in the preterite, imperfect, pluperfect or conditional.

Mi maestra me pidió que **bailara**.   El adolescente había tratado que **nos conociéramos**.
El presidente quería que todos **votaran**.   Le gustaría a mamá que **llegáramos** a tiempo.

pluscuamperfecto del subjuntivo

Use the pluperfect subjunctive when the verb of the main clause is in the preterite, the imperfect or the pluperfect of the indicative.

Esperaba que **hubieran ido** a la fiesta con los niños.
Carlos no pensó que Juan **hubiera intercambiado** su pluma.
Había querido que la prensa **hubiera dicho** la verdad.

To form the pluperfect subjunctive use the past subjunctive of *haber* + the past participle of the verb.

| hubiera | salido | hubiera | salido | hubierais | salido |
| hubieras | salido | hubiéramos | salido | hubieran | salido |

Also use the pluperfect subjunctive when the verb in the main clause is in the conditional.

¿**Sería** posible que él **hubiera terminado** la tarea?

After the expression *como si* (as if), use either the imperfect subjunctive or the pluperfect subjunctive.

Estaba tan alegre **como si hubiera dormido**.   El niño descansa **como si no tuviera** nada que hacer.

El condicional perfecto

Form the conditional perfect using the conditional of *haber* + the past participle of the verb.

| habría | trabajado | habría | trabajado | habríais | trabajado |
| habrías | trabajado | habríamos | trabajado | habrían | trabajado |

In sentences with *si* clauses, use the past perfect subjunctive and the conditional perfect together.

Si **hubieras ido** a la fiesta, te **habrías divertido**.   Si **hubieran venido** aquí, no **habrían estudiado**.

● **Más práctica** . . . .
Practice Workbook Organizor 10-13, 10-14

Preparación para el examen

Chapter Review

To prepare for the test, check to see if you . . .
- know the new vocabulary and grammar
- can perform the tasks on pp. 474 and 475

1 Vocabulary Escribe la letra de la palabra o expresión que mejor complete cada frase. Escribe tus respuestas en una hoja aparte.

1. El _____ de las opiniones de los demás ayuda a que la gente viva de manera pacífica.
   a. valor
   b. código de vestimenta
   c. respeto
   d. maltrato

2. Antes, era muy difícil recibir las noticias _____ si vivías en un pueblo pequeño.
   a. inocentes
   b. propuestas
   c. enseñanzas
   d. mundiales

3. La justicia y la paz son _____ que tienen los países de todo el mundo.
   a. democráticas
   b. injusticias
   c. aspiraciones
   d. castigos

4. A medida que le hacían preguntas, el sospechoso de _____ la ley se asustaba más.
   a. intercambiar
   b. violar
   c. opinar
   d. proponer

5. En los libros que usan los abogados encontrarás frecuentemente las palabras juicio, _____ y juzgar.
   a. jurado
   b. armario
   c. desempleo
   d. felicidad

6. Cuando pasan de _____ , muchos adolescentes creen que pueden hacer todo sin avisar a sus padres.
   a. la niñez
   b. la pobreza
   c. la injusticia
   d. la libertad

7. La policía tiene _____ de detener a las personas cuando existe un motivo.
   a. la igualdad
   b. la tolerancia
   c. el deber
   d. el pensamiento

8. _____ guardar para sus estudios el dinero que ganó con el premio, lo gastó en divertirse.
   a. A pesar de
   b. En lugar de
   c. Ante
   d. Debido a

2 Gramática Escribe la letra de la palabra o expresión que mejor complete cada frase. Escribe tus respuestas en una hoja aparte.

1. Luis no esperaba que su jefe lo _____ a quedarse trabajando toda la noche.
   a. obligará
   b. habían obligado
   c. habrá obligado
   d. hubiera obligado

2. Las leyes que prohiben maltratar a los animales _____ en muchas ciudades.
   a. aplicarán
   b. son aplicados
   c. están aplicadas
   d. son aplicadas

3. Si _____ una educación adecuada, todos los jóvenes se habrían graduado.
   a. tienen
   b. tenían
   c. hubieran tenido
   d. han tenido

4. La acusada hablaba sobre el asunto como si _____ la autoridad para acusar a otros durante su propio juicio.
   a. hubiera gozado de
   b. han gozado de
   c. habría gozado de
   d. ha gozado de

5. Dile al candidato que te _____ que va a luchar contra la desigualdad.
   a. asegure
   b. asegurará
   c. asegura
   d. ha asegurado

6. Si _____ sujeto a todos los problemas que sufrió ese adolescente, tu punto de vista sería muy distinto.
   a. estabas
   b. estás
   c. hubiste estado
   d. hubieras estado

7. Ambos estudiantes le pidieron al profesor que _____ de convencer a toda la clase para que votaran por su candidata.
   a. tratará
   b. hubiera tratado
   c. tratara
   d. trataría

8. Su amigo le _____ el apoyo que necesitaba si él no lo hubiera tratado así.
   a. sería dado
   b. habrá dado
   c. había dado
   d. habría dado

En el examen vas a . . .	Éstas son las tareas que te pueden ser útiles para el examen . . .	Si necesitas repasar . . .
3 Escuchar Escuchar y comprender la descripción de las reglas de un club deportivo	Responde a las preguntas sobre las reglas del Club Deportivo Veloz. (a) ¿Respetar el código de vestimenta es un derecho o un deber de los miembros? (b) ¿Qué significa que los miembros tendrán derecho de opinar? (c) ¿Qué les pasa a los que no obedecen las reglas? (d) ¿Crees que hay igualdad entre los derechos y los deberes de los miembros? Di por qué.	**pp. 436–439** *A primera vista 1* **p. 437** Actividad 2 **p. 442** Actividad 9 **p. 465** *Presentación oral*
4 Hablar Hacer una presentación para explicar por qué los animales también tienen derechos	Haz una presentación a los jóvenes del barrio sobre lo que deben hacer para cuidar a los animales. Incluye (a) una explicación de los problemas que sufren los animales, (b) qué derechos deberían tener, (c) lo que pueden hacer los jóvenes para protegerlos.	**p. 438** Actividad 3 **p. 461** Actividad 40 **p. 465** *Presentación oral*
5 Leer Leer y comprender un párrafo de un ensayo editorial	Lee un párrafo de un ensayo editorial sobre el mar y Chile. (a) ¿Qué solución propone el autor para desarrollar al país? (b) ¿Quién es el libertador de Chile? (c) ¿De qué depende Chile? *Ante lo que he dicho antes, propongo que hagamos una campaña para que Chile vuelva a mirar hacia el mar como solución para desarrollar al país. Para terminar, debemos recordar a nuestro libertador, Don Bernardo O'Higgins, quien dijo que el pueblo de Chile, "desde siempre y para siempre, depende del mar".*	**pp. 448–451** *A primera vista 2* **p. 455** Actividad 29 **pp. 468–471** *Lectura*
6 Escribir Escribir un cuestionario sobre cómo hacer uso de un parque	En un parque sembraron césped y flores y construyeron un camino para bicicletas, pero la gente no está de acuerdo en cómo usarlos. Escribe un cuestionario para preguntarles cómo habrían usado el parque si hubiera sido de ellos. Incluye (a) el horario, (b) las obligaciones y los derechos, (c) lo que debe garantizar la ciudad.	**p. 438** Actividad 3 **p. 442** Actividad 9 **p. 447** Actividad 17 **p. 460** Actividades 36–38 **pp. 436–437** *A primera vista 1*
7 Pensar Decir de qué derechos deberían gozar los niños	Piensa en lo que leíste sobre Domitila Barrios de Bolivia y di tres derechos que deberían tener todos los niños del mundo.	**p. 439** *A primera vista 1* **p. 439** Actividad 4 **pp. 468–471** *Lectura*

Vocabulario adicional

Capítulo 1

El equipo para ir de cámping

el abrelatas can opener
la balsa raft
el bote inflable inflatable boat
la cantimplora canteen
la caña de pescar fishing rod
el casco helmet
el chaleco salvavidas life jacket
los fósforos matches
la leña firewood
el remo oar, paddle

Para indicar cuando sucede algo

el amanecer dawn
el atardecer dusk
el mediodía noon
la puesta del sol sunset
la salida del sol sunrise

Expresiones para los deportes

empatar to tie (a game)
la cancha (sports) field
el podio podium

Capítulo 2

Los materiales

la acuarela watercolor
el barro clay
el caballete easel
el lienzo canvas
el óleo oleo (paint)
la témpera tempera

Las expresiones de teatro

la escenografía set design
la iluminación lighting

la ovación ovation
poner en escena (una obra) to stage (a play)
el telón curtain
la utilería props
el vestuario wardrobe

Los instrumentos musicales

el arpa harp
el contrabajo double bass
la flauta flute
el instrumento de cuerda string instrument
el instrumento de percussion percussion instrument
el instrumento de viento wind instrument
el violoncelo cello

La literatura

la autobiografía autobiography
la biografía biography
el ensayo essay
la estrofa stanza
la ficción fiction
la prosa prose
la rima rhyme

Capítulo 3

Las expresiones para la salud

el análisis clínico laboratory test
el / la especialista specialist
el estetoscopio stethoscope
el medicamento medicine
los minerales minerals
la presión arterial blood pressure
los primeros auxilios first aid
la respiración breathing
el síntoma symptom
el termómetro thermometer

Las máquinas de ejercicio

la caminadora treadmill
la máquina de remar rowing machine
la máquina de subir escaleras stair climber
las pesas libres free weights

Los condimentos

la mayonesa mayonnaise
la mostaza mustard
la salsa de tomate ketchup

Otro tipo de comidas

los fideos noodles

Capítulo 4

Los estados de ánimo

ansioso, -a anxious
abrumado, -a overwhelmed
agotado, -a exhausted
rendido, -a worn out

Las relaciones con los demás

agradecer to thank
chismear to gossip
disculpar to excuse
insultar to insult
opinar to give / to have an opinion
querer (a alguien) to love (someone)
soportar to tolerate

Capítulo 5

Expresiones para el empleo y trabajo voluntario

comunitario, -a community related
la destreza skill
los estudios (cursados) studies (completed)

el patrón / la patrona boss

los recursos humanos human resources

el / la supervisor(a) supervisor

sin fines de lucro nonprofit

Otras profesiones

el / la aprendiz apprentice

el / la camarógrafo(a) cameraman, camerawoman

el / la cirujano(a) surgeon

el /la intérprete interpreter

el / la jardinero(a) gardener

el / la modista(a) dressmaker, designer

el /la oculista eye doctor

Las ciencias

la astronomía astronomy

la física physics

la química chemistry

La tecnología

la energía nuclear nuclear energy

el facsímil fax

la fotocopiadora copier

inalámbrico, -a wireless

el microscopio electrónico electronic microscope

el rayo / la luz láser laser beam / light

el telescopio telescope

La arqueología

abandonar to abandon

el / la antropólogo(a) anthropologist

avanzado, -a advanced

los datos data, information

la desaparición disappearance

descifrar to decipher

desenterrar to unearth

la evolución evolution

el / la geólogo(a) geologist

el jeroglífico hieroglyph

la prueba proof

el significado meaning

surgir to arise

Para hablar del universo

la constelación constellation

la galaxia galaxy

intergaláctico, -a intergalactic

el sistema solar solar system

Otras formas geométricas

el cuadrado square

la circunferencia circumference

el cubo cube

la esfera sphere

la rueda wheel

La arquitectura

la capilla chapel

la cúpula dome

el muro wall

la muralla (de la ciudad) wall (of a city)

Expresiones para la historia de América

la armadura armor

las armas de fuego firearms

el arribo arrival

cabalgar to ride a horse

la carabela caravel

el escudo shield

la lanza spear

la nave (a vela) sailboat

la pólvora gunpowder

unificar to unify

el yelmo helmet

Expresiones sobre el cuidado del planeta

la atmósfera atmosphere

la biosfera biosphere

descomponer(se) to decompose

los desechos industriales industrial waste

el /la ecólogo(a) ecologist

la erosión erosion

la radioactividad radioactivity

radiactivo,-a radiactive

la superpoblación overpopulation

la sustancia substance

la tala de bosques felling of forests

Las leyes y los derechos

apelar to appeal

el congreso congress

la Declaración de Derechos Bill of Rights

la democracia democracy

los derechos civiles civil rights

los derechos humanos human rights

encarcelar to put in jail

las enmiendas amendments

el himno nacional national anthem

la monarquía monarchy

la patria homeland

el patriotismo patriotism

el senado senate

Resumen de gramática

Grammar Terms

Adjectives describe nouns: *a **red** car.*

Adverbs usually describe verbs: *He read it **quickly**.* Adverbs can also describe adjectives or other adverbs: ***very** tall, **quite well**.*

Articles are words in Spanish that can tell you whether a noun is masculine, feminine, singular, or plural. In English, the articles are ***the, a,*** and ***an.***

Commands are verb forms that tell people to do something: ***Work!***

Comparatives compare people or things: *more . . . than.*

Conditional tense is used to express what a person would do or what a situation would be like: *I **would like** to write a book.*

Conjugations are verb forms that add endings to the stem in order to tell who the subject is and what tense is being used: *escrib**o**, escrib**iste**.*

Conjunctions join words or groups of words. The most common ones are ***and, but,*** and ***or.***

Direct objects are nouns or pronouns that receive the action of a verb: *I read **the book**. I read **it**.*

Future tense is used to talk about actions in the future: *Tomorrow we **will begin** working.*

Gender in Spanish tells you whether a noun, pronoun, or article is masculine or feminine.

Imperfect tense is used to talk about actions that happened repeatedly in the past; to describe people, places, and situations in the past; to talk about a past action or situation where no beginning or end is specified; and to describe an ongoing action in the past.

Imperfect progressive tense is used to describe something that was taking place over a period of time in the past: *He **was skiing** when he broke his leg.*

Indicative mood refers to present, past or future actions or states based on reality: *It **snowed** all night. **It's snowing** right now. **Will it snow** tomorrow?*

Indirect objects are nouns or pronouns that tell you to whom / what or for whom / what something is done: *I gave **him** the book.*

Infinitives are the basic forms of verbs. In English, infinitives have the word "to" in front of them: ***to walk.***

Interrogatives are words that ask questions: ***What** is it? **Who** is he?*

Nouns name people, places, or things: ***students, Mexico City, books.***

Number tells you if a noun, pronoun, article, or verb is singular or plural.

Past participles are verb forms that are used with forms of *haber* to form compound tenses: ***He escrito** una carta.* When a participle is used with *estar*, it functions as an adjective: *La mesa **está puesta**.*

Prepositions show relationship between their objects and another word in the sentence: *He is **in** the classroom.*

Present tense is used to talk about actions that always take place, or that are currently happening: *I always **take** the bus; I **study** Spanish.*

Present perfect tense is used to say what a person *has done*: *We **have seen** the new movie.*

Present progressive tense is used to emphasize that an action is happening *right now*: *I **am doing** my homework; he **is finishing** dinner.*

Preterite tense is used to talk about actions that were completed in the past: *I **took** the train yesterday.*

Pronouns are words that take the place of nouns: ***She** is my friend.*

Reflexive verbs are used to say that people do something to or for themselves: *I **wash my** hair.* Reflexive verbs often describe a change in emotional or physical state, and express the idea that someone "gets" or "becomes": *They **became** angry.*

Subjects are the nouns or pronouns that perform the action in a sentence: ***John** sings.*

Subjunctive mood is used to say that one person influences the actions of another: ***I recommend that you study** more.* It is also used after verbs and expressions of doubt or uncertainty: ***It's possible that there's** enough food.*

Verbs show action or link the subject with a word or words in the predicate (what the subject does or is): *Ana **writes**; Ana **is** my sister.*

- -

Nouns, Number, and Gender

Nouns refer to people, animals, places, things, and ideas. Nouns are singular or plural. In Spanish, nouns have gender, which means that they are either masculine or feminine.

Singular Nouns	
Masculine	Feminine
libro	carpeta
pupitre	casa
profesor	noche
lápiz	ciudad

Plural Nouns	
Masculine	Feminine
libros	carpetas
pupitres	casas
profesores	noches
lápices	ciudades

Definite Articles

El, la, los, and *las* are definite articles and are the equivalent of "the" in English. *El* is used with masculine singular nouns; *los* with masculine plural nouns. *La* is used with feminine singular nouns; *las* with feminine plural nouns. When you use the words *a* or *de* before *el,* you form the contractions *al* and *del: Voy **al** centro; Es el libro **del** profesor.*

Masculine	
Singular	**Plural**
el libro	los libros
el pupitre	los pupitres
el profesor	los profesores
el lápiz	los lápices

Feminine	
Singular	**Plural**
la carpeta	las carpetas
la casa	las casas
la noche	las noches
la ciudad	las ciudades

Indefinite Articles

Un and *una* are indefinite articles and are the equivalent of "a" and "an" in English. *Un* is used with singular masculine nouns; *una* is used with singular feminine nouns. The plural indefinite articles are *unos* and *unas.*

Masculine	
Singular	**Plural**
un libro	unos libros
un baile	unos bailes

Feminine	
Singular	**Plural**
una revista	unas revistas
una mochila	unas mochilas

Pronouns

Subject pronouns tell who is doing the action. They replace nouns or names in a sentence. Subject pronouns are often used for emphasis or clarification: *Gregorio escucha música. **Él** escucha música.*

A *direct object* tells who or what receives the action of the verb. To avoid repeating a direct object noun, you can replace it with a *direct object pronoun.* Direct object pronouns have the same gender and number as the nouns they replace: *¿Cuándo compraste **el libro?** **Lo** compré ayer.*

An *indirect object* tells to whom or for whom an action is performed. *Indirect object pronouns* are used to replace an

indirect object noun: ***Les** doy dinero. (I give money to them.)* Because *le* and *les* have more than one meaning, you can make the meaning clear, or show emphasis, by adding *a* + the corresponding name, noun, or pronoun: ***Les** doy dinero a **ellos.***

When two object pronouns are used together, the indirect object pronoun comes before the direct object pronoun: *Si necesitas este libro, **te lo** doy.*

The indirect object pronoun *le* or *les* becomes *se* before the direct object pronoun *lo, la, los,* or *las: María quiere escuchar esta canción. **Se la** voy a cantar.*

A *reflexive pronoun* is used to show that someone does an action to or for

themselves. Each reflexive pronoun corresponds to a different subject and always agrees with the subject pronoun: *Todos los días **me ducho** y **me arreglo** el pelo.*

The personal *a*

When the direct object is a person, a group of people, or a pet, use the word *a* before the object. This is called the "personal *a*": *Visité **a** mi abuela. Busco **a** mi perro, Capitán.*

	Subject Pronouns		Direct Object Pronouns		Indirect Object Pronouns		Reflexive Pronouns		Objects of Prepositions	
Singular	**Plural**		**Singular**	**Plural**	**Singular**	**Plural**	**Singular**	**Plural**	**Singular**	**Plural**
yo	nosotros, nosotras		me	nos	me	nos	me	nos	(para) mí, conmigo	nosotros, nosotras
tú	vosotros, vosotras		te	os	te	os	te	os	(para) ti, contigo	vosotros, vosotras
usted (Ud.)	ustedes (Uds.)		lo, la	los, las	le	les	se	se	Ud.	Uds.
él, ella	ellos, ellas								él, ella	ellos, ellas

Adjectives

Words that describe people and things are called adjectives. In Spanish, most adjectives have both masculine and feminine forms, as well as singular and plural forms. Adjectives must agree with the noun they describe in both gender and number. When an adjective describes a group including both masculine and feminine nouns, use the masculine plural form.

Masculine	
Singular	**Plural**
alto	altos
inteligente	inteligentes
trabajador	trabajadores
fácil	fáciles

Feminine	
Singular	**Plural**
alta	altas
inteligente	inteligentes
trabajadora	trabajadoras
fácil	fáciles

Shortened Forms of Adjectives

When placed before masculine singular nouns, some adjectives change into a shortened form.

bueno	→	buen chico
malo	→	mal día
primero	→	primer trabajo
tercero	→	tercer plato
grande	→	gran señor

One adjective, **grande,** changes to a shortened form before any singular noun: *una* **gran** *señora, un* **gran** *libro.* In these cases, **gran** means "great."

Possessive Adjectives and Pronouns

Possessive adjectives are used to tell what belongs to someone or to show relationships. Like other adjectives, possessive adjectives agree in number with the nouns that follow them.

Only *nuestro* and *vuestro* have different masculine and feminine endings. *Su* and *sus* can have many different meanings: *his, her, its, your,* or *their.*

The long forms of possessive adjectives agree in number and gender with the noun. They are used for emphasis and come *after* the noun. They may also be used without a noun: *¿Esta chaqueta es* **tuya***? Sí, es* **mía***.*

Singular	Plural
mi	mis
tu	tus
su	sus
nuestro, -a	nuestros, -as
vuestro, -a	vuestros, -as
su	sus

Singular	Plural
mío/mía	míos/mías
tuyo/tuya	tuyos/tuyas
suyo/suya	suyos/suyas
nuestro/nuestra	nuestros/nuestras
vuestro/vuestra	vuestros/vuestras
suyo/suya	suyos/suyas

Possessive pronouns use the long form of possessive adjectives preceded by the definite article. *Tu cuarto es grande.* **El mío** *es pequeño.*

Demonstrative Adjectives and Pronouns

Demonstrative adjectives are used to point out people or things that are nearby and farther away. A demonstrative adjective agrees in gender and number with the noun that follows it.

Use *este, esta, estos, estas* ("this" / "these") before nouns that name people or things that are close to you. Use *ese, esa, esos, esas* ("that" / "those") before nouns that name people or things that are at some distance from you.

	Close to you		Closer to the person you are talking to		Far from both of you	
Adjectives	este	estos	ese	esos	aquel	aquellos
	esta	estas	esa	esas	aquella	aquellas
Pronouns	éste	éstos	ése	ésos	aquél	aquéllos
	ésta	éstas	ésa	ésas	aquélla	aquéllas

Use *aquel, aquella, aquellos,* or *aquellas* ("that one [those] over there") before nouns that name people or things that are far from both you and the person you are speaking to.

Demonstrative adjectives can be used as pronouns to replace nouns. To distinguish them from demonstrative adjectives they have a written accent.

Interrogative Words

You use interrogative words to ask questions. When you ask a question with an interrogative word, you put the verb before the subject. All interrogative words have a written accent mark.

¿Adónde?	¿Cuándo?	¿Dónde?
¿Cómo?	¿Cuánto, -a?	¿Por qué?
¿Con quién?	¿Cuántos, -as?	¿Qué?
¿Cuál?	¿De dónde?	¿Quién?

Comparatives and Superlatives

Comparatives Use *más . . . que* or *menos . . . que* to compare people or things: *más interesante que . . . , menos alta que . . . .*

When talking about number, use *de* instead of *que: Tengo más de cien monedas en mi colección.*

To compare people or things that are equal, use *tan . . . como: tan popular como . . . . Tanto / tanta . . . como* is used to say "as much as" and *tantos / tantas . . . como* is used to say "as many as": *tanto dinero como . . . tantas amigas*

como . . . . Tanto and *tanta* match the number and gender of the noun to which they refer.

Superlatives Use this pattern to express the idea of "most" or "least."

el
la   + *noun* + más / menos + *adjective*
los
las

Es la chica más seria de la clase.
Son los perritos más pequeños.

Several adjectives are irregular when used with comparisons and superlatives.

older	mayor
younger	menor
better	mejor
worse	peor

Affirmative and Negative Words

To make a sentence negative in Spanish, *no* usually goes in front of the verb or expression. To show that you do not like either of two choices, use *ni . . . ni.*

Alguno, alguna, algunos, algunas and *ninguno, ninguna* match the number and gender of the noun to which they refer. *Ningunos* and *ningunas* are rarely used. When *alguno* and *ninguno* come before a masculine singular noun, they change to *algún* and *ningún.*

Affirmative	Negative
algo	nada
alguien	nadie
algún	ningún
alguno, -a, -os, -as	ninguno, -a, -os, -as
siempre	nunca
también	tampoco

Adverbs

To form an adverb in Spanish, *-mente* is added to the feminine singular form of an adjective. The *-mente* ending is equivalent to the "-ly" ending in English. If the adjective has a written accent, such as *rápida, fácil,* and *práctica,* the accent appears in the same place in the adverb.

general → generalmente
especial → especialmente
fácil → fácilmente
feliz → felizmente
rápida → rápidamente
práctica → prácticamente

Past Participles

Past participles are used with forms of the verb *haber* to form compound tenses: **Había escrito** *un poema muy hermoso.* They can also be used as adjectives: *El espejo estaba* **roto**.
To form a past participle, add *-ado* to the root of *-ar* verbs and *-ido* to the root of *-er* and *-ir* verbs.

Some past participles are irregular.

| decorar | decor**ado** | conocer | conoc**ido** | preferir | prefer**ido** |

abrir: abierto	morir: muerto
cubrir: cubierto	poner: puesto
decir: dicho	resolver: resuelto
descubrir:	romper: roto
descubierto	ver: visto
escribir: escrito	volver: vuelto
hacer: hecho	

Por and *para*

Both *por* and *para* are prepositions. Their usages are quite different.

Use *por* to indicate:	
length of time or distance	Caminamos **por** dos horas.
where an action takes place	El perro corría **por** la playa.
an exchange	Le doy diez pesos **por** ese dibujo.
an action on behalf of someone or something	Vamos a la marcha **por** la paz.
a means of communication or transportation	Lo vimos **por** televisión.

Use *por* in certain expressions:
por ejemplo
por eso (tanto)
por la (mañana, tarde, noche)
por favor
por lo general
por primera (segunda, tercera, última) vez
por supuesto

Use *para* to indicate:	
purpose	Como frutas **para** obtener vitaminas.
destination	Hace una hora salieron **para** la playa.
a point in time	**Para** mañana ya tendrás lo que encargaste.
use	¿Dónde hay una cuchara **para** sopa?
opinion	**Para** los niños el helado es muy rico.

Pero and *sino*

The word *pero* is usually the equivalent of the English conjunction *but*. The word *sino* also means *but*.

Sino is used after a negative, to convey the idea of an alternative: "not this, but rather that."

No compré pastel *sino* helado.

Yo can also use *sino* with *no sólo . . . sino también*.

Me regaló *no sólo* dulces *sino* también flores.

You use *sino que* when there is a conjugated verb in the second part of the sentence.

No fuimos a la ciudad *sino que* salimos a navegar.

Relative Pronouns *que, quien,* and *lo que*

You use relative pronouns to combine two sentences or to give clarifying information. The most common relative pronoun in Spanish is *que*. It can mean *that, which, who,* or *whom,* and it may refer either to persons or to things.

El artículo **que** *salió en el periódico habla sobre la contaminación.*

> After a preposition, use *que* to refer to things and *quien(es)* to refer to people.
>
> El problema **del que** te hablé es muy grave.
> La persona **de quien** te hablé se llama Adriana.
>
> Use the relative phrase *lo que* to refer to a situation, concept, action, or object not yet identified.
>
> Te cuento **lo que** me explicó el científico.

Conjunctions used with the subjunctive and the indicative

Certain conjunctions related to time are followed by either the indicative or the subjunctive:

> | antes de que | tan pronto como | cuando | en cuanto |
> |---|---|---|---|
> | después (de) que | hasta que | mientras | |
>
> You use the subjunctive after these conjunctions when the action that follows has not yet taken place. You use the indicative with these conjunction when the action that follows has already taken place or if it occurs regularly.
>
> Van a producir petróleo **hasta que** se agote.
> **En cuanto** salgo del cuarto, siempre apago las luces.
>
> The conjunction *antes de que* is always followed by the subjunctive.
>
> Pon el helado en el refrigerador **antes de que** se derrita.
>
> If the subject of a sentence does not change, use the infinitive after *antes de, después de* and *hasta.*
>
> Voy a salir **después de** terminar la tarea.

The following conjunctions are usually followed by the subjunctive to express the purpose or intention of an action:

> | a menos que | para que | sin que |
> |---|---|---|
> | a fin de que | aunque | con tal (de) que |
>
> No haré la limpieza de la casa **a menos que** me ayudes.
>
> If the subject of the sentence does not change, use the infinitive after *para* and *sin.*
>
> Debemos dejar de usar aerosoles **para** detener la destrucción de la capa de ozono.
>
> With the conjunction *aunque,* use the subjunctive to express uncertainty. Use the indicative when there is no uncertainty.
>
> **Aunque** produzcan más petróleo, no podrán depender de este recurso por mucho tiempo.
> No quiero ver ese programa sobre las ballenas **aunque** todos dicen que es muy bueno.

Verbos

Regular Verbs

Here are the conjugations for regular -ar, -er, and -ir verbs in the indicative (present, preterite, imperfect, future and conditional) and the present and imperfect subjunctive.

Infinitive Present Participle Past Participle	Present		Preterite		Imperfect	
estudiar	estudio	estudiamos	estudié	estudiamos	estudiaba	estudiábamos
estudiando	estudias	estudiáis	estudiaste	estudiasteis	estudiabas	estudiabais
estudiado	estudia	estudian	estudió	estudiaron	estudiaba	estudiaban
correr	corro	corremos	corrí	corrimos	corría	corríamos
corriendo	corres	corréis	corriste	corristeis	corrías	corríais
corrido	corre	corren	corrió	corrieron	corría	corrían
vivir	vivo	vivimos	viví	vivimos	vivía	vivíamos
viviendo	vives	vivís	viviste	vivisteis	vivías	vivíais
vivido	vive	viven	vivió	vivieron	vivía	vivían

Present Progressive and Imperfect Progressive

Progressive tenses are formed with a form of *estar* and the present participle.

Present progressive	Present participle	Imperfect progressive	Present participle
estoy estás está estamos estáis están	estudiando corriendo viviendo	estaba estabas estaba estábamos estabais estaban	estudiando corriendo viviendo

Reflexive Verbs

Infinitive and Present Participle	Present	Preterite	Subjunctive
lavarse lavándose	me lavo te lavas se lava nos lavamos os laváis se lavan	me lavé te lavaste se lavó nos lavamos os lavasteis se lavaron	me lave te laves se lave nos lavemos os lavéis se laven

Regular Verbs (continued)

Future		Conditional		Present Subjunctive		Imperfect Subjunctive	
estudiaré	estudiaremos	estudiaría	estudiaríamos	estudie	estudiemos	estudiara	estudiáramos
estudiarás	estudiaréis	estudiarías	estudiarías	estudies	estudiéis	estudiaras	estudiarais
estudiará	estudiarán	estudiaría	estudiaría	estudie	estudien	estudiara	estudiaran
correré	correremos	correría	correríamos	corra	corramos	corriera	corriéramos
correrás	correréis	correrías	correríais	corras	corráis	corrieras	corrierais
correrá	correrán	correría	correrían	corra	corran	corriera	corrieran
viviré	viviremos	viviría	viviríamos	viva	vivamos	viviera	viviéramos
vivirás	viviréis	vivirías	viviríais	vivas	viváis	vivieras	vivierais
vivirá	vivirán	viviría	vivirían	viva	vivan	viviera	vivieran

Perfect Tenses

Perfect tenses are formed with an auxiliary verb *(haber)* and a past participle.

Present Perfect		Pluperfect		Future Perfect		Present Perfect Subjunctive		Past Perfect Subjunctive		Conditional Perfect	
he		había		habré		haya		hubiera		habría	
has	estudiado	habías	estudiado	habrás	estudiado	hayas	estudiado	hubieras	estudiado	habrías	estudiado
ha	corrido	había	corrido	habrá	corrido	haya	corrido	hubiera	corrido	habría	corrido
hemos	vivido	habíamos	vivido	habremos	vivido	hayamos	vivido	hubiéramos	vivido	habríamos	vivido
habéis		habíais		habréis		hayáis		hubierais		habríais	
han		habían		habrán		hayan		hubieran		habrían	

Stem-changing Verbs

Here is a list of the stem-changing verbs. Only conjugations with changes are shown.

Infinitive in -ar

Infinitive	Present Indicative		Present Subjunctive	
pensar (e→ie)	pienso	pensamos	piense	pensemos
	piensas	pensáis	pienses	penséis
	piensa	piensan	piense	piensen
Verbs like **pensar:** calentar, comenzar, despertar(se), recomendar, tropezar				
contar (o→ue)	cuento	contamos	cuente	contemos
	cuentas	contáis	cuentes	contéis
	cuenta	cuentan	cuente	cuenten
Verbs like **contar:** acostar(se), almorzar, costar, encontrar(se), probar(se), recordar				
jugar (u→ue)	juego	jugamos	juegue	juguemos
	juegas	jugáis	juegues	juguéis
	juega	juegan	juegue	jueguen

Infinitive in -er

Infinitive	Present Indicative		Present Subjunctive	
entender (e→ie)	entiendo	entendemos	entienda	entendamos
	entiendes	entendéis	entiendas	entendáis
	entiende	entienden	entienda	entiendan
Verbs like **entender:** encender, perder				
devolver (o→ue)	devuelvo	devolvemos	devuelva	devolvamos
past participle:	devuelves	devolvéis	devuelvas	devolváis
devuelto	devuelve	devuelven	devuelva	devuelvan
Verbs like **devolver:** mover(se), resolver, torcer(se), volver (past participle: **vuelto**)				

Stem-changing Verbs (continued)

Infinitive in *-ir*

	Indicative				Subjunctive	
	Present		**Preterite**		**Present**	
pedir (e→i) (e→i)	pido	pedimos	pedí	pedimos	pida	pidamos
present participle: pidiendo	pides	pedís	pediste	pedisteis	pidas	pidáis
	pide	piden	pidió	pidieron	pida	pidan
Verbs like pedir: conseguir, despedir(se), repetir, seguir, vestir(se)						
preferir (e→ie) (e→i)	prefiero	preferimos	preferí	preferimos	prefiera	prefiramos
present participle:	prefieres	preferís	preferiste	preferisteis	prefieras	prefiráis
prefiriendo	prefiere	prefieren	prefirió	prefirieron	prefiera	prefieran
Verbs like preferir: divertir(se), hervir, mentir, sugerir						
dormir (o→ue) (o→u)	duermo	dormimos	dormí	dormimos	duerma	durmamos
present participle:	duermes	dormís	dormiste	dormisteis	duermas	durmáis
durmiendo	duerme	duermen	durmió	durmieron	duerma	duerman
Verbs like dormir: morir(se) (past participle: muerto)						

Spelling-changing Verbs

These verbs have spelling changes in the present, preterite, and/or the subjunctive tenses. The spelling changes are indicated in boldface.

Infinitive Present Participle Past Participle	Present		Preterite		Subjunctive	
almorzar (z→c) almorzando almorzado	See regular -*ar* verbs		**almorcé** almorzaste almorzó	almorzamos almorzasteis almorzaron	**almuerce** **almuerces** **almuerce**	**almorcemos** **almorcéis** **almuercen**
buscar (c→qu) buscando buscado	See regular -*ar* verbs		**busqué** buscaste buscó	buscamos buscasteis buscaron	**busque** **busques** **busque**	**busquemos** **busquéis** **busquen**
comunicarse (c→qu) comunicándose	See reflexive verbs		See reflexive verbs and **buscar**		See reflexive verbs and **buscar**	
conocer (c→zc) conociendo conocido	**conozco** conoces conoce	conocemos conocéis conocen	See regular -*er* verbs		**conozca** **conozcas** **conozca**	**conozcamos** **conozcáis** **conozcan**
creer (i→y) creyendo creído	See regular -*er* verbs		**creí** **creíste** **creyó**	**creímos** **creísteis** **creyeron**	See regular -*er* verbs	
empezar (z→c) empezando empezado	See stem-changing verbs		**empecé** empezaste empezó	empezamos empezasteis empezaron	See stem-changing verbs	
enviar (i→í) enviando enviado	**envío** **envías** **envía**	enviamos enviáis **envían**	See regular -*ar* verbs		**envíe** **envíes** **envíe**	enviemos enviéis **envíen**
escoger escogiendo escogido	**escojo** escoges escoge	escogemos escogéis escogen	See regular -*er* verbs		**escoja** **escojas** **escoja**	**escojamos** **escojáis** **escojan**
esquiar (i→í) esquiando esquiado	See **enviar**		See regular -*ar* verbs		See **enviar**	
jugar (g→gu) jugando jugado	See stem-changing verbs		**jugué** jugaste jugó	jugamos jugasteis jugaron	See stem-changing verbs	
leer (i→y) leyendo leído	See regular -*er* verbs		See **creer**		See **creer**	
obedecer (c→zc) obedeciendo obedecido	See **conocer**		See regular -*er* verbs		See **conocer**	

Spelling-changing Verbs (continued)

Infinitive Present Participle Past Participle	Present		Preterite	Subjunctive	
ofrecer (c→zc) ofreciendo ofrecido	See **conocer**		See regular *-er* verbs	See **conocer**	
pagar (g→gu) pagando pagado	See regular *-ar* verbs		See **jugar**	**pague** **pagues** **pague**	**paguemos** **paguéis** **paguen**
parecer (c→zc) pareciendo parecido	See **conocer**		See regular *-er* verbs	See **conocer**	
practicar (c→qu) practicando practicado	See regular *-ar* verbs		See **buscar**	See **buscar**	
recoger (g→j) recogiendo recogido	**recojo** recoges recoge	recogemos recogéis recogen	See regular *-er* verbs	See **escoger**	
sacar (c→qu) sacando sacado	See regular *-ar* verbs		See **buscar**	See **buscar**	
tocar (c→qu) tocando tocado	See regular *-ar* verbs		See **buscar**	See **buscar**	

Irregular Verbs

These verbs have irregular patterns.

	1		2		3		4	
Infinitive Present Participle Past Participle			**Present**		**Preterite**		**Imperfect**	
dar	doy	damos	di	dimos	daba	dábamos
dando	das	dais	diste	disteis	dabas	dabais
dado	da	dan	dio	dieron	daba	daban
decir	digo	decimos	dije	dijimos	decía	decíamos
diciendo	dices	decís	dijiste	dijisteis	decías	decíais
dicho	dice	dicen	dijo	dijeron	decía	decían
estar	estoy	estamos	estuve	estuvimos	estaba	estábamos
estando	estás	estáis	estuviste	estuvisteis	estabas	estabais
estado	está	están	estuvo	estuvieron	estaba	estaban
haber	he	hemos	hube	hubimos	había	habíamos
habiendo	has	habéis	hubiste	hubisteis	habías	habíais
habido	ha	han	hubo	hubieron	había	habían
hacer	hago	hacemos	hice	hicimos	hacía	hacíamos
haciendo	haces	hacéis	hiciste	hicisteis	hacías	hacíais
hecho	hace	hacen	hizo	hicieron	hacía	hacían
ir	voy	vamos	fui	fuimos	iba	íbamos
yendo	vas	vais	fuiste	fuisteis	ibas	ibais
ido	va	van	fue	fueron	iba	iban
oír	oigo	oímos	oí	oímos	oía	oíamos
oyendo	oyes	oís	oíste	oísteis	oías	oíais
oído	oye	oyen	oyó	oyeron	oía	oían
poder	puedo	podemos	pude	pudimos	podía	podíamos
pudiendo	puedes	podéis	pudiste	pudisteis	podías	podíais
podido	puede	pueden	pudo	pudieron	podía	podían
poner	pongo	ponemos	puse	pusimos	ponía	poníamos
poniendo	pones	ponéis	pusiste	pusisteis	ponías	poníais
puesto	pone	ponen	puso	pusieron	ponía	ponían

Irregular Verbs (continued)

5 Future		6 Conditional		7 Present Subjunctive		8 Imperfect Subjunctive	
daré	daremos	daría	daríamos	dé	demos	diera	diéramos
darás	daréis	darías	daríais	des	deis	dieras	dierais
dará	darán	daría	darían	dé	den	diera	dieran
diré	diremos	diría	diríamos	diga	digamos	dijera	dijéramos
dirás	diréis	dirías	diríais	digas	digáis	dijeras	dijerais
dirá	dirán	diría	dirían	diga	digan	dijera	dijeran
estaré	estaremos	estaría	estaríamos	esté	estemos	estuviera	estuviéramos
estarás	estaréis	estarías	estaríais	estés	estéis	estuvieras	estuvierais
estará	estarán	estaría	estarían	esté	estén	estuviera	estuvieran
habré	habremos	habría	habríamos	haya	hayamos	hubiera	hubiéramos
habrás	habréis	habrías	habríais	hayas	hayáis	hubieras	hubierais
habrá	habrán	habría	habrían	haya	hayan	hubiera	hubieran
haré	haremos	haría	haríamos	haga	hagamos	hiciera	hiciéramos
harás	haréis	harías	haríais	hagas	hagáis	hicieras	hicierais
hará	harán	haría	harían	haga	hagan	hiciera	hicieran
iré	iremos	iría	iríamos	vaya	vayamos	fuera	fuéramos
irás	iréis	irías	iríais	vayas	vayáis	fueras	fuerais
irá	irán	iría	irían	vaya	vayan	fuera	fueran
oiré	oiremos	oiría	oiríamos	oiga	oigamos	oyera	oyéramos
oirás	oiréis	oirías	oiríais	oigas	oigáis	oyeras	oyerais
oirá	oirán	oiría	oirían	oiga	oigan	oyera	oyeran
podré	podremos	podría	podríamos	pueda	podamos	pudiera	pudiéramos
podrás	podréis	podrías	podríais	puedas	podáis	pudieras	pudierais
podrá	podrán	podría	podrían	pueda	puedan	pudiera	pudieran
pondré	pondremos	pondría	pondríamos	ponga	pongamos	pusiera	pusiéramos
pondrás	pondréis	pondrías	pondríais	pongas	pongáis	pusieras	pusierais
pondrá	pondrán	pondría	pondrían	ponga	pongan	pusiera	pusieran

Irregular Verbs (continued)

Infinitive Present Participle Past Participle	Present		Preterite		Imperfect	
querer queriendo querido	quiero quieres quiere	queremos queréis quieren	quise quisiste quiso	quisimos quisisteis quisieron	quería querías quería	queríamos queríais querían
saber sabiendo sabido	sé sabes sabe	sabemos sabéis saben	supe supiste supo	supimos supisteis supieron	sabía sabías sabía	sabíamos sabíais sabían
salir saliendo salido	salgo sales sale	salimos salís salen	salí saliste salió	salimos salisteis salieron	salía salías salía	salíamos salíais salían
ser siendo sido	soy eres es	somos sois son	fui fuiste fue	fuimos fuisteis fueron	era eras era	éramos erais eran
tener teniendo tenido	tengo tienes tiene	tenemos tenéis tienen	tuve tuviste tuvo	tuvimos tuvisteis tuvieron	tenía tenías tenía	teníamos teníais tenían
traer trayendo traído	traigo traes trae	traemos traéis traen	traje trajiste trajo	trajimos trajisteis trajeron	traía traías traía	traíamos traíais traían
venir viniendo venido	vengo vienes viene	venimos venís vienen	vine viniste vino	vinimos vinisteis vinieron	venía venías venía	veníamos veníais venían
ver viendo visto	veo ves ve	vemos veis ven	vi viste vio	vimos visteis vieron	veía veías veía	veíamos veíais veían

Irregular Verbs (continued)

	5		6		7		8
Future		**Conditional**		**Present Subjunctive**		**Imperfect Subjunctive**	
querré	querremos	querría	querríamos	quiera	queramos	quisiera	quisiéramos
querrás	querréis	querrías	querríais	quieras	queráis	quisieras	quisierais
querrá	querrán	querría	querrían	quiera	quieran	quisiera	quisieran
sabré	sabremos	sabría	sabríamos	sepa	sepamos	supiera	supiéramos
sabrás	sabréis	sabrías	sabríais	sepas	sepáis	supieras	supierais
sabrá	sabrán	sabría	sabrían	sepa	sepan	supiera	supieran
saldré	saldremos	saldría	saldríamos	salga	salgamos	saliera	saliéramos
saldrás	saldréis	saldrías	saldríais	salgas	salgáis	salieras	salierais
saldrá	saldrán	saldría	saldrían	salga	salgan	saliera	salieran
seré	seremos	sería	seríamos	sea	seamos	fuera	fuéramos
serás	seréis	serías	seríais	seas	seáis	fueras	fuerais
será	serán	sería	serían	sea	sean	fuera	fueran
tendré	tendremos	tendría	tendríamos	tenga	tengamos	tuviera	tuviéramos
tendrás	tendréis	tendrías	tendríais	tengas	tengáis	tuvieras	tuvierais
tendrá	tendrán	tendría	tendrían	tenga	tengan	tuviera	tuvieran
traeré	traeremos	traería	traeríamos	traiga	traigamos	trajera	trajéramos
traerás	traeréis	traerías	traeríais	traigas	traigáis	trajeras	trajerais
traerá	traerán	traería	traerían	traiga	traigan	trajera	trajeran
vendré	vendremos	vendría	vendríamos	venga	vengamos	viniera	viniéramos
vendrás	vendréis	vendrías	vendríais	vengas	vengáis	vinieras	vinierais
vendrá	vendrán	vendría	vendrían	venga	vengan	viniera	vinieran
veré	veremos	vería	veríamos	vea	veamos	viera	viéramos
verás	veréis	verías	veríais	veas	veáis	vieras	vierais
verá	verán	vería	verían	vea	vean	viera	vieran

Affirmative and negative commands

To form an affirmative *tú* command, use the present-tense indicative *Ud. / él / ella* form. This rule also applies to stem-changing verbs. Some verbs have an irregular affirmative *tú* command.

To form a command with *Ud.*, remove the *-s* from a negative *tú* command form. To form a command with *Uds.*, replace the *-s* of a negative *tú* command with an *-n*.

Regular and stem-changing verbs, and verbs ending in *-car, -gar* and *-zar*

Infinitive	Tú	Negative tú	Usted	Ustedes
estudiar	estudia	no estudies	(no) estudie	(no) estudien
volver	vuelve	no vuelvas	(no) vuelva	(no) vuelvan
abrir	abre	no abras	(no) abra	(no) abran
sacar	saca	no saques	(no) saque	(no) saquen
llegar	llega	no llegues	(no) llegue	(no) lleguen
cruzar	cruza	no cruces	(no) cruce	(no) crucen

Irregular verbs

Infinitive	Tú	Negative tú	Usted	Ustedes
decir	di	no digas	(no) diga	(no) digan
hacer	haz	no hagas	(no) haga	(no) hagan
ir	ve	no vayas	(no) vaya	(no) vayan
mantener	mantén	no mantengas	(no) mantenga	(no) mantengan
poner	pon	no pongas	(no) ponga	(no) pongan
salir	sal	no salgas	(no) salga	(no) salgan
ser	sé	no seas	(no) sea	(no) sean
tener	ten	no tengas	(no) tenga	(no) tengan
venir	ven	no vengas	(no) venga	(no) vengan

Placement of pronouns with commands

Attach reflexive or object pronous at the end of affirmative commands. With negative commands, place them after the word *no*.

Toma esas vitaminas.
¡Tómalas ahora mismo!
No las tomes.

Expresiones útiles pa. a conversa.

Making an apology

Perdóname. Forgive me.

Lo siento mucho. I'm very sorry.

Fue un malentendido. It was a misunderstanding.

Hagamos las paces. Let's make up.

Reconciliémonos. Let's reconcile.

Te pido perdón. I'm asking for your forgiveness.

Estoy equivocado, -a. I'm wrong.

Pongámonos de acuerdo. Let's come to an agreement.

Yo tengo la culpa. It's my fault.

Talking about friendship

Tenemos mucho en común. We have a lot in common.

Te acepto tal como eres. I accept you just the way you are.

Tengo celos. I'm jealous.

No me hace caso. He / She doesn't pay any attention to me.

Sólo piensa en sí mismo, -a. He / She only thinks about himself / herself.

Confío en ti. I trust you.

Cuento contigo. I count on you.

Sé guardar un secreto. I can keep a secret.

Resolvamos este conflicto. Let's resolve this conflict.

Tenemos una diferencia de opinión. We disagree.

Me identifico contigo. I identify with you.

De hoy en adelante . . . From now on . . .

Ten en cuenta . . . Keep in mind . . .

Tengo derecho a . . . I have a right to . . .

Expressing disagreement

Qué va. No way.

Yo no fui. I didn't do it.

No es cierto que . . . It's not true that . . .

No es verdad que . . . It's not true that . . .

No estoy de acuerdo. I disagree.

Me parece que no tienes razón. I think you're wrong.

Expressing interest

Me es posible. I can.

Me gustaría . . . I'd like to . . .

Me encantaría . . . I'd love to . . .

Expressing certainty or possibility

Es cierto que . . . It's true that . . .

Estoy seguro, -a que . . . I'm sure that . . .

Es probable que . . . It's probable that . . .

Puede ser que . . . It's possible that . . .

Es posible que . . . It's possible that . . .

Es evidente que . . . It's clear that . . .

Quizás . . . Perhaps . . .

Expressing doubt or uncertainty

Dudo que . . . I doubt that . . .

No creo que . . . I don't think that . . .

No estoy seguro, -a que . . . I'm not sure that . . .

Es imposible que . . . It's impossible that . . .

Talking about how you feel physically

Me siento fatal. I feel awful.

Me caigo de sueño. I'm exhausted.

Estoy resfriado, -a. I have a cold.

Tengo tos. I have a cough.

Estornudo mucho. I'm sneezing a lot.

Tengo gripe. I have the flu.

Tengo fiebre. I have a fever.

Tengo alergia a . . . I'm allergic to . . .

Talking about how you feel emotionally

Estoy en la luna. I'm daydreaming.

No puedo concentrarme. I can't concentrate.

No aguanto más. I can't take it anymore.

Estoy de buen humor. I'm in a good mood.

Estoy de mal humor. I'm in a bad mood.

Estoy estresado, -a. I'm stressed out.

Me preocupo por . . . I'm worried about . . .

Me emociono mucho. I'm very emotional.

Estoy orgulloso, -a de . . . I'm proud of . . .

Estoy animado, -a. I'm excited.

Tengo confianza en mí mismo, -a. I have confidence in myself.

Me vuelvo loco, -a. I'm going crazy.

He cambiado de opinión. I've changed my mind.

Me doy cuenta de que . . . I realize that . . .

Me vuelvo . . . I'm getting / becoming . . .

Haré lo que me dé la gana. I'll do whatever I want.

Talking about personal goals

Alcancé mi meta. I achieved my goal.

Hice un esfuerzo. I made an effort.

Salí campeón. I won (I was the winner).

¡Felicitaciones! Congratulations!

Eres mi fuente de inspiración. You're my inspiration.

Describing things or people

Se parece a . . . It / He / She looks like . . .

Suena a . . . It / He / She sounds like . . . .

Está basado, -a en . . . It's based on . . .

Se destaca. It / He / She stands out.

Está a cargo de . . . He / She is in charge of . . .

Vocabulario español-inglés

The *Vocabulario español-inglés* contains all active vocabulary from the text, including vocabulary presented in the grammar sections.

A dash (—) represents the main entry word. For example, **pasar la** — after **la aspiradora** means **pasar la aspiradora.**

The number following each entry indicates the chapter in which the word or expression is presented. A Roman numeral (I) indicates that the word was presented in REALIDADES 1. A Roman numeral (II) indicates that the word was presented in REALIDADES 2.

The following abbreviations are used in this list: *adj.* (adjective), *dir. obj.* (direct object), *f.* (feminine), *fam.* (familiar), *ind. obj.* (indirect object), *inf.* (infinitive), *m.* (masculine), *pl.* (plural), *prep.* (preposition), *pron.* (pronoun), *sing.* (singular).

A

a to (*prep.*) (I)
— **... le gusta(n)** he / she likes (I)
— **... le encanta(n)** he / she loves (I)
— **casa** (to) home (I)
— **causa de** because of (II)
— **favor de** in favor of (5-2)
— **la derecha (de)** to the right (of) (I)
— **la izquierda (de)** to the left (of) (I)
— **la parrilla** on the grill (II)

— **la una de la tarde** at one (o'clock) in the afternoon (I)
— **las ocho de la mañana** at eight (o'clock) in the morning (I)
— **las ocho de la noche** at eight (o'clock) in the evening, at night (I)
— **mano** by hand (II)
— **medida que** as (10-2)
— **menos que** unless (9-2)
— **menudo** often (I)
— **pesar de** despite (10-2)
— **mí también.** I do (like to) too. (I)
— **mí tampoco.** I don't (like to) either. (I)
¿— **qué hora?** (At) what time? (I)
— **tiempo** on time (II)
— **tiempo completo** full time (5-1)
— **tiempo parcial** part time (5-1)
— **través de** through (2-1)
— **veces** sometimes (I)
— **ver.** Let's see. (I)
abdominales crunches (3-2)
abierto, -a open (II)
el **abogado, la abogada** lawyer (II, 6-1)
abordar to board (II)
abrazar(se) to hug (II)
el **abrigo** coat (I)
abril April (I)
abrir to open (I)
abstracto, -a abstract (2-1)
el **abuelo, la abuela** grandfather, grandmother (I)
los **abuelos** grandparents (I)
aburrido, -a boring (I)
aburrir to bore (I)
aburrirse to get bored (II)

me aburre(n) it bores me (they bore me) (I)
el **abuso** abuse (10-1)
acabar de + *inf.* to have just... (I)
el **accidente** accident (II)
el **aceite** cooking oil (II)
aceptar to accept (4-1)
— **tal como (soy)** to accept (me) the way (I am) (4-1)
acercarse a to approach (1-1)
acompañar to accompany (II)
aconsejar to advise (3-2)
acostarse (o → ue) to go to bed (II)
las **actividades extracurriculares** extracurricular activities (II)
el **actor** actor (I)
la **actriz,** *pl.* **las actrices** actress (I)
la **actuación** acting (II)
actuar to perform (2-2)
el **acueducto** aqueduct (8-1)
acuerdo:
Estoy de —. I agree. (I)
No estoy de —. I don't agree. (I)
el **acusado, la acusada** accused (10-2)
acusar to accuse (4-2)
adecuado, -a adequate (10-1)
además de in addition to, besides (II, 6-1)
¡Adiós! Good-bye! (I)
la **adolescencia** adolescence (10-1)
el / la **adolescente** adolescent (10-1)
¿Adónde? (To) where? (I)
adoptar to adopt (8-2)
la **aduana** customs (II)
el **aduanero, la aduanera** customs officer (II)
el **aeropuerto** airport (II)

el **aerosol** aerosol (9-2)

afectar to affect (9-2)

afeitarse to shave (II)

el **aficionado, la aficionada** fan (II)

afortunadamente fortunately (II)

africano, -a African (8-2)

la **agencia de viajes** travel agency (II)

el / la **agente de viajes** travel agent (II)

agitado, -a agitated (II)

agosto August (I)

agotar(se) to exhaust, to run out (9-1)

agradable pleasant (5-1)

el **agricultor, la agricultora** farmer (II)

el **agua** f. water (I)

el **— de colonia** cologne (II)

el **aguacate** avocado (II)

aguantar to endure, to tolerate (3-2)

el **águila calva,** pl. **las águilas calvas** bald eagle (9-2)

el **agujero** hole (9-2)

ahora now (I)

ahorrar to save (II, 6-1)

el **aire acondicionado** air conditioner (II)

el **ajedrez** chess (II)

el **ajo** garlic (II)

al (a + el), **a la** to the (I)

— aire libre outdoors (II)

— amanecer at dawn (1-1)

— anochecer at dusk (1-1)

— final at the end (II)

— horno baked (II)

— igual que as, like (7-2)

— lado de next to (I)

— llegar upon arriving (8-2)

— principio at the beginning (1-2)

alcanzar to reach (1-2)

alegrarse to be delighted (4-1)

alegre happy (II)

la **alergia** allergy (3-1)

la **alfombra** rug (I)

algo something (I)

¿**— más?** Anything else? (I)

el **algodón** cotton (II)

alguien someone, anyone (II)

algún, alguno, -a some (II)

— día some day (II)

algunos, as any (II)

la **alimentación** nutrition, feeding (3-1)

los **alimentos** food (3-1)

allí there (I)

una vez — once there (1-1)

el **almacén,** pl. **los almacenes** department store (I)

almorzar (o → ue) to have lunch (II)

el **almuerzo** lunch (I)

en el — for lunch (I)

alquilar to rent (II)

alrededor de around (II)

alto, -a tall (I); high (II)

el **alto** height (7-1)

amable kind, nice (4-1)

amanecer:

al — at dawn (1-1)

amarillo, -a yellow (I)

ambicioso, -a ambitious (6-1)

ambos both (10-1)

la **ambulancia** ambulance (II)

la **amenaza** threat (9-2)

amenazar to threaten (9-1)

la **amistad** friendship (4-1)

el **amor** love (II)

añadir to add (II)

anaranjado, -a orange (I)

ancho, -a wide (II)

el **ancho** width (7-1)

el **anciano, la anciana** elderly man, elderly woman (I)

los **ancianos** the elderly (I)

andar to walk, to move (1-1)

el **anillo** ring (I)

animado, -a excited (1-2)

el **animador, la animadora** cheerleader (II)

el **animal** animal (I)

el **aniversario** anniversary (II)

anoche last night (I)

anochecer:

al — at dusk (1-1)

ante before (10-1)

los **anteojos de sol** sunglasses (I)

el **antepasado, la antepasada** ancestor (8-2)

anteriormente before (8-1)

antes de before (I, II)

el **antibiótico** antibiotic (3-1)

antiguo, -a old, antique (II)

anunciar to announce (II)

el **anuncio** announcement (II)

el **— clasificado** classified ad (5-1)

el **año** year (I)

el **— pasado** last year (I)

¿**Cuántos —s tiene(n)...?** How old is / are...? (I)

Tiene(n)...-s. He / She is / They are...(years old). (I)

apagar to put out (fire) (II); to turn off (II)

el **aparato** gadget (6-2)

aparecer (zc) to appear (1-1,7-2)

el **apartamento** apartment (I)

aplaudir to applaud (II)

el **aplauso** applause (2-2)

aplicar (las leyes) to apply (the law) (10-1)

apoyar(se) to support, to back (each other) (4-1)

el **apoyo** support (10-1)

aprender (a) to learn (I)
— de memoria to memorize (II)
apretado, -a tight (II)
apropiado, -a appropriate (3-1)
aproximadamente approximately (II)
aquel, aquella that one (over there) (II)
aquellos, aquellas those (over there) (II)
aquí here (I)
el / la árabe Arab (8-1)
el árbol tree (I)
el arco arch (8-1)
los aretes earrings (I)
el argumento plot (II)
el arma, *pl.* las armas weapon (8-2)
el armario closet, locker (I, II, 10-1)
la armonía harmony (4-2)
el arqueólogo, la arqueóloga archaeologist (7-1)
el arquitecto, la arquitecta architect (II, 6-1)
la arquitectura architecture (8-1)
arreglar (el cuarto) to straighten up (the room) (I)
arreglarse (el pelo) to fix (one's hair) (II)
arrestar to arrest (II)
arrojar (se) to throw (7-2)
el arroz rice (I)
el arte:
la clase de — art class (I)
la obra de — work of art (2-1)
las artes the arts (II)
las — marciales martial arts (II)
la artesanía handicrafts (II)
el artículo article (II)
el / la artista artist (II)

artístico, -a artistic (I)
asado, -a grilled (II)
asar to grill (II)
el ascensor elevator (II)
asco:
¡Qué —! How awful! (I)
asegurar to assure (10-2)
así this way (1-1)
— que therefore (6-1)
el asiento seat (II)
asimilar(se) to assimilate (8-1)
asistir a to attend (II)
la aspiración aspiration (10-2)
la aspirina aspirin (3-1)
el astrónomo, la astrónoma astronomer (7-2)
el asunto matter (10-1)
asustado, -a frightened (II)
asustar to scare (1-1)
atender to help, to assist (5-1)
atento, -a attentive (II)
el / la atleta athlete (II)
la atmósfera atmosphere (9-2)
la atracción, *pl.* las atracciones attraction (I)
atrapar to catch, trap (9-2)
atreverse to dare (4-2)
atrevido, -a daring (I)
la audición, *pl.* las audiciones audition (II)
el auditorio auditorium (II)
aumentar to increase (6-2)
aunque despite, even when (3-1)
el autobús, *pl.* los autobuses bus (I)
la autoridad authority (10-1)
el autorretrato self-portrait (2-1)
el / la auxiliar de vuelo flight attendant (II)
el avance advance (6-2)
el ave bird (9-2)
la avenida avenue (II)
averiguar to find out (6-1)

el avión airplane (I)
¡Ay! ¡Qué pena! Oh! What a shame / pity! (I)
ayer yesterday (I)
la ayuda help (II)
ayudar to help (I)
el azúcar sugar (I)
azul blue (I)
el azulejo tile (8-1)

B

bailar to dance (I)

el **bailarín, la bailarina** dancer (II)

el **baile** dance (I)

bajar to go down (II)

bajar (información) to download (I)

bajo, -a short *(stature)* (I); low (II)

la **planta baja** ground floor (I)

el **balcón,** *pl.* **los balcones** balcony (8-1)

la **ballena** whale (9-2)

el **banco** bank (II)

la **banda** (musical) band (II)

la **bandera** flag (I)

el **banquero, la banquera** banker (6-1)

bañarse to take a bath (II)

el **baño** bathroom (I)

el **traje de —** swimsuit (I)

barato, -a inexpensive, cheap (I)

el **barco** boat, ship (I)

el **barrio** neighborhood (I)

¡Basta! Enough! (II)

el **básquetbol:**

jugar al — to play basketball (I)

bastante enough, rather (I)

basura:

sacar la — to take out the trash (I)

la **batalla** battle (8-2)

batir to beat (II)

el / la **bebé** baby (II)

beber to drink (I)

las **bebidas** drinks (I)

béisbol:

jugar al — to play baseball (I)

bello, -a beautiful (II)

beneficiar to benefit (5-2)

los **beneficios** benefits (II, 5-1)

besar(se) to kiss (II)

la **biblioteca** library (I)

bien well (I)

— educado, -a well-behaved (II)

pasarlo — to have a good time (1-1)

bienvenido, -a welcome (II)

bilingüe bilingual (II)

los **binoculares** binoculars (1-1)

el **bistec** steak (I)

blanco, -a white (I)

los **bloques** blocks (II)

la **blusa** blouse (I)

la **boca** mouth (I)

la **boda** wedding (II)

el **boleto** ticket (I)

el **bolígrafo** pen (I)

los **bolos:**

jugar a los — to bowl (II)

la **bolsa** bag, sack (I)

el **bolso** purse (I)

el **bombero, la bombera** firefighter (II)

bonito, -a pretty (I)

el **bosque** wood, forest (II, 1-1)

las **botas** boots (I)

el **bote:**

pasear en — to go boating (I)

el — de vela sailboat (II)

la **botella** bottle (I)

el **brazo** arm (I)

brillar to shine (7-2)

la **brújula** compass (1-1)

bucear to scuba dive, to snorkel (I)

bueno (buen), -a good (I)

Buenas noches. Good evening. (I)

Buenas tardes. Good afternoon. (I)

Buenos días. Good morning. (I)

buscar to look for, to search (for) (I)

la **búsqueda** search (II)

hacer una — to do a search (II)

el **buzón,** *pl.* **los buzones** mailbox (II)

C ....

el **caballo:**

   montar a — to ride horseback (I)

la **cabeza** head (I)

cada día every day (I)

la **cadena** chain (I)

caer granizo to hail (1-1)

caerse to fall (II)

   — de sueño to be exhausted, sleepy (3-2)

   (yo) me caigo I fall (II)

   (tú) te caes you fall (II)

el **café** coffee; café (I)

la **caja** box (I); cash register (II)

el **cajero, la cajera** cashier (II)

   el — automático ATM (II)

el **calambre** cramp (3-2)

los **calcetines** socks (I)

el **calcio** calcium (3-1)

la **calculadora** calculator (I)

calcular to calculate, to compute (7-1)

el **caldo** broth (II)

la **calefacción** heat (II)

calentar (e → ie) to heat (II)

caliente hot (II)

la **calle** street, road (I)

calor:

   Hace —. It's hot. (I)

   tener — to be warm (I)

la **cama** bed (I)

   hacer la — to make the bed (I)

la **cámara** camera (I)

   la — digital digital camera (I)

el **camarero, la camarera** waiter, waitress (I)

el **camarón,** *pl.* **los camarones** shrimp (II)

cambiar to change, to exchange (II)

   — de opinión to change one's mind (4-1)

caminar to walk (I)

la **caminata** walk (II)

   dar una — to take a walk (II)

el **camión,** *pl.* **los camiones** truck (II)

la **camisa** shirt (I)

la **camiseta** T-shirt (I)

el **campamento** camp (I)

la **campaña** campaign (5-2)

el **campeón, la campeona,** *pl.* **los campeones** champion (II)

el **campeonato** championship (II)

el **campo** countryside, field (I, 6-2)

el **canal** (TV) channel (I)

la **canción,** *pl.* **las canciones** song (I, II)

   canoso: pelo — gray hair (I)

cansado, -a tired (I)

el / la **cantante** singer (II)

   cantar to sing (I)

la **capa de ozono** ozone layer (9-2)

capaz able (6-1)

capturar to capture (II)

la **cara** face (II)

cara a cara face-to-face (I)

caramba good gracious (II)

el **carbohidrato** carbohydrate (3-1)

cariñoso, -a loving, affectionate (4-1)

la **carne** meat (I)

   la — de res beef (II)

el **carnet de identidad** I.D. card (II)

caro, -a expensive (I)

la **carpeta** folder (I)

   la — de argollas three-ring binder (I)

la **carrera** race (II, 1-2); career (II)

la **carretera** highway (II)

la **carta** letter (I, II)

   echar una — to mail a letter (II)

el **cartel** poster (I)

la **cartera** wallet (I)

el **cartero, la cartera** mail carrier (II)

el **cartón** cardboard (I)

la **casa** home, house (I)

   a — (to) home (I)

   en — at home (I)

   — de cambio money exchange (II)

casado, -a married (6-1)

casarse (con) to get married to (II)

casi almost (I, II)

castaño:

   pelo — brown (chestnut) hair (I)

castigar to punish (9-1)

el **castigo** punishment (10-2)

el **castillo** castle (II)

la **catedral** cathedral (II)

catorce fourteen (I)

la **causa** cause (II)

la **caza** hunting (9-2)

la **cebolla** onion (I)

celebrar to celebrate (I)

celos:

   tener celos to be jealous (4-1)

celoso, -a jealous (4-1)

la **cena** dinner (I)

centígrado

   el grado — centigrade degree (3-1)

el **centímetro** centimeter (7-1)

el **centro** center, downtown (I, II)

   el — comercial mall (I)

   el — de la comunidad community center (5-2)

el **— de reciclaje** recycling center (I)

el **— de rehabilitación** rehabilitation center (5-2)

el **— recreativo** recreation center (5-2)

cepillarse (los dientes) to brush (one's teeth) (II)

el **cepillo** brush (II)

el **— de dientes** toothbrush (II)

la **cerámica** pottery (2-1)

cerca (de) close (to), near (I)

el **cerdo** pork (II)

la **chuleta de —** pork chop (II)

el **cereal** cereal (I)

la **ceremonia** ceremony (1-2)

la **cereza** cherry (II)

cero zero (I)

cerrado, -a closed (II)

cerrar to close (II)

el **certificado** certificate, diploma (1-2)

la **cesta** basket (II)

el **champú** shampoo (II)

la **chaqueta** jacket (I)

charlar to chat (II)

el **cheque:**

cobrar un — to cash a check (II)

el **— de viajero** traveler's check (II)

el **— personal** personal check (II)

la **chica** girl (I)

el **chico** boy (I)

chismoso, -a gossipy (4-1)

chocar con to crash into, to collide with (II)

la **chuleta de cerdo** pork chop (II)

el **cielo** sky (II)

cien one hundred (I)

las **ciencias:**

la **clase de — naturales** science class (I)

la **clase de — sociales** social studies class (I)

el **científico, la científica** scientist (II, 6-1)

(es) cierto (it is) true (II)

cinco five (I)

cincuenta fifty (I)

el **cine** movie theater (I)

la **cinta adhesiva** adhesive tape (II)

el **cinturón,** *pl.* **los cinturones** belt (II)

el **círculo** circle (7-1)

la **cita** date (II)

la **ciudad** city (I)

la **ciudadanía** citizenship (5-2)

el **ciudadano, la ciudadana** citizen (5-2)

la **civilización** civilization (7-1)

claro, -a light *(color)* (II)

la **clase** class (I)

la **sala de clases** classroom (I)

¿Qué — de...? What kind of...? (I)

clásico, -a classical (2-2)

el **cliente, la clienta** client (5-1)

el **clima** weather (9-2)

el **club,** *pl.* **los clubes** club (II)

el **— atlético** athletic club (II)

cobrar un cheque to cash a check (II)

el **coche** car (I)

la **cocina** kitchen (I)

cocinar to cook (I)

el **cocinero, la cocinera** cook (6-1)

el **código de vestimenta** dress code (10-1)

el **codo** elbow (II)

colaborar to collaborate (4-2)

la **colección,** *pl.* **las colecciones** collection (II)

coleccionar to collect (II)

el **colegio** secondary school, high school (II)

la **colina** hill (II)

el **collar** necklace (I)

colocar to put, place (9-1)

la **colonia** colony (8-2)

el **color,** *pl.* **los colores** (I)

¿De qué — ...? What color...? (I)

la **comedia** comedy (I)

el **comedor** dining room (I)

el **— de beneficencia** soup kitchen (5-2)

el **comentario** commentary (II)

comenzar (e → ie) to start (II)

comer to eat (I)

cómico, -a funny, comical (I)

la **comida** food, meal (I)

la **— basura** junk food (3-1)

como like, as (I)

— si fuera as though it were (6-2)

¿Cómo?:

¿— eres? What are you like? (I)

¿— es? What is he / she like? (I)

¿— está Ud.? How are you? *formal* (I)

¿— estás? How are you? *fam.* (I)

¿— lo pasaste? How was it (for you)? (I)

¿— se dice...? How do you say...? (I)

¿— se escribe...? How is...spelled? (I)

¿— se hace...? How do you make...? (II)

¿— se llama? What's his / her name? (I)

¿— se va a...? How do you go to...? (II)

¿— te llamas? What is your name? (I)

¿— te queda(n)? How does it (do they) fit you? (I)

¡Cómo no! Of course! (II)

la **cómoda** dresser (I)

cómodo, -a comfortable (II)

la **compañía** firm, company (5-1)

compartir to share (I)

el **compás** rhythm (2-2)

la **competencia** competition (II)

competir (e → i) to compete (II)

complicado, -a complicated (I, II)

componerse de to be formed by (8-2)

el **comportamiento** behavior (4-2)

la **composición,** *pl.* **las composiciones** composition (I)

comprar to buy (I)

— recuerdos to buy souvenirs (I)

comprender to understand (I)

comprensivo, -a understanding (4-1)

la **computación** computer science (5-1)

la **computadora** computer (I)

la — portátil laptop computer (I)

usar la — to use the computer (I)

comunicarse to communicate (I, 6-2)

(tú) te comunicas you communicate (I)

(yo) me comunico I communicate (I)

la **comunidad** community (I)

con with (I)

— destino a going to (II)

— mis / tus amigos with my / your friends (I)

— tal de que provided that (9-2)

¿— qué se sirve? What do you serve it with? (II)

¿— quién? With whom? (I)

concentrarse to concentrate (3-2)

el **concierto** concert (I)

el **concurso** contest (II)

el — de belleza beauty contest (II)

el **conductor, la conductora** driver (II)

el **conejo** rabbit (7-2)

confianza trust (4-1)

— en sí mismo, -a self-confidence (3-2)

confiar (i → í) to trust (4-1)

el **conflicto** conflict (4-2)

congelado, -a frozen (II)

el **conjunto** band (2-2)

conmigo with me (I)

conocer to know, to be acquainted with (I, II)

los **conocimientos** knowledge (5-1)

la **conquista** conquest (8-1)

conquistar to conquer (8-1)

conseguir (e → i) to obtain (II)

el **consejero, la consejera** counselor (5-1)

el **consejo** advice (3-2)

consentido, -a spoiled (II)

conservar to conserve (II, 9-1)

considerado, -a considerate (4-1)

la **construcción** construction (8-1)

construir (i → y) to build (5-2)

el **consultorio** doctor's /dentist's office (II)

el **contador, la contadora** accountant (II, 6-1)

la **contaminación** pollution (II, 9-1)

contaminado, -a polluted (II, 9-1)

contaminar to pollute (6-2)

contar (chistes) (o → ue) to tell (jokes) (II)

— con to count on (4-1)

contener to contain (3-1)

contento, -a happy (I)

contestar to answer (II)

contigo with you (I)

contra against (II, 1-2)

en — (de) against (5-2)

contribuir (u → y) to contribute (7-2)

convertirse (en) to turn (into), to become (7-2)

el **corazón** heart (3-2)

la **corbata** tie (I)

el **coro** chorus, choir (II)

el **correo** post office (II)

el **correo electrónico** e-mail (I)

escribir por — to write e-mail (I)

correr to run (I)

cortar to cut (I, II)

— el césped to mow the lawn (I)

—se to cut oneself (II)

—se el pelo to cut one's hair (II)

cortés, *pl.* **corteses** polite (II)

las **cortinas** curtains (I)

corto, -a short *(length)* (I)

los pantalones —s shorts (I)

la **cosa** thing (I)

costar (o → ue) to cost (I)

¿Cuánto cuesta(n)...? How much does (do)...cost? (I)

la **costumbre** custom (II)

crear to create (I)

— una página Web to create a Web page (II)

crecer to grow (9-1)

la **creencia** belief (7-2)

creer:

    Creo que... I think... (I)

    Creo que no. I don't think so. (I)

    Creo que sí. I think so. (I)

el **crimen** crime (II)

el / la **criminal** criminal (II)

el **cristiano, la cristiana** Christian (8-1)

criticar to criticize (4-2)

el **crítico, la crítica** critic (II)

el **cruce de calles** intersection (II)

cruzar to cross (II)

el **cuaderno** notebook (I)

la **cuadra** block (II)

el **cuadro** painting (I)

¿Cuál? Which? What? (I)

    ¿— es la fecha? What is the date? (I)

la **cualidad** quality (4-1)

cualquier, -a any (7-2)

¿Cuándo? When? (I)

¿Cuánto?:

    ¿— cuesta(n)...? How much does (do)...cost? (I)

    ¿— tiempo hace que...? How long (has)...? (II)

    ¿Cuántos, -as? How many? (I)

    ¿—s años tiene(n)...? How old is / are...? (I)

cuanto:

    en — a with respect to, as for (10-1)

    en — as soon as (9-1)

cuarenta forty (I)

cuarto, -a fourth (I)

    y — quarter past *(in telling time)* (I)

el **cuarto** room (I)

cuatro four (I)

cuatrocientos, -as four hundred (I)

cubrir to cover (7-1)

la **cuchara** spoon (I)

la **cucharada** tablespoon(ful) (II)

el **cuchillo** knife (I)

el **cuello** neck (II)

la **cuenta** bill (I)

    tener en — to take into account (6-2)

la **cuerda** rope (II)

el **cuero** leather (II)

cuidadoso, -a careful (6-1)

cuidar a to take care of (II)

culpable guilty (10-2)

el **cumpleaños** birthday (I)

    ¡Feliz —! Happy birthday! (I)

cumplir años to have a birthday (II)

cumplir con to carry out, to perform (5-1)

el **cupón de regalo,** *pl.* **los cupones de regalo** gift certificate (II)

curar to cure (6-2)

el **curso:**

    tomar un curso to take a course (I)

D

la **danza** dance (2-2)

dañar to damage (9-1)

dar to give (I)

    — + *movie or TV program* to show (I)

    — de comer al perro to feed the dog (I)

    — puntadas to stitch *(surgically)* (II)

    — un discurso to give a speech (II)

    — un paseo to take a walk, to stroll (1-1)

    — una caminata to take a walk (II)

    dar(se) la mano to shake hands (II)

    darse cuenta de to realize (1-2)

de of, from (I)

    — acuerdo. OK. Agreed. (II)

    — algodón cotton (II)

    — cuero leather (II)

    ¿— dónde eres? Where are you from? (I)

    — ida y vuelta round trip (II)

    — la mañana / la tarde / la noche in the morning / afternoon / evening (I)

    — lana wool (II)

    — negocios business (II)

    — niño as a child (II)

    — oro gold (II)

    — pequeño as a child (II)

    — plata silver (II)

    — plato principal as a main dish (I)

    — postre for dessert (I)

    — prisa in a hurry (II)

    ¿— qué color...? What color...? (I)

    ¿— qué está hecho, -a? What is it made of? (II)

— repente suddenly (II)

— seda silk (II)

— sólo un color solid-colored (II)

— tela sintética synthetic fabric (II)

¿— veras? Really? (I)

— vez en cuando once in a while (II)

debajo de underneath (I)

deber should, must (I)

el **deber** duty (10-1)

debido a due to (9-1)

débil weak (3-2)

decidir to decide (I)

décimo, -a tenth (I)

decir to say, to tell (I)

— la verdad to tell the truth (II)

¿Cómo se dice...? How do you say...? (I)

dime tell me (I)

¡No me digas! You don't say! (I)

¿Qué quiere —...? What does...mean? (I)

Quiere — ... It means... (I)

Se dice... You say..., people say... (I)

las **decoraciones** decorations (I)

decorar to decorate (I)

dedicado, -a dedicated (5-1)

dedicarse a to dedicate oneself to (6-1)

el **dedo** finger (I)

Déjame en paz. Leave me alone. (II)

dejar to leave, to let (II)

— de to stop (doing something) (1-1)

— huellas to leave marks, traces (8-1)

no dejes don't leave, don't let (II)

delante de in front of (I)

delicioso, -a delicious (I)

la **demanda** demand (6-2)

los / las **demás** others (I)

demasiado too (I)

democrático, -a democratic (10-2)

el / la **dentista** dentist (II)

dentro de inside (II)

depende it depends (II)

depender de to depend on (9-1)

el **dependiente, la dependienta** salesperson (I)

deportista athletic, sports-minded (I)

derecha:

a la — (de) to the right (of) (I)

derecho straight (II)

el **derecho** (*study of*) law (II)

los **derechos** rights (5-2)

el **derrame de petróleo** oil spill (9-2)

derretir to melt (9-2)

desafortunadamente unfortunately (1-2)

desanimado, -a discouraged (1-2)

desaparecer to disappear (6-2)

desarrollar to develop (3-2)

el **desarrollo** development (6-2)

el **desayuno** breakfast (I)

en el — for breakfast (I)

descansar to rest, to relax (I)

la **descendencia** descent, ancestry (8-2)

desconfiar to mistrust (4-1)

desconocido, -a unknown (8-2)

descubrir to discover (6-2)

los **descuentos:**

la tienda de — discount store (I)

desde from, since (II)

desear to wish (I)

¿Qué desean (Uds.)? What would you like? *formal* (I)

desempeñar un cargo to hold a position (6-1)

el **desempleo** unemployment (10-2)

el **desfile** parade (II)

deshacerse de to get rid of (9-1)

el **desierto** desert (II, 1-1)

la **desigualdad** inequity (10-2)

desobediente disobedient (II)

el **desodorante** deodorant (II)

desordenado, -a messy (I)

despacio slowly (II)

el **despacho** office, study (home) (I)

despedirse (e → i) de to say good-bye (II)

el **despertador** alarm clock (I)

desperdiciar to waste (9-1)

el **desperdicio** waste (9-1)

despertarse (e → ie) to wake up (II)

después (de) afterwards, after (I)

destacar(se) to stand out (2-2)

la **destrucción** destruction (II)

destruir (i → y) to destroy (II)

el / la **detective** detective (II)

detener to detain (10-2), to stop (9-2)

detrás de behind (I)

devolver (o → ue) (un libro) to return (a book) (II)

el **día** day (I)

Buenos —s. Good morning. (I)

cada — every day (I)

el — festivo holiday (II)

¿Qué — es hoy? What day is today? (I)

todos los —s every day (I)

el **diámetro** diameter (7-1)

la **diapositiva** slide (I)

dibujar to draw (I)

el **diccionario** dictionary (I)

diciembre December (I)

diecinueve nineteen (I)

dieciocho eighteen (I)

dieciséis sixteen (I)

diecisiete seventeen (I)

los **dientes** teeth (II)

    cepillarse — to brush one's teeth (II)

    el **cepillo de —** toothbrush (II)

la **dieta** diet (3-1)

diez ten (I)

la **diferencia de opinión** difference of opinion (4-2)

difícil difficult (I)

digital:

    la **cámara —** digital camera (I)

dime tell me (I)

el **dinero** money (I)

    — en efectivo cash (II)

el **dinosaurio** dinosaur (II)

el **dios, la diosa** god, goddess (7-2)

la **dirección,** *pl.* **las direcciones** direction (II)

    la **— electrónica** e-mail address (I)

directo, -a direct (II)

el **director, la directora** (school) principal (II)

el **disco compacto** compact disc (I)

    grabar un — to burn a CD (I)

discriminado, -a discriminated (10-1)

discriminar to discriminate (10-1)

el **discurso** speech (II)

discutir to discuss (II)

el **diseñador, la diseñadora** designer (II, 6-1)

diseñar to design (6-1)

el **diseño** design (7-1)

disfrutar de to enjoy (II)

disminuir to decrease, to diminish (9-2)

el **disquete** diskette (I)

la **distancia** distance (7-1)

divertido, -a amusing, fun (I)

divertirse (e → ie) to have fun (II)

doblar to turn (II)

doce twelve (I)

el **documento** document (I)

doler (o → ue) to hurt (I, II)

el **dolor** pain (II)

dominar to dominate (8-1)

domingo Sunday (I)

donar to donate (5-2)

dónde:

    ¿—? Where? (I)

    ¿De — eres? Where are you from? (I)

dormido, -a asleep (II)

dormir (o → ue) to sleep (I)

    —se to fall asleep (II)

    el **saco de —** sleeping bag (1-1)

el **dormitorio** bedroom (I)

dos two (I)

los / las **dos** both (I)

doscientos, -as two hundred (I)

el **drama** drama (I)

la **ducha** shower (II)

ducharse to take a shower (II)

dudar to doubt (II, 7-1)

el **dueño, la dueña** owner (II, 5-1)

dulce sweet (II)

los **dulces** candy (I)

durante during (I)

durar to last (I, II)

el **durazno** peach (II)

duro, -a hard (1-2)

E . . . .

echar to throw (away) (9-1)

    — una carta to mail a letter (II)

el **eclipse** eclipse (7-2)

ecológico, -a ecological (II)

económico, -a economical (II, 9-1)

la **edad** age (3-1)

el **edificio de apartamentos** apartment building (II)

la **educación física:**

    la **clase de —** physical education class (I)

educar to educate (5-2)

efecto:

    el **— invernadero** greenhouse effect (9-2)

los **efectos especiales** special effects (II)

eficiente efficient (II, 6-1)

egoísta selfish (4-1)

el **ejercicio:**

    hacer — to exercise (I)

ejercicios aeróbicos aerobics (3-2)

el *m. sing.* the (I)

él he (I)

la **electricidad** electricity (II, 9-1)

los **electrodomésticos:**

    la **tienda de —** household-appliance store (I)

electrónico, -a:

    la **dirección —** e-mail address (I)

elegante elegant (II)

eliminar to eliminate (II, 1-2)

ella she (I)

ellas *f.* they (I)

ellos *m.* they (I)

emocionado, -a excited, emotional (II)

emocionante touching (I)

emocionarse to be moved (1-2)

el **empate** tie (II)

empezar (e → ie) to begin, to start (I, II)

el **empleado, la empleada** employee (II)

emprendedor, -a enterprising (6-1)

la **empresa** business (6-1)

en in, on (I)

— + *vehicle* by, in, on (I)

— **casa** at home (I)

— **contra (de)** against (5-2)

— **cuanto** as soon as (9-1)

— **cuanto a** with respect to (10-1)

— **la...hora** in the...hour (class period) (I)

— **la Red** online (I)

— **lugar de** instead of (10-2)

— **medio de** in the middle of (II)

— **punto** exactly (II)

¿— **qué puedo servirle?** How can I help you? (I)

— **realidad** really (II)

— **seguida** right away (II)

— **vez de** instead of (10-1)

enamorado, -a de in love with (II)

enamorarse (de) to fall in love (with) (II)

encantado, -a delighted (I)

encantar to please very much, to love (I)

a él / ella le encanta(n) he / she loves (I)

me encantaría I would love to... (5-2)

me / te encanta(n)... I / you love... (I)

encargarse (de) (g → gu) to be in charge (of) (5-1)

encender (e → ie) to turn on, to light (II)

encima de on top of (I)

encontrar (o → ue) to find (II)

el **encuentro** meeting (8-2)

la **energía** energy (II, 3-1)

la fuente de — energy source (6-2)

enero January (I)

la **enfermedad** illness (6-2)

el **enfermero, la enfermera** nurse (II)

enfermo, -a sick (I)

enfrentarse to face, to confront (8-2)

enlatado, -a canned (II)

enojado, -a angry (II)

enojarse to get angry (II)

enorme enormous (II)

la **ensalada** salad (I)

la — de frutas fruit salad (I)

ensayar to rehearse (II)

el **ensayo** rehearsal (II)

la **enseñanza** teaching (10-1)

enseñar to teach (I)

entender (e → ie) to understand (II)

enterarse to find out (6-2)

entonces then (I)

la **entrada** entrance (II), ticket (2-2)

entrar to enter (I)

entre among, between (II)

la **entrega de premios** awards ceremony (1-2)

entregar to turn in (II)

— la tarea a tiempo to turn in homework on time (II)

el **entrenador, la entrenadora** coach, trainer (II)

el **entrenamiento** training (1-2)

entrenarse to train (1-2)

la **entrevista** interview (II, 5-1)

entrevistar to interview (II)

entrometido, -a meddlesome, interfering (4-1)

entusiasmado, -a excited (II)

el **entusiasmo** enthusiasm (2-2)

enviar to send (I, II)

la **época** time, era (8-1)

equilibrado, -a balanced (3-1)

el **equipaje** luggage (II)

facturar el — to check luggage (II)

el **equipo** team (II)

el — de sonido sound (stereo) system (I)

el — deportivo sports equipment (II)

¿**Eres...?** Are you...? (I)

es is; (he / she / it) is (I)

— **cierto** it's true (II)

— **el** *(number)* **de** *(month)* it is the... of... *(in telling the date)* (I)

— **el primero de** *(month)*. It is the first of... (I)

— **la una.** It is one o'clock. (I)

— **necesario.** It's necessary. (I)

— **un(a)...** It's a... (I)

la **escala** stopover (II)

escalar to climb (a rock or mountain) (1-1)

la **escalera** stairs, stairway (I); ladder (II)

escaparse to escape (II)

la **escasez** shortage (9-1)

la **escena** scene (II)

el **escenario** stage (2-2)

escoger to choose (II)

esconder(se) to hide (oneself) (II)

escribir: to write (I)

¿Cómo se escribe...? How is...spelled? (I)

— **cuentos** to write stories (I)

— **por correo electrónico** to write e-mail (I)

— **un informe sobre...** to write a report about...

Se escribe... It's spelled... (I)

el **escritor, la escritora** writer (II, 2-2)

el **escritorio** desk (I)

la **escritura** writing (7-2)

escuchar música to listen to music (I)

la **escuela primaria** primary school (I)

la **escuela técnica** technical school (II)

el **escultor, la escultora** sculptor (2-1)

la **escultura** sculpture (2-1)

ese, esa that (I, II)

de ese modo in that way (10-1)

eso:

por — that's why, therefore (I)

esos, esas those (I, II)

el **espacio** (outer) space (II)

los **espaguetis** spaghetti (I)

la **espalda** back (II)

el **español:**

la clase de — Spanish class (I)

especial special (II)

especialmente especially (I)

la **especie** species (9-2)

el **espectáculo** show (2-2)

el **espejo** mirror (I)

esperar to hope (for) (4-1); to wait (II)

la **esposa** wife (I)

el **esposo** husband (I)

el **esquí acuático** water-skiing (II)

esquiar to ski (I)

la **esquina** corner (II)

Está hecho, -a de... It is made of... (II)

establecer (zc) to establish (8-2)

la **estación,** *pl.* **las estaciones** season (I)

la — de servicio service station (II)

el **estadio** stadium (I)

el **estado** state (10-1)

el **estante** shelf, bookshelf (I)

estar to be (I)

¿Cómo está Ud.? How are you? *formal* (I)

¿Cómo estás? How are you? *fam.* (I)

— + *present participle* to be + present participle (I)

— a cargo de to be in charge of (9-1)

— basado, -a en to be based on (II)

— de buen / mal humor to be in a good / bad mood (3-2)

— de moda to be in fashion (II)

— en línea to be online (I)

— enamorado, -a de to be in love with (II)

— equivocado, -a to be mistaken (4-2)

— orgulloso / orgullosa de to be proud of (1-2)

— resfriado, -a to have a cold (3-1)

— seguro, -a to be sure (II)

— sujeto, -a a to be subject to (10-1)

Estoy de acuerdo. I agree. (I)

No estoy de acuerdo. I don't agree. (I)

la **estatua** statue (II)

la **estatura** height (3-1)

este, esta this (I, II)

esta noche this evening (I)

esta tarde this afternoon (I)

este fin de semana this weekend (I)

el **estilo** style (II)

estirar to stretch (3-2)

el **estómago** stomach (I)

estornudar to sneeze (3-1)

estos, estas these (I, II)

Estoy de acuerdo. I agree. (I)

la **estrategia** strategy (6-2)

estrecho, -a narrow (II)

la **estrella (del cine)** (movie) star (II)

el **estrés** stress (3-2)

estresado, -a stressed out (3-2)

la **estructura** structure (7-1)

el / la **estudiante** student (I)

estudiar to study (I)

estudioso, -a studious (I)

la **estufa** stove (II)

estupendo, -a stupendous, wonderful (II)

europeo, -a European (8-2)

la **evidencia** proof, evidence (7-1)

el **evento especial** special event (II)

evitar to avoid (3-1)

exagerado, -a outrageous (II)

exagerar to exaggerate (2-2)

excavar excavate (7-1)

excesivo, -a excessive (9-2)

exigir to demand (3-2)

existir to exist (7-1)

el **éxito** success (II)

tener — to be successful (II)

examinar to examine, to check (II)

la **excursión,** *pl.* **las excursiones** excursion, short trip (II)

la **experiencia** experience (I)

la **explicación** explanation (4-2)

explicar to explain (II)

la **explosión**, *pl.* **las explosiones** explosion (II)

explotar to exploit, to overwork (9-2)

expresar(se) to express (oneself) (2-1)

expulsar to expel (8-1)

extracurricular extracurricular (II)

extinción:

   (en) peligro de — (in) danger of extinction, endangered (9-2)

extranjero, -a foreign (II)

extraño, -a strange (7-1)

el / la **extraterrestre** alien (II)

F . . . .

la **fábrica** factory (6-2)

fácil easy (I)

facturar (el equipaje) to check (luggage) (II)

la **falda** skirt (I)

la **falta** lack (9-2)

   la — de lack of (10-2)

faltar to be missing (I)

famoso, -a famous (II, 2-1)

fantástico, -a fantastic (I)

la **farmacia** pharmacy (II)

fascinante fascinating (I)

fascinar to fascinate (II)

favorito, -a favorite (I)

febrero February (I)

la **fecha:**

   ¿Cuál es la —? What is the date? (I)

   la — de nacimiento date of birth (5-1)

la **felicidad** happiness (10-1)

¡Felicidades! Congratulations! (II)

¡Felicitaciones! Congratulations! (1-2)

felicitar to congratulate (II)

¡Feliz cumpleaños! Happy birthday! (I)

fenomenal phenomenal (II)

el **fenómeno** phenomenon (7-1)

feo, -a ugly (I)

la **fibra** fiber (3-1)

la **fiebre** fever (3-1)

la **fiesta** party (I)

   la — de sorpresa surprise party (II)

la **figura** figure (2-1)

el **fin**, *pl.* **los fines** purpose (10-2)

el **fin de semana:**

   este — this weekend (I)

   los fines de semana on weekends (I)

las **finanzas** finance (6-1)

flexible flexible (5-1)

flexionar to flex, to stretch (3-2)

flexiones:

   hacer — to do push-ups

flojo, -a loose (II)

la **flor**, *pl.* **las flores** flower (I)

la **foca** seal (9-2)

la **fogata** bonfire (II)

fomentar to encourage (9-1)

el **fondo** background (2-1)

el **fósforo** match (II)

la **foto** photo (I)

la **fotografía** photography (II)

el **fotógrafo, la fotógrafa** photographer (II)

el **fracaso** failure (II)

frecuentemente frequently (II)

el **fregadero** sink (II)

freír (e → í) to fry (II)

las **fresas** strawberries (I)

fresco, -a fresh (II)

los **frijoles** beans (II)

el **frío:**

   Hace —. It's cold. (I)

   tener — to be cold (I)

frito, -a fried (II)

fue it was (I)

   — un desastre. It was a disaster. (I)

el **fuego** fire (II)

los **fuegos artificiales** fireworks (II)

la **fuente** fountain (II); source (II)

   la — de energía energy source (6-2)

   la — de inspiración source of inspiration (2-1)

fuera (de) outside (II)

fuerte strong (3-1)

la **fuerza** strength (3-2)

la **función** function (7-1)

funcionar to function, to work (II, 10-1)

fundamental fundamental, vital (10-2)

fundar to found (8-1)

furioso, -a furious (II)

el **fútbol:**

jugar al — to play soccer (I)

el **fútbol americano:**

jugar al — to play football (I)

el **futuro** future (II)

G

el **galán** leading man (II)

la **galleta** cookie (I)

ganar to win (I); to earn (money) (II)

— se la vida to make a living (II)

la **ganga** bargain (II)

el **garaje** garage (I)

la **garantía** guarantee (10-2)

garantizar to guarantee (5-2)

la **gasolina** gasoline (II)

gastar to spend (II)

el **gato** cat (I)

el **gel** gel (II)

el **gen** pl. **los genes** gene (6-2)

generalmente generally (I)

generoso, -a generous (II)

la **genética** genetics (6-2)

¡Genial! Great! (I)

la **gente** people (I)

la — sin hogar homeless people (5-2)

geométrico, -a geometric(al) (7-1)

el / la **gerente** manager (II, 5-1)

el **gesto** gesture (2-2)

la **gimnasia** gymnastics (II)

el **gimnasio** gym (I)

el **globo** balloon (I)

gobernar (ie) to rule, to govern (8-1)

el **gobierno** government (9-1)

el **gol** goal (in sports) (II)

meter un — to score a goal (II)

el **golf:**

jugar al — to play golf (I)

la **gorra** cap (I)

gozar (de) to enjoy (10-1)

grabar to record (II)

— un disco compacto to burn a CD (I)

gracias thank you (I)

gracioso, -a funny (I)

el **grado centígrado** centigrade degree (3-1)

la **graduación,** pl. **las graduaciones** graduation (II)

graduarse (u → ú) to graduate (II, 6-1)

los **gráficos** computer graphics (I)

grande large (I)

el **granizo** hail (1-1)

caer — to hail (1-1)

la **grapadora** stapler (II)

grasoso, -a greasy (II)

gratuito, -a free (10-1)

grave serious (II, 9-1)

la **gripe** flu (3-1)

gris gray (I)

gritar to scream (II)

el **grupo étnico** ethnic group (8-1)

los **guantes** gloves (I)

guapo, -a good-looking (I)

guardar (un secreto) to keep (a secret) (4-1)

la **guardería infantil** day-care center (II)

la **guerra** war (II, 8-2)

el / la **guía** guide (II)

la **guía** guidebook (II)

los **guisantes** peas (I)

gustar:

a él / ella le gusta(n) he / she likes (I)

(A mí) me gusta... I like to... (I)

(A mí) me gusta más... I like to...better (I prefer to...) (I)

(A mí) me gusta mucho... I like to...a lot (I)

(A mí) no me gusta... I don't like to... (I)

(A mí) no me gusta nada... I don't like to...at all. (I)

Le gusta... He / She likes... (I)

Me gusta... I like... (I)

Me gustaría... I would like... (I)

Me gustó. I liked it. (I)

No le gusta... He / She doesn't like... (I)

¿Qué te gusta hacer? What do you like to do? (I)

¿Qué te gusta hacer más? What do you like to do better / prefer to do? (I)

Te gusta... You like... (I)

¿Te gusta...? Do you like to...? (I)

¿Te gustaría...? Would you like...? (I)

¿Te gustó? Did you like it? (I)

H . . . .

haber to have *(as an auxiliary verb)* (II)

había there was / there were (II)

la **habilidad** skill (5-1)

la **habitación**, *pl.* las **habitaciones** room (II)

   la **— doble** double room (II)

   la **— individual** single room (II)

el / la **habitante** inhabitant (7-2)

el **hábito alimenticio** eating habit (3-1)

hablar to talk (I)

   — por teléfono to talk on the phone (I)

habrá there will be (II)

hacer to do (I)

   hace + *time expression* ago (I)

   Hace + *time* + **que...** It has been... (II)

   Hace calor. It's hot. (I)

   Hace frío. It's cold. (I)

   Hace sol. It's sunny. (I)

   — bicicleta to use a stationary bike (3-2)

   — caso to pay attention, to obey (4-2)

   — cinta to use a treadmill (3-2)

   — ejercicio to exercise (I)

   — el papel de to play the role of (II)

   — escala to stop over (II)

   — flexiones to do push-ups (3-2)

   — gimnasia to do gymnastics (II)

   — la cama to make the bed (I)

   — la maleta to pack the suitcase (II)

   — las paces to make peace with (4-2)

   — ruido to make noise (II)

   — un esfuerzo to make an effort (1-2)

   — un picnic to have a picnic (II)

   — un proyecto to do a project (II)

   — un viaje to take a trip (II)

   — un video to videotape (I)

   — una búsqueda to do a search (II)

   — una gira to take a tour (II)

   — una parrillada to have a barbecue (II)

   — una pregunta to ask a question (II)

   haz *(command)* do, make (I)

¿Qué hiciste? What did you do? (I)

¿Qué tiempo hace? What is the weather like? (I)

(tú) haces you do (I)

(yo) hago I do (I)

hacerse to become (6-1)

hacia toward (1-1)

hambre:

   Tengo —. I'm hungry. (I)

la **hamburguesa** hamburger (I)

haré lo que me dé la gana I'll do as I please (6-1)

la **harina** flour (II)

has visto you have seen (II)

hasta until (II); as far as, up to (II)

   — luego. See you later. (I)

   — mañana. See you tomorrow. (I)

hay there is, there are (I)

   — que one must (I)

haya *(subjunctive)* there is, there are (II)

he visto I have seen (II)

el **helado** ice cream (I)

la **herencia** heritage (8-2)

herido, -a injured (II)

el **herido, la herida** injured person (II)

el **hermanastro, la hermanastra** stepbrother, stepsister (I)

el **hermano, la hermana** brother, sister (I)

los **hermanos** brothers, brother(s) and sister(s) (I)

hermoso, -a beautiful (1-1)

el **héroe** hero (II)

la **heroína** heroine (II)

hervir (e → ie) (e → i) to boil (II)

el **hielo** ice (9-2)

el **hierro** iron (3-1)

el **hijo, la hija** son; daughter (I)

los **hijos** children, sons (I)

histórico, -a historical (II)

el **hockey** hockey (II)

hogar:

   el **— de ancianos** home for the elderly (5-2)

   la **gente sin —** homeless people (5-2)

la **hoja de papel** sheet of paper (I)

¡Hola! Hello! (I)

el **hombre** man (I)

   el **— de negocios** businessman (II, 6-1)

el **hombro** shoulder (II)

honesto, -a honest (4-1)

la **hora:**

   en la... — in the...hour (class period) (I)

   ¿A qué —? (At) what time? (I)

el **horario** schedule (I)

la **hormiga** ant (II)

el **horno** oven (II)

   al — baked (II)

horrible horrible (I)

el **horror:**

   la **película de —** horror movie (I)

el **hospital** hospital (I)

la **hospitalidad** hospitality (6-2)

el **hotel** hotel (I)

hoy today (I)

   de — en adelante from now on (6-2)

   hubo there was (II)

el **hueso** bone (II)

los **huevos** eggs (I)

el **humo** smoke (II)

el **huracán,** *pl.* **los huracanes** hurricane (II)

I

ida y vuelta round trip (II)

identificarse con to identify oneself with (2-2)

el **idioma** language (II)

la **iglesia** church (I)

ignorar to ignore (4-2)

igual: al — que as, like (7-2)

la **igualdad** equality (10-1)

igualmente likewise (I)

la **imagen** image (2-1)

impaciente impatient (I)

el **imperio** empire (8-1)

importante important (I)

impresionante impressive (I)

impresionar to impress (1-1)

improbable unlikely (7-1)

el **incendio** fire (II)

incluir to include (3-1)

increíble incredible (I)

el / la **indígena** native (8-2)

la **industria** industry (6-2)

inexplicable inexplicable (7-1)

infantil childish (I)

la **influencia** influence (8-1)

influir (i → y) to influence (2-1)

la **información** information (I)

la **informática** information technology (6-2)

el **informe** report (I, II)

el **ingeniero, la ingeniera** engineer (II, 6-1)

el **inglés:**

   la **clase de —** English class (I)

el **ingrediente** ingredient (II)

la **injusticia** injustice (10-1)

injusto, -a unfair (5-2)

inmediatamente immediately (II)

inocente innocent (10-2)

inolvidable unforgettable (I)

inscribirse to register (1-2)

la **inscripción** registration (1-2)

insistir en to insist (II)

la inspección, *pl.* las inspecciones de seguridad security checkpoint (II)

inspirar to inspire (2-1)

integrarse to integrate (8-1)

inteligente intelligent (I)

el intento attempt (7-2)

intercambiar to exchange (10-2)

el intercambio exchange (8-2)

el interés interest (II)

interesante interesting (I)

interesar to interest (I)

me interesa(n) it interests me (they interest me) (I)

me interesaría I would be interested... (5-2)

la interpretación interpretation (2-2)

interpretar to interpret (2-2)

íntimo, -a intimate (4-1)

la inundación, *pl.* las inundaciones flood (II)

invadir to invade (8-1)

inventar to invent (6-2)

el invento invention (6-2)

investigar to investigate (II)

el invierno winter (I)

la inyección, *pl.* las inyecciones injection, shot (II)

ir to go (I)

— a + *inf.* to be going to + *verb* (I)

— a la escuela to go to school (I)

— a pie to go on foot (II)

— de cámping to go camping (I)

— de compras to go shopping (I)

— de pesca to go fishing (I)

— de vacaciones to go on vacation (I)

¡Qué va! No way! (4-2)

¡Vamos! Let's go! (I)

el itinerario itinerary (II)

la izquierda:

a la — (de) to the left (of) (I)

J . . . .

el jabón soap (II)

el jarabe syrup (3-1)

el jardín garden, yard (I)

los jeans jeans (I)

el jefe, la jefa boss (6-1)

joven *adj.* young (I)

el / la joven young man, young woman (I)

los jóvenes young people (II)

las joyas (de oro, de plata) (gold, silver) jewelry (II)

la joyería jewelry store (I)

las judías verdes green beans (I)

el judío, la judía Jew(ish) (8-1)

jueves Thursday (I)

el juez, la jueza, *pl.* los jueces judge (II, 6-1)

el jugador, la jugadora player (II)

jugar (a) (u → ue) to play *(games, sports)* (I)

— a los bolos to bowl (II)

— al básquetbol to play basketball (I)

— al béisbol to play baseball (I)

— al fútbol to play soccer (I)

— al fútbol americano to play football (I)

— al golf to play golf (I)

— al tenis to play tennis (I)

— al vóleibol to play volleyball (I)

— videojuegos to play video games (I)

el jugo:

el — de manzana apple juice (I)

el — de naranja orange juice (I)

el juguete toy (I)

el **juicio** trial (10-2)

julio July (I)

junio June (I)

juntar fondos to fundraise (5-2)

juntarse to join (II)

juntos, -as together (4-1)

el **jurado** jury (10-2)

la **justicia** justice (10-2)

justo, -a fair (5-2)

juzgar to judge (10-2)

L

la the *f. sing.* (I); it, her *f. dir. obj. pron.* (I)

los **labios** lips (II)

el **laboratorio** laboratory (I, II)

el **lado:**

　　al — de next to (I)

el **ladrón, la ladrona,** *pl.* **los ladrones** thief (II)

el **lago** lake (I)

la **lámpara** lamp (I)

la **lana** wool (II)

el **lápiz,** *pl.* **los lápices** pencil (I)

largo, -a long (I)

el **largo** length (7-1)

las the *f. pl.*; them *f. dir. obj. pron.* (I)

　　— dos, los dos both (I)

lástima:

　　¡Qué —! What a shame! (II)

lastimarse to hurt oneself (II)

la **lata** can (I)

lavar to wash (I)

　　— el coche to wash the car (I)

　　— la ropa to wash the clothes (I)

　　— los platos to wash the dishes (I)

　　—se la cara to wash one's face (II)

le (to / for) him, her, it, *(formal)* you *sing. ind. obj. pron.* (I)

　　— gusta... He / She likes... (I)

　　— traigo... I will bring you... (I)

　　No — gusta... He / She doesn't like... (I)

la **lección,** *pl.* **las lecciones de piano** piano lesson (class) (I)

la **leche** milk (I)

la **lechuga** lettuce (I)

el **lector DVD** DVD player (I)

leer revistas to read magazines (I)

lejos (de) far (from) (I)

la **lengua** language (8-2)

lentamente slowly (II)

la **leña** firewood (II)

les (to / for) them, *(formal)* you *pl. ind. obj. pron.* (I)

la **letra** lyrics (2-2)

el **letrero** sign (II)

levantar pesas to lift weights (I)

levantarse to get up (II)

la **ley** law (II, 5-2)

la **leyenda** legend (7-2)

la **libertad** liberty (10-1)

libre free (10-2)

la **librería** bookstore (I)

el **libro** book (I)

la **liga** league (II)

limitar to limit (9-1)

la **limonada** lemonade (I)

limpiar el baño to clean the bathroom (I)

la **limpieza** cleaning (9-2)

limpio, -a clean (I)

la **línea:**

　　estar en — to be online (I, II)

　　la — aérea airline (II)

la **linterna** flashlight (1-1)

la **liquidación,** *pl.* **las liquidaciones** sale (II)

listo, -a ready (II)

llamar:

　　— por teléfono to call on the phone (II)

　　¿Cómo se llama? What's his / her name? (I)

　　¿Cómo te llamas? What is your name? (I)

　　Me llamo... My name is... (I)

la **llave** key (II)

el **llavero** key chain (I)

la **llegada** arrival (II)

llegar to arrive

al — upon arriving (8-2)

— a to reach, to get to (10-2)

— tarde to arrive late (II)

llenar (el tanque) to fill (the tank) (II)

lleno, -a full (3-1)

llevar to wear (I); to take, to carry, to bring (I)

llevarse bien / mal to get along well / badly (II)

llorar to cry (II)

llover (o → ue) to rain (II)

Llueve. It's raining. (I)

la **lluvia** rain (II)

lo que what (II)

lo it, him *m. dir. obj. pron.* (I)

— siento. I'm sorry. (I)

el **locutor, la locutora** announcer (II)

lograr to achieve (6-1)

los the *m. pl.* (I); them *m. dir. obj. pron* (I)

— dos, las dos both (I)

— fines de semana on weekends (I)

— lunes, los martes... on Mondays, on Tuesdays... (I)

luchar to fight (II, 8-2)

luego then (II)

el **lugar** place (I)

en — de instead of (10-2)

tener — to take place (1-2)

la **Luna** the Moon (II, 7-1)

lunes Monday (I)

los lunes on Mondays (I)

la **luz,** *pl.* **las luces** light (I)

M ●

la **madrastra** stepmother (I)

la **madre (mamá)** mother (I)

maduro, -a mature (6-1)

el **maíz** corn (II)

mal bad, badly (I)

pasarlo — to have a bad time (1-1)

el **malentendido** misunderstanding (4-2)

la **maleta** suitcase (II)

malo, -a bad (I)

maltratar to mistreat (10-1)

el **maltrato** mistreatment (10-1)

manejar to drive (II)

la **manera** way, manner (II, 3-1)

la **manifestación** demonstration (5-2)

la **mano** hand (I)

darse la — to shake hands (II)

mantener:

para — la salud to maintain one's health (I)

la **mantequilla** butter (I)

la **manzana** apple (I)

el jugo de — apple juice (I)

mañana tomorrow (I)

la mañana:

a las ocho de la — at eight (o'clock) in the morning (I)

de la — in the morning (I)

el **maquillaje** make-up (II)

la **máquina** machine (6-2)

el **mar** sea (I)

la **maravilla** marvel, wonder (8-1)

maravilloso, -a wonderful (8-1)

la **marca** brand (II)

la **marcha** march (5-2)

los **mariscos** shellfish (II)

marrón brown (I)

martes Tuesday (I)

los martes on Tuesdays (I)

marzo March (I)

más:

¿Qué —? What else? (I)

— ...que more...than (I)

— de more than (I)

— o menos more or less (I)

matar to kill (II)

las **matemáticas:**

la clase de — mathematics class (I)

los **materiales** supplies, materials (II)

mayo May (I)

la **mayonesa** mayonnaise (II)

mayor, *pl.* **mayores** *adj.* older (I)

los **mayores** grown-ups (II)

la **mayoría** the majority (6-2)

me me *dir. obj. pron.,* (to / for) me *ind. obj. pron.* (I)

— aburre(n) it / they bore(s) me (I)

— encantaría I would love to... (5-2)

— es imposible It is impossible for me ... (5-2)

— estás poniendo nervioso, -a. You are making me nervous. (II)

— falta(n)... I need... (I)

— gustaría I would like (I)

— gustó. I liked it. (I)

— interesa(n) it / they interest(s) me (I)

— interesaría I would be interested... (5-2)

— llamo... My name is... (I)

— importa(n) it matters (it's important) / they matter to me (II)

— parece que it seems to me (II)

— queda(n) bien / mal. It / They fit(s) me well / poorly. (I)

— **quedo en casa.** I'm staying at home. (I)

¿— **trae...?** Will you bring me...? *formal* (I)

el **mecánico, la mecánica** mechanic (II)

la **medalla** medal (1-2)

media, -o half (I)

y — thirty, half past (I)

mediano, -a medium (II)

la **medicina** medicine (II)

el **médico, la médica** doctor (II)

el **medio ambiente** environment (II, 5-2)

los **medios de comunicación** media (6-2)

medir (e → i) to measure (7-1)

mejor:

el / la —, los / las —es the best (I)

—(es) que better than (I)

mejorar to improve (II, 4-2)

la **melodía** melody (2-2)

el **melón,** *pl.* **los melones** melon (II)

menor younger (I)

menos:

a — que unless (9-2)

más o — more or less (I)

— ...que less / fewer...than (I)

— de less / fewer than (I)

el **mensajero, la mensajera** messenger (5-1)

mentir (e → ie) to lie (II)

el **menú** menu (I)

menudo:

a — often (I)

el **mercadeo** marketing (6-2)

el **mercado** market (II)

la **mercancía** merchandise (8-2)

la **merienda** snack (3-1)

el **mes** month (I)

la **mesa** table (I)

poner la — to set the table (I)

la **mesita** night table (I)

la **meta** goal (1-2)

meter:

meter un gol to score a goal (II)

el **metro** subway (II)

la **mezcla** mix (8-2)

mezclar to mix (II)

la **mezquita** mosque (I)

mi, mis my (I)

mí:

a — también I do (like to) too (I)

a — tampoco I don't (like to) either (I)

para — in my opinion, for me (I)

el **micrófono** microphone (2-2)

el **microondas** microwave (II)

el **miedo: tener — (de)** to be scared (of), to be afraid (of) (I)

el **miembro** member (II)

ser miembro to be a member (II)

mientras (que) while (II)

miércoles Wednesday (I)

mil thousand (I)

militar *(adj.)* military (II)

un millón de / millones de a million / millions of (II)

mío, -a, -os, -as mine (II)

mirar to look (at) (I)

la **misión** mission (8-2)

el **misionero, la misionera** missionary (8-2)

mismo, -a same (I)

pensar en sí — to think of oneself (4-2)

el **misterio** mystery (7-1)

misterioso, -a mysterious (7-1)

el **mito** myth (7-2)

la **mochila** bookbag, backpack (I)

los **modales** manners (II)

el **modo** the way (10-2)

de ese — in that way (10-1)

de — que so, so that (10-2)

mojado, -a wet (II)

molestar to bother (II)

el **momento:**

un — a moment (I)

la **moneda** coin (II)

el **mono** monkey (I)

las **montañas** mountains (I)

montar:

— a caballo to go (horseback) riding (I)

— en bicicleta to ride a bicycle (I)

— en monopatín to skateboard (I)

el **monumento** monument (I)

morado, -a purple (I)

morirse to die (II)

la **mosca** fly (II)

la **mostaza** mustard (II)

mostrar (ue) to show (2-1)

el **motivo** cause (10-1)

la **moto acuática** personal watercraft (II)

moverse (o → ue) to move (II)

el **movimiento** movement (2-1)

mucho, -a a lot (I)

— gusto pleased to meet you (I)

muchos, -as many (I)

mudarse to move (house) (6-1)

los **muebles** furniture (II)

muerto, -a dead (II)

la naturaleza muerta still life (2-1)

la **mujer** woman (I)

la — de negocios businesswoman (II, 6-1)

las **muletas** crutches (II)

la **multa** ticket (II)

mundial worldwide (10-2)

el **mundo** world (II)

la **muñeca** doll (II); wrist (II)

el **muñeco** action figure (II)

el **mural** mural (2-1)

el **músculo** muscle (II, 3-2)

el **museo** museum (I)

el **músico, la música** musician (II)

el **musulmán, la musulmana** Muslim (8-1)

muy very (I)

— **bien** very well (I)

N..

nacer to be born (II)

nada nothing (I)

(A mí) no me gusta — ... I don't like to...at all. (I)

nadar to swim (I)

nadie no one, nobody (II)

la **naranja:**

el jugo de — orange juice (I)

la **nariz,** *pl.* **las narices** nose (I)

la **natación** swimming (II)

natural:

la reserva — nature preserve (9-2)

la **naturaleza** nature (II, 1-1)

la — **muerta** still life (2-1)

la **nave espacial** spaceship (7-1)

navegar to sail, to navigate (II)

— **en la Red** to surf the Web (I, II)

necesario:

Es —. It's necessary. (I)

necesitar:

necesitas you need (I)

necesito I need (I)

los **negocios** business (II)

el hombre de — businessman (II, 6-1)

la mujer de — businesswoman (II, 6-1)

negro, -a black

el pelo — black hair (I)

nervioso, -a nervous (II)

nevar (e → ie) to snow (II)

Nieva. It's snowing. (I)

ni...ni neither...nor, not...or (I)

ningún, ninguno, -a no, none (II)

el **niñero, la niñera** babysitter (5-1)

la **niñez** childhood (10-1)

el **niño, la niña** young boy, young girl (I)

los **niños** children (I)

el **nivel** level (3-1)

No comas. Don't eat. (II)

No dejes Don't leave, don't let (II)

No escribas. Don't write. (II)

No estoy de acuerdo. I don't agree. (I)

No hables. Don't speak. (II)

¡No me digas! You don't say! (I)

no...todavía not yet (II)

la **noche:**

a las ocho de la — at eight (o'clock) in the evening, at night (I)

Buenas —**s.** Good evening. (I)

de la — in the evening, at night (I)

esta — this evening (I)

nos us *dir. obj. pron.,* (to / for) us *ind. obj. pron.* (I)

¡— **vemos!** See you later! (I)

nosotros, -as we (I)

la **nota** grade, mark (in school) (II)

sacar una buena — to get a good grade (II)

el **noticiero** newscast (II)

novecientos, -as nine hundred (I)

noveno, -a ninth (I)

noventa ninety (I)

noviembre November (I)

el **novio, la novia** boyfriend, girlfriend (I)

la **nube** cloud (II)

nuestro, -a, -os, -as our (I)

nueve nine (I)

nuevo, -a new (I)

el **número** shoe size (II)

nunca never (I)

nutritivo, -a nutritious (3-1)

O . . . .

o or (I)

   — **sea que** in other words (7-2)

obedecer to obey (II)

obediente obedient (II)

obligar to force (10-1)

la **obra:**

   la — **de arte** work of art (2-1)

   la — **de teatro** play (I)

observar to observe (II)

el **observatorio** observatory (7-1)

obtener to obtain, to get (1-2)

ochenta eighty (I)

ocho eight (I)

ochocientos, -as eight hundred (I)

el **ocio** free time (6-2)

octavo, -a eighth (I)

octubre October (I)

ocupado, -a busy (I)

ocupar to occupy (8-1)

ocurrir to occur (II)

ofender to offend (II)

la **oficina** office (II)

ofrecer to offer (II)

el **oído** ear (3-1)

oír to hear (II)

ojalá I wish (4-1)

el **ojo** eye (I)

la **olla** pot (II)

el **olor** odor (II)

olvidarse de to forget about (II)

   no te olvides de don't forget about (II)

once eleven (I)

opinar to think (10-2)

la **oportunidad** opportunity (II)

ordenado, -a neat (I)

organizar to organize (5-2)

el **origen** origin (7-2)

el **oro** gold (II)

la **orquesta** orchestra (II)

os you *pl. fam. dir. obj. pron.,* (to / for) you *pl. fam. ind. obj. pron.* (I)

oscuro, -a dark (II)

el **oso de peluche** teddy bear (II)

el **otoño** fall, autumn (I)

otro, -a other, another (I)

otra vez again (I)

el **óvalo** oval (7-1)

¡Oye! Hey! (I)

ozono:

   la **capa de —** ozone layer (9-2)

P . . . .

la **paciencia** pacience (II)

   tener — to be patient (II)

paciente *adj.* patient (I)

pacífico, -a peaceful (10-2)

el **padrastro** stepfather (I)

el **padre (papá)** father (I)

los **padres** parents (I)

pagar (por) to pay (for) (I)

la **página Web** Web page (I)

el **país** country (I)

el **paisaje** landscape (1-1)

el **pájaro** bird (I)

la **palabra** word (II)

el **palacio** palace (II)

la **paleta** palette (2-1)

el **palo de golf** golf club (II)

el **pan** bread (I)

   el — **tostado** toast (I)

la **pantalla** (computer) screen (I)

los **pantalones** pants (I)

   los — **cortos** shorts (I)

las **papas** potatoes (I)

   las — **fritas** French fries (I)

el **papel** role (II)

   el — **picado** cut-paper decorations (I)

   hacer el — de to play the role of (II)

la **hoja de —** sheet of paper (I)

la **papelera** wastepaper basket (I)

para for (I)

   — + *inf.* in order to (I)

   — **la salud** for one's health (I)

   — **mantener la salud** to maintain one's health (I)

   — **mí** in my opinion, for me (I)

   ¿ — qué sirve? What's it (used) for? (I)

   — **ti** in your opinion, for you (I)

parado, -a to be standing (2-1)

el **paramédico, la paramédica**

paramedic (II)

parar to stop (II)

pararse to stand up (2-2)

parecer:

    me parece que it seems to me (II)

    ¿Qué te parece? What do you think? / How does it seem to you? (II)

    parecerse a to look, to seem (like) (2-2)

la **pared** wall (I)

los **parientes** relatives (II)

el **parque** park (I)

    el — de diversiones amusement park (I)

    el — nacional national park (I)

la **parrilla** grill (II)

el / la **participante** participant (1-2)

    participar (en) to participate (in) (II)

el **partido** game, match (I)

el **pasajero, la pasajera** passenger (II)

el **pasaporte** passport (II)

    pasar to pass, to go (II)

    ¿Cómo lo pasaste? How was it (for you)? (I)

    — la aspiradora to vacuum (I)

    — tiempo con amigos to spend time with friends (I)

    ¿Qué pasa? What's happening? (I)

    ¿Qué te pasó? What happened to you? (I, II)

    pasarlo bien / mal to have a good time / bad time (1-1)

el **pasatiempo** pastime (II)

    pasear en bote to go boating (I)

el **pasillo** aisle (II)

el **paso** step (2-2)

la **pasta dental** toothpaste (II)

    pastel *adj.* pastel (colors) (II)

el **pastel** cake (I)

los **pasteles** pastries (I)

las **pastillas** pills (II)

    patinar to skate (I)

los **patines** skates (II)

el **patio de recreo** playground (II)

el **pavo** turkey (II)

la **paz** peace (II, 10-1)

    hacer las paces to make peace (with) (4-2)

el **peatón,** *pl.* **los peatones** pedestrian (II)

el **pecho** chest (3-1)

el **pedazo** piece, slice (II)

    pedir (e → i) to order, to ask for (I)

    — ayuda to ask for help (II)

    — prestado, -a (a) to borrow (from) (II)

    — perdón to ask for forgiveness (4-2)

el **peine** comb (II)

    pelar to peel (II)

la **pelea** fight (4-2)

    pelearse to fight (II)

la **película** film, movie (I)

    la — de acción action film (II)

    la — de ciencia ficción science fiction movie (I)

    la — de horror horror movie (I)

    la — policíaca detective movie, mystery (I)

    la — romántica romantic movie (I)

    ver una — to see a movie (I)

    peligro:

    (en) peligro de extinción (in) danger of extinction,

endangered (II, 9-2)

peligroso, -a dangerous (II)

pelirrojo, -a red-haired (I)

el **pelo** hair (I, II)

    el — canoso gray hair (I)

    el — castaño brown (chestnut) hair (I)

    el — negro black hair (I)

    el — rubio blond hair (I)

la **pelota** ball (II)

el **peluquero, la peluquera** hairstylist (6-1)

el **pensamiento** thought (10-1)

    pensar (e → ie) to plan, to think (I)

    — en sí mismo(a) to think of oneself (4-2)

    peor:

    el / la —, los / las —es the worst (I)

    —(es) que worse than (I)

pequeño, -a small (I)

perder (e → ie) to lose (II)

    — el equilibrio to lose one's balance (1-1)

perderse to get lost (1-1)

Perdón. Excuse me. (I)

perdonar to forgive (4-2)

perezoso, -a lazy (I)

el **perfume** perfume (I)

el **periódico** newspaper (I)

el **permiso de manejar** driver's license (II)

permitir to permit, to allow (II)

pero but (I)

el **perrito caliente** hot dog (I)

el **perro** dog (I)

la **persona** person (I)

el **personaje principal** main character (II)

pesar to weigh (7-1)

    a — de despite (10-2)

pesas:

levantar — to lift weights (I)

el pescado fish *(as a food)* (I)

el peso weight (3-1)

el pesticida pesticide (9-1)

el petróleo oil (9-1)

el derrame de — oil spill (9-2)

el pez, *pl.* **los peces** fish (II)

picante spicy (II)

picar to chop (II)

el picnic picnic (II)

el pie foot (I)

la piedra rock (II)

la piel skin (9-2)

la pierna leg (I)

la pila battery (9-1)

el / la piloto pilot (II)

la pimienta pepper (I)

el pincel brush (2-1)

pintarse (las uñas) to paint, to polish (one's nails) (II)

el pintor, la pintora painter (II)

la pintura painting (2-1)

la piña pineapple (II)

la piñata piñata (I)

la pirámide pyramid (7-1)

la piscina swimming pool (I)

el piso story, floor (I)

primer — second floor (I)

segundo — third floor (I)

la pizza pizza (I)

planear to plan (II)

el planeta planet (7-2)

la planta plant (II)

la planta baja ground floor (I)

el plástico plastic (I)

la plata silver (II)

el plátano banana (I)

el plato plate, dish (I)

de — principal as a main dish (I)

el — principal main dish (I)

la playa beach (I)

la plaza plaza (II)

la pluma feather (9-2)

la población population (8-1)

pobre poor (I)

pobrecito, -a poor thing (II)

la pobreza poverty (10-1)

poco:

un — (de) a little (I)

poder to be able to (I)

(tú) puedes you can (I)

(yo) puedo I can (I)

el poder power (8-2)

poderoso, -a powerful (8-2)

el poema poem (2-2)

el / la poeta poet (2-2)

el / la policía police officer (II)

policíaca:

la película — detective movie, mystery (I)

la política politics (II)

el político, la política politician (II)

el pollo chicken (I)

poner to put, to place (I)

pon *(command)* put, place (I)

— la mesa to set the table (I)

— una multa to give a ticket (II)

(tú) pones you put (I)

(yo) pongo I put (I)

ponerse to apply, to put on *(clothing, make up, etc.)* (II); to become (II)

— de acuerdo to reach an agreement (4-2)

— el sol to set (the sun) (7-2)

por for (how long) (II); by, around, along, through (II)

— ejemplo for example (II)

— eso that's why, therefore (I)

— lo general in general (II)

— lo tanto therefore (6-1)

¿— qué? Why? (I)

— supuesto of course (I)

—...vez for the...time (II)

porque because (I)

portarse bien / mal to behave well / badly (II)

la posesión, *pl.* **las posesiones** possession (I)

el postre dessert (I)

de — for dessert (I)

la práctica practice (II)

practicar deportes to play sports (I)

práctico, -a practical (I)

el precio price (I, II)

predecir to predict (6-2)

preferir (e → ie) to prefer (I)

(tú) prefieres you prefer (I)

(yo) prefiero I prefer (I)

la pregunta question (II)

hacer una — to ask a question (II)

el premio prize (II)

la prensa the press (10-2)

preocuparse worry (3-2)

preparar to prepare (I)

—se to get ready (II)

la presentación, *pl.* **las presentaciones** presentation (I)

el presentador, la presentadora presenter (II)

presentarse to apply for a job (5-1)

la preservación conservation (9-2)

prestar atención to pay attention (II)

la primavera spring (I)

primer (primero), -a first (I)

— piso second floor (I)

el — plano foreground (2-1)

el primo, la prima cousin (I)

los primos cousins (I)

prisa hurry (II)

   tener — to be in a hurry (II)

probable likely (7-1)

probar (o → ue) to taste, to try (II)

probarse (o → ue) to try on (II)

el **problema** problem (I)

producir to produce (9-2)

el **producto** product (6-2)

la **profesión,** *pl.* **las profesiones** profession (II)

el **profesor, la profesora** teacher (I)

el **programa** program, show (I)

   el — de concursos game show (I)

   el — de dibujos animados cartoon (I)

   el — de entrevistas interview program (I)

   el — de estudios course of studies (II)

   el — de la vida real reality program (I)

   el — de noticias news program (I)

   el — deportivo sports program (I)

   el — educativo educational program (I)

   el — musical musical program (I)

el **programador, la programadora** programmer (6-1)

prohibir:

   se prohíbe it is forbidden (II)

prolongar to prolong, to extend (6-2)

promover (ue) to promote (9-1)

pronto soon (II)

   tan — como as soon as (9-1)

la **propina** tip (II)

propio, -a own (I)

proponer to propose, to suggest (10-2)

la **propuesta** proposal (10-2)

la **protección** protection (9-1)

proteger to protect (II, 5-2)

la **proteína** protein (3-1)

próximo, -a next (6-1)

el **proyecto** project (II)

   el — de construcción construction project (I)

el **público** audience (II)

el **pueblo** people (7-1); town (II)

puedes:

   (tú) — you can (I)

puedo:

   (yo) — I can (I)

el **puente** bridge (II)

la **puerta** door (I)

   la — de embarque departure gate (II)

pues well *(to indicate pause)* (I)

el **puesto** position (5-1); food stand (II)

la **pulsera** bracelet (I)

el **reloj** watch (I)

las **puntadas** stitches (II)

   dar — to stitch *(surgically)* (II)

el **punto de vista** point of view (10-2)

puntual punctual (II, 5-1)

el **pupitre** desk (I)

puro, -a pure (II)

Q ....

que who, that (I)

qué:

   ¿Para — sirve? What's it (used) for? (I)

   ¡— + *adj.!* How...! (I)

   ¡— asco! How awful! (I)

   ¡— buena idea! What a good / nice idea! (I)

   ¿— clase de...? What kind of... ? (I)

   ¿— desean (Uds.)? What would you like? *formal* (I)

   ¿— día es hoy? What day is today? (I)

   ¿— es esto? What is this? (I)

   ¿— hiciste? What did you do? (I)

   ¿— hora es? What time is it? (I)

   ¡— lástima! What a shame! (II)

   ¿— más? What else? (I)

   ¿— pasa? What's happening? (I)

   ¡— pena! What a shame / pity! (I)

   ¿— quiere decir... ? What does...mean? (I)

   ¿— tal? How are you? (I)

   ¿— tal es...? How is (it)...? (II)

   ¿— te gusta hacer? What do you like to do? (I)

   ¿— te gusta hacer más? What do you like to do better / prefer to do? (I)

   ¿— te parece? What do you think? / How does it seem to you? (I, II)

   ¿— te pasó? What happened to you? (I, II)

¿— tiempo hace? What's the weather like? (I)

¡— va! No way! (4-2)

quedar to fit, to be located (I, II)

quedarse to stay (II)

el **quehacer (de la casa)** (household) chore (I)

quejarse to complain (3-2)

quemar(se) to burn (oneself), to burn up (II)

querer (e → ie) to want (I)

¿Qué quiere decir...? What does...mean? (I)

Quiere decir... It means... (I)

quisiera I would like (I)

(tú) quieres you want (I)

(yo) quiero I want (I)

¿Quién(es)? Who? (I)

químico, -a chemical (9-1)

quince fifteen (I)

quinientos, -as five hundred (I)

quinto, -a fifth (I)

el **quiosco** newsstand (II)

quisiera I would like (I)

quitar to take away, to remove (II)

— el polvo to dust (I)

quizás maybe (I)

R

la **radiografía** X-ray (II)

rápidamente quickly (I, II)

la **raqueta de tenis** tennis racket (II)

un rato a while (1-1)

el **ratón,** *pl.* **los ratones** (computer) mouse (I)

la **raza** race (8-2)

razón reason (10-1)

tener — to be correct (I)

reaccionar to react (4-2)

la **realidad virtual** virtual reality (6-2)

realista realistic (I)

realizar to perform, to accomplish (2-2)

rebelarse to rebel, to revolt (8-2)

el **recalentamiento global** global warming (9-2)

la **recepción** reception desk (II)

el / la **recepcionista** receptionist (5-1)

la **receta** prescription (II); recipe (II)

recetar to prescribe (II)

recibir to receive (I)

reciclar to recycle (I)

recientemente recently (II)

el **recipiente** container (9-1)

recoger to collect, to gather (I)

recomendar (e →ie) to recommend (II)

reconciliarse to become friends again (4-2)

reconocer (c → zc) to admit, recognize (4-2)

reconquistar to reconquer (8-1)

recordar (o → ue) to remember (II)

el **rectángulo** rectangle (7-1)

los **recuerdos** souvenirs (I)

comprar — to buy souvenirs (I)

el **recurso natural** natural resource (9-1)

la **Red:**

en la — online (I)

navegar en la — to surf the Web (I)

el **redactor, la redactora** editor (6-1)

redondo,-a round (7-1)

reducir (zc) to reduce (II, 6-2)

reemplazar to replace (6-2)

la **referencia** reference (5-1)

el **refresco** soft drink (I)

el **refrigerador** refrigerator (II)

refugiarse to take shelter (1-1)

el **refugio** refuge, shelter (1-1)

regalar to give (II)

el **regalo** gift, present (I)

regatear to bargain (II)

registrar to inspect, to search *(luggage)* (II)

la **regla** rule (II)

regresar to return (I)

regular okay, so-so (I)

la **reina** queen (II)

reírse (e → í) to laugh (II)

la **reja** grate (8-1)

relajar(se) to relax (3-2)

el **relámpago** lightning (1-1)

el **reloj** clock (I)

el — pulsera watch (I)

reparar to repair (5-1)

el **repartidor, la repartidora** delivery person (5-1)

repartir to deliver (5-1)

el **repelente de insectos** insect repellent (1-1)

repetir (e → i) to repeat (II)

el **reportero, la reportera** reporter (II)

el / la **representante**
representative (1-2)

representar to represent (2-1)

el **requisito** requirement (5-1)

la **res** cattle (II)

rescatar to rescue (II)

el **rescate** rescue (9-2)

la **reseña** review (2-2)

la **reserva natural** nature
preserve (9-2)

la **reservación,** *pl.* **las
reservaciones** reservation (II)

reservado, -a reserved, shy (I)

resolver (o → ue) to resolve
(4-2); to solve (II)

respetar to respect (II)

el **respeto** respect (10-1)

respirar to breathe (3-2)

la **responsabilidad** responsibility
(5-2)

responsable responsible (5-1)

el **restaurante** restaurant (I)

el **resultado** result, outcome (8-2)

resultar to result, to turn out
(II)

el **reto** challenge (8-2)

el **retraso** delay (II)

el **retrato** portrait (2-1)

la **reunión,** *pl.* **las reuniones**
meeting, gathering (II)

reunirse (u → ú) to meet (II)

el **rey** king (II)

rico, -a rich, tasty (I)

el **río** river (I)

la **riqueza** wealth (8-2)

el **ritmo** rhythm (2-2)

robar to rob, to steal (II)

la **roca** rock (1-1)

la **rodilla** knee (II)

rojo, -a red (I)

el **romano, la romana** Roman
(8-1)

romántico, -a:
la **película —** romantic
movie (I)

romper to break (I)
—se to break, to tear (II)

la **ropa:**
la tienda de — clothing store
(I)

rosado, -a pink (I)

roto, -a broken (II)

rubio, -a blond (I)

el **ruido** noise (II)

las **ruinas** ruins (II, 7-1)

S ....

sábado Saturday (I)

saber to know (how) (I, II)
(tú) sabes you know (how to)
(I)
(yo) sé I know (how to) (I)

el **sabor** taste (II)

sabroso, -a tasty, flavorful (I)

el **sacapuntas,** *pl.* **los
sacapuntas** pencil sharpener (I)

sacar:
— fotos to take photos (I)
— la basura to take out the
trash (I)
— un libro to take out, to
check out a book (II)
— una buena nota to get a
good grade (II)

el **saco de dormir** sleeping bag
(1-1)

sagrado, -a sacred (7-2)

la **sal** salt (I)

la **sala** living room (I)
la — de clases classroom (I)
la — de emergencia
emergency room (II)

el **salario (*o* el sueldo)** salary
(II, 5-1)

la **salchicha** sausage (I)

la **salida** exit (II); departure (II)

salir to leave, to go out (I)
— campeón, campeona to
become the champion (1-2)

el **salón de belleza,** *pl.* **los
salones de belleza** beauty
salon (II)

los **salones de chat** chat rooms (II)

la **salsa** salsa, sauce (II)
la — de tomate ketchup (II)

saltar:
— a la cuerda to jump rope
(II)
— una comida to skip a
meal (3-1)

la **salud:**

   para la — for one's health (I)

   para mantener la — to
maintain one's health (I)

saludable healthy (3-1)

saludar(se) to greet (II)

salvaje wild (9-2)

salvar to save (II)

el / la **salvavida** lifeguard (5-1)

la **sandía** watermelon (II)

el **sándwich de jamón y queso**
ham and cheese sandwich (I)

la **sangre** blood (II)

la **sartén** frying pan (II)

satélite:

   vía satélite via satellite (6-2)

satisfactorio, -a satisfactory
(10-1)

se abre opens (II)

se cierra closes (II)

se me olvidó I forgot (II)

se murieron they died (II)

se prohíbe... it's forbidden... (II)

se puede you can (II)

sé:

   (yo) — I know (how to) (I)

el **secador** blow dryer (II)

secarse to dry (II)

seco, -a dry (II)

el **secretario, la secretaria**
secretary (II)

el **secreto** secret (4-1)

sed:

   Tengo —. I'm thirsty. (I)

la **seda** silk (II)

seguir (e → i) to follow, to
continue (II)

   — (+ *gerund*) to keep on
(doing) (5-1)

   — una carrera to pursue a
career (II, 6-1)

según according to (I)

   — mi familia according to
my family (I)

segundo, -a second (I)

   — piso third floor (I)

seguro, -a sure (II)

seis six (I)

seiscientos, -as six hundred (I)

el **sello** stamp (II)

la **selva tropical** tropical
rainforest (II, 9-2)

el **semáforo** stoplight (II)

la **semana** week (I)

   este fin de — this weekend (I)

   la — pasada last week (I)

   los fines de — on weekends
(I)

sembrar (ie) to plant (5-2)

la **semejanza** similarity (8-2)

el **sendero** trail (II)

sentado, -a to be seated (2-1)

el **sentimiento** feeling (2-1)

sentirse (e → ie) to feel (II)

   — fatal to feel awful (3-2)

la **señal** sign (II)

   la — de parada stop sign (II)

señor (Sr.) sir, Mr. (I)

señora (Sra.) madam, Mrs. (I)

señorita (Srta.) miss, Miss (I)

separar to separate (I)

septiembre September (I)

séptimo, -a seventh (I)

ser to be (I)

   ¿Eres...? Are you...? (I)

   es he / she is (I)

   fue it was (I)

   no soy I am not (I)

   — miembro to be a member
(II)

   soy I am (I)

ser:

   será it, he, she will be (II)

serio, -a serious (I)

el **servicio** service (6-2)

   el — social social service (5-2)

la **servilleta** napkin (I)

servir (e → i) to serve, to be
useful (I)

   ¿En qué puedo —le? How
can I help you? (I)

   ¿Para qué sirve? What's it
(used) for? (I)

   sirve para it is used for (I)

sesenta sixty (I)

setecientos, -as seven hundred
(I)

setenta seventy (I)

sexto, -a sixth (I)

si if, whether (I)

sí yes (I)

siempre always (I)

siento:

   Lo —. I'm sorry. (I)

la **sierra** sierra, mountain range
(1-1)

siete seven (I)

el **siglo** century (2-1)

siguiente next, following (II)

la **silla** chair (I)

   la — de ruedas wheelchair
(II)

el **símbolo** symbol (7-2)

simpático, -a nice, friendly (I)

sin without (I)

   — duda without a doubt (II)

   — embargo however (1-2)

la **sinagoga** synagogue (I)

sincero, -a sincere (4-1)

sino but (7-2)

el **sitio Web** Web site (I)

sobre about (I)

sociable sociable (I)

la **sociedad** society (5-2)

¡Socorro! Help! (II)

el **software** software (I)

el **sol:**

   Hace —. It's sunny. (I)

   los anteojos de — sunglasses
(I)

   tomar el — to sunbathe (I)

solar solar (II)

el / la soldado soldier (8-2)

soler (ue) to usually do something (5-1)

solicitar to request (5-1)

la solicitud de empleo job application (5-1)

sólo only (I)

solo, -a alone (I)

soltero, -a single (6-1)

la sombra shadow (7-2)

Son las... It is... *(in telling time)* (I)

sonar (ue) (a) to sound like (2-2)

sonreír (e → i) to smile (II)

la sopa de verduras vegetable soup (I)

sorprender(se) to (be) surprise(d) (4-1)

la sorpresa surprise (II)

sospechoso, -a suspicious (10-2)

el sótano basement (I)

soy I am (I)

su, sus his, her, your *formal*, their (I)

subir to go up (II)

suceder to occur (1-1)

sucio, -a dirty (I)

la sudadera sweatshirt (I)

el suelo ground, floor (II)

sueño:

   tener — to be sleepy (I)

el suéter sweater (I)

suficiente enough (9-1)

sufrir to suffer (10-1)

sugerir (e → ie) to suggest (II)

el supermercado supermarket (II)

supuesto:

   por — of course (I)

el surf de vela windsurf (II)

T ....

tal:

   ¿Qué — ? How are you? (I)

tal vez maybe, perhaps (II)

talentoso, -a talented (I)

la talla size (II)

el taller workshop (2-1)

también also, too (I)

   a mí — I do (like to) too (I)

el tambor drum (2-2)

tampoco:

   a mí — I don't (like to) either (I)

tan so (II)

   — + *adj.* so + *adj.* (II)

   — + *adj.* **+ como** as + *adj.* + as (II)

   — pronto como as soon as (9-1)

el tanque tank (II)

el tanteo score (II)

tanto so much (I)

   por lo — therefore (6-1)

tantos, -as + *noun* **+ como** as much / many + *noun* + as (II)

tarde late, afternoon (I)

   a la una de la — at one (o'clock) in the afternoon (I)

   Buenas —s. Good afternoon. (I)

   de la — in the afternoon (I)

   esta — this afternoon (I)

   llegar — to arrive late (II)

la tarea homework (I)

la tarjeta card (I, II)

   la — de crédito credit card (II)

   la — de embarque boarding pass (II)

   la — postal postcard (II)

la taza cup (I)

te you *sing. dir. obj. pron.*, (to / for) you *sing. ind. obj. pron.* (I)

¿— gusta...? Do you like to...? (I)

¿— gustaría...? Would you like...? (I)

¿— gustó? Did you like it? (I)

— importa(n) it matters (it's important), they matter to you (II)

— ves (bien) you look (good) (II)

el té tea (I)

   el — helado iced tea (I)

el teatro theater (I)

   la obra de — play (2-1)

el teclado (computer) keyboard (I)

el técnico, la técnica technician (II)

la tecnología technology / computers (I)

   la clase de — technology / computer class (I)

tecnológico, -a technological (6-2)

la tela sintética synthetic fabric (II)

la telenovela soap opera (I)

el televisor television set (I)

el tema subject (2-1)

temer to fear (4-1)

el templo temple, Protestant church (I)

temprano early (I)

el tenedor fork (I)

tener to have (I)

   ¿Cuántos años tiene(n)...? How old is / are...? (I)

   — calor to be warm (I)

   — celos to be jealous (4-1)

   — cuidado to be careful (II)

   — en común to have in common (4-1)

   — en cuenta to take into account (6-2)

— **éxito** to succeed, to be successful (II)

— **frío** to be cold (I)

— **la culpa** to be guilty (4-2)

— **lugar** to take place (1-2)

— **miedo (de)** to be scared (of), to be afraid (of) (I)

— **paciencia** to be patient (II)

— **prisa** to be in a hurry (II)

— **razón** to be correct (I)

— **sueño** to be sleepy (I)

Tengo hambre. I'm hungry. (I)

Tengo que... I have to... (I)

Tengo sed. I'm thirsty. (I)

Tiene(n)...años. He / She is / They are...(years old). (I)

el **tenis:**

jugar al — to play tennis (I)

la **teoría** theory (7-2)

tercer (tercero), -a third (I)

terminar to finish, to end (I)

el **terremoto** earthquake (II)

el / la **testigo** witness (10-2)

ti you *fam. after prep.*

¿Y a —? And you? (I)

para — in your opinion, for you (I)

el **tiempo:**

a — on time (II)

a — completo full time (5-1)

a — parcial part time (5-1)

el — libre free time (I)

pasar — con amigos to spend time with friends (I)

¿Qué — hace? What's the weather like? (I)

la **tienda** store (I)

la — de acampar tent (1-1)

la — de descuentos discount store (I)

la — de electrodomésticos household-appliance store (I)

la — de ropa clothing store (I)

Tiene(n)...años. He / She is / They are...(years old). (I)

la **Tierra** Earth (II, 7-2); **la tierra** land (8-2)

las **tijeras** scissors (II)

tímido, -a timid (II)

típico, -a typical (II)

el **tío, la tía** uncle, aunt (I)

los **tíos** uncles, aunt(s) and uncle(s) (I)

tirar to spill, to throw away (II)

no tires don't spill, don't throw away (II)

la **toalla** towel (II)

el **tobillo** ankle (II)

tocar la guitarra to play the guitar (I)

el **tocino** bacon (I)

todavía still (II)

todo el mundo everyone (II)

todos, -as all (I)

— los días every day (I)

la **tolerancia** tolerance (10-1)

tomar to take, to drink (3-1)

— conciencia de to become aware of (9-2)

— decisiones to make decisions (6-1)

— el sol to sunbathe (I)

— lecciones to take lessons (II)

— un curso to take a course (I)

los **tomates** tomatoes (I)

la **tonelada** ton (7-1)

tonto, -a silly, stupid (I)

torcerse (o → ue) to twist, to sprain (II)

la **tormenta** storm (II)

la **torre** tower (8-1)

la **tortuga** turtle (II)

la **tos** cough (3-1)

trabajador, -ora hardworking (I)

trabajar to work (I)

el **trabajo** work, job (I)

el — voluntario volunteer work (I)

traducir to translate (6-1)

el **traductor, la traductora** translator (6-1)

traer:

Le traigo... I will bring you... (I)

¿Me trae...? Will you bring me...? *formal* (I)

el **tráfico** traffic (II)

el **traje** suit (I)

el — de baño swimsuit (I)

tranquilo, -a calm (II)

tratar to treat (10-1)

— de to try to (II)

tratarse de to be about (II)

travieso, -a naughty, mischievous (II)

trazar to trace, to draw (7-1)

trece thirteen (I)

treinta thirty (I)

treinta y uno thirty-one (I)

tremendo, -a tremendous (I)

el **tren** train (I)

el — eléctrico electric train (II)

tres three (I)

trescientos, -as three hundred (I)

el **triángulo** triangle (7-1)

el **triciclo** tricycle (II)

triste sad (I)

el **trofeo** trophy (1-2)

la **trompeta** trumpet (2-2)

tropezar (e → ie) (con) to trip (over) (II)

el **trueno** thunder (1-1)

tu, tus your (I)

tú you *fam.* (I)

el / la **turista** tourist (II)

tuyo, -a, -os, -as yours (II)

Ud. (usted) you *formal sing.* (I)

Uds. (ustedes) you *formal / informal pl.* (I)

¡Uf! ugh!, yuck! (I)

último, -a the last / final (II)

un, una a, an (I)

— **poco (de)** a little (I)

la **una:**

a la — at one o'clock (I)

único, -a only (8-1)

la **unidad** unity (8-1)

la **universidad** university (II)

el **universo** universe (7-2)

uno one (I)

unos, -as some (I)

las **uñas** nails (II)

usado, -a used (I)

usar la computadora to use the computer (I)

el **uso** use (6-2)

usted (Ud.) you *formal sing.* (I)

ustedes (Uds.) you *formal / informal pl.* (I)

las **uvas** grapes (I)

las **vacaciones:**

ir de — to go on vacation (I)

vacío, -a empty (3-1)

valiente brave (II)

el **valle** valley (II, 1-1)

el **valor** value (10-2)

¡Vamos! Let's go! (I)

vanidoso, -a vain, conceited (4-1)

la **variedad** variety (8-2)

varios, -as various, several (II)

el **vaso** glass (I)

el **vecino, la vecina** neighbor (II)

veinte twenty (I)

veintiuno (veintiún) twenty-one (I)

la **vela** sail (II)

vencer to beat (1-2)

la **venda** bandage (II)

el **vendedor, la vendedora** vendor (II)

vender to sell (I)

el **veneno** poison (9-1)

venir to come (I)

la **ventana** window (I)

la **ventanilla** (airplane) window (II)

ver to see (I)

a — ... Let's see... (I)

¡Nos vemos! See you later! (I)

— **la tele** to watch television (I)

— **una película** to see a movie (I)

el **verano** summer (I)

veras:

¿De —? Really? (I)

la **verdad** truth (II)

¿Verdad? Really? (I)

verde green (I)

el **vestido** dress (I)

vestirse (e → i) to get dressed (II)

el **veterinario, la veterinaria** veterinarian (II)

la **vez**, *pl.* **las veces:**

    a veces sometimes (I)

    en — de instead of (10-1)

    otra — again (I)

    una — allí once there (1-1)

    vía satélite via satellite (6-2)

    viajar to travel (I)

el **viaje** trip (I)

la **víctima** victim (II)

la **vida** life (II)

el **video** videocassette (I)

la **videocasetera** VCR (I)

los **videojuegos:**

    jugar — to play video games (I)

el **vidrio** glass (I)

    viejo, -a old (I)

    viernes Friday (I)

el **vinagre** vinegar (II)

    violar to violate (10-2)

la **violencia** violence (II)

    violento, -a violent (I)

    visitar to visit (I)

    — salones de chat to visit chat rooms (I, II)

la **vitamina** vitamin (3-1)

la **vivienda** housing (6-2)

    vivir to live (I)

    vivo, -a bright *(color)* (II); living, alive (II)

el **vóleibol:**

    jugar al — to play volleyball (I)

el **voluntario, la voluntaria** volunteer (I)

    volver (o → ue) to return (II)

    —se loco, -a to go crazy (II)

    volverse (ue) to become (2-1)

    vosotros, -as you *fam. pl.* (I)

    votar to vote (10-1)

la **voz**, *pl.* **las voces** voice (II)

el **vuelo** flight (II)

    vuestro, -a, -os, -as your (I)

Y

    y and (I)

    ¿— a ti? And you? (I)

    — cuarto quarter past (I)

    — media thirty, half-past *(in telling time)* (I)

    ¿— tú? And you? *fam.* (I)

    ¿— usted (Ud.)? And you? *formal* (I)

    ya already (I, II)

    — que because, due to (7-1)

el **yeso** cast (II)

    yo I (I)

    ¡Yo no fui! It was not me! (4-2)

el **yoga** yoga (3-2)

el **yogur** yogurt (I)

Z

las **zanahorias** carrots (I)

la **zapatería** shoe store (I)

los **zapatos** shoes (I)

el **zoológico** zoo (I)

English-Spanish Vocabulary

The *English-Spanish Vocabulary* contains all active vocabulary from the text, including vocabulary presented in the grammar sections.

A dash (—) represents the main entry word. For example, **to play —** after **baseball** means **to play baseball**.

The number following each entry indicates the chapter in which the word or expression is presented. A Roman numeral (I) indicates that the word was presented in REALIDADES 1. A roman numeral II indicates the word was presented in REALIDADES 2.

The following abbreviations are used in this list: *adj.* (adjective), *dir. obj.* (direct object), *f.* (feminine), *fam.* (familiar), *ind. obj.* (indirect object), *inf.* (infinitive), *m.* (masculine), *pl.* (plural), *prep.* (preposition), *pron.* (pronoun), *sing.* (singular).

A

a, an un, una (I)
a little un poco (de) (I)
a lot mucho, -a (I)
a while un rato (1-1)
able capaz (6-1)
able:
  to be — to poder (o → ue) (I)
about sobre (I)
abstract abstracto, -a (2-1)
abuse el abuso (10-1)
to **accept** aceptar (4-1)
  — (me) the way (I am) aceptar tal como (soy) (4-1)
accident el accidente (II)
to **accompany** acompañar (II)
to **accomplish** realizar (2-2)

according to según (I)
  — my family según mi familia (I)
accountant el contador, la contadora (II, 6-1)
to **accuse** acusar (4-2)
accused el acusado, la acusada (10-2)
to **achieve** lograr (6-1)
acquainted:
  to be — with conocer (I, II)
acting la actuación (II)
action figure el muñeco (II)
actor el actor (I)
actress la actriz, *pl.* las actrices (I)
to **add** añadir (II)
address:
  e-mail — la dirección electrónica (I)
adequate adecuado, -a (10-1)
adolescence la adolescencia (10-1)
adolescent el / la adolescente (10-1)
to **adopt** adoptar (8-2)
advance el avance (6-2)
advice el consejo (3-2)
to **advise** aconsejar (3-2)
aerobics ejercicios aeróbicos (3-2)
aerosol el aerosol (9-2)
to **affect** afectar (9-2)
affectionate cariñoso, -a (4-1)
afraid:
  to be — (of) tener miedo (de) (I)
African africano, -a (8-2)
after después de (I)
afternoon:
  at one (o'clock) in the afternoon a la una de la tarde (I)

  Good —. Buenas tardes. (I)
  in the — de la tarde (I)
  this — esta tarde (I)
afterwards después (I)
again otra vez (I)
against contra (II, 1-2), en contra de (5-2)
age la edad (3-1)
agitated agitado, -a (II)
ago hace + *time expression* (I)
agree:
  I —. Estoy de acuerdo. (I)
  I don't —. No estoy de acuerdo. (I)
Agreed. De acuerdo. (II)
air conditioner el aire acondicionado (II)
airline la línea aérea (II)
airplane el avión (I)
airport el aeropuerto (II)
aisle el pasillo (II)
alarm clock el despertador (I)
alien el / la extraterrestre (II)
alive vivo, -a (II)
all todos, -as (I)
allergy la alergia (3-1)
almost casi (I, II)
alone solo, -a (I)
along por (II, II)
already ya (I)
also también (I)
always siempre (I)
am:
  I — (yo) soy (I)
  I — not (yo) no soy (I)
ambitious ambicioso, -a (6-1)
ambulance la ambulancia (II)
among entre (II)
amusement park el parque de diversiones (I)
amusing divertido, -a (I)
ancestor el antepasado, la antepasada (8-2)

ancestry la descendencia (8-2)
and y (I)

  — **you?** ¿Y a ti? *fam.* (I);
    ¿Y tú? *fam.* (I);
    ¿Y usted (Ud.)? *formal* (I)

angry enojado, -a (II)

to **get —** enojarse (II)

animal el animal (I)

ankle el tobillo (II)

anniversary el aniversario (II)

another otro, -a (I)

to **announce** anunciar (II)

announcement el anuncio (II)

announcer el locutor, la locutora (II)

to **answer** contestar (II)

ant la hormiga (II)

antibiotic el antibiótico (3-1)

antique antiguo, -a (II)

any algunos, -as (II); cualquier, -a (7-2)

anyone alguien (II)

Anything else? ¿Algo más? (I)

apartment el apartamento (I)

  — **building** el edificio de apartamentos (II)

to **appear** aparecer (zc) (1-1, 7-2)

to **applaud** aplaudir (II)

applause el aplauso (2-2)

apple la manzana (I)

  — **juice** el jugo de manzana (I)

to **apply for a job** presentarse (5-1)

to **apply (the law)** aplicar (las leyes) (10-1)

to **approach** acercarse a (1-1)

appropriate apropiado, -a (3-1)

approximately aproximadamente (II)

April abril (I)

aqueduct el acueducto (8-1)

Arab el / la árabe (8-1)

arch el arco (8-1)

archaeologist el arqueólogo, la arqueóloga (7-1)

architect el arquitecto, la arquitecta (II, 6-1)

architecture la arquitectura (8-1)

Are you...? ¿Eres...? (I)

arm el brazo (I)

around por (II); alrededor de (II)

to **arrest** arrestar (II)

arrival la llegada (II)

to **arrive late** llegar tarde (II)

art class la clase de arte (I)

article el artículo (II)

artist el artista, la artista (II)

artistic artístico, -a (I)

arts las artes (II)

  martial — las artes marciales (II)

as como (I), al igual que (7-2), a medida que (10-2)

  — **a child** de niño (II); de pequeño (II)

  — **a main dish** de plato principal (I)

  — **far as, up to** hasta (II)

  — **soon as** en cuanto, tan pronto como (9-1)

  — **though it were** como si fuera (6-2)

as much / many + *noun* + as tantos, -as + *noun* + como (II)

as + *adj.* + as tan + *adj.* + como (II)

to **ask for** pedir (e → i) (I)

  to — forgiveness pedir perdón (4-2)

  — **help** pedir ayuda (II)

to **ask a question** hacer una pregunta (II)

asleep dormido, -a (II)

aspiration la aspiración (10-2)

aspirin la aspirina (3-1)

astronomer el astrónomo, la astrónoma (7-2)

to **assimilate** asimilar(se) (8-1)

to **assist** atender (5-1)

to **assure** asegurar (10-2)

at:

  — **dawn** al amanecer (1-1)

  — **dusk** al anochecer (1-1)

  — **eight (o'clock)** a las ocho (I)

  — **eight (o'clock) at night** a las ocho de la noche (I)

  — **eight (o'clock) in the evening** a las ocho de la noche (I)

  — **eight (o'clock) in the morning** a las ocho de la mañana (I)

  — **home** en casa (I)

  — **one (o'clock)** a la una (I)

  — **one (o'clock) in the afternoon** a la una de la tarde (I)

  — **the beginning** al principio (1-2)

  — **the end** al final (II)

  — **what time?** ¿A qué hora? (I)

ATM el cajero automático (II)

atmosphere la atmósfera (9-2)

attempt el intento (7-2)

to **attend** asistir a (II)

attentive atento, -a (II)

athlete el / la atleta (II)

attraction(s) la atracción, *pl.* las atracciones (I)

audience el público (II)

audition la audición, *pl.* las audiciones (II)

auditorium el auditorio (II)

August agosto (I)

aunt la tía (I)

aunt(s) and uncle(s) los tíos (I)

authority la autoridad (10-1)
autumn el otoño (I)
avenue la avenida (II)
avocado el aguacate (II)
to **avoid** evitar (3-1)
awards ceremony la entrega de premios (1-2)

B •

baby el / la bebé (II)
babysitter el niñero, la niñera (5-1)
back la espalda (II)
to **back (each other)** apoyarse (4-1)
background el fondo (2-1)
backpack la mochila (I)
bacon el tocino (I)
bad malo, -a (I); mal (I)
badly mal (I)
bag la bolsa (I)
baked al horno (II)
balanced equilibrado, -a (3-1)
balcony el balcón, *pl.* los balcones (8-1)
bald eagle el águila calva, *pl.* las águilas calvas (9-2)
ball la pelota (II)
balloon el globo (I)
banana el plátano (I)
band *(musical)* la banda (II), el conjunto (2-2)
bandage la venda (II)
bank el banco (II)
banker el banquero, la banquera (6-1)
bargain la ganga (II)
to **bargain** regatear (II)
baseball:
  to play — jugar al béisbol (I)
basement el sótano (I)
basket la cesta (II)
basketball:
  to play — jugar al basquétbol (I)
bathroom el baño (I)
battery la pila (9-1)
battle la batalla (8-2)
to **be** ser (I); estar (I)
  He / She is / They are... (years old). Tiene(n)... años. (I)
  How old is / are...? ¿Cuántos años tiene(n)...? (I)
  to **— + *present participle*** estar + *present participle* (I)
  to **— a member** ser miembro (II)
  to **— able to** poder (o → ue) (I)
  to **— about** tratarse de (II)
  to **— acquainted with** conocer (I)
  to **— afraid (of)** tener miedo (de) (I)
  to **— based on** estar basado, -a en (II)
  to **— born** nacer (II)
  to **— cold** tener frío (I)
  to **— correct** tener razón (I)
  to **— delighted** alegrarse (4-1)
  to **— exhausted** caerse de sueño (3-2)
  to **— formed by** componerse de (8-2)
  to **— going to + *verb*** ir a + *inf.* (I)
  to **— guilty** tener la culpa (4-2)
  to **— in a good / bad mood** estar de buen / mal humor (3-2)
  to **— in charge of** encargarse (5-1), estar a cargo de (9-1)
  to **— in fashion** estar de moda (II)
  to **— in love with** estar enamorado, -a de (II)
  to **— jealous** tener celos (4-1)
  to **— located** quedar (I, II)
  to **— mistaken** estar equivocado, -a (4-2)
  to **— moved** emocionarse (1-2)
  to **— online** estar en línea (I)
  to **— proud of** estar orgulloso, -a de (1-2)

to — **scared (of)** tener miedo (de) (I)

to — **sitting** sentado, -a (2-1)

to — **sleepy** tener sueño (I), caerse de sueño (3-2)

to — **standing** parado, -a (2-1)

to — **subject to** estar sujeto, -a a (10-1)

to — **sure** estar seguro, -a (II)

to — **surprised** sorprenderse (4-1)

to — **useful** servir (I)

to — **warm** tener calor (I)

beach la playa (I)

beans los frijoles (II)

bear el oso (I)

to **beat** batir (II), vencer (1-2)

beautiful bello, -a (II), hermoso, -a (1-1)

beauty salon el salón de belleza, *pl.* los salones de belleza (II)

because porque (I), ya que (7-1)

— **of** a causa de (II)

to **become** ponerse (II), volverse (ue) (2-1), hacerse (6-1), convertirse (en) (7-2)

to — **aware of** tomar conciencia de (9-2)

to — **friends again** reconciliarse (4-2)

to — **the champion** salir campeón / campeona (1-2)

bed la cama (I)

to **make the** — hacer la cama (I)

bedroom el dormitorio (I)

beefsteak el bistec (I)

before antes de (I), anteriormente (8-1), ante (10-1)

to **begin** empezar (e → ie) (I)

to **behave well / badly** portarse bien / mal (II)

behavior el comportamiento (4-2)

behind detrás de (I)

belief la creencia (7-2)

belt el cinturón, *pl.* los cinturones (II)

to **benefit** beneficiar (5-2)

benefits los beneficios (II, 5-1)

best:

the — el / la mejor, los / las mejores (I)

better than mejor(es) que (I)

between entre (II)

bicycle:

to ride a — montar en bicicleta (I)

bilingual bilingüe (II)

bill la cuenta (I)

binder:

three-ring — la carpeta de argollas (I)

binoculars los binoculates (1-1)

bird el pájaro (I), el ave (9-2)

birthday el cumpleaños (I)

Happy —! ¡Feliz cumpleaños! (I)

black hair el pelo negro (I)

block la cuadra (II)

blocks los bloques (II)

blond hair el pelo rubio (I)

blood la sangre (II)

blouse la blusa (I)

blow dryer el secador (II)

blue azul (I)

to **board** abordar (II)

boat el barco (I)

sail— el bote de vela (II)

boating:

to go — pasear en bote (I)

to **boil** hervir (e → ie) (II)

bone el hueso (II)

bonfire la fogata (II)

book el libro (I)

bookbag la mochila (I)

bookshelf el estante (I)

bookstore la librería (I)

boots las botas (I)

to **bore** aburrir (I)

it / they bore(s) me me aburre(n) (I)

to get bored aburrirse (II)

boring aburrido, -a (I)

to **borrow (from)** pedir prestado, -a (a) (II)

boss el jefe, la jefa (6-1)

both los dos, las dos (I), ambos (10-1)

to **bother** molestar (II)

bottle la botella (I)

to **bowl** jugar a los bolos (II)

box la caja (I)

boy el chico (I)

young — el niño (I)

boyfriend el novio (I)

bracelet la pulsera (I)

brand la marca (II)

brave valiente (II)

bread el pan (I)

to **break** romper (I); romperse (II)

breakfast el desayuno (I)

for — en el desayuno (I)

to **breathe** respirar (3-2)

bridge el puente (II)

bright *(color)* vivo, -a (II)

to **bring** traer (I); llevar (I)

I will — **you...** Le traigo... (I)

Will you — **me...** ? ¿Me trae... ? (I)

broth el caldo (II)

brother el hermano (I)

brothers; brother(s) and sister(s) los hermanos (I)

brown marrón (I)

— **(chestnut) hair** el pelo castaño (I)

brush el cepillo (II), el pincel (2-1)

tooth— el cepillo de dientes (II)

to brush (one's teeth) cepillarse (los dientes) (II)

to build construir (i → y) (5-2)

to burn a CD grabar un disco compacto (I)

to burn (oneself), to burn up quemar(se) (II)

bus el autobús, *pl.* los autobuses (I)

business los negocios (II), la empresa (6-1)

  —man el hombre de negocios (II, 6-1)

  —woman la mujer de negocios (II, 6-1)

busy ocupado, -a (I)

but pero (I), sino (7-2)

butter la mantequilla (I)

to buy comprar (I)

  — souvenirs comprar recuerdos (I)

by por (II)

  — + *vehicle* en + *vehicle* (I)

  — hand a mano (II)

C

café el café (I)

cake el pastel (I)

calcium el calcio (3-1)

to call:

  to — on the phone llamar por teléfono (II)

to calculate calcular (7-1)

calculator la calculadora (I)

calm tranquilo, -a (II)

camera la cámara (I)

  digital — la cámara digital (I)

camp el campamento (I)

campaign la campaña (5-2)

can la lata (I)

can:

  I — (yo) puedo (I)

  you — (tú) puedes (I)

candy los dulces (I)

canned enlatado, -a (II)

cap la gorra (I)

to capture capturar (II)

car el coche (I)

carbohydrate el carbohidrato (3-1)

card la tarjeta (I)

  credit — la tarjeta de crédito (II)

  post— la tarjeta postal (II)

cardboard el cartón (I)

career la carrera (II)

careful cuidadoso, -a (6-1)

carrots las zanahorias (I)

to carry llevar (I)

  — out cumplir con (5-1)

cartoon el programa de dibujos animados (I)

cash el dinero en efectivo (II)

  to cash a check cobrar un cheque (II)

cash register la caja (II)

cashier el cajero, la cajera (II)

cast el yeso (II)

castle el castillo (II)

cat el gato (I)

to catch atrapar (9-2)

cathedral la catedral (II)

cattle la res (II)

cause la causa (II), el motivo (10-1)

CD:

  to burn a — grabar un disco compacto (I)

to celebrate celebrar (I)

center, downtown el centro (I, II)

centigrade degree el grado centígrado (3-1)

centimeter el centímetro (7-1)

century el siglo (2-1)

cereal el cereal (I)

ceremony la ceremonia (1-2)

certificate el certificado (1-2)

chain la cadena (I)

chair la silla (I)

  wheel— la silla de ruedas (II)

challenge el reto (8-2)

champion el campeón, la campeona, *pl.* los campeones (II)

to become the — salir campeón, campeona (1-2)

championship el campeonato (II)

to change cambiar (II)

  to — one's mind cambiar de opinión (4-1)

channel *(TV)* el canal (I)

to chat charlar (II)

chat rooms los salones de chat (II)

cheap barato, -a (I)

check:

  to cash a — cobrar un cheque (II)

  traveler's — el cheque de viajero (II)

personal — el cheque personal (II)

to **check (luggage)** facturar (el equipaje) (II)

to **check out a book** sacar (II)

cheerleader el animador, la animadora (II)

chemical químico, -a (9-1)

cherry la cereza (II)

chess el ajedrez (II)

chest el pecho (3-1)

chicken el pollo (I)

childhood la niñez (10-1)

childish infantil (I)

children los hijos (I); los niños (I)

to **chop** picar (II)

chore:

household — el quehacer (de la casa) (I)

chorus, choir el coro (II)

to **choose** escoger (II)

Christian el cristiano, la cristiana (8-1)

church la iglesia (I)

Protestant — el templo (I)

circle el círculo (7-1)

citizen el ciudadano, la ciudadana (5-2)

citizenship la ciudadanía (5-2)

city la ciudad (I)

civilization la civilización (7-1)

class la clase (I)

classical clásico, -a (2-2)

classified ad el auncio clasificado (5-1)

classroom la sala de clases (I)

clean limpio, -a (I)

to **clean the bathroom** limpiar el baño (I)

cleaning la limpieza (9-2)

client el / la cliente (5-1)

to **climb (a rock or mountain)** escalar (1-1)

clock el reloj (I)

to **close** cerrar (II)

close (to) cerca (de) (I)

closed cerrado, -a (II)

closes se cierra (II)

closet el armario (I)

clothing store la tienda de ropa (I)

club el club, *pl.* los clubes (II)

athletic — el club atlético (II)

coach el entrenador, la entrenadora (II)

coat el abrigo (I)

coffee el café (I)

coin la moneda (II)

cold:

It's —. Hace frío. (I)

to be — tener frío (I)

to **collaborate** colaborar (4-2)

to **collect** recoger (I)

to **collect** coleccionar (II)

collection la colección, *pl.* las colecciones (II)

to **collide with** chocar con (II)

cologne el agua de colonia (II)

colony la colonia (8-2)

color:

What — ... ? ¿De qué color ... ? (I)

—s los colores (I)

comb el peine (II)

to **come** venir (I)

comedy la comedia (I)

comfortable cómodo, -a (II)

comical cómico, -a (I)

commentary el comentario (II)

to **communicate** comunicarse (I, 6-2)

I — (yo) me comunico (I)

you — (tú) te comunicas (I)

community la comunidad (I)

— **center** el centro de la comunidad (5-2)

compact disc el disco compacto (I)

to **burn a** — grabar un disco compacto (I)

company la compañía (5-1)

compass la brújula (1-1)

to **compete** competir (e → i) (II)

competition la competencia (II)

to **complain** quejarse (3-2)

complicated complicado, -a (I, II)

composition la composición, *pl.* las composiciones (I)

to **compute** calcular (7-1)

computer la computadora (I)

— **graphics** los gráficos (I)

— **keyboard** el teclado (I)

— **mouse** el ratón (I)

— **screen** la pantalla (I)

— **science** la computación (5-1)

—**s / technology** la tecnología (I)

laptop — la computadora portátil (I)

to use the — usar la computadora (I)

conceited vanidoso, -a (4-1)

to **concentrate** concentrarse (3-2)

concert el concierto (I)

conflict el conflicto (4-2)

to **confront** enfrentarse (8-2)

to **congratulate** felicitar (II)

Congratulations! ¡Felicidades! (II), ¡Felicitaciones! (1-2)

to **conquer** conquistar (8-1)

conquest la conquista (8-1)

conservation la preservación (9-2)

to **conserve** conservar (II)

considerate considerado, -a (4-1)

construction la construcción (8-1)

— **project** el proyecto de construcción (I)

to **contain** contener (3-1)

container el recipiente (9-1)

contest el concurso (II)

  beauty — el concurso de belleza (II)

to **contribute** contribuir (u → y) (7-2)

cook el cocinero, la cocinera (6-1)

to **cook** cocinar (I)

cookie la galleta (I)

cooking oil el aceite (II)

corn el maíz (II)

corner la esquina (II)

correct:

  to be — tener razón (I)

to **cost** costar (o → ue) (I)

  How much does (do)... —? ¿Cuánto cuesta(n)? (I)

cotton el algodón (II)

cough la tos (3-1)

counselor el consejero, la consejera (5-1)

to **count on** contar con (4-1)

country el país (I)

countryside el campo (I)

course:

  to take a — tomar un curso (I)

  — of studies el programa de estudios (II)

cousin la prima, el primo (I)

  —s los primos (I)

to **cover** cubrir (7-1)

cramp el calambre (3-2)

to **crash into** chocar con (II)

to **create** crear (I)

  to — a Web page crear una página Web (II)

crime el crimen (II)

  — movie la película policíaca (I)

criminal el / la criminal (II)

critic el crítico, la crítica (II)

to **criticize** criticar (4-2)

to **cross** cruzar (II)

crunches los abdominales (3)

crutches las muletas (II)

to **cry** llorar (II)

cup la taza (I)

to **cure** curar (6-2)

curtains las cortinas (I)

custom la costumbre (II)

customs la aduana (II)

customs officer el aduanero, la aduanera (II)

to **cut** cortar (I, II)

  to — oneself cortarse (II)

  to — one's hair cortarse el pelo (II)

  to — the lawn cortar el césped (I)

cut-paper decorations el papel picado (I)

D . . . .

to **damage** dañar (9-1)

dance el baile (I), la danza (2-2)

to **dance** bailar (I)

dancer el bailarín, la bailarina (II)

dangerous peligroso, -a (II)

to **dare** atreverse (4-2)

daring atrevido, -a (I)

dark oscuro, -a (II)

date:

  What is the —? ¿Cuál es la fecha? (I)

date la cita (II)

date of birth la fecha de nacimiento (5-1)

daughter la hija (I)

day el día (I)

  every — todos los días (I); cada día (I)

  What — is today? ¿Qué día es hoy? (I)

day-care center la guardería infantil (II)

dead muerto, -a (II)

December diciembre (I)

to **decide** decidir (I)

to **decorate** decorar (I)

decorations las decoraciones (I)

to **decrease** disminuir (9-2)

to dedicate oneself to dedicarse a (6-1)

dedicated dedicado, -a (5-1)

delay el retraso (II)

delicious delicioso, -a (I)

delighted encantado, -a (I)

to **deliver** repartir (5-1)

delivery person el repartidor, la repartidora (5-1)

demand la demanda (6-2)

to **demand** exigir (3-2)

democratic democrático, -a (10-2)

demonstration la manifestación (5-2)

dentist el / la dentista (II)

department store el almacén, *pl.* los almacenes (I)

departure gate la puerta de embarque (II)

to **depend on** depender de (9-1)

deodorant el desodorante (II)

descent la descendencia (8-2)

desert el desierto (II, 1-1)

design el diseño (7-1)

to **design** diseñar (6-1)

designer el diseñador, la diseñadora (II, 6-1)

desk el pupitre (I); el escritorio (I)

despite aunque (3-1), a pesar de (10-2)

dessert el postre (I)

  for — de postre (I)

to **destroy** destruir (i → y) (II)

destruction la destrucción (II)

to **detain** detener (10-2)

detective el / la detective (II)

detective movie la película policíaca (I)

to **develop** desarrollar (3-2)

development el desarrollo (6-2)

diameter el diámetro (7-1)

dictionary el diccionario (I)

Did you like it? ¿Te gustó? (I)

to **die** morirse (II)

diet la dieta (3-1)

difference of opinion la diferencia de opinión (4-2)

difficult difícil (I)

digital camera la cámara digital (I)

to **diminish** disminuir (9-2)

dining room el comedor (I)

dinner la cena (I)

dinosaur el dinosaurio (II)

diploma el certificado (1-2)

direct directo, -a (II)

direction la dirección, *pl.* las direcciones (II)

dirty sucio, -a (I)

to **disappear** desaparecer (zc) (6-2)

disaster:

  It was a —. Fue un desastre. (I)

discount store la tienda de descuentos (I)

discouraged desanimado, -a (1-2)

to **discover** descubrir (6-2)

to **discriminate** discriminar (10-1)

to **discuss** discutir (II)

dish el plato (I)

  as a main — de plato principal (I)

  main — el plato principal (I)

diskette el disquete (I)

disobedient desobediente (II)

distance la distancia (7-1)

to **do** hacer (I)

  — *(command)* haz (I)

  — you like to … ? ¿Te gusta … ? (I)

  I — (yo) hago (I)

  to — a project hacer un proyecto (II)

  to — a search hacer una búsqueda (II)

  to — gymnastics hacer gimnasia (II)

  to — push-ups hacer flexiones (3-2)

  to — the laundry lavar la ropa (I)

  you — (tú) haces (I)

  What did you —? ¿Qué hiciste? (I)

doctor el médico, la médica (II)

doctor's / dentist's office el consultorio (II)

document el documento (I)

dog el perro (I)

  to feed the — dar de comer al perro (I)

doll la muñeca (II)

to **dominate** dominar (8-1)

to **donate** donar (5-2)

Don't eat. No comas. (II)

Don't leave, Don't let No dejes (II)

Don't speak. No hables. (II)

Don't write. No escribas. (II)

door la puerta (I)

to **doubt** dudar (II, 7-1)

to **download** bajar (información) (I)

drama el drama (I)

to **draw** dibujar (I)

dress el vestido (I)

  — code el código de vestimenta (10-1)

dresser la cómoda (I)

to **drink** beber (I), tomar (3-1)

drinks las bebidas (I)

to **drive** manejar (II)

driver el conductor, la conductora (II)

driver's license el permiso de manejar (II)

drum el tambor (2-2)

dry seco, -a (II)

to **dry** secarse (II)

due to ya que (7-1), debido a (9-1)

during durante (I)

to **dust** quitar el polvo (I)

duty el deber (10-1)

DVD player el lector DVD (I)

E ●●●●●●●●●●●●●●●●●●●●●●●●

e-mail:

— **address** la dirección electrónica (I)

to write — escribir por correo electrónico (I)

ear el oído (3-1)

early temprano (I)

to **earn** *(money)* ganar (II)

Earth la Tierra (II, 7-2)

earthquake el terremoto (II)

earrings los aretes (I)

easy fácil (I)

to **eat** comer (I)

eating habit el hábito alimenticio (3-1)

eclipse el eclipse (7-2)

ecological ecológico, -a (II)

economical económico, -a (II, 9-1)

editor el redactor, la redactora (6-1)

to **educate** educar (5-2)

educational program el programa educativo (I)

efficient eficiente (II, 6-1)

eggs los huevos (I)

eight ocho (I)

eight hundred ochocientos, -as (I)

eighteen dieciocho (I)

eighth octavo, -a (I)

eighty ochenta (I)

either tampoco (I)

I don't (like to) — a mí tampoco (I)

elbow el codo (II)

elderly man, woman el anciano, la anciana (I)

the elderly los ancianos (I)

electricity la electricidad (II, 9-1)

elegant elegante (II)

elevator el ascensor (II)

eleven once (I)

to **eliminate** eliminar (II, 1-2)

else:

Anything —? ¿Algo más? (I)

What —? ¿Qué más? (I)

emergency room la sala de emergencia (II)

empire el imperio (8-1)

employee el empleado, la empleada (II)

empty vacío, -a (3-1)

to **encourage** fomentar (9-1)

to **end** terminar (I)

endangered (en) peligro de extinción (9-2)

to **endure** aguantar (3-2)

energy la energía (II, 3-1)

— **source** la fuente de energía (6-2)

engineer el ingeniero, la ingeniera (II, 6-1)

English class la clase de inglés (I)

to **enjoy** disfrutar de (II), gozar (de) (10-1)

enormous enorme (II)

enough bastante (I), suficiente (9-1)

Enough! ¡Basta! (II)

to **enter** entrar (I)

enterprising emprendedor, -a (6-1)

enthusiasm el entusiasmo (2-2)

entrance la entrada (II)

environment el medio ambiente (II, 5-2)

equality la igualdad (10-1)

era la época (8-1)

to **escape** escaparse (II)

especially especialmente (I)

establish establecer (zc) (8-2)

ethnic group el grupo étnico (8-1)

European europeo, -a (8-2)

even when aunque (3-1)

evening:

Good —. Buenas noches. (I)

in the — de la noche (I)

this — esta noche (I)

every day cada día (I), todos los días (I)

everyone todo el mundo (II)

evidence la evidencia (7-1)

exactly en punto (II)

to **exaggerate** exagerar (2-2)

to **examine, to check** examinar (II)

to **excavate** excavar (7-1)

excessive excesivo, -a (9-2)

exchange el intercambio (8-2)

to **exchange** intercambiar (10-2)

excited entusiasmado, -a, emocionado, -a (II), animado, -a (1-2)

to **exchange** cambiar (II)

excursion, short trip la excursión, *pl.* las excursiones (II)

Excuse me. Perdón. (I)

to **exercise** hacer ejercicio (I)

to **exhaust** agotar(se) (9-1)

to **exist** existir (7-1)

exit la salida (II)

to **expel** expulsar (8-1)

expensive caro, -a (I)

experience la experiencia (I)

to **explain** explicar (II)

explanation la explicación (4-2)

to **exploit** explotar (9-2)

explosion la explosión, *pl.* las explosiones (II)

to **express (oneself)** expresar(se) (2-1)

to **extend** prolongar (6-2)

extinction:

in danger of — en peligro de extinción (9-2)

extracurricular extracurricular

— **activities** las actividades extracurriculares (II)

eye el ojo (I)

F ••••••••••••••••••••••••

face la cara (II)

to **face** enfrentarse (8-2)

face-to-face cara a cara (I)

factory la fábrica (6-2)

failure el fracaso (II)

fair justo, -a (5-2)

to **fall** caerse (II)

  I — (yo) me caigo (II)

  to — asleep dormirse (II)

  to — in love (with)
  enamorarse (de) (II)

  you — (tú) te caes (II)

fall el otoño (I)

famous famoso, -a (II, 2-1)

fan el aficionado, la aficionada
(II)

fantastic fantástico, -a (I)

far (from) lejos (de) (I)

farmer el agricultor, la
agricultora (II)

to **fascinate** fascinar (II)

fascinating fascinante (I)

fast rápidamente (I)

father el padre (papá) (I)

favorite favorito, -a (I)

to **fear** temer (4-1)

feather la pluma (9-2)

February febrero (I)

to **feed the dog** dar de comer al
perro (I)

to **feel** sentirse (e → ie) (II)

  to — awful sentirse fatal (3-2)

feeling el sentimiento (2-1)

fever la fiebre (3-1)

fewer:

  — ...than menos... que (I)

  — than... menos de... (I)

fiber la fibra (3-1)

field el campo (6-2)

fifteen quince (I)

fifth quinto, -a (I)

fifty cincuenta (I)

fight la pelea (4-2)

to **fight** luchar (II, 8-2), pelearse
(II)

figure la figura (2-1)

to **fill (the tank)** llenar (el tanque)
(II)

film la película (I)

final último, -a (II)

finance las finanzas (6-1)

to **find** encontrar (o →ue) (II)

  — out averiguar (6-1),
    enterarse (6-2)

finger el dedo (I)

to **finish** terminar (I)

fire el incendio (II); el fuego (II)

firefighter el bombero, la
bombera (II)

firewood la leña (II)

fireworks los fuegos artificiales
(II)

firm la compañía (5-1)

first primer (primero), -a (I)

fish el pescado (I); el pez, *pl.* los
peces (II)

  to go —ing ir de pesca (I)

to **fit:**

  **It / They —(s) me well /
  poorly.** Me queda(n) bien /
  mal. (I)

five cinco (I)

five hundred quinientos, -as (I)

to **fix (one's hair)** arreglarse (el
pelo) (II)

flag la bandera (I)

flashlight la linterna (1-1)

flavorful sabroso, -a (I)

to **flex** flexionar (3-2)

flexible flexible (5-1)

flight el vuelo (II)

flight attendant el / la auxiliar
de vuelo (II)

flood la inundación, *pl.* las
inundaciones (II)

floor el piso (I); el suelo (II)

  ground — la planta baja (I)

  second — el primer piso (I)

  third — el segundo piso (I)

flour la harina (II)

flower la flor, *pl.* las flores (I)

flu la gripe (3-1)

fly la mosca (II)

folder la carpeta (I)

to **follow** seguir (e → i) (II)

following siguiente (II)

food la comida (I), los alimentos
(3-1)

food stand el puesto (II)

foot el pie (I)

football:

  to play — jugar al fútbol
  americano (I)

for para (I)

  — breakfast en el desayuno (I)

  — lunch en el almuerzo (I)

  — me para mí (I)

  — you para ti (I)

for (how long) por (II)

  — example por ejemplo (II)

  — the ... time por ... vez (II)

forbidden:

  It is — . Se prohíbe. (II)

to **force** obligar (10-1)

foreground el primer plano
(2-1)

forest el bosque (II, 1-1)

to **forget about** olvidarse de (II)

  don't — no te olvides de (II)

to **forgive** perdonar (4-2)

fork el tenedor (I)

fortunately afortunadamente
(II)

forty cuarenta (I)

to **found** fundar (8-1)

fountain la fuente (II)

four cuatro (I)

four hundred cuatrocientos, -as
(I)

fourteen catorce (I)

fourth cuarto, -a (I)

free gratuito, -a (10-1), libre (10-2)

free time el tiempo libre (I), el ocio (6-2)

French fries las papas fritas (I)

frequently frecuentemente (II)

fresh fresco, -a (II)

Friday viernes (I)

fried frito, -a (II)

friendly simpático, -a (I)

friendship la amistad (4-1)

frightened asustado, -a (II)

from de (I); desde (II)

  — now on de hoy en adelante (6-2)

  Where are you —? ¿De dónde eres? (I)

frozen congelado, -a (II)

fruit salad la ensalada de frutas (I)

frying pan la sartén (II)

full lleno, -a (3-1)

  — time a tiempo completo (5-1)

fun divertido, -a (I)

function la función (7-1)

to **function, to work** funcionar (II, 10-1)

fundamental fundamental (10-2)

to **fundraise** juntar fondos (5-2)

funny gracioso, -a (I); cómico, -a (I)

furious furioso, -a (II)

furniture los muebles (II)

future el futuro (II)

G ●●●●●●●●●●●●●●●●●●●●●●●●

gadget el aparato (6-2)

game el partido (I)

game show el programa de concursos (I)

garage el garaje (I)

garden el jardín (I)

garlic el ajo (II)

gasoline la gasolina (II)

to **gather** recoger (I)

gathering la reunión, *pl.* las reuniones (II)

gel el gel (II)

gene, genes el gene, *pl.* los genes (6-2)

generally generalmente (I)

generous generoso, -a (II)

genetics la genética (6-2)

geometric(a) geométrico, -a (7-1)

gesture el gesto (2-2)

to **get** obtener (1-2)

  to — a good grade sacar una buena nota (II)

  to — along well / badly llevarse bien / mal (II)

  to — dressed vestirse (e → i) (II)

  to — lost perderse (1-1)

  to — married (to) casarse (con) (II)

  to — ready prepararse (II)

  to — rid of deshacerse de (9-1)

  to — up levantarse (II)

gift el regalo (I)

gift certificate el cupón de regalo, *pl.* los cupones de regalo (II)

girl la chica (I)

  young — la niña (I)

girlfriend la novia (I)

to **give** dar (I); regalar (II)

  to — a speech dar un discurso (II)

  to — a ticket poner una multa (II)

glass el vaso (I); el vidrio (I)

global warming el recalentamiento global (9-2)

gloves los guantes (I)

to **go** ir (I); pasar (II)

  Let's —! ¡Vamos! (I)

  to be —ing to + *verb* ir a + *inf.* (I)

  to — to bed acostarse (o → ue) (II)

  to — boating pasear en bote (I)

  to — camping ir de cámping (I)

  to — crazy volverse loco (II)

  to — down bajar (II)

  to — fishing ir de pesca (I)

  to — on foot ir a pie (II)

  to — on vacation ir de vacaciones (I)

  to — out salir (I)

  to — shopping ir de compras (I)

  to — to school ir a la escuela (I)

  to — up subir (II)

goal *(in sports)* el gol (II); la meta (1-2)

  to score a — meter un gol (II)

god, goddess el dios, la diosa (7-2)

going to con destino a (II)

gold el oro (II)

golf:

  — club el palo de golf (II)

  to play — jugar al golf (I)

good bueno (buen), -a (I)

  — afternoon. Buenas tardes. (I)

  — evening. Buenas noches. (I)

  — gracious caramba (II)

  — morning. Buenos días. (I)

Good-bye! ¡Adiós! (I)

good-looking guapo, -a (I)

gossipy chismoso, -a (4-1)

to **govern** governar (8-1)

government el gobierno (9-1)

grade *(in school)* la nota (II)

  to get a good — sacar una buena nota (II)

to **graduate** graduarse (u → ú) (II, 6-1)

graduation la graduación, *pl.* las graduaciones (II)

grandfather el abuelo (I)

grandmother la abuela (I)

grandparents los abuelos (I)

grapes las uvas (I)

grate la reja (8-1)

gray gris (I)

  — hair el pelo canoso (I)

greasy grasoso, -a (II)

Great! ¡Genial! (I)

green verde (I)

  — beans las judías verdes (I)

  —house effect el efecto invernadero (9-2)

to **greet** saludar(se) (II)

to **grill** asar (II)

grill la parrilla (II)

grilled asado, -a (II)

ground floor la planta baja (I)

ground el suelo (II)

to **grow** crecer (9-1)

grown-ups los mayores (II)

guarantee la garantía (10-2)

to **guarantee** garantizar (5-2)

guide el / la guía (II)

guidebook la guía (II)

guilty culpable (10-2)

guitar:

  to play the — tocar la guitarra (I)

gym el gimnasio (I)

gymnastics la gimnasia (II)

H ••••••••••••••••••••••••

hail granizo (1-1)

  to hail caer granizo (1-1)

hair el pelo (I)

  black — el pelo negro (I)

  blond — el pelo rubio (I)

  brown (chestnut) — el pelo castaño (I)

  gray — el pelo canoso (I)

hair stylist el peluquero, la peluquera (6-1)

half media, -o (I)

  — past y media *(in telling time)* (I)

ham and cheese sandwich el sándwich de jamón y queso (I)

hamburger la hamburguesa (I)

hand la mano (I)

  to shake —s darse la mano (II)

handicrafts la artesanía (II)

happiness la felicidad (10-1)

happy contento, -a (I); alegre (II)

  — birthday! ¡Feliz cumpleaños! (I)

harmony armonía (4-2)

hardworking trabajador, -ora (I)

to **have** tener (I)

  I — to... tengo que + *inf.* (I)

  to — a barbecue hacer una parrillada (II)

  to — a birthday cumplir años (II)

  to — a cold estar resfriado, -a (3-1)

  to — a good / bad time pasarlo bien / mal (1-1)

  to — a picnic hacer un picnic (II)

  to — fun divertirse (e → ie) (II)

  to — in common tener en común (4-1)

  to — just... acabar de + *inf.* (I)

  to — lunch almorzar (o → ue) (II)

to **have** haber *(as an auxiliary verb)* (II)

he él (I)

he / she is es (I)

He / She is / They are... (years old). Tiene(n) ... años. (I)

head la cabeza (I)

health:

  for one's — para la salud (I)

  to maintain one's — para mantener la salud (I)

healthy saludable (3-1)

to **hear** oír (II)

heart el corazón (3-2)

heat la calefacción (II)

to **heat** calentar (e → ie) (II)

height la estatura (3-1), el alto (7-1)

Hello! ¡Hola! (I)

help la ayuda (II)

to **help** ayudar (I), atender (5-1)

  How can I — you? ¿En qué puedo servirle? (I)

her su, sus *possessive adj.* (I); la *dir. obj. pron.* (I); le *ind. obj. pron.* (I)

here aquí (I)

heritage la herencia (8-2)

hero el héroe (II)

heroine la heroína (II)

Hey! ¡Oye! (I)

to **hide (oneself)** esconder(se) (II)

high alto, -a (II)

high school el colegio (II)

highway la carretera (II)

hill la colina (II)

him lo *dir. obj. pron.* (I); le *ind. obj. pron.* (I)

his su, sus (I)

historical histórico, -a (II)

hockey el hockey (II)

to hold a position desempeñar un cargo (6-1)

hole el agujero (9-2)

holiday el día festivo (II)

  at — en casa (I)

  — for the elderly el hogar de ancianos (5-2)

  — office el despacho (I)

  (to) — a casa (I)

homeless people la gente sin hogar (5-2)

homework la tarea (I)

honest honesto, -a (4-1)

to hope (for) esperar (4-1)

horrible horrible (I)

horror movie la película de horror (I)

horseback:

  to ride — montar a caballo (I)

hospital el hospital (I)

hospitality la hospitalidad (6-2)

hot caliente (II)

  — dog el perrito caliente (I)

  It's —. Hace calor. (I)

hotel el hotel (I)

hour:

  in the ... — en la ... hora *(class period)* (I)

house la casa (I)

household:

  — appliance store la tienda de electrodomésticos (I)

  — chore el quehacer (de la casa) (I)

housing la vivienda (6-2)

how!

  — + *adj.!* ¡Qué + *adj.!* (I)

  — awful! ¡Qué asco! (I)

How? ¿Cómo? (I)

  — are you? ¿Cómo está Ud.? *formal* (I); ¿Cómo estás? *fam.* (I); ¿Qué tal? *fam.* (I)

— can I help you? ¿En qué puedo servirle? (I)

— do you go to...? ¿Cómo se va...? (II)

— do you make ...? ¿Cómo se hace ...? (II)

— do you say... ? ¿Cómo se dice... ? (I)

— does it (do they) fit (you)? ¿Cómo te queda(n)? (I)

— does it seem to you? ¿Qué te parece? (II)

— is ... spelled? ¿Cómo se escribe ...? (I)

— is (it)...? ¿Qué tal es...? (II)

— long...? ¿Cuánto tiempo hace que...? (II)

— many? ¿Cuántos, -as? (I)

— much does (do) ... cost? ¿Cuánto cuesta(n) ... ? (I)

— old is / are ... ? ¿Cuántos años tiene(n) ... ? (I)

— was it (for you)? ¿Cómo lo pasaste? (I)

however sin embargo (1-2)

to hug abrazar(se) (II)

hundred:

  one — cien (I)

hungry:

  I'm —. Tengo hambre. (I)

hunting la caza (9-2)

hurricane el huracán, *pl.* los huracanes (II)

to hurt doler (o → ue) (I, II)

to hurt oneself lastimarse (II)

hurry prisa (II)

  to be in a — tener prisa (II)

husband el esposo (I)

I ••••••••••••••••••••••••••••

I yo (I)

  — am soy (I)

  — am not no soy (I)

  — do too a mí también (I)

  — don't either a mí tampoco (I)

  — don't think so. Creo que no. (I)

  — forgot se me olvidó (II)

  — have seen he visto (II)

  — 'll do as I please haré lo que me dé la gana (6-1)

  —'m hungry. Tengo hambre. (I)

  —'m sorry. Lo siento. (I)

  —'m thirsty. Tengo sed. (I)

  — stay at home. Me quedo en casa. (I)

  — think ... Creo que ... (I)

  — think so. Creo que sí. (I)

  — will bring you ... Le traigo ... (I)

  — wish ojalá (4-1)

  — would like Me gustaría (I); quisiera (I)

  — would be interested ... Me interesaría ... (5-2)

  — would love to ... Me encantaría ... (5-2)

ice el hielo (9-2)

ice cream el helado (I)

iced tea el té helado (I)

I.D. card el carnet de identidad (II)

to identify oneself with identificarse con (2-2)

if si (I)

to ignore ignorar (4-2)

illness la enfermedad (6-2)

image la imagen (2-1)

immediately inmediatamente (II)

impatient impaciente (I)

important importante (I)

impress impresionar (1-1)

impressive impresionante (I)

to **improve** mejorar (II, 4-2)

in en (I)

— **addition to** además de (6-1)

— **danger of extinction** (en) peligro de extinción (II)

— **favor of** a favor de (5-2)

— **front of** delante de (I)

— **general** por lo general (II)

— **love with** enamorado, -a de (II)

— **my opinion** para mí (I)

— **other words** o sea que (7-2)

— **order to** para + *inf.* (I)

— **that way** de ese modo (10-1)

— **the ... hour** en la ... hora (class period) (I)

— **the middle of** en medio de (II)

— **your opinion** para ti (I)

include incluir (3-1)

to **increase** aumentar (6-2)

incredible increíble (I)

industry industria (6-2)

inequity la desigualdad (10-2)

inexpensive barato, -a (I)

inexplicable inexplicable (7-1)

influence la influencia (8-1)

to **influence** influir (i → y) (2-1)

information la información (I)

— **technology** la informática (6-2)

ingredient el ingrediente (II)

inhabitant el / la habitante (7-2)

injection, shot la inyección, *pl.* las inyecciones (II)

injured herido, -a (II)

injured person el herido, la herida (II)

injustice la injusticia (10-1)

innocent inocente (10-2)

insect repellent el repelente de insectos (1-1)

inside dentro de (II)

to **insist** insistir en (II)

to **inspect** registrar (II)

to **inspire** inspirar (2-1)

instead of en vez de (10-1), en lugar de (10-2)

to **integrate** integrarse (8-1)

intelligent inteligente (I)

interest el interés (II)

to **interest** interesar (I)

  it / they interest(s) me me interesa(n) (I)

interesting interesante (I)

interfering entrometido, -a (4-1)

to **interpret** interpretar (2-2)

interpretation la interpretación (2-2)

intersection el cruce de calles (II)

interview la entrevista (II, 5-1)

— **program** el programa de entrevistas (I)

to **interview** entrevistar (II)

intimate íntimo, -a (4-1)

to **invade** invadir (8-1)

to **invent** inventar (6-2)

invention el invento (6-2)

to **investigate** investigar (II)

iron el hierro (3-1)

is es (I)

  he / she — es (I)

  it — true es cierto (II)

it la, lo *dir. obj. pron.* (I)

— **depends** depende (II)

— **fits (they fit) me well / poorly.** Me queda(n) bien / mal. (I)

— **has been...** Hace + *time* + que... (II)

— **is ...** Son las *(in telling time)* (I)

— **is forbidden...** Se prohíbe... (II)

— **is impossible for me...** Me es imposible... (5-2)

— **is made of...** Está hecho, -a de... (II)

— **is one o'clock.** Es la una. (I)

— **is the ... of ...** Es el *(number)* de *(month)* *(in telling the date)* (I)

— **is the first of ...** Es el primero de *(month)*. (I)

— **seems to me** me parece que (II)

— **was** fue (I)

—**was not me!** ¡Yo no fui! (4-2)

— **was a disaster.** Fue un desastre. (I)

—**'s a ...** es un / una ... (I)

—**'s cold.** Hace frío. (I)

—**'s hot.** Hace calor. (I)

—**'s necessary.** Es necesario. (I)

—**'s raining.** Llueve. (I)

—**'s snowing.** Nieva. (I)

—**'s sunny.** Hace sol. (I)

it / he / she will be ser: será (II)

itinerary el itinerario (II)

J

jacket la chaqueta (I)
January enero (I)
jealous celoso, -a (4-1)
jeans los jeans (I)
jewelry (gold, silver) las joyas (de oro, de plata) (II)
jewelry store la joyería (I)
Jew(ish) el judío, la judía (8-1)
job el trabajo (I)
  — application la solicitud de empleo (5-1)
to join juntarse (II)
judge el juez, la jueza, *pl.* los jueces (II, 6-1)
to judge juzgar (10-2)
juice:
  apple — el jugo de manzana (I)
  orange — el jugo de naranja (I)
July julio (I)
to jump (rope) saltar (a la cuerda) (II)
June junio (I)
junk food la comida basura (3-1)
jury el jurado (10-2)
just:
  to have — ... acabar de + *inf.* (I)
justice la justicia (10-2)

K

to keep (a secret) guardar un secreto (4-1)
to keep on (doing) seguir (+ present participle) (5-1)
ketchup la salsa de tomate (II)
key la llave (II)
key chain el llavero (I)
keyboard (computer) el teclado (I)
to kill matar (II)
kind:
  What — of ... ? ¿Qué clase de ... ? (I)
kind amable (4-1)
king el rey (II)
to kiss besar(se) (II)
kitchen la cocina (I)
knee la rodilla (II)
knife el cuchillo (I)
to know saber (I); conocer (I, II)
  I — (yo) conozco (I)
  I — (how to) (yo) sé (I)
  you — (tú) conoces (I)
  you — (how to) (tú) sabes (I)
knowledge los conocimientos (5-1)

L

laboratory el laboratorio (I)
lack la falta (9-2)
ladder la escalera (II)
lake el lago (I)
lamp la lámpara (I)
language el idioma (II)
land la tierra (8-2)
landscape el paisaje (1-1)
language la lengua (8-2)
laptop computer la computadora portátil (I)
large grande (I)
last último, -a (II)
last:
  — night anoche (I)
  — week la semana pasada (I)
  — year el año pasado (I)
to last durar (I)
late tarde (I)
to arrive — llegar tarde (II)
later:
  See you — ¡Hasta luego!; ¡Nos vemos! (I)
to laugh reírse (e → í) (II)
laundry:
  to do the — lavar la ropa (I)
law *(study of)* el derecho (II)
law la ley (II, 5-2)
lawyer el abogado, la abogada (II, 6-1)
lazy perezoso, -a (I)
leading man el galán (II)
league la liga (II)
to learn aprender (a) (I)
leather el cuero (II)
to leave salir (I), dejar (II)
  don't — no dejes (II)
  to — marks / traces dejar huellas (8-1)
Leave me alone. Déjame en paz. (II)

left:

　to the — (of) a la izquierda (de) (I)

leg la pierna (I)

legend la leyenda (7-2)

lemonade la limonada (I)

length el largo (7-1)

less:

　— ... than menos ... que (I)

　— than menos de (I)

to let dejar (II)

　don't — no dejes (II)

Let's go! ¡Vamos! (I)

Let's see ... A ver ... (I)

letter la carta (I, II)

　to mail a — echar una carta (II)

lettuce la lechuga (I)

level el nivel (3-1)

liberty la libertad (10-1)

library la biblioteca (I)

to lie mentir (e → ie) (II)

life la vida (II)

lifeguard el / la salvavida (5-1)

to lift weights levantar pesas (I)

to light encender

light *(color)* claro, -a (II)

light la luz, *pl.* las luces (I)

to light encender (e → ie) (II)

lightning el relámpago (1-1)

like como (I)

to like:

　Did you — it? ¿Te gustó? (I)

　Do you — to ...? ¿Te gusta ... ? (I)

　He / She doesn't — ... No le gusta ... (I)

　He / She —s ... Le gusta ... (I); A él / ella le gusta(n) ... (I)

　I don't — to ... (A mí) no me gusta ... (I)

　I don't — to ... at all. (A mí) no me gusta nada ... (I)

　I — ... Me gusta ... (I)

　I — to ... (A mí) me gusta ... (I)

　I — to ... a lot (A mí) me gusta mucho ... (I)

　— to ... better (A mí) me gusta más ... (I)

　I —d it. Me gustó. (I)

　I would — Me gustaría (I); quisiera (I)

　What do you — to do? ¿Qué te gusta hacer? (I)

　What do you — to do better / prefer to do? ¿Qué te gusta hacer más? (I)

　What would you — ? ¿Qué desean (Uds.)? (I)

　Would you —? ¿Te gustaría? (I)

　You — ... Te gusta ... (I)

likely probable (7-1)

likewise igualmente (I)

to limit limitar (9-1)

lips los labios (II)

to listen to music escuchar música (I)

little:

　a — un poco (de) (I)

to live vivir (I)

living vivo, -a (II)

living room la sala (I)

locker el armario (I, II, 10-1)

long largo, -a (I)

to look:

　to — (at) mirar (I)

　to — for buscar (I)

　to — like parecerse a (2-2)

loose flojo, -a (II)

to lose perder (e → ie) (II)

　— one's balance perder el equilibrio (1-1)

lot:

　a — mucho, -a (I)

to love encantar (I)

He / She —s ... A él / ella le encanta(n) ... (I)

I / You — ... Me / Te encanta(n)... (I)

love el amor (II)

loving cariñoso, -a (4-1)

low bajo, -a (II)

luggage el equipaje (II)

　to check — facturar el equipaje (II)

lunch el almuerzo (I)

　for — en el almuerzo (I)

lyrics la letra (2-2)

M ∙∙∙∙∙∙∙∙∙∙∙∙∙∙∙∙∙∙∙∙∙∙

machine máquina (6-2)

madam (la) señora (Sra.) (I)

magazines:
  to read — leer revistas (I)

majority la mayoría (6-2)

mail:
  — carrier el cartero, la cartera (II)
  —box el buzón, *pl.* los buzones (II)
  to — a letter echar una carta (II)

main:
  — character el personaje principal (II)
  — dish el plato principal (I)
  as a — dish de plato principal (I)

to **maintain one's health** para mantener la salud (I)

to **make:**
  — *(command)* haz (I)
  to — a living ganarse la vida (II)
  to — an effort hacer un esfuerzo (1-2)
  to — decisions tomar decisiones (6-1)
  to — the bed hacer la cama (I)
  to — noise hacer ruido (II)
  to — peace with hacer las paces (4-2)
  You are making me nervous. Me estás poniendo nervioso, -a. (II)

make-up el maquillaje (II)

mall el centro comercial (I)

man el hombre (I)
  business— el hombre de negocios (II)
  elderly — el anciano (I)

manager el / la gerente (II, 5-1)

manner la manera (II)

manners los modales (II)

many muchos, -as (I)
  How —? ¿Cuántos, -as? (I)

March marzo (I)

march la marcha (5-2)

mark *(in school)* la nota (II)
  to get a good — sacar una buena nota (II)

market el mercado (II)

marketing el mercadeo (6-2)

married casado, -a (6-1)

marvel la maravilla (8-1)

match el partido (I); el fósforo (II)

materials los materiales (II)

mathematics class la clase de matemáticas (I)

matter el asunto (10-1)

mature maduro, -a (6-1)

May mayo (I)

maybe quizás (I)

mayonnaise la mayonesa (II)

me me *dir. obj. pron., ind. obj. pron.* (I)
  for — para mí (I), me (I)
  it matters / they matter to — me importa(n) (II)
  it seems to — me parece que (II)
  — too a mí también (I)
  to — me (I)
  with — conmigo (I)

meal la comida (I)

to **mean:**
  It —s ... Quiere decir ... (I)
  What does ... —? ¿Qué quiere decir ... ? (I)

to **measure** medir (i) (7-1)

meat la carne (I)

mechanic el mecánico, la mecánica (II)

medal la medalla (1-2)

media los medios de comunicación (6-2)

medicine la medicina (II)

medium mediano, -a (II)

meddlesome entrometido, -a (4-1)

to **meet** reunirse (u → ú) (II)

meeting la reunión, *pl.* las reuniones (II), el encuentro (8-2)

melody la melodía (2-2)

melon el melón, *pl.* los melones (II)

to **melt** derretir (9-2)

member el miembro (II)
  to be a — ser miembro (II)

to **memorize** aprender de memoria (II)

menu el menú (I)

merchandise la mercancía (8-2)

messenger el mensajero, la mensajera (5-1)

messy desordenado, -a (I)

microphone el micrófono (2-2)

microwave el microondas (II)

military *(adj.)* militar (II)

milk la leche (I)

million un millón (II)
  —s of millones de (II)

mine mío, -a, -os, -as (II)

mirror el espejo (I)

Miss (la) señorita (Srta.) (I)

missing:
  to be — faltar (I)

mission la misión (8-2)

missionary el misionario, la misionaria (8-2)

to **mistreat** maltratar (10-1)

mistreatment el maltrato (10-1)

to **mistrust** desconfiar (4-1)

misunderstanding el malentendido (4-2)

mix la mezcla (8-2)

to **mix** mezclar (II)

moment:
  a — un momento (I)
Monday lunes (I)
  on —s los lunes (I)
money el dinero (I)
money exchange la casa de cambio (II)
monkey el mono (I)
month el mes (I)
monument el monumento (I)
moon la Luna (II)
more:
  — ... than más ... que (I)
  — or less más o menos (I)
  — than más de (I)
morning:
  Good —. Buenos días. (I)
  in the — de la mañana (I)
mosque la mezquita (I)
mother la madre (mamá) (I)
mountain range sierra (1-1)
mountains las montañas (I)
mouse (computer) el ratón (I)
mouth la boca (I)
to **move** moverse (o → ue) (II), andar (1-1); *(house)* mudarse (6-1)
movement el movimiento (2-1)
movie la película (I)
  action — la película de acción (II)
  — theater el cine (I)
  to see a — ver una película (I)
to **mow the lawn** cortar el césped (I)
Mr. (el) señor (Sr.) (I)
Mrs. (la) señora (Sra.) (I)
much:
  so — tanto (I)
mural el mural (2-1)
muscle el músculo (II)
museum el museo (I)
music:
  to listen to — escuchar

música (I)
  —al program el programa musical (I)
musician el músico, la música (II)
Muslim el musulmán, la musulmana ((8-1)
must deber (I)
  one — hay que (I)
mustard la mostaza (II)
my mi (I); mis (I)
  — name is ... Me llamo ... (I)
mysterious misterioso, -a (7-1)
myth el mito (7-2)
mystery la película policíaca (I); el misterio (7-1)

N ••••••••••••••••••••

name:
  My — is ... Me llamo ... (I)
  What is your —? ¿Cómo te llamas? (I)
  What's his / her —? ¿Cómo se llama? (I)
nails las uñas (II)
napkin la servilleta (I)
narrow estrecho, -a (II)
native el / la indígena (8-2)
naughty travieso, -a (II)
national park el parque nacional (I)
natural preserve la reserva natural (9-2)
natural resource el recurso natural (9-1)
nature la naturaleza (II, 1-1)
near cerca (de) (I)
neat ordenado, -a (I)
necessary:
  It's —. Es necesario. (I)
neck el cuello (II)
necklace el collar (I)
to **need**
  I — necesito (I)
  I — ... Me falta(n) ... (I)
  you — necesitas (I)
neighbor el vecino, la vecina (II)
neighborhood el barrio (I)
neither ... nor ni ... ni (I)
nervous nervioso, -a (II)
never nunca (I)
new nuevo, -a (I)
news program el programa de noticias (I)
newscast el noticiero (II)
newspaper el periódico (I)
newsstand el quiosco (II)
next siguiente (II), próximo (6-1)
  — to al lado de (I)

nice simpático, -a (I), amable (4-1)

night:

  at — de la noche (I)

  last — anoche (I)

night table la mesita (I)

nine nueve (I)

nine hundred novecientos, -as (I)

nineteen diecinueve (I)

ninety noventa (I)

ninth noveno, -a (I)

No way! ¡Qué va! (4-2)

nobody nadie (II)

noise el ruido (II)

none ningún, ninguno, -a (II)

nose la nariz, *pl.* las narices (I)

not:

  — yet no...todavía (II)

  — ... or ni ... ni (I)

notebook el cuaderno (I)

nothing nada (I)

November noviembre (I)

now ahora (I)

nurse el enfermero, la enfermera (II)

nutrition la alimentación (3-1)

nutritious nutritivo, -a (3-1)

O ....

obedient obediente (II)

to **obey** obedecer to (II); hacer caso (4-2)

observatory el observatorio (7-1)

to **observe** observar (II)

to **obtain** conseguir (e → i) (II), obtener (1-2)

to **occupy** ocupar (8-1)

to **occur** ocurrir (II), suceder (1-1)

o'clock:

  at eight — a las ocho (I)

  at one — a la una (I)

October octubre (I)

odor el olor (II)

of de (I)

  — course por supuesto (I)

What is it made —? ¿De qué está hecho, -a? (II)

to **offend** ofender (II)

to **offer** ofrecer (II)

office (home) el despacho (I)

office la oficina (II)

often a menudo (I)

Oh! What a shame / pity! ¡Ay! ¡Qué pena! (I)

oil el petróleo (9-1)

  — spill el derrame de petróleo (9-2)

okay regular (I)

old viejo, -a (I); antiguo, -a (II)

  He / She is / They are ... years —. Tiene(n) ... años. (I)

  How — is / are ... ? ¿Cuántos años tiene(n) ... ? (I)

  —er mayor, *pl.* mayores (I)

on en (I)

  — Mondays, on Tuesdays ... los lunes, los martes ... (I)

  — the grill a parrilla (II)

  — time a tiempo (II)

  — top of encima de (I)

  — weekends los fines de semana (I)

once there una vez allí (1-1)

one uno (un), -a (I)

  at — (o'clock) a la una (I)

  — hundred cien (I)

  — must hay que (I)

onion la cebolla (I)

online en la Red (I)

  to be — estar en línea (I)

only sólo (I), único, -a (8-1)

to **open** abrir (I)

open abierto, -a (II)

opens se abre (II)

opinion:

  in my — para mí (I)

opportunity la oportunidad (II)

or o (I)

orange anaranjado, -a (I)

  — juice el jugo de naranja (I)

orchestra la orquesta (II)

to **order** pedir (e → i) (I)

to **organize** organizar (5-2)

origin el origen (7-2)

other otro, -a (I)

others los / las demás (I)

our nuestro(s), -a(s) (I)

outcome el resultado (8-2)

outdoors al aire libre (II)

outer space el espacio (II)

outrageous exagerado, -a (II)

outside fuera (de) (II)

oval el óvalo (7-1)

oven el horno (II)

to **overwork** explotar (9-2)

own propio, -a (I)

owner el dueño, la dueña (II, 5-1)

ozone layer la capa de ozono (9-2)

P ·

to **pack the suitcase** hacer la maleta (II)

pain el dolor (II)

to **paint (one's nails)** pintarse (las uñas) (II)

painter el pintor, la pintora (II)

painting el cuadro (I), la pintura (2-1)

palace el palacio (II)

palette la paleta (2-1)

pants los pantalones (I)

paper:

sheet of — la hoja de papel (I)

parade el desfile (II)

paramedic el paramédico, la paramédica (II)

parents los padres (I)

park el parque (I)

amusement — el parque de diversiones (I)

national — el parque nacional (I)

part time a tiempo parcial (5-1)

participant el / la participante (1-2)

to **participate (in)** participar (en) (II)

party la fiesta (I)

surprise — la fiesta de sorpresa (II)

to **pass** pasar (II)

passenger el pasajero, la pasajera (II)

passport el pasaporte (II)

pastel (colors) pastel adj. (II)

pastime el pasatiempo (II)

pastries los pasteles (I)

patience la paciencia (II)

patient paciente (I)

to be — tener paciencia (II)

to **pay (for)** pagar (por) (I)

to **pay attention** prestar atención (II)

— to hacer caso a (4-2)

peace la paz (II, 10-1)

peaceful pacífico, -a (10-2)

peach el durazno (II)

peas los guisantes (I)

pedestrian el peatón, pl. los peatones (II)

to **peel** pelar (II)

pen el bolígrafo (I)

pencil el lápiz, pl. los lápices (I)

— sharpener el sacapuntas, pl. los sacapuntas (I)

people la gente (I); el pueblo (7-1)

elderly — los ancianos (I)

pepper la pimienta (I)

to **perform** realizar (2-2); actuar (2-2); cumplir con (5-1)

perfume el perfume (I)

to **permit, to allow** permitir (II)

person la persona (I)

personal watercraft la moto acuática (II)

pesticide el pesticida (9-1)

pharmacy la farmacia (II)

phenomenal fenomenal (II)

phenomenon el fenómeno (7-1)

phone:

to talk on the — hablar por teléfono (I)

photo la foto (I)

to take —s sacar fotos (I)

photographer el fotógrafo, la fotógrafa (II)

photography la fotografía (II)

physical education class la clase de educación física (I)

piano lesson (class) la lección de piano (I)

picnic el picnic (II)

piece el pedazo (II)

pills las pastillas (II)

pilot el / la piloto (II)

piñata la piñata (I)

pineapple la piña (II)

pink rosado, -a (I)

pizza la pizza (I)

place el lugar (I)

to **place** poner (I), colocar (9-1)

to **plan** pensar (e → ie) (I)

plant la planta (II)

to **plant** sembrar (5-2)

plastic el plástico (I)

plate el plato (I)

play la obra de teatro (I)

to **play** jugar (a) (u → ue) (games, sports) (I); tocar (an instrument) (I)

to — baseball jugar al béisbol (I)

to — basketball jugar al básquetbol (I)

to — football jugar al fútbol americano (I)

to — golf jugar al golf (I)

to — soccer jugar al fútbol (I)

to — sports practicar deportes (I)

to — tennis jugar al tenis (I)

to — the guitar tocar la guitarra (I)

to — the role of hacer el papel de (II)

to — video games jugar videojuegos (I)

to — volleyball jugar al vóleibol (I)

player el jugador, la jugadora (II)

playground el patio de recreo (II)

plaza la plaza (II)

pleasant agradable (5-1)

to **please very much** encantar (I)

pleased to meet you mucho gusto (I)

plot el argumento (II)

poem el poema (2-2)

poet el / la poeta (2-2)

point of view el punto de vista (10-2)

poison el veneno (9-1)

police officer el / la policía (II)

to **polish (one's nails)** pintarse (las uñas) (II)

polite cortés, *pl.* corteses (II)

politician el político, la política (II)

to **pollute** contaminar (6-2)

polluted contaminado, -a (II, 9-1)

pollution la contaminación (II, 9-1)

pool la piscina (I)

poor pobre (I)

— **thing** pobrecito, -a (II)

population la población (8-1)

pork el cerdo (II)

— **chop** la chuleta de cerdo (II)

portrait el retrato (2-1)

position el puesto (5-1)

possession la posesión, *pl.* las posesiones (I)

post office el correo (II)

poster el cartel (I)

pot la olla (II)

potatoes las papas (I)

pottery la cerámica (2-1)

poverty la pobreza (10-1)

power el poder (8-2)

powerful poderoso, -a (8-2)

practical práctico, -a (I)

practice la práctica (II)

to **predict** predecir (6-2)

to **prefer** preferir (e → ie) (I)

I — (yo) prefiero (I)

I — **to ...** (a mí) me gusta más ... (I)

you — (tú) prefieres (I)

to **prepare** preparar (I)

to **prescribe** recetar (II)

prescription la receta (II)

present el regalo (I)

presentation la presentación, *pl.* las presentaciones (I)

presenter el presentador, la presentadora (II)

to **preserve** conservar (9-1)

press la prensa (10-2)

pretty bonito, -a (I)

price el precio (I)

principal *(of a school)* el director, la directora (II)

primary school la escuela primaria (I)

prize el premio (II)

problem el problema (I)

to **produce** producir (9-2)

product el producto (6-2)

profession la profesión, *pl.* las profesiones (II)

program el programa (I)

programmer el programador, la programadora (6-1)

project el proyecto (II)

to **prolong** prolongar (6-2)

to **promote** promover (ue) (9-1)

proposal la propuesta (10-2)

to **propose** proponer (10-2)

proof la evidencia (7-1)

protein la proteína (3-1)

Protestant church el templo (I)

to **protect** proteger (II, 5-2)

protection la protección (9-1)

provided that con tal que (9-2)

punctual puntual (II, 5-1)

to **punish** castigar (9-1)

punishment el castigo (10-2)

pure puro, -a (II)

purple morado, -a (I)

purpose el fin, *pl.* los fines (10-2)

purse el bolso (I)

to **pursue a career** seguir una carrera (II, 6-1)

to **put** poner (I), colocar (9-1)

— *(command)* pon (I)

I — (yo) pongo (I)

to — **on** *(clothing, make-up, etc.)* ponerse (II)

to — **out** *(fire)* apagar (II)

you — (tú) pones (I)

pyramid la pirámide

Q

quality cualidad (4-1)

quarter past y cuarto (I)

queen la reina (II)

question la pregunta (II)

to ask a — hacer una pregunta (II)

quickly rápidamente (I)

R

rabbit el conejo (7-2)

race la carrera (II, 1-2), la raza (8-2)

rain la lluvia (II)

to **rain** llover (o → ue) (II)

    It's —ing. Llueve. (I)

rather bastante (I)

to **reach** alcanzar (1-2), llegar a (10-2)

    — an agreement ponerse de acuerdo (4-2)

to **react** reaccionar (4-2)

to **read magazines** leer revistas (I)

ready listo, -a (II)

realistic realista (I)

reality program el programa de la vida real (I)

to **realize** darse cuenta de (1-2)

Really? ¿Verdad? (I); ¿De veras? (I)

really en realidad (II)

reason la razón (10-1)

to **rebel** rebelarse (8-2)

receptionist el recepcionista, la recepcionista (5-1)

to **receive** recibir (I)

recently recientemente (II)

reception desk la recepción (II)

recipe la receta (II)

to **recommend** recomendar (e → ie) (II)

to **reconquer** reconquistar (8-1)

to **record** grabar (II)

recreation center el centro recreative (5-2)

rectangle el rectángulo (7-1)

to **recycle** reciclar (I)

recycling center el centro de reciclaje (I)

red rojo, -a (I)

    — -haired pelirrojo, -a (I)

to **reduce** reducir (zc) (II), (6-2)

reference la referencia (5-1)

refrigerator el refrigerador (II)

refuge el refugio (1-1)

to **register** inscribirse (1-2)

registration la inscripción (1-2)

rehabilitation center el centro de rehabilitación (5-2)

rehearsal el ensayo (II)

to **rehearse** ensayar (II)

relatives los parientes (II)

to **relax** descansar (I), relajar(se) (3-2)

to **remember** recordar (o → ue) (II)

to **rent** alquilar (II)

to **repair** reparar (5-1)

to **repeat** repetir (e → i) (II)

to **replace** reemplazar (6-2)

report el informe (I)

reporter el reportero, la reportera (II)

to **represent** representar (2-1)

representative el / la representante (1-2)

to **request** solicitar (5-1)

requirement el requisito (5-1)

rescue el rescate (9-2)

to **rescue** rescatar (II)

reservation la reservación, *pl.* las reservaciones (II)

reserved reservado, -a (I)

to **resolve** resolver (o → ue) (4-2)

respect el respeto (10-1)

to **respect** respetar (II)

responsibility la responsabilidad (5-2)

responsible responsable (5-1)

to **rest** descansar (I)

restaurant el restaurante (I)

result el resultado (8-2)

to **result** resultar (II)

to **return** regresar (I, II)

    to — a book devolver (o → ue) (un libro) (II)

review la reseña (2-2)

to **revolt** rebelarse (8-2)

rhythm el ritmo, el compás (2-2)

rice el arroz (I)

rich rico, -a (I)

to **ride:**

    to — a bicycle montar en bicicleta (I)

    to — horseback montar a caballo (I)

right:

    to the — (of) a la derecha (de) (I)

    — away en seguida (II)

rights los derechos (5-2)

ring el anillo (I)

river el río (I)

road la calle (I)

to **rob** robar (II)

rock la piedra (II), la roca (1-1)

role el papel (II)

    to play the — of hacer el papel de (II)

Roman romano, -a (8-1)

romantic movie la película romántica (I)

room el cuarto (I); la habitación, *pl.* las habitaciones (II)

    double occupancy — la habitación doble (II)

    single occupancy — la habitación individual (II)

    to straighten up the — arreglar el cuarto (I)

rope la cuerda (II)

round redondo, -a (7-1)

round-trip ida y vuelta (II)

ruins las ruinas (II, 7-1)

rug la alfombra (I)

rule la regla (II)

to **rule** gobernar (8-1)

to **run** correr (I)

    to — out agotar(se) (9-1)

S ●

sack la bolsa (I)

sacred sagrado, -a (7-2)

sad triste (I)

sail la vela (II)

to **sail** navegar (II)

salad la ensalada (I)

  fruit — la ensalada de frutas (I)

salary el salario (II, 5-1)

sale la liquidación, *pl.* las liquidaciones (II)

salesperson el dependiente, la dependienta (I)

salsa la salsa (II)

salt la sal (I)

same mismo, -a (I)

sandwich:

  ham and cheese — el sándwich de jamón y queso (I)

satisfactory satisfactorio, -a (10-1)

Saturday sábado (I)

sausage la salchicha (I)

to **save** ahorrar (II, 6-1)

to **save** salvar (II)

to **say** decir (I)

  How do you —? ¿Cómo se dice? (I)

  to — good-bye despedirse (e → i) de (II)

  You — ... Se dice ... (I)

  You don't —! ¡No me digas! (I)

to **scare** asustar (1-1)

scared:

  to be — (of) tener miedo (de) (I)

scene la escena (II)

schedule el horario (I)

science:

  — class la clase de ciencias naturales (I)

  — fiction movie la película de ciencia ficción (I)

scientist el científico, la científica (II, 6-1)

scissors las tijeras (II)

to **score (a goal)** meter un gol (II)

score el tanteo (II)

to **scream** gritar (II)

screen:

  computer — la pantalla (I)

to **scuba dive** bucear (I)

sculpture escultura (2-1)

sculptor el escultor, la escultora (2-1)

secret el secreto (4-1)

sea el mar (I)

seal la foca (9-2)

to **search (for)** buscar (I)

search la búsqueda (II)

  to do a — hacer una búsqueda (II)

  to — *(luggage)* registrar (II)

season la estación, *pl.* las estaciones (I)

seat el asiento (II)

second segundo, -a (I)

  — floor el primer piso (I)

secretary el secretario, la secretaria (II)

security checkpoint la inspección, *pl.* las inspecciones de seguridad (II)

to **see** ver (I)

  Let's — A ver ... (I)

  — you later! ¡Nos vemos!; Hasta luego. (I)

  — you tomorrow. Hasta mañana. (I)

  to — a movie ver una película (I)

to **seem like** parecerse a (2-2)

self-confidence confianza en sí mismo, -a (3-2)

self-portrait el autorretrato (2-1)

selfish egoísta (4-1)

to **sell** vender (I)

to **send** enviar (I, II)

to **separate** separar (I)

September septiembre (I

serious serio, -a (I), grave (9-1)

to **serve** servir (e → i) (I)

service el servicio (6-2)

  — station la estación de servicio (II)

to **set (sun)** ponerse (el sol) (7-2)

  to set the table poner la mesa (I)

seven siete (I)

seven hundred setecientos, -as (I)

seventeen diecisiete (I)

seventh séptimo, -a (I)

seventy setenta (I)

shadow la sombra (7-2)

shake hands dar(se) la mano (II)

shame:

  What a —! ¡Qué lástima! (II)

shampoo el champú (II)

to **share** compartir (I)

to **shave** afeitarse (II)

she ella (I)

sheet of paper la hoja de papel (I)

shelf el estante (I)

shellfish los mariscos (II)

shelter el refugio (1-1)

to **shine** brillar (7-2)

ship el barco (I)

shirt la camisa (I)

  T— la camiseta (I)

shoe store la zapatería (I)

shoes los zapatos (I)

shoe size el número (II)

short bajo, -a *(stature)*; corto, -a *(length)* (I)

shortage la escasez (9-1)

shorts los pantalones cortos (I)

should deber (I)

shoulder el hombro (II)

show el programa (I); el espectáculo (2-2)

to **show +** *movie or TV program* dar (I); mostrar (ue) (2-1)

shower la ducha (II)

shrimp el camarón, *pl.* los camarones (II)

shy reservado, -a (I)

sick enfermo, -a (I)

sierra la sierra (1-1)

sign el letrero (II); la señal (II)

  stop — la señal de parada (II)

silk seda (II)

silly tonto, -a (I)

silver la plata (II)

similarity la semejanza (8-2)

since desde (II)

sincere sincero, -a (4-1)

to **sing** cantar (I)

singer el / la cantante (II)

single soltero, -a (6-1)

sink el fregadero (II)

sir (el**) señor** (Sr.) (I)

sister la hermana (I)

site:

  Web — el sitio Web (I)

six seis (I)

six hundred seiscientos, -as (I)

sixteen dieciséis (I)

sixth sexto, -a (I)

sixty sesenta (I)

size la talla (II)

to **skate** patinar (I)

to **skateboard** montar en monopatín (I)

skates los patines (II)

to **ski** esquiar (I)

skill la habilidad (5-1)

skin la piel (9-2)

to **skip (a meal)** saltar (una comida) (3-1)

skirt la falda (I)

sky el cielo (II)

to **sleep** dormir (I)

sleeping bag el saco de dormir (1-1)

sleepy:

  to be — tener sueño (I)

slice el pedazo (II)

slide la diapositiva (I)

slowly lentamente (II); despacio (II)

small pequeño, -a (I)

to **smile** sonreír (e → í) (II)

smoke el humo (II)

snack la merienda (3-1)

to **sneeze** estornudar (3-1)

to **snorkel** bucear (I)

to **snow:** nevar (e → ie) (II)

  It's —ing. Nieva. (I)

so tan (II), de modo que (10-2)

  — + *adj.* tan + *adj.* (II)

  — much tanto (I)

  so-so regular (I)

  — that de modo que (10-2)

soap el jabón (II)

soap opera la telenovela (I)

soccer:

  to play — jugar al fútbol (I)

sociable sociable (I)

social service el servicio social (5-2)

social studies class la clase de ciencias sociales (I)

society la sociedad (5-2)

socks los calcetines (I)

soft drink el refresco (I)

software el software (I)

solar solar (II)

soldier el / la soldado (8-2)

solid-colored de sólo un color (II)

to **solve** resolver (o → ue) (II)

some unos, -as (I); algún, alguno, -a (II)

  some day algún día (II)

someone alguien (II)

something algo (I)

sometimes a veces (I)

son el hijo (I)

  —s; —(s) and daughter(s) los hijos (I)

song la canción, *pl.* las canciones (I,II)

soon pronto (II)

sorry:

  I'm —. Lo siento. (I)

sound (stereo) system el equipo de sonido (I)

to **sound like** sonar (ue) a (2-2)

soup:

  vegetable — la sopa de verduras (I)

soup kitchen el comedor de beneficencia (5-2)

source la fuente (II)

  — of inspiration la fuente de inspiración (2-1)

souvenirs los recuerdos (I)

  to buy — comprar recuerdos (I)

spaceship la nave espacial (7-1)

spaghetti los espaguetis (I)

Spanish class la clase de español (I)

special especial (II)

  special effects los efectos especiales (II)

  special event el evento especial (II)

species la especie (9-2)

speech el discurso (II)

to **spell:**

  How is ... spelled? ¿Cómo se escribe ... ? (I)

  It's spelled ... Se escribe ... (I)

to **spend** gastar (II)

   to — time with friends pasar tiempo con amigos (I)

spicy picante (II)

to **spill** tirar (II)

   don't — no tires (II)

spoiled consentido, -a (II)

spoon la cuchara (I)

sports:

   — equipment el equipo deportivo (II)

   — -minded deportista (I)

   — program el programa deportivo (I)

   to play — practicar deportes (I)

spring la primavera (I)

stadium el estadio (I)

stage el escenario (2-2)

stairs, stairway la escalera (I)

stamp el sello (II)

to **stand:**

   — out destacarse (2-2)

   — up pararse (2-2)

stapler la grapadora (II)

star:

   movie — la estrella (del cine) (II)

to **start** empezar (e → ie) (I); comenzar (e → ie) (II)

state el estado (10-1)

statue la estatua (II)

to **stay:** quedarse (II)

   I — at home. Me quedo en casa. (I)

steak la carne de res (II), el bistec (I)

to **steal** robar (II)

step el paso (2-2)

stepbrother el hermanastro (I)

stepfather el padrastro (I)

stepmother la madrastra (I)

stepsister la hermanastra (I)

stereo system el equipo de sonido (I)

still todavía (II)

still life la naturaleza muerta (2-1)

to **stitch** *(surgically)* dar puntadas (II)

stitches las puntadas (II)

stomach el estómago (I)

to **stop** parar (II), detener (9-2)

   — doing something dejar de (1-1)

   — over hacer escala (II)

stoplight el semáforo (II)

stopover la escala (II)

store la tienda (I)

   book— la librería (I)

   clothing — la tienda de ropa (I)

   department — el almacén, *pl.* los almacenes (I)

   discount — la tienda de descuentos (I)

   household-appliance — la tienda de electrodomésticos (I)

   jewelry — la joyería (I)

   shoe — la zapatería (I)

stories:

   to write — escribir cuentos (I)

storm la tormenta (II)

story el piso (I)

stove la estufa (II)

straight derecho (II)

to **straighten up the room** arreglar el cuarto (I)

strange extraño, -a (7-1)

strategy la estrategia (6-2)

strawberries las fresas (I)

street la calle (I)

strength la fuerza (3-2)

stress el estrés (3-2)

stressed out estresado, -a (3-2)

to **stetch** estirar (3-2)

to **stroll** dar un paseo (1-1)

strong fuerte (3-1)

structure la estructura (7-1)

student el / la estudiante (I)

studious estudioso, -a (I)

to **study** estudiar (I)

stupendous estupendo, -a (II)

stupid tonto, -a (I)

style el estilo (II)

subject el tema (2-1)

subway el metro (II)

success el éxito (II)

   to be —ful tener éxito (II)

suddenly de repente (II)

to **suffer** sufrir (10-1)

sugar el azúcar (I)

to **suggest** sugerir (e → ie) (II), proponer (10-2)

suit el traje (I)

suitcase la maleta (II)

summer el verano (I)

to **sunbathe** tomar el sol (I)

Sunday domingo (I)

sunglasses los anteojos de sol (I)

sunny:

   It's —. Hace sol. (I)

supermarket el supermercado (II)

supplies los materiales (II)

support el apoyo (10-1)

to **support (each other)** apoyarse (4-1)

sure seguro, -a (II)

to **surf the Web** navegar en la Red (I)

surprise la sorpresa (II)

suspicious sospechoso, -a (10-2)

sweater el suéter (I)

sweatshirt la sudadera (I)

sweet dulce (II)

to **swim** nadar (I)

swimming la natación (II)

swimsuit el traje de baño (I)

symbol el símbolo (7-2)

synagogue la sinagoga (I)

synthetic fabric la tela sintética (II)

syrup el jarabe (3-1)

T

T-shirt la camiseta (I)

table la mesa (I)

  to set the — poner la mesa (I)

to take llevar (I), tomar (3-1)

  to — a bath bañarse (II)

  to — a course tomar un curso (I)

  to — a shower ducharse (II)

  to — a tour hacer una gira (II)

  to — a trip hacer un viaje (II)

  to — a walk dar una caminata (II), dar un paseo (1-1)

  to — away quitar (II)

  to — care of cuidar a (II)

  to — into account tener en cuenta (6-2)

  to — lessons tomar lecciones (II)

  to — out the trash sacar la basura (I)

  to — photos sacar fotos (I)

  to — place tener lugar (1-2)

  to — shelter refugiarse (1-1)

talented talentoso, -a (I)

to talk hablar (I)

  to — on the phone hablar por teléfono (I)

tall alto, -a (I)

tank el tanque (II)

taste el sabor (II)

to taste probar (o → ue) (II)

tasty sabroso, -a (I); rico, -a (I)

tea el té (I)

  iced — el té helado (I)

to teach enseñar (I)

teacher el profesor, la profesora (I)

teaching la enseñanza (10-1)

team el equipo (II)

to tear romperse (II)

technical school la escuela técnica (II)

technician el técnico, la técnica (II)

technological tecnológico, -a (6-2)

technology / computers la tecnología (I)

technology / computer class la clase de tecnología (I)

teddy bear el oso de peluche (II)

teeth los dientes (II)

  to brush one's — cepillarse los dientes (II)

television:

  to watch — ver la tele (I)

television set el televisor (I)

to tell decir (I)

  — me dime (I)

  to — jokes contar (chistes) (o → ue) (II)

  to — the truth decir la verdad (II)

temple el templo (I)

ten diez (I)

tennis:

  to play — jugar al tenis (I)

tent la tienda de acampar (1-1)

tennis racket la raqueta de tenis (II)

tenth décimo, -a (I)

thank you gracias (I)

that que (I); ese, esa (I)

  —'s why por eso (I)

that one (over there) aquel, aquella (II)

the el, la, los, las (I)

  — best el / la mejor, los / las mejores (I)

  — worst el / la peor, los / las peores (I)

theater el teatro (I)

  movie — el cine (I)

their su, sus (I)

them las, los *dir. obj. pron.* (I), les *ind. obj. pron.* (I)

then entonces (I)

then luego (II)

theory la teoría (7-2)

there allí (I)

  — is / are hay (I); haya *(subjunctive)* (II)

  — was hubo (II)

  — was / — were había (II)

  — will be habrá (II)

therefore por eso (I), así que (6-1), por lo tanto (6-1)

these estos, estas (I)

they ellos, ellas (I)

they died se murieron (II)

thief el ladrón, la ladrona, *pl.* los ladrones (II)

thing la cosa (I)

to think pensar (e → ie) (I), opinar (10-2)

  I don't — so. Creo que no. (I)

  I — ... Creo que ... (I)

  I — so. Creo que sí. (I)

  to — of oneself pensar en sí mismo, -a (4-2)

  What do you — (about it)? ¿Qué te parece? (I)

third tercer (tercero), -a (I)

third floor el segundo piso (I)

thirsty:

  I'm —. Tengo sed. (I)

thirteen trece (I)

thirty treinta (I); y media *(in telling time)* (I)

thirty-one treinta y uno (I)

this este, esta (I)

  — afternoon esta tarde (I)

  — evening esta noche (I)

  — way así (1-1)

  — weekend este fin de semana (I)

What is — ? ¿Qué es esto? (I)
those esos, esas (I)
those (over there) aquellos, aquellas (II)
thought el pensamiento (10-1)
thousand:
  a — mil (I)
threat la amenaza (9-2)
to **threaten** amenazar (9-1)
three tres (I)
three hundred trescientos, -as (I)
three-ring binder la carpeta de argollas (I)
through por (II), a través de (2-1)
to **throw** arrojar(se) (7-2)
  to — away tirar (II), echar (9-1)
thunder el trueno (1-1)
Thursday jueves (I)
ticket el boleto (I), la entrada (2-2)
ticket la multa (II)
tie la corbata (I); el empate (II)
tight apretado, -a (II)
tile el azulejo (8-1)
time la época (8-1)
time:
  At what —? ¿A qué hora? (I)
  free — el tiempo libre (I)
  on — a tiempo (II)
  to spend — with friends pasar tiempo con amigos (I)
  What — is it? ¿Qué hora es? (I)
timid tímido, -a (II)
tip la propina (II)
tired cansado, -a (I)
to **a** *prep.* (I)
  in order — para + *inf.* (I)
  — the a la, al (I)
  — the left (of) a la izquierda (de) (I)
  — the right (of) a la derecha (de) (I)

toast el pan tostado (I)
today hoy (I)
together juntos, -as (4-1)
tolerance la tolerancia (10-1)
to **tolerate** aguantar (3-2)
tomatoes los tomates (I)
tomorrow mañana (I)
  See you —. Hasta mañana. (I)
ton la tonelada (7-1)
too también (I); demasiado (I)
  I do (like to) — a mí también (I)
  me — a mí también (I)
toothbrush el cepillo de dientes (II)
toothpaste la pasta dental (II)
top:
  on — of encima de (I)
touching emocionante (I)
tourist el / la turista (II)
toward hacia (1-1)
towel la toalla (II)
tower la torre (8-1)
town el pueblo (II)
toy el juguete (I)
to **trace** trazar (7-1)
traffic el tráfico (II)
trail el sendero (II)
train el tren (I)
  electric — el tren eléctrico (II)
to **train** entrenarse (1-2)
training el entrenamiento (1-2)
trainer el entrenador, la entrenadora (II)
to **translate** traducir (zc) (6-1)
translator el traductor, la traductora (6-1)
transparent tape la cinta adhesiva (II)
to **trap** atrapar (9-2)
to **travel** viajar (I)
  travel agency la agencia de viajes (II)
  travel agent el / la agente de viajes (II)

to **treat** tratar (10-1)
tree el árbol (I)
tremendous tremendo, -a (I)
trial el juicio (10-2)
triangle el triángulo (7-1)
tricycle el triciclo (II)
trip el viaje (I)
to **trip (over)** tropezar (e → ie) (con) (II)
trophy el trofeo (1-2)
tropical rain forest la selva tropical (II, 9-2)
truck el camión, *pl.* los camiones (II)
true:
  it's true es cierto (II)
trumpet la trompeta (2-2)
trust la confianza (4-1)
to **trust** confiar (i → í) (4-1)
truth la verdad (II)
to **try on** probarse (o → ue) (II)
to **try to** tratar de (II)
Tuesday martes (I)
  on —s los martes (I)
turkey el pavo (II)
to **turn** doblar (II)
  to — in entregar (II)
  to — in homework on time entregar la tarea a tiempo (II)
  to — into convertirse en (7-2)
  to — off apagar (II)
  to — on encender (e → ie) (II)
  to — out resultar (II)
turtle la tortuga (II)
TV channel el canal (I)
twelve doce (I)
twenty veinte (I)
twenty-one veintiuno (veintiún) (I)
to **twist** torcerse (o → ue) (II)
two dos (I)
two hundred doscientos, -as (I)
typical típico, -a (II)

U

Ugh! ¡Uf! (I)

ugly feo, -a (I)

uncle el tío (I)

uncles; uncle(s) and aunt(s) los tíos (I)

underneath debajo de (I)

to **understand** comprender (I); entender (e → ie) (II)

understanding comprensivo, -a (4-1)

unemployment el desempleo (10-2)

unfair injusto, -a (5-2)

unfortunately desafortunadamente (1-2)

unity la unidad (8-1)

universe el universo (7-2)

university la universidad (II)

unforgettable inolvidable (I)

unknown desconocido, -a (8-2)

unless a menos que (9-2)

unlikely improbable (7-1)

until hasta (II)

upon arriving al llegar (8-2)

us nos *dir. obj. pron.* (I)

(to / for) — nos *ind. obj. pron.* (I)

to **usually do something** soler (ue) (5-1)

use el uso (6-2)

to **use:**

to — **a stationary bike** hacer bicicleta (3-2)

to — **a treadmill** hacer cinta (3-2)

to — **the computer** usar la computadora (I)

What's it —d for? ¿Para qué sirve? (I)

used usado, -a (I)

it's — for sirve para (I)

useful:

to be — servir (I)

V

vacation:

to **go on** — ir de vacaciones (I)

to **vacuum** pasar la aspiradora (I)

vain vanidoso, -a (4-1)

valley el valle (II), (1-1)

value el valor (10-2)

variety la variedad (8-2)

various varios, -as (II)

VCR la videocasetera (I)

vegetable soup la sopa de verduras (I)

vendor el vendedor, la vendedora (II)

very muy (I)

— **well** muy bien (I)

veterinarian el veterinario, la veterinaria (II)

via satellite vía satélite (6-2)

victim la víctima (II)

video games:

to **play** — jugar videojuegos (I)

videocassette el video (I)

to **videotape** hacer un video (I)

vinegar el vinagre (II)

to **violate** violar (10-2)

violence la violencia (II)

violent violento, -a (I)

virtual reality la realidad virtual (6-2)

to **visit** visitar (I)

to — **chat rooms** visitar salones de chat (I)

vital fundamental (10-2)

vitamin la vitamina (3-1)

voice la voz, *pl.* las voces (II)

volleyball:

to **play** — jugar al vóleibol (I)

volunteer el voluntario, la voluntaria (I)

— **work** el trabajo voluntario (I)

to **vote** votar (10-1)

W

to **wait** esperar (II)

waiter, waitress el camarero, la camarera (I)

to **wake up** despertarse (e → ie) (II)

to **walk** caminar (I), andar (1-1)

to **take a** — dar una caminata (II)

wall la pared (I)

wallet la cartera (I)

to **want** querer (e → ie) (I)

I — (yo) quiero (I)

you — (tú) quieres (I)

war la guerra (II, 8-2)

warm:

to **be** — tener calor (I)

was fue (I)

to **wash** lavar (I)

to — **the car** lavar el coche (I)

to — **the clothes** lavar la ropa (I)

to — **the dishes** lavar los platos (I)

to — **one's face** lavarse la cara (II)

waste el desperdicio (9-1)

to **waste** desperdiciar (9-1)

wastepaper basket la papelera (I)

watch el reloj pulsera (I)

to **watch television** ver la tele (I)

water el agua (I)

watermelon la sandía (II)

waterskiing el esquí acuático (II)

way la manera (II, 3-1), el modo (10-2)

we nosotros, -as (I)

weak débil (3-2)

wealth la riqueza (8-2)

to **wear** llevar (I)

weapon el arma, *pl.* las armas (8-2)

weather el clima (9-2)

What's the — like? ¿Qué tiempo hace? (I)

Web:

to surf the — navegar en la Red (I)

— page la página Web (I)

— site el sitio Web (I)

Wednesday miércoles (I)

wedding la boda (II)

week la semana (I)

last — la semana pasada (I)

weekend:

on —s los fines de semana (I)

this — este fin de semana (I)

to **weigh** pesar (7-1)

weight el peso (3-1)

welcome bienvenido, -a (II)

well bien (I); pues ... *(to indicate pause)* (I)

very — muy bien (I)

— -behaved bien educado, -a (II)

wet mojado, -a (II)

whale la ballena

What? ¿Cuál? (I)

— a shame! ¡Qué lástima! (II)

— are you like? ¿Cómo eres? (I)

(At) — time? ¿A qué hora? (I)

— color ... ? ¿De qué color ... ? (I)

— day is today? ¿Qué día es hoy? (I)

— did you do? ¿Qué hiciste? (I)

— do you like to do better / prefer to do? ¿Qué te gusta hacer más? (I)

— do you like to do? ¿Qué te gusta hacer? (I)

— do you think (about it)?

¿Qué te parece? (I, II)

— does ... mean? ¿Qué quiere decir ... ? (I)

— else? ¿Qué más? (I)

— happened to you? ¿Qué te pasó? (I, II)

— is she / he like? ¿Cómo es? (I)

— is the date? ¿Cuál es la fecha? (I)

— is this? ¿Qué es esto? (I)

— is your name? ¿Cómo te llamas? (I)

— kind of ... ? ¿Qué clase de... ? (I)

— time is it? ¿Qué hora es? (I)

— would you like? ¿Qué desean (Uds.)? (I)

— 's happening? ¿Qué pasa? (I)

— 's his / her name? ¿Cómo se llama? (I)

— 's it (used) for? ¿Para qué sirve? (I)

— 's the weather like? ¿Qué tiempo hace? (I)

what!:

— a good / nice idea! ¡Qué buena idea! (I)

— a shame / pity! ¡Qué pena! (I)

what lo que (II)

When? ¿Cuándo? (I)

Where? ¿Dónde? (I)

— are you from? ¿De dónde eres? (I)

(To) —? ¿Adónde? (I)

whether si (I)

Which? ¿Cuál? (I)

while mientras (que) (II)

once in a — de vez en cuando (II)

white blanco, -a (I)

who que (I)

Who? ¿Quién? (I)

Why? ¿Por qué? (I)

wide ancho, -a (II)

width el ancho (7-1)

wife la esposa (I)

wild salvaje (9-2)

Will you bring me ... ? ¿Me trae ... ? (I)

window la ventana (I)

window *(airplane)* la ventanilla (II)

windsurf el surf de vela (II)

winter el invierno (I)

with con (I)

— me conmigo (I)

— my / your friends con mis / tus amigos (I)

— respect to en cuanto a (10-1)

— whom? ¿Con quién? (I)

— you contigo (I)

What do you serve it —? ¿Con qué se sirve? (II)

without sin (I)

— a doubt sin duda (II)

witness el / la testigo (10-2)

woman la mujer (I)

business— la mujer de negocios (II)

elderly woman la anciana (I)

wonder la maravilla (8-1)

wonderful estupendo, -a (II), maravilloso, -a (8-1)

wood el bosque (1-1)

wool la lana (II)

word la palabra (II)

work el trabajo (I)

— of art la obra de arte (2-1)

volunteer — el trabajo voluntario (I)

to **work** trabajar (I)

workshop el taller (2-1)

world el mundo (II)

worldwide mundial (10-2)

to **worry** preocuparse (3-2)

worse than peor(es) que (I)

worst:

  the — el / la peor, los / las peores (I)

Would you like? ¿Te gustaría? (I)

wrist la muñeca (II)

to write:

  to — e-mail escribir por correo electrónico (I)

  to — stories escribir cuentos (I)

writer el escritor, la escritora (II, 2-2)

writing la escritura (7-2)

X ··················

X-ray la radiografía (II)

Y ··················

yard el jardín (I)

year el año (I)

  He / She is / They are ... —s old. Tiene(n) ... años. (I)

  last — el año pasado (I)

yellow amarillo, -a (I)

yes sí (I)

yesterday ayer (I)

yoga el yoga (3-2)

yogurt el yogur (I)

you *fam. sing.* tú (I); *formal sing.* usted (Ud.) (I); *fam. pl.* vosotros, -as (I); *formal and informal pl.* ustedes (Uds.) (I); *fam. after prep.* ti (I); *sing. dir. and ind. obj. pron.* te (I); *sing. formal dir. obj. pron.* lo, la (I); *pl. fam. ind. obj. pron.* os (I); *ind. obj. pron.* le, les (I)

  And —? ¿Y a ti? (I)

  for — para ti (I)

it matters (it's important), they matter to — te importa(n) (II)

to / for — *fam. pl.* os (I)

to / for — *fam. sing.* te (I)

with — contigo (I)

— can se puede (II)

— don't say! ¡No me digas! (I)

— have seen has visto (II)

— know conocen (II)

— look (good) te ves (bien) (II)

— say ... Se dice ... (I)

young joven (I)

— boy / girl el niño, la niña (I)

— man el joven (I)

— people los jóvenes (II)

— woman la joven (I)

—er menor, *pl.* menores (I)

your *fam.* tu (I); *fam. pl.* tus, vuestro(s), -a(s) (I); *formal* su, sus (I)

yours tuyo, -a, -os, -as (II)

yuck! ¡Uf !(I)

Z ··················

zero cero (I)

zoo el zoológico (I)

Grammar Index

Structures are most often presented first in *A primera vista*, where they are practiced lexically in conversational contexts. They are then explained in a *Gramática* section or are placed as reminders in a *¿Recuerdas?* or *Nota*. Lightface numbers refer to the pages where these structures are initially presented lexically or, after explanation, where student reminders occur. Lightface numbers also refer to pages that review structures first presented in Level 2. **Boldface numbers** refer to pages where new structures are explained.

active voice 444
adjectives:
    agreement with nouns 63
    demonstrative 221, **229**, 243
    gender of 63
    irregular comparative forms 63
    making comparisons of difference 63
    making comparisons of similarity 63
    possessive 12, 184
    used as nouns 295
    with **de** 303
adverbs:
    to signal imperfect 42, 76
    to signal preterite 76
affirmative and negative words 293
Ampliación del lenguaje:
    ir de . . . 28
    familias de palabras 119, 165, 305, 399
    palabras árabes 349
    suffix **-ero / -era** 213
    suffix **-ismo** 72
    suffix **-miento** 442

suffixes **-or / -ora, -ero / -era, -ario / -aria** to denote professions 259

commands:
    affirmative and negative with *usted, ustedes* 115, 123, 151
    affirmative *tú* 117, 121, 151
    irregular affirmative *tú* 121, 151
    negative *tú* 117, 122, 151
    nosotros 175, **182**, 197
    use with direct object pronouns 117, 121–123, 151
    use with indirect object pronouns 121–123, 151
    use with reflexive pronouns 121–123
conditional perfect **459**, 473
    use with *si* clauses **459**, 473
    use with the pluperfect subjunctive **459**, 473
conditional tense **352**, 381
    use with the imperfect subjunctive **367**
    use with the pluperfect subjunctive **456**
conjunctions **398, 412, 427**
conocer vs. **saber** 247
contractions **al** and **del** 387

definite article:
    omission of 184
    uses 387
    with parts of body or clothing 7
demonstrative adjectives and pronouns 221, **229**, 243

estar + past participle 70, **79**, 105
estar vs. **ser** 82–83, **88,** 105

future perfect tense 268, **273**, 289
future tense 252, 254, 255, 260, 289

of irregular verbs 252, 254, 255, 260, 289
    to indicate probability 263, 289

gustar; verbs like **gustar** 11, 385

haber, preterite of 341

imperfect subjunctive **364**, 381
    after **como si** 367
    after conjunctions related to time 390, 391, **398, 412,** 427
    of irregular verbs **364**
    of spelling-changing verbs **364**
    of stem-changing verbs **364**
    uses with other tenses **445**, 473
    with **si** clauses **367**, 381
imperfect tense:
    of irregular verbs 37, 42, 59
    of regular verbs 36–37, 42, 59
    uses of 37, 42, 44
impersonal **se** 249, 444
indicative mood:
    uses with conjunctions of time **398, 412,** 427
    uses with conjunctions that express purpose or intention **412,** 427
infinitive:
    after **para** and **sin 412,** 427
    with conjunctions of time **398, 412,** 427
interrogative words **339**

negative and affirmative words 293
nouns:
    comparisons with 65
    formed from adjectives 295
para 162, 163, **171,** 197
participles:
    past; *see* past participles
    present 201
passive voice 438, **444,** 473

past participles **79,** 214, 243, 273, 444

    irregular past participles 70, **79,** 214, 273

past perfect; *see* pluperfect

pero vs. **sino** 315, **319,** 335

pluperfect 206, 207, 217, 243

pluperfect subjunctive **456,** 473

    uses with the conditional **456,** 473

    with **como si 456,** 473

por vs. **para** 162, 163, 171, 197

possessive adjectives 12

present participles 201

present perfect 206, 207, 214, 243

present perfect subjunctive 220, 221, **227,** 243

    with adjective clauses **320,** 335

    with expressions of doubt 300, **306,** 335

present subjunctive:

    after conjunctions related to time 390, 391, **398, 412,** 427

    after conjunctions that express purpose or intention 405, **412,** 427

    of irregular verbs 135, 151

    of regular verbs 127, 128, 132

    of spelling-changing verbs 132

    of stem-changing verbs 128, 137, 151

    uses with other tenses **445,** 473

    vs. indicative 301, **306**

    with adjective clauses **320,** 335

    with expressions of doubt 301, **306,** 335

    with impersonal expressions **132**

    with verbs of emotion 161, 168, 197

present tense:

    irregular of **ser, ir, decir, estar, oír, tener** 3

    irregular verbs in *yo* form 3

    stem-changing verbs 5

preterite tense:

    of **decir** and **traer** 31, 59

    of **hacer, dar,** and **ver** 17, 23, 24

    of **ir** and **ser** 19

    of irregular verbs 24, 31, 341

    of **oír, leer, creer** 30, 341

    of regular verbs 17

    of spelling-changing verbs **i → y** 30, 59, 70

    of spelling-changing **e → i, o → u,** 33

    of stem-changing verbs 33, 45, 59, 341

    of verbs ending in **-car, -gar, -zar** 19

preterite vs. imperfect 68, 69, 70–71, 76, 105, 431

    verbs with different meanings in the preterite and imperfect 83, **90,** 105, 433

pronouns:

    attached to infinitive or present participle 111

    clarification of 111

    demonstrative 221, **229,** 243

    direct object pronouns 109, 121–123

    indirect object pronouns 111, 121–123

    placement of reflexive and object pronouns 203

    possessive **184,** 197

    reflexive 121–123, 157, 203

    relative **(que, quien, lo que)** 390, 392, **402,** 427

    use of direct and indirect object pronouns together **275,** 289

    with commands 121–122

Pronunciación:

    b / v 91

    ca, co, cu; ce, ci; que, qui 138

    combining vowels at ends of words 264

    d between vowels 46

    dipthong *ue* 317

    h / j 183

    r between vowels 215

reciprocal actions 157

reflexive pronouns:

    with commands 121–123

    with present participle 201

reflexive verbs 7

    other uses 155

relative pronouns **(que, quien, lo que)** 390, 392, **402,** 427

saber vs. **conocer** 247

se impersonal 249, 444

sequence of tenses **445,** 473

ser vs. **estar** 82–83, 88, 444

si + present tense + future 265

sino; *see* **pero**

subjunctive; *see* imperfect subjunctive, pluperfect subjunctive, present perfect subjunctive, and present subjunctive superlative 65

verbs:

    irregular in *yo* form of present 3

    irregular present of **ser, ir, decir, estar, oír, tener** 3

    preterite 17

    reflexive 7

    stem-changing in present 5

    used with reciprocal actions 157

    with different meanings in the preterite and imperfect 83, **90,** 105, 433

    with indirect object pronouns 11

    see also individual tenses

Acknowledgments

Cover Design Tamada Brown & Associates

Program Graphic Development Herman Adler Design

Maps Mapping Specialists

Technical Illustration/Additional Graphics Design Five Creatives; Roberta Warshaw

Illustrations Wilkinson Studios Artists: Seitu Hayden **pp. 37, 39, 87, 118, 119, 128, 164,181, 188, 218, 225, 257, 418**. Reggie Holladay **pp. 24, 25, 28, 50, 78, 79, 130, 131, 234, 265, 281, 285, 286, 298, 299, 304, 309, 356, 357, 409**; Tim Jones **pp. 27, 160, 183, 206, 207, 220, 373, 390, 391**; Judy Love **pp. 372, 395, 462**. Tom McKee **pp. 28, 47, 80, 89, 127, 136, 142, 174, 175, 210, 211, 222, 229, 262, 280, 326**.

Photography Front and back covers: (background) The Image Bank; (inset) James Blair/Houles P. Blair/National Geographic.

Photographers who contributed to the studio/location photography: Bill Burlingham, Burlingham Photography and John Morrison, Morrison Photography.

Frontmatter vi: Flash! Light/Stock • Boston; **vii:** Beryl Goldberg; **ix:** Claudia Uribe/Estock Photo; **x- xii:** Beryl Goldberg; **xiii:** Albert Lorenz; **xv:** Hubert Stadler/Corbis; **xvi:** Dana White/PhotoEdit; **xvii:** George Mattei/Envision; **xviii:** (bg.) Jose Fuste Raga/Corbis, (i.) Minden Pictures; **xix:** (i.) John Elk Photography; **xx:** (bg.) Steve Kaufman/Corbis, (i.) Taxi/Getty Images; **xxii:** (bg.) Stone/Getty Images; (i.) The Image Bank/Getty Images; **xxiv:** Ed Simpson/Getty Images; **xxvi:** Dennis Degnan/Corbis; **xxviii:** (bg.) Michelle Chaplow/Corbis, (i.) AFP/Corbis; **xxix:** The Image Works; **xxx:** (bg.) John Elk Photography, (i.) John Elk Photography; **xxxi:** (i.) John Elk Photography; **xxxii–xxxiii:** Ed Young/CORBIS.

Para Empezar p. 0: Ulrike Welsch; **p. 1:** (t.) Beryl Goldberg, (b.) Bob Daemmrich/The Image Works; **p. 2:** (l.) Michael Newman/PhotoEdit; (r.) Richard Hutchings/PhotoEdit; **p. 4:** Michelle D. Bridwell/PhotoEdit; **p. 6:** (l.) LWA-Dann Tardiff/Corbis, (r.) Tom & Dee Ann McCarthy/Corbis; **p. 8:** (b.r.) Tony Freeman/PhotoEdit; (l.) Beryl Goldberg, (t.r.) David-Young-Wolff/PhotoEdit; **p. 11:** Michael Kevin Daly/Corbis; **p. 14:** PhotoDisc; **p. 15:** David Frazier/The Image Works, (t.) Spenser Ainsley/The Image Works.

Capítulo 1 p. 16: Joe Viesti/The Viesti Collection, Inc; **p. 18:** (b.r.) NHLI/Getty Images, (l.) Joe McBride/Corbis, (t.r.) Brian Drake/SportsChrome; **p. 20:** (bg.) Anna Zuckerman -Vdovenko/Index Stock Imagery; (i.) used by permission of Museo de Arte Comteporáneo de la Universidad de Chile; **p. 22:** (b.c) Pearson photo archive, (b.l.) Pearson photo archive; (b.r.) David Young-Wolff/PhotoEdit; (m.r.) Pearson photo archive; (t.l.) Pearson photo archive, (t.r.) Daniel Rivademar/Odyssey/Chicago; **p. 23:** (b.l.) Tom Stewart/Corbis, (b.r.) PhotoNetworkStock, (m.c.) Galen Rowell/Corbis, (t.l.) PhotoNetworkStock; (t.r.) Galen Rowell/Corbis; **p. 26:** Pearson photo archive, (b.r.) Corbis; **p. 27:** Stock • Boston; **p. 29:** Photo Researchers, Inc.; **p. 30:** Photo Researchers, Inc.; **p. 34:** Photo Researchers, Inc.; **p. 35:** Odyssey/Chicago; **p. 41:**Odyssey/Chicago; **p. 45:** (b.r.) Michael Groen, (m.r.) Associated Press, AP, (t.r.) Associated Press, AP; **p. 48:** (b. r.) Roberto Reyes Ang; (b.c) Bridgeman Art Library, (b.l.) Odyssey/Chicago; **p. 51:** (t.b) © Jimmy Dorantes/Latin Focus.com; **p. 54:** Robert Frerck/Odyssey/Chicago; **p. 55:** Gianni Dagli Orti/Corbis; **p. 57:** Photo Researchers, Inc.

Capítulo 2 p. 62: (b.) José Antonio Velásquez, (t.) Pablo Picasso/Art Resource, NY; **p. 64:** (b.c) Sepp Seitz/Woodfin Camp and Associates, (l.) Richard Hutchings/PhotoEdit, (r.) Tony Freeman/PhotoEdit; **p. 66:** (bg.) Pablo Corral/Corbis, (i.) Artists Rights Society/Art Resource, NY; **p. 68:** (m.l.) Bob Daemmrich/Stock • Boston, (t.l.) Alfonso Fernández, (b.l.) Artists Rights Society/Art Resource, NY; **p. 69:** (b.r.) Fundació Joan Miró, Baracelona/Fundació Joan Miró, Baracelona, (t.l.) Fundació Joan Miró, Barcelona/Corbis, (t.r.) Artists Rights Society/Art Resource, NY; **p. 70:** Dina Bursztyn; **p. 71:** (b.) Pablo Corral V/Corbis, (m.l.) Oswaldo Guayasamín/Picture Search, (t.l.) Carlos Enríquez:/Art Resource, NY, (t.r.) Getty Images, Inc.; **p. 73:** (b.r.) Diego Velázquez De Silva/Art Resource, NY, (t.r.) Alfonso Fernández; **p. 74:** (b.) Peggy Guggenheim Collection Venice/Dagli Orti (A)/TheArtArchive, (t.) The Museum of Modern Art/Licensed by SCALA/Art Resource, NY. Given anonymously. ©2002 Kingdom of Spain, Gala-Salvador Dalí Foundation/Artists Rights Society/Art Resource, NY; **p. 75:** The Museum of Modern Art/Licensed by SCALA/Art Resource, NY; **p. 77:** Remedios Varo/Artist Rights Society; **p. 78:** (b.) Museo Nacional de Historia, Castillo de Chapultepec, Mexico City, D.F., Mexico/Art Resource, NY; **p. 80:** (b.r.) Pepón Osorio; **p. 81:** Picture Search; **p. 82:** (b.) Robert Fried/Stock • Boston, (t.l.) Photofest; **p. 83:** (b.l.) Carol Rosegg/Associated Press, AP, (b.r.) Bob Daemmrich Photography, Inc.; (t.l.) Ed Bock/Corbis, (t.r.) E. Bordis/Estock Photo; **p. 84:** (t.r.) Facundo Cabral; **p. 85:** (m.r.) AFP/Corbis; **p. 86:** Courtesy Don Francisco; **p. 91:** David Young-Wolff/PhotoEdit; **p. 93:** (b.r.) © 1980–2003, W. Chasan - All rights reserved. Todos Los Derechos Reservados, (t.r.) Kenneth Ehlers/ImageState/International Stock; **p. 94:** (b.) Claudia Uribe/Estock Photo/Estock Photo, (c.) Francisco Goya/Art Resource, NY, (l.) Francisco Goya; **p. 95:** (b.) Index Stock Imagery, (c.) Francisco Goya/Bridgeman Art Library, (t.) Francisco Goya/Art Resource, NY; **p. 96:** (l.) Fernando Botero, (r.) Salvador Dalí/Salvador Dalí Museum,St. Petersburg, FL; **p. 97:** Bob Daemmrich/Stock • Boston; **p. 101:** Dana White/PhotoEdit; **p. 102:** Spencer Grant/PhotoEdit; **p. 103:** Andrea Renault/Globe Photos.

Capítulo 3 p. 108: Michelle D. Bridwell/PhotoEdit; **p. 110:** (t.l.) HIRB/Index Stock Imagery, (t.r.) Michael Newman/PhotoEdit; **pp. 112-113:** (bg.) Corbis; **p. 112:** (b.c) Christie's Images/Corbis; **p. 120:** Owen Franken/Corbis; **p. 124:** (t.) Helen Norman/Corbis, (b.) Royalty Free Corbis; **p. 132:** ©David Young-Wolff/PhotoEdit; **p. 133** (b.) John Alves/Mystic Wanderer Images, (t.) ©Michael Newman/PhotoEdit; **p. 134:** ©David Young-Wolff/PhotoEdit; **p. 135:** Zephyr Pictures/Index Stock Imagery; **p. 140:** (m.l.) National

Geographic Society, (b.) ©John Neubauer/PhotoEdit; **p. 141:** (m.r.) ©Erich Lessing/Art Resource, NY, (t.r.) ©Macduff Everton Corbis, (b.r.) ©Erich Lessing/Art Resource, NY; **p. 143:** ©Michael Newman/PhotoEdit; **p. 147:** Dorling Kindersley; **p. 148:** (t.) EyeWire/ Getty Images, (b.) ©Michael Prince/Corbis.

Capítulo 4 p. 154: (t.l.) ©David Young-Wolf/PhotoEdit, (m.c.) Robert Frerck/Pearson photo archive, (t.r.) ©David Young-Wolff/PhotoEdit; **158-159:** (bg.) Robert Essel/Corbis, (b.c.) Pablo Picasso/Art Resource NY; **p. 161:** (t.r.) Robert Fried/DDB Stock Photo, (t.l.) Bob Daemmrich/Stock • Boston, (b.r.) David Simson/Stock • Boston, (b.l.) David Simson/Stock • Boston; **p. 162:** (t.c.) Royalty-Free/Corbis, (b.c) Royalty-Free/Corbis; **p. 167:** ©Royalty-Free/Corbis; **p. 169:** Esbin-Anderson/PhotoNetworkStock; **p. 170:** (b.r.) Ryan McVay/Getty Images, Inc.; **p. 172:** ©Bob Daemmnch/Stock • Boston; **p. 177:** ©Myrleen Ferguson Cate/PhotoEdit; **p. 179:** (b.r.) Univision, (r.) Carmen Lomas Garza, photo by Wolfgang Dietz; **p. 183:** (b.l.) Sergio Barrenechea/Associated Press, EFE; **p. 185:** RF Corbis; **p. 186:** Diego Rivera/Art Resource, NY; **p. 187:** (b.) ©Tony Freeman/PhotoEdit, (b.l.) Kelly-Mooney Photography/Corbis, (t.r.) ©Bill Ross/Corbis; **p. 189:** Corbis; **p. 192:** ©Kurt Stier/Corbis; **p. 193:** Latin Focus.com.; **p. 194:** Pablo Picasso/Art Resource, NY; **p. 195:** (b.r.) ©A. Ramey/PhotoEdit.

Capítulo 5 p. 200: (t.l.) Steve Skjold/PhotoEdit, (t.r.) Aaron Haupt/Stock • Boston; **p. 202:** (b.l.) David Young-Wolff/PhotoEdit, (t.) Jeff Greenberg/PhotoEdit, (b.r.) James Shaffer/PhotoEdit; **p. 204-205:** (bg.) Stephen Frisch/Stock • Boston, (b.c) Tamayo Rufino/Art Resource, NY; **p. 212:** Robert Frerck/Odyssey/Chicago; **p. 213:** Mug Shots /Corbis; **p. 215:** ©Archivo Icongrafico, S. A. /Corbis; **p. 216:** Corbis; **p. 217:** ©Michael Newman/PhotoEdit; **p. 219:** Diego Rivera/Detriot Institute of the Arts; **p. 223:** (r.) ©Tony Freeman/PhotoEdit; (l.) ©Michael Newman/PhotoEdit; **p. 226:** (t.) Don Smetzer/Getty Images, Inc.; **p. 227:** ©Bob Daemench/Stock • Boston; **p. 228:** ©Dwayne Newton/PhotoEdit; **p. 230** (t.) ©Spencer Grant/PhotoEdit; **p. 231:** Guillermo Arias/Associated Press, AP; **p. 232** (r.) Ed Bailey/Associated Press, AP, (t.r.) Jorge Jaramillo/AP/World Wide Photos, (l.) ©Farrell Grehan/CORBIS Corbis; **p. 233** (b.r.) Associated Press, AP Associated Press, AP, (b.l.) ©AFP/CORBIS Corbis; **p. 235** ©Charles Gupton Corbis; **p. 241** Isaac Hernandez/ MercuryPress.com.

Capítulo 6 p. 246: (t.l.) Bob Daemmrich/The Image Works, (t.r.) Corbis; **p. 248:** (t.c.) Photodisc/Getty Images, (t.l.) Corbis, (t.r.) Danny Lehman/Corbis; **p. 250:** (bg.) Roger Ressmeyer/Corbis, (i.) Roberto Matta/Art Resource, NY; **p. 254:** (b.l.) Esbin-Anderson/The Image Works, (t.l.) David Young Wolff/PhotoEdit, (t.r.) Bob Daemmrich/The Image Works; **p. 255:** (t.l.) Stock • Boston, (t.r.) Vincent DeWitt/Stock • Boston; **p. 257:** Bob Daemmrich/Stock • Boston; **p. 260:** Photo Library International/Corbis; **p. 262:** Courtesy of the Library of Congress; **p. 266:** (b.l.) Getty Images, (b.r.) Bill Aron/PhotoEdit, (b.r.) Michael Newman/PhotoEdit, (t.r.) George B. Diebold/Corbis; **p. 267:** (b.l.) Sonya Dawes/The Image Works, (b.r.) Stone/Getty Images, (t.c.) Corbis, (t.l.) David Young-Wolff/PhotoEdit, (t.r.) Chinch Gryniewicz/Corbis; **p. 268:** (b.c) RM/Corbis, (m.r.) John Madere/Corbis, (t.l.) Ed Kashi/Corbis; **p. 270:** Peter Menzel/Stock • Boston; **p. 271:** Kraft Brooks/SYGMA/Corbis; **p. 274:** Kent News & Pictures/Corbis; **p. 275:** Corbis; **p. 276:** Larry Lawfer/Index Stock Imagery; **p. 277:** NMPFT/Topham/The Image Works; **p. 278:** (b.c) Randy Faris/Corbis, (b.l.) Sergio Pitamitz/Corbis; **p. 278:** (b.r.) Jan Butchofsky-Houser/Corbis; **p. 279:** (b.) Joseph Sohm; Visions of America/Corbis, (m.r.) Joseph Sohm; Visons of America/Corbis; **p. 287:** Paul Barton/Corbis;

Capítulo 7 p. 292: (c.) Jane Tyska/Stock • Boston, (l.) Jane Tyska/Stock • Boston, (r.) Danny Lehman/Corbis; **p. 294:** (c.) Darrell Gulin/Dembinsky Photo Assoc., (l.) Rod Planck/Dembinsky Photo Assoc., (r.) Adam Jones/Dembinsky Photo Assoc.; **p. 296:** (bg.) Peter Menzel/Stock • Boston, (i.) Charles & Josette Lenars/Corbis; **p. 300:** (b.) Bill Bachmann/PhotoEdit, (t.) D.Donne Bryant/DDB Stock Photo; **p. 301:** (b.) Chris Lisle/Corbis, (t.) Buddy Mays/TravelStock; **p. 311:** Bill Bachmann/ PhotoEdit; **p. 314:** Charles & Josette Lenars/Corbis, Larry Dunmire/PhotoNetworkStock; **p. 315:** Larry Dunmire/ PhotoNetworkStock, Gianni Dagli Orti/Corbis, PhotoNetworkStock; **p. 321:** John Neubauer/PhotoEdit; **p. 322:** (l.) Roger Ressmeyer/Corbis, (r.) Barbara Alper/Stock • Boston; **p. 323:** Vo Trung Dung/Corbis; **p. 324:** (b.l.) Corbis, (b.r.) Corbis; **p. 325:** (m.r.) Charles & Josette Lenars/Corbis, (t.r.) Corbis; **p. 327:** LA VENTA/SYGMA/Corbis; **p. 330:** Francis G. Mayer/Corbis; **p. 333:** The Granger Collection, New York.

Capítulo 8 p. 338: Patrick Ward/Stock • Boston; **p. 340:** (t.c.) Robert Frerck/Stone/Getty Images, (t.l.) Mark Antman/The Image Works, (t.r.) Carl & Ann Purcell/Corbis; **p. 342:** (bg.) Stock • Boston, (i.) Joaquín Sorolla y Bastida/No credit provided; **p. 344:** (m.l.) Patrick Ward/Corbis, (m.r.) Paul Almasy/Corbis; **p. 345:** (l.) Stephanie Colasanti/Corbis, (m.l.) Dallas & John Heaton/Stock • Boston, (m.r.) Age Fotostock, (r.) Deveria, Eugene (1808-1865) ©Giraudon /Art Resource, NY; **p. 346:** (b.l.) Andrea Pistolesi/Image Bank/Getty Images, (bg.) Paul Almasy/Corbis, (m.c.) John and Lisa Merrill/Corbis; **p. 347:** (b.r.) Stephanie Maze/Corbis, (m.r.) Beryl Goldberg, (t.l.) D. Donne Bryant/DDB Stock Photo; **p. 348:** (b.r.) Charlie Waite/Stone/Getty Images; **p. 349:** (m.l.) Macduff Everton/Corbis, (m.r.) Charles Kennard/Stock • Boston; **p. 350:** Chad Ehlers/Index Stock Imagery; **p. 353:** Michael Newman/PhotoEdit; **p. 354:** Richard Bickel/Corbis; **p. 355:** (m.r.) Hulton Archive/Getty Images, (t.r.) Spencer Grant/PhotoEdit; **p. 358:** (m.r.) Monica Stevenson/Foodpix/Getty Images, (t.c.) Tony Freeman/PhotoEdit; **p. 359:** (m.r.) Bill Bachmann/PhotoEdit, (t.r.) Paul Barton/Corbis; **p. 360:** Giraudon/Art Resource, NY; **p. 361:** (b.r.) Snark /Art Resource, NY, (t.r.) Michel Zabe/Art Resource, NY; **p. 362:** Steve Skjold/PhotoEdit, (b.r.) Bob Daemmrich/The Image Works; **p. 363:** Douglas Faulkner/Corbis; **p. 365:** Jeff Greenberg/PhotoEdit; **p. 366:** Myrleen Ferguson/PhotoEdit; **p. 367:** Rudi Von Briel/PhotoEdit; **p. 368:** David Young-Wolff/PhotoEdit; **p. 370:** Philip James Corwin/Corbis; **p. 371:** (b.c) John Elk III/Stock • Boston, (b.l.) Richard Cummins/Corbis, (t.r.) Richard Cummins/Corbis; **p. 377:** (b.r.) D. Donne Bryant/DDB Stock Photo, (t.r.) Charles & Josette Lenars/Corbis; **p. 378:** Hulton Archive/Getty Images; **p. 379:** George Mattei/Envision.

Capítulo 9 p. 384: (t.l.) Sergio Dorantes/Corbis, (t.r.) Contifoto/Corbis Sygma/Corbis; **p. 386:** (b.) Buddy Mays/Corbis, (t.l.) Stephen Frink/Corbis, (t.r.) Corbis; **p. 388:** (bg.) Michael & Patrica Fogden/CORBIS/Corbis, (i.) Banco de México Trust Schalkwijk/Art Resource, NY/Art Resource, NY; **p. 392:** HIRB/Index Stock Imagery; **p. 393:** (t.l.) Robert Fried/Stock • Boston, (t.r.) Bob

Daemmrich/Stock • Boston; **p. 399:** Robert Brenner/PhotoEdit; **p. 401:** Robin Jane Solvang/Bruce Coleman Inc.; **p. 403:** Reuters NewMedia Inc./Corbis; **p. 404:** (b.c) AFP/Corbis, (b.l.) AFP/Corbis, (m.l.) Reuters NewMedia Inc./Corbis; **p. 405:** Tui de Roy/Minden Pictures; **p. 406:** (t.l.) NASA, (t.r.) Henryk T. Kaiser/Age Fotostock; **p. 407:** (m.l.) Michael & Patricia Fogden/Minden Pictures, (t.r.) Kevin Schafer/Corbis; **p. 409:** (b.r.) Theo Allofs/Corbis; **p. 409:** (t.r.) Macduff Everton/Corbis; **p. 415:** A. Ramey/PhotoEdit; **p. 416:** Kevin Schafer/Corbis; **p. 417:** (b.r.) Hubert Stadler/Corbis, (m.r.) MAPS.com/Corbis, (t.r.) Kevin Schafer/Corbis; **p. 419:** (b.r.) David Young-Wolff/PhotoEdit, (m.r.) HIRB/Index Stock Imagery; **p. 422:** Tim Fitzharris/Minden Pictures; **p. 424:** David Whitten/Index Stock Imagery; **p. 425:** Fritz Polking/Dembinsky Photo Assoc.

Capítulo 10 p. 430: (t.c.) Bob Daemmrich/Stock • Boston, (t.l.) Bob Daemmrich/The Image Works, (t.r.) Bob Daemmrich/The Image Works; **p. 432:** Michael Newman/PhotoEdit; **p. 434:** (bg.) Flash ! Light/Stock • Boston, (i.) Scala/Art Resource, NY; **p. 436:** (b.r.) David Young-Wolff/PhotoEdit, (t.r.) David Young-Wolff/PhotoEdit; **p. 437:** David Young-Wolff/PhotoEdit, (t.r.) David Young-Wolff/PhotoEdit; **p. 439:** David Grossman/The Image Works; **p. 440:** Bill Bachmann/Stock • Boston; **p. 443:** Bob Daemmrich/The Image Works; **p. 445:** Byron Augustin/DDB Stock Photo; **p. 446:** Amy Etra/PhotoEdit; **p. 448:** Jeff Greenberg/PhotoEdit; **p. 449:** Jose Luis Pelaez, Inc./Corbis; **p. 450:** (b.l.) Mary Kate Denny/PhotoEdit, (t.l.) Tony Freeman/PhotoEdit, (t.r.) Dana White/PhotoEdit; **p. 451:** (b.r.) Mark Richards/PhotoEdit, (m.l.) José Luis Peláez, Inc./Corbis, (t.r.) Bob Daemmrich/The Image Works; **p. 452:** Joseph Sohm/The Image Works; **p. 453:** Bettmann/Corbis; **p. 454:** John Van Hasselt/SYGMA/Corbis; **p. 455:** (t.r.) Bonnie Kamin/PhotoEdit; **p. 457:** (b.l.) AFP/Corbis, (t.r.) Myrleen Ferguson Cate/PhotoEdit; **p. 458:** (m.r.) Cindy Charles/PhotoEdit, (t.r.) Rick Gomez/Corbis; **p. 461:** Vic Bider/PhotoEdit; **p. 462:** Fernando Llana/Associated Press, AP; **p. 463:** (m.r.) John Neubauer/PhotoEdit, (t.r.) Rudy Von Briel/PhotoEdit; **p. 465:** Dana White/PhotoEdit; **p. 468:** Chris Lisle/Corbis; **p. 469:** (b.l.) Ed Young/Corbis, (b.r.) Wolfgang Kaehler/Corbis; **p. 470:** Hubert Stadler/Corbis.

Text **Chapter 1 p. 46:** "Himno del Barcelona" from *www.fcbarcelona.com;* **Chapter 2 p. 84:** "Museo Vivo del Tango" from *www.tangoshow.com;* **p. 85:** "Danza Contemporánea de León" from *www.festivalcervantino.gob.mx;* **p. 91:** "Amigos" by Juan Luis Guerra; **p. 92:** "Cuando Harry encontró a Sally" from *www.cuantoyporquetanto.com;* **p. 100–103:** From "Cuando era puertorriqueña" by Esmeralda Santiago, copyright © 1993 by Esmeralda Santiago. Used by permission of Vintage Books, a division of Random House, Inc. **Chapter 3 p. 124:** "Que te vaya bonito" by José Alfredo Jiménez from *www.geocities.com;* **p. 139:** "Cardio Training" from *Glamour España;* **p. 146–148:** "Cambiar tus hábitos, ¡sí se puede!" by Danae Salazar from *Quince a veinte* Agosto 2002. Published by NOTMUSA. **Chapter 4 p. 183:** "Será entre tú y yo" by Paulina Rubio from *Voces unidas;* **p. 187:** "Amor" by Juana Ibarbouru from www.poemasromancesyamor.com; **p. 192:** "Me gustas cuando callas" from *Veinte poemas de amor y una canción desesperada* by Pablo Neruda. Copyright © Editorial Castalia, S.A., 1987; **p 193:** "Homenaje a los padres chicanos" by Abelardo Delgado, from *It's Cold: 52 Cold Thoughts—Poems of Abelardo*, Barrio Publications. Copyright © 1974 by Abelardo Delgado; **p. 194:** "Como tú" by Roque Dalton from *Poetry like Bread* (Curbstone Press, 1994). Distributed by Consortium. **Chapter 5 p. 215:** "Soledades" by Antonio Machado from *Obras completas;* **p. 238–240:** "La Pobreza" from *Cuentos de Oxkutzcab* by María Luisa Góngora Pacheco. **Chapter 6 p. 264:** "Rima LIII" by Gustavo Adolfo Bécquer from *Rimas y Leyendas*. Copyright © 1998 by Ediciones Libertarias, S.A.; **p. 284–286:** "Rosa" by Ángel Balzarino. Used by permission of the author. **Chapter 7 p. 317:** "Sueño cuarto" by Feliciano Sánchez Chan from *Siete sueños*. **Chapter 8 p. 363:** "Calabó y bambú" by Luis Palés Matos from *Poesía 1915–1956*. Copyright © 1957, 1864, 1968, 1971, Universidad de Puerto Rico; **p. 376–378:** "El último sol" by Elías Miguel Muñoz from *Viajes fantásticos*. Copyright © 1994 by McGraw-Hill, Inc. **Chapter 9 p. 413:** "Oda a la noche" by Pablo Neruda from *De Odas Elementales a Memorial de Isla Negra 1954–1964*. **Chapter 10 p. 447:** "Subjuntivo" by Hilario Barrero from *Revista poética Almacen;* **p. 468–470:** "Si me permiten hablar…by Domitila Barrios Chungara. Siglo Veintiuno Editores, S.A.

Note: Every effort has been made to locate the copyright owner of material used in this textbook. Omissions brought to our attention will be corrected in subsequent editions.